財務会計

第**3**版

早稲田大学教授

広瀬義州──著

中央経済社

第3版への序文

　本書は，1998年3月に初版が，また2000年2月に第2版が公刊されてから，非常に多くの読者から絶大なる信頼と支持を得て増刷を重ねることができた。第2版の公刊以来，この間に「企業統治の実効性の確保，高度情報化社会への対応，企業の資金調達手段の改善および企業活動の国際化への対応」の視点から株式制度，会社の機関，会社の計算等に関する商法改正が広範囲かつドラスティックに行われている。注目されるのは，自己株式の取得および保有規制の見直し，株式の大きさに関する規制の撤廃，額面株式の廃止などの株式制度の見直しを内容とする平成13年に行われた3度の商法改正であり，また大会社への連結決算の導入を内容とする平成14年3月18日国会提出の「商法等の一部を改正する法律案」などの公表である。

　本書も平成13年改正商法はもとより，平成13年商法改正等に伴う「商法施行規則」（3月29日公布），平成14年の「商法および株式会社の監査等に関する商法の特例に関する法律（いわゆる「商法特例法」）の一部を改正する法律案」，企業会計基準委員会「企業会計基準」第1号および「企業会計基準適用指針」第2号，平成14年3月26日に公布（4月1日施行）されたいわゆる「連結財務諸表規則」，「財務諸表等規則」，「中間連結財務諸表規則」および「中間財務諸表等規則」，ならびに平成14年3月28日に公布（4月1日施行）されたいわゆる「連結財務諸表規則ガイドライン」，「財務諸表等規則ガイドライン」，「中間連結財務諸表規則ガイドライン」および「中間財務諸表等規則ガイドライン」までをすべてフォロー・アップし，これに対応する企業会計について全面的に改訂・増補を行い，ここに第3版として公刊することにした。

　とりわけ，商法にも連結決算が導入され，企業会計が連結中心になるとの認識から，本書も旧版以上にこの点を重視して全面的に連結ベースの記述に書き換えるとともに，第22章「企業集団の会計と報告」に著者の積年の課題であっ

た企業結合会計を新たにとり入れ，そのフレームワークで連結会計と企業結合に該当する合併会計を記述することにした。

　第3版の改訂・増補は，字句・勘定科目の修正など微々たるものも入れれば，ほぼ全章に及んでいるといえるが，そのうち主なもののみをあげれば，概ね，次のとおりである。

1　大中小会社の区分その他に関する改訂（第1章）

2　SFAC第7号「会計測定におけるキャッシュ・フロー情報および現在価値の使用」の公表に伴う改訂（第2章）

3　商法への連結導入に伴い，「財務会計の処理プロセスとそのメカニズム」（第3章）に連結財務諸表の作成を増補するとともに商法会計を増補（第4章）

4　「金銭債権の会計と報告」（第10章）における割引手形・裏書手形の会計処理方法を「金融商品基準」に整合化

5　減損会計の記述を大幅に増補（第13章）

6　退職給付会計に関する記述を大幅に増補（第15章）

7　「資本の会計と報告」（第16章）のうち，(1)資本の分類を増補，(2)単元株制度を新設，(3)新株予約権・新株予約権付社債の会計処理を新設，(4)減資の会計処理を改訂，(5)自己株式の会計処理を新設，(6)合併会計を企業結合会計に該当しないものに限定，(7)株式交換・株式移転の会計処理を新設，および(8)会社分割の会計処理を新設

8　「企業集団の会計と報告」（第22章）に，(1)企業結合会計を新設し，(2)企業結合会計に該当する合併の会計処理を新設，(3)企業結合会計に該当する株式交換の会計処理を新設，(4)企業結合会計に該当する会社分割の会計処理を新設，(5)株式交換・株式移転の資本連結手続を新設，(6)企業集団における会社分割の会計処理を新設，(7)連結配当制度および連結納税制度を新設，および(8)中間連結財務諸表を改訂・増補

9　計算書類のひな形を商法への連結決算導入にあわせて改訂（第24章）

10　財務諸表に係る内容と表示を「商法等の一部を改正する法律案」および「商法施行規則」ならびに「連結財務諸表規則」，「財務諸表等規則」，「中間連結

財務諸表規則」および「中間財務諸表等規則」,「連結財規ガイドライン」,「財規ガイドライン」,「中間連結財規ガイドライン」および「中間財規ガイドライン」にあわせて改訂・増補

11　本書の脚注の法律，省令，内閣府令，会計基準等をすべて最新のものに更新するとともに，大幅に増補

　本書が旧版と同様に，大学における「会計学」,「財務会計論（または財務諸表論）」,「上級簿記」などのテキストとして，また公認会計士試験，税理士試験，商工会議所簿記検定試験，証券アナリスト試験など各種資格試験の参考書としてお役に立つことができるならば，これ以上の喜びはない。

　第３版の出版にあたり，終始ご高配を賜った中央経済社社長　山本時男氏，常務執行役員　河野正道氏,広告宣伝部長　光永修氏および法律編集部次長　市川雅弘氏にお礼申し上げる。とりわけ，会計編集部次長　秋山宗一氏には旧版同様に本書の細部にいたるまで著者のいろいろな要望を聞いて実現していただき，心より篤くお礼申し上げる。

2002年3月

桜満開の早稲田の杜にて

広　瀬　義　州

序　　文

　来るべき21世紀に向けて，日本の企業会計とりわけ財務会計は大きなターニング・ポイントをむかえている。レボリューションともいえるほどドラスティックに変革しつつある財務会計を，会計理論と会計処理の両面から総合的かつ体系的に論述することが本書のコンセプトである。

　本書は，第1章から第6章までの総論的な部分と第7章から第22章までの各論的な部分から構成されており，その主な特徴をあげると，次のとおりである。

1　連結中心の企業会計に対応できるように，すべてを連結会計を前提にして記述していること

2　改訂「連結財務諸表原則」などの最新の会計基準のみならず，平成9年改正「商法」の計算規定などをすべて網羅して，これを詳述していること

3　論述にあたっては，机上の空論に走らないように，できるだけ多くの仕訳を通じて説明を行うとともに，その論点を示し，これに対する著者の考えを積極的に述べていること

4　従来，難しいとされていた株式会社会計，リース会計，外貨換算会計，連結会計などについては，だれもが理解できるように多くの基本例を用いたステップ・アップ方式によって学習の促進をはかっていること

5　「学習のポイント」と「Key Words」を設けて予習・復習の便宜をはかるとともに，設問によって応用力を養わせようとしていること

6　多色刷にするとともに，できるだけ多くの図表を用いてビジュアル化し，要点整理を行いやすいようにして学習効果を高めようとしていること

7　脚注に企業会計原則・注解，商法などの条文を入れ，読者の便宜をはかっていること

　したがって，本書は，大学における「会計学」，「財務会計論（または財務諸表論）」，「上級簿記」などのテキストとして，また公認会計士試験，税理士試

2

験，商工会議所簿記検定試験，証券アナリスト試験など各種資格試験の参考書として役立つものと思われる。なお，当初，本書には理解力を高めさせる目的で多くの「問題」を付していたが，あまりにもぼう大になりすぎたために，河野編集長のお薦めによって，これらを姉妹書「ブラッシュアップ 財務会計」として同時刊行することにした。あわせて活用していただければ幸いである。

　思えば，会計学の研究をはじめて今日までの長い間，恩師・早稲田大学名誉教授 新井清光先生よりご指導を賜わってきた。ここに，心より感謝申し上げたい。「新井会計学」を正しく継承できたかどうかについては甚だ心もとないが，本書を一里塚としてますます精進を重ねる所存である。また，いつもご指導賜っている日本公認会計士協会元会長・早稲田大学客員教授 村山徳五郎先生にも心よりお礼申し上げたい。

　本書の出版にあたり，終始ご高配を賜った中央経済社社長 山本時男氏，取締役・会計編集部編集長 河野正道氏，取締役・社長室室長 小林廣明氏，広告宣伝部部長 光永修氏，および会計編集部次長 市川雅弘氏にも篤くお礼申し上げる。加えて，資料を提供していただいた株式会社日立製作所経理部副部長 逆瀬重郎氏にもお礼申し上げたい。さらに，草稿のパソコン入力，計算チェック，校正などに協力してくれた早稲田大学大学院商学研究科のゼミ生である長束航君，前川武俊君および山田博之君にも，記してお礼申し上げ，学界人として大成することを願ってやまない。

　1997年11月

晩秋の早稲田の杜にて

広　瀬　義　州

＜凡例一覧＞

（五十音順）

第3版で更新した法律，省令，内閣府令，会計基準等は赤色で示した。

正　式　名　称	略　　称
「外貨建取引等会計処理基準」	「外貨基準」
「外貨建取引等会計処理基準注解」	「外貨注解」
「株式会社の監査等に関する商法の特例に関する法律案」（平成14年3月18日国会提出）	「商法特例法」または「商特」
「企業会計基準」	「基準」
「企業会計基準適用指針」	「適用指針」
「企業会計原則」	「企業会計原則」
「企業会計原則注解」	「注解」
「企業会計原則と関係諸法令との調整に関する連続意見書」	「連続意見書」
「金融商品に係る会計基準」	「金融商品基準」
「金融商品に係る会計基準注解」	「金融商品注解」
「財務諸表等の用語，様式及び作成方法に関する規則」（平成14年3月26日公布）	「財規」
「『財務諸表等の用語，様式及び作成方法に関する規則』の取扱いに関する留意事項」（平成14年3月28日公布）	「財規ガイドライン」
「先物・オプション取引等の会計基準に関する意見書等について」	「先物・オプション等意見書」
「証券取引法」	「証取法」
「証券取引法施行令」	「証取法施行令」
「商法施行規則」（平成14年3月29日公布）	「施行規則」
「商法等の一部を改正する法律案」（平成14年3月18日国会提出）	平成14年改正「商法」
「税効果会計に係る会計基準」	「税効果基準」
「税効果会計に係る会計基準注解」	「税効果注解」
「セグメント会計手法」	「セグメント会計手法」
「退職給付に係る会計基準」	「退職給付基準」
「中間財務諸表等の用語，様式及び作成方法に関する規則」（平成14年3月26日公布）	「中間財規」
「『中間財務諸表等の用語，様式及び作成方法に関する規則』の取扱いに関する留意事項」（平成14年3月28日公布）	「中間財規ガイドライン」

「中間連結財務諸表作成基準」	「中間連結基準」
「中間連結財務諸表作成基準注解」	「中間連結注解」
「中間連結財務諸表の用語，様式及び作成方法に関する規則」（平成14年3月26日公布）	「中間連結財規」
「『中間連結財務諸表の用語，様式及び作成方法に関する規則』の取扱いに関する留意事項」（平成14年3月28日公布）	「中間連結財規ガイドライン」
「リース取引に係る会計基準」	「リース会計基準」
「リース取引に係る会計基準注解」	「リース注解」
「リース取引の会計処理及び開示に関する実務指針」	「リース実務指針」
「連結キャッシュ・フロー計算書等の作成基準」	「連結キャッシュ・フロー基準」
「連結キャッシュ・フロー計算書等の作成基準注解」	「連結キャッシュ・フロー注解」
「連結財務諸表原則」	「連結原則」
「連結財務諸表原則注解」	「連結注解」
「連結財務諸表における税効果会計に関する実務指針（中間報告）」	「連結税効果実務指針」
「連結財務諸表の用語，様式及び作成方法に関する規則」（平成14年3月26日公布）	「連結財規」
「『連結財務諸表の用語，様式及び作成方法に関する規則』の取扱いに関する留意事項」（平成14年3月28日公布）	「連結財規ガイドライン」

目　次

第1章　財務会計の意義

1．会計の意味 ……………………………………………………… 1

2．会計の種類 ……………………………………………………… 3

   2.1　経済主体別分類・3

   2.2　報告対象別分類・4

      2.2.1　財務会計・4

      2.2.2　管理会計・6

3．財務会計と会計規範 …………………………………………… 9

4．財務会計の機能 ………………………………………………… 11

   4.1　利害調整機能・11

   4.2　情報提供機能・14

第2章　財務会計の基礎的前提と概念フレームワーク

1．ビジネスの言語としての財務会計 ………………………… 19

2．基礎的前提 ……………………………………………………… 20

   2.1　会計公準・20

      2.1.1　企業実体の公準・21

      2.1.2　継続企業の公準（会計期間の公準）・22

      2.1.3　貨幣的測定の公準・23

　　2.2　その他の基礎的前提・23

　　　　2.2.1　取得原価基準・23

　　　　2.2.2　実現基準・24

　　　　2.2.3　対応原則・25

　　　　2.2.4　原価配分の原則・26

　　　　2.2.5　コスト・ベネフィット基準・26

　3．財務会計の概念フレームワーク……………………………27

第3章　財務会計の処理プロセスとそのメカニズム

　1．複式簿記のメカニズムと個別財務諸表の作成………………33

　2．財務諸表の構成要素と基礎概念………………………………35

　　2.1　資産・負債および資本・35

　　2.2　貸借対照表等式・36

　　2.3　収益と費用・38

　　2.4　損益計算書等式・38

　　2.5　貸借対照表と損益計算書の関係・42

　3．取引記録と勘定記入…………………………………………43

　　3.1　取引の意義・43

　　3.2　取引記録と勘定記入の法則・44

　　3.3　取引の8要素と結合関係・46

　4．仕訳と転記……………………………………………………48

　　4.1　仕　　訳・48

　　4.2　元帳への転記・49

　5．決算手続と個別財務諸表の作成……………………………50

　　5.1　決算予備手続・50

　　　　5.1.1　精　算　表・50

　　　　5.1.2　精算表の作成方法・51

　　　　5.1.3　売上原価の算定と減価償却費の計上・51

　　　5.2　決算本手続と個別財務諸表の作成・54

　　　　5.2.1　決算仕訳および総勘定元帳の締切り・54

　　　　5.2.2　仕訳帳の締切り・58

　　　　5.2.3　個別財務諸表の作成・58

　　6．連結財務諸表の作成 …………………………………………………59

　　　6.1　単純合算・62

　　　6.2　投資と資本の相殺消去・63

第4章　財務会計のフレームワーク

１．現行財務会計のフレームワーク …………………………………67

２．商法会計 ………………………………………………………………69

３．証取法会計 ……………………………………………………………79

４．税務会計 ………………………………………………………………84

第5章　財務会計の基礎理論

１．現行財務会計の計算構造上の特徴 ………………………………87

２．原価一実現主義の意味 ………………………………………………90

　　2.1　支払対価一実現主義・90

　　2.2　原価（以下）評価一未実現利益の排除・91

３．取得原価主義会計の論拠 ……………………………………………92

　　3.1　処分可能利益の算定・92

　　3.2　財務諸表監査における信頼性の保証・94

　　3.3　受託責任遂行状況の報告・95

4．取得原価主義会計の再検討 ………………………………………98

第6章　会計基準と企業会計原則

1．会計基準の端緒 …………………………………………………103

2．会計原則と会計基準 ……………………………………………105

3．企業会計原則 ……………………………………………………107

   3.1　企業会計原則の本質・107

   3.2　一般原則の特徴・109

4．一般原則 …………………………………………………………110

   4.1　真実性の原則・110

   4.2　正規の簿記の原則・113

   4.3　資本と利益区別の原則・114

   4.4　明瞭性の原則・116

   4.5　重要性の原則・120

   4.6　継続性の原則・122

   4.7　保守主義の原則・127

   4.8　単一性の原則・129

第7章　財務状況の計算と貸借対照表

1．ストック情報としての貸借対照表 ……………………………131

2．財務状況の計算方法と貸借対照表の意義 ……………………133

第8章　資産の意義と評価

1．資産会計の意義 …………………………………………………137

   1.1　資産・負債アプローチ・137

   1.2　資産の意義・138

２．資産の分類基準 ……………………………………………139

　　2.1　流動・固定分類・139

　　2.2　貨幣・非貨幣分類・142

　　2.3　企業会計における資産の分類・表示・143

３．資産の評価基準 ……………………………………………146

　　3.1　評価基準・146

　　3.2　原価基準・148

　　3.3　時価基準・148

　　3.4　現在価値基準・149

　　3.5　公正価値基準・150

　　3.6　低価主義（低価法）・151

　　　　3.6.1　低価主義の意義・151

　　　　3.6.2　低価主義の本質・152

　　　　3.6.3　切り放し方式と洗い替え方式・154

４．資産の取得価額の決定方法 …………………………………155

第9章　現金・預金の会計と報告

１．現金の意義 …………………………………………………163

　　1.1　現　　金・163

　　1.2　現金過不足・164

２．預金の意義 …………………………………………………166

　　2.1　当座預金・166

　　2.2　当座借越・167

　　2.3　小口現金制度・169

　　2.4　その他の預金・171

　　2.5　銀行勘定調整表・171

第10章　金銭債権の会計と報告

１．金銭債権の意義 ……………………………………………179

２．売上債権の意義 ……………………………………………183

　2.1　売 掛 金・183

　2.2　受取手形等・184

　　　2.2.1　受取手形・184

　　　2.2.2　不渡手形・188

　　　2.2.3　裏書手形と割引手形・189

３．その他の債権 ………………………………………………190

４．貸倒見積額の算定 …………………………………………190

　4.1　貸倒損失と貸倒引当金の処理・190

　4.2　貸倒見積額の算定とその方法・191

　4.3　貸倒引当金の表示・194

第11章　有価証券の会計と報告

１．有価証券の意義と分類 ……………………………………199

　1.1　有価証券の意義・199

　1.2　有価証券の分類・201

２．有価証券の取得原価の決定 ………………………………201

３．有価証券の差入・保管・貸借 ……………………………203

４．有価証券の評価 ……………………………………………206

　4.1　有価証券の貸借対照表価額・206

　4.2　時価評価する有価証券の会計処理・211

５．有価証券の売却 ……………………………………………218

第12章　棚卸資産の会計と報告

1. 棚卸資産の意義 ……………………………………………221

2. 棚卸資産の取得原価の決定 ………………………………223

　　2.1　購入のケース・223

　　2.2　自社生産のケース・223

3. 棚卸資産の原価配分 ………………………………………224

　　3.1　数量計算と棚卸減耗損・224

　　3.2　金額計算と棚卸評価損・226

第13章　固定資産の会計と報告

1. 固定資産の意義 ……………………………………………239

2. 有形固定資産 ………………………………………………240

　　2.1　有形固定資産の意義・240

　　2.2　有形固定資産の取得原価の決定方法・240

　　2.3　資本的支出と収益的支出・241

3. 減価償却 ……………………………………………………243

　　3.1　固定資産の原価配分と減価償却・243

　　3.2　減価償却の目的・244

　　3.3　減価償却の効果・244

　　3.4　減価償却の方法・246

4. 総合償却 ……………………………………………………250

5. 有形固定資産の除却と取替法 ……………………………252

6. 無形固定資産 ………………………………………………253

7. 投資その他の資産 …………………………………………254

8. 資産の減損処理 ……………………………………………257

第14章　繰延資産の会計と報告

1．繰延資産の意義 ……………………………………………………265

2．繰延資産の内容 ……………………………………………………268

2.1　創 立 費・268

2.2　開 業 費・268

2.3　新株発行費・269

2.4　社債発行費・270

2.5　社債発行差金・271

2.6　開 発 費・271

2.7　建設利息・272

3．臨時巨額の損失の繰延べ ……………………………………………273

第15章　負債の会計と報告

1．負債会計の意義 ……………………………………………………275

1.1　負債会計の意義・275

1.2　負債の意義・276

2．負債の分類基準 ……………………………………………………276

2.1　属性別分類・276

2.2　流動・固定分類・277

3．金銭債務 ……………………………………………………………281

3.1　金銭債務の意義・281

3.2　仕入債務の意義・282

3.2.1　買掛金・282

3.2.2　支払手形・283

3.3　その他の債務・283

4．引 当 金 ……………………………………………………………284

4.1　引当金の意義・284

4.2　引当金の設定基準・284

4.3　引当金の種類・287

4.4　負債性引当金の種類とその属性・288

　　4.4.1　製品保証引当金・工事補償引当金・289

　　4.4.2　売上割戻引当金・289

　　4.4.3　景品費引当金・289

　　4.4.4　返品調整引当金・289

　　4.4.5　賞与引当金・289

　　4.4.6　退職給付引当金・290

　　4.4.7　修繕引当金・295

　　4.4.8　債務保証損失引当金・295

　　4.4.9　損害補償損失引当金・295

4.5　商法上の引当金・295

4.6　租税特別措置法および特別法上の準備金・297

　　4.6.1　租税特別措置法上の準備金・297

　　4.6.2　特別法上の準備金・298

5．社　　債 …………………………………………………298

5.1　社債の意義・298

5.2　社債の発行・299

5.3　社債発行差金・300

5.4　社債発行費・301

5.5　社債の利払い・301

5.6　社債の償還・302

第16章　資本の会計と報告

１．資本会計の意義 ……………………………………………310

2．株式会社の資本とその分類 ……………………………………310

　2.1　株式会社の資本概念・310

　2.2　資本の分類・312

　2.3　資本の源泉別分類・318

3．設立の会計処理 ………………………………………………319

　3.1　定款の作成と授権資本制度・319

　3.2　株式の引受けと払込み・320

　　3.2.1　発起設立の会計処理・321

　　3.2.2　募集設立の会計処理・322

　3.3　株式の発行と資本金・324

　　3.3.1　単元株制度・324

　　3.3.2　会社の資本金・325

　　3.3.3　数種の株式・326

4．増資の会計処理 ………………………………………………329

　4.1　増資の意義と分類・329

　4.2　有償増資・330

　　4.2.1　通常の新株発行による有償増資・330

　　4.2.2　新株予約権・333

　　4.2.3　新株予約権付社債・337

　4.3　無償増資・343

　　4.3.1　配当可能利益の資本組入・343

　　4.3.2　法定準備金の資本組入・344

5．減資の会計処理 ………………………………………………345

　5.1　減資の定義・345

　5.2　有償減資と無償減資・345

　5.3　減資差益とその会計処理・345

6．自己株式 ………………………………………………………347

7．合併の会計処理 ···349

   7.1　吸収合併と新設合併・349

   7.2　合併の会計処理の考え方・350

   7.3　合併差益・351

   7.4　合併比率の決定方法・352

      7.4.1　純資産法・353

      7.4.2　収益還元価値法・353

      7.4.3　純資産法と収益還元価値法との平均法・354

      7.4.4　株式市価法・354

8．株式交換と株式移転の会計処理 ·······················356

   8.1　株式交換制度と株式移転制度の意義・356

   8.2　株式交換制度と株式移転制度のしくみ・358

   8.3　株式交換の会計処理方法と株式交換差益・358

   8.4　株式移転の会計処理方法と株式移転差益・360

9．会社分割の会計処理 ···································361

   9.1　会社分割制度の意義・361

   9.2　企業結合に該当しない会社分割の会計処理・362

10．受贈資本と評価替資本の会計処理 ····················365

   10.1　受贈資本・365

      10.1.1　受贈資本の意義・365

      10.1.2　受贈資本の本質・365

      10.1.3　圧縮記帳・367

   10.2　評価替資本・369

      10.2.1　評価替資本の意義・369

      10.2.2　保険差益の本質・370

11．利益処分と損失処理 ···································371

11.1 利益処分・371

11.2 利益準備金の積立て・373

11.3 任意積立金・373

11.4 損失処理と欠損塡補・375

11.5 利益の配当と配当可能利益限度額・377

11.6 中間配当と中間配当可能利益限度額・382

第17章　経営成績の計算と損益計算書

1．フロー情報としての損益計算書 …………………………………391

2．損益計算書の構成要素と内容 ……………………………………392

3．費用収益対応の原則 ………………………………………………393

   3.1 費用収益対応の原則の意義・393

   3.2 個別的対応と期間的対応・393

   3.3 費用収益対応の原則の本質・393

4．期間損益計算の本質 ………………………………………………395

5．損益の分類 …………………………………………………………396

   5.1 営業損益計算・396

   5.2 経常損益計算・398

   5.3 純損益計算・399

第18章　損益の会計と報告

1．収益の意義とその計上基準 ………………………………………405

2．収益の計上基準としての実現主義 ………………………………407

   2.1 実現主義の本質・407

   2.2 実現主義の適用形態とその収益計上基準・410

      2.2.1 委託販売・410

　　　2.2.2　割賦販売・416

　　　2.2.3　予約販売・416

　　　2.2.4　試用販売・417

　　　2.2.5　電気・ガス事業等・418

　　　2.2.6　長期請負工事・419

　3．収益の計上基準としての現金主義 ……………………………421

　　3.1　現金主義の本質・421

　　3.2　現金主義の適用形態とその収益計上基準・421

　　　3.2.1　割賦販売・421

　　　3.2.2　自由業およびサービス業・430

　4．収益の計上基準としての発生主義 ……………………………431

　　4.1　発生主義の本質・431

　　4.2　発生主義の適用形態とその収益計上基準・431

　　　4.2.1　長期請負工事・431

　　　4.2.2　農　業・433

　　　4.2.3　採掘産業・433

　　　4.2.4　不動産賃貸業など・434

　5．内部利益の控除 …………………………………………………435

　6．費用の意義とその計上基準 ……………………………………437

　　6.1　費用の計上基準としての現金主義・437

　　6.2　費用の計上基準としての発生主義・438

　7．損益の見越しと繰延べ …………………………………………438

第19章　リース取引の会計と報告

　1．リース取引の意義 ………………………………………………445

　2．リース取引の分類 ………………………………………………446

3．ファイナンス・リース取引の会計処理 ……………………451

　3.1　借手側の会計処理・451

　　3.1.1　原則的な処理方法・451

　　3.1.2　許容される処理方法・453

　3.2　貸手側の会計処理・457

　　3.2.1　原則的な処理方法・457

　　3.2.2　許容される処理方法・458

4．オペレーティング・リース取引の会計処理 …………………459

　4.1　借手側の会計処理・459

　4.2　貸手側の会計処理・460

第20章　金融商品の会計と報告

1．金融商品とデリバティブ …………………………………463

2．金融商品の範囲 ……………………………………………465

3．金融資産および金融負債の認識と消滅 …………………466

　3.1　金融資産および金融負債の認識・466

　3.2　金融資産および金融負債の認識の中止・468

4．金融資産および金融負債の評価 …………………………473

　4.1　金融資産および金融負債の評価の考え方・473

　4.2　金融資産および金融負債の貸借対照表価額・475

5．ヘッジ会計 …………………………………………………476

　5.1　ヘッジ会計の意義・476

　5.2　ヘッジ会計の要件・477

　5.3　ヘッジ会計の方法・478

　　5.3.1　繰延ヘッジと時価ヘッジ・478

　　5.3.2　金利スワップに係る特例処理・482

5.3.3　ヘッジ会計の終了等とその会計処理・483

第21章　外貨換算の会計と報告

1．外貨換算会計の意義　……487

1.1　換算の意味・487

1.2　外貨換算会計の重要性・489

1.3　換算レート法とその種類・490

1.3.1　流動・非流動法・490

1.3.2　貨幣・非貨幣法・490

1.3.3　テンポラル法・491

1.3.4　決算日レート法・491

2．外貨建取引の換算　……492

2.1　外貨建取引の意義・492

2.2　取引発生時の会計処理・493

2.3　決算時の会計処理・494

2.3.1　外　　貨・494

2.3.2　外貨建金銭債権債務・495

2.3.3　外貨建有価証券・496

2.3.4　デリバティブ取引等・500

2.3.5　一取引基準と二取引基準・503

2.4　為替予約の会計処理・507

2.4.1　取引発生時の為替予約・507

2.4.2　取引発生後の為替予約・512

2.4.3　予定取引の為替予約・515

2.4.4　資金取引の為替予約・519

3．在外支店の財務諸表項目の換算　……524

3.1　収益および費用の換算の特例・524

　　3.2　外貨表示財務諸表項目の換算の特例・524

　　3.3　換算差額の処理・525

　4．在外子会社等の財務諸表項目の換算 …………………………525

第22章　企業集団の会計と報告

　1．企業集団と企業結合会計 ……………………………………538

　　1.1　企業結合会計の意義・539

　　1.2　企業結合の分類と会計処理・541

　　1.3　企業結合会計と合併会計・541

　　1.4　企業結合会計と株式交換の会計・543

　　1.5　企業結合会計と会社分割の会計・544

　2．連結財務諸表の意義 …………………………………………547

　3．連結財務諸表作成の一般原則 ………………………………548

　4．連結財務諸表作成の一般基準 ………………………………550

　　4.1　連結範囲の決定基準・550

　　4.2　子会社の範囲・551

　　4.3　関連会社の範囲・554

　　4.4　連結決算日・557

　　4.5　連結会社の会計処理の原則および手続・558

　5．連結財務諸表作成の基礎 ……………………………………559

　　5.1　連結財務諸表作成の考え方・559

　　5.2　連結財務諸表作成のプロセス・562

　　5.3　連結財務諸表作成手続・563

　6．連結貸借対照表の作成基準 …………………………………563

　　6.1　連結貸借対照表作成の基礎・563

　　6.2　資本連結手続・567

　　　　6.2.1　100％所有の子会社を連結するケース・**568**

　　　　6.2.2　少数株主が存在する子会社を連結するケース・**570**

　　　　6.2.3　段階法と一括法・**571**

　　6.3　子会社の資産および負債の時価評価・**575**

　　　　6.3.1　部分時価評価法・**576**

　　　　6.3.2　全面時価評価法・**580**

　　　　6.3.3　段階法と一括法（子会社の資産および
　　　　　　　負債の時価評価を行う場合）・**585**

　　6.4　債権・債務の相殺消去・**590**

7．連結損益計算書の作成基準　……………………………………**593**

　　7.1　連結損益計算書作成の基礎・**593**

　　7.2　開始仕訳・**595**

　　7.3　子会社の当期純利益の配分・**596**

　　7.4　連結調整勘定の償却・**597**

　　7.5　連結調整仕訳・**598**

　　7.6　連結会社相互間の内部取引の相殺消去・**602**

　　　　7.6.1　商品・製品等の売買取引・**602**

　　　　7.6.2　利息・賃貸料・手数料等の損益取引・**604**

　　　　7.6.3　利益配当に関する損益取引・**604**

　　7.7　未実現損益の消去・**605**

　　　　7.7.1　棚卸資産に含まれている未実現損益の消去・**606**

　　　　7.7.2　固定資産に含まれている未実現損益の消去・**609**

8．連結剰余金計算書の作成基準　……………………………………**615**

　　8.1　連結剰余金計算書作成の考え方・**615**

　　8.2　子会社の役員賞与の配分・**615**

9．支配獲得後における資本連結手続　……………………………**619**

　　9.1　子会社株式を追加取得するケース・**620**

9.1.1　部分時価評価法・621

9.1.2　全面時価評価法・621

9.2　子会社株式を一部売却するケース・622

9.2.1　全面時価評価法・623

9.2.2　部分時価評価法・625

9.3　子会社の時価発行増資に伴い
　　　親会社の持分が増減するケース・626

9.3.1　全面時価評価法・628

9.3.2　部分時価評価法・628

10.　持分法 ……………………………………………………629

10.1　持分法の基本的考え方・629

10.2　持分法の適用会社・630

10.3　持分法の手続・630

10.3.1　投資日の処理・632

10.3.2　持分法による投資損益と投資差額の
　　　　償却の処理・632

10.3.3　未実現損益の消去・633

10.3.4　受取配当金の処理・633

10.4　持分法適用後の資本連結手続・636

11.　株式交換のケースにおける資本連結手続 ………………640

12.　企業集団の会社分割 ………………………………………643

13.　連結財務諸表の機能 ………………………………………649

13.1　連結配当制度・650

13.2　連結納税制度・652

14.　連結財務諸表の表示 ………………………………………654

14.1　連結貸借対照表の表示・654

14.2　連結損益計算書の表示・655

14.3　連結剰余金計算書の表示・659

15. 連結財務諸表の注記事項 …………………………………660

16. セグメント情報 ……………………………………………661

16.1　セグメント情報の意義・661

16.2　セグメンテーション・662

16.3　開示対象セグメントの決定方法・664

16.4　開示すべきセグメント情報・666

17. 連結キャッシュ・フロー計算書 …………………………670

17.1　キャッシュ・フロー計算書の意義・670

17.2　連結キャッシュ・フロー計算書の目的・671

17.3　連結キャッシュ・フロー計算書の基礎概念・672

17.4　キャッシュ・フロー計算書の活動別分類・673

17.4.1　投資活動によるキャッシュ・フロー・673

17.4.2　財務活動によるキャッシュ・フロー・673

17.4.3　営業活動によるキャッシュ・フロー・674

17.5　連結キャッシュ・フロー計算書の作成と表示・674

17.5.1　間接法による連結キャッシュ・フロー計算書の作成と表示・678

17.5.2　直接法による連結キャッシュ・フロー計算書の作成と表示・689

18. 中間連結財務諸表 …………………………………………695

18.1　中間連結財務諸表の意義・695

18.2　中間連結財務諸表作成の一般原則・696

18.3　中間連結財務諸表の作成基準・697

18.4　中間連結財務諸表の表示・698

第23章　税効果の会計と報告

１．税効果会計の意義 ……………………………………709

２．資産負債法と一時差異 ………………………………711

３．単体ベースの税効果会計 ……………………………714

   3.1　将来減算一時差異に係る税効果・714

   3.2　将来加算一時差異に係る税効果・718

４．連結ベースの税効果会計 ……………………………722

   4.1　連結ベースの一時差異・722

   4.2　投資勘定と資本勘定の相殺消去に伴う
      税効果会計・723

   4.3　連結会社相互間の未実現利益の消去に伴う
      税効果会計・729

   4.4　債権債務の相殺消去に伴い減額修正される
      貸倒引当金に伴う税効果会計・732

   4.5　子会社への投資に対する税効果会計・735

第24章　財 務 報 告

１．財務報告の意義 ………………………………………739

２．財務報告の範囲 ………………………………………740

３．基本財務諸表 …………………………………………742

   3.1　財務諸表本体・742

   3.2　注記および附属明細表・743

４．補足財務諸表または補足情報 ………………………746

５．その他の財務報告の手段 ……………………………747

〈付録〉

Ⅰ．連結財務諸表原則・同注解・752

Ⅱ．証券取引法に基づく財務諸表（有価証券報告書）の実例・768

　　　連結財務諸表・770

　　　　連結貸借対照表・770

　　　　連結損益計算書・773

　　　　連結キャッシュ・フロー計算書・775

　　　　連結資本変動表・778

　　　連結財務諸表注記(抄)・780

　　　監査報告書・792

Ⅲ．1．商法に基づく計算書類（株主総会招集通知添付書類）の
　　　　実例・793

　　　貸借対照表・793

　　　損益計算書・794

　　　注　　記・795

　　　利益処分案・796

　　2．決算公告・797

Ⅳ．1．決算短信（連結）・798

　　2．個別財務諸表の概要・799

索　引　…………………………………………………………801

第1章　財務会計の意義

本章の学習ポイント

1. 会計とは何か
2. 会計はどのような観点から，どのように分類することができるのか
3. 財務会計とは何か
4. 管理会計とは何か
5. 監査とは何か。また，その役割は何か
6. 会計規範とは何か
7. 財務会計にはどのような機能があるのか

▶ 1　会計の意味

　10年ほど前に比べて，経済紙はもとより一般紙，テレビなどの報道マスメディアを通じて今日ほど「会計」がとりあげられることはない。「会計」の2文字をみない日のほうがまれであるといってもよい。それはなぜであろうか。「会計」が経済活動の中で占める比重またはその役割が高くなってきたこと，また「会計」の知識をもたない人々にとっても「会計」がそれだけ身近なものになったことによるのかもしれない。それでは，なぜ「会計」が身近になったのであろうか。その原因を考えてみると，「会計」の対象とする範囲が広がってきたことはいうまでもなく，「会計」の定義がはっきりしないことと無関係ではないのかもしれない。

　事実，「会計」の定義をすることはきわめてむずかしい。内外のいろいろなテキストをみてみても，あまりよくわからない。「会計」について，人々はどのようなイメージをもっているのであろうか。たとえば，家計簿の企業バージョン，帳簿をつけること，企業の内容を知るための手段，さらにはビジネスの言語といったものまで実にさまざまである。

　このようなイメージも含めて，「会計」の対象について考えてみると，それは，経済活動およびこれに関連する経済事象であるといえる。しかし，これをキログラム（kg），メートル（m）などの物量単位で表しても意味がないため，貨幣額でもって計算できる経済活動および経済事象ということになる。「会計」では，経済活動および経済事象を貨幣額で計算することを測定といい，また，測定された経済活動および経済事象をひろく公表することを報告という。したがって，「会計」は測定と報告から成りたっているといえる。ただし，報告するためには，測定されていることが前提である。測定された経済活動および経済事象を会計情報または財務情報といい，これを帳簿に記載し，また財務諸表（会計情報または財務情報を伝達するための書類）に記載することを認識という。しかし，認識するためには，測定されていることが前提であるので，広い意味では認識を測定の範囲に含めてよい。

　それでは，誰が経済活動および経済事象を測定し報告するのか。それは，個人，企業，国・地方公共団体などである。このような経済活動を営む主体を，経済主体という。ここでは，さしあたり，「会計」とは経済主体が営む経済活動およびこれに関連する経済事象を測定・報告する行為をいうと定義しておくことにしよう。

　報告行為は，一般に財務諸表を用いて行われる。財務諸表は「証券取引法」の場合には財務計算書類とよばれ，また「商法」の場合には計算書類ともよばれる。「証券取引法」の財務計算書類は法人格は異にしているものの資金，人事など経済的見地からすれば同一とみなされる企業集団ごとに作成する連結財務諸表であり，「商法」の計算書類は，従来は法人格ごとに作成する個別財務諸表（単独財務諸表または単体ともいう）のみであったが，大会社については財務計算書類をみなし計算書類とし，連結財務諸表が導入されることになった。こ

れにより，日本の企業会計は連結財務諸表中心の会計になるといえよう。

▶ 2　会計の種類

　会計は，経済主体の相違および報告対象の相違に応じて，**図表1-1**のように分類できる。

図表1-1　会 計 の 種 類

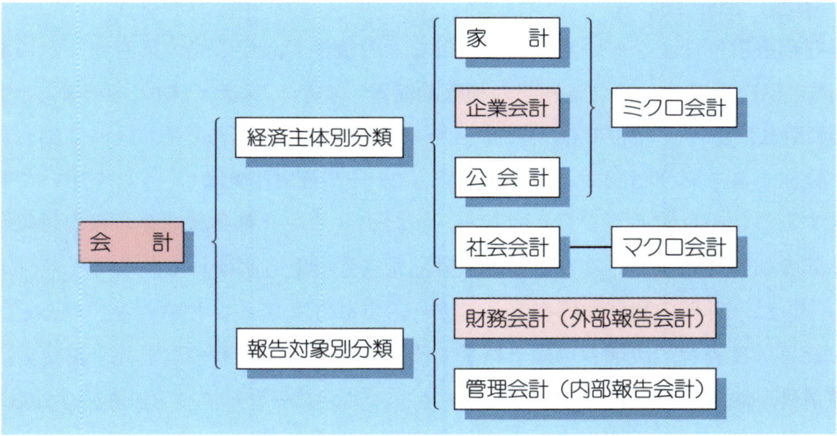

2・1　経済主体別分類

　経済主体が個人または家を前提にしている会計を**家計**といい，また，株式会社などの企業（有価証券を発行する会社であるところから，一般には**発行体**ともいう）を前提にしている会計を**企業会計**といい，さらに国・地方自治体・行政機関を前提にしている会計を**公会計**（官庁会計ともいう）といい，国全体を前提にしている会計を**社会会計**という。このうち，家計，企業会計，公会計のように個別経済主体を前提としている会計を**ミクロ会計**といい，社会会計のように国全体が1つの経済主体であるとの前提に基づく会計を**マクロ会計**という。

　本書で扱うのは，ミクロ会計の中でも企業会計である。また，企業会計という場合には，企業のなかでも営利企業（私企業）の会計すなわち**株式会社社会計**

を前提にし，また単に企業または会社という場合には，原則として株式会社を指すものとする。

2·2 報告対象別分類

企業会計はその報告する対象の違いによって，財務会計と管理会計に大別することができる。

2·2·1 財務会計

財務会計は株主などの投資者，銀行などの債権者，仕入先・得意先などの取引先，税務当局などの企業外部の利害関係者（最近は，ステイクホルダーまたは情報利用者ともいい，本書でも互換的に用いる）に対して，当該企業の経済活動および経済事象を財務諸表などの財務情報（これを外部財務情報という）を用いて報告することを目的とする会計である。したがって，財務会計はその報告対象が外部の利害関係者であるところから外部報告会計ともよばれる。

一口に，外部の利害関係者といっても，実にさまざまな者がいる。たとえば，出資者，投資者，債権者，競争相手，仕入先・得意先などの取引先，消費者，従業員，証券アナリスト，証券ブローカー，アンダーライター（証券発行引受業者），証券取引所，税務当局，監督官庁，エコノミスト，経済新聞・報道機関，労働組合，経済・商工団体，研究者その他一般公衆などである。

しかも，これらの利害関係者はいろいろな経済的なニーズをもっており，そのニーズを満足させるために，外部財務情報を利用する。投資者であれば，投資をすべきか否か，保有している株式を売却すべきか否か，投資先の企業の利益配当はどうかなどを判断するためのデータとして，金融機関などの債権者であれば，融資を行うべきか否か，融資先の企業の担保財源は確保されているか否か，貸付金の支払能力はあるか否かなどを判断するためのデータとして，競争相手であれば，ライバルの成長性，収益性はどのような状況にあるか，従業員であれば，自社の労働条件，給与・賞与，福利厚生施設は他社と比べてどうかなどを判断するためのデータとして，税務当局であれば，徴収可能な法人税額などを判断するためのデータとして，消費者であれば，購入する商・製品の

価格の妥当性を判断するためのデータとして，外部財務情報を利用する。

　そのために，**財務会計は利害関係者の各種のニーズと意思決定に役立つ外部財務情報を報告するものでなければならない**といえよう。しかし，現行の財務会計は，利害関係者のなかでも投資者および債権者のニーズと意思決定に焦点を合わせているために，そこからアウトプットされる**外部財務情報**も**投資者および債権者向け**であるといってよい。それは，投資者および債権者は他の利害関係者よりも財務会計および外部財務情報を利用する度合いが高いこと，その意思決定プロセスが比較的よく知られていること，その意思決定が経済社会における資源配分に及ぼす影響が大きいことなどの理由に加えて，投資者および債権者のニーズを満足させるために提供される外部財務情報は，基本的に，投資者および債権者と同様に企業の財務的側面に関心をもっている他の利害関係者にとっても有用であるという理由にほかならない。

　難しいのは，企業と利害関係者または利害関係者相互間で**利害**が対立しており，これをどのように**調整**すべきかである。これらの利害は，しばしば財務会計プロセスによって算定される利益をめぐって生じることが多い。たとえば，株主の利益を尊重して高額配当を行えば，それだけ債権者の利益が損なわれ担保財源の不足をきたしたり，製品価格の引上げにつながり消費者の利益が損なわれるなどである。

　対立する**利害**を**調整**するためには，利益計算のための**ルール**が提示されることが必要である。ルールがあれば，利害関係者は納得するからである。そのルールが，後で述べる**会計基準**などの**社会規範**である。その意味で，**財務会計は社会的な規範に裏付けられた会計**であるといえる。具体的にいえば，**「連結財務諸表原則」**，**「企業会計原則」**^(注)などの**慣習規範**はもとより，**「商法」**，**「法人税法」**，**「証券取引法」**などの**強制**（または制定法）**規範**によって規制されている会計が**現行の財務会計**であるといってよい。また，この財務会計に基づく会計制度は**企業会計制度**ともよばれている。

　　(注)　本書では，以下，「企業会計原則」とは，1949年7月に企業会計制度対策調査会から公表された「企業会計原則」（最終修正，1982年4月）および1954年7月に企業会計審議会から公表された「企業会計原則注解」（最終修正，

1982年 4 月，以下，「注解」という）を総称するものとし，これに対してカギカッコなしの企業会計原則とは，「企業会計原則」・「注解」その他の基準・意見書等企業会計制度対策調査会，企業会計基準審議会および企業会計審議会から公表されたものを総称する会計基準の意味で用いる。

2·2·2 管理会計

　財務会計に対して，管理会計とは，経営者などのトップ・マネジメント，事業部長などのミドル・マネジメントなど企業内部のマネジメントに対して経営意思決定，業績評価などに役立つ財務情報（これを内部財務情報という）を報告することを目的とする会計である。したがって，管理会計はその報告対象が企業内部のマネジメントであるところから内部報告会計ともよばれる。

　マネジメントは経営計画，統制活動などにおける責任を遂行するために，外部財務情報に加えてきわめて多くの内部財務情報を必要としている。そのような内部財務情報の多くは，特定の意思決定または特定のコスト・センターもしくはプロフィット・センターと関連しており，外部財務情報よりも未来的であり，ずっと詳細である。

　以上，述べたように，財務会計は外部の情報利用者に対して，また管理会計は企業内部のマネジメントに対して，それぞれの意思決定に役に立つ情報を報告することを目的としている。しかし，その情報が誤ったものであったり，また虚偽であったりするならば，情報利用者は適切な意思決定を行うことができない。また，企業と情報利用者との間で利害が対立していたり，企業の経済活動および経済事象が複雑すぎたりすることなどが原因で，情報利用者が自ら情報の信頼性について評価を下すことは事実上は不可能に近いといってよい。

　ここに，監査が要請される理由がある。監査とは，「自己証明は証明にあらず」という言葉に象徴されるように，会計記録などに関与していない独立の第三者の監査人が情報利用者に代わって公正不偏の立場から企業の財務情報の信頼性について評価し，担保する行為である。監査は監査人が企業の外部の者か内部の者かによって，外部監査と内部監査とに分けられる。

　外部監査とは，**公認会計士（CPA）**または**監査法人**（5人以上のCPAによって設立された「公認会計士法」による特別法人。なお，2002年3月1日現在，公認会計士は18,058名であり，また会計士補は4,307名であり，監査法人は148法人である）**による監査**であるが，その対象が財務諸表であることから**財務諸表監査**とよばれる。財務諸表監査は，「証券取引法」に基づくいわゆる証取法監査と「株式会社の監査等に関する商法の特例に関する法律」（以下，「商法特例法」という）に基づく商法監査とに分けられる。

　証取法監査とは，上場企業などの証券取引法適用会社（①発行価額5億円以上の有価証券の募集または売出しを行うか，または行った会社，②証券取引所に株式を上場している会社，③店頭登録銘柄株式を発行している会社および④株主数が原則として500人以上の会社）を中心とする企業集団の連結財務諸表および法人格別の個別財務諸表などの財務計算書類について，会社と利害関係のない公認会計士または監査法人が行う監査である（「証券取引法」第193条の2第1項）。

　一方，**商法監査**とは，「商法」に基づいて作成される株式会社の計算書類について行われる監査であるが，「商法特例法」に定める**大会社**（資本金5億円以上または負債総額200億円以上の株式会社）および**みなし大会社**（「商法特例法」第2条2項の定款の定めがある会社）にあっては**監査役による監査**（会計監査と業務監査）のほか，公認会計士または監査法人による**会計監査人監査**が行われ（「商法特例法」第1条の2，第2条，第4条1項），いわゆる**中会社**（大会社でも小会社

「証取法」第193条の2

①　証券取引所に上場されている有価証券の発行会社その他の者で政令で定めるものが，この法律の規定により提出する貸借対照表，損益計算書その他の財務計算に関する書類で内閣府令で定めるものには，その者と特別の利害関係のない公認会計士（公認会計士法（昭和23年法律第103号）第16条の2第3項に規定する外国公認会計士を含む。以下この条において同じ。）又は監査法人の監査証明を受けなければならない。…（省略）…

「商法特例法」第1条の2

①　この法律において「大会社」とは，次の各号のいずれかに該当する株式会社をいう。
一　資本の額が5億円以上であること。
二　最終の貸借対照表の負債の部に計上した金額の合計額が200億円以上であること。

でもない株式会社）にあっては，監査役による会計監査と業務監査が行われ，また**小会社**（資本金１億円以下でかつ負債総額200億円未満の株式会社）にあっては，監査役による会計監査が行われる（**図表１-２**参照）。

図表１-２　商法特例法による大・中・小会社

	資 本 金		
	１億円以下	１億円超 ５億円未満	５億円以上
負債総額 200億円未満	**小会社** 会計監査 （監査役）	**中会社** 会計・業務監査（監査役） - - - - - - - - - - - - - - - **みなし大会社**※1 会計・業務監査（監査役※2） 会計監査人監査 （CPA・監査法人）	
負債総額 200億円以上	**大会社** 会計・業務監査※3（監査役※2） 会計監査人監査※3（CPA・監査法人）		

※１　「商法特例法」第２条２項の定款の定めがある会社
※２　委員会等設置会社の場合には，監査役を監査委員会と読み替える
※３　連結計算書類の監査を含む

「商法特例法」第２条

① 大会社（清算中のものを除く。）は，この節に定めるところにより，商法第281条第１項に掲げるもの（同項第３号に掲げるもの及びその附属明細書については，会計に関する部分に限る。）について，監査役の監査のほか，会計監査人の監査を受けなければならない。

② 資本の額が１億円を超える株式会社（第１条の２第１項各号のいずれにも該当しないものに限り，清算中のものを除く。）は，定款をもつて，この節に規定する特例の適用を受ける旨を定めることができる。この場合においては，当該株式会社を大会社とみなして，前項及び次条から第19条まで（第４条第２項第２号並びに第７条第３項及び第５項中連結子会社に関する部分並びに第18条第４項を除く。）の規定を適用する。

第４条

① 会計監査人は，公認会計士（外国公認会計士を含む。）又は監査法人でなければならない。

両監査とも実質的に事前監査であり，連結財務諸表を主たる監査対象としている点で共通している（「商法特例法」第19条の2，「証券取引法」第193条の2第1項）。また，総合意見の表明として，証取法監査が個別意見の積上げに基づく**適正意見表明**であるのに対して，商法監査は総合意見または個別意見の区別はなく，計算書類の作成が商法に準拠しているか否かのいずれかによる**適法（または不適法）意見表明**であるという監査意見表明形態，監査報告書の様式などの点でも異なっている。

▶ 3 財務会計と会計規範

すでに述べたように，**財務会計は社会的な規範に裏付けられた会計**である。**規範**（norm）とは，モノの善し悪しを判断するための尺度をいい，通常は，「〜すべし」という形式で表現されるところから，「あるべき」**当為の法則**または**当為性**であるといわれている。

規範はそのかかわる範囲により，**個人規範**と**社会規範**に大別される。さらに，後者は道徳規範，宗教規範，習俗規範，法規範などから構成され，きわめて重層構造的性格をもっている。

図表 1‒3 規 範 の 分 類

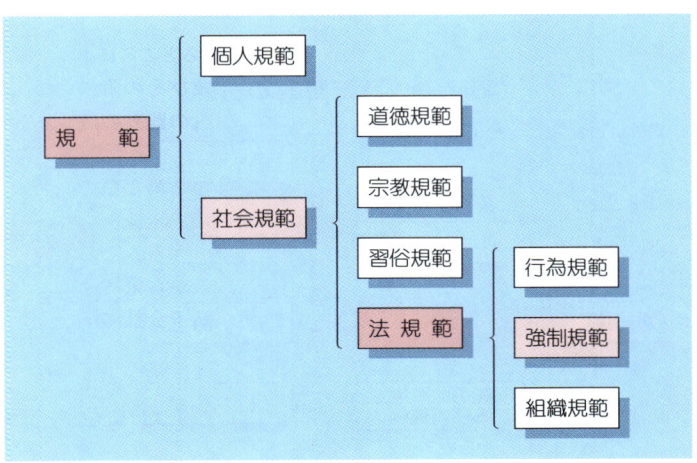

　代表的な社会規範は**法規範**である。これも，行為規範（実践規範，生活規範），制定法もしくは成文法たる**強制**（または制定法）**規範**，組織（または権能）規範などの重層構造からなっている（**図表1-3**参照）。

　法規範は，社会を構成する人々の利害とニーズの対立を地盤として生まれ，一定のルール・秩序を打ち立てるために，その遵守が強制されるものであり，その強制力が国家などの一定の組織的な機構によって裏打ちされるものである。その意味で，**会計規範**は，「会計に関する法規範」ということができる。それは**制定法**または**成文法**だけではなく，**慣習法**などを含むものである。なお，ここにいう**慣習**とは一種の社会規範であり，慣習として行われている事項を規範面からではなく，行為面からみたものを**慣行**という。慣習は**法的確信**（国民が慣習についてそれに従わなければならないと一般に認める意識）を伴って強制力を有するときに，慣習法とよばれ，慣行または事実たる慣習と区別される。

　会計規範は会計に関する法規範であると述べたが，企業会計原則などの**会計基準**とは，＜**第6章　会計基準と企業会計原則**＞で述べるように**強制規範以外の会計規範**（狭義の会計規範たる**慣習規範**）である。なぜならば，かりに会計基準に制定法または成文法たる強制規範が含められるとすれば，たとえば最近のキーワードである**会計基準の国際化**についてディスカッションをする場合に，「商法」，「法人税法」，「証券取引法」なども国際化すべしということになり，きわめて奇妙なばかりでなく非現実的であるからである。

図表1-4　会計規範の分類

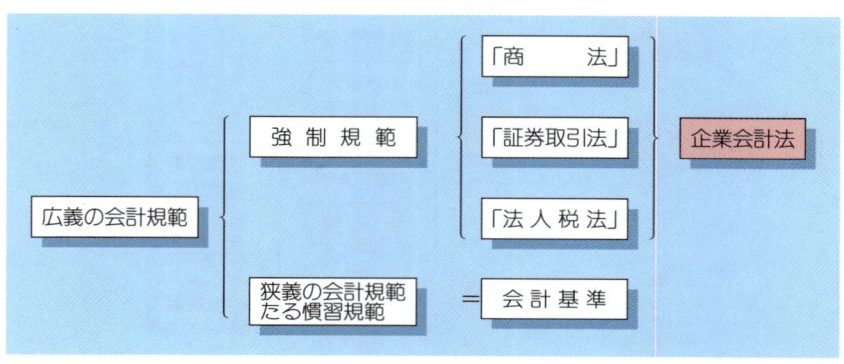

　ところで，「商法」，「証券取引法」および「法人税法」は，企業会計制度を支える法律という意味でしばしば**企業会計法**とよばれる。

　これまで述べてきたことをまとめたのが，**図表1-4**である。

　なお，慣習規範のなかには国際規範もあるが，そのなかでも，重要なのは，**国際会計基準審議会(IASB)**が公表する**国際財務報告基準(IFRS)**である。IFRSは，強制力の点のみからいえば，現在のところ法的確信が得られていない。

▶ 4　財務会計の機能

　財務会計の機能には，大別して，**利害調整機能**と**情報提供機能**とがある。すでに述べたように，**利害調整**とは企業と利害関係者または利害関係者相互間の利害すなわち利益をめぐる対立または綱引きを調整することであり，**情報提供**とは企業の経済活動および経済事象に関する情報を利害関係者に対して知らせることである。

　財務会計はそこから生み出される外部財務情報を通じて利害調整を行うこともでき，また情報を提供することもできるが，財務会計とりわけ企業会計の対象は株式会社であるので，その関連で利害調整機能と情報提供機能を説明しよう。

4・1　利害調整機能

　株式会社とは，一般に，多数の株主から出資を受け，これを管理し運用するなどの事業活動を営むことによって利益をあげ，その利益を出資者である株主に分配することを目的とする組織体である。株式会社は，単に**会社**または**企業**ともよばれ，いわゆる**カンパニー・キャピタリズム**（会社を大きくして発展させることが日本のマクロ経済の繁栄につながるとして，明治維新以来官民一体となって会社の発展を追求してきた日本独特の**会社中心型の資本主義**であり，**キャピタリスト・キャピタリズム〔株主中心型資本主義〕**と対比される）の名のもとに日本経済を支えてきた（日本経済新聞社編「現代企業入門」1990年，17頁参照）。

　わが国には，1995年6月末現在**株式会社**は約112万社存在していた。しかし，

平成2年6月の改正「商法」で株式会社の最低資本金は1,000万円に定められ（**最低資本金制度**），それに達しない場合には増資するかまたは組織変更（「商法」第168条ノ4）（たとえば，株式会社から有限会社，株式会社・有限会社から合名・合資会社への組織変更。ただし，有限会社への組織変更は，有限会社の最低資本金300万円をクリアーできる場合にかぎる）が求められたために，最終的猶予期限である1996年5月末日までに達成できないと**みなし解散**（事実上の解散であり，1996年6月1日をもってみなし解散した株式会社は約11万社である）となる会社が少なくなかった。最低資本金制度のもとでの株式会社は，2001年12月末日現在，約122万社に増加したが，そのうち証券取引法のもとで有価証券報告書を提出する**公開会社**（**上場会社**と**店頭登録会社**）は約4,200社余りにすぎない。

株式会社に関する一般的な説明はこの程度にし，株式会社を商法に基づいて定義すれば，次のようにいえる。すなわち，**株式会社**とは，①営利を目的とする**社団法人**（人の集合体である団体であり，法人として法律上の権利義務の主体であることを認められたもの）であり（「商法」第52条1項），②会社の債権者（いいかえれば，会社の債務）に対して株主が，自己の出資額の範囲でしか責任を負わず（これを**株主有限責任の原則**［「商法」第200条1項］という），③誰もが容易に参加できるように株式を発行し，その自由譲渡が認められている（これを**株式譲渡自由の原則**［「商法」第204条1項］という）**物的会社**である。

このように，株式会社は，①株主有限責任の原則，②株式譲渡自由の原則などの特徴をもっている。このために，株式会社は**「商法」**の総則規定，会社の計算規定，**「商法施行規則」**（以下，「施行規則」という），**「商法特例法」**，**「証券取引法」**，**「連結財務諸表原則」**，**「企業会計原則」**などの規制をはじめいろいろな社会的規制が加えられている。

「商法」第52条

① 本法ニ於テ会社トハ商行為ヲ為スヲ業トスル目的ヲ以テ設立シタル社団ヲ謂フ

第200条

① 株主ノ責任ハ其ノ有スル株式ノ引受価額ヲ限度トス

第204条

① 株式ハ之ヲ他人ニ譲渡スコトヲ得但シ定款ヲ以テ取締役会ノ承認ヲ要スル旨ヲ定ムルコトヲ妨ゲズ

　このような特徴をもつ株式会社制度においては，株主には，出資行為の対価として，自益権と共益権が与えられている。自益権とは，利益配当請求権，残余財産分配請求権など株主が経済的利益を受けることを目的とする権利をいい，共益権とは，議決権行使など企業経営に参加することを目的とする権利である。

　しかし，株式会社の資金について考えてみると，株式会社が株主のみから調達することはきわめてまれである。その資金は，多くの場合，証券市場を通じて株主から資金調達してきた分（これを自己資本または出資者持分という）と金融機関などの債権者から資金調達してきた分（これを他人資本または債権者持分という）に依存しているのが普通である。

貸借対照表

| 資　産 | 負　債　→ 他人資本
（債権者持分） |
| | 資　本　→ 自己資本
（出資者持分） |

　自己資本であろうと他人資本であろうと資金のもつ経済的効果は全く同じであり，単に法律上異なるだけである。それにもかかわらず，株主には，自益権，共益権などの権益が与えられ保護されているが，**債権者には何ら権益が与えられていない**。したがって，株式会社制度においては，**株主と債権者間の利害調整**が問題になる。このために，「商法」は債権者に対する元本を維持し，利息の支払いを確保する**債権者保護の見地**から，**配当可能利益の計算**について規制を加えている。その詳細については後述することにする（<第16章　資本の会計と報告>参照）。

　また，株式会社制度においては，課税所得をめぐる**納税者と税務当局との利**

「日本国憲法」第84条
　あらたに租税を課し，又は現行の租税を変更するには，法律又は法律の定める条件によることを必要とする。

害調整も問題となるために，「法人税法」では課税可能所得計算について規制を加えている。この点についても後述する（＜第４章　財務会計のフレームワーク＞参照）が，要するに，課税可能所得計算については，租税法律主義（租税の賦課徴収は必ず法律によらなければならないとする考え方。「日本国憲法」第84条）により，「所得税法」（第23条以下）および「法人税法」（第21条以下）において規定されている。

　配当可能利益および課税可能所得からなる処分可能利益の算定は，財務会計からアウト・プットされる外部財務情報を通じて行われる。その意味で，財務会計には利害調整機能があるといえる。

4・2　情報提供機能

　すでに述べたように，株式会社には，利害を異にする各種の外部利害関係者が存在している。これらの各種外部利害関係者は，財務会計によって提供される情報を用いて意思決定を行っている。たとえば，株主は一般に出資の見返りとして，配当金，株主優待措置，増資割当額，キャピタル・ゲインなどについてのニーズをもっており，そのニーズと外部財務情報とを照らして意思決定を行うと考えられる。

　しかし，株主および債権者以外の利害関係者はその種類があまりにも多いことに加えて，そのニーズおよび意思決定モデルもあまり知られていないのが現状である。一般的には，株主，債権者その他外部利害関係者を一般投資者として想定し，財務会計もその意思決定に役立つ情報を提供しようとしているのが現状である。

　情報の提供という考え方は，一般投資者を社会的に保護しようという要請から生まれたものであり，投資意思決定情報の提供ともいえる。その直接的な契機は，1929年のニューヨーク証券取引所（NYSE）の株価の大暴落に端を発する大恐慌である。このような背景のもとで，アメリカでは1933年証券法および1934年証券取引所法（以下，「証券二法」という）に基づくSEC（証券取引委員会）のディスクロージャー制度が確立されたが，そこでは開示主義が基本理念とされている。

開示主義（disclosure philosophy）とは，「太陽は最良の消毒薬であり，電灯は有能な警察官である」という有名な言葉に象徴されるように，企業に対して一般投資者（不特定多数の，現在および将来の投資者）が自己の責任で合理的な投資意思決定を行うのに必要と思われる重要な事実の完全かつ十分なディスクロージャーを行わせ，もって風説の流布をはじめ虚偽事実などの事実を知らされないことによって被る不利益およびインサイダー取引によって被る不利益から一般投資者を保護しようとする考え方である。投資意思決定情報の情報提供機能はいわゆる意思決定－有用性アプローチの台頭とともにアメリカにおける財務会計の最も重要な機能とされている。

一方，わが国においても，戦後，連合国総司令部（GHQ）による三井，三菱，住友，安田などの財閥解体に伴う，株式分散を直接的な契機として一般投資者保護が重視されるようになった。株式分散の結果，不在株主などの一般投資者が増加するが，わが国商法による規定では一般投資者保護を促進しえないとして，GHQ は証券取引法の制定を要請してきた。これを受けたわが国政府は，昭和22年3月28日，「証券取引法（法律第15号）」を公布した。これは，戦時中の統制立法である「日本証券取引所法（昭和18年，法律第44号）」，「有価証券業取締法（昭和13年，法律第32号）」などの証券関係諸法令を廃止し，新たにこれらの必要規定を統合するとともに，アメリカの「証券二法」を部分的に取り入れたものであった。

しかし，この法律は，いわば木に竹をついだものであり，投資者保護の見地からすれば当然規定すべき条文が欠けているなどの理由で，翌昭和23年4月13日に公布された「証券取引法〔〔法律第25号〕以下，「証取法」という）」にとって代わられた。

かくして，「証取法」は，その細部にわたって「証券二法」が大幅に取り入れられて全面的に改正され，今日に至っている。そのなかでとりわけ重要な意義を持つのは，一般投資者保護を徹底しようとする趣旨から，開示主義に基づくいわゆる証取法ディスクロージャー制度（＜第4章　財務会計のフレームワーク＞および＜第24章　財務報告＞参照）が確立されたことである。

それ以来，わが国でも，投資意思決定情報の提供が重視されるようになり，

16

そのための情報がほかならぬ財務会計からアウト・プットされる外部財務情報である。その意味で，財務会計には**情報提供機能**があるといえる。とりわけ，最近は政府の金融システムの改革，一連の規制緩和策などとの関連で情報提供機能がますます重要視される傾向にある。証取法において**連結財務諸表**が**主たる財務諸表**とされたことなどが，このあらわれである。

◀ Key Words ▶

インサイダー取引

内部者取引ともいい，重要な事実に関する情報を知りうる立場にある会社取締役などの関係者が，それがまだ一般に公表される前に，その情報を利用してその会社の株式などを売買する行為。具体的にいえば，株価の上昇要因となる情報をにぎっている場合には，それが未発表で株価が安いうちに購入し，逆に株価の下落要因となる情報をにぎっている場合には，その公表によって株価が下がらないうちに売り逃げて，利益を得る行為をいう

会計

経済主体が営む経済活動およびこれに関連する経済事象を測定・報告する行為

開示主義

企業に対して一般投資者が自己の責任で合理的な投資意思決定を行うのに必要と思われる重要な事実の完全かつ十分なディスクロージャーを行わせ，もって事実を知らされないことによって被る不利益および不公正な取引によって被る不利益から一般投資者を保護しようとする考え方

家計

経済主体が個人または家を前提にしている会計

株式会社

営利を目的とする社団法人であり，会社の債権者に対して，株主が自己の出資額の範囲でしか責任を負わず，誰もが容易に参加できるように株式を発行し，その自由譲渡が認められている物的会社

株式会社会計

企業のなかでも営利企業（私企業）の会計

株式譲渡自由の原則

　　株式会社においては，株主は自己が所有している株式を他人に自由に売却してもさしつかえないとする考え方

株主有限責任の原則

　　会社の債権者に対して，株主が自己の出資額の範囲でしか責任を負わないとする考え方

監査

　　独立の第三者の監査人が公正不偏の立場から企業の財務情報の信頼性について評価し担保する行為

カンパニー・キャピタリズム

　　会社を大きくして発展させることが日本のマクロ経済の繁栄につながるとして，明治維新以来官民一体となって会社の発展を追求してきた日本独特の会社中心型の資本主義

管理会計

　　経営者などのトップ・マネジメント，事業部長などのミドル・マネジメントなど企業内部のマネジメントに対して経営意思決定，業績評価などに役立つ内部財務情報を提供することを目的とする会計

企業会計

　　経済主体が株式会社などの企業を前提にしている会計

共益権

　　議決権行使など企業経営に参加することを目的とする権利

経済主体

　　個人，企業，国・地方公共団体などのような経済活動を営む主体

公会計（官庁会計ともいう）

　　経済主体が国・地方自治体・行政機関を前提にしている会計

個別財務諸表

　　法人格ごとに作成する財務諸表

財務会計

　　企業外部の利害関係者に対して当該企業の経済活動および経済事象を財務諸表などの財務情報を用いて報告することを目的とする会計

自益権

　　利益配当請求権，残余財産分配請求権など株主が経済的利益を受けることを目的とする権利

社会会計
　経済主体が国全体を前提にしている会計
社団法人
　人の集合体である団体であり，法人として法律上の権利義務の主体であることを認められたもの
小会社
　資本金１億円以下でかつ負債総額200億円未満の株式会社
測定
　経済活動および経済事象を貨幣額で計算すること
租税法律主義
　租税の賦課徴収は必ず法律によらなければならないとする考え方
大会社
　資本金５億円以上または負債総額200億円以上の株式会社
中会社
　大会社にも小会社にもあてはまらない株式会社
認識
　測定された経済活動および経済事象を資産，負債，資本，収益および費用などの財務諸表の構成要素として財務諸表に記載すること
風説の流布
　虚偽の情報，根拠のないまたは未確認のうわさを市場に流し，株価を動かして不当な利益を得ようとする投資行動
報告
　測定された経済活動および経済事象を公表すること
法的確信
　国民が慣習についてそれに従わなければならないと一般に認める意識
マクロ会計
　社会会計のように国全体が一つの経済主体であるという前提に基づく会計
ミクロ会計
　家計，企業会計，公会計のように個別経済主体を前提としている会計
連結財務諸表
　法人格は異にしているものの，資金・人事など経済的見地からすれば同一とみなされる企業集団ごとに作成する財務諸表

第2章　財務会計の基礎的前提と概念フレームワーク

本章の学習ポイント

1．ビジネスの言語としての財務会計の文法とは何か
2．会計の基礎的前提には，どのようなものがあるのか
3．会計公準と概念フレームワークの類似点と異同点は何か

▶ 1　ビジネスの言語としての財務会計

　われわれの日常生活において，言語をもたずに他人と**コミュニケーション**をはかることは難しい。同様に，経済社会において何らかの言語をもたずに経済活動を営むことは不可能に近い。

　たとえば，個人や家庭が衣・食・住に伴う経済生活を合理的に行う場合にも，また商店や企業の経営者がその業績を判断する場合にも，証券市場や金融機関から事業資金を調達する場合にも，株主に配当金を支払ったり従業員に給料などを支払ったりする場合にも，国・地方公共団体に納税する場合にも，何らかの言語が必要である。その言語が複式簿記を含む会計である。

　その意味で，会計とりわけ**財務会計**はしばしば**ビジネスの言語**（language of business）であるといわれる。英語，ドイツ語などの語学を理解し，修得するのにある程度の文法が必要であるように，ビジネスの言語としての財務会計を学習する場合にも文法が必要である。その文法に相当するのが，古くからある**複式簿記**であり，また**基礎的前提**および**概念フレームワーク**であり，そこから導き出される**会計基準**である。複式簿記については**＜第3章　財務会計の処理プ**

ロセスとそのメカニズム＞で，また会計基準については＜第6章　会計基準と企業会計原則＞で学ぶので，ここではさしあたり基礎的前提と概念フレームワークについて学ぶことにしよう。

▶ 2　基礎的前提

2·1　会計公準

　財務会計では，古くから会計を成立させるための基礎的前提を**会計公準**（postulate）とよんでいる。会計公準は，一般に会計基準および会計処理手続を導き出すための最も基礎的な前提であると説明される。たとえば，減価償却を行う場合の会計処理手続として定額法，定率法などがあるが，これらは「固定資産の取得原価をその耐用年数にわたって費用として配分しなければならない」とする**原価配分の原則**（**費用配分の原則**ともいう）という会計基準から導き出され，さらに，この原価配分の原則は「企業は半永久的に継続する」という**継続企業の公準**から導き出されると説明される。

図表2-1　会計公準の構造

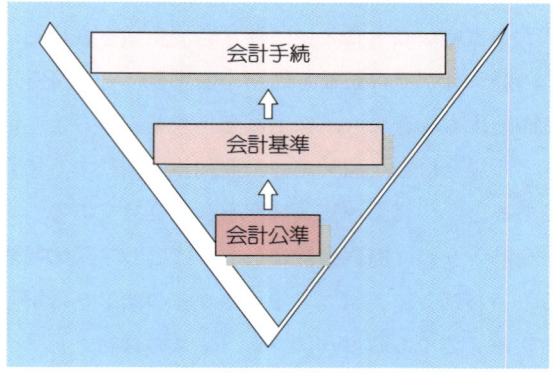

　すなわち，これらの説明では，**図表2-1**にみるように「**会計公準 → 会計基準 → 会計手続**」という構造が想定されており，会計公準から会計基準を直接

に導き出し，さらに，その会計基準から会計手続を導き出すものと考えられている。したがって，会計公準は会計基準と密接不可分のものとして位置づけられてきたといってよい。

　典型的かつ一般的な会計公準としては，(1)**企業実体の公準**，(2)**継続企業の公準（会計期間の公準）**，(3)**貨幣的測定の公準**の3つをあげることができる。

2·1·1　企業実体の公準

　企業実体の公準とは，企業会計は，**所有と経営の分離**のもとに，所有主という個人単位ではなく，企業単位で行われるという前提である。いいかえれば，出資を受けた企業が出資者から独立して企業に関する経済活動および経済事象を測定し，報告するという意味である。

　したがって，この公準のもとでは，次の式にみるように，資産はすべて企業に帰属する資産であり，他方，負債はすべて企業に帰属する負債であり，資本はすべて企業に帰属する資本とみなされることになる。

$$\text{A（企業資産）}=\text{L（企業負債）}+\text{C（企業資本）}$$

　企業実体には，**法的実体**（legal entity）と**経済的実体**（economic entity）とがある。法的実体とは法人格別の分類であり，経済的実体とは法人格は異にするものの，資金，人事などの経済的見地からすれば同一とみなされる企業集団別の分類である。たとえば，ソニー，ソニー・ミュージックエンタテインメント，アイワ，ソニー・コンピュータエンタテインメントなどは法的実体からみた分類であり，これらをはじめ約1,200社ほどある子会社および関連会社を一緒にしてソニーグループという場合には経済的実体からみた分類である（**図表2-2**参照）。

　企業実体という場合，従来は法的実体を指すことが多かったが，子会社などを通じての経済活動の拡大および海外での資金調達活動の活発化，さらには企業の多角化・集団化，国際化などの進展に伴い，企業実体といえば最近では経済的実体を指すといってよい。

図表 2 - 2　ソニーグループ

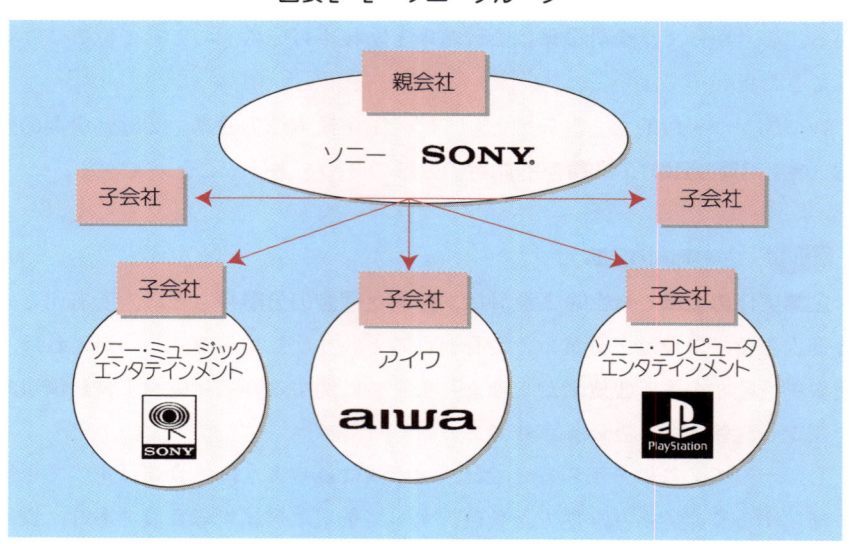

　<第１章　財務会計の意義>で述べたように，法的実体別に作成する財務諸表を個別財務諸表といい，経済的実体別に作成する財務諸表を連結財務諸表という。現行企業会計は連結財務諸表中心の会計である。

2・1・2　継続企業の公準（会計期間の公準）

　継続企業の公準とは，企業の経済活動は半永久的に継続して営まれるという前提である。現行企業会計で，原則として取得原価主義会計が採用されるのも，減価償却が行われるのも，資産・負債の分類に流動・固定分類が原則とされるのも，すべて継続企業の公準が前提となる。なぜならば，企業が半永久的に存続すると仮定しないならば，清算価値会計の方が合理的であるし，償却資産の価値減少を認識する必要もないし，さらには資産・負債を流動・固定分類する意味もないからである。

　しかし，企業活動が半永久的であると仮定する一方で，企業会計では企業の財政状態および経営成績を把握するために，一定時点での財産計算を行い，一

定期間での損益計算を行う。このために，継続企業の公準は**会計期間の公準**ともよばれ，企業会計は期間別に行われるという計算期間を限定する前提であるともいえる。

2·1·3 貨幣的測定の公準

貨幣的測定の公準とは，企業の経済活動および経済事象を把握するさいに，貨幣額をもって測定しなければならないという前提である。その理由は，貨幣単位が最も共通的・一般的尺度であり，グラム（g），メートル（m），リットル⑴などの物量単位は公分母たりえないからである。したがって，貨幣額をもって測定できない経済活動および経済事象は企業会計の対象とはなりえない。

なお，貨幣的測定の公準は取得原価主義会計または名目資本維持の前提となる**貨幣価値一定の公準**とは別概念であって，あくまでも貨幣額による測定を意味しているにすぎない。

2·2 その他の基礎的前提

ビジネスの言語としての財務会計には，会計公準のほかにもいくつかの基礎的前提がある。**取得原価基準，実現基準，対応原則，原価配分の原則，コスト・ベネフィット基準**などである。

2·2·1 取得原価基準

世界の主要諸国では，財務諸表における大部分の資産および負債は取得時の価格に基づいて会計処理され報告されている。これは**取得原価基準**とよばれている。

取得原価は評価基準として信頼性の点で最もすぐれている。この点は，取得原価以外の基準で帳簿記録することを考えてみるとよく理解できる。たとえば，評価基準として**売却時価**または**現在の販売価格**（current selling price）を用いるとしたらどうであろうか。ある資産を売却もしていないし，またその予定もないのに，その見積売却時価を算定し，その妥当性を立証することができるのであろうか。資産の見積売却時価について十人十色の評価が下されるであろう

し，マネジメントがその妥当性を外部の利害関係者に対して立証することもきわめて困難である。

　見積売却時価ではなく，実際に資産を売却するとしたらどうであろうか。その場合に最もやっかいなのは，損益計算を行おうとするたびに会社のすべての会計帳簿を閉鎖して資産を売却し，その価値を計算しなければならないことである。このようなことを会社ができるとも思われないし，また行うとも思われない。

　かりに手間暇をかけて損益計算を行ってみても，資産の売却価値の計算に恣意性が介入することが避けられないために，マネジメントはもとより外部の利害関係者からも納得されないばかりではなく，コスト・ベネフィットの見地からみても全く割りに合わないといえる。同様の問題は，原価以外の基準である取替原価（replacement cost）および現在価値（present value）についても生じるといえる。

　もっとも，取得原価基準にしても，その原価の意味，決定方法，有用性などについて問題がないわけではない。この点については，後述する（＜第5章　財務会計の基礎理論＞参照）。

2·2·2　実現基準

　実現基準とは，資産の売却時における収益の認識・測定（あわせて計上という）の考え方を示すものであり，資産を第三者に引き渡し，その対価として貨幣性資産（通常は現金または現金同等物）を取得することをもって収益の計上を行うべしとする考え方である。

　ある資産の売買取引が交換市場において売手と買手の間で成立した価額で行われる場合，買手側からみると資産評価を行っており，同じことを売手側からみると収益の計上を行っている。いいかえれば，財貨または用役の取引について，これを買手側は取得原価基準で評価しているのに対して，同一の取引を売手側は実現基準で収益を計上している。このために，現行の財務会計の計算構造上の特徴は，しばしば原価一実現主義であるといわれる（＜第5章　財務会計の基礎理論＞参照）。

　このように，実現基準は伝統的に貨幣性資産の裏付けのある利益をもって収益を計上しようとするものであるが，最近，実現可能（realizable）概念を採用し，もって実現基準を拡張しようとする考え方がある。たとえば，株式相場の上昇によって売買目的有価証券などの金融資産に含み益が生じている場合，その金融資産は売却しようと思えばいつでも売却でき，換金可能なので，含み益を実現したものとみなして利益に計上しようとするものである。

　しかし，現行の企業会計制度において含み益などの保有利益を実現利益とみなすためには，評価時点の利益が売却利益（実現利益）と同一の性質を持っている利益であることを論証する必要があるといえよう。この点については，＜第11章　有価証券の会計と報告＞で詳述する。

2・2・3　対応原則

　収益とは営業活動によって生み出された成果であり，費用とは収益を生み出すための努力である。したがって利益とは努力と成果の差額である。

　このように，努力（費用）と成果（収益）に対応関係または因果関係があるという前提で損益計算を行うべしとする考え方を費用収益対応の原則または対応原則という。この原則のもとで努力と成果の関係または対応関係にあるという場合には，質的な対応と数量的な対応の2つが考えられる。前者は投入した費用が収益を生み出すために必要不可欠であることを意味し，後者は費用と収益との間に数量的な相関関係があることを意味している。しかし，現実には，質的な対応も数量的な対応もきわめてまれであり，対応原則は投下貨幣資本を回収するための論拠となっているにすぎないといってよい（詳しくは，＜第17章　経営成績の計算と損益計算書＞参照）。

　その意味で，対応原則は取得原価基準，取替原価基準など引渡資産によって取得資産を評価するインプット・プライス系統の評価基準に共通する観念的な前提ではあるが，期間損益計算の本質を理解するために必要不可欠な思考である。

2・2・4 原価配分の原則

原価配分の原則（principle of cost allocation）とは，現金その他現金同等物以外の非貨幣性資産の取得原価を**資産の費消額**（すなわち，当期の費用額）と**資産の未費消額**（すなわち，**当期末の貸借対照表価額**）とに分け，当期の費用額を測定し，期末の貸借対照表価額を決定するための考え方であり，**費用配分の原則**ともいう。

たとえば，商品などの棚卸資産であれば**費消量を配分の基準**として売上原価と期末棚卸高とに，車両などの有形固定資産であれば**期間または利用高を配分の基準**として減価償却費と未償却残高とに分けるなど，資産の種類に応じた原価配分の原則によって資産の取得原価を各事業年度に配分しなければならない（「企業会計原則」第三，五）。

したがって，**原価配分の原則**は費用額を測定し，貸借対照表価額を決定するという意味で，**費用会計と資産会計に共通する思考**である。

2・2・5 コスト・ベネフィット基準

外部財務情報は通常の財貨または用役の取得と同様に，あらかじめそれから得られると予測される**ベネフィット**とそれを得るために費やされる**コスト**とを比較して，前者が後者を上回らないかぎり提供されないし，またその提供を望むべきでもない。この考え方を**コスト・ベネフィット基準**という。

情報利用者は情報はタダであると考えているかまたはそのコストを意識して

「企業会計原則」第三

五　貸借対照表に記載する資産の価額は，原則として，当該資産の取得原価を基礎として計上しなければならない。

　資産の取得原価は，資産の種類に応じた費用配分の原則によつて，各事業年度に配分しなければならない。有形固定資産は，当該資産の耐用期間にわたり，定額法，定率法等の一定の減価償却の方法によつて，その取得原価を各事業年度に配分し，無形固定資産は，当該資産の有効期間にわたり，一定の減価償却の方法によつて，その取得原価を各事業年度に配分しなければならない。繰延資産についても，これに準じて，各事業年度に均等額以上を配分しなければならない。

いないが，情報はタダではない。外部財務情報を提供するためのコストの大部分は，主として財務情報の作成者である発行体が負担するのに対し，そのベネフィットは発行体と情報利用者の両者が享 受する。しかし，コストもベネフィットもきわめて広範囲におよぶ。**発行体にとってのコスト**とは，情報の収集および処理に要するコスト，監査コスト，訴 訟 関連コスト，競争上不利な情報開示から生じるコストなどであり，**情報利用者にとってのコスト**とは，情報の分析，解釈などに要するコストである。

　しかし，**ベネフィット**は，一種の**効用概念**であり，現時点では測定することができないと考えられており，しかも，近い将来にも，ベネフィットを測定する手段が著しく改善される見込みがないなどの困難な問題をかかえている。そうしてみると，コストとベネフィットの分析は現時点では，たとえば，情報経済学のように抽象的レベルでしか行えないといわざるをえない。しかし，この考え方は各種情報の選択，評価を行ったり，後述する**会計ディスクロージャー**（**＜第24章　財務報告＞**参照）の限界と拡張を考慮するため，または会計基準を設定するためにはきわめて重要な手法である。事実，アメリカの会計基準の設定主体である**財務会計基準審議会（Financial Accounting Standards Board；FASB）**は，「会計基準のコスト・ベネフィット分析は困難であるが，公表される会計基準が一部の者にとってベネフィットがあるからといって，多くの者にコスト負担を強いるものであってはならない」旨を表明し，コスト・ベネフィット基準が会計基準を設定するためにはきわめて重要な考え方であるとしている。

▶ 3　財務会計の概念フレームワーク

　財務会計の基礎的前提である**会計公準と類似する**が，その本質を異にするものに**概念フレームワーク**がある。すでに述べたように，会計公準は会計基準が依拠する基本的前提であると定義され，また会計基準を直接に導き出し，さらにその会計基準から会計手続を導き出すものであると考えられている。いいかえれば，会計公準の理論においては，**図表 2 - 1** でみたように「会計公準 → 会

計基準 → 会計手続」の構造が仮定されているが，最近のように経済環境が複雑になってくると現実には会計公準からすべての会計基準を導き出すことは不可能に近い。たとえば，貨幣的測定の公準からは取得原価基準を直接に導き出すことはできない。そうしてみると，会計公準は会計を成立させる大前提であると解すべきなのかもしれない。

これに対して，概念フレームワークとは，財務報告の目的から出発し，その目的に適合する会計情報の性質を明らかにし，次いでその情報の性質から財務諸表の構成要素を確定するとともにその認識・測定基準を示し，これらを1つの大きなフレームワークとし，このフレームワークのなかで各種の会計基準を導き出そうとするものである。

FASBによれば，概念フレームワークとは，「首尾一貫した会計基準を導き出すと考えられ，かつ財務会計および財務報告の本質，機能および限界を規定する相互に関連する基本目的ならびに根本原理の整合的な体系」であり，一種の憲法であると定義されている。すなわち，概念フレームワークは，法律を制定する場合のフレームワークである憲法と同様に，会計基準の設定にあたって合憲か違憲かを判断するための標準であるという意味で会計の憲法になぞらえることができ，端的にいえば，会計基準を設定するための基準であるといえるばかりでなく，一般に認められた会計原則（generally accepted accounting principles；GAAP）をはじめとする会計基準設定のための理論的な拠り所であり，いわば会計基準の生命線ともいえるものである。

アメリカ，カナダ，オーストラリア，ニュージーランドなどのアングロ・サクソン系諸国または国際会計基準審議会（IASB）などでは，すでに会計公準からではなく，この概念フレームワークに基づいて，GAAPまたはGAIAP（generally accepted international accounting principles；一般に認められた国際的な会計原則）を設定している。たとえば，世界で最初に概念フレームワークを形成し各国の模範とされているFASBの概念フレームワークとは，次のようなものである（図表2-3参照）。

SFAC第1号　営利企業の財務報告の基本目的
SFAC第2号　会計情報の質的特徴

図表 2 - 3　FASB の概念フレームワークの構造

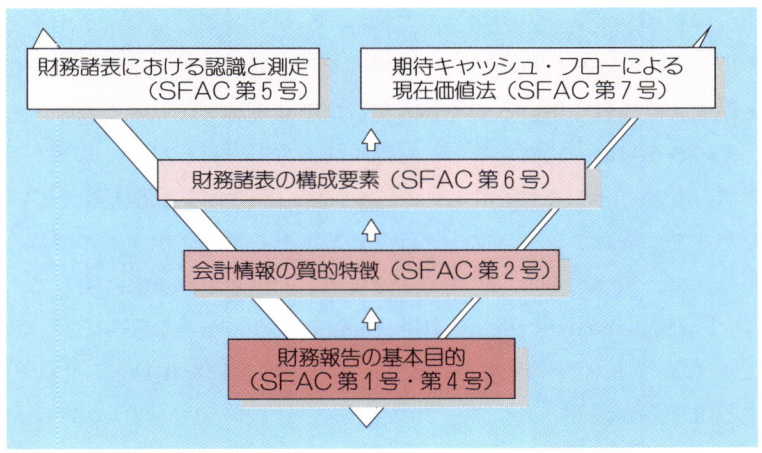

SFAC 第 6 号　財務諸表の構成要素（SFAC 第 3 号の改訂版）
SFAC 第 4 号　非営利組織体の財務報告の基本目的
SFAC 第 5 号　営利企業の財務諸表における認識と測定
SFAC 第 7 号　会計測定におけるキャッシュ・フロー情報および現在価値
　　　　　　　の使用

　まず，「財務会計諸概念に関するステートメント（Statement of Financial Accounting Concepts；SFAC）第 1 号」においては，財務報告の対象を一般目的外部財務報告に限定したうえで，その基本目的を明示し，ついで SFAC 第 2 号では，SFAC 第 1 号で明示された基本目的に適合する有用な会計情報を選択するための規準として，目的適合性（relevance）および信頼性（reliability）を中核とする合計10の質的特徴を明らかにし，さらに，SFAC 第 3 号（その後，SFAC 第 6 号として改訂される）においては，SFAC 第 2 号の選択規準というフィルターを通した有用な会計情報を財務諸表の構成要素として提示するとともに，その定義を下している。SFAC 第 5 号は SFAC 第 1 号から SFAC 第 3 号までの概念フレームワーク・プロジェクトの成果を基礎にして，概念フレームワーク・プロジェクトのなかでは最も具体的な問題である財務諸表における認識と測定を取りあげている。さらに，SFAC 第 7 号は SFAC 第 5 号の測定面の延長

線上にあり，期待キャッシュ・フローによる現在価値法を取りあげたものである。

このように，FASBの概念フレームワークは，財務会計基準および財務報告基準を形成する場合に用いる基本目的ならびに諸概念を確立するためのものであり，その基本目的，諸概念などから理論的に首尾一貫した会計基準を導き出そうとするもの（「会計基準を設定するための基準」）であると考えられている。

したがって，概念フレームワークは会計基準を直接導き出すものではなく，いいかえれば，SFACシリーズを媒介として，「財務会計基準に関するステートメント（Statement of Financial Accounting Standards；SFAS）」などのGAAPを形成するための理論的な拠り所または理論的な指針としての役割を果たすものである。

残念ながら現在のところ，わが国では「企業会計原則」をはじめとする会計基準の設定，見直しを行うための理論的な拠り所またはパラダイムとしての概念フレームワークは形成されていない。

この点は，概念フレームワークに基づき情報利用者—投資意思決定情報の提供—の視点から会計基準を設定しているFASBおよびIASBとは大きく異なるところである。

◀ Key Words ▶

会計公準

　　会計を成立させるための基礎的前提

概念フレームワーク

　　法律を制定する場合のフレームワークである憲法と同様に，会計基準の設定にあたり，合憲か違憲かを判断するための標準であり，いいかえれば会計基準を設定するための基準。ちなみに，FASBの概念フレームワークは，財務報告の目的から出発し，そこからその目的に適合する会計情報の性質を明らかにし，次いでそこから財務諸表の構成要素を確定するとともにその認識と測定基準を示し，これらを1つの大きなフレームワークとし，このフレームワークのなかでFASB基準（US-GAAP）を設定している

貨幣的測定の公準

　　企業の経済活動および経済事象を把握するさいに，貨幣額をもって測定しなければならないという前提

企業実体の公準

　　企業会計は所有と経営の分離のもとに，所有主という個人単位ではなく，企業単位で行われるという前提

期待キャッシュ・フロー

　　可能性のある見積値の一定の幅のなかで確率を加重した数値の合計額をいい，見積り上の平均値でもある

継続企業の公準

　　企業の経済活動は半永久的に継続して営まれるという前提

原価配分の原則

　　現金その他現金同等物以外の非貨幣性資産の取得原価を資産の費消額（すなわち，当期の費用額）と資産の未費消額（すなわち，当期末の貸借対照表価額）とに分け，当期の費用額を測定し，期末の貸借対照表価額を決定するための考え方

コスト・ベネフィット基準

　　外部財務情報から得られると予測されるベネフィットとそれを得るために費やされるコストとを比較して，前者が後者を上回らないかぎり外部財務情報は提供されないし，またその提供を望むべきでもないとする考え方

信頼性

　　情報には，ほとんど誤謬や偏向が存在していないこと，また表現しようとするものを忠実に表現していることを保証する情報の特性

費用収益対応の原則（対応原則）

　　努力（費用）と成果（収益）が対応関係または因果関係があるという前提で損益計算を行うべしとする考え方

目的適合性

　　情報利用者に，過去，現在および将来の事象もしくは成果の予測または事前の期待値の確認もしくは訂正を行わせることによって情報利用者の意思決定に影響を及ぼす情報の能力

第3章 財務会計の処理プロセスと そのメカニズム

本章の学習ポイント

1. 財務会計の処理プロセスとそのメカニズムはどのようになっているのか
2. 貸借対照表等式とは何か
3. 損益計算書等式とは何か
4. 簿記・会計における取引とは何か
5. 勘定記入の法則とは何か
6. 取引の8要素とは何か。また，各要素はどのような関係になっているのか
7. 仕訳とは何か
8. どのようにして元帳に転記するのか
9. 決算とは何か。また，決算手続はどのようにして行うのか
10. 連結財務諸表はどのようにして作るのか

▶ 1 複式簿記のメカニズムと個別財務諸表の作成

　ビジネスの言語としての財務会計は，株主などの投資者，銀行などの債権者，仕入先・得意先などの取引先，税務当局などの外部の利害関係者に対して当該企業の経済活動および経済事象を測定し報告することを目的としている。そのさい，企業と外部の利害関係者のコミュニケーションを円滑にするためのメッセージが財務諸表（Financial Statements ; F/S）である。すでに＜第1章　財務

会計の意義＞で述べたように，財務諸表には個別財務諸表と連結財務諸表とがある。

　個別財務諸表の目的は，主として**一定時点現在の財政状態**と**一事業年度（一会計期間**ともいい，その初めを**期首，**その終わりを**期末**といい，期末日のことを**決算日**という）の**経営成績**を明らかにすることにある。ここに，財政状態とは，現金，預金，建物などの資産，現金の借入分などの負債および企業の所有主などが出資した分である資本の有高をいう。これに対して，経営成績とは，商品売買益，受取手数料などの収益と，給料，光熱費などの費用の内容とその状況をいう。

　さらに，**財政状態**を明らかにするための財務表を**貸借対照表**（Balance Sheet；**B/S**）といい，**経営成績**を明らかにするための財務表を**損益計算書**（Income Statement；**I/S**（米）または，Profit and Loss account；**P/L**（英））といい，両者をあわせて**主要財務諸表**という（**図表3-1**参照）。

図表3-1　主要財務諸表

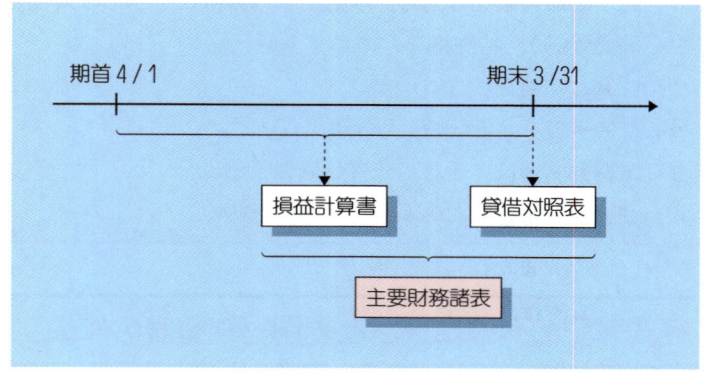

　本章では，**財務会計の文法**の1つである**複式簿記**のエッセンスについて学び，メッセージである**個別財務諸表**および**連結財務諸表**を作成するまでの財務会計の処理プロセスとメカニズムについて学ぶことにしよう。

▶ 2　財務諸表の構成要素と基礎概念

　複式簿記では，財政状態を明らかにするために資産（asset；A），負債（liability；L）および資本（capital；C）という概念が，また経営成績を明らかにするために収益（revenue；R）および費用（expense；E）という概念が用いられ，これらを**財務諸表の構成要素**といい，個別財務諸表であると連結財務諸表であると異なるところはない（厳密にいえば，連結財務諸表の場合には，連結調整勘定，少数株主持分，連結剰余金などの個別財務諸表では用いられない概念があるが，これらについては**＜第22章　企業集団の会計と報告＞**で詳述する）。

2·1　資産・負債および資本

　資産とは，一般に，通貨，他人が振り出した小切手などの**現金**，銀行預金，当座預金（自己振出小切手の受入れと小切手の振出し）などの**預金**，および土地，建物などの**財貨**，商品の販売代金の未収分（これを**売掛金**という），現金の貸付分（これを**貸付金**という），特許権などの**権利**をいう。

　また，**負債**とは，一般に，商品の購入代金の未払分（これを**買掛金**という），銀行などから借りてきた現金（これを**借入金**という）など約束の期日には支払わなければならないものをいう。

　さらに，**資本**とは，企業の所有主（企業主ともいう）が出資した分（個人商店または個人企業のケース）または**株主が出資した分**（株式会社のケース）およびその**増加分**をいう。資本は，資産の総額から負債の総額を控除することによって求められるので，**純資産**ともよばれる。企業の純資産を求めるための計算式を**資本等式**という。

> **資産－負債＝資本……資本等式**

　負債も資本も資産を調達するための源泉という意味では同じ経済的価値および効果をもっているところから，負債は**他人資本**ともよばれ，資本は**自己資本**

ともよばれる。

2·2 貸借対照表等式

　上述の資本等式において，左辺の負債を右辺に移項すると，次のような等式になる。

> 資産＝負債＋資本……貸借対照表等式

　これを貸借対照表等式といい，貸借対照表を作成するための計算式である。

▶ 基本例1 ◀

　札幌電器株式会社は，パソコン販売業を営むため，20X1年4月1日に自己資金を現金で5,000万円出資し，また銀行から現金2,000万円を借り入れて設立した。営業を開始するにあたり，1,000万円分のパソコンをメーカーから購入（これを仕入という）するとともに，札幌市内の店舗を4,000万円で，陳列棚などの備品を1,500万円で購入した結果，手許には現金500万円が残った。

　[基本例1] に基づいて，開業時の資産，負債および資本の額を計算すると，次のとおりである。

　　　資産……1,000万円（商品）＋4,000万円（建物）＋1,500万円（備品）
　　　　　　　＋500万円（現金）＝7,000万円
　　　負債……2,000万円（借入金）
　　　資本……7,000万円（資産）－2,000万円（負債）＝5,000万円

　上記の貸借対照表を作成するための計算式（貸借対照表等式）は，次のようになる。

> 7,000万円（資産）＝2,000万円（負債）＋5,000万円（資本）

　さらに，上記の等式に基づいて，貸借対照表を作成すれば，次のようになる。

貸 借 対 照 表

札幌電器株式会社　　20X1年4月1日現在　　　（単位：万円）

資　　　産	金　　額	負債および資本	金　　額
現　　　金	500	借　入　金	2,000
商　　　品	1,000	資　本　金	5,000
備　　　品	1,500		
建　　　物	4,000		
	7,000		7,000

（注） 貸借対照表には企業名（この場合には，札幌電器株式会社），その作成時点および単位を書く。また，左右の合計額は同じ行に記載し，余白があれば上記のように斜線を引いてその後は書き込みによる不正をできないようにする。

さて，この貸借対照表から何を読みとることができるであろうか。

まず，**資金調達の面**から考えてみよう（貸借対照表の向かって右側をみてみよう。複式簿記では，向かって右側を**貸方**［creditor；Cr］という）。自己資金5,000万円と借入金2,000万円が企業に投下されていることが理解できよう。

次に，貸借対照表の向かって左側（複式簿記では，**借方**［debtor；Dr］という）をみてみよう。投下された7,000万円が，現金500万円，商品1,000万円，備品1,500万円，建物4,000万円へと姿を変えたことが理解できよう。すでに，貸借対照表とは一定時点現在の財政状態を明らかにするものであると述べたが，もっとわかりやすくいえば，上記のことから，**貸借対照表**とは，企業に投下された資金が，(1)どのような源泉から求められ（これを**調達源泉**という），これが，(2)どのような形で使われているか（これを**運用形態**という）を明らかにするものであるといえる。

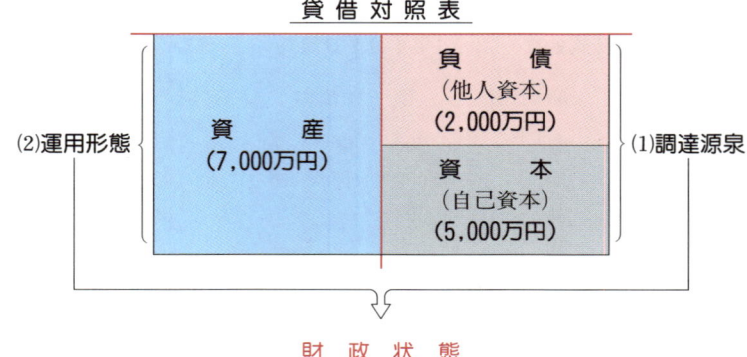

2·3 収益と費用

　収益とは，売上（主として一般の商品売買業のケース），受取手数料（宅配便などの主としてサービス業のケース），受取利息（主として金融業のケース）などである。また，費用とは，仕入，給料，支払保険料，支払手数料，支払利息，減価償却費などである。

　なお，追加出資（これを増資という）や店主引出（これを減資という）の場合にも，純資産（または自己資本）が増減するが，これは収益や費用にはならない。

2·4 損益計算書等式

　純利益（または純損失）は，収益額から費用額を控除して算出する。これは純資産（または自己資本）の純増加（または純減少）分でもある。これを等式で示すと，収益－費用＝純利益（マイナスのときには，純損失）となる。費用を右辺に移項し，さらに右辺と左辺を置き換えると，

> 費用＋純利益（または純損失）＝収益……損益計算書等式

となり，これを損益計算書等式といい，損益計算書を作成するための計算式である。

▶　　基本例2　　◀

　［基本例1］の札幌電器株式会社は20X1年4月1日からパソコン販売を開始し，3月31日までの1年間に，次のような営業活動を行ったものとする。

20X1年12月18日　パソコン（商品）700万円分を1,000万円で売却し，代金は現金で受け取った。

20X2年3月31日　決算にあたり従業員に給料50万円を現金で支払い，また，12月に売却したパソコンの仕入原価を売上原価として700万円計上し，さらに，建物と備品につき，本年度の使用に伴う価値減少分である減価償却費150万円を計上した。

　［基本例2］に基づいて，収益，費用および純利益の額を計算すると，次のとおりである。

　　　　収益……1,000万円（商品販売代金）

　　　　費用……700万円（商品仕入原価）＋50万円（給料）

　　　　　　　　＋150万円（減価償却費）＝900万円

　　　　純利益……1,000万円（収益）－900万円（費用）＝100万円

　損益計算書等式は，次のようになる。

　　900万円（費用）＋100万円（純利益）＝1,000万円（収益）

　さらに，上記の等式に基づいて，**損益計算書**を作成すれば，次のようになる。

損 益 計 算 書

自20X1年 4 月 1 日至20X2年 3 月31日

札幌電器株式会社　　　　　　　　　　　　　　（単位：万円）

費　　　　　用	金　　　額	収　　　　　益	金　　　額
売 上 原 価	700	売　　　　　上	1,000
給　　　　　料	50		
減 価 償 却 費	150		
当 期 純 利 益	100		
	1,000		1,000

（注）　損益計算書も貸借対照表と同様に企業名，会計期間，単位
　　　を書く。左右の合計額を同じ行に記載し，余白があれば斜線
　　　を引くが，その趣旨は貸借対照表と同様である。

　ちなみに，20X2年 3 月末日現在の貸借対照表を作成すると，次頁のとおりで
ある。なお，このような略式を **丅字型**または **丅字フォーム**とよび，本書では，
便宜上，以下この略式を用いることにする。

　それでは，上記の損益計算書から何を読みとることができるのであろうか。
これを考える前に，20X1年 4 月 1 日現在の貸借対照表（これを**開業貸借対照表**
という）と20X2年 3 月31日現在の貸借対照表（これを**期末貸借対照表**という）を比
較してみよう。 3 月31日現在の貸借対照表のほうが純資産（または自己資本）が
100万円増加している。すでに述べたように，純資産の増加分（100万円）は利
益である。これは，どのような原因によって生じたのであろうか。それを示し
ているのが，損益計算書である。

（開業）貸借対照表

札幌電器株式会社	20X1年4月1日現在	（単位：万円）	
現　　　金	500	借　入　金	2,000
商　　　品	1,000	資　本　金	5,000
備　　　品	1,500		
建　　　物	4,000		
	7,000		7,000

⇩ 営業活動

（期末）貸借対照表

札幌電器株式会社	20X2年3月31日現在	（単位：万円）	
現　　　金	1,450	借　入　金	2,000
商　　　品	300	減価償却累計額	150
備　　　品	1,500	資　本　金	5,000
建　　　物	4,000	当期純利益	100
	7,250		7,250

　そこで，前掲の損益計算書をもう一度みてみよう。損益計算書は，出資した分と銀行からの借入金からなる調達源泉である7,000万円を，一事業年度に運用し，かつ営業活動を行った結果，損益計算書の費用項目（売上原価，給料，減価償却費）と収益項目（売上）が原因となって純資産（または自己資本）が100万円増加したことを示している。このように，純資産（または自己資本）の増減原因を示す収益および費用の状況を経営成績といい，経営成績は最終的には純利益（または純損失）の額によって示される。

損 益 計 算 書

| (2)純資産の
減少原因 | 費　　用
（900万円） | 収　　益
（1,000万円） | (1)純資産の
増加原因 |

純 利 益
（100万円）

経 営 成 績

2·5 貸借対照表と損益計算書の関係

　すでに述べたことからも明らかなように，純利益（または純損失）は，一会計期間における企業活動の結果生じた純資産（または自己資本）の純増加分（または純減少分）であり，収益と費用は純資産の増加分または減少分を示すものなので，純利益（または純損失）の額は，簿記上，次の2つのうちいずれの方法によっても求められる。

期末資本－期首資本＝純利益（または純損失）　………………………(1)式

収　　益－費　　用＝純利益（または純損失）　………………………(2)式

　(1)式によって純損益を計算する方法を**財産法**といい，これは，下記の(3)式および(4)式の整理を経て期末貸借対照表を示す基本等式になり，また，(2)式は，損益計算書の基本等式であり，この等式によって純損益を計算する方法を**損益法**という。

　次に，すでに述べた資本等式（資産－負債＝資本）により期末貸借対照表等式を求めると，期末資本は，

期末資産－期末負債＝期末資本　…………………………………………(3)式

の計算で求められ，(1)式にこの(3)式の左辺を代入すると，

$$（期末資産－期末負債）－期首資本＝純利益（または純損失）\quad\cdots\cdots(4)式$$

となる。そこで，これを整理すると，次のようになる。

$$期末資産＝期末負債＋期首資本＋純利益（または純損失）\quad\cdots\cdots\cdots(5)式$$

この(5)式が，**期末貸借対照表の基本等式**である。

　上記からも明らかなように，純利益（または純損失）は(1)式で計算しても(2)式で計算しても同じ金額になるので，両式をまとめると，次のようになる。

$$期末資本－期首資本＝収益－費用\quad\cdots\cdots\cdots\cdots\cdots\cdots\cdots\cdots\cdots(6)式$$

さらに，(6)式に(3)式の左辺を代入すると，

$$（期末資産－期末負債）－期首資本＝収益－費用\quad\cdots\cdots\cdots\cdots\cdots(7)式$$

(7)式を整理すると

$$期末資産＋費用＝期末負債＋期首資本＋収益\quad\cdots\cdots\cdots\cdots\cdots\cdots(8)式$$

　(8)式は**試算表等式**とよばれ，**試算表**は一事業年度のすべての資産，負債，資本，収益および費用の計算結果の妥当性を検証するために作成されるものである。

▶ 3　取引記録と勘定記入

3・1　取引の意義

　簿記・会計では，頻繁に**取引**という用語が用いられる。この用語は，日常一般に用いられる取引とほぼ同じ意味ではあるが，異なる点もあるので注意が必要である。

　簿記・会計で用いられる取引という用語は，資産，負債または資本を増減させる事象を意味している。たとえば，現金の収支や商品の購入・売却は，資産

の増減をもたらすから，取引であり，また他人から現金を借りたり，それを返済したりすることも，負債の増減および資産の増減をもたらすから，同じく取引である。さらに，出資，増資および減資も資本の増減（および資産の増減）をもたらすから，同じく取引である。たとえば，給料や利息の支払い，手数料の受取りなど収益・費用の発生やその減少をもたらす事象も，結局，資産，負債または資本の増減をもたらすから取引である。

これに対して，たとえば車のレンタル契約などは，一般には取引が成立したとはいうが，資産，負債または資本の増減をもたらさないので，簿記・会計では，取引とはいわない。また，商品の盗難や火災などは，一般には取引とはいわないが，簿記・会計では，資産の減少をもたらすので取引という（図表3-2参照）。

図表3-2　会計上の取引

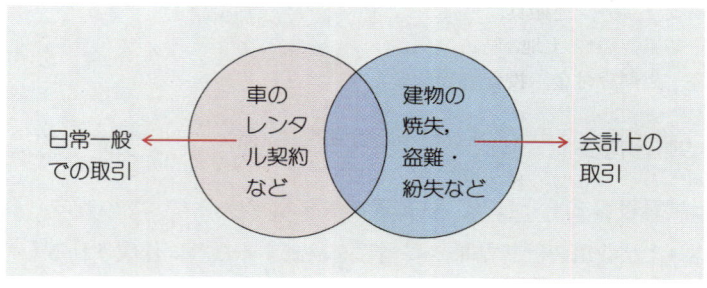

3·2　取引記録と勘定記入の法則

複式簿記の主目的は財政状態と経営成績を明らかにすることにあるので，取引が発生したら，そのつど，それが資産，負債，資本のいずれにどれだけの増減をもたらしたのかを計算し，記録する（これを取引記録という）必要がある。

この記録・計算を行うための名前すなわち分類・整理名称を勘定（account；a/c）または勘定科目という。

子供の名前の場合には，親の趣味で自由につけてもよいが，簿記・会計の場合には，名称と内容が一致していなければならない。次に示すように，勘定科

目には，貸借対照表に関連するものと，損益計算書に関連するものがある。勘定別に記録・計算を行うための帳簿を元帳という。勘定が設けられている元帳上の具体的な場所（ページ）を勘定口座という。

　　主な勘定科目を分類して示すと，次のとおりである。

貸借対照表勘定

資産	＜流動資産＞ 現金（小口現金），当座預金，普通預金，定期預金，郵便貯金，受取手形，売掛金，貸倒引当金＊，有価証券，繰越商品，貯蔵品，未着品，積送品，消耗品，短期貸付金，前払金，仮払金，未収金，未収家賃，前払利息など ＜固定資産＞ 建物，機械，運搬具，備品，減価償却累計額＊，土地，特許権，営業権，長期貸付金，投資有価証券など ＜繰延資産＞ 創立費，開発費，社債発行費など	＜流動負債＞ 支払手形，買掛金，短期借入金，預り金，前受金，前受地代，未払家賃，仮受金，製品保証引当金など	負債
	＜固定負債＞ 社債，長期借入金など	
	個人商店の場合：資本金，引出金＊，積立金，繰越金など 会社企業の場合：資本金，資本準備金など	資本

損益計算書勘定

費用	仕入（仕入値引＊，仕入戻し＊），給料，旅費交通費，荷造発送費，広告宣伝費，通信費，支払保険料，消耗品費，棚卸減耗費，支払地代，支払家賃，支払手数料，保管料，修繕費，租税公課，雑費，支払利息，貸倒引当金繰入額（貸倒引当損），貸倒損失，有価証券評価損，社債利息，社債発行差金償却，固定資産売却損，火災損失，雑損（失）など	売上（売上値引＊，売上戻り＊），商品売買益，受取利息，受取利息割引料，有価証券利息，受取地代，受取家賃，受取配当金，有価証券売却益，受取手数料，固定資産売却益，償却債権取立益，雑益（雑収入）など	収益

（注）　＊はマイナス勘定を表す。

元帳への記入は，次のような**勘定記入の法則**にしたがって行われる。

(1) **資産の勘定**は，増加した場合には借方に，逆に減少した場合には貸方に記入する。

(2) **負債および資本の勘定**は，増加した場合には貸方に，逆に減少した場合には借方に記入する。

(3) **収益の勘定**は，発生した場合には貸方に，取り消す場合には借方に記入する。

(4) **費用の勘定**は，発生した場合には借方に，取り消す場合には貸方に記入する。

以上述べたことを T フォームで示すと，次のとおりである。

（借方）	資産の勘定	（貸方）		（借方）	負債の勘定	（貸方）
増　加		減　少		減　少		増　加

				（借方）	資本の勘定	（貸方）
				減　少		増　加

（借方）	費用の勘定	（貸方）		（借方）	収益の勘定	（貸方）
発　生		取　消		取　消		発　生

3・3 取引の8要素と結合関係

▶ **基本例 3** ◀

［基本例2］の札幌電器株式会社の20X2年度（20X2年4月1日～20X3年3月31日）の取引は，次のとおりである。

20X2年5月1日　商品1,700万円を掛けで仕入れた。

6月10日　商品を1,900万円で掛けで売り上げた。

9月30日　買掛金1,100万円を現金で支払った。

> 10月31日　売掛金1,500万円を現金で回収した。
>
> 20X3年2月25日　従業員の給料320万円を現金で支払った。
>
> なお，期末商品は850万円であり，当期の減価償却費は，備品と建物あわせて150万円を計上する。

　簿記・会計では，取引が発生すると，勘定記入の法則に基づいて，各勘定口座に記入しなければならない。そのためには，取引内容を分解して，それを必ず2つ以上の勘定科目の組合せとして記録する。

　たとえば，［基本例3］の札幌電器株式会社の5月1日の「商品1,700万円を掛けで仕入れた」という取引は，

> 費用（仕入）の発生　　1,700　　負債（買掛金）の発生　　1,700

の組合せとして記録し，また6月10日の「商品を1,900万円で掛けで売り上げた」という取引は，

> 資産（売掛金）の増加　　1,900　　収益（売上）の発生　　1,900

の組合せとして記録する。しかも，これらの組合せにおいては，借方と貸方の金額は必ず等しい金額となる。これは，すべての記録が，試算表等式をくずさないように行われているためである。

　そこで，これを一般的な形で，しかも勘定記入の法則にしたがって図示すると，次のとおりであり，これを取引の8要素とその結合関係という。

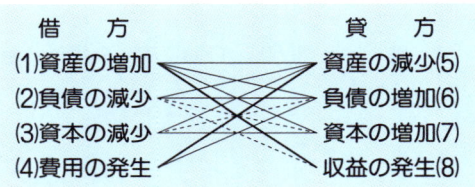

　（注）　点線の結合関係は，あまり生じない。また，費用の発生と資本の増加の結合関係，収益の発生と資本の減少の結合関係は，原則としてありえないと考えられるので，示していない。また，収益の発生と費用の発生も，単一の取

引については考えられないので，同じく示していない。

▶ 4　仕訳と転記

4·1　仕　訳

仕訳は，取引の 8 要素とその結合関係に基づいて，取引を勘定科目別に仕訳帳において借方と貸方へ分解すること（すなわち，どのような勘定科目の借方と貸方にどれだけの金額の増減が生じたかを記録すること）をいう。

たとえば，［基本例 3］の札幌電器株式会社の取引を仕訳で示せば，次のようになる（単位：万円）。

20X2年 5 月 1 日

　　（借）仕　　　　　入　　1,700　（貸）買　　掛　　金　　1,700

20X2年 6 月10日

　　（借）売　　掛　　金　　1,900　（貸）売　　　　　上　　1,900

20X2年 9 月30日

　　（借）買　　掛　　金　　1,100　（貸）現　　　　　金　　1,100

20X2年10月31日

　　（借）現　　　　　金　　1,500　（貸）売　　掛　　金　　1,500

20X3年 2 月25日

　　（借）給　　　　　料　　　320　（貸）現　　　　　金　　　320

4·2　元帳への転記

取引の仕訳の次に行われるのが，元帳への転記である。これは，全く機械的に行えばよく，これらによって勘定記入が完了する。すなわち，

(1)　仕訳された借方科目の金額をその勘定の借方へ移しかえるとともに，その取引の日付および相手勘定科目を書く。

(2)　仕訳された貸方科目の金額をその勘定の貸方へ移しかえるとともに，その取引の日付および相手勘定科目を書く。

ただし，相手勘定科目が2つ以上ある場合には，相手勘定に代えて諸口（しょくち）と書く。

たとえば，［基本例3］の札幌電器株式会社の取引のうち，20X2年5月1日の取引を用いて仕訳と転記の関係を図示すると，次のとおりである（単位：万円）。

（仕訳）
20X2年5月1日

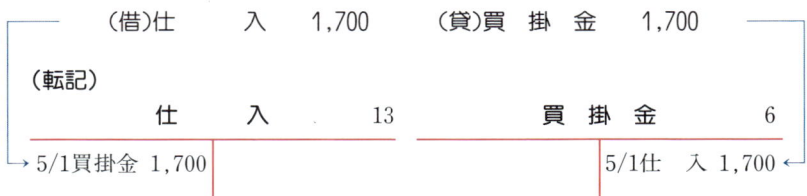

（借）仕　　　入　1,700　　（貸）買　掛　金　1,700

（転記）

仕　　　入　13		買　掛　金　6	
5/1買掛金　1,700			5/1仕　入　1,700

以上のようにして，［基本例3］の期間中の仕訳のすべてを，各勘定へ転記すれば，次のとおりである。

現　　　金　1		売　掛　金　2	
4/ 1前期繰越　1,450	9/30買掛金　1,100	6/10売　上　1,900	10/31現　金　1,500
10/31売掛金　1,500	2/25給　料　320		

買　掛　金　6		売　　　上　11	
9/30現　金　1,100	5/ 1仕　入　1,700		6/10売掛金　1,900

仕　　　入　13		給　　　料　15	
5/ 1買掛金　1,700		2/25現　金　320	

▶ 5　決算手続と個別財務諸表の作成

　企業は，一会計期間の経営成績および期末の財政状態を明らかにするために，その期末に帳簿記録を整理し，仕訳帳，元帳などのすべての帳簿を締め切り，貸借対照表，損益計算書などの財務諸表を作成する。このような一連の手続を決算という。

　決算手続は，決算予備手続にはじまり，決算本手続を経て，財務諸表を作成することで終了する。

5・1　決算予備手続

　決算の目的は，一事業年度の財政状態および経営成績を明らかにすることにある。そのためには，元帳の勘定記録が正しいことが前提である。そこで，決算本手続に入る前に，(1)仕訳帳の締切り，(2)試算表の作成および(3)棚卸表の作成と決算整理からなる決算予備手続を行わなければならない。

　実務では，決算予備手続を終了した段階で精算表を作成することが多いので，ここでは，まず精算表から説明する。

5・1・1　精 算 表

　精算表とは，試算表の作成にはじまって，貸借対照表と損益計算書の作成に至るまでの一連の手続を１つの表にまとめたものである。精算表は，帳簿をはなれて作成されるという意味で，決算手続ではないが，決算整理事項に基づく修正を精算表の修正記入欄で行って仮決算をするので決算の概要を把握するのに役立ち，かつ貸借対照表および損益計算書の正否を検証するのに役立つ。

　精算表は，通常，８桁精算表である。修正記入欄は現金過不足の整理，商品勘定の整理，減価償却費の計上，貸倒引当金の計上，有価証券評価損の計上，費用・収益の見越しと繰延べ，繰延資産の償却費の計上などから成る決算整理事項を記載するものであるが，これらについては，＜第７章　財務状況の計算と貸借対照表＞以下で順次説明する。なお，８桁精算表の修正記入欄と財務諸

表との間に整理後試算表欄を追加したものを**10桁精算表**という。

5・1・2　精算表の作成方法

　8桁精算表の作成手順は，次のとおりである。

(1)　元帳の各勘定残高を残高試算表欄に記入して，合計額を算出して締め切る。

(2)　残高試算表欄の各勘定科目について，資産，負債，および資本勘定の金額は貸借対照表欄に，収益および費用の各勘定の金額は損益計算書欄に，それぞれ記入する。

(3)　決算整理事項に基づいて決算修正仕訳を修正記入欄に行い，これを完成させる。

(4)　貸借対照表欄および損益計算書欄の借方金額と貸方金額をそれぞれ合計し，貸借差額を当期純利益または当期純損失として合計金額の少ないほうに記入する。当期純利益とその金額は，損益計算書欄では借方に赤記，貸借対照表欄では貸方に記入するが，当期純損失が発生する場合には，この逆となる。

(5)　損益計算書欄および貸借対照表欄の借方と貸方をそれぞれ合計し，一致していることを確認して締め切る。

5・1・3　売上原価の算定と減価償却費の計上

　売上原価とは，商業の場合，しばしば**仕入原価**であると説明されるが，この説明は誤解を招きかねない。たとえば，1台10万円のパソコンを購入したとしよう。10万円は仕入原価であるが，後で学ぶ資産会計ではこの10万円を**取得原価**とよぶ。次に，この10万円のパソコンを13万円で売却したとしよう。13万円は売上高であり，その売上原価は10万円であり，この限りでは売上原価は仕入原価であり，取得原価である。しかし，1台10万円のパソコン100台を購入し，このパソコンを13万円で1台売却したとしよう。1,000万円は取得原価ではあるが，仕入原価とはいわない。すなわち，13万円が売上高であり，その売上原価は10万円であり，かつ仕入原価である。したがって，**売上原価**とは売却した商品の仕入原価であり，次式で求める。

〔期首商品棚卸高（前期繰越高）＋純仕入高〕
－期末商品棚卸高（次期繰越高）＝売上原価

　複式簿記では，この計算を元帳において正規の仕訳を通じて行うが，一般的には，この計算を仕入勘定で行う。たとえば，［基本例3］を用いて説明すると，(1)繰越商品勘定の前期繰越高（つまり当期の期首棚卸高）300万円を仕入勘定の借方へ振り替え，次いで，(2)期末現在の帳簿棚卸高を確定し，これを仕入勘定から繰越商品勘定の借方へ振り替える。繰越商品勘定とは当期に売れ残り，売上原価とならなかった商品の原価を示す勘定である。このように，ある勘定から他の勘定に金額を移すことを振替え，そのための仕訳を振替仕訳といい，それぞれ次のように行う（単位：万円）。

(1)　繰越商品勘定から仕入勘定への振替仕訳

　（借）仕　　　　　入　　　300　（貸）繰　越　商　品　　　300

(2)　仕入勘定から繰越商品勘定への振替仕訳

　（借）繰　越　商　品　　　850　（貸）仕　　　　　入　　　850

　これらを転記すると，両勘定は次のようになる。

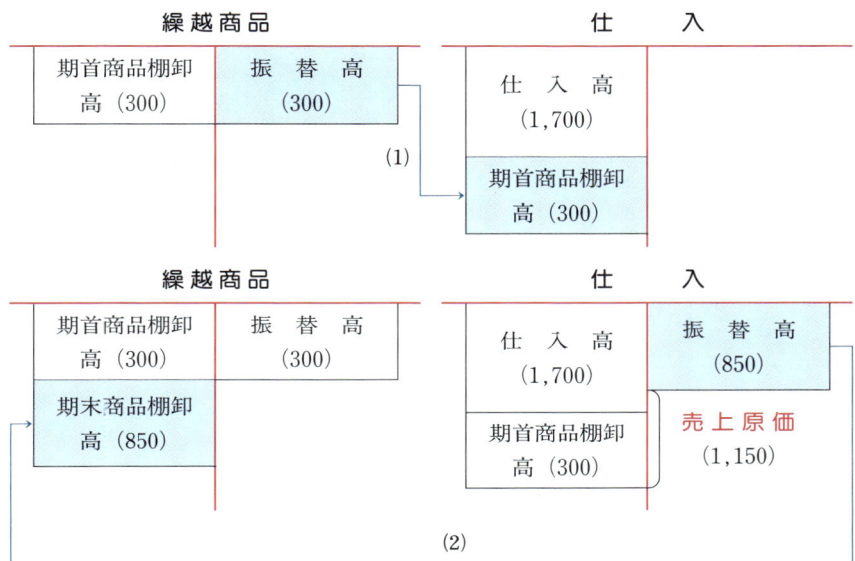

　この結果，**仕入勘定の借方残高が売上原価を示す**ことになる。

　次に，たとえば，［基本例3］の札幌電器株式会社の20X2年度における備品と建物の減価償却費は合計150万円であるので，決算においては次のような仕訳を行う（減価償却費の算定方法などの詳しい説明は，＜**第13章　固定資産の会計と報告**＞参照）。

　　（借）　減 価 償 却 費　　　　　150　（貸）　減価償却累計額　　　　　150

　ちなみに，［基本例3］に基づいて20X2年度の札幌電器株式会社の8桁精算表を示せば，次のとおりである。

精　算　表

札幌電器株式会社　　　　　　　20X3年 3 月31日　　　　　　　　（単位：万円）

勘　定　科　目	残高試算表		修正記入欄		損益計算書		貸借対照表	
	借方	貸方	借方	貸方	借方	貸方	借方	貸方
現　　　　　　金	1,530						1,530	
売　　掛　　金	400						400	
繰　越　商　品	300		850	300			850	
備　　　　　　品	1,500						1,500	
建　　　　　　物	4,000						4,000	
買　　掛　　金		600						600
借　　入　　金		2,000						2,000
減価償却累計額		150		150				300
資　　本　　金		5,000						5,000
未　処　分　利　益		100						100
売　　　　　　上		1,900				1,900		
仕　　　　　　入	1,700		300	850	1,150			
減　価　償　却　費			150		150			
給　　　　　料	320				320			
当　期　純　利　益					280			280
合　　　　　　計	9,750	9,750	1,300	1,300	1,900	1,900	8,280	8,280

5·2　決算本手続と個別財務諸表の作成

　決算予備手続が終了したならば，財政状態と経営成績を明らかにするために，決算仕訳および元帳の締切りならびに仕訳帳の締切りからなる**決算本手続**を行う。

5·2·1　決算仕訳および総勘定元帳の締切り

　元帳の締切方法には，**英米式**とよばれる締切方法と**大陸式**とよばれる締切方法とがあるが，ここでは英米式についてのみ説明する。

(1)　収益・費用の各勘定残高を損益勘定に振り替える

　一事業年度の収益および費用を集計して当期純利益（または当期純損失）を計算するためには，収益および費用の各勘定残高を元帳に新たに設けた損益勘定

に移さなければならない。

このような**振替仕訳**は，決算整理のために必要な**整理仕訳**とともに**決算仕訳**または**決算整理仕訳**という。これは仕訳帳に仕訳し，元帳に転記するという手順で行う。なお，決算仕訳は，必ず仕訳帳に記入し（仕訳帳の摘要欄に「**決算仕訳**」と明記する），それを勘定に元帳転記するのが原則である。

　［基本例３］に基づいて，20X2年度の札幌電器株式会社の収益と費用の諸勘定を損益勘定に振り替える仕訳を示せば，以下のとおりである。

①　収益の各勘定残高を損益勘定の貸方に振り替えるための仕訳

　　（借）売　　　　　　上　　1,900　（貸）損　　　　　益　　1,900

②　費用の各勘定残高を損益勘定の借方に振り替えるための仕訳

　　（借）損　　　　　　益　　1,620　（貸）仕　　　　　入　　1,150
　　　　　　　　　　　　　　　　　　　　　減 価 償 却 費　　　150
　　　　　　　　　　　　　　　　　　　　　給　　　　料　　　320

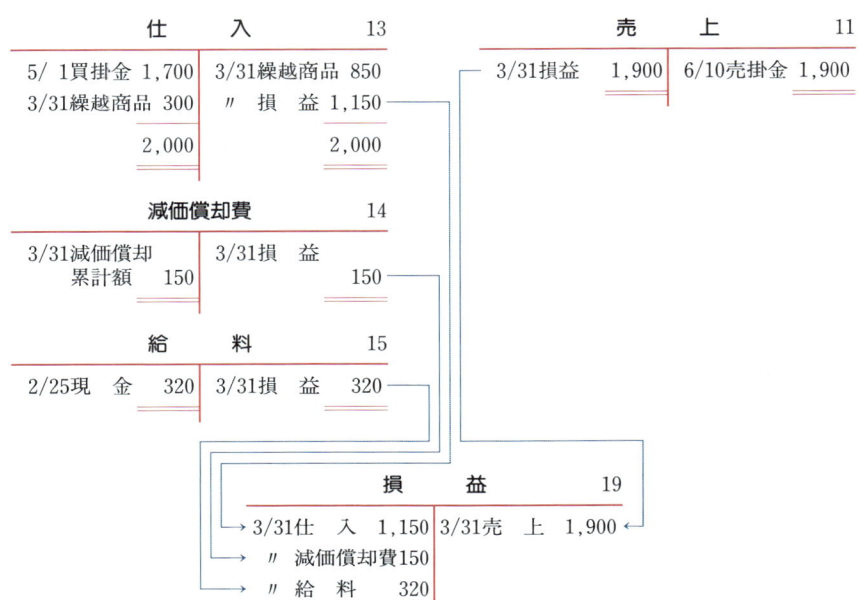

(2) 損益勘定で計算された純損益（当期純利益または当期純損失）を未処分利益勘定（未処理損失勘定）に振り替える

　上述したように，損益勘定には収益の各勘定残高と費用の各勘定残高がすべて集計されている。したがって，損益勘定は収益の額が費用の額を超える貸方残の場合には純利益であり，逆に費用の額が収益の額を超える借方残の場合には純損失となる。

　純損益は自己資本の増減をもたらすものなので，純利益が生じた場合には，これを未処分利益勘定の貸方に振り替え，反対に純損失が生じた場合には，これを未処理損失勘定の借方に振り替える。この振替えも，収益・費用の各勘定残高の損益勘定への振替えと同様に，仕訳帳を通して元帳に転記しなければならない。

　［基本例3］について考えてみると，(1)で収益・費用の各勘定残高を振り替えた後の損益勘定は貸方残であり，したがって当期純利益が280万円であるので，これを次の仕訳によって未処分利益勘定に振り替える。

　（借）損　　　　益　　　280　（貸）未 処 分 利 益　　　280

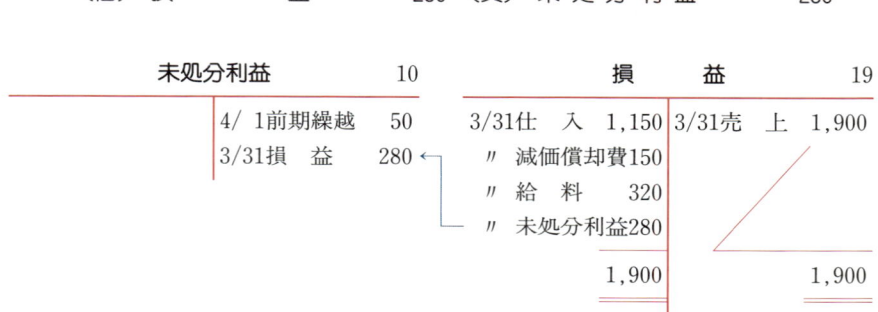

(3) 収益・費用の各勘定および損益勘定を締め切る

　以上の手続の結果，収益・費用の各勘定と損益勘定の借方合計と貸方合計が一致するので，これらの諸勘定をすべて締め切る。

(4) 資産・負債の各勘定および資本勘定を締め切る

　次に，現金，商品などの資産勘定，買掛金，借入金などの負債勘定および資

本勘定を締め切り，各勘定残高を次期に繰り越す手続が必要である。

①　資産勘定の締切り

資産の諸勘定は，借方残高になるので，この残高金額を決算日の日付で貸方に次期繰越と赤字で繰越記入を行い，貸借合計を一致させて締め切る。

次に，次の行の借方に，次期の最初の日付で，摘要欄を前期繰越と黒字で書き，前期から繰り越した金額を記入する。これを開始記入という。

②　負債・資本勘定の締切り

負債・資本勘定の勘定は，貸方残高になるので，次期繰越に関する繰越記入は借方に，また前期繰越に関する開始記入は貸方に行い，その手続は資産勘定の場合と同様である。

なお，これらの繰越記入と開始記入は，仕訳帳に仕訳を行わず，直接，元帳に記入するので，仕丁欄にチェック・マーク（√）をつける。

［基本例３］に基づき，20X2年度の札幌電器株式会社の資産，負債および資本の勘定の締切りを行えば，次のとおりである。

	現　　金		1
4/ 1前期繰越 1,450	9/30買掛金	1,100	
10/31売掛金 1,500	2/25給　料	320	
	3/31次期繰越	1,530	
2,950		2,950	
4/ 1前期繰越 1,530			

	売　掛　金		2
6/10売　上 1,900	10/31現　金	1,500	
	3/31次期繰越	400	
1,900		1,900	
4/ 1前期繰越 400			

	繰　越　商　品		3
4/ 1前期繰越 300	3/31仕　入	300	
3/31仕　入 850	3/31次期繰越	850	
1,150		1,150	
4/ 1前期繰越 850			

	備　　品		4
4/ 1前期繰越 1,500	3/31次期繰越	1,500	
4/ 1前期繰越 1,500			

建　　物			5
4/ 1前期繰越	4,000	3/31次期繰越	4,000
4/ 1前期繰越	4,000		

買　掛　金			6
9/30現　金	1,100	5/ 1仕　入	1,700
3/31次期繰越	600		
	1,700		1,700
		4/ 1前期繰越	600

借　入　金			7
3/31次期繰越	2,000	4/ 1前期繰越	2,000
		4/ 1前期繰越	2,000

減価償却累計額			8
3/31次期繰越	300	4/ 1前期繰越	150
		3/31減価償却費	150
	300		300
		4/ 1前期繰越	300

資　本　金			9
3/31次期繰越	5,000	4/ 1前期繰越	5,000
		4/ 1前期繰越	5,000

未処分利益			10
3/31次期繰越	380	4/ 1前期繰越	100
		3/31損　益	280
	380		380
		4/ 1前期繰越	380

5・2・2　仕訳帳の締切り

　仕訳帳は日常の取引が終了したとき（いいかえれば，決算の直前に），いったん貸借合計額を計算して締め切り（このとき，合計試算表の貸借合計額と一致する），さらに，決算仕訳が終了したときに，ふたたび貸借合計額を計算して締め切る。なお，次期の最初の日付で仕訳帳の１行目に前期繰越高と記入し，繰越試算表の借方合計額と貸方合計額を記入しておく。

5・2・3　個別財務諸表の作成

　以上の手続により，20X2年度の札幌電器株式会社（［基本例３］）の個別財務諸表を作成すると，次のようになる。

損 益 計 算 書

自20X2年 4 月 1 日至20X3年 3 月31日

札幌電器株式会社　　　　　　　　　　　　　　　　　（単位：万円）

費　　　　用	金　　額	収　　　　益	金　　額
仕　　　　入	1,150	売　　　　上	1,900
減 価 償 却 費	150		
給　　　　料	320		
当 期 純 利 益	280		
	1,900		1,900

貸 借 対 照 表

20X3年 3 月31日現在

札幌電器株式会社　　　　　　　　　　　　　　　　　（単位：万円）

資　　　　産	金　　額	負債および資本	金　　額
現　　　　金	1,530	買　　掛　　金	600
売　　掛　　金	400	借　　入　　金	2,000
商　　　　品	850	減価償却累計額	300
備　　　　品	1,500	資　　本　　金	5,000
建　　　　物	4,000	当期未処分利益	380
		（うち当期純利益）	(280)
	8,280		8,280

▶ 6　連結財務諸表の作成

　すでに述べたように，現行企業会計は連結財務諸表中心の会計である（＜第 1 章　財務会計の意義＞参照）。

　連結財務諸表とは親子関係のある複数の会社を 1 つの会社とみなし，個々の会社の財務諸表を合算してあたかも 1 つの会社の財務諸表であるかのようにみなす考え方である（＜第22章　企業集団の会計と報告＞参照）。

　この場合，親会社とは他の会社の意思決定機関を支配している会社をいい，子会社とは支配されている会社をいう。連結財務諸表を作成するための第1歩は，［基本例4］で学ぶように親会社の財務諸表と子会社の財務諸表を単純合算することである。しかし，たとえば親会社の投資と子会社の資本を相殺消去しないで，それぞれの貸借対照表を単純に合算しても何の意味もない。自社が自社に出資して自社の株式を保有していることにすぎないからである。これは，お父さんが子供にお小遣いをあげても，単にお金がお父さんから子供に移動しただけで，ファミリー・ベースでみれば何ら財産が増えたわけではないのと同じである。

　企業グループ内の内部取引を連結財務諸表上からすべて消去し，企業グループ内と外部との取引のみを計上してはじめて企業グループの連結財務諸表といえる。

　したがって，連結貸借対照表を作成する場合には親会社と子会社の貸借対照表を単純に合算した後，［基本例5］の親会社の子会社に対する投資と子会社の資本とを相殺消去する資本連結手続が必要となる。

▶ 基本例 4 ◀

　札幌電器株式会社は，20X3年 3 月31日に，小樽電工株式会社の発行済株式の100％を1,000万円で一括取得し，小樽電工株式会社を完全子会社化した。

貸 借 対 照 表
20X3年 3 月31日現在

札幌電器株式会社　　　　　　　　　　　　　　　　（単位：万円）

資　　　　　産	金　　額	負債および資本	金　　額
現　　　　　金	530	買　　掛　　金	600
売　　掛　　金	400	借　　入　　金	2,000
商　　　　　品	850	減価償却累計額	300
備　　　　　品	1,500	資　　本　　金	5,000
建　　　　　物	4,000	当期未処分利益	380
子 会 社 株 式	1,000	（利 益 剰 余 金）	
	8,280		8,280

貸 借 対 照 表
20X3年 3 月31日現在

小樽電工株式会社　　　　　　　　　　　　　　　　（単位：万円）

資　　　　　産	金　　額	負債および資本	金　　額
現　　　　　金	600	買　　掛　　金	200
売　　掛　　金	400	借　　入　　金	500
商　　　　　品	700	資　　本　　金	800
		当期未処分利益	200
		（利 益 剰 余 金）	
	1,700		1,700

6·1 単純合算

連 結 精 算 表
20X3年 3 月31日現在

（単位：万円）

勘定科目	札幌電器	小樽電工	消 去		合算貸借対照表
現　　　　　金	530	600			1,130
売　掛　　金	400	400			800
商　　　　　品	850	700			1,550
備　　　　　品	1,500				1,500
建　　　　　物	4,000				4,000
子 会 社 株 式	1,000				1,000
合　　　　　計	8,280	1,700			9,980
買　掛　　金	600	200			800
借　入　　金	2,000	500			2,500
減価償却累計額	300				300
資　本　　金	5,000	800			5,800
当 期 純 利 益	380	200			580
（利 益 剰 余 金）					
合　　　　　計	8,280	1,700			9,980

合算貸借対照表

20X3年 3 月31日現在

（単位：万円）

資　　　産	金　　額	負債および資本	金　　額
現　　　　　金	1,130	買　　掛　　金	800
売　　掛　　金	800	借　　入　　金	2,500
商　　　　　品	1,550	減価償却累計額	300
備　　　　　品	1,500	資　　本　　金	5,800
建　　　　　物	4,000	当期未処分利益	580
子 会 社 株 式	1,000	（利益剰余金）	
	9,980		9,980

6·2　投資と資本の相殺消去

▶　基本例 5　◀

　札幌電器株式会社の保有する子会社株式と小樽電工株式会社の資本の部を相殺し（連結消去仕訳），連結財務諸表を作成せよ。

　連結貸借対照表を作成するためのスタートは，親会社の子会社に対する投資（S 社株式）と子会社の資本（S 社の資本）とを相殺消去することである。

　投資と資本の相殺消去をするための仕訳は，次のようになる。

（借）資　　本　　金　　　800　（貸）子 会 社 株 式　　1,000
　　　利 益 剰 余 金　　　200

　この仕訳を次のような連結精算表上で行うことにより，P 社における S 社株式，S 社における資本は P 社と S 社を単純に合算した貸借対照表から消えて，連結貸借対照表ができあがる。

連 結 精 算 表

20X3年 3 月31日現在

(単位：万円)

勘定科目	札幌電器	小樽電工	消　去		合算貸借対照表
現　　　　　金	530	600			1,130
売　　掛　　金	400	400			800
商　　　　　品	850	700			1,550
備　　　　　品	1,500				1,500
建　　　　　物	4,000				4,000
子 会 社 株 式	1,000		1,000		
合　　　　　計	8,280	1,700			8,980
買　　掛　　金	600	200	相殺消去		800
借　　入　　金	2,000	500			2,500
減価償却累計額	300				300
資　　本　　金	5,000	800	800		5,000
当 期 純 利 益	380	200	200		380
（利 益 剰 余 金）					
合　　　　　計	8,280	1,700			8,980
			1,000	1,000	

連結貸借対照表

20X3年 3 月31日現在

(単位：万円)

資　　　　産	金　　額	負債および資本	金　　額
現　　　　金	1,130	買　　掛　　金	800
売　　　掛　　金	800	借　　入　　金	2,500
商　　　　品	1,550	減価償却累計額	300
備　　　　品	1,500	資　　本　　金	5,000
建　　　　物	4,000	当 期 未 処 分 利 益	380
		（利 益 剰 余 金）	
	8,980		8,980

◀ Key Words ▶

勘定科目

　　取引のつど，資産，負債，資本，収益および費用の増減または発生について記録・計算を行うための名前すなわち分類・整理のための名称

勘定口座

　　勘定が設けられている元帳上の具体的な場所（ページ）

経営成績

　　最終的には純利益（または純損失）の額によって示される純資産（または自己資本）の増減原因を示す収益および費用の状況

決算

　　一会計期間中の経営成績および期末の財政状態を明らかにするために，その期末に帳簿記録を整理し，元帳などのすべての帳簿を締め切り，貸借対照表，損益計算書などの財務諸表を作成する一連の手続

財産法

　　期末資本－期首資本＝純利益（または純損失）という式によって純損益を計算する方法

財政状態

　　資産，負債および資本の有高

試算表

　　一事業年度のすべての資産，負債，資本，収益および費用の計算結果の妥当性を検証するために作成されるもの

試算表等式

　　期末資産＋費用＝期末負債＋期首資本＋収益で表される計算式

資本等式

　　資産－負債＝資本という式で表される企業の純資産を求めるための計算式

10桁精算表

　　８桁精算表の修正記入欄と財務諸表との間に整理後試算表欄を追加したもの

仕訳

　　資産の増加および減少，負債の増加および減少，資本の増加および減少，費用の発生ならびに収益の発生という取引の８要素とその結合関係に基づいて，取引を勘定科目別に借方と貸方へ分解すること

精算表

　　試算表の作成にはじまって，貸借対照表と損益計算書の作成に至るまでの一

連の手続を一つの表にまとめたもの

損益計算書等式

費用＋純利益（または純損失）＝収益という式で表される損益計算書を作成するための計算式

損益法

収益－費用＝純利益（または純損失）という式によって純損益を計算する方法

貸借対照表等式

資産＝負債＋資本という式で表される貸借対照表を作成するための計算式

振替仕訳

ある勘定から他の勘定へ金額を移すための仕訳

元帳

勘定別に記録・計算を行うための帳簿

第4章　財務会計のフレームワーク

本章の学習ポイント

1. 現行の財務会計は，どのような規範の規制を受けているのか
2. 現行財務会計のフレームワークはどのようになっているのか
3. 商法会計とは何か。また，その特徴は何か
4. 証取法会計とは何か。また，その特徴は何か
5. 税務会計とは何か。また，その特徴は何か
6. 現行財務会計制度の特徴は何か

▶ 1　現行財務会計のフレームワーク

　たとえば，日本語で「不可能はない」という表現を英語で表現すれば"any-thing's possible"（何でもできる）という。このように日本語と英語とでは，言語構造が全く異なるために，同じことを表現するのにも全く異なる言い方をしなければならないことが少なくない。それは感性の違いもさることながら，気候，風土，生活慣習・習慣などの環境，人間性などの国民性，文化などの違いによる「モノの考え方」が異なるためである。

　ビジネスの言語としての財務会計についても，わが国の財務会計とアメリカの財務会計では，文化などに起因する「モノの考え方」が異なるために，言語構造が異なる。本章では，これまでに学習した文法を基礎に，日本語の言語構造に相当するわが国の現行財務会計のフレームワークについて学習しよう。

　従来わが国の現行財務会計（または企業会計）は，会計基準などの慣習規範は

　もとより，「商法」，「法人税法」，「証取法」などの制定法規範によって規制されているところから制度会計とよばれることもあった。しかも，その特徴として会計基準が「商法」，「法人税法」および「証取法」から成るいわゆる企業会計法と密接に結びついており，会計基準が法律的色彩の濃いものとなっていたことを指摘できる。

　いいかえれば，わが国の場合には会計基準および「証取法」に基づく単体ベースの外部財務情報の作成段階における実体規定すなわち資産の評価，企業利益の測定などに関する計算規定は，原則として，「商法」の計算規定を尊重し，また「法人税法」も株主総会で承認された計算書類上の利益に基づいて課税所得を計算している（これを確定決算基準という）ために「商法」と密接にリンクしていたといえる。

　しかし，わが国ではいわゆる日本版会計ビッグバンと IASB 基準(IFRS)などのデファクト・スタンダードとのハーモナイゼーションを視野に入れた新しい会計基準が次々と公表され，日本の企業会計が大きく変革されつつある。

　これに呼応するように，商法も次々に改正されている。とりわけ平成14年改正「商法」では，大会社については連結財務諸表の作成が義務づけられるとともに，本法から資産評価規定，すなわち流動資産の評価を定めている第285条ノ2および第285条ノ4ないし第285条ノ6，のれんの評価を定めている第285条ノ7，繰延資産規定の第286条ないし第287条および第291条4項，引当金の規定である第287条ノ2，開業費および開発費の配当規制ならびに時価評価に伴う評価益の配当規制を定める第290条1項4号および6号の規定が削除され，これらの多くは法務省令に移される見込みである（なお，自己株式取得，ストック・オプション制度の導入に伴う配当規制は，平成13年10月1日から施行された改正商法において削除されている）。

　逆にいえば，第290条1項1号ないし3号の配当規制（資本金および法定準備金を控除した額とする原則的な規定）のみを「商法」に残し，4号（その他法務省令で定める額）を新設したことは「商法」本法の対象が連結財務諸表を作成しない会社を措定することのあらわれとみることができる。

　また，時価評価に伴う評価益に配当制限をする第290条1項6号を法務省令に

移したことは，「商法」本法は，連結財務諸表を作成しない会社を中心とする単体の利害調整機能に，「商法施行規則」は連結の情報提供機能へと棲み分けを図ったものであり，IASB基準(IFRS)に迅速に対応しようとするあらわれでもあると解釈できる（<第22章 12 連結財務諸表の機能>参照）。

　すなわち，今後，大会社を中心とする連結財務諸表作成会社が重視されることが想定されることから，それに伴う法の膨大化，IASB基準(IFRS)の導入に伴う法の朝令暮改化などによって法の権威を失墜させるおそれがあることを認識していることの証左ではなかろうか。

　いいかえれば，実体規定を法務省令に移行することでかかる懸念を未然に防止しようとしているものとみることができる。さらには，実体規定を法律から省令マターに移行することで，法制審議会を通さずに法改正を行い，機動力をつけようとしているとみることもできる。

　このように，一連の法改正において企業会計と商法の関係も大きく変わり，日本の企業会計も，会計基準が会社法および法人税法とリンクしていないアメリカの企業会計に近くなってきたといえよう。

▶ 2　商法会計

　「商法」に基づく会計は，一般に，商法会計とよばれている。商法会計とは，「商法」の総則規定，株式会社の計算規定および「商法施行規則」ならびに「商法特例法」に基づく会計を総称していう。

　このうち，個人企業には総則規定のみしか適用されないのに対して，法人企業である株式会社には上記のすべての規定が適用される。

　商人である株式会社（「商法」第4条）は，営業上の財産および損益の状況を明らかにするために会計帳簿および貸借対照表から成る商業帳簿の作成義務

「商法」第4条

①　本法ニ於テ商人トハ自己ノ名ヲ以テ商行為ヲ為スヲ業トスル者ヲ謂フ

②　店舗其ノ他之ニ類似スル設備ニ依リテ物品ノ販売ヲ為スヲ業トスル者又ハ鉱業ヲ営ム者ハ商行為ヲ為スヲ業トセザルモ之ヲ商人ト看做ス第52条第2項ノ会社亦同ジ

（「商法」第32条1項）が課せられ，会社の成立の時および毎決算期に営業上の財産およびその価額（「商法」第33条1項1号）ならびに営業上の財産に影響を及ぼす事項（「商法」第33条1項2号）を会計帳簿に整然かつ明瞭に記載または記録しなければならない（「商法」第33条1項）。

「商法」第32条

① 商人ハ営業上ノ財産及損益ノ状況ヲ明カニスル為会計帳簿及貸借対照表ヲ作ルコトヲ要ス

② 商業帳簿ノ作成ニ関スル規定ノ解釈ニ付テハ公正ナル会計慣行ヲ斟酌スベシ

第33条

① 会計帳簿ニハ左ノ事項ヲ整然且明瞭ニ記載又ハ記録スルコトヲ要ス

　一　開業ノ時及毎年1回一定ノ時期ニ於ケル営業上ノ財産及其ノ価額，会社ニ在リテハ成立ノ時及毎決算期ニ於ケル営業上ノ財産及其ノ価額

　二　取引其ノ他営業上ノ財産ニ影響ヲ及ボスベキ事項

② 貸借対照表ハ開業ノ時及毎年1回一定ノ時期，会社ニ在リテハ成立ノ時及毎決算期ニ於テ会計帳簿ニ基キ之ヲ作ルコトヲ要ス

③ 貸借対照表ガ書面ヲ以テ作ラレタルトキハ之ヲ編綴シ又ハ特ニ設ケタル帳簿ニ之ヲ記載スルコトヲ要ス

④ 貸借対照表ガ書面ヲ以テ作ラレタルトキハ作成者之ニ署名スルコトヲ要ス

第33条ノ2

① 商人ハ会計帳簿又ハ貸借対照表ヲ電磁的記録（電子的方式，磁気的方式其ノ他人ノ知覚ヲ以テ認識スルコト能ハザル方式ニ依リ作ラルル記録ニシテ電子計算機ニ依ル情報処理ノ用ニ供セラルルモノトシテ法務省令ニ定ムルモノヲ謂フ以下同ジ）ヲ以テ作ルコトヲ得

② 前項ノ規定ニ依リ貸借対照表ガ電磁的記録ヲ以テ作ラレタル場合ニ於ケル其ノ電磁的記録ニ記録セラレタル情報ニ付テハ作成者之ニ署名ニ代フル措置ニシテ法務省令ニ定ムルモノヲ執ルコトヲ要ス

第34条

① 会計帳簿ニ記載又ハ記録スベキ財産ノ価額ニ付テハ左ノ規定ニ従フ

　一　流動資産ニ付テハ其ノ取得価額，製作価額又ハ時価ヲ附スルコトヲ要ス但シ時価ガ取得価額又ハ製作価額ヨリ著シク低キトキハ其ノ価格ガ取得価額又ハ製作価額迄回復スルト認メラルル場合ヲ除クノ外時価ヲ附スルコトヲ要ス

　二　固定資産ニ付テハ其ノ取得価額又ハ製作価額ヲ附シ毎年1回一定ノ時期，会社ニ在リテハ毎決算期ニ相当ノ償却ヲ為シ予測スルコト能ハザル減損ガ生ジタルトキハ相当ノ減額ヲ為スコトヲ要ス

　三　金銭債権ニ付テハ其ノ債権金額ヨリ取立ツルコト能ハザル見込額ヲ控除シタル額ヲ超ユルコトヲ得ズ

　ただし，株式会社の会計帳簿に記載または記録すべき財産については，上記第34条の規定にかかわらず，法務省令の定めるところにより，その価額を付さなければならない（平成14年改正「商法」第285条）。

　ところで，昭和49年の改正「商法」では，「商法特例法」に定める大会社に公認会計士による会計監査（商法監査）を義務づけたことに伴い，商法監査と証取法監査の実質的一元化をはかることを目的として第32条2項に「公正なる会計慣行を斟酌すべし」とするいわゆる斟酌規定が設けられた。すなわち，「商法特例法」に定める大会社の多くに対しては昭和49年改正「商法」以前から公認会計士による証取法監査が行われていたが，そのさいの基準である監査基準を含む企業会計原則と商法の基準とが異なれば，適正にして不適法意見も表明されかねないところから，斟酌規定が設けられたといえる。

　「公正なる会計慣行」に該当するものは，一般には，「企業会計原則」など企業会計審議会，会計基準委員会などから公表された企業会計の基準であると解されてきた。しかし，その場合であっても「公正なる会計慣行」に含められるのは企業会計の基準が公正なる会計慣行を要約したものであると認められる場合に限られる。したがって，企業会計の基準以外のものでも「公正なる会計慣行」であればこれに該当すると解される。ともかく，斟酌規定が設けられたことによって，商法上，計算規定が存在しない事項，具体的な会計処理規定が不明な事項については企業会計の基準が解釈指針として重視されており，この傾向は近年の商法改正でますます強まりつつある。

　商法上の株式会社の定義については，すでに＜第1章　財務会計の意義＞で述べたとおりであるが，端的にいえば，株式会社とは多数の株主から財産の出資を受け，これを管理し運用するなどの事業活動を営むことによって経済的な利益をあげ，他方でその利益を出資者である株主に分配することを目的とする組織体である。

平成14年改正「商法」第285条

　会社ノ会計帳簿二記載又ハ記録スベキ財産ニ付テハ第34条ノ規定二拘ラズ法務省令ノ定ムル所二依リ其ノ価額ヲ付スルコトヲ要ス

72

図表 4 - 1　受託責任遂行状況の報告

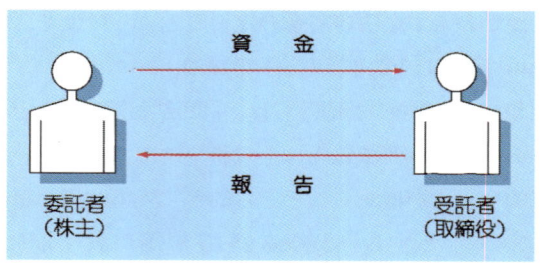

　このような株式会社の場合，株主から出資を受けると，会社の経営者である取締役は善良なる管理者としての注意義務（これを善管 注 意義務という）および忠実義務（「民法」第644条，「商法」第254条ノ3）をもって委任事務処理の状況を報告（これを状況報告という）し，委任終了後は遅滞なくその顛末を報告（これを顛末報告という）しなければならない（「民法」第645条）。これを受託責任遂行状況の報告という。財産の委託者である株主の立場からみると，受託者は会社であるが，商法上，計算書類等の作成行為は会社の機関すなわち具体的には業務執行機関である取締役会およびその構成員である取締役を通じて行うしかない。そればかりではなく，会社と取締役との間に委任・受任関係がある（「商法」第254条3項）ので，実質的には取締役が株主の受託者であるといえる。

　したがって，株式会社においては，図表 4 - 1に見るように，取締役は株主に対して受託責任の遂行状況を定期的に報告しなければならない。すなわち，取

「民法」第644条
　受任者ハ委任ノ本旨ニ従ヒ善良ナル管理者ノ注意ヲ以テ委任事務ヲ処理スル義務ヲ負フ
第645条
　受任者ハ委任者ノ請求アルトキハ何時ニテモ委任事務処理ノ状況ヲ報告シ又委任終了ノ後ハ遅滞ナク其顛末ヲ報告スルコトヲ要ス
「商法」第254条ノ3
　取締役ハ法令及定款ノ定並ニ総会ノ決議ヲ遵守シ会社ノ為忠実ニ其ノ職務ヲ遂行スル義務ヲ負フ
第254条
③　会社ト取締役トノ間ノ関係ハ委任ニ関スル規定ニ従フ

締役は財産の管理，運用を誠意をもって遂行したことを株主に対して説明しなければならない。しかし，現実には，その遂行状況を立証することが不可能なので，取締役は，毎決算期に，貸借対照表，損益計算書，営業報告書および利益処分案または損失処理案（これらを計算書類という）ならびにその附属明細書（これを含めて計算書類等という）を作成し，取締役会の承認を受け（「商法」第281条1項），監査役（大会社にあっては監査役および会計監査人）の監査を受けた後（「商法」第

「商法」第281条

① 取締役ハ毎決算期ニ左ニ掲グルモノ及其ノ附属明細書ヲ作リ取締役会ノ承認ヲ受クルコトヲ要ス
　一　貸借対照表
　二　損益計算書
　三　営業報告書
　四　利益ノ処分又ハ損失ノ処理ニ関スル議案
④ 第1項ニ掲グルモノハ監査役ノ監査ヲ受クルコトヲ要ス

平成14年改正「商法」第281条

⑤ 第1項第1号乃至第3号ニ掲グルモノ及同項ノ附属明細書ニ記載又ハ記録スベキ事項及其ノ記載又ハ記録ノ方法ハ法務省令ヲ以テ之ヲ定ム

第282条

① 取締役ハ定時総会ノ会日ノ2週間前ヨリ第281条第1項ニ掲グルモノ及監査報告書ヲ5年間本店ニ，其ノ謄本（其ノ作成ニ代ヘテ電磁的記録ノ作成ガ為サレタル場合ニ於ケル其ノ電磁的記録ヲ含ム）ヲ3年間支店ニ備置クコトヲ要ス
② 株主及会社ノ債権者ハ営業時間内何時ニテモ左ノ請求ヲ為スコトヲ得但シ第2号又ハ第4号ノ請求ヲ為スニハ会社ノ定メタル費用ヲ支払フコトヲ要ス
　一　前項ニ掲グルモノガ書面ヲ以テ作ラレタルトキハ其ノ書面ノ閲覧ノ請求
　二　前号ノ書面ノ謄本又ハ抄本ノ交付ノ請求
　三　前項ニ掲グルモノガ電磁的記録ヲ以テ作ラレタルトキハ其ノ電磁的記録ニ記録セラレタル情報ノ内容ヲ法務省令ニ定ムル方法ニ依リ表示シタルモノノ閲覧ノ請求
　四　前号ノ電磁的記録ニ記録セラレタル情報ヲ電磁的方法ニシテ法務省令ニ定ムルモノニ依リ提供スルコトノ請求又ハ其ノ情報ノ内容ヲ記載シタル書面ノ交付ノ請求
③ 親会社ノ株主ハ其ノ権利ヲ行使スル為必要アルトキハ裁判所ノ許可ヲ得テ子会社ニ対シ前項各号ニ掲グル請求（子会社ガ有限会社ナル場合ニ於テハ有限会社法第43条ノ2第1項ニ掲グルモノニ係ル請求）ヲ為スコトヲ得此ノ場合ニ於テハ前項但書ノ規定ヲ準用ス

281条4項,「商法特例法」第2条1項),計算書類および監査報告書を定時株主総会の**招集通知**とともに交付したうえで(「商法」第283条2項,「商法特例法」第15条,第25条参照),**定時株主総会**において計算書類の承認を受けるかまたは報告する必要がある(「商法」第283条1項,「商法特例法」第16条1項)。

なお,**大会社**については,計算書類等に加えて**連結計算書類**を作成し(「商法特例法」第19条の2第1項),計算書類等と同様に,取締役会の承認を受け(同第2項),監査役および会計監査人の監査を受けた後(同第3項),定時株主総会で

「商法」第283条

① 取締役ハ281条第1項各号ニ掲グルモノヲ定時総会ニ提出シテ同項第3号ニ掲グルモノニ在リテハ其ノ内容ヲ報告シ,同項第1号,第2号及第4号ニ掲グルモノニ在リテハ其ノ承認ヲ求ムルコトヲ要ス

② 定時総会ノ招集ノ通知ニ際シテハ281条第1項各号ニ掲グルモノ及監査報告書ノ謄本ヲ交付スルコトヲ要ス

③ 前項ノ謄本ニ代ヘテ電磁的記録ノ作成ガ為サレタル場合ニ於テハ同項ノ謄本ノ交付ニ代ヘテ其ノ電磁的記録ニ依リ提供スルコトヲ得但シ株主ノ請求アリタルトキハ其ノ電磁的記録ニ記録セラレタル情報ノ内容ヲ記載シタル書面ヲ其ノ株主ニ交付スルコトヲ要ス

④ 取締役ハ第1項ノ承認ヲ得タル後遅滞ナク貸借対照表又ハ其ノ要旨ヲ公告スルコトヲ要ス但シ次項ノ決議ヲ為シタル会社ニ於テハ此ノ限ニ在ラズ

⑤ 会社ハ取締役会ノ決議ヲ以テ会社ガ第1項ノ承認ヲ得タル後遅滞ナク貸借対照表ニ記載又ハ記録セラレタル情報ヲ電磁的方法ニシテ法務省令ニ定ムルモノニ依リ同項ノ承認ヲ得タル日後5年ヲ経過スル日迄不特定多数ノ者ガ其ノ提供ヲ受クルコトヲ得ベキ状態ニ置ク措置ヲ執ルコトトスルコトヲ得

平成14年改正「商法」第283条

⑥ 第4項ノ要旨ノ記載方法ハ法務省令ヲ以テ之ヲ定ム

「商法特例法」第2条

① 大会社(清算中のものを除く。)は,この節に定めるところにより,商法第281条第1項に掲げるもの(同項第3号に掲げるもの及びその附属明細書については,会計に関する部分に限る。)について,監査役の監査のほか,会計監査人の監査を受けなければならない。

(以下省略)

第15条

商法第238条,第282条…(省略)…並びに第283条第2項及び第3項の規定は,会計監査人の監査報告書について準用する。

報告しなければならない（同第4項）。また，大会社等から構成される**委員会等設置会社**については，執行役が計算書類等および連結計算書類を作成し，取締役会に設けられた**監査委員会**および**会計監査人の監査**を受け，**取締役の承認**を受けなければならない（第21条の26第1項，第4項，第21条の32第1項ないし第3項）。ただし，みなし大会社については，連結計算書類を作成する必要はない。

　さらに，取締役は計算書類等および連結計算書類ならびに監査報告書を本店・主要な支店に備置し，株主・債権者の閲覧または謄本もしくは抄本の交付に応じる（「商法」第282条，「商法特例法」第15条，第23条4項，第21条の32第5項）

「商法特例法」第16条

① …（省略）…取締役は，同法第281条第1項第1号及び第2号に掲げる書類について定時総会の承認を求めることを要しない。この場合においては，取締役は，定時総会にこれらの書類を提出し，その内容について報告しなければならない。

② 取締役は，商法第283条第1項の承認を得，又は前項後段の報告をしたときは，遅滞なく，同法第281条第1項第1号及び第2号に掲げるもの又はその要旨を公告しなければならない。ただし，次項の決議をした大会社においては，この限りでない。

③ 大会社は，取締役会の決議をもつて，大会社が商法第283条第1項の承認を得，又は第1項後段の報告をした後遅滞なく，同法第281条第1項第1号及び第2号に掲げるものに記載され又は記録された情報を，電磁的方法（同法第130条第3項の電磁的方法をいう。以下同じ。）であつて法務省令で定めるものにより，その承認を得，又はその報告をした日後5年を経過する日まで不特定多数の者がその提供を受けることができる状態に置く措置を執ることとすることができる。

第19条の2

① 大会社の取締役は，当該大会社の決算期における当該大会社及びその連結子会社から成る企業集団の財産及び損益の状況を示すために必要かつ適当なものとして法務省令で定めるもの（以下「連結計算書類」という。）を作成しなければならない。

② 連結計算書類は，次項の監査を受ける前に取締役会の承認を受けなければならない。

③ 前項の承認を受けた連結計算書類は，第1項の決算期に関する定時総会の開催前に，法務省令で定めるところにより，監査役及び会計監査人の監査を受けなければならない。

④ 取締役は，第2項の承認を受けた連結計算書類を前項の定時総会に提出し，当該定時総会において，その内容を報告し，かつ，法務省令で定めるところにより前項の監査の結果を報告しなければならない。

とともに，**貸借対照表またはその要旨**（大会社にあっては，これに加えて**連結貸借対照表および連結損益計算書またはその要旨**）を原則として日刊新聞および官報で**公告**（**〈付録Ⅲ〉**参照）しなければならない（「商法」第283条４項，「商法特例法」第16条２項）。ただし，計算書類等の交付および公告に関しては，インターネット等の電磁的方法によって代替することも認められる（「商法」第283条３項，５項，６項）。

「商法特例法」第21条の26

① 取締役が指定した執行役は，毎決算期に，次に掲げるもの及びその附属明細書を作成し，取締役会の承認を受けなければならない。

一　貸借対照表

二　損益計算書

三　営業報告書

四　利益の処分又は損失の処理に関する議案

② 商法第33条ノ２第１項の規定は，前項第１号又は第４号に掲げるものについて準用する。

③ 商法第281条第３項の規定は，第１項第２号若しくは第３号に掲げる書類又は同項の附属明細書の作成について準用する。この場合において，同条第３項中「取締役」とあるのは，「執行役」と読み替えるものとする。

④ 第１項各号に掲げるもの及びその附属明細書については，同項の規定による取締役会の承認を受ける前に，会計監査人の監査（同項第３号に掲げるもの及びその附属明細書については，会計に関する部分に限る。）及び監査委員会の監査を受けなければならない。

⑤ 商法第281条第５項の規定は，第１項第１号から第３号までに掲げるもの及びその附属明細書について準用する。

第21条の32

① 第21条の26第１項の執行役は，連結計算書類を作成しなければならない。

② 前項の規定により作成された連結計算書類は，次項の承認を受ける前に，法務省令で定めるところにより，監査委員会及び会計監査人の監査を受けなければならない。

③ 前項の監査を受けた連結計算書類は，当該連結計算書類に係る委員会等設置会社の決算期に関する定時総会の開催前に，法務省令で定めるところにより，取締役会の承認を受けなければならない。

④ 取締役は，前項の承認を受けた連結計算書類を前項の定時総会に提出し，当該定時総会において，その内容を報告し，かつ，法務省令で定めるところにより，第２項の監査の結果を報告しなければならない。

図表4-2 商法ディスクロージャー制度の概要（大会社）

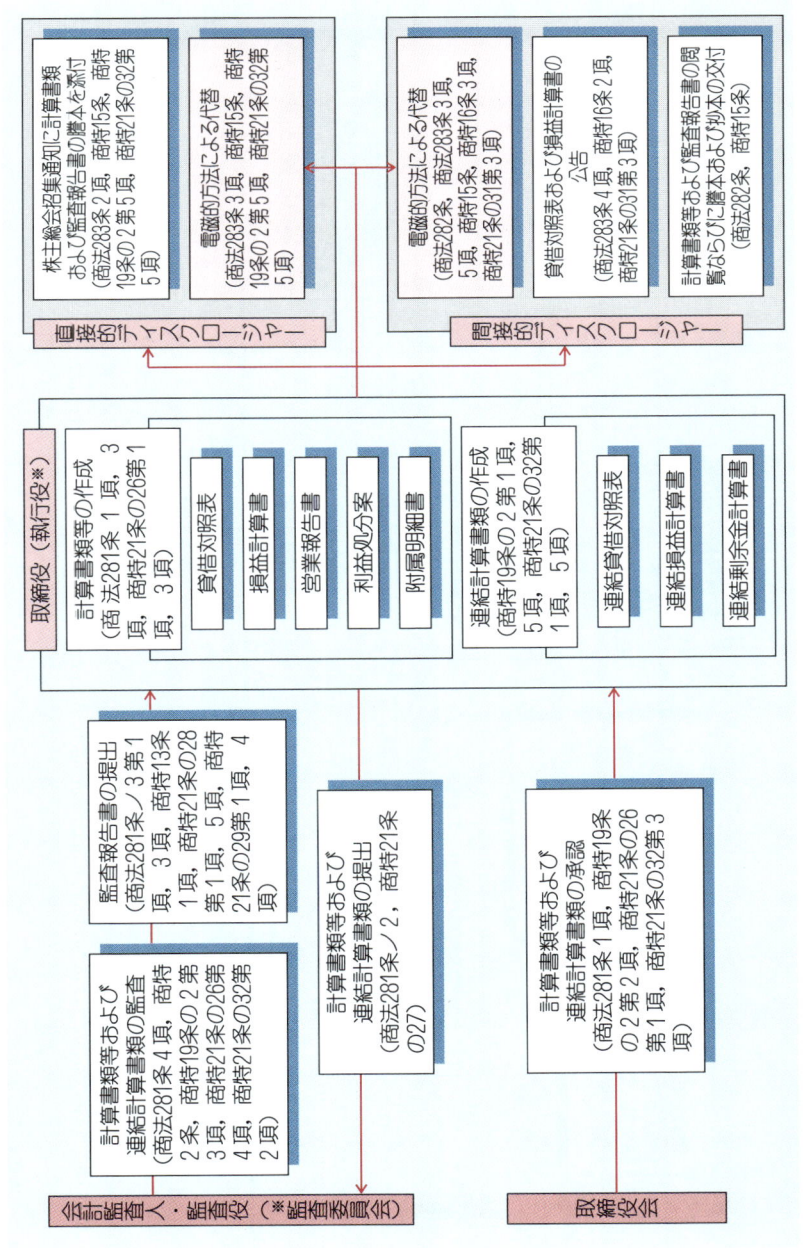

※ 委員会等設置会社の場合

78

図表 4 - 3　商法ディスクロージャー制度の概要（中・小会社）

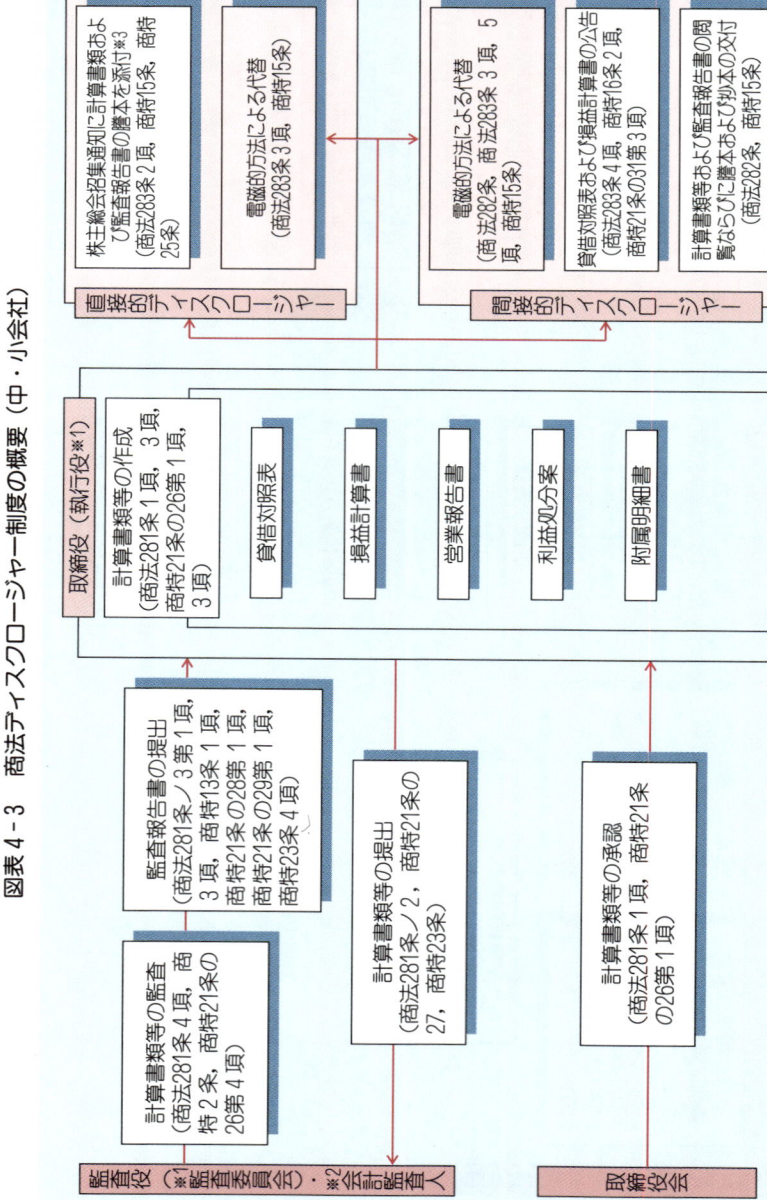

※1　委員会等設置会社の場合
※2　「商法特例法」第2条第2項の定款の定めがある場合
※3　小会社を除く

　株式会社はこのような一連のディスクロージャーを行うことによって，その受託責任が解除されたとみなされる。このような一連のディスクロージャーを**商法ディスクロージャー制度**といい，これをまとめたのが，**図表4-2**および**図表4-3**である。

　受託責任遂行状況の報告に加えて，商法会計上，重要な点は，株主と債権者などの**利害を調整**するために配当可能利益について厳密な規制が加えられていることである。すなわち，「商法」上，物的会社の配当可能利益の算定は貸借対照表上の純資産額から資本金および法定準備金を控除して行うのを原則としている（「商法」第290条1項，「有限会社法」第46条）が，この規制方式自体は昭和37年「商法」から現行規定になり，またその趣旨も明治23年「商法」以来変わらない。したがって，商法会計の目的は配当可能利益の算定にこそあるといえる。

▶ 3　証取法会計

　証取法会計とは「**証取法**」，「**証券取引法施行令**」および「**企業内容等の開示に関する省令**」ならびに「**連結財務諸表の用語，様式及び作成方法に関する規則**（以下，「**連結財規**」という）」などに基づく会計を総称していう。

　「証取法」は「国民経済の適切な運営及び投資者の保護に資するため，有価

「商法特例法」第23条

⑥　取締役は，定時総会の1週間前から5年間商法第281条第1項に掲げるもの及び監査報告書を本店に備え置かなければならない。

「商法」第290条

①　利益ノ配当ハ貸借対照表上ノ純資産額ヨリ左ノ金額ヲ控除シタル額ヲ限度トシテ之ヲ為スコトヲ得

　一　資本ノ額

　二　資本準備金及利益準備金ノ合計額

　（以下省略）

「証取法」第193条

　この法律の規定により提出される貸借対照表，損益計算書その他の財務計算に関する書類は，内閣総理大臣が一般に公正妥当であると認められるところに従つて内閣府令で定める用語，様式及び作成方法により，これを作成しなければならない。

証券の発行及び売買その他の取引を公正ならしめ，かつ，有価証券の流通を円滑ならしめることを目的」（「証取法」第1条）としている，**「商法」の特別法**であり，かつ**開示法**の性格をもっている。

このことから，「証取法」自体は「商法」の計算規定のように，連結財務諸表，個別財務諸表などの**財務計算書類**の作成方法等についての規定を設けず，「証取法」第193条において「連結財規」および「財務諸表等の用語，様式及び作成方法に関する規則」（以下，「財規」という）に委ねている。さらに，「連結財規」および「財規」に定めなき事項については，**一般に公正妥当と認められる企業会計の基準**に従うこととされ（「連結財規」第1条1項，「財規」第1条1項），「企業会計原則」をはじめ，企業会計審議会から公表された企業会計の基準，企業会計基準委員会・企業会計基準第1号がこれに該当するとされている（「連結財規」第1条2項，「財規」第1条2項）。また，金融庁総務企画局は，「連結財規」および「財規」の取扱いに関するガイドラインとして，「『連結財務諸表

「連結財規」第1条

1　…（省略）…この規則において定めのない事項については，一般に公正妥当と認められる企業会計の基準に従うものとする。

2　金融庁組織令（平成10年政令第392号）第24条に規定する企業会計審議会により公表された企業会計の基準は，前項に規定する一般に公正妥当と認められる企業会計の基準に該当するものとする。

「財規」第1条

1　…（省略）…この規則において定めのない事項については，一般に公正妥当と認められる企業会計の基準に従うものとする。

2　金融庁組織令（平成10年政令第392号）第24条に規定する企業会計審議会により公表された企業会計の基準は，前項に規定する一般に公正妥当と認められる企業会計の基準に該当するものとする。

財団法人財務会計基準機構・企業会計基準委員会の公表した「自己株式及び法定準備金の取崩等に関する会計基準」の取扱いについて（平成14年3月26日）

財団法人財務会計基準機構・企業会計基準委員会から平成14年2月21日付で公表された「自己株式及び法定準備金の取崩等に関する会計基準」は，証券取引法の規定の適用に当たつては，「一般に公正妥当と認められる企業会計の基準」として取扱い，平成14年4月1日以後開始される事業年度，連結会計年度，中間会計期間及び中間連結会計期間に係る財務諸表，連結財務諸表，中間財務諸表及び中間連結財務諸表について適用することとするので，了知されたい。

の用語，様式及び作成方法に関する規則』の取扱いに関する留意事項」（以下，「連結財規ガイドライン」という），「『財務諸表等の用語，様式及び作成方法に関する規則』の取扱いに関する留意事項」（以下，「財規ガイドライン」という）などを公表している。

　したがって，証取法会計においては，**会計処理規定**については**「連結財務諸表原則」**，**「企業会計原則」**および**「企業会計基準」**に，ディスクロージャー規定については**「連結財規」**および**「財規」**をはじめとする証券取引法関係法令に委ねられていると解してよい。

　証取法会計における最大の特徴は，「証取法」の目的である一般投資者保護をはかるために情報提供機能が重視され，**証取法ディスクロージャー制度**が設

図表4-4　証取法ディスクロージャー制度の概要

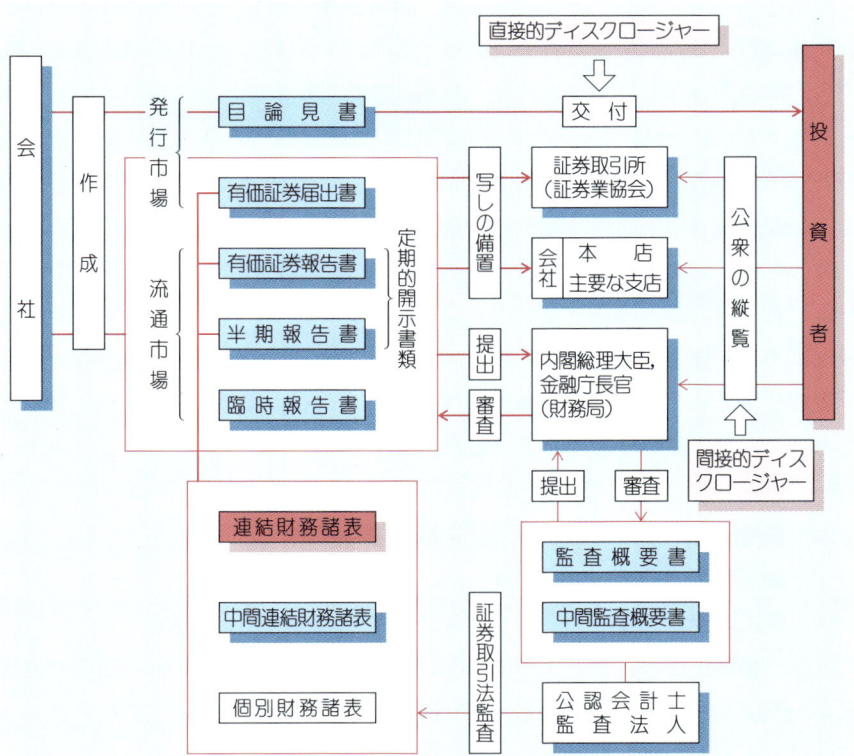

図表 4 - 5　証取法ディスクロージャー制度と基本理念

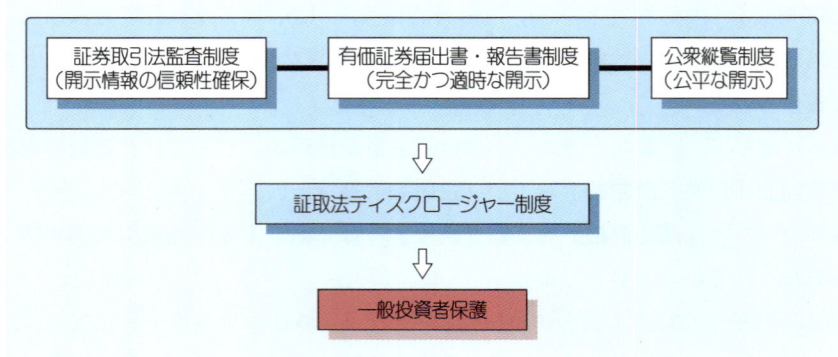

けられていることである。

　証取法ディスクロージャー制度とは，**開示主義**に基づいて一般投資者が自己の責任において合理的な意思決定を行うことができるように，会社に当該事業内容，財務内容などに関する情報を有価証券の発行市場と流通市場の開示手段を通じて完全，適時，公平かつ正確に開示させる制度である。この制度は，戦後わが国に導入されてから約50年の間に著しく発展を遂げてきている。とりわけ，1965年前後の一連の粉飾決算，会社倒産事件，その後の資本市場の効率化，金融・証券取引の国際化，経済のボーダーレス化などによる「証取法」の改正および企業会計制度の整備などにともない，証取法ディスクロージャー制度は，最近ますます充実・強化される傾向にある。

　証取法ディスクロージャー制度の概要については，**図表 4 - 4** にみるとおりであるが，その**基本理念**である**一般投資者保護**は，次の 3 つの制度との関連において確保されている（**図表 4 - 5** 参照）。

(1)　**有価証券届出書および有価証券報告書制度**

(2)　**開示情報の公 衆 縦 覧制度**

(3)　**証取法監査制度**

　まず，**有価証券届出書**は発行市場におけるディスクロージャーの手段であり，また，**有価証券報告書**（＜付録Ⅲ＞参照）は流通市場におけるディスクロージャーの手段であるが，これらは会社の有価証券の価値を保証するものではなく，そ

れを投資者の責任において合理的な判断をさせるために必要と考えられる発行市場と流通市場の情報を完全かつ適時に開示させることを目的としている。その意味で，この制度は，事実を知らされないことによって被る不測の損害および開示の遅れのために会社役員等のインサイダー取引によって被る損害から投資者を保護しようとしているといえる。

　次に，開示情報の公衆縦覧制度は，現在の投資者であると将来の投資者（潜在的投資者）であるとを問わず，また，個人投資者であると機関投資者であるとを問わず，すべての者に所定の場所で所定の期間，投資情報を等しく公平かつ自由に閲覧させ，もって投資者の市場参加を促進させることを目的としている。その意味で，この制度は，情報を等しく公平に利用可能にさせることによって，情報の非対称性によって被る不利益から投資者を保護しようとしているといえる。

　さらに，証取法監査制度は，会社とは特別の利害関係のない公認会計士または監査法人が，開示情報のなかでも，とりわけ投資意思決定に必要不可欠であると考えられている会計情報に監査証明を付し，もって開示情報の信頼性を担保することを目的としている（「証取法」第193条の2）。その意味で，この制度は，会社の故意もしくは不測または不正確もしくは不完全な情報開示によって被る損害から投資者を保護しようとしているといえよう。

　以上，証取法ディスクロージャー制度における一般投資者保護目的は，外部財務情報が制度的に，(1)完全かつ適時に開示され，(2)等しく公平に開示されるとともに，(3)開示情報の信頼性が担保されて，はじめて達成可能になるといえよう。

「証取法」第193条の2

①　証券取引所に上場されている有価証券の発行会社その他の者で政令で定めるものが，この法律の規定により提出する貸借対照表，損益計算書その他の財務計算に関する書類で内閣府令で定めるものには，その者と特別の利害関係のない公認会計士（公認会計士法（昭和23年法律第103号）第16条の2第3項に規定する外国公認会計士を含む。以下この条において同じ。）又は監査法人の監査証明を受けなければならない。…（省略）…

▶ 4 税務会計

　法人形態をとる株式会社には，法人税が課せられる。「法人税法」に基づく会計は，課税の公平の見地から法人の課税所得を計算するために「法人税法」,「法人税法施行令」,「法人税法施行規則」などの規制を受ける会計の総称であり，一般に税務会計とよばれる。

　税務会計は，すでに述べた商法会計および証取法会計とは異なり，財務諸表の作成と報告を目的としていないので，一般には財務会計では取り扱われない。

　しかし，「法人税法」の第22条ないし第64条は実質的な会計規定になっている。とりわけ，「法人税法」第22条4項では，「別段の定めのある事項」以外の益金および損金の額は「一般に公正妥当と認められる会計処理の基準に従って計算するものとする」との包括規定が設けられ，しかもこの場合の基準に該当するものの1つとして企業会計審議会，会計基準委員会などから公表される企業会計の基準が含まれると解されている（もう1つは，国税庁長官の解釈規定の性格を有する「法人税基本通達」などであるとの見解もある）。

　また，税法決算は，確定決算基準（「法人税法」第74条1項）によって，原則として商法決算に基づいて行われる。この場合，「確定」とは会社の意思が確定することを意味する。したがって，確定決算基準とは，株主総会で承認された計算書類に記載された当期利益に税法固有の規定によって加算・減算等を行い，所得を算定することをいう。

「法人税法」第22条

④　第2項に規定する当該事業年度の収益の額及び前項各号に掲げる額は，一般に公正妥当と認められる会計処理の基準に従つて計算されるものとする。

第74条

①　内国法人…(省略)…は，各事業年度終了の日の翌日から2月以内に，税務署長に対し，確定した決算に基づき次に掲げる事項を記載した申告書を提出しなければならない。

◀ Key Words ▶

委員会等設置会社

　大会社または資本の額が 1 億円を超える株式会社のうち「商法特例法」に基づく会計監査人監査を受ける旨を定めた会社で，定款において，委員会等設置会社に関する特例のすべてを適用する旨を定めた会社

確定決算基準

　株主総会で承認された計算書類に記載された当期利益に税法固有の規定によって加算・減算を行い，所得を算定すること

計算書類等

　貸借対照表，損益計算書，営業報告書および利益処分案または損失処理案ならびにその附属明細書

公正なる会計慣行

　一般には，企業会計原則などの会計基準をいい，その場合であっても公正なる会計慣行に含められるのは会計基準が公正なる会計慣行を要約したものであると認められる場合に限る

財務計算書類

　「証取法」に基づく財務諸表をいい，連結貸借対照表，連結損益計算書，連結剰余金計算書，連結キャッシュフロー計算書など

受託責任遂行状況の報告

　会社の経営者である取締役が，善管注意義務および忠実義務をもって委任事務処理の状況を報告し，委任終了後は遅滞なくその顛末を報告すること

状況報告

　善管注意義務および忠実義務をもって委任事務処理の状況を報告すること

証取法会計

　「証取法」，「証取法施行令」および「企業内容等の開示に関する省令」ならびに「連結財規」，「財規」などに基づく会計の総称

証取法ディスクロージャー制度

　開示主義に基づいて一般投資者が自己の責任において合理的な意思決定を行うことができるように，会社に当該事業内容，財務内容などに関する情報を有価証券の発行市場と流通市場の開示手段を通じて完全，適時，公平かつ正確に開示させる制度

商法会計

　「商法」の総則規定および株式会社の計算規定および「商法施行規則」ならび

に「商法特例法」に基づく会計の総称

税務会計

　　課税の公平の見地から法人の課税所得を計算するために「法人税法」,「法人税施行令」,「法人税法施行規則」などの規制を受ける会計の総称

善管注意義務

　　善良なる管理者としての注意義務をいい,具体的には財産または事務の管理にあたってはその職業または地位にある者として通常求められる注意義務

忠実義務

　　取締役は法令・定款に基づき会社のために忠実に職務を遂行しなければならない義務

顛末報告

　　委任終了後,遅滞なくその顛末を報告すること

有価証券届出書

　　発行市場におけるディスクロージャーの手段

有価証券報告書

　　流通市場におけるディスクロージャーの手段

連結計算書類

　　連結貸借対照表,連結損益計算書および連結剰余金計算書

第5章　財務会計の基礎理論

本章の学習ポイント

1. 現行財務会計に共通する計算システムは，どのような考え方に基づいているのであろうか
2. 現行財務会計は，どのような計算構造上の特徴を持っているのか
3. 取得原価主義会計とはどのような会計か。また，計算構造上どのような特徴を持っているのか
4. 原価－実現主義にはどのような意味があるのか
5. なぜ現行財務会計において取得原価主義会計が採用されてきたのか
6. 現行財務会計にはどのような問題があるのか
7. どのように利害調整機能と情報提供機能のバランスをとるべきなのか

▶ 1　現行財務会計の計算構造上の特徴

　すでに述べたように，財務会計は社会的な性格をきわめて強く持っており，そのために社会的な規範に裏付けられた会計である（＜第1章　財務会計の意義＞参照）。具体的にいえば，「企業会計原則」などの慣習規範はもとより，「商法」，「法人税法」，「証取法」などの強制（または制定法）規範によって規制されている会計が現行の財務会計である。

　このような現行財務会計に共通するまたはタテ糸となっている計算システムは、いったいどのような考え方に基づいているのであろうか。それは、原則として、企業が外部の第三者と取引を行った場合に、これをその取引価額に基づいて測定し報告すべしとする考え方である。これを取引価額主義という。

　この考え方を図表5-1に即して説明すれば、次のとおりである。

　まず、貸借対照表項目のうち、現金、金銭債権などの貨幣性資産は、その券面額または債権回収可能額によって計上され（券面額・債権回収額主義）、また、有価証券、棚卸資産、固定資産、繰延資産などの非貨幣性資産はその資産を購入するために実際に支払った対価によって計上され（支払対価主義）、負債は契約価額または弁済額で計上され（弁済額主義）、資本のうち資本金は原則として発行済株式の発行価額の総額（払込総額主義または発行価額総額主義）によって計上される。

　次に、損益計算書項目のうち、費用は実際の現金支出額または原価配分の原則などに基づいて計上される支出額（発生主義）によって計上され、収益は外部の第三者に対して引き渡した価額（実現主義）に基づいて計上される。

　以上のように、現行財務会計においては取引価額主義がとられているが、この計算システムの構造上の特徴を端的にいえば、原則として、原価－実現主義に基づく資金的裏付けのある利益を最重視している点にある。このために、取引価額主義のもとでは、一般に、取得原価主義会計が現行財務会計の基本的な会計システムであるとみなされている。取得原価主義会計とは、原初取引価額主義ともよばれ、資産の原初入帳数値は、原則として、交換市場において独立の当事者（売手と買手）間で成立した公正な取引価額に基礎をおき、この価額が損益計算のための出発点となり、かつ、それは、当該資産が企業内に保有されている期間中ずっとその意味をもちつづける会計方式である。

　しかし、たとえば受贈資産および発見資産または未払法人税および訴訟負債のように、取引価額のない資産もあれば負債もある。このような場合には、取引価額がないので、第三者との公正な取引（arm's length transaction）を行っていたとすれば成立した価額である時価を含む公正価値（fair value、＜第8章 資産の意義と評価＞参照）で評価しなければならない。連結財務諸表（＜第22章

第5章

企業集団の会計と報告＞参照）の作成にあたっては，子会社の資産および負債について少数株主持分を除く親会社持分のみを時価評価する**部分時価評価法**と少数株主持分を含めすべての持分を時価評価する**全面時価評価法**の選択適用が認められている。

　さらに，決算時には一部の金融資産および金融負債，年金資産などは時価評価され（＜**第11章　有価証券の会計と報告**＞および＜**第20章　金融商品の会計と報告**＞参照），また，外国通貨，外貨建金銭債権債務，外貨建有価証券および外貨建デリバティブ取引等の金融商品は，原則として，決算日レートで換算される

図表 5-1　現行財務会計の概要

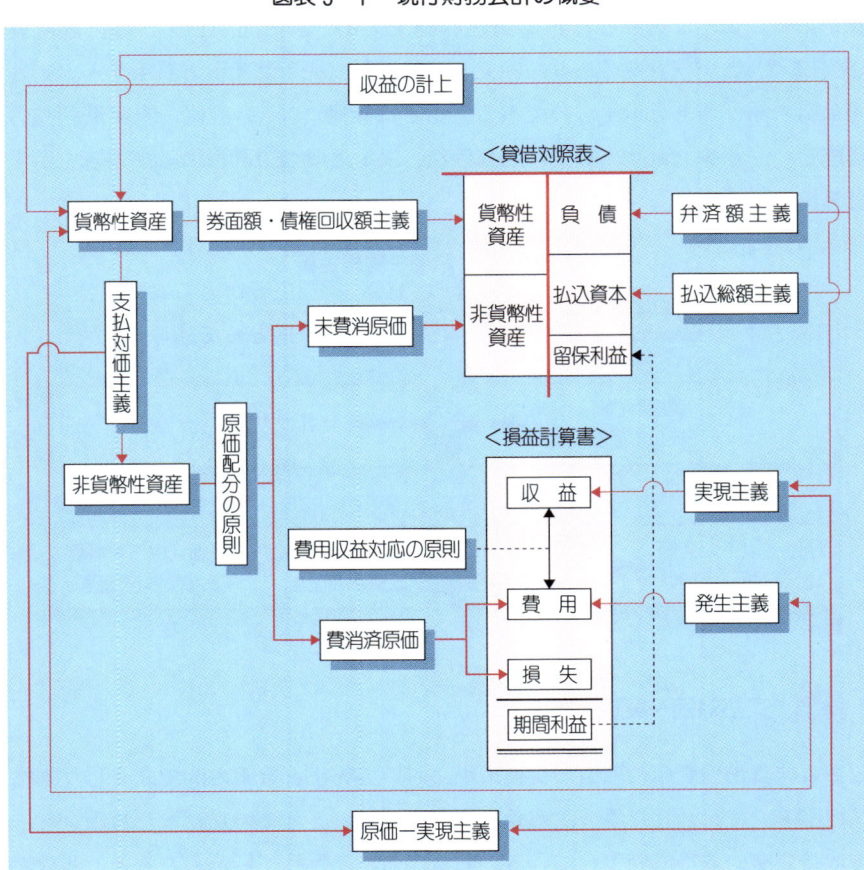

（＜第21章　外貨換算の会計と報告＞参照）。

　したがって，現行財務会計は取得原価数値をベースにするものの，一部に時価数値などが混入されているところから，会計数値の整合性を欠くことになり，厳密な取得原価主義会計は崩れつつあるとはいえるが，取得原価主義会計をベースにしているといってよい。

▶ 2　原価－実現主義の意味

　原価－実現主義という場合，図表5－2にみるように，これには2通りの意味がある。第1は**買手サイドの資産評価（支払対価）－売手サイドの損益計算（実現主義）**という意味であり，独立した第三者（売手サイドと買手サイド）との取引の結びつきを示すものである。第2は**原価（以下）評価－未実現利益の排除**という意味であり，貸借対照表価額の決定と収益の計上の結びつきを示す計算構造である。

図表5－2　原価－実現主義

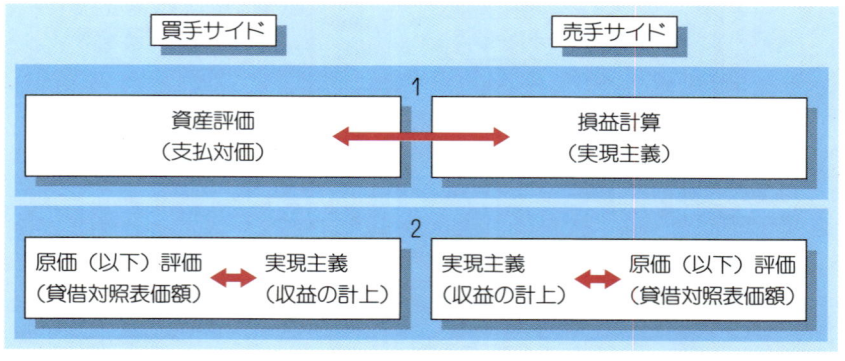

2·1　支払対価－実現主義

　ある非貨幣性資産の取引が交換市場において売手と買手の間で成立した価格（取引価額）で行われた場合，**買手サイド**からみると，その支払った対価をもって取得資産の取得原価としている。同じことを**売手サイド**からみると，非貨幣

性資産を第三者に引き渡して，その対価として貨幣性資産を受け取っている。

　すなわち，この場合，買手サイドは非貨幣性資産の購入に伴う資産評価を行ったのであり，同時に売手サイドは非貨幣性資産の売却に伴う損益計算を行ったことにほかならない。複式簿記で学んだように，ある1つの取引について，買手サイドに何らかの会計処理があれば，必ずその相手である売手サイドにも何らかの会計処理がある。

　したがって，会計ではしばしば資産会計が中心か損益会計が中心かの議論があり，両者は全く別々のもののように思われがちであり，またそのような説明が行われることが少なくないが，実際には全く同一の経済活動および経済事象を買手サイドを中心にみるか，売手サイドを中心にみるかの違いであるといってよい。

　かくして，現行財務会計においては，非貨幣性資産の購入については当該資産を取得するために実際に支払った対価によって評価し（支払対価主義），非貨幣性資産の売却については当該資産を買手に引き渡し，その対価として受け取った貨幣性資産によって収益を計上している（実現主義）といえる。いいかえると，支払対価主義と実現主義は表裏一体の考え方であり，買手サイドの資産会計と売手サイドの損益会計とを計算構造的に密接に結びつける考え方であるといってよい。

2・2　原価（以下）評価―未実現利益の排除

　原価―実現主義の第2の意味は，原価（以下）評価―未実現利益の排除という意味であり，買手サイド（または売手サイド）の資産の貸借対照表価額の決定および収益の計上を行うための計算構造である。

　非貨幣性資産を，購入時にその支払対価すなわち取得原価で評価するということは，その資産の取得から売却までの保有期間中，たとえハイパー・インフレーションが生じようとも，取得原価が資産価額の上限（原価以下評価）であり，したがって資産が外部の第三者に売却されるまで当該資産からの評価益（未実現利益）が計上されないことを意味している。

　いいかえれば，原価（以下）評価は，未実現利益の計上を排除するという意

味で実現主義と表裏一体の関係にあり，買手サイド（または売手サイド）の資産
会計と損益会計を計算構造的に密接に結びつけているという特徴を有している。
したがって，この原価（以下）評価－未実現利益の排除という特徴は，原価－
実現主義に立脚する取得原価主義会計の最も基本的な計算構造である。

▶ 3　取得原価主義会計の論拠

　上述のように，取引価額主義の１つである取得原価主義会計は現行財務会計
の基本的な計算システムとされているが，その理由として，(1)処分可能利益の
算定，(2)財務諸表監査における信頼性の確保および(3)受託責任遂行状況の報告
のいずれにも適合している点をあげることができる。

3・1　処分可能利益の算定

　「商法」に基づく配当可能利益および「法人税法」に基づく課税可能所得から
構成される処分可能利益を算定するためには，その処分財源として資金的裏付
けのある資産（とくに貨幣性資産）が確保されていることが必要である。そのた
めには，資産の評価益すなわち未実現利益の計上を排除する実現主義がとられ，
また，つねに，取得原価が資産評価の上限とされる取得原価主義がとられなけ
ればならないことになる。

　かくして，「原価－実現主義」を中核とする取得原価主義会計は，処分可能利
益の算定を行うためには最も有用な会計システムであるとされ，今日広く世界
の主要諸国において採用されている。

　しかも，この考え方は，もともと有限責任制度に基づく株式会社の生成，発
展とともに形成されたものであり，わが国の場合には，「商法」および「法人
税法」の目的と密接に結びついており，株式会社制度および所得課税制度が存
続するかぎり，今後とも無視することはできないといえよう。

　この点を詳しく述べれば，株式会社制度においては，単体ベースが前提では
あるが配当可能利益をめぐる株主と債権者間その他の利害調整が問題になり，
また所得課税制度においては，課税所得をめぐる納税者と税務当局との利害調

整が問題となる。このために，「商法」および「法人税法」では配当可能利益と課税可能所得について厳密な規制を加えている。

　たとえば，わが国の「商法」は，物的会社の配当可能利益の算定については，貸借対照表上の純資産額から資本金および法定準備金を控除して行うのを原則としている（「商法」第290条，「有限会社法」第46条）。この規制方式自体は，昭和37年「商法」より現行規定になり，さらにその趣旨も明治23年「商法」（第195条）以来変わりがなく，したがって，**配当可能利益の算定が商法の固有の目的**であることは否めない事実である。

　また，**課税所得**の計算については，**租税法律主義**（「日本国憲法」第84条）に基づいて規定されている。「法人税法」の場合，課税所得は法人の所得を基礎にして計算されるが，その計算にあたっては，「別段の定め」がある場合を除き，「一般に公正妥当と認められる会計処理の基準に従って計算されるものとする」（「法人税法」第22条4項）とされている。しかし，課税所得は「公正なる会計慣行」を斟酌した「商法」の計算規定に基づいて作成され，かつ株主総会で承認

平成14年改正「商法」第290条

①　利益ノ配当ハ貸借対照表上ノ純資産額ヨリ左ノ金額ヲ控除シタル額ヲ限度トシテ之ヲ為スコトヲ得

　一　資本ノ額

　二　資本準備金及利益準備金ノ合計額

　三　其ノ決算期ニ積立ツルコトヲ要スル利益準備金ノ額

　四　其ノ他法務省令ニ定ムル額

「有限会社法」第46条

①　商法…（省略）…，第290条，…（省略）…ノ規定ハ有限会社ノ計算ニ之ヲ準用ス

「日本国憲法」第84条

　あらたに租税を課し，又は現行の租税を変更するには，法律又は法律の定める条件によることを必要とする。

「法人税法」第22条

④　第2項に規定する当該事業年度の収益の額及び前項各号に掲げる額は，一般に公正妥当と認められる会計処理の基準に従つて計算されるものとする。

第74条

①　内国法人…（省略）…は，各事業年度終了の日の翌日から2月以内に，税務署長に対し，確定した決算に基づき次に掲げる事項を記載した申告書を提出しなければならない。

された計算書類において表示されている利益を基礎（確定決算基準）にして算定されている（「法人税法」第74条1項）のが実情である。

　さらに，わが国では，単体ベースの外部財務情報の作成段階における実体規定，いいかえれば資産の評価，企業利益などに関する計算については商法の規定に従わざるをえなく，また，「法人税法」も確定決算基準によって商法と密接不可分な関係にあり，原則としてこれに基づいて課税所得を計算している。このような現行の企業会計制度を前提にする以上，資産の時価評価および評価益の計上を禁止し，資金的裏付けのある利益の計算を重視する取得原価主義会計は，商法および法人税法の目的である処分可能利益算定機能を遂行するのに最も適合する会計システムであるといえる。

3・2　財務諸表監査における信頼性の保証

　「証取法」においては，一般投資者が自己の責任において合理的な意思決定を行うことができるように，会社に当該事業内容または財務内容等に関する情報を有価証券の発行市場と流通市場の開示手段を通じて開示させるいわゆる証取法ディスクロージャー制度が採用されている。

　この制度を実質的かつ効率的に機能させるためには，少なくとも開示される情報の信頼性が高いものであることが前提である。「証取法」第193条の2第1項の規定に基づく公認会計士または監査法人による財務諸表監査はこの趣旨に沿って確立されているものである。

　財務諸表監査における信頼性の保証は監査人の監査意見の表明を通じて行われている。その理由は，財務諸表監査のもとで監査人の監査意見の表明という行為は監査責任と表裏一体の関係にあり，この監査責任が情報利用者サイドからすれば信頼性の保証を判定する指標になっているからである。

　このように考えるならば，財務諸表監査においては監査意見を表明し，財務諸表の信頼性を保証しうる会計システムが採用されていることが前提である。

　この点を具体的にいえば，あるひとつの究極的要証命題（たとえば，「当該企業の財務諸表は財政状態および経営成績を適正に表示している」── この場合には，この究極的要証命題を適正命題という）に基づいて，たとえば，無限定適正意

見，限定付適正意見または不適正意見のように無限定適正意見を最上位とする総合意見の表明を行いうる会計システムが存在していることが前提である。

　しかも，財務諸表監査における総合意見の表明は，監査人が究極的要証命題の立証にあたり，どの程度の監査証拠を入手しうるかという入手可能な監査証拠の能力によって相対的にしか行いえないのが実情である。

　そうである以上，会計情報が資産の購入時からその後の費消または売却に至るまでの数値を追跡できる（これを，追跡可能性という。なお，しばしば会計情報の特性とされる検証可能性は，取得原価主義会計のもとでは追跡可能性を意味しており，また，会計情報の特性とされる信頼性は必ずしも情報特性なのではなくて，財務諸表監査によって確保される特性であると考えられる）という特性をもっている取得原価主義会計システムを前提にしなければ，実査，立会，確認などの監査手続によって得られる確証的な監査証拠を入手することは困難である。

　逆にいえば，資産の評価を時価で行い，また利益を発生主義で計上する会計では，質問，比較，分析的手続などの監査手続しか適用できず，そこから得られる監査証拠も取得原価主義会計から得られる監査証拠に比較すると弱く，したがって信頼性の保証の程度も低く，監査人の監査意見の表明は行いにくいといえよう。

　かくして，取得原価主義会計は「証取法」に基づく財務諸表監査による意見表明を行うためにも適合しているといってよい。

3・3　受託責任遂行状況の報告

　"accounting"（会計）という用語の語源は，"account for"であるといわれているように，もともと「説明する」または「弁明する」という意味をもっており，"accountability"という用語が説明する責任から派生する会計責任を表すものとして広く用いられている。このことから明らかなように，会計は財産を受託された者がこれを委託した者に対して財務諸表等の会計数値を用いてその会計責任を明らかにする役割をもっているといえる。この会計責任の同義として，また場合によっては会計責任を包摂する広い意味で，受託責任（stewardship）という用語が用いられる。

　受託責任という考え方は，古くはローマ時代の主人と奴隷（どれい）の委託，受託の関係に端を発し，その後16世紀イギリスのヘンリー１世時代における荘園（しょうえん）およびギルドのチャージ・ディスチャージ関係に受けつがれ，さらに今日の株式会社制度のなかにとり入れられて発展してきたものである。

　すでに＜第４章　財務会計のフレームワーク＞で述べたように，株式会社の場合，株主から出資を受けると，会社のマネジメントである取締役は受託責任の遂行状況について報告しなければならないが，現実にはその遂行状況を立証することが不可能なので，「商法」上，計算書類等を，また大会社にあってはこれに加えて連結計算書類を作成し，取締役会の承認を受け（「商法」第281条１項），監査役および会計監査人の監査を受けた後（「商法」第281条４項，「商法特例法」第19条の２），計算書類および連結計算書類について定時株主総会において承認を受けるかまたは報告する（「商法」第283条１項，「商法特例法」第16条１項，４項）ことによって，その受託責任が解除されたとみなされている。

「商法」第281条

① 取締役ハ毎決算期ニ左ニ掲グルモノ及其ノ附属明細書ヲ作リ取締役会ノ承認ヲ受クルコトヲ要ス

　一　貸借対照表

　二　損益計算書

　三　営業報告書

　四　利益ノ処分又ハ損失ノ処理ニ関スル議案

第283条

① 取締役ハ第281条第１項各号ニ掲グルモノヲ定時総会ニ提出シテ同項第３号ニ掲グルモノニ在リテハ其ノ内容ヲ報告シ，同項第１号，第２号及第４号ニ掲グルモノニ在リテハ其ノ承認ヲ求ムルコトヲ要ス

「商法特例法」第16条

① 各会計監査人の監査報告書に第13条第２項の規定による商法第281条ノ３第２項第３号に掲げる事項の記載があり，かつ，監査役会の監査報告書にその事項についての会計監査人の監査の結果を相当でないと認めた旨の記載（各監査役の意見の付記を含む。）がないときは，同法第283条第１項の規定にかかわらず，取締役は，同法第281条第１項第１号及び第２号に掲げるものについて定時総会の承認を求めることを要しない。この場合においては，取締役は，定時総会にこれらのものを提出し，その内容について報告しなければならない。

　受託責任が，計算書類および連結計算書類の承認または報告によって解除される以上，少なくとも計算書類等の作成の根拠となる会計情報の正確性が客観的証拠によって立証されるものでなければ，委託者である株主は納得しない。逆にいえば，会計情報の信頼性が財務諸表監査を通じて担保されており，取締役がその責任の所在を弁明しうる追跡可能性の特性を有する会計情報を広く提示するのでなければ，取締役の受託責任は解除されない。

　そのような情報特性をもっているのが，取得原価主義会計情報である。また，受託資本の健全な維持・管理の面からみても，保守主義性の情報特性をもっている取得原価主義会計情報が最も適合するといえよう。

　いいかえれば，十人十色（じゅうにんといろ）の計算結果が出るような時価主義会計では受託責任遂行状況を報告することはきわめて困難である。もっとも，受託責任の遂行は財産の名目的な維持をもってその顛末（てんまつ）を明らかにする（本書で用いている受託責任の意味）ことではなく，財産の実質的または実体的な維持をもってその顛末を明らかにすることであるとする考え方もある。その場合であっても，取締役には違法配当責任（「商法」第266条 1 項 1 号），法令・定款違反責任（いかん）（「商法」第266条 1 項 5 号），第三者責任（「商法」第266条ノ 3 ）など各種の責任が課されていることからみて，取得原価主義会計情報と対置される時価主義会計情報だけで

────────────

②　取締役は，商法第283条第 1 項の承認を得，又は前項後段の報告をしたときは，遅滞なく，同法第281条第 1 項第 1 号及び第 2 号に掲げるもの又はその要旨を公告しなければならない。ただし，次項の決議をした大会社においては，この限りでない。

③　大会社は，取締役会の決議をもつて，大会社が商法第283条第 1 項の承認を得，又は第 1 項後段の報告をした後遅滞なく，同法第281条第 1 項第 1 号及び第 2 号に掲げるものに記載され又は記録された情報を，電磁的方法（同法第130条第 3 項の電磁的方法をいう。以下同じ。）であつて法務省令で定めるものにより，その承認を得，又はその報告をした日後 5 年を経過する日まで不特定多数の者がその提供を受けることができる状態に置く措置を執ることとすることができる。

④　第13条第 4 項の規定は，第 2 項の要旨について準用する。

⑤　大会社に関する商法第188条第 2 項第10号及び第266条ノ 3 第 2 項の規定の適用については，これらの規定中「第283条第 5 項」とあるのは，「株式会社の監査等に関する商法の特例に関する法律第16条第 3 項」とする。

もって受託責任遂行状況を報告することは必ずしも容易ではないといえよう。

かくして，**取得原価主義会計は処分可能利益の算定，財務諸表監査における信頼性の確保および受託責任遂行状況の報告のいずれにも適合**しているために，現行財務会計の基本的計算システムとして存続しているといえよう。

▶ 4　取得原価主義会計の再検討

このような取得原価主義会計に対しては，その情報が企業の経済的実態から乖離しているので投資意思決定情報として有用性に乏しいなどの批判が加えられ，再検討すべき旨の主張が少なくない。

取得原価主義会計は，透明性の点では問題があるとはいえようが，本当に投資意思決定情報の提供という会計の目的には役立たないのであろうか。

一口に，投資意思決定情報といっても，どのような情報がそれであるのかはあまりはっきりしていないのが現状である。たとえば，投資意思決定情報提供機能を重視する見地から会計基準を設定している FASB でさえも，投資意思決定情報の説明については，抽象的であり，具体性を欠いている。投資意思決定情報は投資意思決定モデルとしてどのようなものを想定するかによって，その内容は自ずから異なるといえる。しかも，一般投資者はそれぞれモデルとはいえないような異なる投資行動パターンをもっているようにも思われる。

投資意思決定情報の内容が明確でない以上，その内容としてはきわめて常識的なものを想定せざるをえない。その場合，少なくともはっきりしていることは，**一般投資者にとって外部情報の利用価値には自ずから軽重の差がある**と思われることである。一般投資者にとって最も利用価値が高く，また関心が高いのは，当期利益，配当可能利益などの**利益情報**，財産の管理・運用などに関する受託責任遂行状況などの**基本情報**であると考えられる。一般投資者が，これらの利益情報および基本情報を無視して，いきなり売買目的有価証券などの時価情報，デリバティブの損益情報などを重視したり，これらを基本情報とみなすことはまれであると考えられる。

この点を身近な例を用いて説明すれば，食事をするためにレストランを選ぶ

場合，**メイン・ディッシュこそがポイント**であり，アペタイザー，デザートなどのサイド・ディッシュがポイントであるとする者はきわめてまれであるといってよい。ましてや，メイン・ディッシュかサイド・ディッシュかわからないような食事を出すレストランを選ぶことは，もっとまれであろう。

　要するに，**投資意思決定情報といえども，処分可能利益情報こそが最も重要**であり，その算定に最も適合している取得原価主義会計こそが会計システムの基本であると思われる。取得原価主義会計利益情報こそが，投資意思決定情報として最も有用であるとする優れた実証研究結果も少なくない。

　そうはいっても，取得原価主義会計利益情報または処分可能利益情報以外の投資意思決定情報，とりわけ時価または公正価値情報が不必要であると主張しようとしているわけではない。それどころか，デリバティブ取引などが活発になってきたことを考えると，市場の健全性，透明性などを確保するためには，時価または公正価値情報も投資者などの利用者にとって有用であるともいえよう。問題の本質は，**投資意思決定情報提供機能と処分可能利益算定機能とのバランスをどのようにとるのか**にあるように思われる。

◀ Key Words ▶

確認
　　監査人が債権・債務などを取引先に照会して，事実の正否などを文書をもって確かめる監査手続

原価－実現主義
　　資産の購入については当該資産を取得するために実際に支払った対価によって評価し（支払対価主義），資産の売却については当該資産を買手に引き渡し，その対価として受け取った貨幣性資産によって収益を計上する（実現主義）こと

検証可能性
　　取得原価主義会計のもとでは，追跡可能性と同義であり，会計情報が資産の購入時からその後の費消または売却に至るまでの数値の追跡ができる特性をもっていること

券面額・債権回収額主義

現金，金銭債権などの貨幣性資産が，その券面額または債権回収可能額によって計上されるという考え方

実現可能

貨幣性資産への転換可能性または収益の測定値の確定可能性の要件をもっている状況

実査

監査人が現物の実地棚卸を行い，その数量などの実在性を確かめる監査手続

質問

監査人が不明，不審と思われる事項をクライアントの役員などに問い合わせ，説明などを求める手続

支払対価－実現主義

支払対価主義と実現主義は表裏一体であるととらえ，買手側の資産会計と売手側の損益会計とを計算構造的に密接に結びつける考え方

支払対価主義

資産の取得原価は当該資産を購入または製造のために実際に支払った対価（金銭支出額であるので，通常は貨幣性資産）によって決定されるという考え方

取得原価主義会計

企業会計におけるすべての資産の原初入帳数値は，原則として，交換市場において独立の当事者（売手と買手）間で成立した価額（原初取引価額）に基礎をおき，この価額が損益計算のための出発点となり，かつ，それは，当該資産が企業内に保有されている期間中ずっとその意味をもちつづける会計方式

処分可能利益

資金的な裏付けのある伝統的な実現利益はもとより，売却取引を通さなくとも現金または現金請求権に転換することが保証されている利益

立会

監査人がクライアントの実地棚卸の現場に出向き，その状況を視察し，棚卸資産の実在性を確かめる監査手続

デリバティブ

金融派生商品とよばれ，先物（フューチャー），先渡し（フォワード），スワップ，オプションその他類似の性質を有する金融商品

取引価額主義

会計帳簿または財務諸表に計上する数値は，原則として，交換市場において

売手と買手（企業と外部の第三者またはその逆）の間で成立した取引価額に基づいて計上し，報告すべしとする考え方

比較

監査人が有価証券，受取手形などを前年同期と比較して不規則性を発見する監査手続

分析的手続

財務情報の合理性に関する心証を得るための見積的監査手続であり，データ間の変動分析，データの趨勢分析，比率分析など

弁済額主義

負債が契約価額または弁済額で計上されるという考え方

第6章　会計基準と企業会計原則

本章の学習ポイント

1. 会計原則と会計基準は，どのような関係にあるのか
2. 企業会計原則は企業会計制度においてどのような役割を果たしているか
3. 一般原則と貸借対照表原則および損益計算書原則の関係は，どのような関係にあるのか
4. 真実性の原則にいう真実とは何か
5. 正規の簿記の原則とは何か
6. 資本と利益区別の原則とは何か
7. 明瞭性の原則とは何か
8. 重要性の原則とは何か
9. 継続性の原則とは何か
10. 保守主義の原則とは何か
11. 単一性の原則とは何か

▶ 1　会計基準の端緒

　会計基準を形成する直接的なきっかけは，1929年のニューヨーク証券取引所（New York Stock Exchange ; NYSE）の株価の大暴落にはじまる経済大恐慌である。これによって一般投資者が巨額の損失を被ったために，企業会計実務を改善・統一し，指導啓蒙する必要が生じた。とりわけ，一般投資者の損害の原

因が，クロイゲル・トル（A.B. Kreugel & Toll）会社事件など会社側の不正経理と虚偽の財務報告にあったために，財務諸表監査の必要性が提唱され，そのための指針として会計原則の形成が急務とされた。

このような背景のもとで，一般投資者保護の観点から会計原則を表明した最初の文献は，1932年9月22日付で，アメリカ公認会計士協会（American Institute of Certified Public Accountants；AICPA）の前身であるアメリカ会計士協会（American Institute of Accountants；AIA）・証券取引所協力特別委員会（Special Committee on Cooperation with Stock Exchange of the AIA）がNYSE・株式上場委員会（Committee on Stock List of the NYSE）に宛てた書簡である。

この書簡においては，今日のGAAPの由来である「認められた会計原則」という用語が最初に用いられ，財務諸表の作成にあたり準拠すべきいわゆる「AIA会計5原則」が提示された。

一方，わが国における会計基準形成の端緒は，第一次世界大戦後の深刻な経済不況に対処するために企業会計を指導啓蒙し，その改善と統一を図るための指針として，商工省に設けられた臨時産業合理局・財務管理委員会から公表された「財務諸表準則」（1934年）および「財産評価準則」（1936年）に求めることができる。その後，1937年には「製造工業原価計算準則」が作成され，また戦時統制経済に伴い，1939年には陸軍から「陸軍軍需品工場事業場原価計算要綱」が，1940年には海軍から「海軍軍需品工場事業場原価計算要綱」が，さらには1941年には，企画院「製造工業財務諸表準則草案」などが相次いで公表された。

しかし，このような戦時統制経済のもとでの企業会計の統一は，第二次世界大戦の終了とともにすべて消滅して，アメリカ型による企業会計の改善・統一が図られた。その典型として公表された会計基準が，現在の金融庁・企業会計審議会の前身である経済安定本部・企業会計制度対策調査会が1949年7月に公表した「企業会計原則」である。この「企業会計原則」は，アメリカのサンダース（T.H. Sanders），ハットフィールド（H.R. Hatfield），およびムーア（U. Moore）教授の「会計原則書（A Statement of Accounting Principles）（しばしば，三教授の頭文字をとってSHM会計原則とよばれる）」をモデルにして作ら

れたといわれている。

　それ以来，わが国では，多くの場合，企業会計原則の設定，修正などを行うにあたっては，アメリカの会計基準をそのモデルとし，これを日本流にアレンジし，これに修正・加工を施し，現在に至っている。その意味では，わが国の会計基準の発展は，アメリカにおける会計基準の発展に負うところが少なくない。さらに，最近も，ハーモナイゼーションの名のもとに FASB が公表する会計基準および国際会計基準審議会 (IASB) が公表する国際財務報告基準 (IFRS) が会計基準に取り入れられることが少なくない。

▶ 2　会計原則と会計基準

　会計学の文献，監査報告書の意見表明などにおいては，従来から，会計原則 (accounting principles) または会計基準 (accounting standards) という用語がしばしば用いられているが，これらの用語については必ずしも明確な概念規定がなされてはいない。さらに，会計基準と会計原則という用語を，互換的に用いてもよいのか，それとも別概念として区別しなければならないのかについても，必ずしもはっきりしていない。ただ１つはっきりしていることは，最近は会計原則とよばれるよりも会計基準とよばれることのほうが多いという事実である。

　会計原則と会計基準の違いを明らかにするためには，会計原則または会計基準という用語のもつ会計実務上および制度上の意味を検討しなければならない。実務においては，当初，前者が後者を包摂して用いられてきたので，まず，会計原則とはもともとどのような意味をもっており，また制度上どのような文脈において用いられるようになってきたのかという点から考えてみる必要がある。しかし，この点についてはすでに別著「会計基準論」（中央経済社刊）で明らかにしたところであるので，ここではその要点だけを述べることにする。

　会計原則という用語は，古くから慣行的に用いられていたが，「原則 (principles)」のもともとの意味である「包括的かつ根本的な法則，教典または命題」，「基本的な真理」などは，会計専門家が会計原則としてみなしてきた経験の蒸留の所産として，また慣習として成立し，発展してきたもの，会計行為

に対する指針としての一般的なルールなどの意味とは異なることから，会計原則にかえて**会計基準**という用語が用いられるようになった。

いいかえれば，会計原則という用語の原義はもともと制定法，成文法などの**強制規範**の意味で用いられるべきものであるが，これまでいわゆる会計原則としてみなされていたものは強制規範以外の会計規範を意味するので，これを，会計基準とよぶほうが適当である。

したがって，本書でも，会計原則と会計基準を互換的に用い，また，**会計基準**という場合には，基本的にこれまで会計原則としてみなされてきたものを指すものとして用いることにする。ただし，その場合の会計原則は，「原則」の原義である基本的な真理という意味ではなく，行為指針として人間が経験上作り上げてきた慣習またはルールを意味するとし，**制定法または成文法たる強制規範以外の会計規範**を指すものとして用いることにする。

しかし，用語の区別よりも重要なことは，会計実務の蒸留または一般的実務慣行が何ら規範性をもたずに，いいかえれば**法的確信**に裏付けられた強制力をもたずに会計原則または会計基準になるわけではないという点である。なぜならば，およそ規制を受ける者からその規範性が納得されないような会計原則は，単なる事実たる慣習であって，慣習として実務に定着するわけでもなければ，**一般的承認性**が得られるわけでもないからである。

したがって，**会計原則**または**会計基準**は法律ではないが，法的確信に裏付けられた強制力を有する**慣習規範**として性格づけられるものであるといってよい。このことは，わが国の「企業会計原則」が，1949年の設定時の前文において，「企業会計原則は，企業会計の実務の中に慣習として発達したもののなかから，一般に公正妥当と認められたところを要約したものであつて，必ずしも法令によつて強制されないでも，すべての企業がその会計を処理するに当つて従わなければならない基準である」と明言され，その慣習規範性がうたわれていることからも理解できるところである。

第
6
章

▶ 3　企業会計原則

3・1　企業会計原則の本質

　「企業会計原則」が1949年 7 月に金融庁・企業会計審議会の前身である経済安定本部・企業会計制度対策調査会によって公表されてから，約半世紀を経過した。この間に，「企業会計原則」は，企業会計実務の指導規範として，また商法その他の企業会計法の改正・解釈指針として，さらには会計理論・会計教育のパラダイムとしてわが国企業会計の発展に多大な貢献をしてきている。その意味で，「企業会計原則」はその設定当初に考えられていた役割である，(1)すべての企業がその会計処理を行う場合に準拠しなければならない基準としての役割，(2)財務諸表監査を行うための基準としての役割，および(3)企業会計法を制定・改廃する場合の基準としての役割をほぼ遂行してきたといってよい。

　「企業会計原則」は，数次の修正(1949年 7 月 9 日，1954年 7 月14日，1963年11月 5 日，1974年 8 月30日，最終修正1982年 4 月20日)が行われてきたが，現在では歴史的文書化しつつある。しかし，これを補完する次のような各種の会計基準が公表され，広い意味での企業会計原則を形成している。

　※印は各種国家試験を受ける場合に，とくに勉強の重点を置くべき基準である。

(1)※「企業会計原則注解」(1954年 7 月14日，1963年11月 5 日，1974年 8 月30日，最終修正1982年 4 月20日)

(2)　「商法と企業会計原則との調整に関する意見書」(1951年 9 月28日)

(3)　「税法と企業会計原則との調整に関する意見書」(1952年 6 月16日)

(4)　「企業会計原則と関係諸法令との調整に関する連続意見書」
　　「第一　財務諸表の体系について」(1960年 6 月22日)
　　「第二　財務諸表の様式について」(1960年 6 月22日)
　※「第三　有形固定資産の減価償却について」(1960年 6 月22日)
　※「第四　棚卸資産の評価について」(1962年 8 月 7 日)

　　※「第五　繰延資産について」(1962年 8 月 7 日)

(5)　「税法と企業会計との調整に関する意見書」(1966年10月17日)

(6)　「連結財務諸表に関する意見書」(1967年 5 月19日)

(7)　「企業会計上の個別問題に関する意見」

　　「第一　外国通貨の平価切下げに伴う会計処理に関する意見」(1968年 5 月 2 日)

　　「第二　退職給与引当金の設定について」(1968年11月11日)

　　「第三　外国為替相場の変動幅制限停止に伴う外貨建資産等の会計処理に関する意見」(1971年 9 月21日)

　　「第四　基準外国為替相場の変更に伴う外貨建資産等の会計処理に関する意見」(1971年12月24日)

　　「第五　現行通貨体制のもとにおける外貨建資産等の会計処理に関する意見」(1972年 7 月 7 日)

　　「第六　外国為替相場の変動幅制限停止中における外貨建等の会計処理に関する意見」(1973年 3 月29日)

(8)　「連結財務諸表に関する意見書」(1975年 6 月22日)

(9)※「連結財務諸表原則」および「連結財務諸表原則注解」(1975年 6 月24日，最終修正1997年 6 月 6 日)

(10)　「中間財務諸表作成基準」(1952年 3 月29日，最終修正1998年 3 月13日)

(11)※「外貨建取引等会計処理基準」(1979年 6 月26日，最終修正1999年10月22日)

(12)　「企業内容開示制度における物価変動財務情報の開示に関する意見書」(1980年 5 月29日)

(13)　「商法計算規定に関する意見書」(1980年 7 月17日)

(14)　「負債性引当金等に係る企業会計原則注解の修正に関する解釈指針」(1982年 4 月20日)

(15)※「セグメント情報の開示に関する意見書」(1988年 5 月26日)

(16)※「先物・オプション取引等の会計基準に関する意見書等について」(1990年 5 月29日)

(17)※「リース取引に係る会計基準に関する意見書」(1993年 6 月17日)

(18)※「連結財務諸表制度の見直しに関する意見書」（1997年 6 月 6 日）

(19)※「中間連結財務諸表等の作成基準の設定に関する意見書」（1998年 3 月13日）

(20)※「連結キャッシュ・フロー計算書等の作成基準の設定に関する意見書」（1998年 3 月13日）

(21)※「研究開発費等に係る会計基準の設定に関する意見書」（1998年 3 月13日）

(22)※「退職給付に係る会計基準の設定に関する意見書」（1998年 6 月16日）

(23)※「税効果会計に係る会計基準の設定に関する意見書」（1998年10月30日）

(24)　「連結財務諸表制度における子会社および関連会社の範囲の見直しに係る具体的な取扱い」（1998年10月30日）

(25)※「金融商品に係る会計基準の設定に関する意見書」（1999年 1 月22日）

(26)　「有価証券報告書等の記載内容の見直しに係る具体的な取扱い」（1999年 2 月19日）

3・2　一般原則の特徴

　会計基準の典型である「企業会計原則」は，図表 6 - 1 のように，「一般原則」，「損益計算書原則」および「貸借対照表原則」から構成されている。

　そのなかでも一般原則は，その文言が，すべて「〜しなければならない（should）」または「〜してはならない（should not）」と表現されており，きわめて規範的な性格をもっているといえる。しかも，その内容は貸借対照表および損益計算書の作成に共通する基本的な考え方から成っている。その意味で，一般原則は損益計算書原則および貸借対照表原則の上位原則として位置づけられているといってよい。

　一般原則は，(1)真実性の原則を頂点として，(2)正規の簿記の原則，(3)資本と利益区別の原則，(4)明瞭性の原則，(5)継続性の原則，(6)保守主義の原則，および(7)単一性の原則の 7 つの原則から構成されている。

図表 6 - 1　一般原則と損益計算書原則および貸借対照表原則の関係

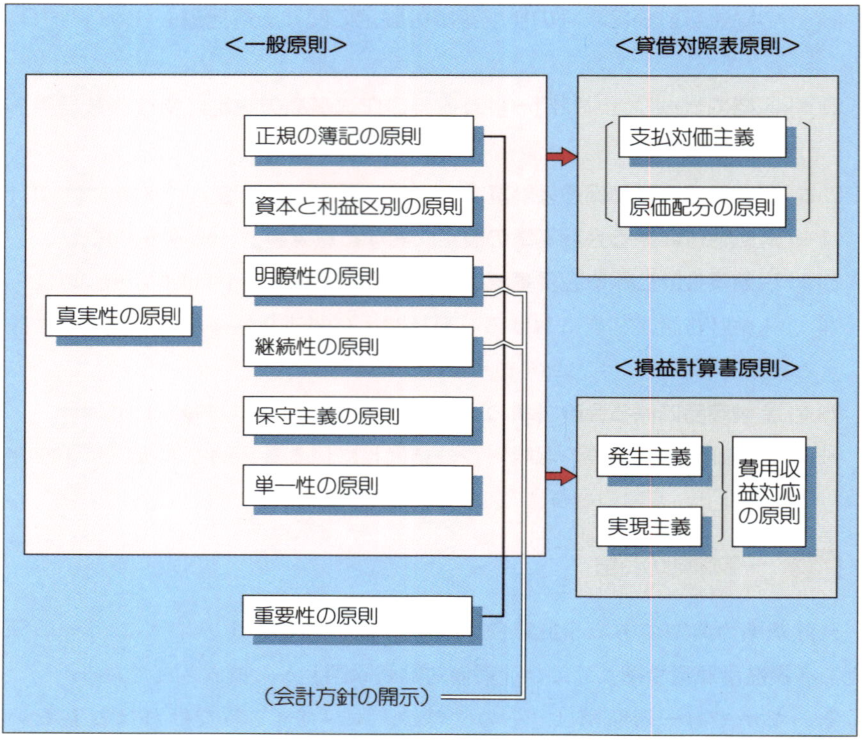

▶ 4　一般原則

4·1　真実性の原則

「企業会計原則」第一

一　企業会計は，企業の財政状態及び経営成績に関して，真実な報告を提供するもので
なければならない。

「真実一路」という座右の銘があるように（小説の題名にもあるが），われわれ
の社会生活において「真実」または「誠実」の二文字こそ美徳とされ，また好

まれている言葉はなく，一種の社会規範化さえしている。とりわけ，日本人にはこの二文字が好まれるようである。逆に，昨今の証券スキャンダル事件などにみられるように，「不実」または「不正」の二文字ほどマスコミをはじめ多くの人々から軽蔑され，また忌み嫌われる言葉もない。

「一般原則」の一番目にも「真実性の原則」がある。ここでも，われわれの社会生活と同様に，企業会計の最高規範とされている（もっとも，最高規範とされるのは，それだけ企業会計に不実が横行している証でもあり，会計原則自体が不正経理と虚偽の財務報告を是正するために形成されたことからみても，納得できるところでもある）。

そもそも「真実」とは，どのような意味であろうか。広辞苑によれば，真実とは，「(1)いつわりでないこと。ほんとう。まこと。(2)（仏教）かりでないこと。絶対の真理」を意味する。この定義を企業会計に援用して「真実」の意味を考えてみると，実際の利益よりも利益が多いようにみせかけたり，逆に実際の利益よりも利益が少ないようにみせかけたりする「粉飾（make up, dress up, window dressing）」がないことを意味すると解される。

会計とは経済活動および経済事象を測定し報告する行為なので，会計における真実とは測定プロセス（会計処理）および報告プロセス（財務報告）の両面において粉飾がないことである。

粉飾（広義）は，たとえば，利益の過大計上をする狭義の粉飾と，利益の過少計上をする逆粉飾に大別することができる（図表 6 - 2 参照）。

ちなみに，狭義の粉飾は，会社が 5 期連続無配または 3 期連続債務超過の状態などにある場合には，上場廃止となるので，主としてこれを防ぐために行わ

図表 6 - 2　狭義の粉飾と逆粉飾

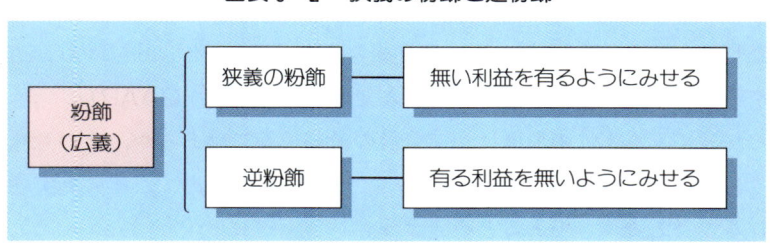

れることが多い。また，逆粉飾は，配当・課税対象となる利益を隠蔽（いんぺい）すること
を主目的として行われることが多い。

　また，ここでいう真実とは，仏教または数学でいう「絶対的な真実」ではな
く「相対的な真実」を意味する。その理由として，次の点をあげることができ
る。

　第1に，会計の目的に応じて「真実」の意味が異なることをあげることがで
きる。たとえば，資産を評価するさいに原価と時価のいずれの基準で評価する
のが真実であるのかという問題を考えてみると，一般に，会計の目的を処分可
能利益の算定と考えるならば未実現利益の計上をしない原価評価が，また情報
利用者の意思決定に有用な情報（意思決定に伴う不確実性またはリスクを減少させ
る情報）を提供することもしくは経済的実態の開示または企業の清算価値の算
定にあると考えるならば時価評価が真実であるといえるように，いずれの目的
を重視するかによって「真実」の意味が異なる。この程度の意味の真実に「絶
対」は求められない。

　第2に，すでに述べたように企業会計においては，企業は半永久的に継続す
ると仮定される企業活動を人為的に区切って期間損益計算が行われていること
があげられる（＜第2章　財務会計の基礎的前提と概念フレームワーク＞参照）。人
為性が介入するものに「絶対」は存在しない。

　第3に，GAAPをはじめとする会計基準が経験の蒸留の所産であり，またき
わめて慣習規範性が強いことをあげることができる。したがって，このような
性格をもっている会計基準に数学のような絶対的な真実は求められない。

　第4に，1つの経済活動および経済事象を会計処理するのに，複数の会計処
理がGAAPとして認められており，そのようなGAAPが絶対的な真実であ
るわけがないことをあげることができる。たとえば，アメリカのある統計学者
が調査したところによれば，GAAPを組み合わせると12,520通りのGAAPが
存在すると述べていることが，その証左（しょうさ）である（GAP in GAAP）。

　したがって，真実性の原則は企業会計の最高規範ではあるが，その意味は相
対的であり，他の6つの一般原則がすべて守られてはじめて，その真実性が確
保されると考えるべきであるといえよう。

4·2　正規の簿記の原則

「企業会計原則」第一
　二　企業会計は，すべての取引につき，正規の簿記の原則に従って，正確な会計帳簿を
　　作成しなければならない。

　正規の簿記の原則は，一会計期間内に発生したすべての取引（取引記録の網羅性）を，実際の取引事実その他検証可能な証拠（検証可能性）に基づいて，具体的には，複式簿記によって正確な会計帳簿を作成し，その正確な会計帳簿から誘導して財務諸表を作成することを要求しているものである（図表 6 - 3 参照）。

　その結果，会計帳簿と財務諸表または財務表相互間が有機的関連性を持つことになる。しばしば，貸借対照表は損益計算書の連結環であるといわれるのは，この正規の簿記の原則が守られることによって会計帳簿と財務諸表または財務表相互間が有機的関連性を持っていることの証左である。

　正規の簿記の原則は，取引記録の網羅性を要求しているので，原則としては簿外資産・簿外負債（オフ・バランス項目）が生じることがない。しかし，たとえば，文具などの消耗品は資産であるが，これを購入時に消耗品費として処理すれば，簿外資産が生じることになる。これは重要性の原則が適用されるためである（「注解」注 1 参照）。この点については，＜本章4·5　重要性の原則＞で説明する。

　なお，「商法」においても，会計帳簿の記載要件および貸借対照表の作成要

図表 6 - 3　正規の簿記の原則

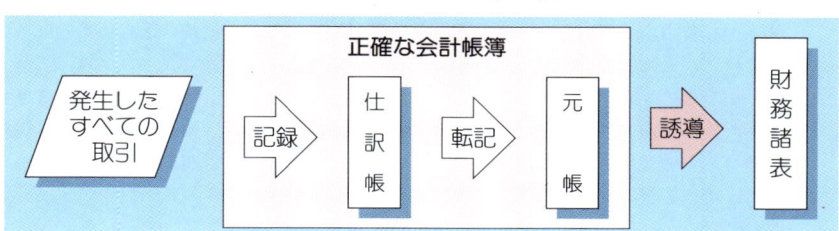

件について定めている第33条1項および2項があるが，これが「正規の簿記の原則」に該当すると思われる。

4·3 資本と利益区別の原則

「企業会計原則」第一
三　資本取引と損益取引とを明瞭に区別し，特に資本剰余金と利益剰余金とを混同してはならない。

資本と利益区別の原則とは，企業の主たる営業活動その他の活動からもたらされる純資産（または自己資本）を社外に流出してはならない**資本**と社外に流出することができる**利益**とに区別することを要求している原則である。いいかえれば，純資産の変動は，これが幹である資本の増減（**資本取引**）なのか，それとも果実である利益の増減（**損益取引**）なのかを区別することを要求している原則である。

　純資産を所与のもの（資産マイナス負債）とし，また株式会社を前提とすれ

「注解」注1
　　企業会計は，定められた会計処理の方法に従つて正確な計算を行うべきものであるが，企業会計が目的とするところは，企業の財務内容を明らかにし，企業の状況に関する利害関係者の判断を誤らせないようにすることにあるから，重要性の乏しいものについては，本来の厳密な会計処理によらないで他の簡便な方法によることも正規の簿記の原則に従つた処理として認められる。
　　重要性の原則は，財務諸表の表示に関しても適用される。
　　重要性の原則の適用例としては，次のようなものがある。
(1)　消耗品，消耗工具器具備品その他の貯蔵品等のうち，重要性の乏しいものについては，その買入時又は払出時に費用として処理する方法を採用することができる。
(2)　前払費用，未収収益，未払費用及び前受収益のうち，重要性の乏しいものについては，経過勘定項目として処理しないことができる。
(3)　引当金のうち，重要性の乏しいものについては，これを計上しないことができる。
(4)　たな卸資産の取得原価に含められる引取費用，関税，買入事務費，移管費，保管費等の付随費用のうち，重要性の乏しいものについては，取得原価に算入しないことができる。
（以下省略）

ば，資本とは株主が拠出した払込資本（法定資本および資本準備金）であるので，利益は払込資本以外の自己資本（払込資本以外の純資産部分）の増加分であるといえる。

　問題は，国庫補助金または工事負担金などの受入れによる純資産の増加分（いわゆる**受贈資本**）および保険差益の発生による純資産の増加分，評価差額など（いわゆる**評価替資本**）が，ここにいう「資本」なのか「利益」なのかにあるが，この点についての詳細は**＜第16章　資本の会計と報告＞**で述べることとする。

　それでは，**資本と利益はなぜ区別されなければならないのであろうか。**すでに**＜第1章　財務会計の意義＞**で述べたように，株式会社は，株主がその所有財産を拠出し，その増殖分である利益を株主に配当することを目的としている。もしも，資本と利益を混同して，資本までも配当するとしたら，**資本の食い潰し（蛸配当）**になり，結果的に倒産することになりかねず，株式会社の本質的機能と矛盾することになる。

　また，株式会社会計においては，拠出資本がどのようにして増減したのかを明らかにしなければならなくなり，そのためには元本（幹）である資本部分と成果（果実）である利益部分を区別する必要がある。

　さらに，株式会社の業績は成果部分である利益で判断しなければならない。

「商法」第33条

① 会計帳簿ニハ左ノ事項ヲ整然且明瞭ニ記載又ハ記録スルコトヲ要ス

一　開業ノ時及毎年1回一定ノ時期ニ於ケル営業上ノ財産及其ノ価額，会社ニ在リテハ成立ノ時及毎決算期ニ於ケル営業上ノ財産及其ノ価額

二　取引其ノ他営業上ノ財産ニ影響ヲ及ボスベキ事項

② 貸借対照表ハ開業ノ時及毎年1回一定ノ時期，会社ニ在リテハ成立ノ時及毎決算期ニ於テ会計帳簿ニ基キ之ヲ作ルコトヲ要ス

「注解」注2

(1) 資本剰余金は，資本取引から生じた剰余金であり，利益剰余金は損益取引から生じた剰余金，すなわち利益の留保額であるから，両者が混同されると，企業の財政状態及び経営成績が適正に示されないことになる。従つて，例えば，新株発行による株式払込剰余金から新株発行費用を控除することは許されない。

(2) 商法上資本準備金として認められる資本剰余金は限定されている。従つて，資本剰余金のうち，資本準備金及び法律で定める準備金で資本準備金に準ずるもの以外のものを計上する場合には，その他の剰余金の区分に記載されることになる。

逆にいえば，幹に該当する払込資本で会社の業績を判断するのであれば，払込資本額の大きさによってその業績が判断されることになり，幹が太い企業が優良企業ということになる。

税法上でも，課税対象は増加純資産額（利益）であって，資本ではない。株主が会社に拠出する財産はもともと個人の所得であり，これはすでに個人ベースで課税（所得税）されており，かりにこの拠出財産額（純資産）にも課税されるとすれば，これは二重課税となり，法人税法上も認められない。

したがって，資本と利益区別の原則は，配当や課税の対象にしてはならない資本の部分を明確に計算することを要求するとともに，利益の計算をも正しく行うことも要求している考え方であるといえる。

4·4　明瞭性の原則

「企業会計原則」第一

四　企業会計は，財務諸表によって，利害関係者に対し必要な会計事実を明瞭に表示し，企業の状況に関する判断を誤らせないようにしなければならない。

明瞭性の原則は，ディスクロージャーの原則ともよばれ，情報の送り手である企業と受け手である株主，債権者等の情報利用者との間にノイズなどのコミュニケーション・ギャップが生じないようにメッセージである財務諸表を通じて必要な会計事実を表現することを要請している原則である。

明瞭性を高めるための1つの方法は，財務諸表数値などのハードな情報だけでなく，図，グラフなどのソフトな情報も用いて1つの会計事象を複数のメッセージで表現し，もってメッセージのノイズを除去することである。

このような考え方は，情報利用者の理解可能性はその能力水準によって異なることを前提としている。すなわち，メッセージの受け手には単に専門的なアナリストまたは平均的な株主などの情報利用者だけが存在しているのではなく，能力水準を異にする広範な情報利用者が存在しているが，各種情報利用者はディスクローズされる情報が自分にとって意味を持つ場合にしかその情報を理解できないという習性を持っている。

　したがって，専門的知識と経験を有する情報利用者にとって理解され，また必要とされる情報は，能力の劣る情報利用者にとって理解されないからといって排除されてよいという理由にはならない。しかも，理解可能性は情報の性質と状況によって許される範囲内で単純化されなければならないという要請ではあるが，単なる単純化の問題ではない。それは，複雑なものをすべて単純に記述することによって単純になるわけではないからである。

　したがって，明瞭性を高めるためには，すべての情報がディスクローズされるように保証しようとする要請と情報が詳細すぎることから生じる情報利用者の混乱を防止しようとする要請とにみられる**トレード・オフ**を調整することこそが重要である。

　その調整のためのキーワードが，**重要性の原則**（「注解」注1，注1－2，注1－3および注1－4）の考慮である。

　次に，明瞭性の原則の典型的な例として，**会計方針の開示**と**後発事象の開示**

「注解」注1

　…（省略）…

　重要性の原則は，財務諸表の表示に関しても適用される。

　重要性の原則の適用例としては，次のようなものがある。

　…（省略）…

注1－2

　財務諸表には，重要な会計方針を注記しなければならない。

　会計方針とは，企業が損益計算書及び貸借対照表の作成に当たつて，その財政状態及び経営成績を正しく示すために採用した会計処理の原則及び手続並びに表示の方法をいう。

　会計方針の例としては，次のようなものがある。

　イ　有価証券の評価基準及び評価方法

　ロ　たな卸資産の評価基準及び評価方法

　ハ　固定資産の減価償却方法

　ニ　繰延資産の処理方法

　ホ　外貨建資産・負債の本邦通貨への換算基準

　ヘ　引当金の計上基準

　ト　費用・収益の計上基準

　代替的な会計基準が認められていない場合には，会計方針の注記を省略することができる。

をあげることができる。

会計方針とは，企業がその財政状態および経営成績を正しく示すために採用した会計処理の原則および手続ならびに表示の方法をいうが，１つの会計事象について２つ以上の会計方針がいずれも公正妥当と認められている場合には，そのいずれを選択適用するかによって期間損益計算はもとより，その他の財務諸表数値も異なってくる。

このように，どのような会計方針を選択するかによって，同一の会計事象に対する会計数値が大きく異なることがある場合には，企業が採用した会計方針が開示されないと，財務諸表の利用者は，会計数値のもつ意味を正しく理解することができなくなる。

したがって，企業が会計方針を開示することによって，財務諸表の利用者にそれを作成するさいの基礎的前提を明らかにすることができ，ひいては当該企業の財政状態および経営成績に関する理解を高めさせることができる。要するに，会計方針の開示が要求されるのは，情報の送り手と受け手との間のコミュ

「注解」注１－３

財務諸表には，損益計算書及び貸借対照表を作成する日までに発生した重要な後発事象を注記しなければならない。

後発事象とは，貸借対照表日後に発生した事象で，次期以後の財政状態及び経営成績に影響を及ぼすものをいう。

重要な後発事象を注記事項として開示することは，当該企業の将来の財政状態及び経営成績を理解するための補足情報として有用である。

重要な後発事象の例としては，次のようなものがある。

イ　火災，出水等による重大な損害の発生

ロ　多額の増資又は減資及び多額の社債の発行又は繰上償還

ハ　会社の合併，重要な営業の譲渡又は譲受

ニ　重要な係争事件の発生又は解決

ホ　主要な取引先の倒産

注１－４

重要な会計方針に係る注記事項は，損益計算書及び貸借対照表の次にまとめて記載する。

なお，その他の注記事項についても，重要な会計方針の注記の次に記載することができる。

ニケーション・ギャップを埋めるためである。

　ただし，会計方針の開示が要請される条件は，1つの事象について一般に認められた2つ以上の代替的な会計処理の原則および手続ならびに表示の方法が存在し，そのうちいずれが適用されても，それが企業の財政状態および経営成績を正しく示すものである場合に限られる。

　次に，**後発事象**とは，**図表 6 - 4** にみるように，決算日後に発生した事象で，当期または次期以降の財政状態および経営成績に影響を及ぼすものをいうが，この開示（「注解」注1－3，「施行規則」第84条1項12号，「財規」第8条の4および「財規ガイドライン」8の4）が求められるのも，情報の送り手と受け手との間の**コミュニケーション・ギャップを埋めるため**である。

　財務諸表は決算日現在の財政状態またはそこに至るまでの事業年度の経営成績に関する情報を示すものである。しかし，たとえば決算日後に火災，出水などによる重要な損害が発生するなど次期以降の財政状態および経営成績に影響を及ぼす事象が生じることもまれではない。かりに，この事象は当該事業年度の財務諸表に影響を及ぼさないからといって，これを次期の財務諸表で外部の情報利用者に公表しても**適時性**（timeliness）を欠き，当該情報の利用価値が半減していることが少なくない。後発事象を開示する意義は，このような決算日

「施行規則」84条

①　営業報告書には，次の事項その他会社の状況に関する重要な事項を記載しなければならない。

　…（省略）…

　十二　決算期後に生じた会社の状況に関する重要な事実

「財規」第8条の4

　貸借対照表日後，当該会社の翌事業年度以降の財政状態及び経営成績に重要な影響を及ぼす事象が発生したときは，当該事象を注記しなければならない。

「財規ガイドライン」8の4

　規則第8条の4に規定する重要な後発事象とは，例えば次に掲げるものをいう。

1　火災，出水等による重大な損害の発生

2　多額の増資又は減資及び多額の社債の発行又は繰上償還

3　会社の合併，重要な営業の譲渡又は譲受

4　重要な係争事件の発生又は解決

5　主要な取引先の倒産

図表 6 - 4　後発事象の処理

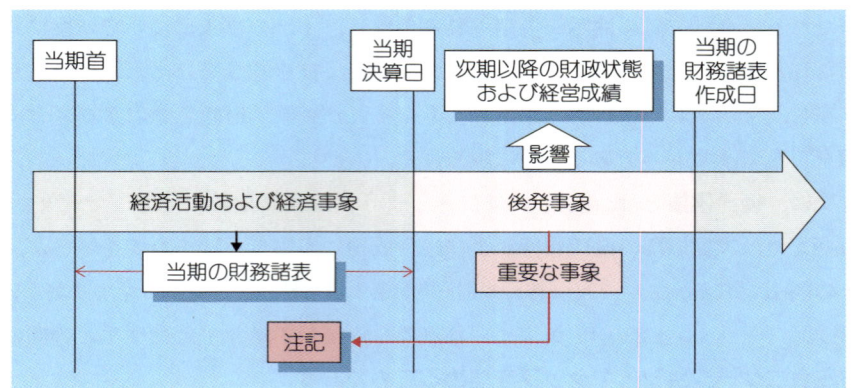

後の事象の発生時と公表時にみられるタイム・ラグを埋め，もって外部の情報利用者の企業の財政状態と経営成績に対する理解を高めさせることにある。

　ただし，当該事業年度の財務諸表への**注記として開示されなければならない後発事象**とは，当該事業年度の財務諸表には直接には影響を及ぼさないが，次期以降の財政状態および経営成績に影響を及ぼすものであり，会社の財政状態および経営成績に関する的確な判断を行うため必要であると認められる後発事象である（「後発事象の監査に関する解釈指針」2 参照）。

4・5　重要性の原則

「注解」注 1
　企業会計は，定められた会計処理の方法に従って正確な計算を行うべきものであるが，企業会計が目的とするところは，企業の財務内容を明らかにし，企業の状況に関する利害関係者の判断を誤らせないようにすることにあるから，重要性の乏しいものについては，本来の厳密な会計処理によらないで他の簡便な方法によることも正規の簿記の原則に従った処理として認められる。
　重要性の原則は，財務諸表の表示に関しても適用される。
　重要性の原則の適用例としては，次のようなものがある。
(1)　消耗品，消耗工具器具備品その他の貯蔵品等のうち，重要性の乏しいものについては，その買入時又は払出時に費用として処理する方法を採用することができる。

⑵　前払費用，未収収益，未払費用及び前受収益のうち，重要性の乏しいものについては，経過勘定項目として処理しないことができる。

⑶　引当金のうち，重要性の乏しいものについては，これを計上しないことができる。

⑷　たな卸資産の取得原価に含められる引取費用，関税，買入事務費，移管費，保管費等の付随費用のうち，重要性の乏しいものについては，取得原価に算入しないことができる。

⑸　分割返済の定めのある長期の債権又は債務のうち，期限が１年以内に到来するもので重要性の乏しいものについては，固定資産又は固定負債として表示することができる。

　　重要性の原則は，本来，コスト・ベネフィット（＜第２章　財務会計の基礎的前提と概念フレームワーク＞参照）の観点からみて容認される考え方であり，厳密な会計処理の原則および手続ならびに表示の方法を適用するためのコストとその結果から得られる情報のベネフィットを比較して，コストのほうがベネフィットを上回る場合には，簡便な会計処理方法および手続ならびに表示の方法を採用してもよいとする考え方である。

　　ここに，重要性が高いまたは乏しいとは，当該企業の採用した会計方針が情報利用者の意思決定に影響を及ぼすか否かによって判断されると解される。たとえば，まず金額面からいえば，われわれ個人の意思決定に影響を及ぼす100万円はソニーなどの大企業の意思決定にはあまり影響を及ぼさず，せいぜいわれわれにとっての10円ぐらいなのかもしれない。

　　次に，表示面についていえば，よく知られているように有価証券報告書に記載されている財務諸表は100万円以下を切り捨てて100万円単位で表示されているが，それを１円単位まで表示したり，また，たとえば文具960円を消耗品0.00096百万円と表示すれば，それは読者である情報利用者の意思決定に影響を及ぼさないばかりではなく，かえってわかりにくくさせ，ひいては情報利用者を誤解させるだけであろう。

　　したがって，この原則のもとでは，金額および表示の両面について，意思決定に及ぼす影響が低いものについては本来の厳密な会計方針の採用を省略することができるものとされ（「注解」注１および「施行規則」第28条），ただし，その

場合には重要な会計方針を注記しなければならない（「注解」注１－２，「施行規則」第24条，「財規」第８条の２および「財規ガイドライン」８の２－１ないし９）とされている（なお，「商法」では，表示方法は会計方針に含まれない（「施行規則」第24条））。

4·6 継続性の原則

「企業会計原則」第一
五　企業会計は，その処理の原則及び手続を毎期継続して適用し，みだりにこれを変更してはならない。

企業はその会計処理を行ううえで，その原則または手続の選択適用が認めら

「施行規則」第24条
①　資産の評価の方法，固定資産の減価償却の方法，重要な引当金の計上の方法その他の重要な貸借対照表又は損益計算書の作成に関する会計方針は，貸借対照表又は損益計算書に注記しなければならない。ただし，商法第285条ノ２第１項に規定する評価の方法その他その採用が原則とされている会計方針については，この限りでない。

②　貸借対照表又は損益計算書の作成に関する会計方針を変更したときは，その旨及びその変更による増減額を貸借対照表又は損益計算書に注記しなければならない。ただし，その変更又は変更による影響が軽微であるときは，その旨又は変更による増減額の記載又は記録を要しない。

③　前項の規定は，貸借対照表又は損益計算書の記載又は記録の方法を変更したときについて準用する。

第28条
貸借対照表，損益計算書及び附属明細書に記載し，又は記録すべき金額は，千円未満の端数を切り捨てて表示することができる。ただし，大会社にあっては，百万円未満の端数を切り捨てて表示することを妨げない。

「財規」第８条の２
財務諸表作成のために採用している会計処理の原則及び手続並びに表示方法その他財務諸表作成のための基本となる事項（次条において「会計方針」という。）で次の各号に掲げる事項は，利益処分計算書又は損失処理計算書の次に記載しなければならない。ただし，重要性の乏しいものについては，記載を省略することができる。
（以下省略）

れている（これを**経理自由の原則**という）。**継続性の原則**とは，企業が一度採用した会計処理の原則または手続を，毎期，できるだけ継続して適用すべきことを要求するものである。しかし，**正当な理由**がある場合には，変更による影響額を財務諸表に注記することを条件（「注解」注３）に，変更することが認められている。

　この原則が目的とするところは，(1)**財務諸表の比較可能性の確保**（期間比較と企業間比較）および(2)**経営者の利益操作の排除**にある。

　たとえば，固定資産の減価償却方法には定額法，定率法などがあり（「注解」注20），いずれを採用するかによって減価償却費に，次のような差が生じることになる（**図表６−５**参照）。

図表６−５　減価償却費の比較

取得原価300万円，残存価額30万円，耐用年数５年（償却率0.369）

（単位：万円）

減価償却方法 \ 期間	t_1末	t_2末	t_3末	t_4末	t_5末
定　額　法	54	54	54	54	54
定　率　法	110.7	69.9	44.1	27.8	17.5

　もしも，企業が定額法か定率法を毎期継続して適用しないと，当該企業の財

「注解」注３

　企業会計上継続性が問題とされるのは，１つの会計事実について２つ以上の会計処理の原則又は手続の選択適用が認められている場合である。

　このような場合に，企業が選択した会計処理の原則及び手続を毎期継続して適用しないときは，同一の会計事実について異なる利益額が算出されることになり，財務諸表の期間比較を困難ならしめ，この結果，企業の財務内容に関する利害関係者の判断を誤らしめることになる。

　従つて，いつたん採用した会計処理の原則又は手続は，正当な理由により変更を行う場合を除き，財務諸表を作成する各時期を通じて継続して適用しなければならない。

　なお，正当な理由によつて，会計処理の原則又は手続に重要な変更を加えたときは，これを当該財務諸表に注記しなければならない。

政状態および経営成績についての期間比較が困難になり，また，利益出しを行ったり（定率法→定額法），利益隠しを行ったり（定額法→定率法）する利益操作（広義の粉飾）につながりかねない。

　しかし，「正当な理由」があれば変更は可能であり，いいかえれば正当と認められる会計処理の原則または手続間の変更であるならば，理論的には，少なくとも変更をもってただちに継続性の原則違反であるとは断定できないところにこの原則の問題がある。その変更が粉飾または虚偽の財務報告につながると判定されるものであるならば，それは継続性の原則違反の問題ではなく，会計基準違反の問題である。

　会計方針の変更について監査意見の表明との関係でみてみると，「監査報告準則」三の3において，第1は会計基準への準拠性（1号），第2は継続性の原則の準拠性（2号），第3は財務諸表の表示の準拠性（3号）の個別意見に基づき，財務諸表の総合意見を表明することが規定されている。

　もとより，会計方針をかりに変更したとしても，粉飾につながるものならば，継続性の原則以前の真実性の原則違反の問題である。しかも，この原則はGAAPのフレームワークのなかにおいて変更が行われる場合に適用されるものである（図表6-6参照）。

　GAAPとして認められる会計処理の原則または手続のなかで，その会計処理の原則または手続に，かりに優劣があるとするならば，企業は最良の会計処理

「監査報告準則」三，3

　　財務諸表に対する1又は2の意見の表明に当たつては，次に掲げる事項を記載しなければならない。
　(1)　企業の採用する会計方針が，一般に公正妥当と認められる会計基準に準拠しているかどうか，準拠していないと認められるときは，その旨，その理由及びその事項が財務諸表に与えている影響
　(2)　企業が前年度と同一の会計方針を適用しているかどうか，前年度と同一の会計方針を適用していないと認められるときは，その旨，その変更が正当な理由に基づくものであるかどうか，その理由及びその変更が財務諸表に与えている影響
　(3)　財務諸表の表示方法が，一般に公正妥当と認められる財務諸表の表示方法に関する基準に準拠しているかどうか，準拠していないと認められるときは，その旨及び準拠したときにおける表示の内容

図表 6-6　継続性の原則の適用範囲

の原則または手続を選択しなければ粉飾になってしまう。そうであるならば，継続性の原則には，GAAP として認められている会計処理の原則または手続に優劣が存在しないという前提で適用されるといえる。

　すなわち，継続性の原則の適用は，優劣のない GAAP のフレームワークのなかでの検討であると必然的にいえるように思われる。

　結局，現行の企業会計制度においては，GAAP として認められる会計処理の原則または手続の優劣がはっきりしていないため，「正当な理由」があるかぎり会計処理の原則または手続の変更は認められることになる。

　それでは，「正当な理由」とはいかなるものであろうか。日本公認会計士協会はその判断基準として，概ね，次のようなものをあげている（「監査委員会報告」第65号，平成11年9月）。

(1)　変更理由が，一般に公正妥当と認められている企業会計の基準に照らして，妥当かどうか。

(2)　変更が利益操作を目的としているかどうか。

(3)　変更が短期間のうちに反復して行われていないかどうか。

　しかし，実際のところ，正当な理由というのはきわめて曖昧なものである。たとえば，減価償却の方法として定率法，定額法，生産高比例法などがあり，

これらが GAAP であるとすると，いずれも GAAP として認められている**会計理論上の存在理由**をもっている。たとえば，定率法は財務体質の健全性，設備投資の回収促進など，また定額法および生産高比例法は費用配分の適正化，期間損益計算の適正化などである。逆にいえば， **GAAP として認められる存在理由**が，いずれも正当な理由となっているケースがあまりにも多いように思われる。

したがって，GAAP として認められる存在理由を正当な理由として認めると，いかなる変更もすべて正当な理由のある変更となってしまう。たとえば，発行体が定額法と定率法のいずれかを採用したとしても，それぞれ優劣をつけがたい存在理由があるので，その利点を生かした決算ができることになる。しかし，正当な理由はそれほど多くないはずである。

正当な理由が変更の制約条件としての意味を実質上もっておらず，いわば野放しの状態にあるといわれているので，監査の現場にいる公認会計士は正当な理由をもっと詰めて監査意見を表明すべきである。

「監査委員会報告」第65号

…（省略）…

3　会計方針の変更が正当な理由に基づくものであることを判断するに当たっては，…（省略）…監査上次の点に留意しなければならない。

(1)　会計環境の変化に対応して会計方針の変更が行われたことが明らかであること

(2)　変更後の会計方針が，一般に公正妥当と認められる企業会計の基準に照らして妥当であること

(3)　会計方針の変更の理由が，会社の財政状態および経営成績並びにキャッシュ・フローの状況等をより適正に表示することを目的としていること

(4)　変更が利益操作等を目的としていないこと

(5)　変更が短期間に反復して行われていないこと

　　なお，個別的には，正当な理由に基づく会計方針の変更に該当する場合であっても，当該事業年度において採用している他の会計方針と総合してみるとき，財務諸表に著しい影響を与えることを目的としていることが明らかであると認められる場合には，正当な理由に基づく変更とは認められないことに留意する。

4・7　保守主義の原則

「企業会計原則」第一
　六　企業の財政に不利な影響を及ぼす可能性がある場合には，これに備えて適当に健全
　な会計処理をしなければならない。

　保守主義の原則とは，「予想される損失は計上してもよいが，予想される利益は計上してはならない」というイギリスの伝統的な会計思考に由来しており，企業財政の安全性と企業の健全な維持発展を重視するところから，**安全性の原則**または**慎重性の原則**ともよばれるものである（「注解」注4参照）。

　この原則を表面的に解釈すれば，企業が将来の不測のリスクに対応するためには，利益を少なめに計上しておいてもそれが適度であるかぎり認められる，いいかえれば，逆粉飾も適度であれば認められるようにも解釈できる。しかし，この原則は逆粉飾を是認しているものではなく，1つの会計事象に複数のGAAPがある場合には，GAAPのフレームワークのなかで保守的なGAAPを選択してもよいとする**会計政策**である。それは，こうした会計処理を行うことが企業の財政基盤を強固にすることにつながるからである。

　それでは，保守主義の原則が要請される理由とは何であろうか。

　第1に，企業会計は人為的に会計期間を設定する期間損益計算であるために，計算構造的に**不確実性が介入する**おそれがあり，これを排除するためであることがあげられる。

　第2に，**GAP in GAAP**といわれるほど会計方法が多様化しているために，これに歯止めをかけるためであることがあげられる。

　第3に，債権者保護目的すなわち，配当可能利益および課税可能所得からなる処分可能利益を抑制し，社外流出を極力おさえ**財政基盤を強固**にするためで

「注解」注4
　　企業会計は，予測される将来の危険に備えて慎重な判断に基づく会計処理を行わなければならないが，過度に保守的な会計処理を行うことにより，企業の財政状態及び経営成績の真実な報告をゆがめてはならない。

あることがあげられる。

　そこで，どのようなものが保守主義の原則に適合するといえるのであろうか。それは，GAAP のなかから利益の計上を抑制する会計方針を選択すればよい。たとえば，図表6-7 のように，利益額を少なくするには，**資産の過小評価**（ケース①）もしくは**負債の過大評価**（ケース②）または**収益の過小計上**（ケース③）もしくは**費用の過大計上**（ケース④）につながる方法をとればよい。

図表6-7　保守主義の原則の適用方法

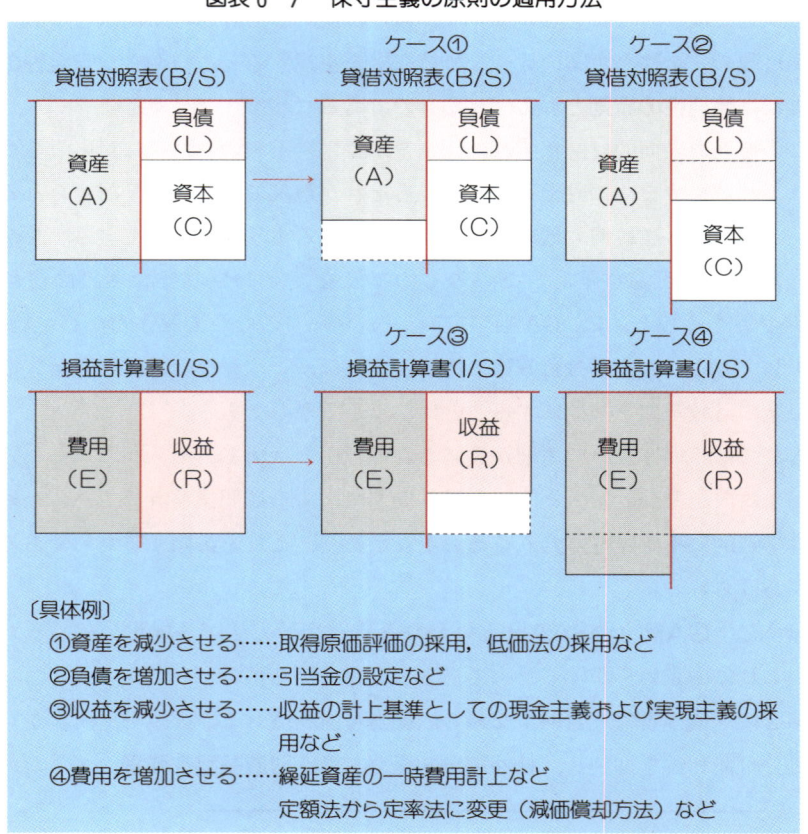

〔具体例〕
　①資産を減少させる……取得原価評価の採用，低価法の採用など
　②負債を増加させる……引当金の設定など
　③収益を減少させる……収益の計上基準としての現金主義および実現主義の採用など
　④費用を増加させる……繰延資産の一時費用計上など
　　　　　　　　　　　　定額法から定率法に変更（減価償却方法）など

4·8 単一性の原則

「企業会計原則」第一

七 株主総会提出のため，信用目的のため，租税目的のため等種々の目的のために異な
る形式の財務諸表を作成する必要がある場合，それらの内容は，信頼しうる会計記録
に基づいて作成されたものであって，政策の考慮のために事実の真実な表示をゆがめ
てはならない。

単一性の原則とは，正規の簿記に基づいて作成した会計帳簿から誘導して
作った財務諸表は，株主総会提出のため，銀行などに対する担保能力等の信用
目的のため，租税目的のため，また「商法」に基づく計算書類，「証取法」に基
づく財務計算書類のような法規制にかかわりなく，内容が実質的に同一でなけ
ればならないとする原則である。

したがって，この原則は，二重帳簿の作成禁止の原則である。しかし，二重
帳簿を作成すること自体が真実性の原則に反するところから，この原則を一般
原則として定める意義はうすれてきているように思われる。

◀ Key Words ▶

オフ・バランス
　　取引が貸借対照表にも損益計算書にも記載されないこと
会計政策
　　企業の財務報告に利用できるすべての報告方法，測定システムおよび開示方
　法のなかから特定の代替的な報告方法，測定システムおよび開示方法を選択す
　るプロセス
会計方針
　　当該企業の採用した会計処理の原則および手続ならびに表示の方法
経理自由の原則
　　企業にその会計処理を行ううえで，会計方針の選択適用を認める考え方
後発事象
　　決算日後に発生した事象で，当期または次期以降の財政状態および経営成績

に影響を及ぼすもの

重要性

意思決定に影響を及ぼすこと

真実性

粉飾も逆粉飾もないこと

蛸配当

配当可能限度額を超えて行われる違法配当をいい，資本の食潰しともいう

適時性

情報が意思決定に影響を及ぼす効力を有する間に，意思決定者にその情報を利用可能にさせること

粉飾

英語では，make up，dress up，window dressing などといわれ，本来，会計の専門用語ではないが，実際の利益よりも利益が多いようにみせかけたり，逆に実際の利益よりも利益が少ないようにみせかけたりすること

網羅性

一会計期間に発生したすべての取引を会計帳簿に記載すること

有用な情報

意思決定にともなう不確実性またはリスクを減少させる情報

第7章　財務状況の計算と貸借対照表

本章の学習ポイント

1．ビジネスの言語としての財務会計システムにおいて，最も重要なメッセージは何か
2．ストック情報としての貸借対照表とは何か
3．財政状態と財務状況の意味は異なるか
4．現行財務会計制度においては，どのような財務状況が示されるのか
5．貸借対照表項目を学ぶ目的は何か

▶ 1　ストック情報としての貸借対照表

　ビジネスの言語としての財務会計においては，相互にある目的または意図をもつコミュニケーションの送り手である発行体（または情報作成者）とその受け手である利害関係者（または情報利用者）がいる。両者のコミュニケーションは，そこにギャップが生じないようにメッセージを通じて行われる。

　財務会計システムのメッセージは，財務諸表であり，とりわけ証取法会計の場合には連結財務諸表である。そうはいっても，連結財務諸表は個別財務諸表を前提として作られるので，個別財務諸表を理解することが先決である。そのなかでも，最も重要なメッセージは，貸借対照表と損益計算書である。前者はストック情報についてのメッセージであり，後者はフロー情報についてのメッセージである。両者は具体的にどのようなメッセージなのであろうか。損益計

算書については，＜第17章　経営成績の計算と損益計算書＞で述べるので，こ
こではさしあたり貸借対照表について説明し，第8章から第16章で貸借対照表
の構成要素である資産，負債および資本について学習することにしよう。

　貸借対照表とは，一般に，一定時点現在の財政状態を明らかにする財務表で
あると説明される。しかし，すでに述べたように，貸借対照表とは，企業活動
に用いられる資金が，(1)どのような源泉から求められ（これを調達源泉という），
これが，(2)どのような資産に使われているのか（これを運用形態という）を明ら
かにするものであるといえる（＜第3章　財務会計の処理プロセスとそのメカニズ
ム＞参照）。したがって，貸借対照表とは，ある一定時点現在において企業の資
金調達源泉と資金運用形態がどのような状況になっているかを明らかにする財
務表であるといってよい。

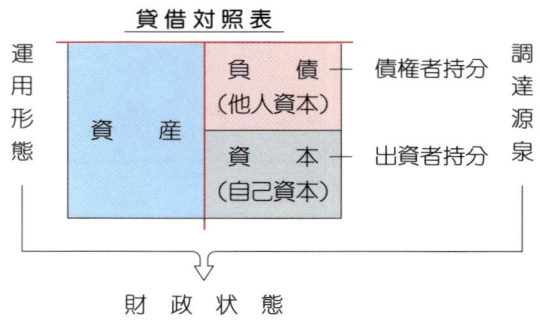

ところで財政状態とは，英語の"financial position"を訳したものである。
しかし，財務会計，財務報告，財務諸表，財務情報という場合の「財務」に該
当する形容詞はすべて financial であること，また「財政」の原義はもともと
「国または公共団体などが，行政活動や公共政策を行うための財貨・サービス
を獲得し管理・処分する行為」の意味（大辞林）で用いられるべきものであるこ
と，さらに資金の調達および運用状況は財務活動そのものであることなどを考
えれば，財政状態に代えて財務状況とよぶほうが，われわれが，現在，財政状
態といっているものの意味をより表すようにも思われる。

▶ 2　財務状況の計算方法と貸借対照表の意義

　現金100万円，売買目的有価証券50万円（期末時価＝決算時の後場の相場［公正価値］100万円），土地200万円（期末時価2,000万円），借入金50万円（割引現在価値も50万円），期首資本金200万円を有している会社について，その簡単な貸借対照表を作成してみよう。

フォーム１　貸借対照表（単位：万円）

現　　金	100	借　入　金	50
有価証券	50	資　本　金	200
土　　地	200	純　利　益	100
	350		350

フォーム２　貸借対照表（単位：万円）

現　　金	100	借　入　金	50
有価証券	100	資　本　金	200
土　　地	2,000	純　利　益	1,950
	2,200		2,200

フォーム３　貸借対照表（単位：万円）

現　　金	100	借　入　金	50
有価証券	100	資　本　金	200
土　　地	200	純　利　益	150
	400		400

　いうまでもなく，いずれのフォームも同じ会社の貸借対照表である。三者の違いは，フォーム１は原価評価しているのに対し，フォーム２は有価証券および土地を時価評価し，借入金は割引現在価値で評価しており，フォーム３は有価証券を時価評価し，借入金を割引現在価値で評価している点である。

　フォーム１は，取得原価主義会計とよばれ，現金は評価の対象外であるので券面額で計上され，また有価証券および土地は取得原価で評価されているので，処分可能利益の算定，財務諸表監査および受託責任遂行状況の報告のいずれにも適合しているなどの利点をもっている。反面，このフォームに対しては，有価証券および土地のように，資産の取得後，現在までの価値増加分である含み資産（または含み益）が貸借対照表に計上されないために，資産の貸借対照表価

額が経済的実態から乖離し，ストック情報として有用性に乏しい，不況時には含み益の吐き出しなどの利益操作の手段とされ，ひいては市場の効率性の低下を招きかねないなどの問題点が指摘される。

フォーム2は，時価主義会計とよばれており，フォーム1で指摘されるような問題点は解消されるものの，実際に売却または取替えを予定していない資産の時価を計算しなければならないので，その計算に恣意性が介入するばかりではなく，未実現利益の計上が避けられず，そのために処分可能利益の算定および財務諸表監査を行ううえで困難をきたすばかりではなく，取締役の受託責任遂行状況の報告からみても問題があり，さらにコスト・ベネフィットの見地からみても問題がある。

フォーム3は，いわゆる公正価値会計に属するものであり，有価証券，デリバティブなどの金融商品を時価または公正価値で（＜第20章　金融商品の会計と報告＞参照）評価している。しかし，このフォームにはフォーム2の問題点に加えて，会計数値の加法性または会計理論の整合性，いいかえれば借方合計の持つ情報の意味がはっきりしないという問題点がある。すなわち，このように一部の資産項目を公正価値で評価する結果，原価数値，時価数値，現在価値数値などが混在するフォーム3のようなシステムには，情報のメイン・ディッシュである利益の意味を不明確にするばかりではなく，投資者などの情報利用者をミス・リードさせるおそれさえある。

このように，貸借対照表のどのような項目について，どのような評価基準を用いるかによって財務状況に上記のような差異が生じる。いったい，いずれのフォームが会社の財務状況を適切に表すのであろうか。また，現金と借入金は，なぜいずれのフォームでも同一の数値なのであろうか。これらの点を理解するために，第8章から第16章で，貸借対照表の構成要素である資産，負債および資本ならびにそれらの内訳要素について学習しよう。

◀ Key Words ▶

貸借対照表

　　ある一定時点現在において企業の資金調達源泉と資金運用形態がどのような
状況になっているかを明らかにする財務表

含み資産

　　資産の取得後，現在までに価値増加（保有利得または含み益）が生じている
資産

第8章　資産の意義と評価

本章の学習ポイント

1．資産とは何か。また，それはどのように分類すればよいのか
2．資産はどのような基準で評価されるのか
3．資産の取得価額はどのような考え方に基づいて決定されるのか
4．低価主義は評価基準か否か。また，その本質は何か

▶ 1　資産会計の意義

1·1　資産・負債アプローチ

　資産会計は，資産の取得にはじまり，その売却または費消に至るまでの経済
活動および経済事象を測定し，報告するための会計である。

　また，資産会計は調達された資金がどのように運用されたのかを示すことを
目的としているので，後述する**負債会計**（第15章）および**資本会計**（第16章）と
密接に結びついている。さらに，資産会計は資産を運用することによって生じ
る純資産の増減原因を示す**損益会計**とも密接に結びついている。

　したがって，現行の財務会計を学習するためには，**資産会計が最も重要**であ
るといえる。もっとも，「貸借対照表は損益計算書の連結環にすぎない」など
の言葉を重視するあまり，財務会計の学習も損益会計からスタートすべしとす
る考え方もないわけではない。

　しかし，**損益**は，原則として，貸借対照表の借方側の資産を運用することに

よってはじめて生じるので，本書では，**収益・費用アプローチ**（Revenue-Expense approach）または**フロー・アプローチ**をとらず，資産会計からスタートする**資産・負債アプローチ**（Asset-Liability approach）または**ストック・アプローチ**をとる。

1・2 資産の意義

資産とはいったい何であろうか。すでに**＜第3章 財務会計の処理プロセスとそのメカニズム＞**でも述べたように，一般的にいえば，通貨，他人が振り出した小切手などの現金，銀行預金・当座預金（自己振出し小切手の受入れと小切手の振出し）などの預金，土地，建物などの**財貨**，**売掛金**，貸付金，特許権などの**権利**が資産である。

これらの財貨および権利に共通している特徴は，いずれもそれを所有している経済主体にとって必要不可欠であり，将来，収益をもたらす力をもっているもの（この収益をもたらす力のことを，一般にサービス・ポテンシャルズ［service potentials］または**経済的便益**［economic benefit］という）であり，これを**貨幣額で測定**できるという点にある。

たとえば，会社の従業員などはバリュー・クリエーターとみなされ，収益をもたらす力をもっているものの典型であると考えられるが，貨幣額で測定できないので，資産ではない。また，空気もわれわれが生きていくために必要不可欠であるが，これも貨幣額で測定できないので，資産ではない。

さらに，上記の特徴だけでは資産の定義として不十分である。それは誰にとっての資産なのか，すなわち帰属性も問われなければならないからである。ソニーにとっての資産は，日立製作所にとっての資産にはならない。

そうしてみると，**資産とは，(1)企業などのある特定の経済主体に帰属する，(2)将来の経済的便益であり，かつ(3)貨幣額で合理的に測定できるもの**であると定義できる。

▶ 2　資産の分類基準

資産はどのように分類されるのであろうか。それには**流動・固定分類**（これは負債についても同様である）と**貨幣・非貨幣分類**とがある。前者は，企業の弁_{べん}済能力および換金能力を判断するうえで重要な分類であり，いわば財務分析の見地に即応する考え方であるといえる。これに対して，後者は資産の属性を判断し，また資産の評価を行ううえで重要な分類であり，いわば財務会計理論の見地に即応する考え方であるといえる。

2·1　流動・固定分類

資産を流動資産と固定資産とに分類する基準には，原則として，**正常営業循環基準**（normal operating cycle basis）と**1年基準**（one year rule；**ワン・イヤー・ルール**）の2つがある。**図表8-1**にみるように，まず前者が適用され，ついで前者で分類しえない資産項目については，後者が適用される（「企業会計原則」第三，四，（一），Aおよび「注解」注16）。

「企業会計原則」第三，四，（一）

A　現金預金，市場性ある有価証券で一時的所有のもの，取引先との通常の商取引によつて生じた受取手形，売掛金等の債権，商品，製品，半製品，原材料，仕掛品等のたな卸資産及び期限が1年以内に到来する債権は，流動資産に属するものとする。

　　前払費用で1年以内に費用となるものは，流動資産に属するものとする。

　　受取手形，売掛金その他流動資産に属する債権は，取引先との通常の商取引上の債権とその他の債権とに区別して表示しなければならない。

「注解」注16

　　受取手形，売掛金，前払金，支払手形，買掛金，前受金等の当該企業の主目的たる営業取引により発生した債権及び債務は，流動資産又は流動負債に属するものとする。ただし，これらの債権のうち，破産債権，更生債権及びこれに準ずる債権で1年以内に回収されないことが明らかなものは，固定資産たる投資その他の資産に属するものとする。

　　貸付金，借入金，差入保証金，受入保証金，当該企業の主目的以外の取引によつて発生した未収金，未払金等の債権及び債務で，貸借対照表日の翌日から起算して1年以内に入金又は支払の期限が到来するものは，流動資産又は流動負債に属するものと

　正常営業循環基準とは，現金・預金 → 棚卸資産 → 売上債権 → 現金・預金という企業の主目的たる営業取引過程にあるもの（図表8-2参照）は，原則として流動資産（current asset）とすべしとする考え方であり，この過程にある項目は，たとえ現金化される期間が1年を超えることがあっても，その回収期間の長短にかかわりなく，すべて流動資産とされる点に，この基準の特徴がある。なお，買掛金などこの過程で生じた法的債務は，＜第15章　負債の会計と報告＞で述べるように流動負債とされる。

　1年基準とは，貸借対照表日（決算日）の翌日から起算して，1年以内に現金化される資産を流動資産とし，1年を超えて現金化される資産または現金化することを本来の目的としない資産を固定資産（fixed asset）とすべしとする考え方である。

　したがって，ある資産項目を流動資産と固定資産とに分類する場合には，それが上記のいずれの基準の適用を受けるかということを判断することが大切である。

　し，入金又は支払の期限が1年をこえて到来するものは，投資その他の資産又は固定負債に属するものとする。

　現金預金は，原則として，流動資産に属するが，預金については，貸借対照表日の翌日から起算して1年以内に期限が到来するものは，流動資産に属するものとし，期限が1年をこえて到来するものは，投資その他の資産に属するものとする。

　所有有価証券のうち，証券市場において流通するもので，短期的資金運用のために一時的に所有するものは，流動資産に属するものとし，証券市場において流通しないもの若しくは他の企業を支配する等の目的で長期的に所有するものは，投資その他の資産に属するものとする。

　前払費用については，貸借対照表日の翌日から起算して1年以内に費用となるものは，流動資産に属するものとし，1年をこえる期間を経て費用となるものは，投資その他の資産に属するものとする。未収収益は流動資産に属するものとし，未払費用及び前受収益は，流動負債に属するものとする。

　商品，製品，半製品，原材料，仕掛品等のたな卸資産は，流動資産に属するものとし，企業がその営業目的を達成するために所有し，かつ，その加工若しくは売却を予定しない財貨は，固定資産に属するものとする。

　なお，固定資産のうち残存耐用年数が1年以下となつたものも流動資産とせず固定資産に含ませ，たな卸資産のうち恒常在庫品として保有するもの若しくは余剰品として長期間にわたつて所有するものも固定資産とせず流動資産に含ませるものとする。

第8章

図表 8 - 1 資産の分類基準

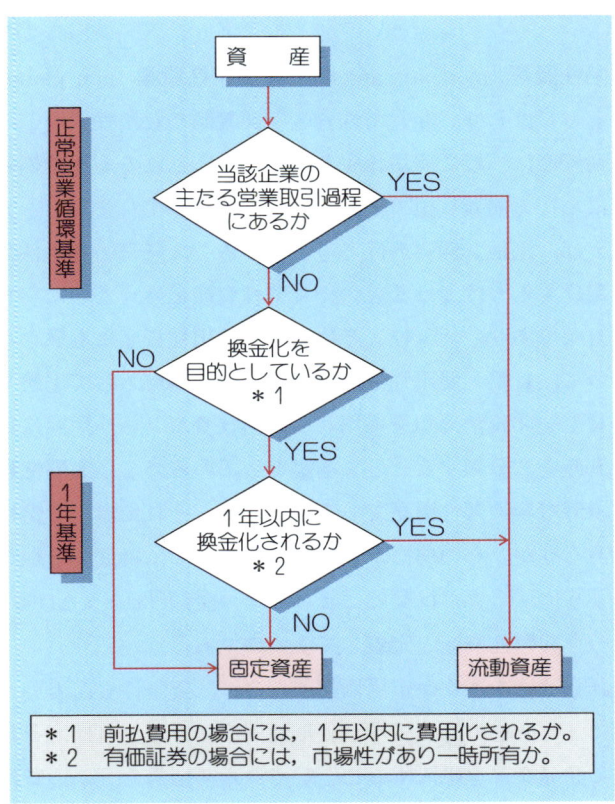

* 1 前払費用の場合には，1年以内に費用化されるか。
* 2 有価証券の場合には，市場性があり一時所有か。

図表 8 - 2 主たる営業取引過程

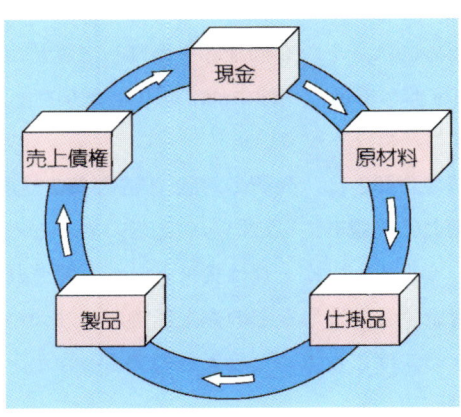

2·2 貨幣・非貨幣分類

　資産は，貨幣性資産（monetary asset）と非貨幣性資産（non-monetary asset）とに分類される。しばしば，非貨幣性資産と同義語で費用性資産という言い方もある。費用性資産は一般に費用化する資産と定義されるが，女のお婆さんというのと同様に単なる同義反復の循環論的定義になってしまう。そればかりではなく，たとえば，土地を例にあげて考えてみると，貨幣・費用性分類のもとで，土地は費用化するわけではないので貨幣性資産ということになるが，そうでないことは自明であり，貨幣性資産にもまた費用性資産にも属さないことになる。したがって，貨幣・費用性分類は資産の分類基準として不適当であるので，本書では貨幣・非貨幣分類を採用し，費用性資産という用語は用いない。

　ここでは，資産を2分類することを前提としているので，貨幣性資産を定義すれば，それ以外が非貨幣性資産であるといえる。それでは，貨幣性資産とはいったい何であろうか。その典型が貨幣であることには疑問の余地がない。しかし，貨幣のように法令または契約によってその金額（額面または券面額）が決まっているものを貨幣性資産と定義してよいのであろうか。

　また，有価証券はその多くが市場価額があるが，貨幣性資産といえるのであろうか。かりに一時所有の有価証券が貨幣性資産であるならば，それをもってデパートなどで商品などを購入することができるのであろうか。貨幣性資産には，もともと支払手段としての機能がある。支払手段は売買の対象にはならない。有価証券は売買の対象になるので，支払手段にはならず，したがって，商品などを購入するためには，その有価証券を売却して貨幣に換えなければならない。さらに，有価証券を市場で売却すれば売りが売りをよんで取引金額（換金額）は額面と異なることのほうが多い。

　したがって，貨幣性資産とは，売買の対象（損益計算の対象）にはならない資産であるので，評価上の問題も生じないといえる。もっとも，古銭が売買されることがあるが，いうまでもなくそれは貨幣として売買されているわけではない。それでは，売掛金，受取手形などの売上債権がこげついて不良債権と化し，これが売買されるケースはどう考えたらよいのであろうか。この問題について

は，破産債権，更生債権その他これらに準ずる債権で１年以内に回収されない
ことが明らかなものは企業の正常営業取引過程にないために，売上債権から除
かれる（「財規」第15条参照）ことを考えてみればよい。

　改めて貨幣性資産を定義してみると，貨幣性資産とは企業の正常営業取引過
程において売買の対象となりえない資産であるといえ，それ以外が非貨幣性資
産である。＜第７章　財務状況の計算と貸借対照表＞のフォーム１からフォー
ム３のいずれにおいても現金が同一数値であったのは，現金は貨幣性資産であ
り，原則として評価の対象にはならないからである。いいかえれば，貨幣性資
産には原価基準も時価基準も適用されないために，現金については券面額，売
上債権については債権回収可能額をもって貸借対照表価額とされるのである。

2・3　企業会計における資産の分類・表示

　現行企業会計における主な資産を分類すれば，次のとおりであり，「財規」
様式第２号によって資産を分類・表示したものが図表８-３である。

　まず，資産は流動資産，固定資産および繰延資産に大別される。ただし，繰
延資産は後述するように流動資産および固定資産のように担保価値または換金
能力をもっていない擬制資産であるので，流動資産にも固定資産にも分類され
ないいわば第３の分類項目であるが，貨幣・非貨幣分類によれば非貨幣性資産
である。

　次に，流動資産は当座資産，棚卸資産およびその他の流動資産に分けられ，
固定資産は有形固定資産，無形固定資産および投資その他の資産（または投資等）
に分けられる。

図表 8‐3　「財規」様式第 2 号による資産の分類・表示

資 産 の 部

I　流動資産

現金及び預金		×××
受取手形	×××	
貸倒引当金	×××	×××
売掛金	×××	
貸倒引当金	×××	×××
有価証券		×××
商　品		×××
製　品		×××
半製品		×××
原材料		×××
仕掛品		×××
貯蔵品		×××
前渡金		×××
前払費用		×××
未収収益		×××
株主，役員又は従業員に対する短期債権	×××	
貸倒引当金	×××	×××
短期貸付金	×××	
貸倒引当金	×××	×××
未収入金		×××
…………		×××

　　　　流動資産合計　　　　　　　　　　　　　　　×××

II　固定資産

1　有形固定資産

建　物	×××	
減価償却累計額	×××	×××
構築物	×××	
減価償却累計額	×××	×××
機械及び装置	×××	
減価償却累計額	×××	×××
…………	×××	
…………	×××	×××
…………	×××	
…………	×××	×××
土　地		×××

	建設仮勘定		×××
	…………		×××
	有形固定資産合計		×××
2	**無形固定資産**		
	営業権		×××
	借地権		×××
	鉱業権		×××
	…………		×××
	無形固定資産合計		×××
3	**投資その他の資産**		
	投資有価証券		×××
	関係会社株式		×××
	関係会社社債		×××
	出資金		×××
	関係会社出資金		×××
	長期貸付金	×××	
	貸倒引当金	×××	×××
	株主, 役員又は従業員に対する長期貸付金	×××	
	貸倒引当金	×××	×××
	関係会社長期貸付金	×××	
	貸倒引当金	×××	×××
	破産債権, 更生債権その他これらに準ずる債権	×××	
	貸倒引当金	×××	×××
	長期前払費用		×××
	繰延税金資産		×××
	投資不動産	×××	
	減価償却累計額	×××	×××
	…………		×××
	投資その他の資産合計		×××
	**　固定資産合計**		×××
Ⅲ	**繰延資産**		
	創立費		×××
	開業費		×××
	新株発行費		×××
	社債発行費		×××
	社債発行差金		×××
	開発費		×××
	建設利息		×××
	**　繰延資産合計**		×××
	資　産　合　計		×××

▶ 3 資産の評価基準

3·1 評価基準

　評価とは物差しである。この物差しは，一般に時点と市場のマトリックスを用いて基準化することができる。

　時点には過去，現在，将来の3時点がある。市場には，経済学上，購入市場と販売市場がある。資産の評価基準を，時点と市場のマトリックスを用いて表わせば，図表8‒4のとおりである。ただし，すでに述べたように，貨幣性資産は評価上の問題が生じないので，以下，資産の評価という場合には非貨幣性資産の評価を指すものとする。

図表8‒4　資産の評価基準

時点＼市場	過　去	現　在	将　来
購入市場	取得原価（HC）	取替原価（RC，CC）	
販売市場		売却時価（SP）正味実現可能価額（NRV）	（割引）現在価値（PV）

　過去の購入市場の価格を取得原価（historical cost；HC）という。英文法で知られているように，過去時制と仮定法とが両立しないのと同様に，過去の販売市場の価格は，過去に売っていたらということが想定できない以上，存在しないといってよい。

　現在の購入市場の価格を取替原価（current replacement cost；RC）または現在原価（current cost；CC　カレント・コストともいう）もしくは再調達原価という。もともと，取替原価はアメリカの用語で，現在原価はイギリスの用語であり，再調達原価はドイツの用語である。いずれも，現在もう一度購入したなら

ばいくらかという意味であるが，アメリカおよびイギリスでは企業の実態開示目的で資産および費用の一部項目の測定に取替原価が用いられたことがあるのに対して，ドイツでは資産の再調達に要する資金額を損益計算を通じて回収・留保する実体資本維持目的で取替原価が用いられたことがある。

　現在の販売市場の価格を売却時価（selling price；SP）といい，現在売却したらいくらかという意味である。売却時価と同義語として用いられる用語に，正味実現可能価額（net realizable value；NRV）がある。これは売却時価からアフターコストを控除したものである。アフターコストとは，たとえば，保証期間中に販売した製品にクレームがついた場合に保証する旨の保証書に基づく補修費（アフターサービス費）などである。

　将来の購入市場の価格は存在しない。将来，購入したらいくらかと考えてみても意味がないからである。将来の販売市場の価格を現在価値または割引現在価値（discounted present value；PV）という。これは，将来入ってくるであろう10年分の家賃収入などの現在における経済価値を計算するのに用いられ，将来のキャッシュ・フローを市場利子率などにより現在に割り引くことによって計算される資本還元価値である。

　以上のように，資産の評価基準は過去の購入市場の価格（取得原価）に基づく原価基準，現在の購入市場の価格（取替原価）および現在の販売市場の価格（売却時価）に基づく時価（current value；CV）基準ならびに将来の販売市場の価格に基づく現在価値基準に大別できる。なお，現在価値を時価基準に含める見解があるが，図表 8-4 からもわかるように，時価というのは現在の価格であり，将来・未来の価格ではない。したがって，厳密にいえば，現在価値は時価とはいえないが，将来の価格を現在に割り引いた経済価値という意味では，時価の近似値といってもよい。また，最近提唱されている公正価値は，理論的には原価，時価および現在価値を包摂する広い概念である。この点は後述する。なお，低価基準は原価または時価のようにそれ自体の測定属性をもっていないので，評価基準ではない（＜本章3・6　低価主義（低価法）＞参照）。

3·2 原価基準

原価基準とは取得原価主義または過去の取引記録に基づいていることから歴史的原価主義ともいい，資産評価の基礎を過去の購入市場の価格に求める考え方である。測定属性としての取得原価とは，当該資産を取得するために実際に要した金銭支出額（支払対価）である。

原価基準は，しばしば述べたように，資産の取得から売却に至るまで取得原価をベースとして計算・記録するので，会計数値の追跡可能性という情報特性を有し，また未実現利益の計上を排除するという意味で会計数値の保守主義性および確定性という情報特性をもっている。このために，原価基準は実現基準と結びついており，処分可能利益を算定し，受託責任遂行状況を報告し，財務諸表監査による信頼性を確保するためには有用な評価基準とされ，わが国はもとより世界の主要諸国においてひろく採用されている。

しかし，原価基準には，原価基準で評価された資産価額がその時価と乖離しており，経済的実態を反映しないので投資意思決定情報としての有用性に乏しいなどの問題点が指摘されているが，これらの点に対しての見解は＜第5章財務会計の基礎理論＞に述べたとおりである。

3·3 時価基準

時価基準とは，時価主義ともいい資産評価の基礎を現在の購入市場の価格または現在の販売市場の価格に求める考え方である。前者を取替原価基準といい，後者を売却時価基準という。

もともと時価基準は，企業の実体資本維持の観点からその妥当性が主張されていたものであるが，最近は投資意思決定情報の提供という見地からその合理性が提唱されることが少なくない。とりわけ，最近はデリバティブ取引の急速な拡大を背景にして，原価基準はデリバティブなどの取引実態を反映しないので透明性を欠くとして時価基準に基づく評価が部分的に導入されている。

しかし，時価基準にも取替原価基準と売却時価基準とがあり，資産の評価基準として用いるとしても，その測定方法に客観性を欠くなどの問題点があるこ

とから，現行企業会計を全面的な時価主義会計へ移行させるのはきわめて困難であるといえよう。

3·4　現在価値基準

　資産の本質をサービス・ポテンシャルズまたは経済的便益とみなした場合，その評価基準として理論的かつ理想的であると考えられているのは，現在価値または割引現在価値である。現在価値とは，資産からもたらされると予測される将来のキャッシュ・フローを利子率によって割り引いた資本還元価値である。たとえば，今後10年間，毎期末に100万円の家賃収入が見込まれる不動産がある場合，かりに現在の利子率が 3 ％とすると，

　　現在価値は8,530,203円　　$= \sum_{i=1}^{10} \frac{1,000,000}{(1+0.03)^i}$

となり，この金額が不動産のサービス・ポテンシャルズまたは経済的便益と考えられる。

　しかし，理論的かつ理想的な評価基準とされている現在価値は，将来のキャッシュ・フローの予測と利子率に主観的判断が介入し信頼性を欠くことから，従来，企業会計ではあまり用いられなかった。わが国でも，現在価値は「リース取引に係る会計基準」におけるファイナンス・リース資産・負債の評価（＜第19章　リース取引の会計と報告＞参照），「退職給付に係る会計基準」における退職給付債務・退職給付費用の計算（＜第15章　負債の会計と報告＞参照）などにおいて用いられているだけにすぎない。これらのうち「リース取引に係る会計基準」の場合には，原初認識時の実効利子率（r_0）を用いて t 期の見積りキャッシュ・フロー（FC_t）を現在価値に割り引く方法（利息法）であるので，取得原価主義会計のフレームワークに属するといってよい。そのさいの各決算時点（t時点）における現在価値（PV_t）は，

　　$PV_t = \sum_{i=1}^{n-t} \frac{FC_{t+i}}{(1+r_0)^i}$

と表すことができる。

　しかし，将来のキャッシュ・フローおよび利子率は，市場の変動などにより当初の見積りと乖離することが少なくない。その場合には，測定値の信頼性を確保するために，将来のキャッシュ・フローおよび利子率の再見積りを行う必要があるといえる。この再見積りを行う決算時点（τ時点）における再見積りしたt期の見積りキャッシュ・フローを$FC_{\tau,t}$，割引率をr_τとすると，各決算時点における現在価値（PV_τ）は，上記の式に代えて

$$PV_\tau = \sum_{i=1}^{n-\tau} \frac{FC_{\tau,\tau+i}}{(1+r_\tau)^i}$$

と表すことができる。

　「退職給付に係る会計基準」などにおける現在価値は，上記のように，決算時点で利子率の再見積りを行い，その利子率として市場利子率を用いるフレッシュ・スタート法による現在価値会計であるので，時価主義会計のフレームワークに属するといってよい。

3·5　公正価値基準

　公正価値（fair value）とは，独立した当事者間による競売または清算による処分以外の現在の取引において資産（もしくは負債）を購入（もしくは発生）または売却（もしくは決済）する場合のその価額をいう。たとえば，資産の購入時または負債の発生時の公正価値は，それを取得原価とよぶか時価とよぶか，さらには現在価値とよぶのかは別にして，同一の取引価額を指すことになる。しかし，決算時の公正価値は，資産については見積時価，負債については現在価値（見積弁済額）ということになる。

　したがって，もともと理論的には公正価値は第三者との公正な取引（arm's length transaction）を前提に取得原価も時価も包摂する広い概念で用いられていた。しかし，最近のFASB基準およびIASB基準（IFRS）では，金融商品の評価に公正価値を用いており，その場合の公正価値は市場価値（quoted market value），独立した第三者による鑑定，割引キャッシュ・フロー分析その他妥当

な手法によって決定された価額を指すものとしてきわめて時価に近い概念で用いられている。見方を変えれば，従来，市場価値，現在価値などは厳密には時価ではないにもかかわらず，時価扱いにされていたものを公正価値とよび概念の整理をしているともいえる。

　しかし，実際には公正価値を正確に測定することは困難である。たとえば，FASB 基準107では，金融商品の公正価値としては市場価値がベストであるとみなしており，このような市場価値が入手できない場合には，類似する金融商品の市場価値，現在価値などに基づいてその金融商品の公正価値を見積るものとしている（par.11）。

　このように，公正価値は市場価値をベースにしているものの，かりに取引所の相場のある先物，オプションでも恣意性の介入が避けられず，ましてやフォワード，スワップなどのように取引所の相場が存在しないデリバティブについて，その市場価値を求めることは推定によらざるをえないなどの問題がある。それは，公正価値の測定属性がはっきりしておらず，他の評価基準の測定属性の混合物である以上，避けがたい問題点であるといえよう。

3·6　低価主義（低価法）

3·6·1　低価主義の意義

　低価主義（cost or market whichever is lower basis）とは，低価基準または低価法ともよばれ，原価と時価を比較して，いずれか低い方の価額を選択すべしとする考え方である。低価主義は図表8-4をみてもどこにもない。すなわち，低価主義はそれ自体原価または時価のような測定属性を持っていないので，評価基準と同一視するには無理がある。したがって，低価主義は原価と時価のいずれか低い方の価格を採用する選択基準である。

　低価主義の適用にあたり，原価と比較すべき時価の種類には，取替原価と正味実現可能価額とがある。一般に，購入品についてはその時価として取替原価が，また生産品についてはその時価として売価に基づく正味実現可能価額が把握しやすく，さらに使用目的資産についてはその時価として取替原価が，販売目的資産についてはその時価として正味実現可能価額が妥当であるといわれて

いる（「連続意見書第四」第一，三）。

　しかし，このような考え方に問題がないわけではない。購入品にせよ使用目的資産にせよ，現に保有している資産について，現在売却したらいくらかの価額を（見積売却時価）想定する意味はあるにせよ，もう一度購入したらいくらか（取替原価）と想定する意味をどこに求めればよいのであろうか。結論的にいえば，取替原価は見積売却時価を把握しにくい資産についての代替値または近似値として用いられるように思われる。

　もっとも，決算時の正味実現可能価額を時価とする場合には，期末資産が次期に販売されるときにさらに売価が下がるかもしれないし，逆に上がるかもしれないので，評価切下げが過大または過小となる欠陥があらわれる。一方，取替原価を時価とする場合には，期末資産が次期に販売されたときに正常であれば販売利益をもたらす点にまで当該資産の取得原価を切り下げてしまう問題点（販売時の売価が取替原価を下回るときには販売損失を若干残す点までしか取得原価を切り下げえない欠点）があるものの，将来の売価が取替原価に歩調を合わせて動く場合には，実質的に将来の見積売却時価を基礎とするのと同様な評価切下げを可能にさせる長所がある（「連続意見書第四」第一，三参照）。

3·6·2　低価主義の本質

　低価主義はいったい時価主義と原価主義のいずれに属するものなのであろうか。この点を明らかにするために，低価主義の本質について検討してみよう。

　低価主義を採用すると，時価が原価よりも低い場合には時価が選択されることになるので，低価主義の本質を時価主義に求める考え方がある。この考え方からすると，逆に，原価が選択されたときには，その本質は原価主義であることになる。このような考え方は，本質を論じたことにはならない。

　低価主義の本質を考えるためには，評価損の会計理論上の性格を考えてみればよいように思われる。たとえば，商品などの棚卸資産の t_1 期首の取得原価（HC）が100円，t_1 期末の時価（CV）が80円の場合に，低価主義を採用するとして，その差額20円が，(1)過去の購入市場の価格（HC）と現在の購入市場の価格（取替原価；RC）との差額と考えるか（ケース(1)），(2)過去の購入市場の価格と現

在の販売市場の価格（売却時価；SP）との差額と考えるか（ケース(2)）によって，次のような違いが生じる。

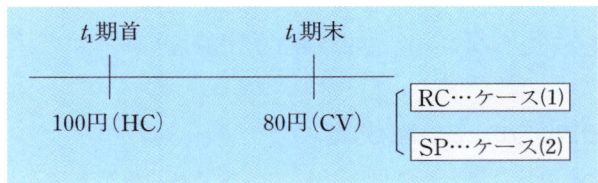

　ケース(1)，20円＝HC－RC の場合，差額の20円の評価損は，過去の購入市場の価格と現在の購入市場の価格の差額である保有損失を意味する。その20円の計上は，有形固定資産の価値の減少に備えて，あらかじめこれを認識する減価償却費の計上と同様に，資産価値（経済的便益）の減少分を計上することであるので，一種の不規則な原価配分であると考えられる。

　ケース(2)，20円＝HC－SP の場合の，差額20円の評価損は，過去の購入市場の価格と現在の販売市場の価格の差額を意味する。その20円の計上は，保守主義に基づいて販売損失の予見計上，いわば期末において予見される資金回収不足分を計上することであると考えられる。

　もとより，原価配分は取得原価主義会計の特徴であり，また保守主義は取得原価主義会計の論拠である。したがって，低価主義は取得原価主義会計のフレームワークに属するといってもさしつかえない。

　さらに，低価主義を採用する目的は，評価損が発生した分だけ取得原価または簿価の切下げを行い，これを期末に計上することにあるのであって，期末の時価額で評価することにあるわけではない。これは，つねに，取得原価が資産評価の上限すなわち原価以下主義とされていることからみても明らかである。

　しかし，低価主義のこのような会計理論上の性格を詰めるよりも，低価主義は取得原価主義会計における会計政策であるとみなすべきであると思われる。なぜならば，低価主義は取得原価主義会計のみに認められており，時価主義会計には認められていないばかりではなく，取得原価主義会計の名目投下資本回収メカニズムにおける未実現利益を排除するための１つの手段にほかならない

と思われるからである。

　したがって，低価主義は，会計政策とはいえ，その本質は取得原価主義会計のフレームワークの中で，原価と時価を比較して低い方を選択する基準であり，取得原価主義会計とは何ら矛盾しない考え方であるといえる。

3·6·3　切り放し方式と洗い替え方式

　低価主義を適用した場合，時価と比較すべき原価の決定方法として，切り放し方式と洗い替え方式がある。

　たとえば，t_1期首に100円で購入した棚卸資産が，t_1期末に80円に下落し，t_2期末には90円に価格が上昇していたとしよう。

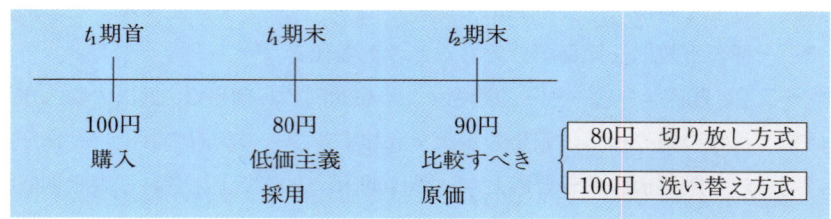

　まず，t_1期末に低価主義を採用した場合，原価と時価を比較して低いほうを取るため，その簿価（貸借対照表価額）は80円となり，t_1期末に，

　　（借）棚卸評価損　　　　　　20　（貸）棚卸資産　　　　　20

と仕訳をするのが，切り放し方式である。

　これに対して t_1 期末に，

　　（借）棚卸評価損　　　　　　20　（貸）棚卸資産　　　　　20
　　　　　　　　　　　　　　　　　　　　低価切下額

と仕訳をするのが，洗い替え方式である。なお，この場合の棚卸資産低価切下額は一種の評価勘定であるといってよい。

　次に，t_2期末に90円になったときに，90円の時価と比較すべきなのは，原初原

価の100円なのか，それとも簿価の80円なのかが問題になる。この場合，90円の時価と比較すべきなのは，簿価であるとし，仕訳を行わないのが，**切り放し方式**である。

　これに対して，**洗い替え方式**とは，t_2期首の日付でこの20円の低価切下額部分について戻入益をたてて，80円を一度100円に戻し入れを行い，100円と90円を比較して低い方の90円をとる方法である。

t_2 **期首**

（借）	棚 卸 資 産 低 価 切 下 額	20	（貸）	棚 卸 資 産 切下額戻入益	20

t_2 **期末**

（借）	棚 卸 評 価 損	10	（貸）	棚 卸 資 産 低 価 切 下 額	10

　いいかえれば，切り放し方式とは簿価と時価を比較する方法であるので，**簿価・時価比較低価法**ともよばれ，また洗い替え方式とは原初原価と時価を比較して低い価額をとる方法なので，**原初原価・時価比較低価法**ともよばれる。

▶ 4　資産の取得価額の決定方法

　資産の取得価額に関する現行企業会計制度上の処理については，**図表 8 - 5**のように整理することができる。資産の取得価額の決定にあたり，基本的な考え方は支払対価主義である。**支払対価主義**とは，すでに述べたように，非貨幣性資産の取得時におけるその原初入帳価額を決定する場合の考え方を示すものであり，その取得価額は当該資産を購入または製造するために実際に支払った対価（金銭支出額であるので，通常は貨幣性資産）によって決定されるという考え方である（**＜第 5 章　財務会計の基礎理論＞**参照）。

　たとえば，現金で商品500,000円を購入し，引取運賃，保険料などの仕入諸掛 50,000円とともに支払った取引の場合，この商品の取得原価は550,000円と

される（（借）仕入　550,000　（貸）現金　550,000　と仕訳される）のは，この支払
対価主義に基づくものである。

このように資産の取得価額は多くの場合，支払対価主義によって決定される。
しかし，問題となるのは物々交換のケースおよび無償取得のケースである。

たとえば，中古車を下取りに出して新車を購入するケースなどの**物々交換の
ケース**の取得価額は，企業会計原則では引渡資産の簿価（「連続意見書第三」）と
されているのに対し，「法人税法」では取得資産の取得時の時価（「法人税法施行
令」第32条1項4号，第54条1項7号）とされている。

また，交換によらず，時価1,000万円の土地を無償でもらったなどの**受贈等無
償取得のケース**の取得価額は，「企業会計原則」では公正な評価額（「企業会計
原則」第三，五，F）とされている。これに対して，「商法」では，規定がないと
ころから，「公正なる会計慣行を斟酌」（「商法」第32条2項）して「企業会計
原則」と同様に取得時の公正な評価額を付し，その額を原価とすべしとする見
解と，支払対価がないところから取得価額はゼロとすべしとする見解とがある。

図表8-5　資産の取得価額の決定に関する企業会計制度上の取扱い

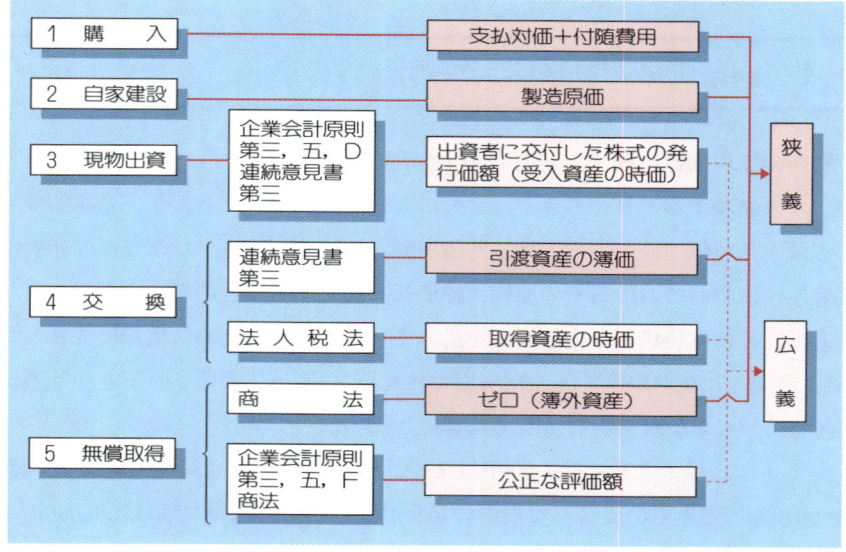

　そうしてみると，等しく支払対価といえども企業会計制度上は，**図表 8 - 5** に
みるように，2 通りの支払対価が存在していることになる。一方は，実際に支
払った金銭支出額（狭義の支払対価）であり，他方は公正なる第三者との取引を
仮定した場合の公正価値または時価（広義の支払対価）である。しばしば，わが
国の現行企業会計は，厳密な取得原価主義会計を採用しているといわれるが，
2 つの支払対価が制度上存在する以上，必ずしもこのようにはいえない。それ
では，いったいいずれの支払対価が理論的に正しいといえるのであろうか。こ
の点を，次の［基本例 1 ］，［基本例 2 ］および［基本例 3 ］を用いて狭義説と
広義説による仕訳を行い検討してみよう。

「企業会計原則」第三，五

D　…（省略）…現物出資として受入れた固定資産については，出資者に対して交付
　　された株式の発行価額をもつて取得原価とする。

　…（省略）…

F　贈与その他無償で取得した資産については，公正な評価額をもつて取得原価とす
　　る。

「法人税法施行令」第32条

①　第28条第 1 項（棚卸資産の評価の方法）又は第28条の 2 第 1 項（棚卸資産の特別
　　な評価の方法）の規定による棚卸資産の評価額の計算の基礎となる棚卸資産の取得
　　価額は，別段の定めがあるものを除き，次の各号に掲げる資産の区分に応じ当該各
　　号に掲げる金額とする。

　…（省略）…

　四　前 3 号に規定する方法以外の方法により取得した棚卸資産　次に掲げる金額の
　　　合計額

　　イ　その取得の時における当該資産の取得のために通常要する価額

　　ロ　当該資産を消費し又は販売の用に供するために直接要した費用の額

第54条

①　減価償却資産の第48条から第50条まで（減価償却資産の償却の方法）に規定する
　　取得価額は，次の各号に掲げる資産の区分に応じ当該各号に掲げる金額とする。

　…（省略）…

　七　前各号に規定する方法以外の方法により取得した減価償却資産　次に掲げる金
　　　額の合計額

　　イ　その取得の時における当該資産の取得のために通常要する価額

　　ロ　当該資産を事業の用に供するために直接要した費用の額

▶ **基本例1** ◀

（低廉取得または幸運買いのケース）
　松江産業株式会社は，棚卸資産（時価80万円）を現金75万円で購入した。

狭義説

（借）棚　卸　資　産　750,000　（貸）現　　　　金　750,000

広義説

（借）棚　卸　資　産　800,000　（貸）現　　　　金　750,000
　　　　　　　　　　　　　　　　　　　購　入　差　益　 50,000

▶ **基本例2** ◀

（物々交換のケース）
　唐津運送株式会社は，中古車（簿価200万円，時価250万円）を新車（時価400万円）と交換し現金100万円を支払った。

狭義説

（借）新　　　　車　3,000,000　（貸）中　　古　　車　2,000,000
　　　　　　　　　　　　　　　　　　　現　　　　金　1,000,000

広義説

（借）新　　　　車　4,000,000　（貸）中　　古　　車　2,000,000
　　　　　　　　　　　　　　　　　　　現　　　　金　1,000,000
　　　　　　　　　　　　　　　　　　　交　換　差　益　1,000,000

▶　　**基本例3**　　◀

> （無償取得のケース）
> 　明石興業株式会社は，土地（公正価値1,000万円）を無償で取得した。

狭義説……仕訳なし

広義説

（借）土　　　　　地　10,000,000　（貸）土 地 受 贈 益　10,000,000

　取得価額の決定が問題となる上記3つのケースは，いずれも**購入取引**（すなわち取得資産が非貨幣性資産）である。上記3つのケースを広義説で仕訳してみて，共通しているのは，購入取引であるにもかかわらず，いずれも評価差額（購入差益，交換差益，土地受贈益）が生じていることである。財貨を購入して利益が生じることを経済法則からみてどう説明すればよいのであろうか。

　伝統的会計理論の通説に，**「購入取引においてコストは発生するが利益は発生せず，利益は売却取引において発生する」**という考え方がある。この考え方は，経済法則からみても妥当であると思われる。そうであるならば，前掲の低廉取得の場合，物々交換が行われた場合，または無償取得の場合に，広義の支払対価をもって取得価額とすることは不合理であることになる。なぜならば，それは購入差益，交換差益などが発生することになり，伝統的な通説に反することになるからである。しかも，広義の支払対価をもって取得価額とするならば，そこから生じる購入差益，交換差益，受贈益などは，利益なのかそれとも資本なのか，さらに資本であるならば，それは資本剰余金なのか利益剰余金なのかという新たな問題が生じることになり，貸方項目の会計処理を理論的に解明することはきわめて困難である。

　単体ベースが前提ではあるが，現行の企業会計制度の主目的は処分可能利益の算定にある。この目的を達成するためには，貨幣性資産の裏付けのある実現利益を計算することが必要不可欠である。そうしてみると，資産の取得価額の

決定を処分可能利益の算定という視点から考えるかぎり，狭義の支払対価主義に基づく取得原価主義のほうが論理的かつ合理的であると考えられる。

　もっとも，最近は，会計基準の国際的調和化，狭義の支払対価主義を悪用した益出しによる利益操作の防止，ディスクロージャーの透明性を高めるためなどの理由から，広義の支払対価主義に基づく公正価値または時価による評価を採用すべしとする考え方もある。

◀ Key Words ▶

アフターコスト
　　たとえば保証期間中に販売した製品にクレームがついた場合に保証する旨の保証書に基づく補修費（アフターサービス費）など

洗い替え方式
　　原初原価と時価を比較する方法

1年基準
　　貸借対照表日（決算日）の翌日から起算して，1年以内に現金化される資産を流動資産とし，1年を超えて現金化される資産または現金化することを本来の目的としない資産を固定資産とすべしとする考え方

貨幣性資産
　　企業の正常営業取引過程において売買の対象となりえない資産

切り放し方式
　　簿価と時価を比較する方法

原価基準
　　資産評価の基礎を過去の購入市場の価格に求める考え方

現在価値
　　将来のキャッシュ・フローを市場利子率などにより現在に割り引くことによって計算される資本還元価値

公正価値
　　取引を行う意思のある当事者間による競売または清算による処分以外の現在の取引において資産（もしくは負債）を購入（もしくは発生）または売却（もしくは決済）する場合のその価額

購入取引

　　取得資産が非貨幣性資産である取引

時価基準

　　資産評価の基礎を現在の購入市場の価格または現在の販売市場の価格に求める考え方

資産

　　当該企業に帰属する将来の経済的便益であり，かつ貨幣額で合理的に測定できるもの

資産会計

　　資産の取得にはじまり，その売却または費消に至るまでの経済活動および経済事象を測定し，報告するための会計

正味実現可能価額

　　売却時価からアフターコストを控除したもの

正常営業循環基準

　　現金・預金→棚卸資産→売上債権→現金・預金という企業の主目的たる営業取引過程にあるものは，原則として流動資産とすべしとする考え方

測定属性

　　取得原価，取引原価などのように数量化もしくは測定される財務諸表の資産，負債などの構成要素の特徴または性質。なお，属性は測定より狭い概念であり，測定には測定される属性のみならず，測定単位の選択も含まれる。

低価基準

　　原価と時価を比較して，いずれか低い方の価額を選択すべしとする考え方

売却取引

　　取得資産が貨幣性資産である取引

非貨幣性資産

　　貨幣性資産以外の資産

第9章 現金・預金の会計と報告

本章の学習ポイント

1. 現金勘定で処理されるものには，どのようなものがあるか
2. 現金過不足が生じた場合には，どのように処理するのか
3. 当座預金勘定で処理されるものには，どのようなものがあるか
4. 銀行勘定調整表とは何か

▶ 1 現金の意義

1・1 現　金

　現金とは，通貨（紙幣および硬貨）のほかに，他人が振り出した小切手，送金小切手，郵便為替証書，株式配当金領収証等，支払期日の到来した公・社債利札など，いつでも通貨に換えることのできる通貨代用証券をも含むものである。

　このうち，郵便為替証書とは，現金の送金をするために郵便局に作成してもらう証書であり，受取人がこれを郵便局にもっていけばいつでも通貨に換えてくれるものである。また，株式配当金領収証とは，配当金の代わりに，株式を発行している会社から送られてきた証書であり，受取人がこれに記名捺印して銀行に持参すれば通貨に換えてくれるものである。なお，ソニーの場合には，配当金領収証による銀行払いは現在は実施しておらず，これに代えて郵便振替支払通知書（図表9-1参照）で行っている。郵便為替証書にせよ，株式配当金領収証にせよ，これらはいつでも通貨に換えることができるという意味で，通

図表9-1　郵便振替支払通知書・払出金受領証（見本）

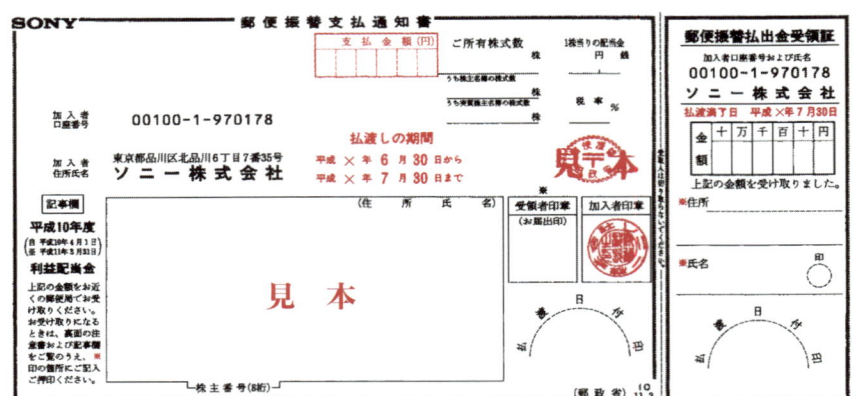

貨代用証券とよばれ，現金として処理される。

　企業が現金を受け取ったときは，その券面額をもって現金勘定の借方に記入し，現金を支払ったときは同じくその貸方に記入する。したがって，現金勘定の残高は，つねに借方に生じ，現金の手許有高（ありだか）を示すことになる。また，**貸借対照表**上も，現金は評価上の問題が生じないので，その**券面額**すなわち**実際現金受領額**をもって計上する。

　外国通貨，外貨建小切手などについては，取得時または支払い時の為替レート（historical rate）で円換算して記帳し，**貸借対照表**上は**決算日の為替レート**（current or closing rate）による**円換算額**をもって計上する。

　現金はその収支が頻繁であり，また紛失・盗難などのリスクも高いので，その管理保全のために，主要簿としての仕訳帳と元帳の記入のほかに，**現金出納帳**（げんきんすいとうちょう）を補助簿として設けて，その明細記録を行うのが普通である。

1・2　現金過不足

　現金は，しばしば記録・計算の誤り，記帳漏れ（も），紛失などが原因で，現金の手許有高（**実際有高**）と現金勘定および現金出納帳の残高（**帳簿残高**）とが一致しないことがある。

　このように，実際有高と帳簿残高とが一致しないときには，現金の帳簿残高

を実際有高に一致させるために，その不一致額をとりあえず**現金過不足勘定**に記入することによって現金勘定の残高を調整する。すなわち，**図表9-2**にみるように実際有高が帳簿残高より少ない場合（**実際有高＜帳簿残高**）には，現金過不足勘定の借方および現金勘定の貸方に記入され，反対に多い場合（**実際有高＞帳簿残高**）には，現金過不足勘定の貸方および現金勘定の借方に記入されることになる。後日，その原因が判明したものについては，現金過不足勘定から該当する勘定へ振り替えればよい。

　決算日までその原因が判明しない現金過不足は，**借方残高**（現金の不足額を示す）であれば**雑損**または**雑損失勘定**（費用の勘定）に，**貸方残高**（現金の超過額を示す）であれば**雑益**または**雑収入勘定**（収益の勘定）に振り替える。したがって，貸借対照表上に「現金過不足」という科目が記載されることはない。なお，現金過不足勘定のように，該当する勘定へ振り替えられるまでの一時的な記入のために設けられる勘定を，**仮勘定**という。これには，現金過不足勘定のほかに，**建設仮勘定**や**火災未決算勘定**などがある。

設問1

　次の取引を仕訳しなさい。

　函館家電株式会社が，現金の実際有高を調査したところ，現金の実際有高が帳簿残高より37,000円不足していたので，かねて現金過不足勘定で処理しておいた。その後原因を調べたところ，通信費22,000円の記帳漏れが判明した。しかし，残りの不足額については，決算日になっても不明である。

解答

（借）通　信　費	22,000	（貸）現金過不足	37,000
雑　　　　損	15,000		

図表 9 - 2　現金の実際有高が帳簿残高より少ない場合

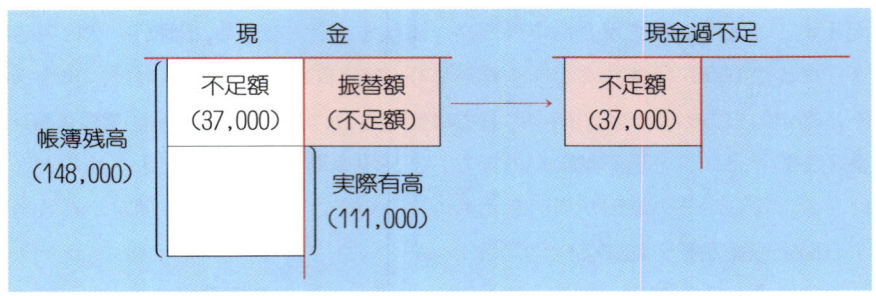

▶ 2　預金の意義

2·1　当座預金

　当座預金とは，銀行との当座取引契約に基づいて随時預入れまたは引出しのできる無利息の預金である。当座預金が無利息であるのは，預金といっても銀行に支払業務の代行を行わせているからである。銀行に当座預金口座をもつためには，あらかじめ取引銀行（メイン・バンク）に当座預金取引約定書と印鑑を届け，これと引換えに当座入金帳と小切手帳を受け取っておく必要がある。

　当座預金の引出しは，通常，小切手を振り出すことによって行われる。企業が小切手を振り出したときには，当座預金勘定の貸方に券面額（引出し額）をもって記入を行う。また，銀行の当座預金口座に現金（通貨や他人振出しの小切手など）を預け入れたときまたは自己振出しの小切手を受け取ったときには，当座預金勘定の借方に預金額をもって記入を行う。したがって，当座預金勘定の残高は，通常，借方に生じ，当座預金の現在高を示すことになる。また，**貸借対照表**上も，当座預金はその**預金額**をもって計上する。

　外貨建の当座預金については，預入れ時または引出し時の為替相場で円換算して記帳し，**貸借対照表**上は，**決算日の為替相場による円換算額**をもって計上する。

　なお，**自己振出しの小切手を受け取ったとき**には，他人振出しの小切手と異

なり，**当座預金勘定**で処理するという点に注意を払う必要がある。その理由として，自己振出しの小切手の受取りは，結局，小切手を振り出さなかったのと同じであるからである。決算日において，**未渡小切手**（自己が振り出した小切手ではあるが，まだ先方に引き渡されず，手許にある小切手）がある場合も，同じ理由で**当座預金勘定**を増加させればよい。ただし，実際の振出日よりも後の日付を記入した小切手であり，受取人に対して小切手代金の支払いを当該日付の日まで猶予してもらうために作成される**先日付小切手**は，小切手の形はとっているものの，実質的には手形と同じ性質をもっているために，実務ではたとえ他人振出しの小切手でも現金勘定で処理せずに，後述する**受取手形**として処理する。

　当座預金取引は，頻繁に発生し，また企業の営業規模が大きくなると，当座取引契約を結んでいる取引銀行も数行または数十行に及ぶ。当座預金の残高管理を行い，また**過振**（当座預金残高を超過して振り出された小切手）を未然に防止するために，当座預金取引を取引銀行ごとに補助簿に細かく記録する必要がある。このための補助簿を**当座預金出納帳**という。

2・2　当座借越

　小切手は，原則として，当座預金残高をこえて振り出すことはできない。しかし，企業があらかじめ取引銀行に対して有価証券などの担保物件を差し入れ（これを**根抵当**という），借越限度額，期間利率などを決めた**当座借越契約**（銀行側からみれば，**当座貸越契約**）を結んでおけば，当座預金の残高を超えて小切手を振り出しても，取引銀行は超過分についても借越限度額まで，その支払いに応じてくれる。

　したがって，**当座借越**とは，当座預金残高を超過して小切手を振り出した分をいい，その超過額は銀行からの一時的な借入を意味している。この場合には，預金残高を超過する額すなわち過振分を，**当座借越勘定**（負債の勘定）に貸記する。なお，当座借越がある場合に，現金を当座預金に預け入れたときは，まず当座借越が返済され，それでもなお残額がある場合に，当座預金となる（**図表9-3**参照）。

図表9-3　当座借越

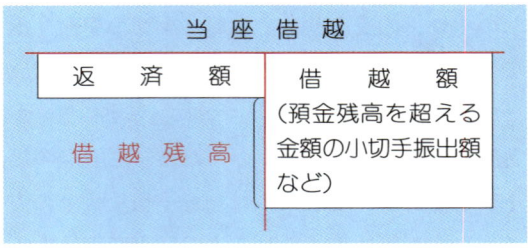

　預金残高を超過して引き出した場合に，その借越額と返済額を当座借越勘定に記入することはきわめて煩雑なので，実務上，当座預金の記帳と当座借越の記帳を当座勘定という1つの勘定にまとめて処理する方法が用いられる。この勘定の借方残高は当座預金残高を示し，貸方残高は当座借越残高を示し，借方残高のときは資産勘定を，貸方残高のときは負債勘定を意味する（図表9-4参照）。

図表9-4　当座勘定

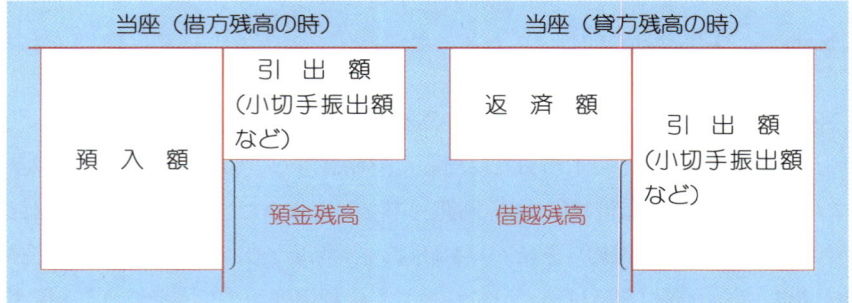

設問2

次の取引を仕訳しなさい。

　帯広工業株式会社の株式を535,000円で買い入れ，代金は買入手数料5,000円とともに小切手を振り出して支払った。当座預金の預金残高は520,000円であったが，借越限度額300,000円の当座借越契約を結んでいる。なお，当座借越勘定を用いること。

解答

（借）有 価 証 券	540,000	（貸）当 座 預 金	520,000
		当 座 借 越	20,000

2·3 小口現金制度

　企業は，通常，商品の仕入代金の支払い，販売代金の受入れ，電気・ガスなどの光熱費の支払い，電話料金の支払いなど，ほとんどの金銭受払い取引を当座預金口座で処理する。これは，金銭の受払いをそのつど現金で行う煩雑さを避けることができるだけでなく，手許に多額の現金を保管しておく必要がないので，盗難などのリスクを回避するうえでもきわめて有効である。

　しかし，郵便料金，タクシー代などの少額の支払いのために小切手を振り出すのは，逆に煩雑であり，また相手にも迷惑であるので，一定額の現金をいつも手許に用意しておく必要がある。

　このような少額の支払いのために用意された現金を**小口現金**（または**小払現金**）という。その増減を記録するための勘定として，**小口現金勘定**が設けられるが，その明細記録を行うための補助簿として，**小口現金出納帳**も併用される。

　小口現金の補給方法としては，用度係への前渡額を一定額にするか否かによって**定額資金前渡制度**と**不定額資金前渡制度**とに分けられる。前者は，**インプレスト・システム**（imprest system）ともいい，(1)会計課が一定期間（月または週）の現金支払予定額を用度係に小切手で前渡ししておき，(2)用度係は小口現金の支払いをすべて小口現金出納帳に記入し，月（または週）末に会計課に支払報告を行い，(3)会計課はこれに基づき同額の小切手を次月（または次週）分の小口現金として補給する方法である。この方法によれば，一定期間の初めにおける小口現金前渡額が，つねに一定額に保たれることになり，小口現金の管理や予算統制に資することになる。一方，不定額資金前渡制度は，臨時補給制度ともいい，用度係への前渡額を定額にせずに，必要に応じて資金を補給する方法である。

小口現金は，貸借対照表上，現金として計上されるが，当座預金口座による金銭の受払いを主とする現代企業においては，それを補完する役割をはたしている。

設問3

次の取引の仕訳をしなさい。なお，青森商事株式会社では小口現金の補給方法としてインプレスト・システムを採用している。

(1) 月初めに会計課から用度係に対して小口現金として100,000円が小切手で前渡しされた。

(2) 用度係から会計課に対して以下の費用の支払いが報告された。

    交　通　費　　40,000円
    通　信　費　　20,000円
    消　耗　品　費　10,000円

(3) 月末になったので，会計課から用度係に対して支払いが報告された分について，小口現金の補給があった。

解　答

(1)

（借）小　口　現　金　100,000　（貸）現　金　預　金　100,000

(2)

（借）交　通　費　40,000　（貸）小　口　現　金　70,000
　　　通　信　費　20,000
　　　消　耗　品　費　10,000

(3)

（借）小　口　現　金　70,000　（貸）現　金　預　金　70,000

2・4　その他の預金

　その他の預金としては，**普通預金，定期預金，通知預金，郵便貯金，金銭信託**などがある。これらについては，それぞれの勘定口座を設けて，当座預金の預入れや引出しの場合と同じように記帳するか，まとめて諸預金勘定で処理してもよい。

　ただし，**貸借対照表上**は，これらのうち普通預金などの一時性の預貯金および満期が決算日の翌日から起算して１年以内に到来する預貯金とその他の預貯金とでは，表示が異なる。前者については，**流動資産の部にその預金額**をもって計上し，後者については，**固定資産**（投資その他の資産）**の部にその預金額**をもって計上し，外貨建預金については，決算日の為替相場による円換算額をもって計上する。

　また，運用を目的とする金銭信託は，当該財産の構成物である金融資産および金融負債について「金融商品基準」に基づいた評価額を付し，その合計額を貸借対照表価額としたうえで，評価差額を当期の損益として計上する（「金融商品基準」第三，三）。

2・5　銀行勘定調整表

　当座預金は，預金の預入れと引出しの記帳の時期が企業側と銀行側とで異なることがある。そのために，企業の当座預金勘定残高と銀行の当座預金残高（または，銀行が発行する当座預金残高証明書）とが一致しないことが少なくない。その場合には，定期的に両者を照合して，両者が一致することを確認するとともに，もしも不一致であればその原因を調査し，必要な修正を行わなければならない。通常は，**銀行勘定調整表**（銀行勘定照合表ともいう）を作成して照合する。

　企業側の当座預金勘定（または当座預金出納帳）残高と銀行の当座預金残高とが一致しない場合，その原因として次の５つの要因がある。

(1)　企業では入金処理したが，銀行では未記帳の場合

（例）　銀行の営業時間外に現金を預け入れたため，銀行では翌日付けで預入れの記帳をした（締後入金という）。

（例）　小切手の取立てを依頼し，当座預金の増加として記入したが，銀行ではまだ取り立てていない（未取立小切手という）。

（例）　他人振出しの小切手を受け取り，当座預金の増加として記入したが，その小切手がまだ預け入れられていないため，銀行では未記帳である（未預入小切手という）。

（例）　得意先などから当座振込みの通知を受け，当座預金の増加として記入したが，銀行にはまだ振り込まれていない。

(2)　企業では出金処理したが，銀行では未記帳の場合

（例）　買掛金などの支払いのため小切手を振り出し，当座預金の減少として記入したが，小切手がまだ交付されていない（未渡小切手という）。

（例）　買掛金などの支払いのため小切手を振り出し，当座預金の減少として記入したが，仕入先がまだ銀行から取り立てていない（未取付小切手という）。

(3)　銀行では入金処理したが，企業では未記帳の場合

（例）　企業から取立ての依頼を受けて手形代金を取り立てたが，企業にはその通知が未達である。

（例）　得意先から売掛金の支払いとして当座預金に振込みがあったが，企業側にまだ未達である。

(4)　銀行では出金処理したが，企業では未記帳の場合

（例）　銀行払いの手形代金を支払い，企業の当座預金の減少として記入したが，企業側に未達である。

（例）　当座借越の利息や送金手数料等を企業の当座預金勘定から差し引いた

が，企業側に未達である。

(5)　企業側または銀行側の記録に誤記・脱漏がある場合

(例)　現金を当座預金に預け入れたが，企業側が金額を間違えて記入した。

以上のような不一致原因のうち，企業側の記入を修正する必要があるもの（未渡小切手，未取立小切手，未達，誤記，脱漏など）については，修正のための記入を行う。ただし，締後入金と未取付小切手に限って，企業側の修正は不要である。

銀行勘定調整表を作成する方法には，次の３つがある。

(1)　銀行の当座預金残高証明書を基礎として企業側の当座預金残高を調整する方法（**銀行残高基準法**）

(2)　企業側の当座預金勘定の残高を基礎として銀行の残高証明書残高を調整する方法（**企業残高基準法**）

(3)　両者を同時に調整して当座預金残高を求める方法（**企業残高・銀行残高区分調整法**）

以下，［**基本例１**］を用いて，銀行勘定調整表を作成してみよう。

▶　基本例１　◀

仙台物流株式会社の決算日現在の当座預金勘定の残高は90千円であり，同日付けの銀行残高証明書の残高は160千円であった。不一致の原因を調べたところ，下記の事実が判明した。なお，銀行勘定調整表の作成は，当座預金勘定残高と銀行残高証明書残高とをそれぞれ決算日現在の正しい残高に調整する方法による。

判明した事実：

(1) 決算日に現金150千円を預け入れたが，営業時間外のため銀行では翌日付けで入金の記帳をした。

(2) 仕入先に対して買掛金支払いのために振り出した小切手70千円が銀行に支払呈示されていなかった。

(3) 得意先から売掛代金350千円の当座振込みがあったが，その通知が当方に未着であった。

(4) 得意先から受け入れた手形200千円の取立が銀行ではすでに行われていたが，その通知が当方に未着であった。

(5) 仕入先に対して振り出した約束手形390千円が期日に銀行から支払われたが，その通知が当方に未着であった。

(6) 当座借越に対する利息10千円が記帳漏れであった。

決算日現在の企業の当座預金勘定残高と銀行の当座預金勘定残高（残高証明書残高）とを調整する方式の銀行勘定調整表では，

(A) 企業側が未処理（未記帳）のものは，当座預金勘定残高に加減し，

(B) 銀行側が未処理（未記帳）のものは，銀行残高証明書残高に加減する。

したがって，それぞれの不一致原因がどちらの側で未記帳なのかを考えるとよい。

［基本例１］の(1)から(6)の場合，(1)と(2)は銀行側が未記帳なので，残高証明書の残高を加減し，(3)から(6)は，企業側が未記帳なので，当座預金勘定残高に加減すればよい。

「判明した事実」を処理すると，次のようになる。

(1) 企業側処理済み，銀行未記帳→残高証明書加算（締後入金）

(2) 企業側処理済み，銀行未記帳→残高証明書減算（未取付小切手）

(3) 銀行側処理済み，企業未記帳→当座預金残高に加算（未達事項）

(4) 銀行側処理済み，企業未記帳→当座預金残高に加算（未達事項）

(5) 銀行側処理済み，企業未記帳→当座預金残高から減算（未達事項）

(6) 銀行側処理済み，企業未記帳→当座預金残高から減算（未達事項と同じ）

　決算修正仕訳を必要とするのは，企業側で未記帳の(3)から(6)である。(6)の記帳漏れは，企業側の記帳漏れなのか銀行側の記帳漏れなのか明示されていないが，銀行勘定調整表を作成すれば企業側の記帳漏れであることがわかる。

　なお決算修正仕訳を示せば，次のとおりである。

決算修正仕訳

(3)　（借）当　座　預　金　　350,000　（貸）売　　掛　　金　　350,000

(4)　（借）当　座　預　金　　200,000　（貸）受　取　手　形　　200,000

(5)　（借）支　払　手　形　　390,000　（貸）当　座　預　金　　390,000

(6)　（借）支　払　利　息　　 10,000　（貸）当　座　預　金　　 10,000

　ちなみに，銀行勘定調整表を，(1)銀行残高基準法と，(2)企業残高基準法および(3)企業残高・銀行残高区分調整法によって作成すれば，次のとおりである。

(1)　銀行残高基準法

銀　行　勘　定　調　整　表		（単位：千円）
銀行残高証明書残高		160
加　算		
(1)　締後入金	150	
(5)　約束手形決済未達	390	
(6)　利息支払い未達	10	550
減　算		
(2)　未取付小切手	70	
(3)　売掛金振込未達	350	
(4)　手形代金取立未達	200	620
当座預金勘定残高		90

⑵　企業残高基準法

銀　行　勘　定　調　整　表		（単位：千円）
当座預金勘定残高		90
加　算		
⑵　未取付小切手	70	
⑶　売掛金振込未達	350	
⑷　手形代金取立未達	200	620
減　算		
⑴　締後入金	150	
⑸　約束手形決済未達	390	
⑹　利息支払い未達	10	550
銀行残高証明書残高		160

⑶　企業残高・銀行残高区分調整法

銀　行　勘　定　調　整　表				（単位：千円）	
当座預金勘定残高		90	銀行残高証明書残高		160
加　算			加　算		
⑶売掛金振込未達	350		⑴締後入金	150	150
⑷手形代金取立未達	200				
		550			
減　算			減　算		
⑸約束手形決済未達	390		⑵未取付小切手		70
⑹利息支払い未達	10				
		400			70
調整後残高		240	調整後残高		240

◀ Key Words ▶

株式配当金領収証

　　配当金の代わりに，株式の発行会社から送られてきた証書であり，受取人がこれに記名捺印して銀行に持参すれば通貨に換えてくれるもの

過振

　　当座預金残高を超過して振り出された小切手

仮勘定

　　現金過不足勘定のように，該当する勘定へ振り替えられるまでの一時的な記入のために設けられる勘定

現金

　　通貨（紙幣および硬貨）のほかに，いつでも通貨に換えることのできる通貨代用証券をも含むもの

先日付小切手

　　実際の振出日よりも後の日付を記入した小切手であり，受取人に対して小切手代金の支払いを当該日付の日まで猶予してもらうために作成される小切手

通貨代用証券

　　郵便為替証書，配当金領収証などいつでも通貨に換えることができるもの

定額資金前渡制度

　　インプレスト・システム（imprest system）ともいい，(1)会計課が一定期間（月または週）の現金支払予定額を用度係に小切手で前渡ししておき，(2)用度係は小口現金の支払いをすべて小口現金出納帳に記入し，月（または週）末に会計課に支払報告を行い，(3)会計課はこれに基づき同額の小切手を次月（または次週）分の小口現金として補給する方法

当座借越

　　当座預金残高を超過して小切手を振り出した分

当座預金

　　銀行との当座取引契約に基づいて随時預入れまたは引出しのできる無利息の預金

根抵当

　　企業があらかじめ取引銀行に対して差し入れた担保物件

不定額資金前渡制度

　　臨時補給制度ともいい，用度係への前渡額を定額にせずに，必要に応じて資金を補給する方法

未渡小切手

　買掛金などの支払いのために振り出し，当座預金の減少として記入したが，まだ先方に引き渡されず，手許にある小切手

郵便為替証書

　現金を送金をするために郵便局に作成してもらう証書であり，受取人がこれを郵便局にもっていけばいつでも通貨に換えてくれるもの

第10章　金銭債権の会計と報告

本章の学習ポイント

1．金銭債権とは何か。また，取立不能額がある場合にはどのように処理するのか
2．約束手形と為替手形とには，どのような違いがあるのか
3．手形の裏書譲渡，手形の割引とは何か。また，これらはどのように処理するのか
4．不渡手形はどのように処理するのか
5．売上債権が貸倒れになった場合には，どのように処理するのか

▶ 1　金銭債権の意義

　金銭債権とは，厳密にいえば，金銭の給付を受ける権利をいい，会計上，将来，現金として回収される債権をいう。金銭債権は会計上，企業の主目的たる営業取引過程において発生した債権である**売上債権**（営業債権ともいい，売掛金，受取手形など）と，**その他の債権**（営業外債権ともいい，貸付金，未収金，立替金など）とに区別される（「施行規則」第32条および第33条参照）。

「施行規則」第32条
　　売掛金，受取手形その他営業取引によって生じた金銭債権は，流動資産の部に記載し，又は記録しなければならない。ただし，これらの金銭債権のうち破産債権，再生債権，更生債権その他これらに準ずる債権で決算期後１年以内に弁済を受けることができないことが明らかなものは，投資等の部に記載し，又は記録しなければならない。

金銭債権は，**貸借対照表上**，原則として当該**債権金額**をもって計上する（「商法」第285条ノ4第1項本文）が，**取立不能のおそれがある場合**には，債権金額から取立不能見込額または貸倒見積額を控除した額（**債権回収額主義**）で計上する（同上，第2項，「企業会計原則」第三，五，C）。ただし，**市場価格のある金銭債権**については，**時価評価**することができる（同上，第3項）。時価評価すべきか否かについては「公正なる会計慣行」に委ねられると考えられるが，債権については市場がないことが多く，客観的な時価を測定することも困難であることに加えて，一般には期限まで売却せずに保有することからみると，CP（コマーシャル・ペーパー），CDを除き，債権の時価評価には，合理性が認められないように思われる。なお，**外貨建金銭債権**については，**決算日の為替相場による円換算額**が原則として付される（詳しくは，＜第21章　外貨換算の会計と報告＞参照）。

次に，金銭債権を債権金額よりも高い価額で取得したときには，**相当の増額**をまた債権金額よりも低い価額で取得したときその他相当の理由があるときには，**相当の減額**をして計上することが認められる（「商法」第285条ノ4第1項）。高い価額で取得するケースとしては，利付債権の金利が取得時に下落しているときなど，また低い価額で取得するケースとしては，手形を割引で取得したとき，債権譲渡のさいに当該債権金額よりも低い対価をもって取得したときなど

「施行規則」第33条

　預金，貸付金その他前条に掲げる金銭債権以外の金銭債権で，その履行期が決算期後1年以内に到来するもの又は到来すると認められるものは，流動資産の部に記載し，又は記録しなければならない。ただし，当初の履行期が1年を超えるもの又は超えると認められたものは，投資等の部に記載し，又は記録することができる。

「商法」第285条ノ4

① 　金銭債権ニ付テハ其ノ債権金額ヲ付スルコトヲ要ス但シ債権金額ヨリ高キ代金ニテ買入レタルトキハ相当ノ増額ヲ，債権金額ヨリ低キ代金ニテ買入レタルトキ其ノ他相当ノ理由アルトキハ相当ノ減額ヲ為スコトヲ得

② 　前項ノ場合ニ於テ金銭債権ニ付取立不能ノ虞アルトキハ取立ツルコト能ハザル見込額ヲ控除スルコトヲ要ス

③ 　第1項ノ規定ニ拘ラズ市場価格アル金銭債権ニ付テハ時価ヲ付スルモノトスルコトヲ得

が考えられ，さらにその他相当の理由があるときのケースとしては，長期無利息債権または低金利の債権および割賦債権，利息の前払いを受けた金銭債権などが考えられる。

このように，金銭債権を債権金額よりも低い価額または高い価額で取得し，取得価額と債権金額との差額の性格が金利の調整と認められるときは，償却原価法に基づいて算定された価額から貸倒見積高に基づいて算定された貸倒引当金を控除した金額をもって貸借対照表価額としなければならない（「金融商品基準」第三，一，「金融商品注解」注5）。償却原価法とは，債権または債券を債権金額または債券金額よりも低い価額または高い価額で取得した場合に，当該差額に相当する金額を弁済期または，償還期に至るまで毎期一定の方法で貸借対照表価額に加減する方法である。なお，「金融商品会計に関する実務指針」によれば，金利相当額の期間配分の方法には，利息法と直線法（または定額法ともいう）があるとされる（第70項参照）。

(1)　利息法

債権等の利息相当額を債権の帳簿価額に対し一定率となるように，複利をもって各期の損益に配分して受取利息として計上し，当該配分額と債権の額面に対する利息の現金受取額および額面に対する未収利息増減額の合計額との差額を帳簿価額に加減する方法。

(2)　直線法

債権等の金利調整差額を取得日から弁済期までの期間で除して各期の損益

「金融商品基準」第三，一

　受取手形，売掛金，貸付金その他の債権の貸借対照表価額は，取得価額から貸倒見積高に基づいて算定された貸倒引当金を控除した金額とする。ただし，債権を債権金額より低い価額又は高い価額で取得した場合において，取得価額と債権金額との差額の性格が金利の調整と認められるときは，償却原価法に基づいて算定された価額から貸倒見積高に基づいて算定された貸倒引当金を控除した金額としなければならない。

「金融商品注解」注5

　償却原価法とは，債権又は債券を債権金額又は債券金額より低い価額又は高い価額で取得した場合において，当該差額に相当する金額を弁済期又は償還期に至るまで毎期一定の方法で貸借対照表価額に加減する方法をいう。なお，この場合には，当該加減額を受取利息に含めて処理する。

に配分し，当該配分額を受取利息として計上したうえで帳簿価額に加減する方法。

償却原価法を適用する場合には，原則として利息法によらなければならないが，結果に重要な差異が生じない場合には直線法によることもできる。なお，償却原価法を適用した場合に，配分額等を帳簿価額に加算する方法を**アキュミュレーション**といい，逆に減算する方法を**アモチゼーション**という。

設問1

次の取引を仕訳しなさい。

高崎商事株式会社は，山梨商事株式会社に対して，本事業年度期首に債権金額1,000,000円（貸付期間2年）で貸付を行い，2年分の利息60,000円を天引きして，残額を現金で支払った。なお，償却原価法としては利息法を採用する。

解答

貸付時

（借）貸　付　金　940,000　（貸）現　　　　金　940,000

当期末

（借）貸　付　金　29,536　（貸）受　取　利　息　29,536*

＊　この債権の金利をrとすると，
$940,000 \times (1+r)^2 = 1,000,000$
$r = 0.0314212\cdots\cdots$
したがって$940,000 \times 0.0314212 = 29,536$

ちなみに直線法によった場合には，当期末に次の仕訳を行う。

（借）貸　付　金　30,000*　（貸）受　取　利　息　30,000

＊$60,000 \div 2$年$= 30,000$

▶ 2　売上債権の意義

　商品売買は，必ずしも現金取引や当座取引で行われるとはかぎらない。むしろ，実際には，売手と買手の帳簿にそれぞれ**売上債権**または**仕入債務**（**帳簿債権・債務**）を記帳する信用取引や，手形取引により商品売買を行う場合の方が一般的である。

　すでに述べたように，企業の主目的たる営業取引過程において発生した債権を**売上債権**というが，そのうち代表的なものである**売掛金**と**受取手形**について説明すれば，次のとおりである。

2・1　売 掛 金

　売掛金とは，企業の主目的たる営業取引過程において発生した営業上の未収金をいう。これは，手形や証書などによらない，売手と買手との信用に基づく金銭債権である。ただし，破産債権，更生債権その他これに準ずる債権で1年以内に回収されないことが明らかなものは，売掛金から除かれる（「財規」第15条）。

　売掛金は，必ず売上とともに発生する（「金融商品注解」注3）。売上によって売掛金が発生したときには，売掛金勘定の借方にその**債権金額**をもって計上し（「金融商品基準」第三，一），その売掛金が回収されたときまたは貸倒れが生じたときには，貸方にその回収された債権金額または貸し倒れた債権金額を計上する。したがって，売掛金勘定の残高は，つねに売掛金の現在有高を示すことになる。**貸借対照表上**，売掛金は，**債権回収可能額**をもって流動資産の部に**＜本章1．金銭債権の意義＞**で示した方法で計上する。

　売掛金と混同しがちなものとして，**未収金**がある。両者はともに手形や証書が発行されない金銭債権である点で共通しているが，売掛金が企業の主目的たる営業取引過程から生じた金銭債権であるのに対して，未収金は，企業の主目的ではない営業取引過程，たとえば有価証券，土地の売却取引などから生じた営業外金銭債権である。したがって，決算日の翌日から起算して1年以内に回

収されない未収金は，貸借対照表上，固定資産の部に記載されることになる（売掛金は，正常営業循環基準の適用により回収期間が1年を超えるものでも流動資産の部に計上される）。また，売掛金が商品等の受渡しまたは役務提供の完了により計上されるのに対して，未収金は契約締結時に計上される点も異なる（「金融商品基準」第二，一）。

2·2 受取手形等

2·2·1 受取手形

受取手形とは，企業の主目的たる営業取引過程において発生した手形債権をいう。ただし，破産債権，再生債権，更生債権その他これに準ずる債権で1年以内に回収されないことが明らかなものは受取手形から除かれる（「財規」第15条）。手形は，手形法に基づき債務者が一定期日（満期日または支払日）に所定の場所で，手形代金を支払うことを約束した証券なので，企業はしばしば売上代金または売掛金の決済手段として，手形を用いる。手形には約束手形と為替手形がある。

約束手形（約手ともいう）とは，手形の振出人（作成人）が，名宛人（受取人）に対して，手形の支払日に当該手形代金を支払うことを約束した証券である。したがって，約束手形を振り出したとき，振出人は手形の債務者であり，名宛人は約束手形を受け取ったとき，手形代金を受け取る権利を有する債権者である（図表10-1参照）。

また，為替手形（為手ともいう）は，手形の振出人が名宛人（支払人）に対し

「財規」第15条
次に掲げる資産は，流動資産に属するものとする。
…（省略）…
二　受取手形（通常の取引に基づいて発生した手形債権をいう。ただし，破産債権，再生債権，更生債権その他これらに準ずる債権で1年内に回収されないことが明らかなものを除く。以下同じ。）
三　売掛金（通常の取引に基づいて発生した営業上の未収金をいう。ただし，破産債権，再生債権，更生債権その他これらに準ずる債権で1年内に回収されないことが明らかなものを除く。以下同じ。）

第
10
章

図表10-1　約束手形

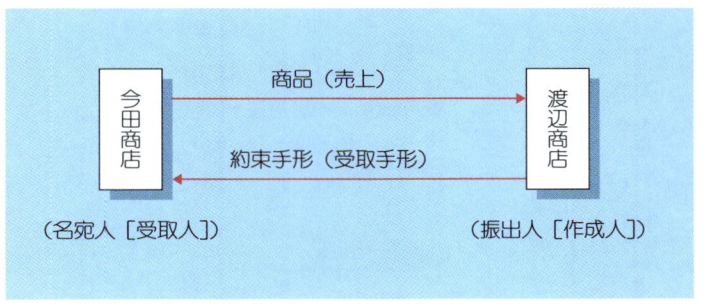

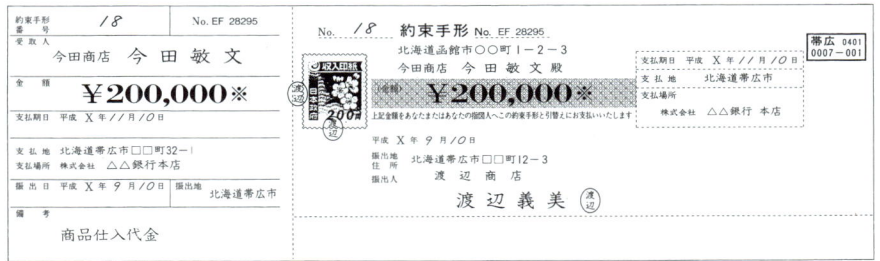

て，手形の受取人（<ruby>指図人<rt>さしずにん</rt></ruby>）に手形の支払日（満期日ともいう）に当該手形代金を支払うことを依頼する証券である。

　為替手形の振出人は，通常，為手を振り出すときに名宛人に対してあらかじめ手形代金の支払いについて承諾をえなければならない。これを引受け<ruby>呈示<rt>ていじ</rt></ruby>といい，名宛人はこれを承諾したときに手形債務者となり，受取人は手形を受け取ったときに手形債権者となる。為替手形の振出しは，振出人が，仕入債務のある仕入先である手形の受取人に直接に買掛金などを支払う代わりに，得意先である手形の名宛人に対する売掛金などとの相殺をもっていわば<ruby>代位弁済<rt>だいいべんさい</rt></ruby>させることを目的としている。したがって，振出人には手形債権や手形債務は発生せず，名宛人に対する売掛金が消滅し，受取人に対する買掛金が消滅するだけである（図表10-2参照）。会計処理を行う場合にも，売掛金勘定の貸方と買掛金勘定の借方に記入を行うことによって売掛金と買掛金の相殺を行えばよい。

　以上のように，他人振出しの約束手形，他人引受けの為替手形を受け取った

図表10－2　為　替　手　形

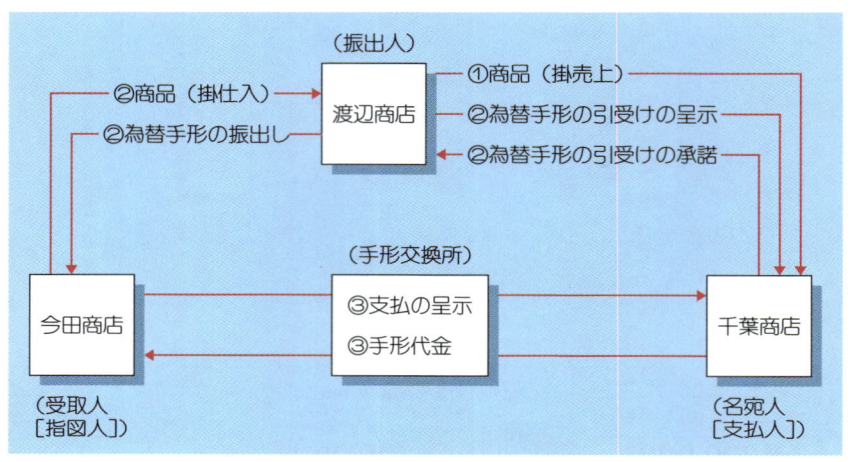

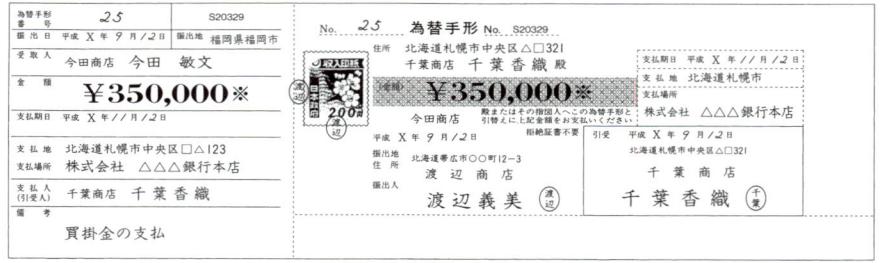

場合および自己指図為替手形を振り出した場合には，受取手形勘定の借方にその券面額をもって記入を行い，その手形が回収された場合には，貸方に当該手形の券面額をもって記入を行う。したがって，受取手形勘定の残高は，つねに受取手形の現在有高を示すことになる。貸借対照表上，受取手形は債権回収可能額をもって流動資産の部に＜本章１．金銭債権の意義＞で示した方法で計上する。

設問２

次の取引を仕訳しなさい。

神奈川産業株式会社は，仕入先に対する買掛金を，現金で支払う代わりに，得意先

に対する売掛金をもって弁済するため，得意先を名宛人とし仕入先を受取人とする為替手形（券面額1,000,000円）を振り出した。

解　答

　（借）（仕入先に対する）買　掛　金　1,000,000　（貸）（得意先に対する）売　掛　金　1,000,000

ちなみに，名宛人および受取人の仕訳を示せば，次のとおりである。

名宛人（得意先）の仕訳

　（借）買　掛　金　1,000,000　（貸）支　払　手　形　1,000,000

受取人（仕入先）の仕訳

　（借）受　取　手　形　1,000,000　（貸）売　掛　金　1,000,000

　企業の主目的たる営業取引過程以外すなわち，(1)固定資産や有価証券の売却の対価として，(2)金融手形（通常の借用証書代りとして資金調達を目的として授受される手形）として，上記のように他人振出しの約束手形または他人振出しの為替手形を受け取る場合には，それぞれ，(1)営業外受取手形勘定，(2)手形貸付金勘定を用いて処理をしてもよいが，(2)については短期貸付金（長期貸付金）勘定で処理してもよい。貸借対照表上，重要性が乏しい場合には，これらはすべてまとめてその他の資産として計上する。

　ちなみに，自己振出しの約束手形または自己引受けの為替手形を受け取った場合には，金銭債務が減少したものとして処理を行う。すなわち，それが企業の主目的たる営業取引過程において振り出しまたは引き受けたものであれば（支払手形として処理されていたものであれば）支払手形を減少させ，それ以外のものであれば（短期借入金，手形借入金または営業外支払手形などとして処理されていたものであれば）当該金銭債務の勘定残高を減少させる仕訳をすることになる。

　なお，<第9章　現金・預金の会計と報告>で述べたように，先日付小切手も

188

本質的には手形と同じ役割を果たすものであるから，会計実務上は手形として処理されることが多い。

·2·2 不渡手形

　手形の所持者（手形債権者という）が，その手形の支払期日（満期日ともいう）に取引銀行を通じて支払人の指定した銀行に手形代金の請求をしたところ，支払人の預金残高が不足しているなどの理由から，その支払いを拒絶されることがある。これを**手形の不渡り**といい，不渡りになった手形を**不渡手形**という。

　手形が不渡りになったとき，手形債権者は，所定の手続によって，手形代金のほかに，支払期日以後の利息，支払拒絶証書（手形金額の支払いが拒絶されたことを証明する書類）の作成費用，通信費など償還のための費用を手形の振出人または裏書人に請求することができる（このような請求を**遡求**といい，この請求権を**遡求権**という）。したがって，この場合手形の所持者は，回収が困難になった手形債権と通常の手形債権を区別するために，手形代金を受取手形勘定から不渡手形勘定へ振り替えるとともに，償還のための費用を不渡手形勘定の借方に記入する。後日，この請求額の支払いを受けたとき，その支払額を貸方に記入する。

　不渡手形は，企業の主目的たる営業取引過程からははずれたものであるので，1年基準を適用して，決算日の翌日から起算して1年以内に回収できるものは流動資産の部に，それ以外のものは投資その他の資産の部に記載することになる。

設問3

　次の取引を仕訳しなさい。

　新宿商事株式会社は，池袋物産株式会社振出し，渋谷物流株式会社裏書の約束手形800,000円について，満期日に取引銀行を通じて取立てを依頼したところ，支払いを拒絶されたので，渋谷物流株式会社に対し手形代金の支払いを請求した。

　なお，この請求にあたり作成した拒絶証書の作成費用30,000円を現金で支払った。

解答

（借）不　渡　手　形　　830,000　（貸）受　取　手　形　　800,000
　　　　　　　　　　　　　　　　　　　現　　　　　金　　　30,000

2·2·3　裏書手形と割引手形

手形の裏書きとは，手形の所持人が満期日前に手形の裏面に必要事項を記載し，記名・捺印のうえその手形を第三者に譲渡し，それをもって仕入などの代金支払いに充てる行為である。また，**手形の割引**とは，手形の所持人が支払期日前の手形を銀行などの**金融機関に裏書譲渡**し，所定の割引料を支払って現金に換えてもらうことである。

これらの取引は，支払期日前の手形をもって支払手段に充てたり換金したりできるという点で，資金繰りきわめて有効であるが，その手形が不渡りとなったときは，裏書人は手形の譲受人にたいして，手形代金と不渡りのために生じた諸費用を支払わなければならない。

手形を割り引いたときおよび裏書きしたときには，手形を売却したものとみなして，割引または裏書きした手形の金額を受取手形勘定の貸方に記入し，受取手形を減少させる。手形の割引の場合に支払う割引料は，**手形売却損**として処理する。

また，上述のように，手形の割引および裏書きを行った場合には，手形の不渡り等によって生じる損失のリスクを保証しなければならないので，その**保証債務**（受取手形遡求義務）を**時価**により認識しなければならない（詳しくは，**<第20章　金融商品の会計と報告　3·2　金融資産および金融負債の認識の中止>**参照）。

設問4

次の仕訳をしなさい。

(1)　所沢食品株式会社は得意先水戸商事株式会社から受け取った同社振出しの約束手形800,000円を銀行で割り引き，割引料20,000円を差し引いた残額はただちに当座預金とした。割引時における保証債務の時価は，5,000円であった。

(2)　その後，所沢食品株式会社は，銀行より割り引いた手形が決済された旨の連絡を

受けた。

解 答

(1)

| （借） | 当 座 預 金 | 780,000 | （貸） | 受 取 手 形 | 800,000 |
| | 手 形 売 却 損 | 25,000 | | 保 証 債 務 | 5,000 |

(2)

| （借） | 保 証 債 務 | 5,000 | （貸） | 保証債務取崩益 | 5,000 |

▶ 3　その他の債権

　売上債権以外の金銭債権としては，すでに述べた**未収金**，**営業外受取手形**および**不渡手形**のほかに，**貸付金**，**立替金**（取引先，従業員などに対する現金の一時的な立替払い），**前払金**（商品の購入を行う前に，買手が売手に対して支払った商品代金の内金または手付金をいい，**前渡金**ともいう）などがある。

　これらはすべて売上債権に準じた処理を行い，貸借対照表上は１年基準によって**＜本章１．金銭債権の意義＞**で示した方法で計上する。

▶ 4　貸倒見積額の算定

4・1　貸倒損失と貸倒引当金の処理

　売掛金，受取手形などの金銭債権は，しばしば得意先の倒産などが原因で回収できないことがある。これを**貸倒れ**という。この場合には，当該貸倒額を売掛金勘定，受取手形勘定などに貸記するとともに，同額を**貸倒損失勘定**（または貸倒償却勘定）に借記する。

　また，すでに述べたように，売掛金や受取手形をはじめとする金銭債権は，貸借対照表上，債権金額から取立不能見込額を控除した債権回収可能額で計上しなければならない（債権回収額主義，「金融商品基準」第三，一）。その取立不能見込額または貸倒見積額を明らかにし，かつその資産の決算日現在の貸借対照表価額を明らかにするために設けられるのが，貸倒引当金勘定である。

　貸倒引当金勘定を設定しており，実際に貸倒れが発生した場合には，貸倒引当金勘定に借記するとともに，売掛金勘定，受取手形勘定などに貸記する。また，貸倒額が貸倒引当金勘定残高よりも多い場合には，貸倒額と貸倒引当金勘定残高との差額を貸倒損失勘定に借記する。

　なお，期末における貸倒引当金の設定方法には，差額補充法と洗い替え法がある。差額補充法は，期末における貸倒引当金の残高が，要設定額（取立不能見込額）に一致するように不足分を補充する（または，超過分を戻し入れる）方法であり，洗い替え法は，期末における貸倒引当金の残高をすべていったん戻し入れ，その後に要設定額を繰り入れる方法である。

4・2　貸倒見積額の算定とその方法

　売掛金，受取手形，貸付金その他の債権の貸倒見積額の具体的な算定方法については，従来，個別の債権の元本の回収可能性を重視し，過去の貸倒実績率など経験に基づく一定の率を用いて貸倒見積額が算定されてきた。しかし，この方法により算定された貸倒見積額は，債務者の状況を反映した貸倒見積りでもなければ，債権回収に伴うキャッシュ・フローを反映した貸倒見積りでもなく，さらには債権回収に伴う総キャッシュ・フローを反映した貸倒見積りでもないところから，必ずしも実態を十分に反映したものではなかった。このために，債務者の経営が破綻した場合には，貸倒見積額の不足，見積方法の不十分さなどが指摘されてきたところである。

　「金融商品基準」では，債権一般の貸倒見積額を適切に算定するために，債務者の財政状態および経営成績などに応じて，債権を，①経営状態に重大な問題が生じていない債務者に対する債権(以下，「一般債権」という)，②経営破綻の状態には至っていないが，債務の弁済に重大な問題が生じているかまたは生じる

可能性の高い債務者に対する債権（以下，「貸倒懸念債権」という）および③経営破綻または実質的に経営破綻に陥っている債務者に対する債権（以下，「破産更生債権等」という）に区分し，その区分に応じて貸倒見積額を，次のような方法で算定することとされている（第四，一，二）。

(1) 一般債権については，債権全体または同種・同類の債権ごとに，債権の状況に応じた過去の貸倒実績率等合理的な基準により貸倒見積額を算定する。

(2) 貸倒懸念債権については，債権の状況に応じて，次のいずれかの方法により貸倒見積額を算定する。ただし，同一の債権については，債務者の財政状態および経営成績の状況等が変化しないかぎり，同一の方法を継続して適用する。

① 債権額から担保の処分見積額および保証による回収見込額を減額し，その残額について債務者の財政状態および経営成績を考慮して貸倒見積額を算定する方法

② 債権の元本の回収および利息の受取りに係るキャッシュ・フローを合理的に見積ることができる債権については，債権の元本および利息について元本の回収および利息の受取りが見込まれるときから当期末までの期間にわたり当初の約定利子率で割り引いた金額の総額と債権の帳簿価額との差額を貸倒見積額とする方法

(3) 破産更生債権等については，債権額から担保の処分見積額および保証による回収見込額を減額し，その残額を貸倒見積額とする。この場合の貸倒見積額は，原則として，貸倒引当金として処理するが，債権金額または取得価額から直接減額することもできる（「金融商品注解」注10）。

なお，貸倒引当金の対象となる債権には未収利息が含まれるが，契約上の利息支払日を相当期間経過しても利息の支払が行われていない状態にある債権，またはそれ以外でも債務者が実質的に経営破綻の状態にあると認められる破産更生債権等については，未収利息を収益として認識することは適当でないと考

えられることから，すでに計上されている未収利息を当期の損失として処理するとともに，それ以後の期間に係る未収利息は計上してはならない（同上，注9）。

設問5

次の仕訳をしなさい。

(1) 長野商事株式会社は，得意先富山電子株式会社が倒産したため，前期に発生した同社に対する売掛金15,000円が回収できなくなった。なお，貸倒引当金勘定の残高は75,000円である。

(2) 長野商事株式会社は，決算整理を行うにあたって，一般債権に分類される売掛金および受取手形の期末残高に対して3％の割合で貸倒引当金を設定する。差額補充法と洗い替え法の両方の仕訳を示しなさい。なお，一般債権に分類される売掛金と受取手形の期末残高の合計額は2,800,000円である。

解答

(1)

| | （借） | 貸 倒 引 当 金 | 15,000 | （貸） | 売　　掛　　金 | 15,000 |

(2)

差額補充法

| | （借） | 貸 倒 引 当 金 繰 入 額 | 24,000 | （貸） | 貸 倒 引 当 金 | 24,000 |

洗い替え法

| | （借） | 貸 倒 引 当 金 | 60,000 | （貸） | 貸 倒 引 当 金 戻 入 益 | 60,000 |
| | （借） | 貸 倒 引 当 金 繰 入 額 | 84,000 | （貸） | 貸 倒 引 当 金 | 84,000 |

4·3 貸倒引当金の表示

取立不能見込額または貸倒見積額は，貸倒引当金勘定に計上され，貸借対照表上，以下の方法により表示される（「施行規則」第35条，「企業会計原則」第三，四，Ｄおよび「注解」注17参照）。

(1) 科目別控除方式（原則）

```
            貸 借 対 照 表
  1．受取手形        ×××
       貸倒引当金     ×××        ×××
  2．売 掛 金        ×××
       貸倒引当金     ×××        ×××
```

「企業会計原則」第三，四

Ｄ 受取手形，売掛金その他の債権に対する貸倒引当金は，原則として，その債権が属する科目ごとに債権金額又は取得価額から控除する形式で記載する。

「注解」注17

貸倒引当金又は減価償却累計額は，その債権又は有形固定資産が属する科目ごとに控除する形式で表示することを原則とするが，次の方法によることも妨げない。

(1) 2以上の科目について，貸倒引当金又は減価償却累計額を一括して記載する方法

(2) 債権又は有形固定資産について，貸倒引当金又は減価償却累計額を控除した残額のみを記載し，当該貸倒引当金又は減価償却累計額を注記する方法

「施行規則」第35条

① 第32条及び第33条の規定により流動資産の部に記載し，又は記録した金銭債権について取立不能のおそれがある場合には，その金銭債権が属する科目ごとに，取立不能の見込額を控除する形式で記載し，又は記録しなければならない。ただし，取立不能の見込額を控除した残額のみを記載し，又は記録することを妨げない。

② 前項ただし書の場合においては，取立不能の見込額を注記しなければならない。

③ 取立不能の見込額は，2以上の科目について一括して記載し，又は記録することを妨げない。

(2)　一括控除方式

```
　　　　　　　　貸 借 対 照 表
　　1．受取手形　　　×××
　　2．売 掛 金　　　×××
　　　　　　　　　　　×××
　　　　　貸倒引当金　×××　　×××
```

(3)　注 記 方 式

①　科目別注記方式

```
　　　　　　　貸 借 対 照 表
　1．受 取 手 形（注1）　×××
　2．売 掛 金（注2）　×××
　　　……
　　　……
　（注）1．貸倒引当金××円控除後の金額である。
　　　　2．貸倒引当金××円控除後の金額である。
```

②　一括注記方式

```
　　　　　　　貸 借 対 照 表
　1．受 取 手 形（注1）　×××
　2．売 掛 金（注1）　×××
　　　……
　　　……
　（注）1．受取手形と売掛金については，貸倒引当金
　　　　　××円控除後の金額である。
```

◀ Key Words ▶

アキュミュレーション

　債権または債券を債権金額または債券金額よりも低い価額で取得したときに，その差額に相当する金額を弁済期に至るまで毎期一定の方法で貸借対照表価額に加算する方法

アモチゼーション

　債権または債券を債権金額または債券金額よりも高い価額で取得したときに，その差額に相当する金額を弁済期に至るまで毎期一定の方法で貸借対照表価額から減算する方法

洗い替え法

　期末における貸倒引当金の残高をすべていったん戻し入れ，その後に要設定額を繰り入れる方法

一般債権

　経営状態に重大な問題が生じていない債務者に対する債権

受取手形

　企業の主目的たる営業取引過程において発生した手形債権

売上債権

　企業の主目的たる営業取引過程において発生した債権

売掛金

　企業の主目的たる営業取引過程において発生した営業上の未収金

貸倒懸念債権

　経営破綻の状態には至っていないが，債務の弁済に重大な問題が生じているかまたは生じる可能性の高い債務者に対する債権

為替手形（為手）

　手形の振出人が名宛人（支払人）に対して，手形の受取人（指図人）に手形の支払日（満期日ともいう）に当該手形代金を支払うことを依頼する証券

金銭債権

　金銭の給付を受ける権利をいい，会計上，将来，現金として回収される債権

金融手形

　通常の借用証書代りとして資金調達を目的として授受される手形であり，慣れ合い手形ともいう

差額補充法

　期末における貸倒引当金の残高が，要設定額（取立不能見込額）に一致する

ように不足分を補充する（または，超過分を戻し入れる）方法

償却原価法

債権または債券を債権金額または債券金額より低い価額または高い価額で取得した場合において，当該差額に相当する金額を弁済期または償還期に至るまで毎期一定の方法で貸借対照表価額に加減する方法

遡求権

不渡りになったさいの手形代金などの請求権

立替金

取引先，従業員などに対する現金の一時的な立替払い

手形の裏書

手形の所持人が満期日前に手形の裏面に必要事項を記載し，署名・捺印のうえその手形を第三者に譲渡し，それをもって仕入などの代金支払いに充てる行為

手形の割引

手形の所持人が支払い期日前の手形を銀行などの金融機関に裏書き譲渡し，所定の割引料を支払って現金に換えてもらうこと

破産更生債権

経営破綻または実質的に経営破綻に陥っている債務者に対する債権

不渡手形

手形の所持者（手形債権者という）が，その手形の支払期日（満期日ともいう）に取引銀行を通じて支払人の指定した銀行に手形代金の請求をしたところ，その支払いを拒絶された手形

前払金（前渡金）

商品の購入を行う前に，買手が売手に対して支払った商品代金の内金または手付金

約束手形（約手）

手形の振出人（作成人）が，名宛人（受取人）に対して，手形の支払日に当該手形代金を支払うことを約束した証券

第11章　有価証券の会計と報告

本章の学習ポイント

1．有価証券とは何か。また，それはどのように分類するのか
2．有価証券の取得原価はどのように決定するのか
3．有価証券の差入，保管，貸借とは何か
4．有価証券はどのように評価するのか，または時価とは何か
5．回復の見込みの時期およびその程度は，どのように判断するのか
6．強制評価減適用後に比較すべき原価は原初原価なのか，簿価なのか

▶ 1　有価証券の意義と分類

1・1　有価証券の意義

　商業，工業を営む一般事業法人では，余裕資金の利殖のため，他の会社と営業上の提携を行うため，他の会社を支配するためなどの目的で，株式・社債などの有価証券を取得することがある。

　企業会計上の**有価証券**は，一般に，「証取法」第2条1項および2項に規定するものをいうが，具体的には株式，社債，国債などである。

「証取法」第2条
①　この法律において「有価証券」とは，次に掲げるものをいう。

なお，証券取引法に定義する有価証券には該当しないが，国内 CD（譲渡性預金証書），円建 BA（円建の銀行引受手形）および金利・通貨ワラントなど証券取引法に定義する有価証券に類似するもので活発な市場があるものも，有価証券に準じて処理される（「金融商品会計に関する実務指針」第 8 項参照）。

一 国債証券

二 地方債証券

三 特別の法律により法人の発行する債券（次号及び第 7 号の 2 に掲げるものを除く。）

三の二 資産の流動化に関する法律（平成10年法律第105号）に規定する特定社債券

四 社債券（相互会社の社債券を含む。以下同じ。）

五 特別の法律により設立された法人の発行する出資証券（次号，第 5 号の 3 及び第 7 号の 2 に掲げるものを除く。）

五の二 協同組織金融機関の優先出資に関する法律（平成 5 年法律第44号。以下「優先出資法」という。）に規定する優先出資証券（第166条第 6 項において「優先出資証券」という。）又は優先出資引受権を表示する証書

五の三 資産の流動化に関する法律に規定する優先出資証券（単位未満優先出資証券を含む。以下同じ。）又は新優先出資引受権を表示する証券

六 株券，新株引受権証書又は新株予約権証券

七 投資信託及び投資法人に関する法律（昭和26年法律第198号）に規定する投資信託又は外国投資信託の受益証券

七の二 投資信託及び投資法人に関する法律に規定する投資証券若しくは投資法人債券又は外国投資証券

七の三 貸付信託の受益証券

七の四 資産の流動化に関する法律に規定する特定目的信託の受益証券

八 法人が事業に必要な資金を調達するために発行する約束手形のうち，内閣府令で定めるもの

九 外国又は外国法人の発行する証券又は証書で第 1 号から第 6 号まで又は前 3 号の証券又は証書の性質を有するもの

十 外国法人の発行する証券又は証書で銀行業を営む者その他の金銭の貸付けを業として行う者の貸付債権を信託する信託の受益権又はこれに類する権利を表示するもののうち，内閣府令で定めるもの

十の二 前各号，次号若しくは第11号に掲げる証券若しくは証書又は次項の規定により有価証券とみなされる同項各号に掲げる権利に係る第19項又は第23項各号に規定する権利（当該権利を表示する証券又は証書に係る第19項又は第23項各号に規定する権利を含む。以下「オプション」という。）を表示する証券又は証書

1・2　有価証券の分類

　有価証券は，他の資産とは異なり，正常営業循環基準または1年基準ではなく，企業会計上，**売買目的有価証券**および**1年内に満期の到来する社債その他の債券は流動資産**に分類され，それ以外の有価証券は固定資産（投資その他の資産）に分類される（「金融商品基準」第三，二，7）。

▶ 2　有価証券の取得原価の決定

　有価証券の取得原価は，当該有価証券の購入代価に購入手数料などの付随費用を加算した**支払対価**によって決定する。なお，購入単価を異にする同一銘柄の有価証券を数次にわたって取得した場合には，トータルでみた場合の有価証券の取得原価には何ら影響がないが，これを売却したり貸借対照表価額を計算する場合には，**平均原価法**などの方法を適用し，有価証券の取得原価を決定しなければならない（「企業会計原則」第三，五，B）。

　　十の三　前各号に掲げる証券又は証書の預託を受けた者が当該証券又は証書の発行
　　　　された国以外の国において発行する証券又は証書で，当該預託を受けた証券又は
　　　　証書に係る権利を表示するもの
　　十一　前各号に掲げるもののほか，流通性その他の事情を勘案し，公益又は投資者の
　　　　保護を確保することが必要と認められるものとして政令で定める証券又は証書
　②　前項第1号から第10号までに掲げる有価証券及び内閣府令で定める有価証券に表
　　　示されるべき権利は，これについて当該有価証券が発行されていない場合において
　　　も，これを当該有価証券とみなし，次に掲げる権利は，証券又は証書に表示されるべ
　　　き権利以外の権利であつても有価証券とみなして，この法律を適用する。
　　一　銀行，信託会社その他政令で定める者の貸付債権を信託する信託の受益権のう
　　　　ち，政令で定めるもの
　　二　外国法人に対する権利で前号の権利の性質を有するもの
　　三　前2号に掲げるもののほか，流通の状況が前項の有価証券に準ずるものと認め
　　　　られ，かつ，同項の有価証券と同様の経済的性質を有することその他の事情を勘案
　　　　し，公益又は投資者保護のため必要かつ適当と認められるものとして政令で定め
　　　　る金銭債権
　（以下省略）

設問 1

次の取引の仕訳をしなさい。

小田原食品株式会社の株式10,000株を1株につき110円で購入し，代金は手数料40,000円とともに小切手を振り出して支払った。

解　答

（借）有 価 証 券　1,140,000　（貸）当 座 預 金　1,140,000

次に，公債，社債などの有価証券の場合には，**端数利息**（直前の利払日の翌日から売買当日までの利息）を除いた裸相場をもって，当該有価証券の取得原価とする。なお，端数利息は有価証券の買手が売手に対して支払わなければならない経過利息分であるので，有価証券の取得原価には含めず，**有価証券利息勘定**で処理する。

設問 2

次の取引の仕訳をしなさい。

六甲電鉄株式会社は，9月11日に鉄道債券（年利率6％）額面3,000,000円を100円につき裸相場97円で買い入れ，代金は端数利息とともに小切手で支払った。利払日は6月30日と12月31日の年2回である。

解　答

（借）有 価 証 券　2,910,000　（貸）当 座 預 金　2,946,000
　　　有価証券利息　　　36,000*

「企業会計原則」第三，五

　B　有価証券については，原則として購入代価に手数料等の付随費用を加算し，これに平均原価法等の方法を適用して算定した取得原価をもって貸借対照表価額とする。（以下省略）

第11章

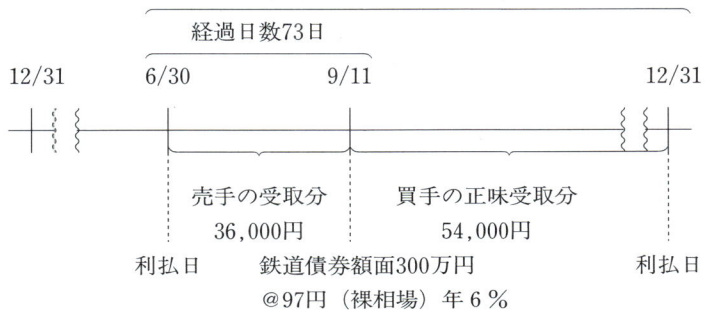

* 買手は次の利払日（12月31日）に7月1日から12月31日までの半年分の利息を受け取るので，債券を買い入れたときには，売手の経過期間分（7月1日から9月11日までの73日分）の利息を支払わなければならない。なお，経過日数は初日不算入の原則により片落としで計算する。

$$3,000,000 \times 6\% \times \frac{73日}{365日} = 36,000$$

　なお，六甲電鉄株式会社が，12月31日に上記鉄道債券利息の半年分を現金で受け取ったときの仕訳は，次のとおりである。

（借）現　　　　金　　90,000　（貸）有価証券利息　　90,000*

* 買手は，利払日（12月31日）に利札を金融機関に持参して，半年分の利息を受け取る。したがって，正味受取有価証券利息は54,000円になり，損益計算書上の表示方法としては，有価証券利息54,000円と記載されることになる。

▶ 3　有価証券の差入・保管・貸借

　有価証券は，営業の必要上，担保として用いられたり，差入保証金の代用として用いられたり，または貸借されたりすることがある。借入金などの担保として手持ちの有価証券を差し入れた場合には，手元に残っている有価証券と区別するために，有価証券勘定に貸記し，差入有価証券勘定に簿価で借記する。逆に，第三者から差入保証金の代用として有価証券を預かった場合には，時価でもって保管有価証券勘定に借記するとともに預り有価証券勘定に貸記し，決

算日には，保管有価証券と預り有価証券を時価評価し，その評価差額を損益計算書に計上する。

設問3

次の取引につき，両当事者の仕訳をしなさい。

京都リース株式会社は，奈良リース株式会社へ特約店保証金として，自己所有の社債額面600,000円（簿価598,000円，奈良リース株式会社による時価評価額520,000円）を差し入れた。

解 答

京都リース株式会社

（借）差入有価証券 598,000 （貸）有 価 証 券 598,000

奈良リース株式会社

（借）保管有価証券 520,000 （貸）預り有価証券 520,000

有価証券を貸し付けた場合には，貸手側は，簿価でもって貸付有価証券勘定に借記すると同時に，有価証券勘定に貸記し，借手側は時価でもって保管有価証券勘定に借記すると同時に，借入有価証券勘定に貸記し，決算日には，保管有価証券と借入有価証券を時価評価し，その評価差額を損益計算書に計上する。

なお，有価証券の貸借が使用貸借（借手が貸手からあるものを無償で借りて使用収益し，後で返還する契約）の場合には，借手側は借り入れた有価証券そのものを返還することになるから，当該借入有価証券に対する所有権は移転しない。したがって，この場合には簿記・会計上の取引ではないので，正規の仕訳を要しないとの考え方もある。

しかし，有価証券の貸借の場合は，借手側が第三者にこれを担保や保証のために差し入れることが多いので，使用貸借でも消費貸借（借手が貸手から金銭その他の物を受け取り，後でこれと同種・同等・同量の物を返還する契約）とみなして仕訳記録しておく方が実務上ベターである。すなわち，第三者より借用した有

価証券を差し入れた場合には，借入時の入帳価額をもって差入有価証券勘定に借記するとともに保管有価証券勘定に貸記する。

　なお，保管有価証券および差入有価証券は流動資産に表示され，借入有価証券および預り有価証券は流動負債に表示される。

設問4

　次の取引につき，各当事者の仕訳をしなさい。

　高知商事株式会社は，松山物産株式会社に手持ちの株式10,000株（簿価1株あたり280円，時価1株あたり350円）を貸し付けた。その後，松山物産株式会社は，当該株式を岡山物流株式会社に，借入金の担保として差し入れた。

解　答

高知商事株式会社

　　（借）貸付有価証券　2,800,000　（貸）有　価　証　券　2,800,000

松山物産株式会社

　　（借）保管有価証券　3,500,000　（貸）借入有価証券　3,500,000

　　（借）差入有価証券　3,500,000　（貸）保管有価証券　3,500,000

岡山物流株式会社

　　（借）保管有価証券　3,500,000　（貸）預り有価証券　3,500,000

▶ 4 有価証券の評価

4·1 有価証券の貸借対照表価額

　有価証券は，その**属性または保有目的**によって，**売買目的有価証券，満期保有目的の債券，子会社株式および関連会社株式，**ならびに**その他有価証券**の4つに分類され，次のようにそれぞれの評価基準が規定されている（「金融商品基準」第三，二，「商法」第285条ノ5第1項，第2項，第285条ノ6第2項，第3項）。

「金融商品基準」第三，二

1　売買目的有価証券

　時価の変動により利益を得ることを目的として保有する有価証券（以下，「売買目的有価証券」という。）は，時価をもって貸借対照表価額とし，評価差額は当期の損益として処理する。

2　満期保有目的の債券

　満期まで所有する意図をもって保有する社債その他の債券（以下，「満期保有目的の債券」という。）は，取得原価をもって貸借対照表価額とする。ただし，債券を債券金額より低い価額又は高い価額で取得した場合において，取得価額と債券金額との差額の性格が金利の調整と認められるときは，償却原価法に基づいて算定された価額をもって貸借対照表価額としなければならない。

3　子会社株式及び関連会社株式

　子会社株式及び関連会社株式は，取得原価をもって貸借対照表価額とする。

4　その他有価証券

　売買目的有価証券，満期保有目的の債券，子会社株式及び関連会社株式以外の有価証券（以下，「その他有価証券」という。）は，時価をもって貸借対照表価額とし，評価差額は洗い替え方式に基づき，次のいずれかの方法により処理する。

　(1)　評価差額の合計額を資本の部に計上する。

　(2)　時価が取得原価を上回る銘柄に係る評価差額は資本の部に計上し，時価が取得原価を下回る銘柄に係る評価差額は当期の損失として処理する。

　　なお，資本の部に計上されるその他有価証券の評価差額については，税効果会計を適用し，資本の部において他の剰余金と区分して記載しなければならない。

5　市場価格のない有価証券

　市場価格のない有価証券の貸借対照表価額は，それぞれ次の方法による。

　(1)　社債その他の債券の貸借対照表価額は，債権の貸借対照表価額に準ずる。

　(2)　社債その他の債券以外の有価証券は，取得原価をもって貸借対照表価額とする。

　売買目的有価証券とは，金融機関の特定取引勘定に属する有価証券，運用目的の信託財産の構成物たる有価証券，投資信託受益証券など時価の変動により利益を得ることを目的として保有され，短期的に売買される，いわゆる**トレーディング目的**の有価証券をいい，**時価をもって貸借対照表価額**とする。

　この場合の**時価**とは，公正な評価額をいい，証券取引所における取引価格，気配または指標その他の相場（以下，「市場価格」という）に基づく価額をいう

　6　時価が著しく下落した場合

　　満期保有目的の債券，子会社株式及び関連会社株式並びにその他有価証券のうち市場価格のあるものについて時価が著しく下落したときは，回復する見込があると認められる場合を除き，時価をもって貸借対照表価額とし，評価差額は当期の損失として処理しなければならない。

　　市場価格のない株式については，発行会社の財政状態の悪化により実質価額が著しく低下したときは，相当の減額をなし，評価差額は当期の損失として処理しなければならない。

　　なお，これらの場合には，当該時価及び実質価額を翌期首の取得原価とする。

　7　有価証券の表示区分

　　売買目的有価証券及び１年内に満期の到来する社債その他の債券は流動資産に属するものとし，それ以外の有価証券は投資その他の資産に属するものとする。

「商法」第285条ノ５

① 　社債ニ付テハ其ノ取得価額ヲ附スルコトヲ要ス但シ其ノ取得価額ガ社債ノ金額ト異ナルトキハ相当ノ増額又ハ減額ヲ為スコトヲ得

② 　第285条ノ２第１項但書第２項及前条第３項ノ規定ハ市場価格アル社債ニ，同条第２項ノ規定ハ市場価格ナキ社債ニ之ヲ準用ス

③ 　前２項ノ規定ハ国債，地方債其ノ他ノ債券ニ之ヲ準用ス

第285条ノ６

① 　株式ニ付テハ其ノ取得価額ヲ附スルコトヲ要ス

② 　第285条ノ２第１項但書ノ規定ハ市場価格アル株式ニ，同条第２項及第285条ノ４第３項ノ規定ハ市場価格アル株式ニシテ子会社ノ株式以外ノモノニ之ヲ準用ス

③ 　市場価格ナキ株式ニ付テハ其ノ発行会社ノ資産状態ガ著シク悪化シタルトキハ相当ノ減額ヲ為スコトヲ要ス

④ 　…（省略）…

「金融商品基準」第一，二

　　時価とは公正な評価額をいい，市場において形成されている取引価格，気配又は指標その他の相場（以下，「市場価格」という。）に基づく価額をいう。市場価格がない場合には合理的に算定された価額を公正な評価額とする。

が，市場価格がない場合には合理的に算定された公正な評価額をいう（第一，二）。

なお，有価証券が複数の証券取引所（東京，大阪，名古屋，京都，福岡，札幌）に上場されている場合には，当該有価証券の売買が最も活発に行われている証券取引所の取引価格を市場価格として用いる。また，気配とは，店頭登録銘柄の取引相場をいい，店頭登録銘柄とは，公開株ともよばれ，日本証券業協会に登録されている（非上場）株式をいう。その特徴は，証券会社の店頭において売買される点にあるが，これは顧客が証券会社の店頭に行って，株式を購入するという意味ではなくて，証券市場を介さずに顧客と証券会社間または証券会社相互間の個別的な売買すなわち相対方式で売買することであり，一定の価格になったら売るように注文をしておいて，キャピタル・ゲインを得ようとするのが店頭登録銘柄の一般的な取引形態である。

満期保有目的の債券とは，満期まで保有する意図をもって保有する社債その他債券をいい，取得原価をもって貸借対照表価額とする。ただし，債券を債券金額より低い価額または高い価額で取得した場合において，取得価額と債券金額との差額の性格が金利の調整（主として約定利子率と市場利子率）と認められるときには，償却原価法に基づいて算定された価額をもって貸借対照表価額としなければならない。償却原価法を採用する理由は，償還時に，額面額と取得原価との差額を社債償還益または社債償還損として一時計上させないためである。

子会社株式および関連会社株式は，他企業を支配する目的または他企業への影響力を行使する目的で保有する株式であるところから，時価の変動を財務活動の成果とはとらえない事業投資と同様に，取得原価をもって貸借対照表価額とする。

その他有価証券とは，上記の売買目的有価証券，満期保有目的の債券，子会社株式および関連会社株式のいずれにも分類できない有価証券をいい，具体的には持ち合い株式などがこれに該当する。その他有価証券は直ちに売却する意図があるのか否かを必ずしも特定できないばかりではなく，市場における短期的な時価変動を反映させることも必ずしも適当とは考えられないところから，時価をもって貸借対照表価額とするものの，期末の時価の算定にあたっては期

末前１ヵ月の市場価格の平均値をとることも認められている。

　なお，売買目的有価証券およびその他有価証券であっても，**市場価格がなく客観的な時価を把握できないもの**は，取得原価または償却原価法に基づいて算定された価額をもって貸借対照表価額とする（「金融商品基準」第三，二，５）。

　また，「金融商品基準」では，従来の取引所の相場の有無に代えて市場価格の有無に係わらせて，次のような**強制評価減**の規定が設けられているが，その趣旨については従来と実質的に同じといってよい。すなわち，**満期保有目的の債券，子会社株式および関連会社株式ならびにその他有価証券のうち市場価格のあるもの**については，流動資産の評価規定を準用し，時価が著しく下落したときには，回復する見込みがあると認められる場合を除き，時価まで評価減して評価差額を当期の損失として処理しなければならない（「金融商品基準」第三，二，６，「商法」第285条ノ６第２項，第285条ノ５第２項，第３項）。この場合，「**著しい**」とは，簿価のおおむね50％相当額を下回ることをいう。

　ところで，株式の場合には，**回復の見込みの時期**が問題になるが，商法上，評価基準に係る規定しか改正されていない現状では，これを流動資産に属する株式と固定資産に属する株式とに分けて解釈しなければならない。前者の場合には，流動資産の場合（「商法」第285条ノ２）と同様に次期の決算時ではなく，その**株式の処分予定時期との関連で判断**すべきである。後者の場合には，処分が予定されていない固定資産であるところから，固定資産の評価規定である「商法」第34条２号後段を準用し，回復の見込みの時期を問題にするのではなく**予測することのできない価値減少が生じた場合にのみ**，有価証券を減額すべきで

「商法」第34条　会計帳簿ニ記載又ハ記録スベキ財産ノ価額ニ付テハ左ノ規定ニ従フ
一　流動資産ニ付テハ其ノ取得価額，製作価額又ハ時価ヲ附スルコトヲ要ス但シ時価ガ取得価額又ハ製作価額ヨリ著シク低キトキハ其ノ価格ガ取得価額又ハ製作価額迄回復スルト認メラルル場合ヲ除クノ外時価ヲ附スルコトヲ要ス
二　固定資産ニ付テハ其ノ取得価額又ハ製作価額ヲ附シ毎年１回一定ノ時期，会社ニ在リテハ毎決算期ニ相当ノ償却ヲ為シ予測スルコト能ハザル減損ガ生ジタルトキハ相当ノ減額ヲ為スコトヲ要ス
三　金銭債権ニ付テハ其ノ債権金額ヨリ取立ツルコト能ハザル見込額ヲ控除シタル額ヲ超ユルコトヲ得ズ

あると解される。

　また，短期保有目的の株式の回復の見込みの程度も問題になるが，たとえば，原価まで回復する見込みはないが原価に近い価額まで回復する見込みがある場合には，流動資産の場合と同様に，「商法」285条ノ2第1項の但書の**時価まで評価減**すべきと解される。

　さらに，**評価減後**，短期保有目的の株式の時価がさらに下落した場合に，**比較すべき原価**は原初原価なのか簿価なのかが問題になる。これも流動資産の場合と同様に，強制評価減の要件が原価までの回復可能性の有無にあるので，比較すべき原価は簿価ではなくて**原初原価**であり，したがって下落した新時価を付すべきであると解される。

　次に，**市場価格のない株式**については，その**実質価額**（**実価**ともいい，具体的には，「1株あたりの純資産額」を意味する）が著しく低下したときは，相当の減額をする**強制評価減**を適用し，評価差額は当期の損失として処理しなければならない（「金融商品基準」第三，二，6，「商法」第285条ノ6第3項）。

　また，**市場価格のない社債その他の債券**について，取立不能のおそれがあるときは，その見込み額を控除しなければならない（**強制評価減**の適用，「商法」第285条ノ5第2項）。これは，社債その他の債券は**実質的に金銭債権と変わらない**ところから，金銭債権の規定（「商法」第285条ノ4）が準用されるといえよう。

「商法」第285条ノ2

① 流動資産ニ付テハ其ノ取得価額又ハ製作価額ヲ附スルコトヲ要ス但シ時価ガ取得価額又ハ製作価額ヨリ著シク低キトキハ其ノ価格ガ取得価額又ハ製作価額迄回復スルト認メラルル場合ヲ除クノ外時価ヲ附スルコトヲ要ス

② 前項ノ規定ハ時価ガ取得価額又ハ製作価額ヨリ低キトキハ時価ヲ附スルモノトスルコトヲ妨ゲズ

第285条ノ4

① 金銭債権ニ付テハ其ノ債権金額ヲ付スルコトヲ要ス但シ債権金額ヨリ高キ代金ニテ買入レタルトキハ相当ノ増額ヲ，債権金額ヨリ低キ代金ニテ買入レタルトキ其ノ他相当ノ理由アルトキハ相当ノ減額ヲ為スコトヲ得

② 前項ノ場合ニ於テ金銭債権ニ付取立不能ノ虞アルトキハ取立ツルコト能ハザル見込額ヲ控除スルコトヲ要ス

③ 第1項ノ規定ニ拘ラズ市場価格アル金銭債権ニ付テハ時価ヲ付スルモノトスルコトヲ得

4·2　時価評価する有価証券の会計処理

　以上述べたように，**時価評価される有価証券**は，**売買目的有価証券**と，売買目的有価証券，満期保有目的有価証券，子会社株式または関連会社株式のいずれにも分類できない**その他有価証券**である。

　時価評価の根拠は，一般的には，取引市場が存在することなどにより客観的な価額として時価を把握できるとともに，その価額により**換金を行うことが可能**である点に求められており，また売買目的有価証券の時価評価から生じる**評価差額**は**当期の損益**に反映させることとされている（「金融商品基準」第三，二，1）。

　評価差額をいわゆる業績利益である当期純損益に反映させるということは，評価差額を実現利益とみていることであると思われるが，「企業会計原則」および「商法」が伝統的に採用してきた実現概念ではなく，いわば FASB の**実現可能概念**に近いといってよい。この場合，実現可能とは，貨幣性資産へ転換する可能性の要件をもっている状況を意味するだけであって，貨幣性資産へ転換することが確定したわけではないし，また確定することを意味しているわけでもない。いいかえれば，評価時点の利益は売却利益と必ずしも同一の性質を持っているわけではなく，すなわち評価時点の利益は必ずしも分配適状にあるわけではなく，あくまでも**期待利益**にすぎないといえる。もっとも，金融資産は事業資産と異なり，その市場価格はその所有者にとっての価値と等しい（誰がもっていても価値は変わらない）とする見方からすれば実現可能イコール実現といえる。さらに，現金であるならばそのようにいえるであろうが，果たして売買目的有価証券についてもそのようにいえるのかどうかは疑問である。たとえば，原価800円の売買目的有価証券について，決算日である３月31日の属する１ヵ月

　「金融商品基準」第三，二，1
　　時価の変動により利益を得ることを目的として保有する有価証券（以下，「売買目的有価証券」という。）は，時価をもって貸借対照表価額とし，評価差額は当期の損益として処理する。

の各日の終値の単純平均値が1,000円であるとして，これを決算貸借対照表価額として計上するとともに200円の評価益を計上し，6月26日の株主総会にのぞんだところ，その日の終値が900円になっていたなら，処分財源が100円不足することになるが，これはどうすればよいのであろうか。取締役は，株主に，借入を行って配当すると説明するのであろうか。

次に，その他有価証券とは，具体的にはいわゆる持ち合い株式が，これに該当する。もとより，持ち合い株の場合には基本的に売買をしない証券なので，時価評価によるオン・バランス化はそぐわないと考えられる。また，持ち合い株は市場に出まわらない分だけ，株価は実力以上に引き上げられているので，時価がその実態を反映していないともいえる。

しかし，持ち合い株の保有目的が取引関係の維持，安定株主工作などの本来の目的のみならず，体力が弱体化してきた場合に売却することもあり，すなわち保有目的いいかえれば売却意図があるのかないのかを必ずしも特定できないので，「金融商品基準」では，その他有価証券についても時価評価を義務づけているといえよう。

しかし，その他有価証券は時価評価するものの，「事業遂行上等の必要性から直ちに売買・換金を行うことには制約を伴う要素もあり，評価差額を直ちに当期純利益に反映させることは適切ではないと考えられる」（「金融商品基準」前文四，(4)，③，イ）とされている。すなわち，その他有価証券の時価評価から生じる差額は未実現なので，純利益に反映させることなく，いわゆる**資本直入方式**で剰余金とする趣旨といえる。

「金融商品基準」では，**洗い替え方式**で，次のいずれかの方法で処理することとされる（第三，二，4参照）。

> **（第1法）** 評価差額の合計額を資本の部に計上する
>
> **（第2法）** 評価益は資本の部に計上し，
>
> 　　　　　　評価損は当期の損失として計上する

第1法は，保有しているその他有価証券の評価益と評価損とを**相殺して差額**

を資本の部に計上する方式である。ただし，保有している有価証券のうち時価が著しく下落している有価証券がある場合には，当該有価証券には強制評価減が従来どおりに適用され，残りの有価証券の評価差額だけが資本の部に計上されることになる。第2法は，その他有価証券を評価益が生じている有価証券と評価損が生じている有価証券とに区別し，前者の評価益は資本の部に計上し，後者の評価損は有価証券評価損として損益計算書に計上する方式である。

第1法と第2法を〔基本例1〕を用いて考えてみよう。

▶　基本例1　◀

東京商事の保有しているその他有価証券の銘柄別の時価の内訳は，次のとおりである。第1法と第2法で20X2年度末および20X3年度期首（20X3年4月1日）の仕訳を行いなさい。なお，B社株式の時価の回復の見込みは不明である。

（単位：千円）

銘柄	取得原価（20X1年度末の時価＝簿価）	時価（20X2年度末）
A社株式	800	850
B社株式	700	300
C社株式	900	1,050
D社株式	1,100	800

「金融商品基準」第三，二，4

売買目的有価証券，満期保有目的の債券，子会社株式及び関連会社株式以外の有価証券（以下，「その他有価証券」という。）は，時価をもって貸借対照表価額とし，評価差額は洗い替え方式に基づき，次のいずれかの方法により処理する。

(1) 評価差額の合計額を資本の部に計上する。

(2) 時価が取得原価を上回る銘柄に係る評価差額は資本の部に計上し，時価が取得原価を下回る銘柄に係る評価差額は当期の損失として処理する。

なお，資本の部に計上されるその他有価証券の評価差額については，税効果会計を適用し，資本の部において他の剰余金と区分して記載しなければならない。

（第1法）

20X2年度期末（20X3年3月31日）

（借）　その他有価証券評価差額金　100　（貸）　有　価　証　券　　　　　100

（借）　有価証券評価損　　　　　400　（貸）　有　価　証　券　　　　　400

20X3年度期首（20X3年4月1日）

（借）　有　価　証　券　　　　　100　（貸）　その他有価証券評価差額金　100

　強制評価減が適用される有価証券（B社株式）については評価減後の金額が翌期首の取得原価となる（「金融商品基準」第三，二，6）。

（第2法）

20X2年度期末（20X3年3月31日）

（借）　有　価　証　券　　　　　200　（貸）　その他有価証券評価差額金　200

（借）　有価証券評価損　　　　　700　（貸）　有　価　証　券　　　　　700

20X3年度期首（20X3年4月1日）

（借）　その他有価証券評価差額金　200　（貸）　有　価　証　券　　　　　200

（借）　有　価　証　券　　　　　300　（貸）　有価証券評価損　　　　　300

　「企業会計原則」および「商法」計算規定の観点からみて検討しなければならないのは，まず，第2法のように評価益が生じ貸方にその他有価証券評価差額金が計上されるケースであるが，借方に資産の増加が認識され，また自己資本の増加が認められるところから，貸方のその他有価証券評価差額金の本質は利益を源泉とする剰余金であると解される。そうであるとすると，いわゆる評価差額の本質について，「企業会計原則」は伝統的に資本剰余金説をとっているといわれているので，この不整合性についても考えてみる必要があるようにも思

われる。もっとも，「金融商品基準」によれば，「資産の評価基準については『企業会計原則』に定めがあるが，金融商品に関しては，原則として，本基準が優先して適用される」とされているので，不整合性は問題にならないのかもしれない。しかし，適用上の問題と会計理論とは別問題である。

　また，このその他有価証券評価差額は，「商法」上，資本の部に別に株式等評価差額金の部を設けて記載し，または記録しなければならない（「施行規則」第69条3項）とされているが，これは利益と資本のいずれとみるべきなのであろうか，会計理論からも説明がつかないといわざるをえない。次に，第1法を採用しており，かつ ［基本例1］ のように評価損が評価益を上回る場合には，借方がその他有価証券評価差額金となるが，これを会計学的にどう説明すべきなのであろうか。

　さらに，単体ベースが前提ではあるが，一部の項目のみを時価でオン・バランス化すると，わが国の場合には，メイン・ディッシュである処分可能利益をストレートに算定できないばかりではなく，貸借対照表の空洞化，ひいては情報提供機能パラドックス現象をもたらしかねないと思われる。すなわち，伝統的に利害調整機能を重視してきた日本の企業会計に，透明性を高め，また企業会計の情報提供機能を重視するとする名のもとに一部の資産項目を時価で評価する結果，合計数値に原価と時価とが混入することになり，いわばその加法性または理論的整合性を欠くことになるばかりではなく，さらには未実現利益も計上されることになり，逆に貸借対照表が不透明かつ空洞化し，貸借対照表がどのような情報を示しているのかがわからなくなるように思われる。なぜならば，利益はいくらか，配当金はいくらか，さらに税金はいくらかこそが主たる

「施行規則」第69条

…（省略）…

③　資産につき時価を付すものとした場合（商法第285条ノ2第1項ただし書及び第2項（これらの規定を同法第285条ノ5第2項及び第285条ノ6第2項において準用する場合を含む。）の場合を除く。）には，その資産の評価差額金（当期利益又は当期損失として計上したものを除く。）は，第1項の規定にかかわらず，資本の部に別に株式等評価差額金の部を設けて記載し，又は記録しなければならない。

（以下省略）

216

情報であるはずであるのに，利害調整機能よりも情報提供機能を重視しすぎる結果，情報の意味がわからなくなり，いわば情報提供機能パラドックス現象を引き起こしかねないからである。

たしかに，FASB基準のように，未実現利益を包括利益計算書に収容すれば情報提供機能のパラドックスは解消できるとする考え方もできる。しかし，このようなアプローチは，かつての剰余金計算書のように，ブラック・ボックス計算書ひいてはダスト・ボックス計算書を作ることにもなりかねない。

さらに，包括利益計算書はダストを収容するためのものと割り切る考え方もできないわけではないが，そのダストをどのように処理するかという問題に加えて，ダスト・ボックス計算書を使った粉飾も行われかねないという問題もある。かくして，「金融商品基準」では包括利益概念も包括利益計算書も採用されていない。

もっとも，＜第22章　企業集団の会計と報告＞で後述するように，会計帳簿記録を前提とせずに連結精算表上で作成する連結財務諸表の場合には，会計に利害調整機能を求めること自体に無理な側面があり，情報提供機能重視にならざるをえないとはいえる。いずれにせよ，日本の企業会計が利害調整機能から情報提供機能へ，またレコーディング（記録）からリポーティング（報告）へと大きくシフトしつつあるといえる。

設問5

次の仕訳をしなさい。
(1)　20X1年4月1日　島根物産株式会社は，額面総額1,000,000円，満期日20X6年3月31日の社債を950,000円で長期的に保有する目的で購入し，代金は小切手を振り出して支払った。
(2)　20X2年3月31日　決算日につき，社債に関する決算整理を行う。なお，有価証券利息の期間配分にあたっては直線法を用いる。

解答

(1)

（借）投資有価証券　950,000　（貸）当座預金　950,000

(2)

（借）　投資有価証券　　10,000*　（貸）　有価証券利息　　　10,000

$$* \quad (1,000,000-950,000) \times \frac{1\,\text{年}}{5\,\text{年}} = 10,000$$

設問6

　下関海運株式会社が，決算日（20X2年3月31日）現在所有している有価証券の内訳は，次のとおりである。流動資産に属する有価証券の貸借対照表価額を求めなさい。

（銘柄）	（株数）		（取得原価）		（簿価）		（市場価格）	（備考）
A社株式	3,000株	@	800円	@	800円	@	764円	売買目的で保有
B社社債	5,000口	@	1,050円	@	1,036円	@	995円	満期保有目的で保有
								償還日20X2年9月30日
								額面@ 1,000円
C社株式	6,000株	@	770円	@	770円	@	210円	C社の発行済株式数は
								17,000株である
D社株式	5,000株	@	720円	@	720円	@	760円	持ち合い株式
E社社債	2,000口	@	900円	@	900円	@	927円	売買目的で保有

解答

9,206,000円

　上記の有価証券のうち，流動資産として計上される有価証券は，売買目的で保有しているA社株式およびE社社債，ならびに1年以内に満期が到来するB社社債である。各有価証券の貸借対照表価額は，それぞれ次のように計算する。

　A社株式：764円×3,000株＝2,292,000円

　B社社債：$\{1,036円 - (1,036-1,000)円 \times \frac{12\,\text{ヵ月}}{18\,\text{ヵ月}}\} \times 5,000口 = 5,060,000円$

　E社社債：927円×2,000口＝1,854,000円

したがって，2,292,000＋5,060,000＋1,854,000＝9,206,000円。

▶ 5 有価証券の売却

有価証券を売却したときには，その簿価（平均原価法等の方法を適用して算定した取得原価または評価替えされた帳簿価額）を有価証券勘定に貸記し，売価と簿価との差額は**有価証券売却益**（または有価証券売却損）勘定に貸記（または借記）する。したがって，有価証券勘定の残高は必ず借方残を示し，手許の有価証券の有高（ありだか）を示すことになる。

設問7

広島工業株式会社は，千葉運送株式会社の株式を次のように購入し，売却した（短期所有目的）。6月24日の取引を仕訳しなさい。なお，払出単価の算定方法は総平均法により，6月2日以前には千葉運送株式会社の株式を保有していないものとする。

6月2日に1株50円で1,000株購入した。

6月8日に1株80円で1,500株購入した。

6月17日に1株75円で2,000株購入した。

6月19日に1株60円で500株購入した。

6月24日に2,000株を1株85円で売却し，代金を現金で受け取った。

解 答

（借）現　　　　金　170,000　（貸）有　価　証　券　140,000*
　　　　　　　　　　　　　　　　　　　有価証券売却益　　30,000

$$*\frac{50×1,000株＋80×1,500株＋75×2,000株＋60×500株}{1,000株＋1,500株＋2,000株＋500株}×2,000＝140,000$$

なお，有価証券を売却したときに生じる売却損益は，損益計算書上，次のように区分計上する。

(1) 流動資産に属する有価証券

有価証券売却益または売却損として，**営業外損益**に計上する。資金の一時的な運用から生じた損益であるので，その性格は財務活動・金融活動に伴う損益

であり，営業外損益として処理する。

⑵　子会社株式その他流動資産に属さない有価証券（固定資産）

子会社株式売却益または売却損，投資有価証券売却益または売却損として，**特別損益**に計上する。本来，売却を目的としない有価証券，長期の利殖目的で保有する有価証券の売却などから生じる損益であるので，臨時的な**特別損益**として処理する。

◀ Key Words ▶

強制評価減
　　時価が著しく下落したときに，回復する見込みがあると認められる場合を除き時価まで減額することまたは実価が著しく下落したときに，時価まで減額すること

債務超過
　　負債額が資産額を上回ること

実質価額
　　実価ともいい，1株あたりの純資産額

資本直入方式
　　その他有価証券の時価評価から生じる差額（剰余金）を損益計算書を経由させずに直接資本の部に計上すること

使用貸借
　　借手が貸手からあるものを無償で借りて使用収益し後で返還する契約

情報提供機能パラドックス現象
　　利害調整機能よりも情報提供機能を重視しすぎる結果，かえって情報の意味が不明確となる現象

消費貸借
　　借手が貸手から金銭その他の物を受け取り，後でこれと同種・同等・同量の物を返還する契約

ストック・オプション制度
　　会社が役員，従業員などに対して一定期間内にあらかじめ定めた権利行使価格で自社株を購入する権利を与えるインセンティブ・システム

その他有価証券
　　売買目的有価証券，満期保有目的有価証券，子会社株式または関連会社株式

のいずれにも分類できない有価証券

店頭登録銘柄

　　日本証券業協会に登録されている（非上場）株式であり，これは証券市場を介さずに顧客と証券会社間または証券会社間の個別的な売買すなわち相対売買方式で売買される

売買目的有価証券

　　金融機関の特定取引勘定に属する有価証券，運用目的の信託財産の構成物たる有価証券，投資信託受益証券など時価の変動により利益を得ることを目的として保有され，短期的に売買される，いわゆるトレーディング目的の有価証券のこと

端数利息

　　直前の利払日の翌日から売買当日までの利息

第12章　棚卸資産の会計と報告

本章の学習ポイント

1．棚卸資産とは何か。また，その取得原価はどのように決定するのか
2．棚卸資産の原価配分プロセスとは何か
3．棚卸減耗損と棚卸評価損の会計処理は，どのように行われるのか

▶ 1　棚卸資産の意義

　棚卸資産（inventory）とは，生産・販売・管理活動を通じて売上収益をあげることを目的として費消される資産であり，具体的には，次のいずれかに該当する財貨または用役をいう（「連続意見書第四」第一，七参照）。

(1)　商品・製品など通常の営業取引過程において販売するために保有する財貨または用役。したがって，不動産販売業者が販売目的で保有する土地，建物などは，法律上，不動産であるが，通常の営業取引過程において販売の対象となる資産なので棚卸資産である。証券会社が通常の営業取引過程において販売するために保有する有価証券も，上記と同じ理由で棚卸資産である。

(2)　仕掛品，半製品など販売を目的として現に製造中の財貨または用役。ただし，棚卸資産は有形の財貨に限らない。無形の用役も棚卸資産を構成することがある。たとえば，加工のみを委託された場合にあらわれる加工費

のみからなる仕掛品，材料を支給された場合にあらわれる労務費，間接費のみからなる半成工事などは棚卸資産である。

(3)　原材料，工場用消耗品など**販売目的の財貨または用役を生産するために短期間に消費されるべき財貨**。たとえば，工場用地として取得したが予定を変更して売却するために保有している土地など有形固定資産が本来の用途からはずされ売却する目的で保有されることになった場合，この用途廃棄資産は通常の営業過程で販売される対象ではないので，流動資産ではあるが棚卸資産ではない。ただし，用途廃棄資産を原材料として生産の用に供する目的で保有する場合には，当該資産は棚卸資産である。

(4)　事務用消耗品など**販売活動および一般管理活動において短期間に消費されるべき財貨**。したがって，包装用品も製品の一部を構成するので，棚卸資産である。また，荷造（にづくり）用品は販売の対象たる製品とはいえないが，販売活動において短期的に消費される性格をもっているので，棚卸資産である。

設問1

　下記の項目のなかで棚卸資産に属するものには〇印を，棚卸資産に属しないものには×印をつけなさい。

(1)　製紙業を営む企業が加工目的で保有している立木林（りゅうぼくりん）で当期に伐採（ばっさい）予定のもの

(2)　単位あたりの取得原価が一定金額未満の工具，器具，備品など

(3)　工場用の事務用の消耗品

(4)　製鉄業を営む企業が原材料として使用する目的で保有している自動車部品

(5)　加工のみを委託された場合における加工費のみからなる仕掛品

(6)　残存耐用年数が1年以下となった運輸業を営む企業の車両・運搬具

(7)　食品会社が売却目的で保有している建物

(8)　不動産売買業者が販売目的で所有している土地

(9)　苛性（かせい）ソーダ製造のための水銀

(10)　家畜業者が保有する肉牛

解答

(1)〇　(2)〇　(3)〇　(4)〇　(5)〇

(6)×　(7)×　(8)〇　(9)〇　(10)〇

▶ 2　棚卸資産の取得原価の決定

棚卸資産の取得原価は，すでに述べた支払対価（＜第5章　財務会計の基礎理論＞参照）によって決定するのが原則である。棚卸資産の取得にあたり典型的なのは，購入のケースと生産のケースであり，これ以外の贈与，交換などで棚卸資産を取得するケースについては，第5章で述べたところと同一であるので，ここでは割愛する。

2·1 購入のケース

棚卸資産を購入した場合の取得原価は，支払対価主義に基づき購入代価（だいか）に付随費用の一部または全部を加えて求められる。ただし，購入代価につき値引きや割戻しがあった場合にはこれを控除しなければならない。付随費用または副費は，外部副費と内部副費に分けられる。外部副費とは，引取運賃，運送保険料，購入手数料，関税などをいい，また内部副費とは購入事務費，保管費，移管費などをいう。これらの費用のうちどの範囲までを棚卸資産の取得原価に含めるべきかは，費用収益対応の原則，重要性の原則などを考慮して各企業の実情に応じて適正に決定することが必要である。

なお，棚卸資産の購入に要した借入金の利子または棚卸資産を取得してからこれを費消しまたは処分するまでに要した利子は，これを取得原価に含めない。

2·2 自社生産のケース

棚卸資産を企業が自社で生産した場合，すなわち当該企業が製造，採掘，採取，養殖などの方法によって棚卸資産を生産した場合には，そのために要した原材料費，労務費および経費の額について，適正な原価計算の手続により算定された実際製造（生産）原価をもって当該棚卸資産の取得原価とする。

販売費および一般管理費は，通常，取得原価に算入されないが，たとえば，長期請負工事を営む企業のような場合には，販売費および一般管理費を，半成工事への賦課（ふか）または配賦を通じて完成工事の取得原価に算入することが認めら

れる。製品の完成後から販売までの間に多額の移管費を要する場合にはこれも取得原価に含めることができる。また，直接原価計算方式を採用する企業の場合には，原価計算上，固定製造費は製品の製造原価に含めてはならないが，貸借対照表に記載される期末棚卸高にはこれを算入しなければならない。

▶ 3　棚卸資産の原価配分

3·1　数量計算と棚卸減耗損

　適正な期間損益計算を行うためには，購入または生産した商品，製品などの棚卸資産の取得原価を一会計期間の売上高に合理的に対応させることが必要である。売上高に対応する売上原価などの費用を確定するためには，棚卸資産の取得原価を分類・集計し，これを**払い出された棚卸資産（当期の費用）**と**未払出しの棚卸資産（次期繰越額）**とに配分しなければならない。このように非貨幣性資産の取得原価を当期の費用と次期以降の費用（期末の貸借対照表価額）とに期

図表12‑1　棚卸資産の原価配分

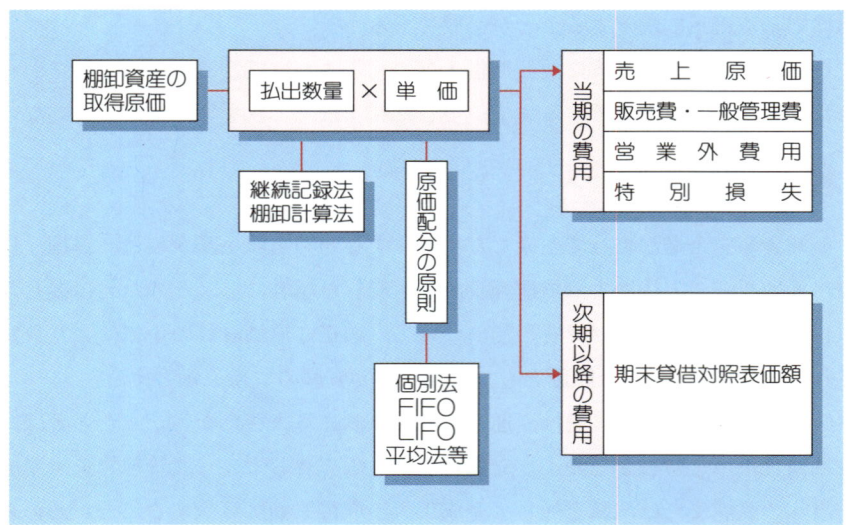

間配分する考え方を原価配分の原則という（図表12‐1参照）。棚卸資産の場合にも原価配分の原則に基づいて，棚卸資産の取得に要した支出額（取得原価）を売上原価などの費用と次期以降に繰り越される資産とに配分するためには，期中における棚卸資産の払出数量を計算しておくことが必要である。数量の計算方法には，継続記録法と棚卸計算法（実地棚卸法）の２つがある。

継続記録法は，棚卸資産の種類ごとに商品有高帳に，受入数量・払出数量をそのつど継続して記録し，つねに在庫数量（棚卸数量）を帳簿上明らかにしておく方法である。

> 前期繰越数量＋当期仕入数量－当期払出数量＝当期棚卸数量

これに対して，棚卸計算法は，期末に実地棚卸を行うことで実際の在庫数量を確かめ，次の式から当期の払出数量を逆算（推定）する方法である。

> 前期繰越数量＋当期仕入数量－実地棚卸数量＝当期払出数量

棚卸計算法は，棚卸資産の保管中に盗難，紛失，目減りなどにより数量不足（減耗）が生じている場合，減耗から生じた数量と実際の払出数量を区別して把握することができないという問題点がある。実務では，継続記録法によって記帳する場合でも，定期的に実地棚卸を行って帳簿上の棚卸数量と実際の棚卸数量を照合し，減耗分の把握が行われている。この減耗分は，減耗数量に金額計算で求められる単価を乗じることで棚卸減耗損（棚卸減耗費）として計算される。このように棚卸減耗損とは，帳簿数量と実地棚卸数量の差異（＝［帳簿残高－実地棚卸高］×原価）をいい，これは紛失，盗難，目減りなどの原因による棚卸資産の数量不足からもたらされる損失であり，その発生形態と原因からみて原価性のあるものと原価性のないものに分けられる。この場合，原価性があるとは，正常な営業活動または販売活動において発生することが不可避なものをいい，これに対して原価性がないとは異常な原因によって発生し，かつ経常性をもたないものをいう。

3·2 金額計算と棚卸評価損

　同一の商品・製品であっても，仕入時期，仕入先，仕入数量，支払条件などの違いから異なる単価で仕入れることのほうが普通である。この場合，どの単価の商品・製品が売却され（払い出され），どの単価の商品・製品が売れ残っているのかを計算しておかなければならない。

　払出単価の計算方法すなわち棚卸資産の取得原価を期間配分するための具体的方法としては，**個別法，先入先出法，後入先出法，移動平均法，総平均法**などがある（「注解」注21）。これらの方法によって棚卸資産の取得原価が売上原価などの費用と繰越商品として次期以降に繰り越される資産とに配分される。なお，払出単価の計算には取得原価（実際原価）を用いる方法のほか，予定価格または標準原価を用いることがある。払出単価の計算に予定価格または標準原価を用いると，実際発生額との差異である**原価差額**が発生する。この原価差額を売上原価にチャージ（賦課）した場合は，損益計算書に売上原価の内訳科目として**図表12 - 2**のように記載する（「注解」注9）。

図表12 - 2　原価差額の処理

売上原価		
1　期首製品たな卸高	×××	
2　当期製品製造原価	×××	
合　　計	×××	
3　期末製品たな卸高	×××	
標準（予定）売上原価	×××	
4　原価差額	×××	×××

(1)　個別法（specific identification method）

　これは，棚卸資産を受け入れる（仕入れる）つど，その取得原価を把握し，記録しておき，その棚卸資産を払い出す（売却する）たびに当該取得原価を払出単価とする方法である。この方法は，貴金属業者の貴金属のように希少商品を少量売買する場合には適用できるが，大量の棚卸資産を受け入れている場合には，実務上きわめて煩雑であるばかりではなく，その払出棚卸資産を選択すること

によって利益操作に利用されるおそれがあるという問題点がある。

(2)　先入先出法（first-in, first-out method；FIFO）

これは，先に仕入れた棚卸資産から順に売却すると仮定して払出単価（売れた商品の原価）を決定する方法である。したがって，仕入単価の異なるものが2口以上ある場合には，数量・単価・金額を，仕入単価の異なるごとに口別に並記しておく。

(3)　後入先出法（last-in, first-out method；LIFO）

これは，最も新しく仕入れた棚卸資産から順に売却すると仮定して払出単価を決定する方法である。したがって，期末棚卸資産には最も古く取得されたものの単価が付されることになり，価格変動の影響を比較的除去できるというメリットがある。この方法には，売却のたびに後入先出法を適用する都度法と，たとえば，1カ月などを単位とする場合には，月末に一括して一番最後に仕入れた棚卸資産の単価で払出単価を計算する一括法とがある。

(4)　移動平均法（moving average method）

これは，単価の異なる商品を受け入れるつど，残高金額（在庫の商品の原価合計）と受入金額（新しく仕入れた商品の原価合計）の合計金額を残高数量と受入数量の合計数量で除して平均単価を求め，引き渡すときは，この平均単価で払出価額を計算する方法である。

(5)　総平均法

これは，残高金額（期首繰越分）と受入金額との合計額を受入数量の合計額で除して算定した単価を払出単価とする方法である。

設問2

資料に基づいて，次にかかげる原価配分方法により，甲府文具株式会社の20X1年4月1日から4月30日までの商品有高帳への記入を行いなさい。

(1)　先入先出法

(2)　後入先出法（一括法）

(3)　後入先出法（都度法）

(4)　移動平均法

(5)　総平均法

［資料］甲府文具株式会社のボールペンの入出庫状況

4月1日	前期繰越	@5,000円	×	120本
3日	仕　入	@4,800円	×	80本
5日	売　上			100本
10日	仕　入	@5,100円	×	50本
17日	売　上			30本

解　答

(1)　先入先出法

商　品　有　高　帳
品名　ボールペン　　　　　　　　　　　　　　　　（数量単位：本）

20X1年		摘　　要	受　入　高			引　渡　高			残　　高		
			数量	単価	金　額	数量	単価	金　額	数量	単価	金　額
4	1	前期繰越	120	5,000	600,000				120	5,000	600,000
	3	仕　入	80	4,800	384,000				120	5,000	600,000
									80	4,800	384,000
	5	売　上				100	5,000	500,000	20	5,000	100,000
									80	4,800	384,000
	10	仕　入	50	5,100	255,000				20	5,000	100,000
									80	4,800	384,000
									50	5,100	255,000
	17	売　上				20	5,000	100,000	70	4,800	336,000
						10	4,800	48,000	50	5,100	255,000
	30	次月繰越				70	4,800	336,000			
						50	5,100	255,000			
			250		1,239,000	250		1,239,000			
5	1	前月繰越	70	4,800	336,000				70	4,800	336,000
			50	5,100	255,000				50	5,100	255,000

(2)　後入先出法（一括法）

商 品 有 高 帳

品名　ボールペン　　　　　　　　　　　　　（数量単位：本）

20X1年		摘　要	受　入　高			引　渡　高			残　高		
			数量	単価	金　額	数量	単価	金　額	数量	単価	金　額
4	1	前期繰越	120	5,000	600,000				120	5,000	600,000
	3	仕　　入	80	4,800	384,000				200		
	5	売　　上				50	5,100	255,000	100		
						50	4,800	240,000			
	10	仕　　入	50	5,100	255,000				150		
	17	売　　上				30	4,800	144,000	120	5,000	600,000
	30	次月繰越				120	5,000	600,000			
			250		1,239,000	250		1,239,000			
5	1	前月繰越	120	5,000	600,000				120	5,000	600,000

(3)　後入先出法（都度法）

商 品 有 高 帳

品名　ボールペン　　　　　　　　　　　　　（数量単位：本）

20X1年		摘　要	受　入　高			引　渡　高			残　高		
			数量	単価	金　額	数量	単価	金　額	数量	単価	金　額
4	1	前期繰越	120	5,000	600,000				120	5,000	600,000
	3	仕　　入	80	4,800	384,000				120	5,000	600,000
									80	4,800	384,000
	5	売　　上				80	4,800	384,000	100	5,000	500,000
						20	5,000	100,000			
	10	仕　　入	50	5,100	255,000				100	5,000	500,000
									50	5,100	255,000
	17	売　　上				30	5,100	153,000	100	5,000	500,000
									20	5,100	102,000
	30	次月繰越				100	5,000	500,000			
						20	5,100	102,000			
			250		1,239,000	250		1,239,000			
5	1	前月繰越	100	5,000	500,000				100	5,000	500,000
			20	5,100	102,000				20	5,100	102,000

(4) 移動平均法

商 品 有 高 帳

品名　ボールペン　　　　　　　　　　　　　　　　（数量単位：本）

20X1年		摘　要	受　入　高			引　渡　高			残　高		
			数量	単価	金　額	数量	単価	金　額	数量	単価	金　額
4	1	前期繰越	120	5,000	600,000				120	5,000	600,000
	3	仕　入	80	4,800	384,000				200	4,920	984,000
	5	売　上				100	4,920	492,000	100	4,920	492,000
	10	仕　入	50	5,100	255,000				150	4,980	747,000
	17	売　上				30	4,980	149,400	120	4,980	597,600
	30	次月繰越				120	4,980	597,600			
			250		1,239,000	250		1,239,000			
5	1	前月繰越	120	4,980	597,600				120	4,980	597,600

(5) 総平均法

商 品 有 高 帳

品名　ボールペン　　　　　　　　　　　　　　　　（数量単位：本）

20X1年		摘　要	受　入　高			引　渡　高			残　高		
			数量	単価	金　額	数量	単価	金　額	数量	単価	金　額
4	1	前期繰越	120	5,000	600,000				120	5,000	600,000
	3	仕　入	80	4,800	384,000				200		
	5	売　上				100	4,956	495,600	100		
	10	仕　入	50	5,100	255,000				150		
	17	売　上				30	4,956	148,680	120	4,956	594,720
	30	次月繰越				120	4,956	594,720			
			250	4,956	1,239,000	250	4,956	1,239,000			
5	1	前月繰越	120	4,956	594,720				120	4,956	594,720

(6) 売価還元法

　棚卸資産の払出価額の計算方法の特殊なものとして，売価還元法がある。

　売価還元法は，取扱商品の種類が多いデパートなどで用いられている方法である。これは，仕入・売上・残高とも数量記録だけを行い，期末に売価（各商品につけられた値札）によって実地棚卸高を求め，これに原価率を乗じ，取得原価に基づく期末の実地棚卸高を逆算する方法である。

$$\begin{array}{l} 売価還元法 \\ による \\ 原価率 \end{array} = \cfrac{期首繰越商品原価＋当期受入原価総額}{\begin{array}{c} 期首 \\ 繰越商品＋ \\ 小売価額 \end{array} \begin{array}{c} 当期 \\ 受入原価＋ \\ 総額 \end{array} \begin{array}{c} 原　始 \\ 値入額 \end{array}＋値上額－\begin{array}{c} 値　上 \\ 取消額 \end{array}－値下額＋\begin{array}{c} 値　下 \\ 取消額 \end{array}}$$

　なお，前掲の原価率の算式の分母から値下額および値下取消額を控除して算定した原価率に期末の売価による実地棚卸高を乗じて取得原価に基づく期末の実地棚卸高を逆算する方法を**売価還元低価法**という。この方法は，期末棚卸高を低めに計上し，もって売価還元法のもとで保守的効果を上げることを目的としている。

設問3

　長崎百貨店の期末棚卸に関するデータは以下のとおりである。売価還元法と売価還元低価法による期末商品棚卸高を算定しなさい。

	原　価	売　価
期首商品棚卸高	2,900円	4,100円
当期仕入高	22,300	
原始値入高		12,100
純　値　上　高		3,500
純　値　下　高		7,000
売　　上　　高		30,000
期末商品棚卸高		5,000

解　答

（売価還元法による場合）

原価率　$(2,900＋22,300)÷(4,100＋22,300＋12,100＋3,500－7,000)＝0.72$

期末商品棚卸高　$3,600\ (＝5,000×0.72)$ 円

（売価還元低価法による場合）

原価率　$(2,900＋22,300)÷(4,100＋22,300＋12,100＋3,500)＝0.6$

期末商品棚卸高　$3,000\ (＝5,000×0.6)$ 円

(7) 最終取得原価法

　これは，購入品の場合には**最終仕入原価法**ともよばれ，また生産品の場合には**最終製造原価法**ともよばれ，一番最後に取得した棚卸資産の単位あたりの取得原価をもって期末棚卸資産の原価を計算する方法である。この方法は簡便ではあるものの，最終仕入時まで売上原価を計算できないばかりではなく，期末棚卸資産の一部だけが取得原価で評価され，他の部分は時価に近い最終の取得原価で評価されるので，必ずしも取得原価評価であるとはいえない。

　期末棚卸資産の評価は，取得原価で評価するのが原則であるが，**低価法**の適用も認められている。ただし，時価が取得原価より著しく下落したときは，回復する見込みがあると認められる場合を除き，時価まで減額しなければならない（**強制評価減**）（「企業会計原則」第三，五，A）。

　なお，低価法および強制評価減から生じた評価損を**棚卸評価損（＝[原価－時価]×実地棚卸高)**という。そこで，棚卸評価損の会計処理をまとめて示せば，次の**図表12-3**のとおりである（「注解」注10(1)，(2)参照）。

　また，低価法の適用や強制評価減から生じる評価損のほかに，棚卸資産それ自体に品質低下（損傷，変色，変質等），陳腐化などの欠陥が生じ，評価損が計上

「企業会計原則」第三，五

A　…（省略）…ただし，時価が取得原価より著しく下落したときは，回復する見込があると認められる場合を除き，時価をもつて貸借対照表価額としなければならない。
　　たな卸資産の貸借対照表価額は，時価が取得原価よりも下落した場合には時価による方法を適用して算定することができる。

「注解」注10

(1)　商品，製品，原材料等のたな卸資産に低価基準を適用する場合に生ずる評価損は，原則として，売上原価の内訳科目又は営業外費用として表示しなければならない。

(2)　時価が取得原価より著しく下落した場合（貸借対照表原則五のA第1項ただし書の場合）の評価損は，原則として，営業外費用又は特別損失として表示しなければならない。

(3)　品質低下，陳腐化等の原因によつて生ずる評価損については，それが原価性を有しないものと認められる場合には，これを営業外費用又は特別損失として表示し，これらの評価損が原価性を有するものと認められる場合には，製造原価，売上原価の内訳科目又は販売費として表示しなければならない。

図表12 - 3　棚卸評価損の会計処理

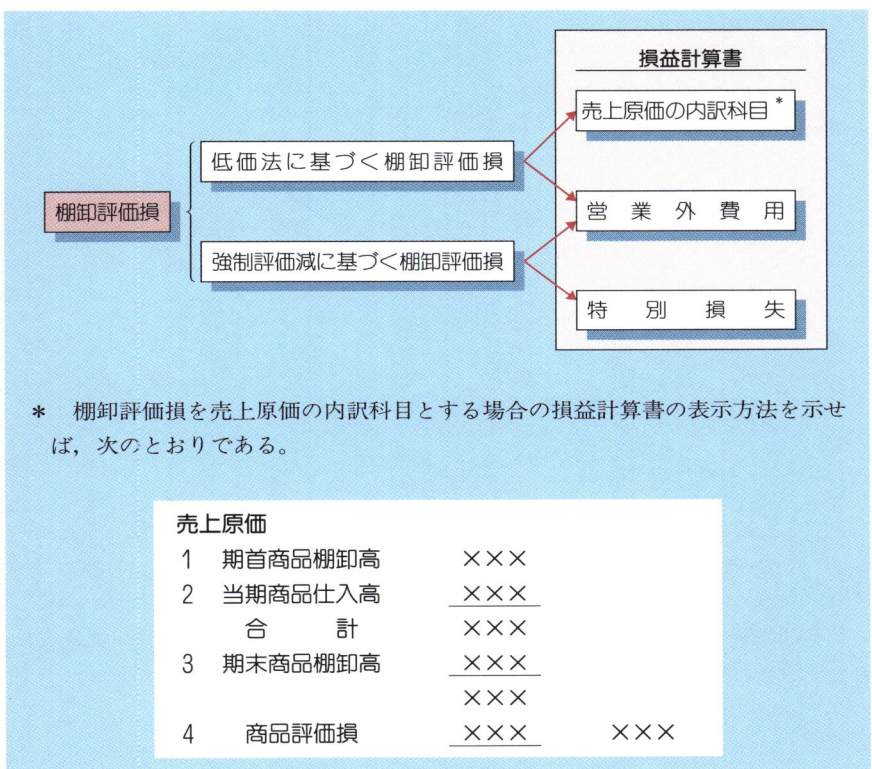

＊　棚卸評価損を売上原価の内訳科目とする場合の損益計算書の表示方法を示せば，次のとおりである。

されることがある。品質低下，陳腐化などは資産価値の下落を招くので，棚卸資産の期末評価にあたっては，当該資産の価額を切り下げ，評価損を計上しなければならない。品質低下，陳腐化などによる評価損は，棚卸減耗損の場合と同様に，原価性のあるものと原価性のないものに分けられ，会計処理が異なる（「注解」注10(3)参照，図表12 - 4 参照）。

図表12 - 4　品質低下損または陳腐化損の会計処理

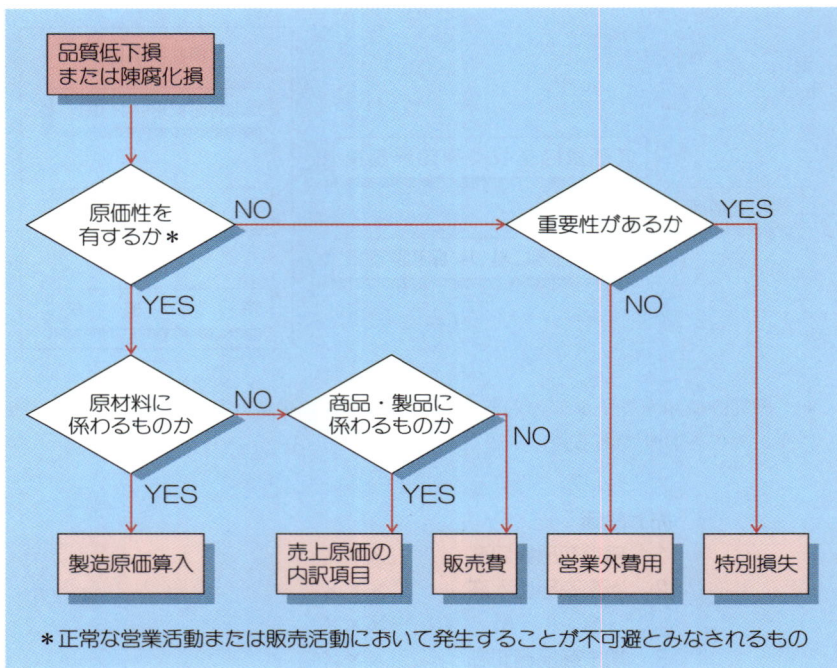

＊正常な営業活動または販売活動において発生することが不可避とみなされるもの

設問 4

　熊本商店の期末棚卸資産に関する次の資料から，低価法を適用する場合の決算整理仕訳を行いなさい。棚卸減耗損と評価損は，いずれも売上原価に算入しないこととし，売上原価は仕入勘定で計算することとする。なお，決算整理前試算表の繰越商品勘定残高は48,700円である。

帳簿棚卸数量	250個	実地棚卸数量	230個
原価	＠200円	時価	＠190円

解　答

（借）仕　　　　入	48,700	（貸）繰　越　商　品	48,700
（借）繰　越　商　品	50,000	（貸）仕　　　　入	50,000

（借）棚 卸 減 耗 損　　4,000　（貸）繰 越 商 品　　6,300
　　　商 品 評 価 損　　2,300

　仕入勘定で売上原価を計算するためには，**期首棚卸高**の振替仕訳と**期末棚卸高**の振替仕訳を行う。期首棚卸高は48,700円であり，また，期末棚卸高は帳簿棚卸高（帳簿棚卸数量×原価）であり，設問4では50,000円（帳簿棚卸数量250個×原価200円）である。

　次に，**棚卸減耗損**（[250個－230個]×200円＝4,000円），**棚卸評価損**（[200円－190円]×230個＝2,300円）の決算整理仕訳は，売上原価の計算にさいして期末棚卸資産を帳簿棚卸高で仕入勘定から繰越商品勘定に振り替えた後，繰越商品勘定から棚卸減耗損と商品評価損勘定に振り替えればよい。

　ちなみに，**売上原価に算入する方法**で設問4を仕訳すれば，次のとおりである。

（借）仕　　　　入　　48,700　（貸）繰 越 商 品　　48,700
（借）繰 越 商 品　　50,000　（貸）仕　　　　入　　50,000

（借）棚 卸 減 耗 損　　4,000　（貸）繰 越 商 品　　6,300
　　　商 品 評 価 損　　2,300

（借）仕　　　　入　　6,300　（貸）棚 卸 減 耗 損　　4,000
　　　　　　　　　　　　　　　　　　商 品 評 価 損　　2,300

　なお，設問4の棚卸評価損と棚卸減耗損の関係を図示すれば，**図表12−5**のとおりである。

図表12-5　棚卸減耗損と棚卸評価損

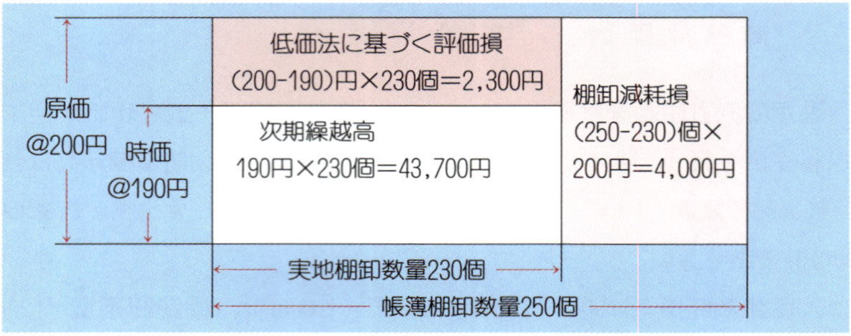

| | | 低価法に基づく評価損
（200-190)円×230個＝2,300円 | 棚卸減耗損
（250-230)個×
200円＝4,000円 |
| 原価
@200円 | 時価
@190円 | 次期繰越高
190円×230個＝43,700円 | |

実地棚卸数量230個
帳簿棚卸数量250個

◀ Key Words ▶

後入先出法

　　最も新しく仕入れた棚卸資産から順に売却すると仮定して払出単価を決定する方法

移動平均法

　　単価の異なる商品を受け入れるつど，残高金額と受入金額の合計金額を残高数量と受入数量の合計数量で除して平均単価を求め，引き渡すときは，この平均単価で払出価額を計算する方法

継続記録法

　　棚卸資産の種類ごとに商品有高帳に，受入数量・払出数量をそのつど継続して記録し，つねに在庫数量（棚卸数量）を帳簿上明らかにしておく方法

原価差額

　　払出単価を計算する場合の予定価格または標準原価と実際発生額との差額

原価性

　　正常な営業活動または販売活動において発生することが不可避であること

個別法

　　棚卸資産を受け入れる（仕入れる）つど，その取得原価を把握し，記録しておき，その棚卸資産を払い出す（売却する）たびに当該取得原価を払出単価とする方法

最終取得原価法

　　購入品の場合には最終仕入原価法ともよばれ，また生産品の場合には，最終製造原価法ともよばれ，一番最後に取得した棚卸資産の単位あたりの取得原価をもって期末棚卸資産の原価を計算する方法

先入先出法

　　先に仕入れた棚卸資産から順に売却すると仮定して払出単価を決定する方法

総平均法

　　残高金額（期首繰越分）と受入金額との合計額を受入数量の合計額で除して算定した単価を払出単価とする方法

棚卸計算法

　　期末に実地棚卸を行うことで実際の在庫数量を確かめ，次の計算式から当期の払出数量を逆算（推定）する方法

　　　　　　前期繰越数量＋当期仕入数量－実地棚卸数量＝当期払出数量

棚卸資産

　　生産・販売・管理活動を通じて売上収益をあげることを目的として費消される資産

棚卸評価損

　　低価法および強制評価減から生じた評価損

売価還元法

　　仕入・売上・残高ともに数量記録を行い，期末に売価によって実地棚卸高を求め，これに原価率を乗じ，取得原価に基づく期末の実地棚卸高を逆算する方法

第13章　固定資産の会計と報告

本章の学習ポイント

1. 固定資産とは何か。また，その取得原価はどのように決定するのか
2. 資本的支出と収益的支出に分けるメルクマールは何か
3. 減価償却の本質と効果とは
4. 取替法とは何か
5. 無形固定資産とは何か
6. 投資その他の資産とは何か。また，どのように分類するのか
7. 資産の減損処理とは何か。また，減損テストはどのように行うのか

▶ 1　固定資産の意義

　固定資産とは，1年基準に基づき，決算日の翌日から起算して1年を超えて現金化される資産（たとえば，長期貸付金，投資有価証券など）または現金化することを本来の目的としていない資産（たとえば，機械，車両運搬具，土地，建物，特許権など）をいい，有形固定資産，無形固定資産および投資その他の資産に大別される。

▶ 2 有形固定資産

2·1 有形固定資産の意義

　有形固定資産とは，具体的な形態をもっている非貨幣性の固定資産である。有形固定資産は，建物，構築物，機械・装置，船舶，車両運搬具，航空機，工具・器具・備品などの**償却資産**，石油・ガスその他の埋蔵資源，山林などの**減耗性資産**および土地，建設仮勘定などの**非償却資産**に大別できる。

2·2 有形固定資産の取得原価の決定方法

　有形固定資産の取得原価の決定方法は，原則として**支払対価主義**によるが，詳細についてはすでに述べたところなので（**＜第５章　財務会計の基礎理論＞**参照），そのポイントだけをあげれば，次のとおりである。

(1)　固定資産を購入によって取得したケース

　購入代金に買入手数料，運送費，荷役費，据付費，試運転費などの付随費用を加えて取得原価とする。ただし，重要性が乏しい場合には，付随費用の一部または全部を加算しない額をもって取得原価とすることができる。

　購入にさいして値引きまたは割戻しを受けたときには，これを購入代金から控除する。

(2)　固定資産を自社で建設したケース

　適正な原価計算基準に従って製造原価を計算し，これに基づいて取得原価を計算する。建設に要する借入資本の利子で稼働前の期間に属するものは，これを取得原価に算入することができる。

(3)　株式を発行してその対価として固定資産を受け入れたケース

　出資者に対して交付された株式の発行価額（「商法」第168条および「商法」第280条ノ２のいわゆる現物出資の目的たる財産の価格にあたる額）をもって取得原価とする。しかし，交付株式数を決定するためには，現物出資資産を独立評価すなわち公正に評価することが必要なので，取得原価は受入資産の時価などの公

正価値と等しいといえる。

⑷　自己所有の固定資産と交換に固定資産を取得したケース

交換に供された自己資産の適正な簿価をもって取得原価とする。

自己所有の株式，社債などと固定資産を交換した場合には，当該有価証券の時価または適正な簿価をもって取得原価とする。

⑸　固定資産を贈与されたケース

時価などを基準として公正に評価した額をもって取得原価とする。

2・3　資本的支出と収益的支出

有形固定資産に係る支出のうち，当該有形固定資産の取得原価に算入される支出を資本的支出といい，これに対して当該支出時の会計期間の費用に算入される支出（単なる維持・管理にすぎない支出）であって，当該有形固定資産の取得原価に算入してはならない支出を収益的支出という（図表13‐1参照）。

ある支出を資本的支出とすべきか，収益的支出とすべきかは，その支出が資

図表13‐1　資本的支出と収益的支出

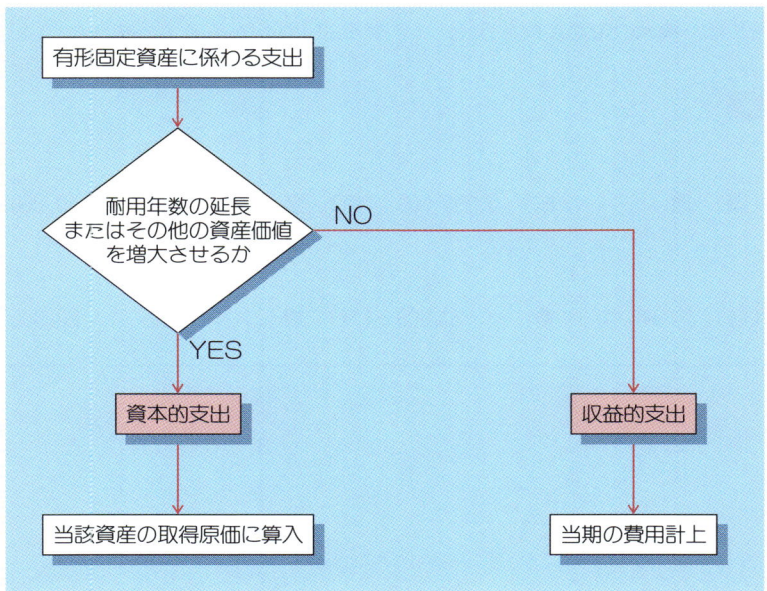

産価値（経済的便益）を増大または耐用年数を延長させるのかどうかがメルクマールとなる。

　ある支出を資本的支出として処理するか，収益的支出として処理するかによって，当期および次期以降の財政状態および経営成績は著しく影響を受け，これによって期間損益は著しく異なることになるので，資本的支出と収益的支出は区別されなければならない。すなわち，資本的支出として処理すべき支出を収益的支出として処理した場合には，当期の資産が過小計上されるとともに，当期の費用が過大計上されるために，当期純利益は過小表示されることになり，また，当該有形固定資産の耐用年数にわたって資産が過小表示されるために，次期以降の減価償却費が過小計上され，その結果，次期以降の純利益は過大表示されることになるので，両者は区別されなければならない。

設問1

　次の取引を仕訳しなさい。

(1)　大分工業株式会社は，海外から6,000,000円の機械を輸入し，その代金を関税150,000円とともに小切手を振り出して支払った。

(2)　同社は，機械の定期点検を行い，その費用20,000円を現金で支払った。

解 答

(1)

（借）機　　　械　6,150,000　（貸）当 座 預 金　6,150,000

(2)

（借）定 期 点 検 費　20,000　（貸）現　　　　金　20,000

▶ 3　減価償却

3·1　固定資産の原価配分と減価償却

　土地および建設仮勘定を除く建物, 機械などの有形固定資産は, 使用による減耗・摩耗, 時の経過に伴う自然老朽化, 天災・事故等による損耗などの**物理的な原因**または発明・新技術の発見等による陳腐化, 産業構造の変化等に伴う経済的不適応化などの**機能的な原因**によって, その経済的便益が徐々に減少（これを**減価**という）し, やがては使用できなくなる。しかし, 使用できなくなった会計年度に簿価を一括して費用計上すると, 適正な期間損益計算を行えなくなる。

　したがって, 減価を会計上適切に認識するためには, 有形固定資産の取得原価をその**耐用年数**（使用する期間を意味し, 経済的寿命ともいう）にわたり一定の方法で配分する手続をとることが必要である。この配分する手続を**原価配分**といい, この固定資産の原価配分手続を**減価償却**（depreciation）という。また, 配分される減価額を**減価償却費**という（**図表13 - 2** 参照）。

図表13 - 2　減価償却（定額法）

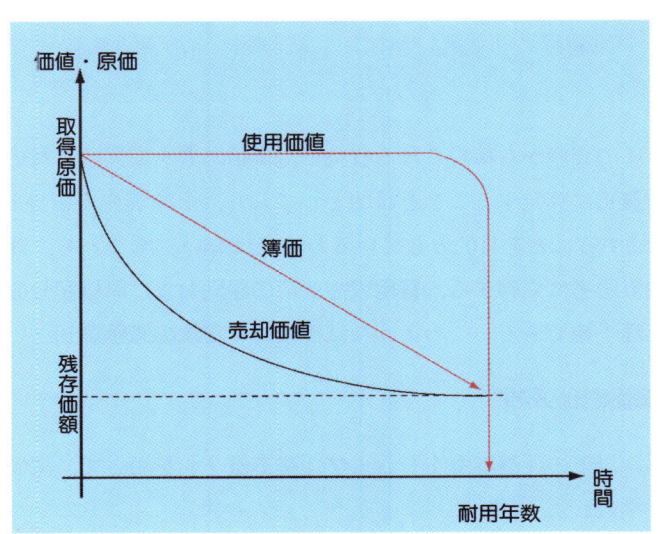

3·2　減価償却の目的

　上述のように，**減価償却**とは，土地および建設仮勘定を除く償却資産の取得原価から**見積残存価額**（scrap value；耐用年数が経過した後，固定資産を処分するときの見積価額）を控除した額を，その見積耐用年数の期間にわたって一定の組織的な方法によって**原価配分する手続**である（**図表13‒3**参照）。

図表13‒3　有形固定資産の原価配分手続

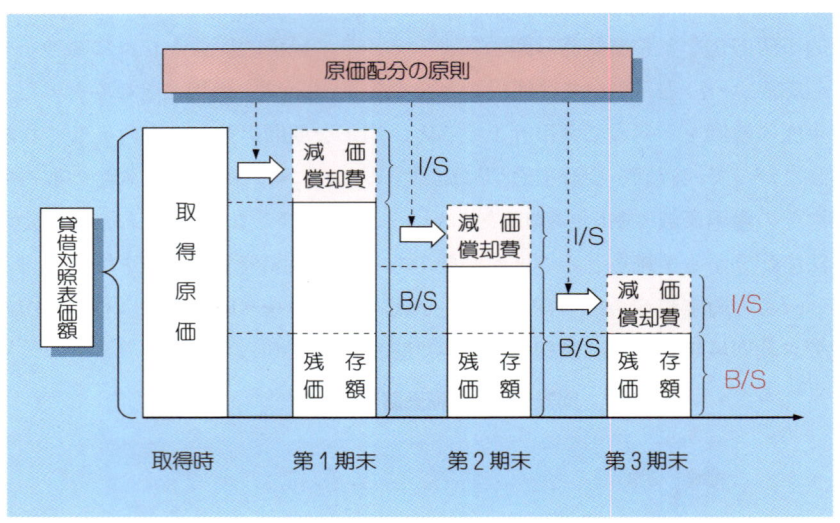

　これは，その資産から稼得される収益と減価償却費を期間的に対応させて，期間利益を適正に算定することを目的としており，その資産の市場価値（経済価値）を評価することを目的としているわけではない。すなわち，**減価償却**とは，**動的会計思考**に立脚する，**費用収益対応の原則**および**原価配分の原則**に基づく会計処理手続である。このような減価償却を**正規の減価償却**という。

3·3　減価償却の効果

　ここでは，以下の［基本例1］および［基本例2］を用いて，減価償却の効果について学習しよう。

▶　**基本例１**　◀

鹿児島工業株式会社は，t_1期首に，取得原価300万円，残存価額０円，耐用年数３年の機械を取得し，これを定額法で償却するとする。

［基本例１］におけるそれぞれの年度の減価償却費および減価償却累計額は，次のようになる。

	t_1期末	t_2期末	t_3期末	減価償却累計額
減価償却費	100万円	100万円	100万円	300万円

この場合の減価償却費の合計額300万円は，広告料などの費用のように現金支出を伴わないので，実際には企業の内部に留保され，その取得原価である300万円は減価償却累計額300万円として回収されることがわかる。

したがって，減価償却は，期間配分された減価償却費自体が現金支出を伴わない費用であるために，当該償却費の計上分だけ償却資産に投下された貨幣資本が企業内に留保され，その結果，**投下貨幣資本が回収される効果**をもっているといえる。

減価償却の効果である投下資本の回収は，償却資産の性質によってその方法が異なる。まず，**減価償却が販売・管理活動のための償却資産にかかるもの**である場合には，期間配分された減価償却費は，**販売費および一般管理費**の一部を構成し収益から控除されることを通じて，投下資本が回収される。

次に，**減価償却が製造活動のための償却資産にかかるもの**である場合には，期間配分された減価償却費は，製造間接費として仕掛品原価・**製造原価**に振り替えられ，製品または商品の販売段階で**売上原価**に算入され，しかもそれを含んだ価格で製品または商品が販売されることによって投下資本が回収される。

また，減価償却の効果は，時価主義会計の一種である取替原価会計（RCA）のもとで減価償却を行っても同じである。

246

基本例 2 ◀

[基本例 1]において，機械の取替原価が，t_1期末には300万円，t_2期末には390万円，t_3期末には480万円であったとする。

この［基本例 2］について，取替原価会計（RCA）に基づく減価償却を行ってみれば，次のとおりである。

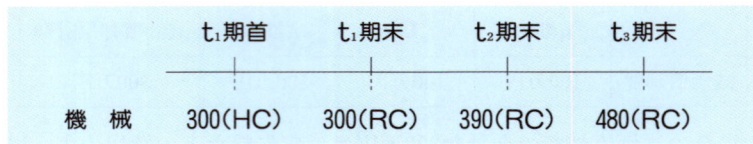

		t_1期末	t_2期末	t_3期末	減価償却累計額
減価償却費	RCAに基づく償却費	100万円	130万円	160万円	480万円
	バック・ログ償却費	－	30万円	30万円	
		－	－	30万円	

取替原価会計のもとでも，バック・ログ（back-log）償却（catch-up 償却ともいい，日本の過年度償却に近い）を行うので，投下貨幣資本の回収が行われる。したがって，減価償却の効果は，取得原価主義会計であろうと時価主義会計の一種である取替原価会計であろうとを問わず，投下貨幣資本の回収にある。

3・4 減価償却の方法

減価償却は，次の3要素に基づいて毎期の償却費の計算を行う。

取得原価……固定資産の購入価額・製作価額のほかに，付随費用を含める。
耐用年数……固定資産の経済的寿命
残存価額……耐用年数が経過した後，固定資産を処分するときの見積処分価額

減価償却の3要素が決定したならば，一定の減価償却方法（原価配分方法）を

選択しなければならない。減価償却の方法は，**図表13‒4**にみるように，**時間を配分基準**とする方法と**生産高**（または利用高もしくは数量）**を配分基準**とする方法とに大別され（「注解」注20参照），さらに前者は一定額配分する方法と（**定額法**）と逓減的に配分する方法（**逓減法**）とに細分される。

図表13‒4　減価償却方法

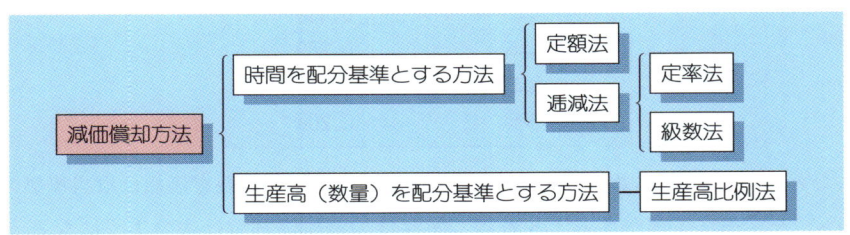

(1) 定 額 法

定額法（straight line method）とは，**直線法**ともよばれ，固定資産の価値は，毎期，一定額ずつ減少するという前提のもとで減価償却費を計算する方法である。これを算式で示せば，次のとおりである。

$$減価償却費 = \frac{取得原価 - 残存価額}{耐用年数}$$

(2) 定 率 法

定率法（fixed percentage method）とは，固定資産の価値は，取得直後のほうが著しく減少し，その後，次第に減少幅が小さくなる（逓減する）という前提で減価償却費を計算する方法であるので**逓減償却法**ともいう。これを算式で示せば，次のとおりである。

$$減価償却費 = 未償却残高 \times 償却率$$

償却率は下記の算式で求められるが，通常は，次のような「減価償却資産の耐用年数等に関する省令」による償却率を適用して，毎期の減価償却費を計算する。

$$償却率＝1－\sqrt[\substack{耐用\\年数}]{\dfrac{残存価額}{取得原価}}$$

耐 用 年 数	償 却 率
3年	0.536
4年	0.438
5年	0.369
8年	0.250
10年	0.206

　たとえば，耐用年数 3 年の機械（取得原価200,000円，残存価額は取得原価の10％）を定率法で償却するとすれば，毎年度の減価償却費は次のようになる。

（1年目）
　　200,000円に償却率0.536を乗じて，償却費107,200円を求める。

（2年目）
　　未償却残高92,800（＝200,000－107,200）円に償却率0.536を乗じて，償却費49,741円を求める。

（3年目）
　　未償却残高43,059（＝200,000－107,200－49,741）円に償却率0.536を乗じて，23,080円を求める。

以上の計算の結果，償却費の合計は，180,021（＝107,200＋49,741＋23,080）円となり，未償却残高は，取得原価の10％である20,000円とほぼ同じになる。ただし，この計算では償却後の未償却残高が残存価額と一致しないために，償却前の未償却残高から残存価額を差し引いて償却費23,059円を求めてもよい。

(3) 級 数 法

　級数法（sum-of-the years-digits method）とは，固定資産の耐用年数に基づく算術級数によって減価償却を行う方法であり，定率法と同様に逓減償却法の一種である。たとえば，耐用年数 N 年の有形固定資産の第 n 年度目の減価償却費は，次のように計算される。

$$減価償却費＝（取得原価－残存価額）×\frac{N-n+1}{N(N+1)÷2}$$

　たとえば，耐用年数 5 年の機械（取得原価200,000円，残存価額は取得原価の10％）を級数法で償却するとすれば，毎年度の減価償却費は次のようになる。

（ 1 年目）　$(200,000-20,000)×\frac{5}{15}*=60,000$

（ 2 年目）　$(200,000-20,000)×\frac{4}{15}=48,000$

（ 3 年目）　$(200,000-20,000)×\frac{3}{15}=36,000$

（ 4 年目）　$(200,000-20,000)×\frac{2}{15}=24,000$

（ 5 年目）　$(200,000-20,000)×\frac{1}{15}=12,000$

　　　＊ $5+4+3+2+1=5×(5+1)÷2=15$

設問 2

　宮崎自動車株式会社は，取得原価10,000,000円，残存価額10％，耐用年数 5 年の機械を，級数法によって減価償却している。この場合の20X2年度の減価償却費を計算しなさい。なお，この機械は，20X1年度の期首に取得したものとし，会計期間は 1 年とする。

解　答

2,400,000円

（20X1年度）　$(10,000,000-1,000,000)×\frac{5}{15}*=3,000,000$

（20X2年度）　$(10,000,000-1,000,000)×\frac{4}{15}=2,400,000$

（20X3年度）　$(10,000,000-1,000,000)×\frac{3}{15}=1,800,000$

（20X4年度）　$(10,000,000-1,000,000)×\frac{2}{15}=1,200,000$

（20X5年度）　$(10,000,000-1,000,000)×\frac{1}{15}=600,000$

　　＊　$5+4+3+2+1=15$

⑷　生産高比例法

　生産高比例法（units-of-output method）とは，減価が主として固定資産の利用に比例して発生することを前提とするが，これ以外に当該固定資産の総利用可能数量が物理的に確定できることもこの方法を適用するための条件である（「連続意見書」第三，第一，六，2）。このような前提条件があるために，定額法，定率法などの時間を配分基準とする方法と異なり，適用されるべき固定資産も鉱業用設備，航空機，自動車などに限られる。

　生産高比例法に基づく減価償却費の計算式を示せば，次のとおりである。

$$減価償却費＝（取得原価－残存価額）\times \frac{当期の実際利用高}{総見積利用高}$$

　たとえば，取得原価3,000,000円，残存価額10%，予定総走行距離10万 km，当期の実際走行距離3.5万 km の自動車について，当期の減価償却費を生産高比例法で計算すれば，945,000（＝$[3,000,000-300,000]\times\frac{3.5}{10}$）円となる。

　なお，生産高比例法に類似する方法に減耗償却（depletion）がある。減耗償却とは，石油，石炭などの埋蔵資源，林業における山林のように取替えや再調達ができない減耗性資産（または枯渇性資産）に適用される償却方法であり，当該資産の採掘量に応じて，その取得原価（資産価額）を減額し，その減額分を，逐次，当該資産の売上原価とする方法である。したがって，減耗償却は減価償却とは異なる原価配分の方法であるが，手続的には生産高比例法と同じであるといってよい（「連続意見書」第三，第一，六，2）。

▶ 4　総合償却

　固定資産の減価償却は，その償却単位の設定の違いによって，個別償却と総合償却とに分類される。

　個別償却は，原則として，個々の固定資産ごとに減価償却費を計算し，記帳する方法である。これに対して，総合償却は，複数の固定資産を一括してその減価償却費を計算し，記帳する方法である。

　総合償却には，(1)耐用年数を異にする多数の異種資産について，平均耐用年数を用いて一括的に減価償却費を計算し，記帳する方法と，(2)耐用年数の等しい同種資産，または耐用年数は異なるが，物質的または用途などにおいて共通性を有する資産を1つのグループとして，各グループに平均耐用年数を用いて一括的に減価償却費を計算し，記帳する方法の2つがある（「連続意見書」第三，第一，十）。

　総合償却で用いられる平均耐用年数は，一般に次式で算定する。

$$平均耐用年数＝\frac{総合償却対象資産の要減価償却費総額}{個別資産の毎期の減価償却費総額}$$

　ただし，固定資産の耐用年数到来前に除却した場合と，耐用年数を超過して固定資産を使用した場合には，個別償却と総合償却とに相違が生じる。前者の場合，個別償却では固定資産の未償却残高を用いて**除却損益**を計上するのに対して，総合償却では個々の固定資産の未償却残高が明らかではないことから，残存価額を除いた除却資産原価がそのまま減価償却累計額勘定から控除される。また，後者の場合，個別償却ではすでに耐用年数終了時に未償却残高がなくなっており，それ以降の固定資産の使用に対しては減価償却費を計上する余地はない。しかし，総合償却の場合，平均耐用年数到来後も資産が残存する限り未償却残高も残存することから，すべての固定資産が除却されるまで継続して減価償却を行うことになる（「連続意見書」第三，第一，十）。

設問3

　那覇製鉄株式会社の各機械の取得原価と耐用年数（残存価額は取得原価の10%）は次のとおりである。これらについて総合償却を行う場合，総合償却の平均耐用年数を求めなさい。ただし，年未満の端数は四捨五入する。

- (ア)　機械　A　800,000円　16年
- (イ)　機械　B　300,000円　 9年
- (ウ)　機械　C　500,000円　15年

解 答

14年

計算方法：個別償却費合計　$(800,000-80,000)\times\dfrac{1\text{年}}{16\text{年}}+(300,000-30,000)$
$\times\dfrac{1\text{年}}{9\text{年}}+(500,000-50,000)\times\dfrac{1\text{年}}{15\text{年}}=105,000$

要減価償却総額　$(800,000-80,000)+(300,000-30,000)$
$+(500,000-50,000)=1,440,000$

平均耐用年数　$1,440,000\div105,000\fallingdotseq14\text{年}$

▶ 5　有形固定資産の除却と取替法

　有形固定資産を何らかの物理的または機能的原因で使用不能になったなどの理由で除却したときには，当該有形固定資産勘定にその原価を貸記するとともに，減価償却累計額勘定にその貸方残高を借記するとともに，当該除却資産の見積売却価額を貯蔵品として借記し，未償却残高と見積売却価額との差額を**除却損益**として計上する。

設問 4

　次の取引を仕訳しなさい。

　目黒電子株式会社は，当期の期首に，取得原価850,000円，減価償却累計額690,000円の機械が陳腐化して同業他社との競争に対抗できなくなったので除却（見積売却価額 0 円）した。

解 答

（借）	機 械 減 価 償 却 累 計 額	690,000	（貸）	機　　　　械	850,000
	固定資産除却損	160,000			

　これに対して，信号機，送電線など，同種の物品が多数集まって 1 つの全体を構成し，老朽品の部分的取替を繰り返すことによって全体が維持されるような固定資産については，部分的取替に要する費用を収益的支出として処理する

取替法（「注解」注20）がある。この方法は，減価償却とは異なるもののその代用法として認められている。

設問5

次の取引を仕訳しなさい。

早稲田電鉄株式会社は，鉄道のレール20本（@100,000円）が老朽化したので新しいレール（@200,000円）と取り替え，小切手を振り出して支払った。

解　答

（借）取　替　費　4,000,000　（貸）当　座　預　金　4,000,000

上記の仕訳から明らかなように，取替法を採用すれば，帳簿上，取得原価がそのまま簿価として据え置かれることになる。

▶ 6　無形固定資産

無形固定資産は，具体的な形態をもたない非貨幣性の固定資産であり，法律上の権利を表す資産（たとえば，特許権，実用新案権，商標権，意匠権，著作権，借地権，鉱業権，電気・ガス施設利用権，ソフトウェアなど）と経済上の優位性を表す資産（営業権）とから構成される。

無形固定資産を有償で取得した場合には，棚卸資産および有形固定資産の場合と同様にその代価および直接付随費用などの支払対価を合せて取得原価とする。

営業権は，有償で譲り受けた場合または合併によって取得した場合にのみ，

「注解」注20

固定資産の減価償却の方法としては，次のようなものがある。

…（省略）…

なお，同種の物品が多数集まつて１つの全体を構成し，老朽品の部分的取替を繰り返すことにより全体が維持されるような固定資産については，部分的取替に要する費用を収益的支出として処理する方法（取替法）を採用することができる。

その資産性が認められる（「注解」注25，「商法」第285条ノ7）。また，営業権以外の無形固定資産を無償で取得した場合には，公正な評価額をもって取得原価とする（「企業会計原則」第三，五，F）。

次に，無形固定資産の償却についていえば，まず，法律上の権利を表す資産は，それぞれの法律または税法上の償却期間を上限として償却し，他方，経済上の優位性を表す営業権は，商法に定める最低限度額，すなわち，5年内に毎決算期に均等額以上の償却を行わなければならない（「商法」第285条ノ7）。

償却方法としては，生産高比例法が適用される鉱業権を除き，通常は定額法を用い，残存価額はゼロとする。なお，償却額の処理は，取得原価から当該償却額を控除する直接法で行い，借方は商標権償却勘定のように無形固定資産の償却費勘定に費用計上すればよい。

設問6

次の取引を仕訳しなさい。

九重商事株式会社は，大雪山商事株式会社の営業の一部（評価額は以下のとおりである。売掛金4,000円，商品6,000円，建物12,000円，土地13,000円，買掛金5,000円，借入金3,000円）を30,000円で譲り受け，代金は小切手で支払った。

解　答

（借）売　掛　金	4,000	（貸）買　掛　金	5,000
商　品	6,000	借　入　金	3,000
建　物	12,000	当　座　預　金	30,000
土　地	13,000		
営　業　権	3,000		

▶ 7　投資その他の資産

投資その他の資産は，(1)企業が他企業の支配・統制などのために保有する資

産，(2)企業が長期的利殖などのために保有する資産，(3)特殊金銭債権および(4)経過勘定項目から構成されている（「企業会計原則」第三，四，㈠，B，「財規」第31条，第31条の2，第32条，第33条）。

(1)に属する資産としては関係会社有価証券（子会社などが発行する有価証券で親会社株式以外のもの），関係会社出資金，関係会社長期貸付金などが，また(2)に属する資産としては，投資有価証券（商法上，取引所の相場のある長期保有目的の有価証券および取引所の相場のない有価証券で関係会社有価証券を除いたもの），投資不動産などが，さらに(3)に属する資産としては，破産債権，再生債権，更生債権などが，(4)に属する資産としては，長期前払保険料，長期前払利息割引料などがある。

なお，関係会社とは，財務諸表提出会社の親会社，子会社および関連会社ならびに財務諸表提出会社が他の会社の関連会社である場合における当該他の会

「注解」注25

　営業権は，有償で譲受け又は合併によつて取得したものに限り貸借対照表に計上し，毎期均等額以上を償却しなければならない。

「商法」第285条ノ7

　暖簾ハ有償ニテ譲受ケ又ハ吸収分割若ハ合併ニ因リ取得シタル場合ニ限リ貸借対照表ノ資産ノ部ニ計上スルコトヲ得此ノ場合ニ於テハ其ノ取得価額ヲ付シ其ノ取得ノ後5年内ニ毎決算期ニ於テ均等額以上ノ償却ヲ為スコトヲ要ス

「企業会計原則」第三，五

F　贈与その他無償で取得した資産については，公正な評価額をもつて取得原価とする。

「財規」第31条

　次に掲げる資産は，投資その他の資産に属するものとする。

一　関係会社株式（売買目的有価証券に該当する株式及び親会社株式を除く。以下同じ。）その他流動資産に属しない有価証券

二　出資金

三　長期貸付金

四　前各号に掲げるものの外，流動資産，有形固定資産，無形固定資産又は繰延資産に属するもの以外の長期資産

第31条の2

　前払費用で，第16条に規定するもの以外のものは，投資その他の資産に属するものとする。

社をいう（「財規」第8条8項）。この場合の親会社とは，他の会社を支配している会社をいい，逆に子会社とは，当該他の会社をいう（詳しくは＜第22章　企業集団の会計と報告＞参照）。また，関連会社とは，親会社および子会社が出資，人事，資金，技術，取引等の関係を通じて，子会社以外の他の会社の財務および営業の方針決定に関して重要な影響を与えることができる場合における当該他の会社をいう（「連結原則」第四，八，2および「財規」第8条5項）。したがって，投資その他の資産のなかの関係会社有価証券は，上述の関係会社の概念に基づいた有価証券であり（なお，子会社株式は「施行規則」上の表示名称であり，「財規」上は関係会社株式として表示される），投資有価証券はこの関係会社有価証

「財規」第32条

① 投資その他の資産に属する資産は，次に掲げる項目の区分に従い，当該資産を示す名称を付した科目をもって掲記しなければならない。

一　投資有価証券。ただし，関係会社株式，関係会社社債及びその他の関係会社有価証券（関係会社有価証券のうち，関係会社株式及び関係会社社債以外のものをいう。以下この項において同じ。）を除く。

二　関係会社株式

三　関係会社社債

四　その他の関係会社有価証券

五　出資金。ただし，関係会社出資金を除く。

六　関係会社出資金

七　長期貸付金。ただし，株主，役員，従業員又は関係会社に対する長期貸付金を除く。

八　株主，役員又は従業員に対する長期貸付金

九　関係会社長期貸付金

十　破産債権，再生債権，更生債権その他これらに準ずる債権

十一　長期前払費用

十一の二　繰延税金資産

十二　その他

② 第17条第2項の規定は，前項の場合に準用する。

第33条

第32条第1項第12号の資産のうち，投資不動産（投資の目的で所有する土地，建物その他の不動産をいう。），1年内に期限の到来しない預金又はその他の資産で，その金額が資産の総額の100分の1を超えるものについては，当該資産を示す名称を付した科目をもって掲記しなければならない。

券以外の株式や社債，国債および地方債などから構成されている。

▶ 8　資産の減損処理

　減損会計（減損処理）とは，固定資産価値が，物理的理由，経済的環境の変化などによって収益性が低下し，資産の投資額である簿価（book value：BV）を回収できなくなった場合に，当該資産の簿価を回収可能価額（recoverable amount：RA）まで評価減し，当該評価減額を減損損失として当期の損益計算書の特別損失に計上する会計処理である。IASB 基準（IFRS）36「資産の減損」では，当該資産の簿価を回収可能価額まで評価減して，減損損失を認識し，回収可能価額が回復したときには減損戻し入れを行うが，わが国の基準（企業会計審議会「固定資産の会計処理に関する審議の経過報告」）ならびに FASB 基準（SFAS）121「長期性資産の減損および処分予定の長期性資産の会計処理」および SFAS144「長期性資産の減損または処分の会計処理」では減損損失の戻し入れは簿価の再修正などを要し実務上煩雑であるところから，かかる減損損失の戻し入れは行われない（図表13‐5および図表13‐6を参照）。

　ここに，回収可能価額とは，独立の第三者間取引において成立するであろう見積売価から処分費用などのアフター・コストを控除した額である正味売却価格（net selling price：NSP）と当該資産の継続的使用および最終的な処分によって生じるネット・キャッシュ・インフローを適切な割引率で割り引いて求められる額である使用価値（value in use：ViU）のいずれか大きいほうの価額をいう。

　減損損失の認識にあたっては，まず減損の兆候を識別する減損テストを行う必要がある。減損の兆候とは，資産の市場価値の著しい下落，企業の経済的または法的環境における不利な影響を及ぼす重要な変化の発生，資産の回収可能価額の著しい下落，企業の純資産の簿価が市場での資本還元額を上回っていること，資産の陳腐化または物的損害の証拠の存在，資産の利用範囲または利用方法に関して企業に不利な影響を及ぼす重要な変化の発生，資産の経済的成果の悪化を示す内部報告証拠の存在などを指す。

258

図表13-5　IFRS36による減損テスト

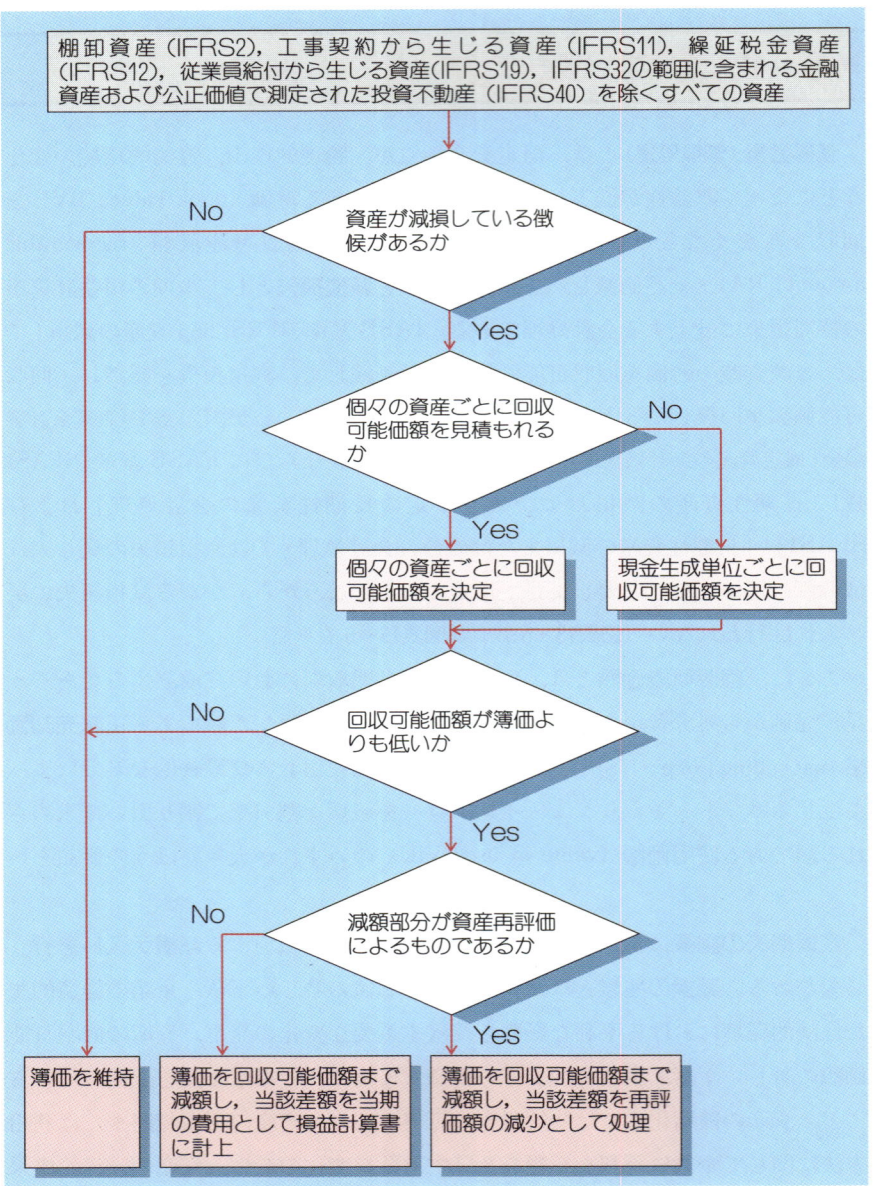

図表13-6　わが国会計基準による減損テスト

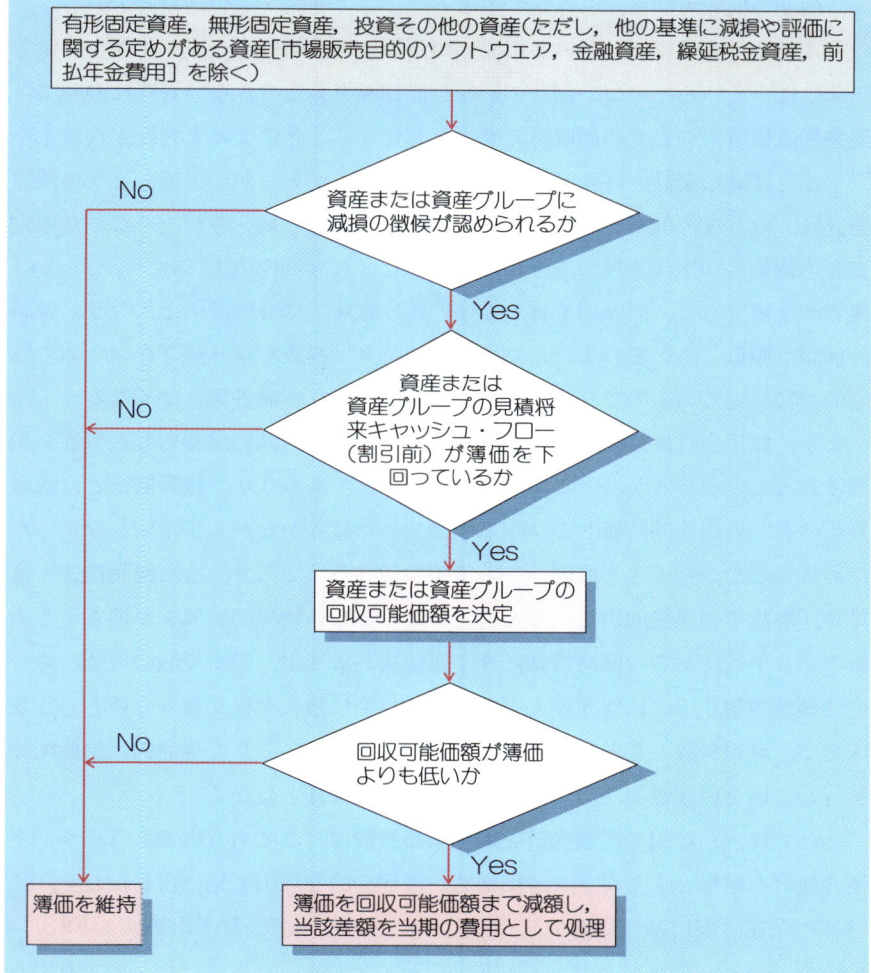

（企業会計審議会「固定資産の会計処理に関する審議の経過報告」企業会計審議会，2001年を参照して作成）

　ちなみに，資産の種類別の減損の認識について述べると，個別の資産については個々の回収可能価額を算定することによって判断するのが原則であるが，のれんおよび本社資産などの共用資産のように事業用資産一般など他の資産と一体になっているために，個々の回収可能価額を算定できない資産については，現金生成単位についての回収可能価額を算定することによって判断すればよい。

　しばしば減損会計と時価評価が混同されることがあるが，上述のように減損会計は，収益性の低下などによって投資額を回収する見込みがなくなった固定資産の簿価の切下げ処理のみを行い，回復しても（減損の戻し入れを行うケース）簿価が上限であり，評価増を行わないという意味では時価評価と異なり，強制評価減に類似している。また，減損会計は将来に損失を繰り越さないための臨時的減額処理であるので，継続的再評価処理を行う時価評価とは異なる。

　また，減損会計は臨時償却，臨時損失または正規の減価償却とも類似性を指摘されることがあるが，どこが類似しているのであろうか。臨時償却とは固定資産の著しい機能的減価および本来予測できたにもかかわらず予測しなかったために生じた償却不足を原因とする価値の切り下げであり，また臨時損失とは，災害，事故等の偶発的事象による固定資産の著しい物理的減価を原因とする価値の切り下げである。臨時償却にせよ臨時損失にせよ，固定資産の簿価から一度に価値の切り下げに伴う損失を控除し，将来に損失を繰り越さないという意味では，減損会計と類似しているものの，耐用年数に応じて規則的に原価配分を行わないという点で，減損会計は正規の減価償却と異なる。

　それでは，わが国で減損会計を適用する意義はどこにあるのであろうか。上述の検討を前提とするかぎり，積極的かつ理論的な理由を見い出しがたく，せいぜい保守主義に基づく簿価修正を行うことによって，IASB 基準 (IFRS)，FASB 基準などのデファクト・スタンダードとのハーモナイゼーションを図るためといってよい。

　ともかく，減損処理について簡単に述べれば，以下の通りである。減損が生じるケースをしては BV＞ViU＞NSP のケースと BV＞NSP＞ViU のケースとがある。

　まず，BV＞ViU＞NSP のケースからいえば，資産を売却するよりも資産の

継続使用をするほうがキャッシュ・フローは大きいので，回収可能価額として使用価値を選択することになる。したがって，減損損失は簿価から使用価値をマイナスして計算する。

次に，**BV＞NSP＞ViU のケース**についていえば，資産を継続使用するよりも売却処分したほうがキャッシュ・フローは大きいので，回収可能価額として正味売却価格を選択することになる。したがって，減損損失は簿価から正味売却価格をマイナスして計算する。

ちなみに，FASB 基準では減損損失を簿価から公正価値（fair value）をマイナスして計算するが，公正価値は通常はその資産の市場価値（market value）である。市場価値を把握できない資産は，その資産から得られるキャッシュ・フローを現在価値（present value）に割り引いて公正価値を算定する。

以上のように，**減損会計のポイント**は，減損を認識するために簿価と比較する回収可能価額として，正味売却価格をとるか使用価値をとるかにあるといえる。

設問 7

　船橋造船株式会社は，20X1年度期首に，造船用機械装置（耐用年数 5 年，残存価額ゼロ）を1,000千円で取得し，定額法により減価償却を行っていたが，20X3年度末になって，この機械装置に減損の兆候が確認されたため，減損テストを実施した結果，当期に減損処理を実施する必要性が認められた。この機械装置に関して20X3年度決算時に必要となる仕訳を示しなさい。なお，20X3年度末時点におけるこの機械装置の正味売却価格は250千円，使用価値は280千円とする。

解　答

（単位：千円）

（借）減価償却累計額　400　（貸）機　械　装　置　720
　　　減 価 償 却 費　200
　　　減　損　損　失　120 ※

※　（1,000千円－400千円－200千円）－280千円＝120千円
　　　20X3年度期首帳簿価額　　当期減価償却費　　回収可能価額

　本設問の場合，正味売却価格よりも使用価値の方が高いので，回収可能価額は280千円となる。

◀ Key Words ▶

回収可能価額
　　正味売却価格と使用価値のいずれか大きいほうの価額

関係会社
　　財務諸表提出会社の親会社，子会社および関連会社ならびに財務諸表提出会社が他の会社の関連会社である場合における当該他の会社

減価償却
　　有形固定資産の取得原価をその耐用年数にわたり一定の方法で配分する手続

減価償却累計額
　　償却資産に対して発生した費用（減価償却費）の累計額

現金生成単位
　　他の資産または資産グループのキャッシュ・インフローからは大部分独立しており，継続的に使用することからキャッシュ・インフローを生成する最小単位の識別可能資産グループ

減損
　　物理的理由，経済環境の変化などによって，資産の簿価を回収できなくなった状態

減損会計（減損処理）
　　固定資産価値が，物理的理由，経済的環境の変化などによって収益性が低下し，資産の投資額である簿価を回収できなくなった場合に，当該資産の簿価を回収可能価額まで評価減し，当該評価減額を減損損失として当期の損益計算書の特別損失に計上する会計処理

減損の兆候
　　資産の市場価値の著しい下落，企業の経済的または法的環境における不利な影響を及ぼす重要な変化の発生，資産の回収可能価額の著しい下落，企業の純資産の簿価が市場での資本還元額を上回っていること，資産の陳腐化または物的損害の証拠の存在，資産の利用範囲または利用方法に関して企業に不利な影響を及ぼす重要な変化の発生，資産の経済的成果の悪化を示す内部報告証拠の存在など

減耗償却

石油，ガスなどの埋蔵資源，林業における山林のように取替えや再調達ができない減耗性資産に適用される償却方法

固定資産

1年基準に基づき，決算日の翌日から起算して1年を超えて現金化される資産または現金化することを本来の目的としていない資産

個別償却

原則として，個々の固定資産ごとに減価償却費を計算し，記帳する方法

使用価値

資産の継続的使用および最終的な処分から生じるネット・キャッシュ・インフローを適切な割引率で割り引いて求められる額

正味売却価格

独立の第三者間取引において成立するであろう見積売価から処分費用などのアフター・コストを控除した額であり正味実現可能価額と同義

資本的支出

有形固定資産に係る支出のうち，当該有形固定資産の取得原価に算入される支出

収益的支出

有形固定資産に係る支出のうち，当該支出時の会計期間の費用に算入される支出（単なる維持・管理にすぎない支出）であって，当該有形固定資産の取得原価に算入してはならない支出

総合償却

複数の固定資産を一括してその減価償却費を計算し，記帳する方法

取替法

部分的な取替えに要する費用を収益的支出として処理する減価償却の代用法

見積残存価額

耐用年数が経過した後，固定資産を処分するときの見積価額

無形固定資産

具体的な形態をもたない非貨幣性の固定資産

有形固定資産

具体的な形態をもっている非貨幣性の固定資産

臨時償却

固定資産の著しい機能的減価および本来予測できたにもかかわらず予測し

なかったために生じた償却不足を原因とする価値の切り下げ

臨時損失

　災害，事故等の偶発的事象による固定資産の著しい物理的減価を原因とする価値の切り下げ

第14章　繰延資産の会計と報告

本章の学習ポイント

1．繰延資産の計上要件とは何か
2．商法では繰延資産にどのような規制を設けているのか。また，それはなぜか
3．建設利息の会計学的性格は何か
4．臨時巨額の損失を繰延経理する理由は何か

▶ 1　繰延資産の意義

　繰延資産とは，企業会計原則上，(1)すでに代価の支払いが完了し，または支払義務が確定し，(2)これに対応する役務の提供を受けたにもかかわらず，(3)その効果が将来にわたって発現するものと期待される費用（「企業会計原則」第三，一，Dおよび「注解」注15参照）であり，動的会計思考に基づく期間損益計算を

「企業会計原則」第三，一

D　将来の期間に影響する特定の費用は，次期以後の期間に配分して処理するため，経過的に貸借対照表の資産の部に記載することができる。

「注解」注15

　「将来の期間に影響する特定の費用」とは，すでに代価の支払が完了し又は支払義務が確定し，これに対応する役務の提供を受けたにもかかわらず，その効果が将来にわたつて発現するものと期待される費用をいう。

　これらの費用は，その効果が及ぶ数期間に合理的に配分するため，経過的に貸借対照表上繰延資産として計上することができる。

（以下省略）

適正に行う見地から，経過的に貸借対照表に計上できるものである。したがって，会計理論上，ある費用項目が上記の定義を満足するかぎり，当該項目は資産性があるとして，当該項目を繰延資産として計上することができる。

しかし，繰延資産は無形固定資産とは異なり法律上の権利ではなく，また流動資産および有形固定資産のように，換金価値（または担保価値）をもっていないために，債権者に対する債務の弁済手段として利用できない。このために，**債権者保護**を重視する商法の立場からすれば，繰延資産は原則として**擬制資産**であるとみなされ，その資産性は否定される。しかし，「商法」にも徐々に動的会計思考がとり入れられるようになり，現在，**創立費**（「商法」第286条），**開業費**（「商法」第286条ノ2），**開発費**（「商法」第286条ノ3），**新株発行費**（「商法」第286条ノ4），**社債発行費**（「商法」第286条ノ5），**社債発行差金**（「商法」第287条），**建設利息**（「商法」第291条）の7項目に限定して（**繰延項目の限定列挙**）繰延**資産計上が許容**されている（ただし，平成14年改正「商法」では，繰延資産は商法本法から削除され，法務省令に移された）。

ただし，債権者保護の見地から繰延資産項目は，**図表14-1**のように，毎決算期に均等額以上の**早期償却**を義務づけるとともに，**配当規制**を加えている（「商法」第286条ないし第287条および第291条4項ならびに第290条1項4号参照）。すなわち，会計理論からすれば，繰延資産はその支出の効果が及ぶ期間で償却すべきもの（極端な考え方をすれば，継続企業の公準を前提にする現行企業会計では，創立費などの支出効果は無限大に及ぶと考えられるので，支出額を∞（無限大）で除すれば限りなくゼロに近づくので償却不要である）といえるが，繰延資産には**担保価値がない**ところから，**資産計上を強制せず**に（容認規定）かりに繰延経理を行った場合には，早期償却を義務づけ債権者保護をはかろうとしている。ま

平成14年改正「商法」第290条

① 利益ノ配当ハ貸借対照表上ノ純資産額ヨリ左ノ金額ヲ控除シタル額ヲ限度トシテ之ヲ為スコトヲ得

一　資本ノ額

二　資本準備金及利益準備金ノ合計額

三　其ノ決算期ニ積立ツルコトヲ要スル利益準備金ノ額

四　其ノ他法務省令ニ定ムル額

図表14‐1　繰延資産の償却期間

種　類	「商法」の定める償却期間
創　立　費	会社成立後5年以内
開　業　費	開業後5年以内
新株発行費	新株発行後3年以内
社債発行費	社債発行後3年以内（3年以内償還の時は償還期限内）
社債発行差金	社債の償還期限内
開　発　費	支出後5年以内
建　設　利　息	資本金の6％を超える配当を行つた年度に，その超過額と同額以上を各年度の利益で償却

た，繰延資産のなかでも開業費および開発費については，とりわけ多額に計上されるおそれがあるところから，配当制限規定（「商法」第290条1項4号）を設け，債権者保護をはかろうとしている。

　かくして，「商法」では繰延資産については，(1)繰延経理を容認規定とし，(2)繰延項目を限定列挙し，(3)早期償却を義務づけ，(4)配当規制を設け，債権者保護をはかろうとしているといえよう。

　ところで，繰延資産に類似するものに長期前払費用がある。長期前払費用とは，一定の契約に従い，継続して役務の提供を受ける場合，いまだ提供されていない役務に対して支払われた対価であって，1年を超えた後に費用となるものであり，たとえば，数年分の地代や家賃を一括して前払いしたような場合に生ずる。これに対して，繰延資産は，支出効果が将来にわたって発現するものと期待される点で長期前払費用と類似しているが，すでに役務の提供を受けている点で長期前払費用と異なるといってよい。

　なお，長期前払費用は時の経過とともに費用化されるので，貸借対照表の翌日から起算して1年以内に費用化される部分は流動資産の部に前払費用として表示する必要がある。

▶ 2 繰延資産の内容

2·1 創立費

これは会社設立のための支出額であり，その主な支出項目としては，定款作成費，株式募集のための広告費，株式申込書・目論見書・株券などの印刷費，創立事務所の賃借料，設立事務のために使用する使用人の給料手当，創立総会のための費用その他会社設立事務に関する必要な費用で会社の負担に属する支出額，発起人が受ける報酬，設立登記の登録免許税などがある。

なお，この創立費は，「商法」上，会社の成立後5年内に毎決算期において均等額以上の償却が義務づけられている（「商法」第286条）。

設問1

次の取引を仕訳しなさい。
(1) 町田運輸株式会社は，会社の設立のために，会社設立事務に関する費用500,000円を現金で支払った。
(2) 第1期決算にあたり，上記支出額を商法に定める最低限度額をもって償却する。

解 答

(1)

| （借） 創　立　費 | 500,000 | （貸） 現　　　金 | 500,000 |

(2)

| （借） 創立費償却 | 100,000 | （貸） 創　立　費 | 100,000 |

2·2 開業費

これは，会社成立後，営業開始までに支出した開業準備のための費用をいい，

土地・建物の賃借料，広告宣伝費，通信費，交通費，事務用消耗品費，支払利息，使用人の給料手当，保険料，電気・ガス・水道料等の費用などをいう。

　開業費も，「商法」上，開業後5年内に，毎決算期ごとに均等額以上の償却が義務づけられている（「商法」第286条ノ2）。

設問2

次の取引を仕訳しなさい。
(1)　釧路造船株式会社は，会社成立後営業開始までに支出した開業準備のための費用1,500,000円を現金で支払った。
(2)　第1期決算にあたり，上記支出額を商法に定める最低限度額をもって償却する。

解　答

(1)

（借）開　　業　　費　1,500,000　（貸）現　　　　　　金　1,500,000

(2)

（借）開 業 費 償 却　300,000　（貸）開　　業　　費　300,000

2・3　新株発行費

　これは，会社成立後，新株の発行のために直接支出した費用であり，株式募集広告費，金融機関・証券会社の取扱手数料，株式申込証・目論見書・株券等の印刷費，変更登録のための登録税等をいう。

　新株発行費は，「商法」上，新株発行後3年内に，毎決算期ごとに均等額以上の償却が義務づけられている（「商法」第286条ノ4）。

設問3

次の取引を仕訳しなさい。
(1)　小樽重工株式会社は，増資にあたり，新株発行のために直接に要した費用900,000円を小切手で支払った。

(2) 決算にあたり，上記支出額を商法に定める最低限度額をもって償却する。

(1)

（借）新 株 発 行 費　900,000　（貸）当 座 預 金　900,000

(2)

（借）新株発行費償却　300,000　（貸）新 株 発 行 費　300,000

2・4　社債発行費

　これは，社債の発行にあたり直接に支出した費用であり，社債募集広告費，金融機関・起債会社の取扱手数料，社債申込証・目論見書・社債券等の印刷費，社債登録税などをいう。

　社債発行費は，「商法」上，社債発行後3年内に，もしも3年内に社債償還の期限が到来するときはその期限内に，毎決算期ごとに均等額以上の償却が義務づけられている（「商法」第286条ノ5）。なお，社債の会計処理については，＜第15章　負債の会計と報告＞で後述する。

設問4

　次の取引を仕訳しなさい。

(1) 旭川重機株式会社は，社債（償還期限5年）の発行にあたり直接に要した費用450,000円を小切手で支払った。
(2) 決算にあたり，上記支出額を商法に定める最低限度額をもって償却する。

解 答

(1)

（借）社 債 発 行 費　450,000　（貸）当 座 預 金　450,000

(2)

|（借）| 社債発行費償却 | 150,000 |（貸）| 社 債 発 行 費 | 150,000 |

2·5　社債発行差金

　これは，社債を券面額以下の価額で発行した場合の券面額と発行価額との差額をいい，「商法」上，当該社債の償還期までの間に，毎決算期ごとに均等額以上の償却が義務づけられている（「商法」第287条）。

設問 5

次の取引を仕訳しなさい。
(1)　秋田製糸株式会社は，当期首に，社債総額5,000,000円を額面100円につき96円，償還期限 5 年の条件で発行し，全額の払込みを受け，これを当座預金とした。
(2)　決算にあたり，上記社債発行差金を商法に定める最低限度額をもって償却した。

解　答

(1)

|（借）| 当 座 預 金 | 4,800,000 |（貸）| 社　　　　　債 | 5,000,000 |
| | 社債発行差金 | 200,000 | | | |

(2)

|（借）| 社債発行差金償　　　　却 | 40,000 |（貸）| 社 債 発 行 差 金 | 40,000 |

2·6　開 発 費

　これは，新技術の採用，新資源の開発，新市場の開拓などの特定目的をもって支出した費用および現に採用している経営組織の改善を行うために特別に支出した費用をいい，経常的な性格をもつものは，ここには含まれない。
　開発費は，「商法」上， 5 年内に毎決算期ごとに均等額以上の償却が義務づ

けられている（「商法」第286条ノ3）。

設問6

次の取引を仕訳しなさい。
(1) 福島ソフトウェア株式会社は，新技術を導入するため，その費用1,200,000円を小切手で支払った。
(2) 決算にあたり，上記支出額を商法に定める最低限度額をもって償却する。

解答

(1)

（借）開　発　費　　1,200,000　（貸）当　座　預　金　　1,200,000

(2)

（借）開 発 費 償 却　　240,000　（貸）開　発　費　　240,000

2·7　建設利息

　これは，鉄道業，電気・ガス事業，港湾業など会社の事業の性質により，会社の成立後2年以上その営業の全部を開業できない場合に，一定の株主に対して開業までの一定期間，会社が支払う利息をいう（「商法」第291条1項）。

　建設利息は，もともと鉄道業の開設を促進し誘引するための政策的措置として明治32年「商法」で繰延資産として認められたものである。会計理論上，建設利息は上述した繰延資産の定義を満足しない（出資額の一部払戻しという性格）ので，その貸借対照表能力には問題があるが，「商法」上，資産計上することが認められている。

設問7

次の取引を仕訳しなさい。
(1) 日吉鉄道株式会社（資本金200,000,000円）は，定款に基づき，株主に対して年5％の建設利息の配当を行った。

(2)　開業後，資本金全額に対して年１割の配当を行ったので，建設利息を４％で償却
　　した。

解　答

(1)

　　（借）建　設　利　息　10,000,000　（貸）現　　　　　金　10,000,000

(2)

　　（借）建設利息償却　8,000,000*　（貸）建　設　利　息　8,000,000

　　*　200,000,000×４％＝8,000,000

▶ 3　臨時巨額の損失の繰延べ

　「企業会計原則」は，天災等により固定資産または企業の営業活動に必須の
手段たる資産の上に生じた損失が当期の純利益または当期未処分利益から当期
の処分予定額を控除した金額で負担しえないほど巨額である場合で，特に法令
をもって認められた場合には，これを経過的に貸借対照表の資産の部に記載し
て繰延経理することを容認している（「注解」注15）。

　そもそも資産とは，すでに述べたように経済的便益すなわち収益獲得能力が
当該企業に帰属し，かつ貨幣額によって合理的に測定できるものを指す。しか
し，臨時巨額の損失は，この資産概念にあてはまるものではなく，文字通りの
損失であるから，適正な期間損益計算の観点からすれば，これを繰延経理する
根拠を見出しがたい。

　臨時巨額の損失を資産として繰延経理することが認められるとすれば，それ
は会計理論に基づくものではなく，経営政策，財務政策などの政策的な理由に
よるものである。すなわち，臨時巨額の損失を受けても，これをいったん貸借
対照表の資産の部に計上し，逐次，将来の収益にチャージする方法をとること
により企業が利益配当を行えるようにすること，またこのことによって，株式

市場での株価の暴落，ひいては証券市場の混乱を防止し，新株や社債の発行による資金調達を可能ならしめるなどの配慮に基づくものである。

　したがって，臨時巨額の損失を繰延経理することは，会計理論上認められるものではなく，あくまでも政策的な配慮によるものである。

◀ Key Words ▶

開業費
　　会社成立後，営業開始までに支出した開業準備のための費用

開発費
　　新技術の採用，新資源の開発，新市場の開拓などの特定目的をもって支出した費用および現に採用している経営組織の改善を行うために特別に支出した費用

繰延資産
　　会計上，すでに代価の支払いが完了し，または支払義務が確定し，これに対応する役務の提供を受けたにもかかわらず，その効果が将来にわたって発現するものと期待される費用

建設利息
　　会社の事業の性質により，会社の成立後２年以上その営業の全部を開業できない場合に，一定の株式に対して開業までの一定期間，会社が支払う利息

社債発行差金
　　社債を券面額以下の価額で発行した場合の券面額と発行価額との差額

社債発行費
　　社債の発行にあたり直接に支出した費用

新株発行費
　　会社成立後，新株の発行のために直接支出した費用

創立費
　　会社設立のために要した支出額

長期前払費用
　　一定の契約に従い，継続して役務の提供を受ける場合，いまだ提供されていない役務に対して支払われた対価であって，１年を超えた後に費用となるもの

第15章　負債の会計と報告

本章の学習ポイント

1．負債とは何か。また，どのように分類するのか
2．引当金の設定要件は何か
3．退職給付費用と退職給付引当金はそれぞれどのように計算するのか
4．商法上の引当金とは何か
5．「租税特別措置法」上および特別法上の準備金はどのように処理するのか
6．社債の償還方法とその会計処理にはどのようなものがあるか

▶ 1　負債会計の意義

1・1　負債会計の意義

　負債会計は，債務の発生とその弁済に関する経済活動および経済事象を測定し，報告するための会計である。

　負債会計は負債が資本とともに企業の資金の調達源泉であるところから**資本会計**と結びつき，また負債と資本の運用結果が資産であるところから**資産会計**とも密接に結びついており，財政状態を表すことを目的としている。また，引当金の設定，取崩しによって，さらに，まれではあるが，公益性の高い企業の借入金の支払いの免除によっても損益が発生することがあり，この場合には負

債会計は損益会計とも結びついているといえる。

1・2　負債の意義

負債とは，一般に，商品の購入代金の未払分（これを買掛金という），銀行などから借りてきた現金（これを借入金という）など約束の期日に支払わなければならない債務である。

これらの負債に共通している特徴は，他の企業（個人を含む）に対する現在の支払義務を具体化したものであり，それは将来の一定の時点に資産の譲渡によって決済され，資産を減少させる（たとえば，借入金の返済は，資産である現金を減少させる）性質をもっているもの（経済的便益の犠牲分）であるという点にある。

したがって，負債とは，資産の定義とは逆に，企業の経済的便益の犠牲であり，かつ貨幣額でもって合理的に測定できるものであると定義できる。

▶ 2　負債の分類基準

2・1　属性別分類

負債の基本的な特徴は，企業が負っている現在の債務であるという点にある。債務とは，ある者（債務者）が他の特定の者（債権者）に対して一定の行為または給付を遂行しなければならない義務または責任をいう。義務は，支払義務のようにその多くが法律または契約によって法的に強制される（これは法的債務という）のが普通である。法的債務のなかには，金銭債務，引渡債務，作為（用役提供）債務などの確定債務に加えて，販売した製品について一定期間無償で修繕する契約または取引慣行などの一定の条件を満たすと確定債務になる条件付債務がある。

しかし，義務のなかには法的債務性をもっていないものの，たとえば修繕引当金のように適正な期間損益計算を行うため，またはリース負債のように実質優先主義の見地から計上されるいわゆる会計上の純負債がある。

図表15‐1　負債の属性別分類

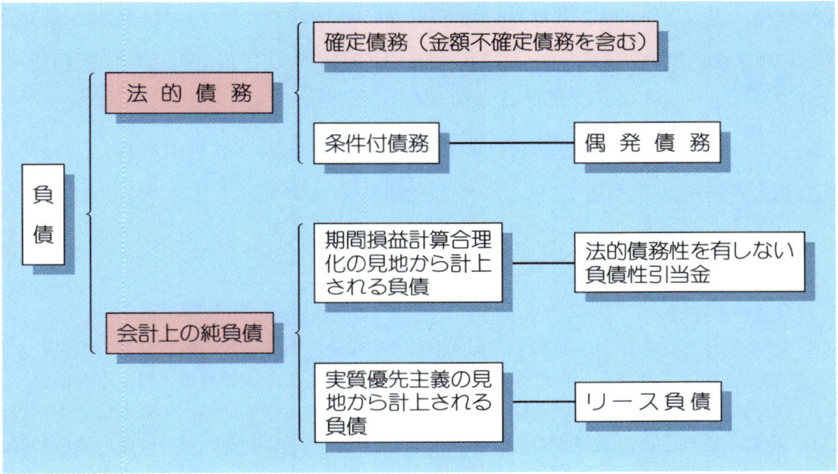

したがって，負債は，その性質によって，法的債務（法律・契約上の支払義務）と会計上の純負債（法的債務性のない負債）とに大別できる（**図表15‐1**参照）。

2・2　流動・固定分類

負債の流動・固定分類はその弁済期限の長短に着目したものであるが，その分類にあたっては，資産の場合と同様に，原則として，(1)正常営業循環基準

「企業会計原則」第三，四，（二）

A　取引先との通常の商取引によつて生じた支払手形，買掛金等の債務及び期限が1年以内に到来する債務は，流動負債に属するものとする。

　支払手形，買掛金その他流動負債に属する債務は，取引先との通常の商取引上の債務とその他の債務とに区別して表示しなければならない。

　引当金のうち，賞与引当金，工事補償引当金，修繕引当金のように，通常1年以内に使用される見込のものは流動負債に属するものとする。

B　社債，長期借入金等の長期債務は，固定負債に属するものとする。

　引当金のうち，退職給与引当金，特別修繕引当金のように，通常1年をこえて使用される見込のものは，固定負債に属するものとする。

（normal operating cycle rule）と(2) 1 年基準（one year rule）とがある。まず，前者が適用され，ついで前者で分類しえない負債項目については後者が適用される（「企業会計原則」第三，四，（二），AおよびBならびに「注解」注16，**図表15－2**参照）。

　ここに，**正常営業循環基準**とは，当該企業の主たる営業取引過程において生じる法的債務を，原則として，すべて流動負債とすべしとする考え方であり，

図表15 - 2　　負債の分類基準

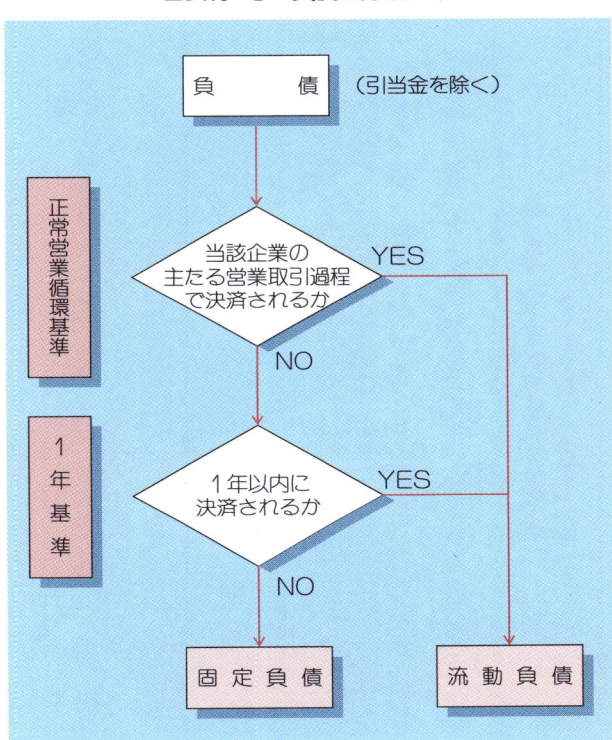

かかる過程にある項目は，たとえ，弁済期限が1年を超えることがあっても，その長短を問わず，すべて流動負債とされる点にこの基準の特徴がある。

　一方，**1年基準**とは，貸借対照表日の翌日から起算して，通常，1年以内に弁済期限が到来するものまたは1年以内に使用される見込みが確実でありかつその額を合理的に算定できるもの（引当金の場合）は，これを流動負債とし，また，弁済期限が1年を超えて到来するものまたは1年以内に使用される見込みもしくはその金額が不確実なもの（引当金の場合）は，これを固定負債とすべしとする考え方である（**図表15 - 3** 参照）。

　したがって，ある負債項目を流動・固定に分類するには，それが上記いずれの基準の適用を受けるかが，その決め手になる。

図表15‐3　引当金の分類基準

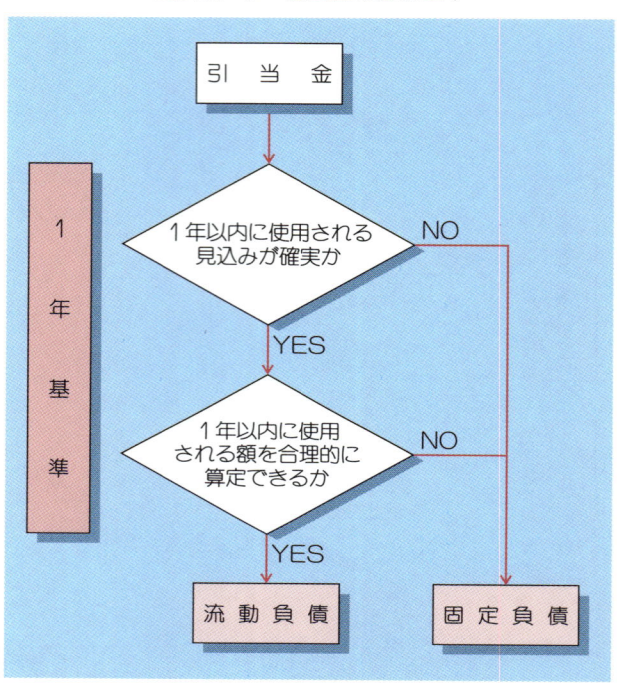

以上の結果,「財規」様式第2号によって負債を分類・表示したものが,図表15‐4である。

図表15‐4　「財規」様式第2号による負債の分類・表示

負　債　の　部	
Ⅰ　流動負債	
支払手形	×××
買掛金	×××
短期借入金	×××
未払金	×××
未払費用	×××
未払法人税等	×××
繰延税金負債	×××
前受金	×××

```
        預り金                                ×××
        前受収益                              ×××
        引当金
          修繕引当金                ×××
          ……………             ×××     ×××
        株主，役員又は従業員からの短期借入金       ×××
        従業員預り金                          ×××
          ……………                        ×××
            流動負債合計                              ×××
  II   固定負債
        社　債                                ×××
        転換社債                              ×××
        長期借入金                            ×××
        関係会社長期借入金                    ×××
        株主，役員又は従業員からの長期借入金    ×××
        長期未払金                            ×××
        繰延税金負債                          ×××
        引当金                                ×××
          退職給付引当金              ×××
          ……………             ×××     ×××
          固定負債合計                              ×××
            負　債　合　計                          ×××
```

▶ 3　金銭債務

3·1　金銭債務の意義

　金銭債務は，厳密にいえば，金銭の給付を行わなければならない義務をいい，会計上，将来，現金の支出をもって弁済する債務をいう。金銭債務は，会計上，

「施行規則」第58条

　買掛金，支払手形その他営業取引によって生じた金銭債務は，流動負債の部に記載し，又は記録しなければならない。

第59条

　借入金その他前条に掲げる金銭債務以外の金銭債務で，その履行期が決算期後1年以内に到来するもの又は到来すると認められるものは，流動負債の部に記載し，又は記録しなければならない。

企業の主目的たる営業取引過程において発生した債務である**仕入債務**（営業債務ともいい，買掛金，支払手形など）と，**その他の債務**（営業外債務ともいい，借入金，未払金，預り金など）とに区別される（「施行規則」第58条，第59条参照）。

金銭債務は，**貸借対照表**上，当該債務金額（弁済額）をもって計上される。これについて特に明文上の規定はないが，金銭債権との整合性を考えれば当然のことであると思われる。**外貨建金銭債務**については，**決算日の為替相場による円換算額**が原則として付される（詳しくは，**＜第21章　外貨換算の会計と報告＞**参照）。

3・2　仕入債務の意義

商品などの支払いは必ずしも現金取引や当座取引で行われるとはかぎらず，実際には信用取引や手形取引によって行われることのほうが多い。

以下，仕入債務のうち代表的な買掛金と支払手形について説明する。

3・2・1　買 掛 金

買掛金とは，企業の主目的たる営業取引過程において発生した営業上の未払金をいう。これは，手形や証書などによらない，売手と買手との信用のもとにその存在が認められる金銭債務である。

買掛金は，必ず仕入とともに発生する。仕入によって買掛金が発生したときには，買掛金勘定の貸方にその債務額をもって計上し，その買掛金に対する支払いを行ったときには，借方にその支払った債務額をもって計上する。したがって，買掛金勘定の残高は，つねに買掛金の現在有高（ありだか）を示すことになる。買掛金は，貸借対照表上，流動負債の部に当該債務金額（弁済額）をもって計上される。

買掛金と混同しがちなものとして，**未払金**がある。両者はともに手形や証書が発行されない金銭債務である点で共通しているが，買掛金が企業の主目的たる営業取引過程から生じる金銭債務であるのに対して，未払金は，企業の主目的ではない営業取引過程，たとえば有価証券，土地の購入取引などから生じる営業外金銭債務である。したがって，決算日の翌日から起算して１年を超えて

支払われる未払金は，貸借対照表上，固定負債として記載されることになる（買掛金は，正常営業循環基準の適用により支払期限が１年を超えるものでも流動負債の部に計上される）。

3・2・2　支払手形

支払手形とは，企業の主目的たる営業取引過程において発生した手形債務をいう。

すでに述べたように，手形は，手形法に基づき債務者が一定期日（支払日）に所定の場所で手形代金を支払うことを約束した証券であり，約束手形と為替手形の２種類が用いられる（**＜第10章　金銭債権の会計と報告＞**参照）。約束手形を振り出したときおよび為替手形の名宛人となることを承諾したときには，支払手形勘定の貸方にその券面額をもって記入を行い，それらの手形に対する支払いを行ったときには借方に当該手形の券面額をもって記入を行う。したがって，支払手形勘定の残高は，つねに支払手形の現在有高を示すことになる。支払手形は，貸借対照表上，流動負債の部に当該債務金額（弁済額）をもって計上される。

なお，企業の主目的たる営業取引過程以外においても，手形債務は発生する。たとえば，(1)固定資産や有価証券の対価として，(2)金融手形として，企業は約束手形を振り出すことがある。

このような手形については，それぞれ，(1)営業外支払手形勘定，(2)手形借入金勘定を用いて処理を行うが，(2)については短期借入金（長期借入金）勘定で処理してもよい。貸借対照表上は，これらはすべてまとめて**その他の負債**として記載する。

3・3　その他の債務

仕入債務以外の金銭債務としては，すでに述べた未払金や営業外支払手形などのほかに，**借入金**や**預り金**（従業員給与からの源泉徴収分の一時的な預りなど），**前受金**（受注工事，受注品等に対する代金の前受けなど）などがある。

これらはすべて仕入債務に準じた処理を行い，貸借対照表上は１年基準に

よって当該債務金額（弁済額）をもって計上される。

▶ 4　引当金

4·1　引当金の意義

　引当金とは，将来の資産の減少に備えて，その合理的見積額のうち，当期の負担に属する金額を費用または損失（または収益控除）として計上するために設定される貸方項目をいう。

　引当金を**設定する目的**は，当期の収益に対応する費用を計上することによって，**適正な期間損益計算**を行うため，また当該企業の資産価額の減少額を見積計上することによって，当該資産の**決算日現在の貸借対照表価額**を明らかにするためである。

4·2　引当金の設定基準

　引当金を設定する場合，それが妥当なものか否かを判断する基準として，「企業会計原則」は，次の3要件をあげている（「注解」注18）。

(1)　将来の費用または損失（収益の控除を含む，以下同じ）が特定（**費用・収益の特定性**）しており，その発生原因が当期以前の事象にあること（**発**

「注解」注18

　　将来の特定の費用又は損失であつて，その発生が当期以前の事象に起因し，発生の可能性が高く，かつ，その金額を合理的に見積ることができる場合には，当期の負担に属する金額を当期の費用又は損失として引当金に繰入れ，当該引当金の残高を貸借対照表の負債の部又は資産の部に記載するものとする。

　　製品保証引当金，売上割戻引当金，返品調整引当金，賞与引当金，工事補償引当金，退職給与引当金，修繕引当金，特別修繕引当金，債務保証損失引当金，損害補償損失引当金，貸倒引当金等がこれに該当する。

　　発生の可能性の低い偶発事象に係る費用又は損失については，引当金を計上することはできない。

生原因の当期以前性）

(2)　費用または損失につき，その発生の可能性が高いこと（**発生の確実性**）

(3)　設定金額の見積りを合理的に行いうること（**見積計算の合理性**）

　まず，引当金を設定するためには，費用または損失が特定しており，その原因が当期以前に生じているものでなくてはならない。引当金は，会計理論上，発生主義に基づく期間損益計算において当期の収益に対応する適正な期間費用を計上することを目的として設定されるものである。建物の修繕のケースを例にあげて考えてみると，かりにその修繕の原因は建物の取得以来徐々に生じているにもかかわらず，修繕費の全額を実際に修繕を行った会計期間に計上しその期の損益計算に負担させたとすると，期間利益はその額だけ過少計上されることになるので，適正な期間損益計算を行うためには，修繕引当金が設定されなければならないといえる。

　したがって，引当金として設定するためには，**特定の費用支出となる現金その他の資産の減少の対象を特定でき，かつその発生原因が当期以前の事象に起因するか否か**についてのテストを行うことが**第1の要件**となる。その意味で，将来に予定されている記念事業のための支出に備える目的の「創立○周年記念事業引当金」などは，どこまでが記念事業に係る費用支出なのかを具体的に特定できないばかりではなく，その発生原因も当期以前にないために，引当金としての設定は認められないといえる。

　次に，引当金はその発生原因が当期以前の事象に起因していることを条件に，将来の特定の費用または損失を見積計上するために設定されるものであるが，その場合に**特定の費用または損失が生じる可能性が高いものであるか否か**のテストを行うことが**第2の要件**となる。なぜならば，特定の費用または損失として発生する可能性が低いものであるならば，それは単なる偶発事象にすぎないからである。偶発事象には，偶発利得と偶発損失とがあり，さらに後者には偶発債務も含まれる。**偶発損失**とは，火災損失，災害損失などのようにある種の損失が突発的・偶然的に生じる損失である。また，**偶発債務**とは現時点においては単なる偶発損失であって法律上の債務ではないものの，一定の条件が満た

されるような事態が発生したときに法律上の債務として確定する可能性がある義務である。したがって，偶発債務は将来の費用または損失であるという点では，引当金と類似の性質をもっているものの，その費用または損失を特定できないばかりではなく，上述した引当金の設定要件のうち(2)および(3)を欠くという意味で引当金とは異なるので，その内容を注記しなければならない（「企業会計原則」第三，一，C）。

さらに，引当金の設定額たる当期の費用の発生額は，次期以降の事象に関する見積りに基づいて計上されるものであるが，その**見積額は合理的かつ客観的に算定できるか否か**についてテストをすることが**第3の要件**となる。すなわち，引当金は基本的に見積計算に基づくものであるが，上述のようにそれは合理的な期間損益計算を行うことを目的として設定されるものなので，その設定見積額は過去の経験，統計的確率などに基づいて合理的かつ客観的に算定できるものでなければならないといえる。

しかし，上述の偶発債務であっても，確定債務になり，損失をもたらす可能性が高く，金額を合理的に見積ることができるならば，負債性引当金として設定できる。たとえば**債務保証**（関係会社などがその担保財源不足，財務内容の悪化などが原因で金融機関から融資を拒否されたものの，親会社，主要取引先などが当該融資額の弁済をすることを条件に金融機関から融資を受ける場合に，これを承諾した親会社などに対して生じる偶発損失）を行っていた保証先の会社が，債務超過に陥ったり，会社更生法の適用を受けるなどによって債務の代位弁済をしなければならない可能性がきわめて高いと認められる場合には，**債務保証損失引当金**として設定することができる。そうはいっても，偶発債務について，これを引当金として計上するか注記開示にとどめるかの線引きを上述の設定要件(2)および(3)で理論的に詰めることは，個々の事例が異なることもあって困難であることから，実務に委ねられているのが現状である。

たとえば，災害損失自体は偶発損失であるが，災害発生後にこれを災害損失引当金として計上した事例としては，1995年の三菱商事の有価証券報告書にみられる。これは，阪神・淡路大震災によって建物および構築物等の撤去費用，原状回復費用などを合理的に見積り計上できるために負債性引当金として計上

したものである。

4·3 引当金の種類

引当金は，**図表15‐5**のように資産の部に記載される**評価性引当金**と負債の部に記載される**負債性引当金**とに大別され，さらに後者は**債務性のある引当金**と**債務性のない引当金**とに分類される。

評価性引当金とは，企業が所有している資産の期末の現在価額（貸借対照表価額）を示す目的で設定される貸方項目であり，この例としては**貸倒引当金**があげられる。

評価性引当金に類似しているものの，会計学的性格を異にしているものに減価償却累計額がある。**減価償却累計額**は，現在所有している償却資産に対してすでに発生した費用（減価償却費）の累計額を示すものであり，**将来の費用または損失ではない**ので引当金に該当しない。ただし，減価償却累計額は，将来，当該償却資産の取替更新に要する貨幣支出額を見積り計上するものと解すれば，引当金に該当するとも考えられるが，今日，減価償却の本質は取得原価の期間配分であるとする見解が最も有力であるので，かかる解釈をするにはかなり無理があるといえる。

一方，**負債性引当金**とは将来の支出額を意味するものであり，そのうち債務性のある引当金とは，企業が負っている条件付債務を示す目的で設定される貸

図表15‐5　引当金の種類

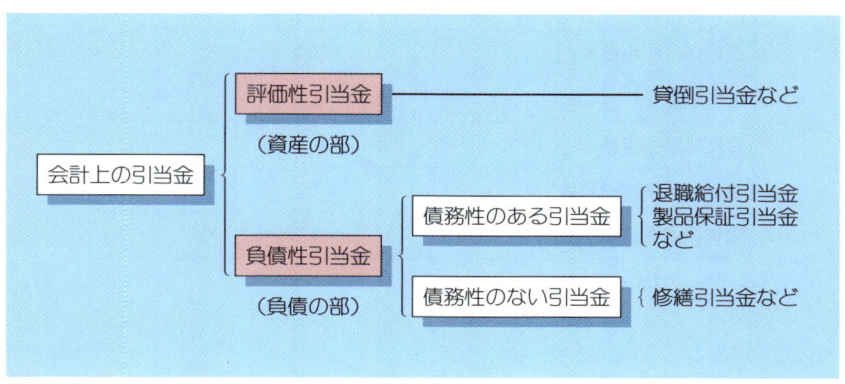

方項目であり，この例としては就業規則などにおいて退職一時金・退職年金等を支払うことが定められている場合の退職給付引当金，製品保証等引当金などをあげることができ，また，債務性のない引当金とは，企業が所有している資産に係る将来の支出負担を示す目的で主として会計的見地から設定される引当金である。この例としては，修繕引当金，特別修繕引当金などをあげることができる。

4･4 負債性引当金の種類とその属性

負債性引当金は，すでに述べたように，法的債務性のある引当金と法的債務性のない引当金または費用性もしくは収益控除性のある引当金とに分類できる。そこで，負債性引当金をこの観点から整理してみると，図表15−6のようにまとめることができる。

図表15−6　負債性引当金とその属性

	法的債務性	費用性	収益控除性
製品保証引当金	○	○	−
売上割戻引当金	○	−	○
景品費引当金	○	○	−
返品調整引当金	○	−	○
賞与引当金	○	○	−
工事補償引当金	○	○	−
退職給付引当金＊	○	○	−
修繕引当金	−	○	−
特別修繕引当金	−	○	−
債務保証損失引当金	○	○	−
損害補償損失引当金	○	○	−

＊定款，就業規則等に定めのある場合

4·4·1　製品保証引当金・工事補償引当金

これは，販売した製品または引き渡した工事について，保証書などで一定期間，無償サービスで修理する保証を行っている場合，期末に当期の売上高または工事完成高に係る将来の修理費を見積り，これを当期の費用として計上するときに生ずる貸方項目である。なお，製品保証引当金と工事補償引当金は，実務上しばしば製品保証等引当金ともよばれている。

4·4·2　売上割戻引当金

これは，当期中の売上高に関して次期（以降）に行われると見込まれるリベート（一定期間多額の商品などを購入した得意先に支払う割戻金）を期末に見積り計上するときに生ずる貸方項目である。すなわち，売上割戻引当金繰入額は当期の売上高のマイナスを意味するので収益控除性の負債性引当金である。

4·4·3　景品費引当金

これは，缶コーヒー，カップラーメンなどの商品についているシールなどを一定量集めて送れば毎週抽選で景品を与える方式で販売を行っている場合に，期末に当期の売上高についての将来の景品費を見積り，これを当期の費用として計上するときに生ずる貸方項目である。

4·4·4　返品調整引当金

これは，出版社，製薬会社など返品率の高い商品・製品を販売している会社が，当該販売商品・製品について売価で買い戻す旨の約束をしている場合，期末に当期の売上高に係る返品額を当期の費用としてあらかじめ見積り計上するときに生ずる貸方項目であり，収益控除性の負債性引当金である。

4·4·5　賞与引当金

これは，企業が従業員などに対して支払うボーナスをあらかじめ見積り，当期の費用として計上するときに生ずる貸方項目である。

4·4·6 退職給付引当金

これは，労働協約，就業規則などに基づいて，企業が従業員に退職給付（これは退職一時金と退職年金（企業年金ともいう）からなる）を行うことを約束している場合に，将来の退職給付のうち当期の負担に属する額を当期の費用として計上するときに生じる貸方項目である。

退職給付引当金の金額は，原則として，退職時に見込まれる退職給付の総額のうち期末までに発生していると認められる額を，一定の割引率および現在から予想される退職時までの期間（残存勤務期間）に基づき割り引いて計算された退職給付債務の金額であるが，当該企業が企業年金制度を採用し，退職給付に充てるために企業外部に積み立てられている年金資産が存在する場合には，年金資産の期末における時価を控除するなどの調整が行われる（「退職給付基準意見書」四，2）。

以下，［基本例1］を用いて退職給付引当金および退職給付費用について，具体的に説明しよう。

図表15 - 7　退職給付の仕組み

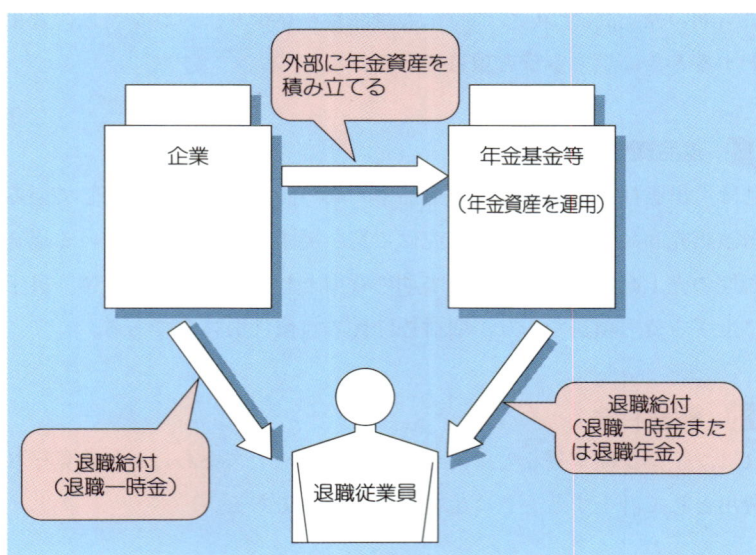

▶　　**基本例1**　　◀

　　青山株式会社の前期20X1年度末（20X2年3月31日）の退職給付引当金は80,000千円（退職給付債務100,000千円，年金資産20,000千円）であり，当期20X2年度末（20X3年3月31日）の勤務費用は20,000千円であり，年金資産の期待運用収益率が4％，退職給付債務の割引率が3％であったとする。

　　また，青山株式会社は，20X3年度の期首において現金10,000千円を年金基金に拠出し，さらに従業員の退職者Yに対して現金5,000千円を退職給付として支払ったとする。

　退職給付引当金は，退職給付債務に未認識過去勤務費用および未認識数理計算上の差異を加減し，年金資産の額を控除した額をもって計上する（「退職給付基準」二，1）。しかし，未認識過去勤務費用および未認識数理計算上の差異がないとすれば，退職給付引当金は，下記の図のように退職給付債務から年金資産を控除して計算する。

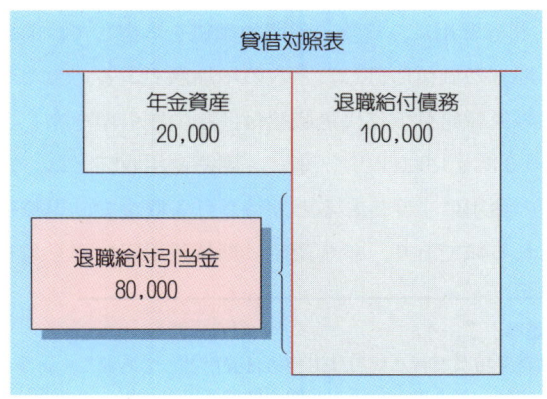

「退職給付基準」二，1

　退職給付債務に未認識過去勤務債務及び未認識数理計算上の差異を加減した額から年金資産の額を控除した額を退職給付に係る負債として計上する。

（以下省略）

　[基本例１]の場合も，未認識過去勤務費用も未認識数理計算上の差異も存在しない仮定であるために前期末の退職給付引当金は，退職給付債務100,000千円と年金資産20,000千円の差額80,000千円として計算され，これが青山株式会社の前期末の貸借対照表に計上される。

　すでに述べたように，将来の退職給付のうち当期の負担に属する金額は，退職時に見込まれる退職給付の総額のうち各期の発生額を見積り，これを一定の割引率および残存勤務期間に基づき現在価値額に割り引いて計算する。

　退職給付債務は，期末より予測される退職時までの割引期間（残存勤務期間）の減少に伴い増加し，これによって退職給付引当金も増加することになる。この点を説明すれば，次のとおりである。

　企業年金制度を採用している場合の**退職給付費用**（＝勤務費用＋利息費用）は，年金資産にかかる当期の期待運用収益相当額を控除して計算する（「退職給付基準」三，１）。この場合，**勤務費用**とは，一期間の労働の対価として発生したと認められる退職給付について割引計算により測定される額であり，**利息費用**とは，割引計算により算定された期首時点における退職給付債務について，期末までの時の経過により発生する計算上の利息の額である（「退職給付基準」一）。すなわち，利息費用は，貨幣の時間的価値を考慮して，前期末の退職給付債務の価値を当期末の価値に直したときの増加額である。したがって，利息費用は，期首時点の退職給付債務に退職給付債務の割引率を乗じて算定すればよい（100,000千円×３％＝3,000千円）。また，**期待運用収益**とは，企業年金制度における年金資産の運用により生じると期待される収益で，退職給付費用の計算において控除される額であり，年金資産に期待運用収益率を乗じて算定すれば

「退職給付基準」三，１

　当期の勤務費用及び利息費用は退職給付費用として処理し，企業年金制度を採用している場合には，年金資産に係る当期の期待運用収益相当額を差し引くものとする。なお，過去勤務債務及び数理計算上の差異に係る費用処理額は退職給付費用に含まれるものとする。

一，４

　利息費用とは，割引計算により算定された期首時点における退職給付債務について，期末までの時の経過により発生する計算上の利息をいう。

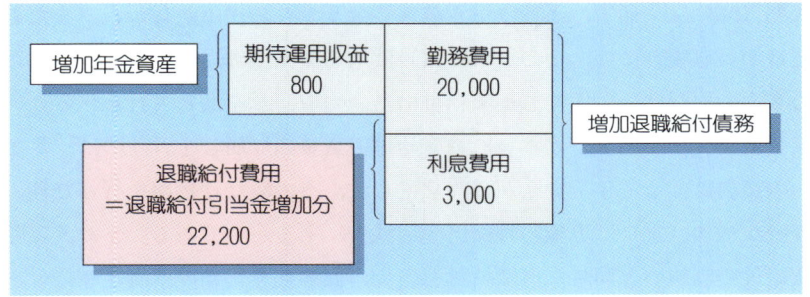

よい（20,000千円×4％＝800千円）。

　以上の結果，退職給付引当金の増加分（退職給付費用）は，上記の図から明らかなように，22,200千円（＝①勤務費用20,000千円＋②利息費用3,000千円－③期待運用収益800千円）となる。

　したがって，当期末の仕訳は，次のとおりである。

（単位：千円）

　（借）　退　職　給　付　費　用　　　22,200　（貸）　退職給付引当金　　　22,200

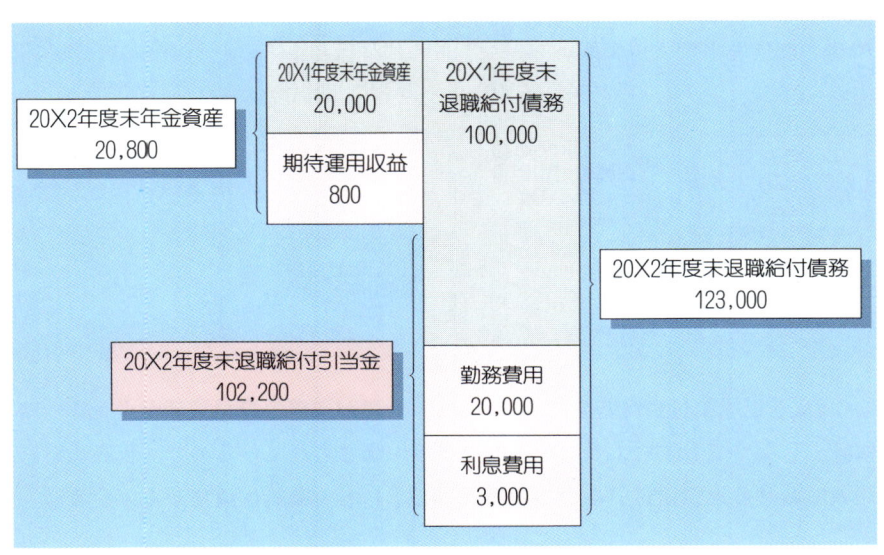

　次期以降には，通常，当期に引き続き年金基金への拠出が行われ，また退職従業員がいる場合には，その退職従業員に対して実際に退職給付が支払われる。この2つの取引は，いずれも退職給付引当金の取崩しを通じて行われる。

　年金基金への拠出を行うさいに退職給付引当金の取崩しを行うのは，年金基金への拠出によって年金資産が積み立てられ，その額だけ拠出を行った期の年金資産が増加（または退職給付引当金が減少）するからである。また，実際の退職給付の支払いと同時に退職給付引当金の取崩しを行うのは，退職給付の支払いによって，支払いを行った期の退職給付債務が減少するからである。

　［基本例1］では，青山株式会社は20X3年度期首に年金基金への拠出と退職従業員への退職給付の支払いを行っているので，それらに要した現金支出額だけ退職給付引当金を取り崩す。

（単位：千円）

（借）　退職給付引当金	15,000	（貸）　現　　　　金	15,000

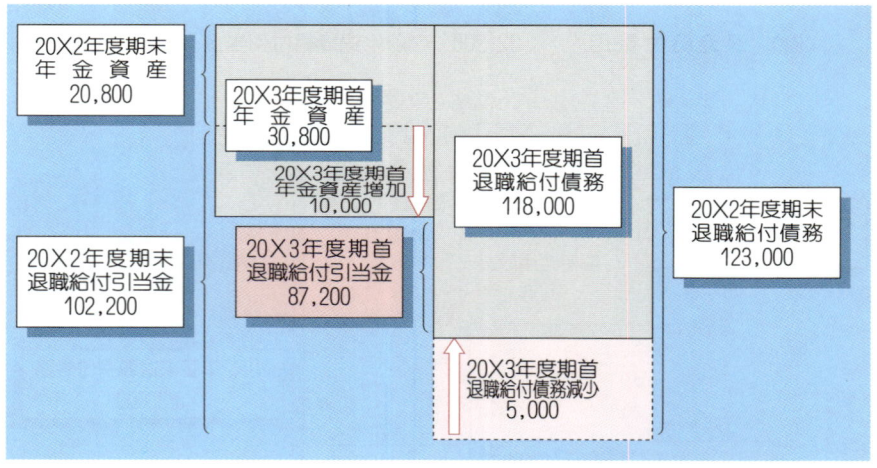

　なお，「退職給付会計基準」においては，企業が多額の退職給付引当金を一時に計上しなくてもすむように経過的な措置が講じられているので，現在の財務諸表における退職給付引当金の金額は，必ずしも退職給付債務から年金資産を

控除した金額と一致するわけではない。

4・4・7　修繕引当金

　これは，企業が現在使用している機械その他の有形固定資産について，将来修繕を行う予定がある場合に，その修繕費を当期の費用としてあらかじめ見積り計上するときに生ずる貸方項目である。

　なお，船舶，溶鉱炉などを定期的に大修繕するための費用をあらかじめ見積り計上するときに生ずる貸方項目を**特別修繕引当金**という。

4・4・8　債務保証損失引当金

　これは親会社，主たる取引先などが関連会社などに対して債務保証をすでに行っており，かつ保証義務が生じる可能性が高くなってきた場合，債務保証額のうち期末に当期の負担額を当期の費用としてあらかじめ見積り計上するときに生ずる貸方項目である。

4・4・9　損害補償損失引当金

　これは取引先などの第三者との係争中の裁判によって損害賠償請求をされることが確定する可能性が高くなってきた場合に，その金額のうち期末に当期の負担額を当期の費用として見積り計上するときに生ずる貸方項目である。

4・5　商法上の引当金

　商法上の引当金とは，平成14年改正前の「商法」第287条ノ2の引当金をいい，次のように規定されている。

　　「商法」第287条ノ2
　　　特定ノ支出又ハ損失二備フル為ノ引当金ハ其ノ営業年度ノ費用又ハ損失ト為スコトヲ相当トスル額二限リ之ヲ貸借対照表ノ負債ノ部二計上スルコトヲ得

　本来，商法は，**引当金を負債の部**に計上する場合には，それが**法的債務性**を持っていることを**前提**にしており，したがって労働協約などの契約に基づかな

い退職給付引当金などの法的債務性のない引当金を負債の部に計上させない立場をとっていた。しかし，適正な期間損益計算を行う見地からは，法的債務性のない引当金の計上を認めざるをえず，本条の規定が設けられた。

まず，本条では「その営業年度の費用または損失」と規定し，その繰入額が当期の収益と期間的対応関係にあるものに限定しているところから，本条の引当金には任意積立金の性質をもついわゆる利益留保性引当金は含まれないと解される。また，商法上の引当金は負債の部に計上されるものに限定されているところから，資産の控除項目としての性格をもつ評価性引当金は本条の引当金には含まれないといえる。

商法では，確定債務であると条件付債務であるとを問わず，法的債務はすべて貸借対照表の負債の部に計上しなければならないにもかかわらず，本条の引当金の計上は任意規定になっているところから，本条の引当金には，たとえば，製品保証引当金などの条件付債務の性質を有する負債性引当金および未払法人税等のような金額不確定債務などの法的債務は含まれないと解される。

したがって，商法上の引当金とは，たとえば，修繕引当金などのように，負債性引当金のうち法的債務性をもたず，期間損益計算の観点から設定される会計上の負債性引当金であると解される。

次に，商法上の引当金の表示について述べれば，次のとおりである。

まず，商法上の引当金は，流動負債または固定負債の部に計上するのが原則である（「施行規則」第56条）が，商法上の引当金は法的債務性をもたないので，法的債務と区別する意味から，引当金の部を設けて記載し，または記録することもできる（「施行規則」第67条1項）。しかし，引当金の部を設けて表示したものについては，その計上の目的を示す適当な名称を付して記載し，または記録しなければならない（「施行規則」第67条2項）。さらに，本条の引当金であって，引当金の部に記載しないものについては，本条の引当金であることを注記しなければならない（「施行規則」第67条3項）。

4・6　租税特別措置法および特別法上の準備金

4・6・1　租税特別措置法上の準備金

　上述のように，商法上の引当金には利益留保性の引当金は含まれないことが明白であるが，昭和56年改正前の「商法」第287条ノ2の引当金，すなわちいわゆる特定引当金（「計規」旧第33条）として計上されていた租税特別措置法上の準備金（たとえば，海外投資等損失準備金（第55条），金属鉱業等鉱害防止準備金（第55条の5），電子計算機買戻損失準備金（第56条の4），プログラム準備金（第57条），使用済核燃料再処理準備金（第57条の3）など）については，次のように処理する（「負債性引当金に係る企業会計原則注解の修正に関する解釈指針」二）。

　その実態が「注解」注18に定める引当金に該当すると認められるものについては，損金処理方式により，その計上の目的を示す適当な名称を付し（「施行規則」第67条2項），流動負債もしくは固定負債または引当金の部に計上する。

　その実態が「注解」注18に該当しないと認められるものについては，利益処分方式により資本の部に計上しなければならない。

「施行規則」第56条
　　負債の部は，流動負債及び固定負債の各部に区分しなければならない。
第67条
① 　商法第287条ノ2に規定する引当金は，第56条の規定にかかわらず，負債の部に別に引当金の部を設けて記載し，又は記録することができる。
② 　前項の引当金は，その計上の目的を示す適当な名称を付して記載し，又は記録しなければならない。
③ 　第1項の引当金で，引当金の部に記載せず，又は記録しないものについては，商法第287条ノ2に規定する引当金であることを注記しなければならない。
④ 　法令の規定により負債の部に計上することが強制される引当金又は準備金で，他の部に記載し，又は記録することが相当でないものは，引当金の部に記載し，又は記録しなければならない。
⑤ 　法令の規定により負債の部に計上することが強制される引当金又は準備金については，その法令の条項を付記しなければならない。

4・6・2　特別法上の準備金

　いわゆる特別法のなかには，負債の部にその計上が強制される準備金がある。たとえば，**取引損失準備金**（「証取法」第57条），**証券取引責任準備金**（「証取法」第59条），**渇水準備金**（「電気事業法」第36条），**責任準備金**（「保険業法」第116条），**金融先物取引責任準備金**（「金融先物取引法」第82条）などである。これらは，一般に利益留保性の準備金の性格をもつものが多いが，これらについては次のように処理する。

　上記の準備金のうち**「注解」注18に該当するもの**であれば，租税特別措置法上の準備金と同様に**負債の部**に計上する。

　上記の準備金が**「注解」注18に該当しない場合**には，特定業種の公益性の観点からその計上が特別法で強制されており，またその繰入れおよび取崩しの条件が定められているなどの事情を考慮して，その計上を規定した**法令の条項を注記**（「財規」第54条の2第2項）もしくは**付記**（「施行規則」第67条5項）したうえで，**特別法上の準備金の区分**（「財規」第54条の2第1項）または**引当金の部**に記載しなければならない（「施行規則」第67条4項）。

▶ 5　社　　　債

5・1　社債の意義

　会社のファイナンスの方法には，証券市場で新株を発行するほか，第三者からの借入れ，社債の発行（**起債**）などの方法がある。**社債**とは，一般公衆から多

「財規」第54条の2
①　法令の規定により準備金又は引当金の名称をもつて計上しなければならない準備金又は引当金で，資産の部又は負債の部に計上することが適当でないもの（以下「準備金等」という。）は，第13条及び第45条の規定にかかわらず，固定負債の次に別の区分を設けて記載しなければならない。
②　前項の準備金等については，当該準備金等の設定目的を示す名称を付した科目をもつて掲記し，その計上を規定した法令の条項を注記しなければならない。

額の資金を調達する目的で債券を発行することによって生じた会社の債務である。

　社債（straight bond；SB）は，株式と異なり，会社の利益の多少を問わず，一定の利子（社債利息という）がつき，かつ一定期間を経過すると償還される。社債は，株式に比べてリスクが少ないことから，もともと安定志向の投資者の格好の投資対象であったが，平成13年改正「商法」において，新たに新株予約権付社債が導入されるなど，最近では，いわゆるエクイティ債に対する関心が高まっている。

　しかし，従来は，一般公衆から広く資金を調達するという商品の性格上，社債の発行には優良企業に限定するためのハードルとして適債基準および無担保社債の場合に財務内容を悪化させない約束を盛りこんだ「財務制限条項」が義務づけられていた。日米包括経済協議の金融サービス分野の交渉などアメリカからの金融市場の開放，規制緩和を背景に1996年１月より適債基準が撤廃され，財務制限条項の名称が「財務上の特約」と変更され，国内市場での社債の発行は完全に自由化されたために，これまで起債できなかった赤字企業，格付けの低い企業も起債できるようになった。また，バブル経済崩壊後の超低金利が続き，企業にとって発行コストを上乗せしても社債で資金調達をする方が借入れよりも有利なところから，普通社債および転換社債の発行に伴う債券市場がヒート・アップしている。さらに平成５年改正「商法」により社債の発行限度額が撤廃されたので，エクイティ債が急増する傾向にある。

5·2　社債の発行

　社債の発行には，(1)平価発行，(2)割引発行および(3)打歩発行の３つの方法がある。

　平価発行とは，社債の券面額と等しい価額で発行することをいい，割引発行とは社債の券面額よりも低い価額で発行することをいい，打歩発行とは社債の券面額よりも高い価額（プレミアム付き）で発行することをいう。

　社債の発行にこのように優劣がつくのは，主として起債会社の担保能力，収益力などを総合した信用度の違いによるものと思われる。わが国では，割引発

行が一般的であるが，最近では外債のように打歩発行もしばしばみられるようになってきている。

5・3 社債発行差金

　社債を発行した場合には，券面額で社債勘定に貸記する。割引発行および打歩発行の場合には，券面額と発行価額とに差額が生じることになるが，これは社債発行差金勘定に借記（割引発行の場合）または貸記（打歩発行の場合）する。すでに述べたように，社債発行差金は，これを繰延資産として計上した場合には，当該社債の償還期までの間に，毎決算期ごとに均等額以上の償却が義務づけられている（「商法」第287条）。

　以下，［基本例 2 ］を用いて，社債に関する会計処理について学習しよう。

▶　基本例 2　◀

　関東電力株式会社（決算日：12月末日）は，20X1年 4 月 1 日に額面総額100,000,000円の社債（期間 5 年，利率年 8 ％）を，額面100円につき発行価額97円の条件で発行し，払込金は当座預金とし，社債の発行に伴い，社債発行費として，120,000円を小切手を振り出して支払うとともに，上記の社債の利息（利払日年 2 回， 3 月および 9 月の各末日）を小切手を振り出して支払っている。

　なお，社債発行費については， 3 年間にわたり期割で均等償却し，社債発行差金については，社債の償還期限までの各期間にわたり，月割で均等償却する（直線法）。

　［基本例 2 ］は，割引発行の例なので，次の仕訳を行えばよい。

社債発行時（20X1年 4 月 1 日）

　（借）当 座 預 金 97,000,000　（貸）社　　　　債 100,000,000
　　　　社債発行差金　 3,000,000

決算時（20X1年12月31日）

　　（借）　社 債 発 行 差 金
　　　　　　償　　　　　却　　　450,000*　（貸）　社 債 発 行 差 金　　450,000

　＊　$3,000,000 \div 5 \times \dfrac{9 \text{カ月}}{12 \text{カ月}} = 450,000$

5・4　社債発行費

　社債発行費は，これを繰延資産として計上した場合には，「商法」上，社債発行後3年内に，もし3年内に社債償還の期限が到来するときはその期限内に，毎決算期において均等額以上の償却が義務づけられている（「商法」第286条ノ5）。

　したがって，［基本例2］では次の仕訳を行えばよい。

社債発行時（20X1年4月1日）

　　（借）　社 債 発 行 費　　120,000　（貸）　当 座 預 金　　120,000

決算時（20X1年12月31日）

　　（借）　社債発行費償却　　40,000　（貸）　社 債 発 行 費　　40,000

5・5　社債の利払い

　社債が発行されると，利払日（利息の支払日）に額面金額に契約利率を乗じた利息が支払われる。この利息を社債利息といい，通常，利払日に半年分ずつ支払われる。

　社債利息を支払った場合には，社債利息勘定に借記されるが，利払日と決算日が異なる場合には，利払日の翌日から決算日までの利息は，未払社債利息勘定に貸記し，見越計上しなければならない。

　したがって，［基本例2］については，以下の仕訳を行う。

社債利息支払時（20X1年9月30日）

（借）社 債 利 息　4,000,000　（貸）当 座 預 金　4,000,000

決算時（20X1年12月31日）

（借）社 債 利 息　2,000,000*（貸）未 払 社 債 利 息　2,000,000

＊　$100,000,000 \times 8\% \times \dfrac{3 \text{カ月}}{12 \text{カ月}} = 2,000,000$

5·6　社債の償還

　社債を発行した会社（これを**起債会社**という）が，その社債によって調達した資金を社債権者に弁済することを**社債の償還**という（**図表15‐8**参照）。社債の償還方法は，社債を償還期限（満期日）など一定の期日に償還するか，起債会社の返済能力に応じて随時に償還するかによって**定時償還**と**随時償還**とに大別できる。また，社債を全額一括して償還するか，それとも数次に分割して償還するかによって分類すれば，**一括償還**（満期償還，繰上償還）と**分割償還**（抽せん償還，買入償還）とに大別できる。

図表15‐8　社 債 の 償 還

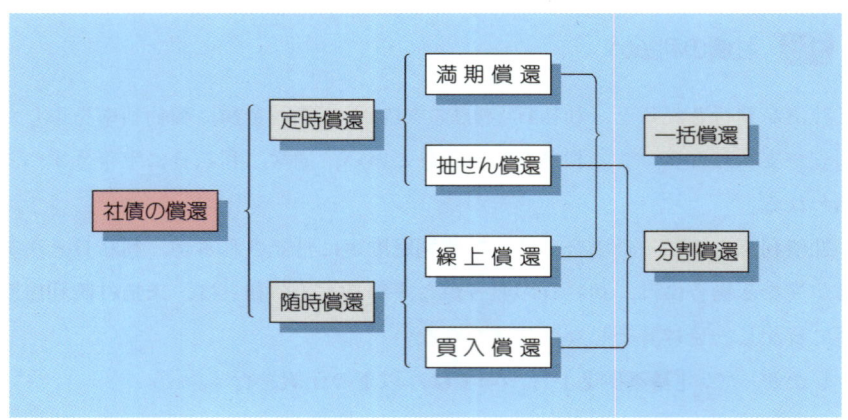

⑴　満期償還

　これは，満期日（すなわち最終償還期限）に社債の全額を額面金額でもって償還する方法である。しかし，この方法は償還時に財務上の負担が多すぎるので，実務ではあまり用いられない。

　満期償還の会計処理は，たとえば［基本例2］の社債について，20X6年3月31日に小切手を振り出して全額償還したとすれば，次の仕訳を行えばよい。

社債償還時（20X6年3月31日）

　　（借）社　　　　　債 100,000,000　（貸）当 座 預 金 100,000,000

　　（借）社 債 発 行 差 金　　　150,000*　（貸）社 債 発 行 差 金　　　150,000
　　　　　償　　　　　却

　　＊　$100,000,000 \times \dfrac{3}{100} \times \dfrac{3 \text{カ月}}{60 \text{カ月}} = 150,000$

　　（借）社 債 利 息 4,000,000　（貸）当 座 預 金 4,000,000

⑵　買入償還

　これは，発行した社債を市場から，随時，市価で買い入れて消却する方法であり，**買入消却**ともよばれている。この場合，社債の簿価（社債額面金額から社債発行差金の未償却残高を控除した差額）と買入価額との差額は，**社債償還益勘定**または**社債償還損勘定**で処理する。

　たとえば，［基本例2］の社債について，20X5年3月31日に，社債額面金額50,000,000円を裸相場＠99.5円で買入償還したとすれば，以下の仕訳を行う。

社債償還時（20X5年3月31日）

　　（借）社 債 発 行 差 金　　　75,000*　（貸）社 債 発 行 差 金　　　75,000
　　　　　償　　　　　却

　　＊　$50,000,000 \times \dfrac{3}{100} \times \dfrac{3 \text{カ月}}{60 \text{カ月}} = 75,000$

　　（借）社　　　　　債 50,000,000　（貸）当 座 預 金 49,750,000
　　　　　社 債 償 還 損　　　50,000　　　　社 債 発 行 差 金　　　300,000*

$$* \quad 50{,}000{,}000 \times \frac{3}{100} \times \frac{12 \,\text{ヵ月}}{60 \,\text{ヵ月}} = 300{,}000$$

（借）社　債　利　息　4,000,000　（貸）当　座　預　金　4,000,000

⑶　抽せん償還

　これは，社債発行後一定期間据え置いた後に，起債会社が抽せんで毎年一定額ずつ分割して償還する方法である。この場合，未償却の社債発行差金は社債によって調達した資金の利用割合に応じて償却すればよい。たとえば，[基本例2]の社債を1年ごとに20,000,000円ずつ抽せん償還するとした場合，毎期の社債発行差金の償却予定額は，次のように計算すればよい。

20X1年度	3,000,000円	×	$\frac{5}{15}$*	×	$\frac{9}{12}$ =	750,000円
20X2年度	3,000,000	×	$\frac{5}{15}$	×	$\frac{3}{12}$ =	250,000
	3,000,000	×	$\frac{4}{15}$	×	$\frac{9}{12}$ =	600,000
20X3年度	3,000,000	×	$\frac{4}{15}$	×	$\frac{3}{12}$ =	200,000
	3,000,000	×	$\frac{3}{15}$	×	$\frac{9}{12}$ =	450,000
20X4年度	3,000,000	×	$\frac{3}{15}$	×	$\frac{3}{12}$ =	150,000
	3,000,000	×	$\frac{2}{15}$	×	$\frac{9}{12}$ =	300,000
20X5年度	3,000,000	×	$\frac{2}{15}$	×	$\frac{3}{12}$ =	100,000
	3,000,000	×	$\frac{1}{15}$	×	$\frac{9}{12}$ =	150,000
20X6年度	3,000,000	×	$\frac{1}{15}$	×	$\frac{3}{12}$ =	50,000
合　計						3,000,000

$$* \quad 5 + 4 + 3 + 2 + 1 = 15$$

　上記の計算を図解し，20X4年3月31日の仕訳を示せば，次のとおりである。

なお，ここでは社債の償還時に社債発行差金を償却する。

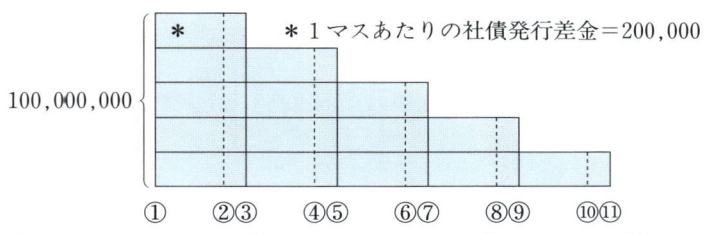

①：20X1年 4 月 1 日，②：20X1年12月31日，③：20X2年 3 月31日，
④：20X2年12月31日，⑤：20X3年 3 月31日，⑥：20X3年12月31日，
⑦：20X4年 3 月31日，⑧：20X4年12月31日，⑨：20X5年 3 月31日，
⑩：20X5年12月31日，⑪：20X6年 3 月31日

（借）社　　　　　債　20,000,000　（貸）当 座 預 金　20,000,000

（借）社債発行差金　　50,000*　（貸）社 債 発 行 差 金　　50,000
　　　償　　　却

* $3,000,000 \times \dfrac{1}{15} \times \dfrac{3}{12} = 50,000$

（借）社 債 利 息　2,400,000*　（貸）当 座 預 金　2,400,000

* $100,000,000 \times \dfrac{3}{5} \times 8\% \times \dfrac{6 \text{カ月}}{12 \text{カ月}} = 2,400,000$

◀ Key Words ▶

打歩発行
　　社債の券面額よりも高い価額（プレミアム付き）で発行すること
買入償還
　　発行した社債を市場から随時，市価で買い入れて消却する方法
買掛金
　　企業の主目的たる営業取引過程において発生した営業上の未払金

金銭債務

金銭の給付を行わなければならない債務をいい，会計上，将来，現金の支出が確実に見込まれる債務

勤務費用

一期間の労働の対価として発生したと認められる退職給付について割引計算により測定される額

偶発債務

現時点においては単なる偶発損失であって法律上の債務ではないものの，一定の条件が満たされるような事態が発生したときに法律上の債務として確定する可能性がある義務

偶発損失

火災損失，災害損失などのようにある種の損失が突発的・偶然的に生じる損失

債務

ある者（債務者）が他の特定の者（債権者）に対して一定の行為または給付を遂行しなければならない義務または責任

債務保証

関係会社などがその担保財源不足，財務内容の悪化などが原因で金融機関から融資を拒否されたものの，親会社，主要取引先などが当該融資額の弁済をすることを条件に金融機関から融資を受ける場合に，これを承諾した親会社などに対して生じる偶発債務

仕入債務

企業の主目的たる営業取引過程において発生した債務

実質優先主義

法律よりも経済的な事実を優先すべしとする考え方

支払手形

企業の主目的たる営業取引過程において発生した手形債務

社債

一般大衆から多額の資金を調達する目的で債券を発行することによって生じた会社の債務

社債利息

利払日に社債権者に対して支払われる，社債の額面金額に契約利率を乗じた利息

商法上の引当金

修繕引当金および契約等によって支払義務の定められていない退職給付引当金などのように，負債性引当金のうち法的債務性をもたず，期間損益計算の観点から設定される会計上の負債性引当金

退職給付債務

退職時に見込まれる退職給付の総額のうち期末までに発生していると認められる額を，一定の割引率および現在から予想される退職時までの期間（残存勤務期間）に基づき割り引いて計算した金額

退職給付引当金

労働協約，就業規則などに基づいて，企業が従業員に退職給付（これは退職一時金と退職年金（企業年金ともいう）からなる）を行うことを約束している場合に，将来の退職給付のうち当期の負担に属する額を当期の費用として計上するときに生じる貸方項目

退職給付費用

勤務費用に利息費用を加え，期待運用収益を差し引いて計算される費用

抽せん償還

社債発行後一定期間据え置いた後に，起債会社が抽せんで毎年一定額ずつ分割して償還する方法

引当金

将来の資産の減少または債務の発生に備えて，その合理的見積額のうち，当期の負担に属する金額を費用または損失（または収益控除）として計上するために設定される貸方項目

評価性引当金

企業が所有している資産の期末貸借対照表価額を示す目的で設定される貸方項目

負債

企業の経済的便益の犠牲であり，かつ貨幣額でもって合理的に測定できるもの

負債会計

債務の発生とその弁済に関する経済活動および経済事象を測定し，報告するための会計

平価発行

社債の券面額と等しい価額で発行すること

法的債務

　法律または契約によって法的に強制される債務

満期償還

　満期日に社債の全額を額面金額でもって償還する方法

未払金

　企業の主目的ではない営業取引過程から生じた金銭債務

利息費用

　割引計算により算定された期首時点における退職給付債務について，期末までの時の経過により発生する計算上の利息の額

割引発行

　社債の券面額よりも低い価額で発行すること

第16章　資本の会計と報告

本章の学習ポイント

1．株式会社会計と資本会計は，どのような関係にあるのか
2．株式会社において設立から利益処分までは，どのような会計処理を行うのか
3．株式会社の資本とは何か。また，資本は連結ベースおよび単体ベースでそれぞれどのように分類するのか
4．発起設立の会計処理はどのようにするのか
5．募集設立の会計処理はどのようにするのか
6．新株の発行と資本金はどのように会計処理するのか
7．単元株制度とは何か
8．増資とは何か。また，その会計処理はどのようにするのか
9．新株予約権とは何か
10．新株予約権付社債はどのように処理するのか
11．減資とは何か。また，その会計処理はどのようにするのか
12．自己株式とは何か。また，その会計処理はどのようにするのか
13．合併とは何か。また，その会計処理はどのようにするのか
14．圧縮記帳とは何か。また，どのような効果があるのか
15．配当可能利益限度額はどのように計算するのか
16．株式交換とは何か。また，その会計処理はどのようにするのか
17．株式移転とは何か。また，その会計処理はどのようにするのか
18．会社分割とは何か。また，その会計処理はどのようにするのか

▶ 1　資本会計の意義

　資本会計は，株主から調達した資金の増減に関する経済活動および経済事象を測定し，報告するための会計である。

　資本会計は貸借対照表等式（**＜第3章　財務会計の処理プロセスとそのメカニズム＞**参照）で学んだように，資本自体が資産と負債との差額概念であるので，**資産会計**と**負債会計**とも密接に結びつき，財政状態を明らかにすることを目的としている。また，資本を運用した資産の増減分である損益が，結局，資本の増減となるという意味で資本会計は**損益会計**とも結びついている。

　さらに，資本会計は多数の株主から資金を調達し（会社の設立，増資）これを運用することによって経済的利益をあげ，その利益を株主に分配（利益処分）することを目的としている組織体である**株式会社**とも密接不可分である。株式会社とは，すでに述べたように商法上，**商行為**を行うことを目的とする**社団法人**であり，(1)**株主有限責任の原則**，(2)**株式譲渡自由の原則**などの特徴をもっている**物的会社**である（**＜第1章　財務会計の意義＞**参照）。このために，「**商法**」，「**施行規則**」，「**証取法**」，「**法人税法**」などの**企業会計法規制**をはじめ，いろいろな社会的規制が株式会社に加えられている。

　このなかでも，**資本会計をめぐる企業会計法規制**は株式会社会計と密接不可分であり，**資本会計**は**株式会社会計**そのものであるといっても過言ではない。

▶ 2　株式会社の資本とその分類

2・1　株式会社の資本概念

　資本は，資産および負債のような主として経済的観点からの財産性および法律的観点からの債務性とは異なり，**資産と負債の名目的な差額**であるという意味で貸借対照表の構成要素のなかで最も抽象的な概念である。しかも，資本はいろいろな意味で用いられている。たとえば，(1)総資産に対する**総資本**として，

第
16
章

図表16‐1　株式会社の資本概念

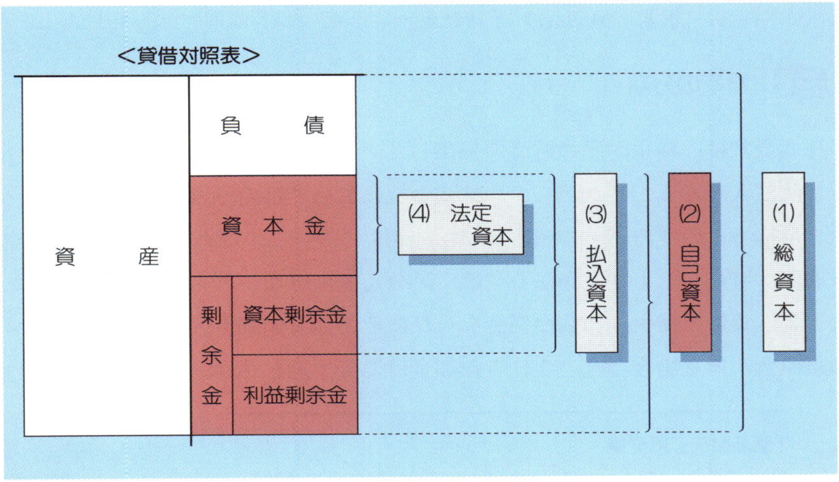

(2)資産の総額から負債の総額を控除した自己資本（または純資産）として，(3)株主の払込資本として，(4)企業会計上の資本金を意味する商法上の法定資本としてなどである（図表16‐1参照）。

　本書で用いる資本とは，(2)の意味での資本であり，これを定義すれば，企業の総資産額のうち株主に帰属する部分（これを出資者持分または残余請求権という）である。すなわち，自己資本としての意味での資本は，株式会社が有する財産を示すものであるので，株式会社の資本概念でもあるといえる。この意味での資本は，資本金と剰余金とに区別される（「企業会計原則」第三，四，（三），「財規」第59条，「連結財規」第42条）。

　企業会計および商法における剰余金とは，会社の純資産額が法定資本の額を

「企業会計原則」第三，四，（三）
　A　資本金の区分には，法定資本の額を記載する。発行済株式の数は普通株，優先株等の種類別に注記するものとする。
　B　剰余金は，資本準備金，利益準備金及びその他の剰余金に区分して記載しなければならない。
「財規」第59条
　資本は，資本金，資本剰余金及び利益剰余金に分類して記載しなければならない。

超える部分をいい，さらに剰余金は**資本剰余金**と**利益剰余金**とに区別される（「注解」注19，「財規」第59条，「連結財規」第42条，「施行規則」第69条１項）。

2·2 資本の分類

株式会社は，株主がその財産を拠出して，これを増殖させることを目的とする社団法人である。したがって，株式会社においては処分可能利益をめぐる株主と債権者その他の者との利害調整が問題になり，このために従来，「企業会計原則」，「財規」および「商法」では，処分可能別分類がとられ，資本の部は，資本金，資本準備金，利益準備金ならびにその他有価証券評価差額金または評価差額金がある場合には，これら差額金は処分不能とされ，これ以外は処分可

「連結財規」第42条

① 資本は，資本金，資本剰余金及び利益剰余金に分類し，それぞれ，資本金，資本剰余金及び利益剰余金の科目をもって掲記しなければならない。

② 財務諸表等規則第62条第１項，第63条第２項及び第65条第２項の規定は，新株式払込金，申込期日経過後における新株式申込証拠金及び法律で定める準備金で資本準備金又は利益準備金に準ずるものについて準用する。

③ 土地再評価法第７条第２項に規定する再評価差額金は，第１項の規定にかかわらず，利益剰余金の次に別に区分を設け，土地再評価差額金の科目をもって掲記しなければならない。

④ 資本の部に計上されるその他有価証券の評価差額は，第１項の規定にかかわらず，利益剰余金の次に別に区分を設け，その他有価証券評価差額金の科目をもって掲記しなければならない。

⑤ 外国にある子会社又は関連会社の資産及び負債の換算に用いる為替相場と資本の換算に用いる為替相場とが異なることによって生じる為替差額は，第１項の規定にかかわらず，利益剰余金の次に別に区分を設け，為替換算調整勘定の科目をもって掲記しなければならない。

「施行規則」第69条

① 資本の部は，資本金，資本剰余金及び利益剰余金の各部に区分しなければならない。

（以下省略）

「財規」第68条の２の２

資本の部に計上されるその他有価証券の評価差額は，第59条の規定にかかわらず，利益剰余金の次に別に区分を設け，その他有価証券評価差額金の科目をもって掲記しなければならない。

図表16－2　連結ベースの資本の部

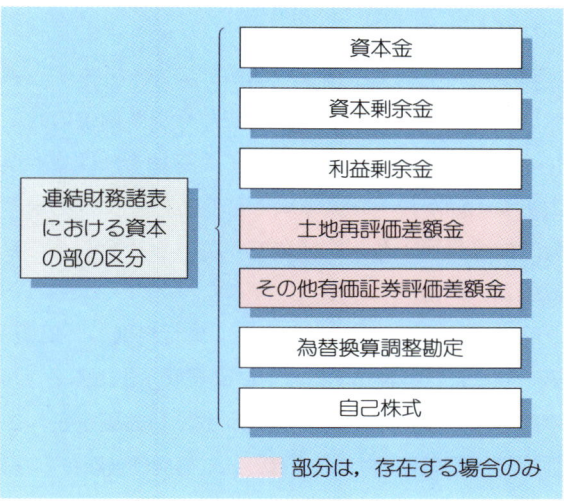

```
                         ┌──────────────────┐
                         │      資本金       │
                         ├──────────────────┤
                         │    資本剰余金     │
                         ├──────────────────┤
連結財務諸表              │    利益剰余金     │
における資本    ─────────┼──────────────────┤
の部の区分               │  土地再評価差額金  │
                         ├──────────────────┤
                         │その他有価証券評価差額金│
                         ├──────────────────┤
                         │  為替換算調整勘定  │
                         ├──────────────────┤
                         │      自己株式     │
                         └──────────────────┘
```

　　　部分は，存在する場合のみ

図表16－3　単体ベースの資本の部

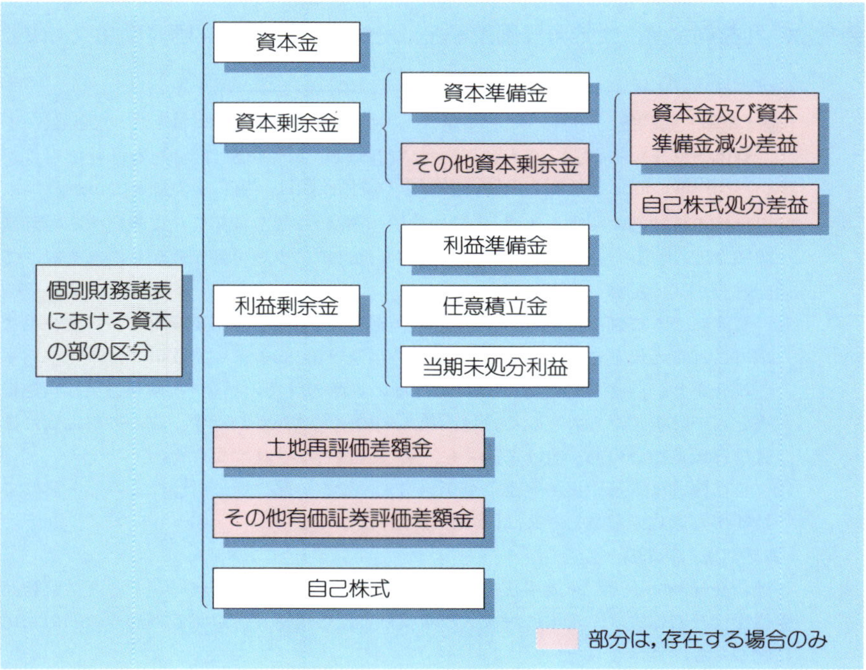

```
                    ┌─────────┐
                    │  資本金   │
                    └─────────┘
                    ┌─────────┐   ┌─────────┐   ┌──────────────┐
                    │資本剰余金 │───│ 資本準備金 │   │資本金及び資本 │
                    │         │   ├─────────┤───│準備金減少差益 │
                    │         │   │その他資本剰余金│   ├──────────────┤
                    │         │   └─────────┘   │ 自己株式処分差益│
                    └─────────┘                 └──────────────┘
個別財務諸表
における資本        ┌─────────┐   ┌─────────┐
の部の区分          │利益剰余金 │───│ 利益準備金 │
                    │         │   ├─────────┤
                    │         │   │ 任意積立金 │
                    │         │   ├─────────┤
                    │         │   │当期未処分利益│
                    └─────────┘   └─────────┘
                    ┌──────────────┐
                    │  土地再評価差額金  │
                    └──────────────┘
                    ┌──────────────┐
                    │その他有価証券評価差額金│
                    └──────────────┘
                    ┌─────────┐
                    │  自己株式  │
                    └─────────┘
```

　　　部分は，存在する場合のみ

能とされてきた。このために，従来，株主からの払込資本は資本金および資本準備金に計上されてきた。

しかし，改正商法により資本準備金の取崩しによって生ずる剰余金が発生し，また資本金の取崩しによって生ずる減資差益が資本準備金に計上されなくなったことから，払込資本であるにもかかわらず資本金または資本準備金で処理されないものが生ずる範囲が拡大されることになった。その結果，資本準備金は株式払込剰余金，株式交換差益，株式移転差益，会社分割差益および合併差益となった（「商法」第288条ノ2第1項）。

したがって，改正商法に対応するために，「施行規則」，「財規」，「連結財規」および「基準」第1号では，図表16－2および図表16－3にみるように，連結ベースでは，資本の部を新しく資本金，資本剰余金，利益剰余金，土地再評価差額金，その他有価証券評価差額金（商法上は，株式等評価差額金），為替換算調整勘定および自己株式に区分している（「連結財規」第42条1項，3項，4項，5項，第43条，「基準指針」2号第4項）。また，単体ベースでも，資本の部を資本金，資本剰余金，利益剰余金，土地再評価差額金，その他有価証券評価差額金（商法上

「施行規則」第69条

① 資本の部は，資本金，資本剰余金及び利益剰余金の各部に区分しなければならない。

② 土地の再評価に関する法律（平成10年法律第34号）第7条第2項に規定する再評価差額金は，前項の規定にかかわらず，資本の部に別に土地再評価差額金の部を設けて記載し，又は記録しなければならない。

③ 資産につき時価を付すものとした場合（商法第285条ノ2第1項ただし書及び第2項（これらの規定を同法第285条ノ5第2項及び第285条ノ6第2項において準用する場合を含む。）の場合を除く。）には，その資産の評価差額金（当期利益又は当期損失として計上したものを除く。）は，第1項の規定にかかわらず，資本の部に別に株式等評価差額金の部を設けて記載し，又は記録しなければならない。

④ 自己株式は，第1項の規定にかかわらず，資本の部に別に自己株式の部を設けて，控除する形式で記載し，又は記録しなければならない。

「連結財規」第43条

連結会社及び持分法を適用した非連結子会社並びに関連会社が保有する連結財務諸表提出会社の株式は，資本に対する控除項目として連結貸借対照表の資本の部の末尾に記載しなければならない。

は, 株式等評価差額金) および自己株式に区分している(「施行規則」第6条,「財

規」第59条, 第65条, 第68条の2, 第68条の2の2,「基準指針」第2号第4項)。

　資本剰余金については, 商法で定める**資本準備金**とそれ以外の**その他資本剰**

余金(資本準備金および法律で定める準備金で資本準備金に準ずるもの以外の資本剰

余金)に区分することとし, 資本金および資本準備金の取崩しによって生ずる剰

「財規」第65条

① 利益剰余金に属する剰余金又は損失金は, 次に掲げる項目の区分に従い, 当該剰余
金又は損失金を示す名称を付した科目をもつて掲記しなければならない。

一 利益準備金

二 任意積立金

三 当期未処分利益又は当期未処理損失

② 法律で定める準備金で利益準備金に準ずるものは, 利益準備金の次に別の科目を
設け, 当該準備金の名称を付した科目をもつて掲記しなければならない。

第68条の2

　土地再評価法第7条第2項に規定する再評価差額金は, 第59条の規定にかかわらず,
利益剰余金の次に別に区分を設け, 土地再評価差額金の科目をもつて掲記しなければ
ならない。

第68条の2の2

　資本の部に計上されるその他有価証券の評価差額は,第59条の規定にかかわらず,利
益剰余金の次に別に区分を設け, その他有価証券評価差額金の科目をもつて掲記しな
ければならない。

「施行規則」第70条

　資本剰余金の部には,資本準備金及びその他資本剰余金を記載し, 又は記録し,その
他資本剰余金は,減資差益,自己株式処分差益その他の内容を示す適当な名称を付した
科目に細分しなければならない。

「財規」第63条

① 資本剰余金に属する剰余金は, 次に掲げる項目の区分に従い, 当該剰余金の名称を
付した科目をもつて掲記しなければならない。

一 資本準備金

二 その他資本剰余金(資本準備金及び法律で定める準備金で資本準備金に準ずる
もの以外の資本剰余金をいう。)

② 法律で定める準備金で資本準備金に準ずるものは, 資本準備金の次に別の科目を
設け, 当該準備金の名称を付した科目をもつて掲記しなければならない。

③ 第1項第2号のその他の資本剰余金に属する資本剰余金については, 当該資本剰
余金の発生源泉を示す名称を付した科目をもつて掲記しなければならない。

余金および自己株式処分差益はその他資本剰余金に計上することになった（「施行規則」第70条，「財規」第63条，「財規ガイドライン」63－1－2，「基準」第1号第16項および17項）。なお，資本金の取崩しによって生ずる剰余金と資本準備金の取崩しによって生じる剰余金は会計学的な性格は同じと考えられるところから，資本金および資本準備金減少差益（商法上は，いわゆる減資差益）として表示される（「同上」第53項，「施行規則」第70条）。また，利益剰余金については商法で定める利益準備金，任意積立金および当期未処分利益（または当期未処理損失）に区分することとされた（「施行規則」第71条，「財規」第65条，「基準」第1号第18項）。

　しかし，改正商法ならびに「財規」および会計基準委員会の処理は，会計理論からみて問題なしとはしない。もともと払込資本である資本金及び資本準備金減少差益は，たとえその他資本剰余金として表示するにせよ配当可能としていることに変わりはなく，資本と利益の区別を重視する会計理論からみてきわめて問題である。かりに配当可能として認めるとしても，かかるその他資本剰余金を株主総会において処分する場合には利益処分案のなかで当期の未処分利益の処分とは別にその他資本剰余金処分として損益計算書を通さないことが措

「財規ガイドライン」63－1－2

　規則第63条第1項第2号のその他資本剰余金には，以下のものが含まれることに留意する。

　1．減資差益
　2．商法第289条第2項の規定により減少された資本準備金の額
　3．自己株式処分差益

「施行規則」第71条

① 利益剰余金の部には，利益準備金及び任意積立金並びに当期未処分利益又は当期未処理損失を記載し，又は記録し，任意積立金は，その内容を示す適当な名称を付した科目に細分しなければならない。
② 当期未処分利益又は当期未処理損失については，当期利益又は当期損失を付記しなければならない。

第72条

　貸借対照表上の純資産額から第69条第2項の土地再評価差額金及び同条第3項の株式等評価差額金の合計額を控除した額が，資本金，資本準備金及び利益準備金の合計額を下回る場合には，その差額を注記しなければならない。

てい
定されているようであるが，この処理にも違和感を禁じえない。

　資本金および資本準備金の取崩しによって生じる剰余金（資本金及び資本剰余
金減少差益）を配当可能利益とするからには，「いずれも取崩前の資本金及び資
本準備金の持っていた会計上の性格が変わる訳ではなく，資本性の剰余金の性
格を有すると考えられる。よって，それらは資本剰余金であることを明確にし
た科目に表示することが適切」（「同上」第88項）なので「その他資本剰余金」と
すると説明してもあまり意味がない。なぜならば，資本剰余金に，従来のよう
な維持拘束性をもたせずに，配当原資の一部を構成させる以上，資本性の剰余
金の性格をもっていることを明確にさせてもレトリックにすぎないからである。
さらに，このような性格づけをした資本剰余金およびその他資本剰余金はいっ
たいどのように定義すればよいのであろうか。これらを配当可能とするからに
は，損益計算書における末尾の未処分利益計算を通したうえで配当可能とする
のが筋であるといえるのではなかろうか。

図表16－4　「財規」様式第2号による資本の分類・表示

```
                    資 本 の 部
 Ⅰ 資      本      金                          ×××
 Ⅱ 資  本  剰  余  金              ×××
   1 資  本  準  備  金            ×××
   2 その他資本剰余金              ×××
     自己株式処分差益              ×××
     ………                         ×××
     資 本 剰 余 金 合 計                        ×××
 Ⅲ 利  益  剰  余  金
   1 利  益  準  備  金            ×××
   2 任  意  積  立  金
     中 間 配 当 積 立 金   ×××
     ………                ×××     ×××
   3 当 期 未 処 分 利 益            ×××
     （又は当期未処分損失）
     利 益 剰 余 金 合 計                        ×××
     資      本      合      計                  ×××
```

いずれにせよ,「財規」様式第2号による資本の分類・表示を示せば,**図表16 - 4**のとおりである。

2·3 資本の源泉別分類

すでに＜第3章　財務会計の処理プロセスとそのメカニズム＞および＜第7章　財務状況の計算と貸借対照表＞で述べたように,貸借対照表の貸方は資金の調達源泉を示すものである。資本は調達源泉の典型であるので,これを源泉別に分類すれば**図表16 - 5**のとおりである。

資本を**源泉別に分類すれば**,まず**払込資本**（paid-in capital）と**稼得資本**（retained earnings）とに大別できる。前者は**元本たる資本**であり,後者は**果実たる資本**である。

払込資本とは,株主による株式会社への出資額または払込額である（狭義説）。このような定義に対しては,配当可能利益または法定準備金の資本組入に

図表16 - 5　資本の源泉別分類

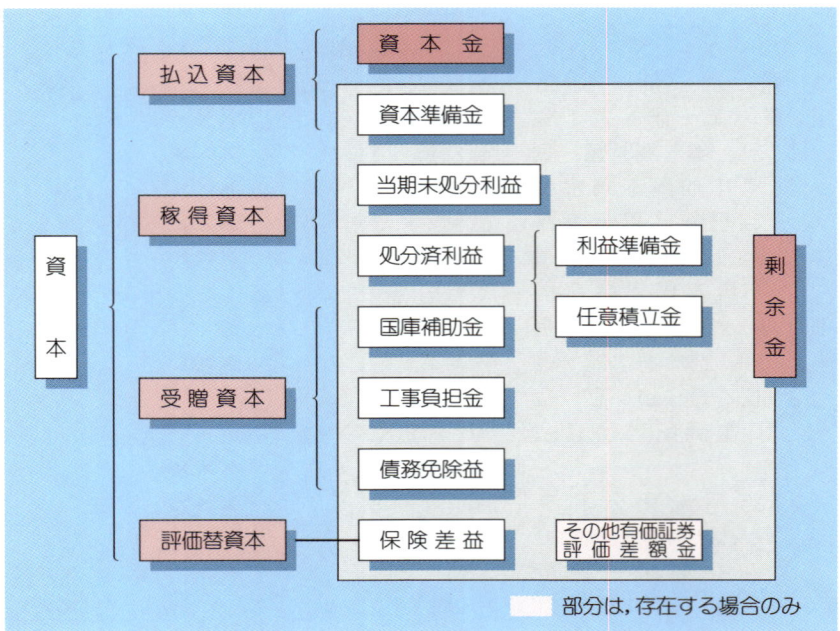

よっても払込資本が増加するので狭すぎるとの批判（広義説）があるかもしれない。しかし、**＜本章4・3　無償増資＞**で述べるように、配当可能利益または法定準備金の資本組入も、これらによって確かに資本金は増加するものの、その分だけ剰余金が減少するので、会社の純資産にも株主の出資額または払込額にも変化をもたらすものではない。したがって、ここでは広義説はとらない。

一方、**稼得資本**とは、企業活動を行うことによって、稼得した資本の増加部分をいい、「企業会計原則」にいう損益取引によって生じた「利益を源泉とする剰余金」（「注解」注19(2)）をいう。したがって、稼得資本は、損益会計の最終結果である**当期未処分利益**と、これを社内に留保した**処分済利益**からなる。処分済利益は会社の利益を財源として積立てが義務づけられる**利益準備金**と株主総会の決議によって積み立てた利益留保額である**任意積立金**に大別される。

次に、**受贈資本**とは、国・地方公共団体からの補助金の交付、受益者負担、債務の免除などから生じた資本の増加分をいう。これには、**国庫補助金、工事負担金、債務免除益**などがある。

また、**評価替資本**とは、著しい貨幣価値の変動または資産の時価評価に伴う評価差額をいい、**保険差益、その他有価証券評価差額金**などがこれに該当する。

なお、受贈資本と評価替資本の本質については、それらが資本剰余金なのか、それとも利益剰余金なのかについての見解が分かれているところであるので、**＜本章10　受贈資本と評価替資本の会計処理＞**で後述する。

▶ 3　設立の会計処理

3·1　定款の作成と授権資本制度

株式会社（以下、単に**会社**ともいう）の設立にあたっては、1名以上の**発起人**

「財規ガイドライン」65－2

規則第65条第2号の任意積立金とは、株主総会の決議に基づき任意に設定された利益留保項目、例えば減債積立金、中間配当積立金、配当平均積立金、事業拡張積立金、偶発損失積立金、自家保険積立金等をいう。

320

が必要である（「商法」第165条，なお，平成2年改正「商法」前は7名以上の発起人が必要であった）。発起人はまず定款を作成しなければならないが，その記載事項には，大別して，絶対的記載事項と相対的記載事項とがある。絶対的記載事項（「商法」第166条1項）としては会社の目的，商号などとともに会社が発行する株式の総数（これを授権株式数または授権資本という），会社の設立にさいして発行する株式の総数などを記載しなければならない。

　設立にあたっては，資本充実の原則に基づき授権資本の4分の1以上の株式を発行しなければならない（「商法」第166条4項）。逆にいえば，授権株式数は会社設立時の発行株式総数の4倍を超えてはならない。このようにして発行された株式を発行済株式といい，残りの株式（これを未発行株式という）については，会社の設立後，取締役会の決議によって随時発行することができる（これを授権資本制度という）。ただし，定款において，株式の譲渡について取締役会の承認を要する旨の定めがある場合には，経営者が株主の利益を侵害するおそれがないので，かかる授権資本制度は適用されない（同上）。

3・2　株式の引受けと払込み

　定款が作成され，これが本店の所在地を管轄する法務局の公証人から認証されると，発起人が設立登記を行い（「商法」第188条），会社が法人格を取得する（「商法」第57条）ために，設立手続を行わなければならない。

　設立手続には，発起人のみが発行する株式の全額の引受けと払込みを行って（すなわち，発起人のみが株主になる）会社を設立する発起設立（「商法」第170条）と発起人が発行する株式の一部のみを引き受け，残りの株式については株主を募集し，その引受けと払込みを得て会社を設立する募集設立（「商法」第174条）とがある。

　発起設立であろうと募集設立であろうと，株式の引受けを行っただけでは，

「商法」第166条
④　会社ノ設立ニ際シテ発行スル株式ノ総数ハ会社ガ発行スル株式ノ総数ノ4分ノ1ヲ下ルコトヲ得ズ但シ株式ノ譲渡ニ付取締役会ノ承認ヲ要スル旨ノ定款ノ定アル場合ニ於テハ此ノ限ニ在ラズ

せいぜい備忘的に記録するだけでよく会計処理を行う必要がない。簿記・会計上の取引ではないからである。会計処理が必要となるのは，株式の払込みの段階からである。しかし，発起設立の場合であると募集設立の場合であるとを問わず，発起人の株式引受などの一連の行為は会社が成立するまでの前身たる発起人組合の構成員としての執行行為であり，これらによって取得した権利・義務が会社の成立と同時に会社に帰属し，かりに不成立に終われば発起人に帰属する（「商法」第194条）ことを考えれば，会社が成立するまでの発起人の記録はすべて正規の記録であるとも考えられる。したがって，発起人の株式引受行為自体は簿記・会計上の取引ではないので仕訳は不要であると述べたが，引受行為自体も会社が成立するまでの正規の記録の一部であるとする立場からすれば，単なる備忘仕訳ではなく正規の仕訳をしておく必要がある。

　以下，[基本例1]および[基本例2]を用いて，発起設立と募集設立の会計処理を学ぶことにしよう。

3・2・1　発起設立の会計処理

▶　**基本例1**　◀

　　大阪商事株式会社は，会社の設立にあたり，授権株式数2,000株のうち，500株の普通株式を発行価額120,000円で発行し，発行株式のすべてを発起人が引き受け，払い込んだ。なお，当社は，払込金額全額を当座預金とし，発行価額の総額を資本金に組み入れることとした。

　発起設立の場合，発起人が株式総数を引き受けたとき，次のように**株式引受勘定**に借記し，**引受済資本金勘定**に貸記すればよい。

株式引受時

　（借）株　式　引　受　60,000,000　（貸）引受済資本金　60,000,000

　次に，発起人が引受済株式を全額払い込んださいには，次のように**別段預金勘定**に借記するともに**株式引受勘定**に貸記すればよい。

株金払込時

　（借）別　段　預　金　60,000,000　（貸）株　式　引　受　60,000,000

　上記の仕訳で別段預金勘定を用いるのは，設立登記の申請時に引受済株式の払込金の証明書が必要であり，これを発行してくれるのが払込みを取り扱う銀行または信託会社（「商法」第170条2項，第189条1項）であり，取扱銀行または信託会社からすれば，会社の成立時に，当座預金に振り替えるまでの一時的な預り金にすぎないからである。

　設立登記が完了し，会社が成立した段階で，次のように発起人は払込金を取締役に引き渡し，引受済資本金勘定に借記し，資本金勘定に貸記して，発起人の記録を会社の記録へ移し，同時に，**当座預金勘定**に借記するとともに**別段預金勘定**に貸記する。

会社成立時

　（借）引受済資本金　60,000,000　（貸）資　　本　　金　60,000,000
　（借）当　座　預　金　60,000,000　（貸）別　段　預　金　60,000,000

3・2・2　募集設立の会計処理

　募集設立の場合，株式の申込み（**一般募集**）を行おうとする者は，発起人が作成する株式申込証（「商法」第175条1項）により，株式の申込みを発起人に対して行わなければならない。その申込みの場合には，**資本充実の原則**に基づいて申込証拠金として払込金全額に相当する金額を払い込ませること（「商法」第175条1項）が慣行になっている。また，払込みは株式申込証に記載された指定の取扱銀行または信託会社に対して行わなければならない（「商法」第175条2項10号）。

▶　　基本例 2　　◀

　　大阪商事株式会社の設立にあたり，発行株式のすべてを発起人が引き受け，払い込んだ［基本例 1］の条件を変更し，500株のうち300株について一般募集を行ったとする。なお，当社は，株式申込証拠金制度を採用しており，発行価額の全額を申込証拠金としている。

　一般募集分についての会計処理としては，申込証拠金が取扱銀行または信託会社に払い込まれたときには，別段預金勘定に借記するとともに，株式申込証拠金（または株式払込金）勘定に貸記する。

申込証拠金払込日

　（借）別 段 預 金 36,000,000 （貸）株式申込証拠金 36,000,000

　また，発起人の引受け分については，発起設立のさいの引受けおよび払込みの処理と同様に，次のように仕訳する。

株式引受時

　（借）株 式 引 受 24,000,000 （貸）引受済資本金 24,000,000

株金払込時

　（借）別 段 預 金 24,000,000 （貸）株 式 引 受 24,000,000

　発起設立と同様に，設立登記が完了し，会社が成立した段階で，会社は引受済資本金勘定および株式申込証拠金勘定から資本金勘定へ振り替えるとともに，遅滞なく株式を発行しなければならない。同時に，別段預金は当座預金勘定へ振り替えるのが一般的な慣行となっている。

会社成立時

　（借）株式申込証拠金 36,000,000 （貸）資 　 本 　 金 60,000,000
　　　　引受済資本金 24,000,000
　（借）当 座 預 金 60,000,000 （貸）別 段 預 金 60,000,000

3·3 株式の発行と資本金

3·3·1 単元株制度

　昭和56年以前に設立されていた会社については，旧商法の適用を受けており，東証上場会社ベースでいえば，１株50円の額面株式を発行している会社が約97％と圧倒的に多かった。また，株主総会招集通知等に要する株主管理コストが株主１人について１株あたり時価平均の５〜６倍程度もかかり，これが会社の利益を圧縮するところから，かねてより株式単位の引き上げを図る必要がある旨が指摘されていた。これを受けて，昭和56年改正商法は会社設立時の最低発行価額の引き上げ，額面規制および会社設立後の株式分割時の１株あたり純資産額を５万円以上とすることによって株式の大きさの引き上げ規制を行った（旧「商法」第202条２項，168条３項，166条２項，218条２項，280条ノ９ノ２第１項）。

　しかし，少額単位の株式を一斉に強制的に引き上げることは株式市場に混乱をきたすところから，純資産額規制等はさしあたり新設会社に適用することとし（端株制度会社），既存会社については経過措置として昭和56年改正附則において額面５万円相当の株数または定款で定める数を１単位としてくくり，株主の議決権行使などの共益権はこの１単位ごとに行使できることとしていた。

　最近，ベンチャー企業が急増してきたが，これらの会社が株式分割を行って株式の流通性を高めたり，増資を行おうとしても，上述の純資産規制等がネックになり，困難をきたすことから，再び株式の大きさの規制緩和および規制撤廃論が浮上してきていた。

　そこで，平成13年改正商法では株式の大きさについての規制撤廃を行うことになり，それに伴い単位株制度はその存在意義を失うこととなった。しかし，一定の株式数ごとに議決権を付与する要請はいぜんとして残っているために，単位株制度を発展的に解消させて，新たに単元株制度が導入されることになった。

　単元株制度とは，会社が定款によって一定数の株式を１単元の株式と定め，１単元の株式について１個の議決権を認め，１単元未満の株主には議決権を認

めない制度である（「商法」221条１項，241条１項但書）。１単元の株式数は，1,000株または発行済株式総数の200分の１を超えることができない（「商法」第221条１項）。たとえば，発行済株式総数が2,000株である会社の場合は10株（＝2,000株÷200）が１単元となり，また発行済株式総数が50,000株である会社では2,500株（＝50,000÷200）が１単元となるが，この場合には１単元株式数1,000株を超えてしまうので，結局1,000株が１単元である。

　なお，会社が発行する株式には従来１株の金額（額面金額）が定められている額面株式とこれが定められていない無額面株式があったが，額面金額は株式の実質的価値とは無関係であるなどの理由から平成13年改正商法では，**額面株式が廃止**された。

3・3・2　会社の資本金

　会社において，**資本金**とは，上述した株式申込証拠金勘定から振り替えられる（募集設立の場合。ただし，発起設立の場合には引受済資本金から振り替える）「商法」上の資本（これを**法定資本**という）をいう。すなわち，資本金は，原則として**発行済株式の発行価額の総額**である（「商法」第284条ノ２第１項）。この考え方を**払込総額主義**または**発行価額総額主義**という。ただし，その発行価額の２分の１を超えない額を資本金としないで**資本準備金**たる**株式払込剰余金**とすることができる（「商法」第284条ノ２第２項）。以下，［**基本例３**］を用いて，この点を学習をしよう。

「商法」第284条ノ２
①　会社ノ資本ハ本法ニ別段ノ定アル場合ヲ除クノ外発行済株式ノ発行価額ノ総額トス
②　株式ノ発行価額ノ２分ノ１ヲ超エザル額ハ資本ニ組入レザルコトヲ得

▶　　**基本例 3**　　◀

　　大阪商事株式会社の設立にあたり，500株の普通株式を発行し，発行価額の全額を資本金に組み入れた[基本例1]の条件を変更して，発行価額のうち商法で認められる最低額を資本金に組み入れることとする。

会社成立時

　（借）引 受 済 資 本　60,000,000　（貸）資　 本　 金　30,000,000*
　　　　　　　　　　　　　　　　　　　　　　　株式払込剰余金　30,000,000
　（借）当 座 預 金　60,000,000　（貸）別 段 預 金　60,000,000

$*\quad 120,000 \times 500 \times \dfrac{1}{2} = 30,000,000$

　発行価額の2分の1以上を資本金に組み入れなければならないので，1株の発行価額120,000円の2分の1である60,000円を資本金組入額とし，これを超える60,000円を株式払込剰余金とすればよい。

3・3・3　数種の株式

　株式の権利内容は平等かつ一定であることを原則とするが，しばしば会社は資金調達を増大するなどの目的で，株主のニーズに応じて権利内容を異にする株式を発行することが認められている。これを**数種の株式**（「商法」第222条）と

平成14年改正「商法」第222条

① 会社ハ左ニ掲グル事項ニ付内容ノ異ル数種ノ株式ヲ発行スルコトヲ得但シ第6号ニ掲グル事項ニ付内容ノ異ル数種ノ株式ヲ発行スルニハ株式ノ譲渡ニ付取締役会ノ承認ヲ要スル旨ノ定款ノ定アルコトヲ要ス
　一　利益又ハ利息ノ配当
　二　残余財産ノ分配
　三　株式ノ買受
　四　利益ヲ以テスル株式ノ消却
　五　株主総会ニ於テ議決権ヲ行使スルコトヲ得ベキ事項
　六　其ノ種類ノ株主ノ総会（他ノ種類ノ株主ト共同シテ開催スルモノヲ含ム）ニ於ケ

いい，一般には，利益もしくは利息の配当，残余財産の分配，株式の買受または利益をもってする株式の消却などについて権利内容を異にする株式である。数種の株式を発行する場合，標準となる株式を普通株といい，これよりも優先権の認められる株式を優先株，さらに普通株よりも劣後的内容の株式を劣後株または後配株という。

───────────────

ル取締役又ハ監査役ノ選任

② 前項ノ場合ニ於テハ定款ヲ以テ各種ノ株式ノ内容及数ヲ定ムルコトヲ要ス

③ 利益ノ配当ニ関シ内容ノ異ル種類ノ株式ニシテ会社ノ成立後発行スルモノノ内容中配当スベキ額ニ付テハ前項ノ規定ニ拘ラズ定款ヲ以テ第280条ノ2第1項ノ株主総会又ハ取締役会ガ之ヲ定ムル旨ヲ定ムルコトヲ得但シ定款ヲ以テ配当スベキ額ニ付其ノ上限額其ノ他ノ算定ノ基準ノ要綱ヲ定メタルトキニ限ル

④ 会社ハ定款ヲ以テ議決権ヲ行使スルコトヲ得ベキ事項ニ付制限アル種類ノ株式（以下議決権制限株式ト称ス）ニ関シ之ヲ有スル株主ガ左ノ規定ノ全部又ハ一部ノ適用ニ付議決権ヲ有セザルモノトスル旨ヲ定ムルコトヲ得

一 総株主ノ議決権ノ100分ノ1，100分ノ3又ハ10分ノ1以上ヲ有スル株主ノ権利ノ行使ニ付テノ規定

二 第245条ノ5第6項, 第358条第8項, 第374条ノ23条第8項又ハ第413条ノ3第8項ノ規定

⑤ 議決権制限株式ノ総数ハ発行済株式ノ総数ノ2分ノ1ヲ超ユルコトヲ得ズ

⑥ 前項ノ規定ニ拘ラズ1単元ノ株式ノ数ヲ定メタル会社ニ於テハ議決権制限株式ニ付テ存スル単元ノ数ハ発行済株式ノ全部ニ付テ存スル単元ノ数ノ2分ノ1ヲ超ユルコトヲ得ズ

⑦ 会社ハ第1項第6号ニ掲グル事項ニ付内容ノ異ル数種ノ株式ヲ発行スルニハ全部ノ種類ノ株式ニ付定款ヲ以テ第2項ニ規定スル株式ノ内容トシテ左ニ掲グル事項ヲ定ムルコトヲ要ス

一 其ノ種類ノ株主ガ取締役又ハ監査役ヲ選任スルコトノ可否及可トスル場合ニ於ケル選任スルコトヲ得ベキ取締役又ハ監査役ノ数

二 前号ノ定ニ依リ選任スルコトヲ得ベキ取締役又ハ監査役ノ全部又ハ一部ヲ他ノ種類ノ株主ト共同シテ選任スルモノト為ストキハ其ノ株主ノ有スル株式ノ種類及共同シテ選任スル取締役又ハ監査役ノ数

三 前2号ニ定ムル事項ヲ変更スル条件アルトキハ其ノ条件及其ノ条件ガ成就シタ場合ニ於ケル変更後ノ前2号ニ掲グル事項

⑧ 第5項及第6項ノ規定ハ第1項第6号ニ掲グル事項ニ付内容ノ異ル種類ノ株式ニシテ取締役又ハ監査役ヲ選任スルコト能ハザルモノニ之ヲ準用ス

⑨ 会社ガ数種ノ株式ヲ発行スル場合ニ於テハ定款ヲ以テ法令又ハ定款ノ定ニ依リ株主総会又ハ取締役会ニ於テ決議スベキ事項ノ全部又ハ一部ニ付其ノ決議ノ外或種類

このように，数種の株式といえば，一般に，優先株，劣後株を指すことが多いが，このほかにも転換予約権付株式（「商法」第222条ノ2），あらかじめ償還または消却が予定されている償還株式がある。しかし，実務では，優先株を発行するものの，配当負担などを軽減するために将来その優先株を消却しようとする場合には，あらかじめその優先株に償還条項をつけて発行するのが普通である。

　なお，会社が数種の株式を発行した場合でも，資本金の区分には，株式の種類別に資本金を区分表示する必要はなく一括記載するだけでよく，単に発行済株式数を普通株，優先株等の種類別に注記すればよい（「企業会計原則」第三，四，（三），A）。

　　ノ株主ノ総会ノ決議ヲ要スルモノヲ定ムルコトヲ得
⑩　株主総会ニ関スル規定ハ前項ノ総会ニ之ヲ準用ス
⑪　第1項ノ場合ニ於テハ定款ニ定ナキトキト雖モ新株ノ引受，株式ノ併合，分割，買受若ハ消却，株式交換，株式移転，会社ノ分割若ハ合併ニ因ル株式ノ割当，新株予約権若ハ新株予約権付社債ノ引受又ハ資本若ハ資本準備金若ハ利益準備金ノ減少ニ伴フ払戻ニ関シ株式ノ種類ニ従ヒ格別ノ定ヲ為スコトヲ得

「商法」第222条ノ2
①　会社ガ数種ノ株式ヲ発行スル場合ニ於テハ定款ヲ以テ株主ガ其ノ引受ケタル株式ヲ他ノ種類ノ株式ニ転換スルコトヲ請求シ得ベキ旨ヲ定ムルコトヲ得
②　前項ノ場合ニ於テハ定款ヲ以テ転換ノ請求ニ因リテ発行スベキ株式ノ内容ヲ定ムルコトヲ要ス転換ノ条件又ハ転換ヲ請求シ得ベキ期間ニシテ定款ニ定ナキモノハ会社ノ設立ニ際シテハ発起人全員ノ同意ヲ以テ之ヲ定メ会社ノ設立後ニ於テハ株主総会ガ之ヲ決スル旨ノ定アルトキヲ除クノ外取締役会之ヲ決ス
③　前条第2項ノ規定ニ依リテ定ムル数種ノ株式ノ数ノ中転換ノ請求ニ因リテ発行スベキ株式ノ数ハ前項ノ期間内之ヲ留保スルコトヲ要ス

「企業会計原則」第三，四，（三）
A　資本金の区分には，法定資本の額を記載する。発行済株式の数は普通株，優先株等の種類別に注記するものとする。

▶ 4 増資の会計処理

4·1 増資の意義と分類

　会社の設立後，授権資本の範囲内で取締役会の決議により資本金を増加させることを**増資**という。増資は，**図表16 - 6**にみるように，会社の**純資産の増加を伴うか否か**によって**有償増資**と，**無償増資**とに大別できる。

　有償増資とは，会社が新株を発行し，その株式引受人に引受対価として，金銭その他現物財産を出資させる増資形態をいう。有償増資による新株の発行には，**株主割当による方法**，**第三者割当による方法**，**公募による方法**などがあり，これらの方法によって発行する新株を**通常の新株発行**という。したがって，会

図表16 - 6　増 資 の 形 態

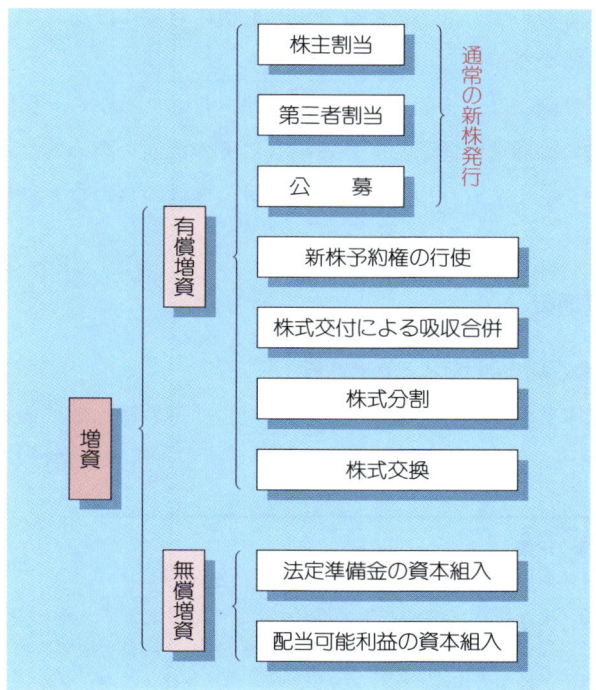

計上，有償増資においては，新株の発行によって純資産および資本金が増加することになる。

　これに対して，**無償増資**とは，**配当可能利益または法定準備金の資本組入**を原資とする増資形態をいう。無償増資を行っても，会計上，資本金は増加するものの，その分だけ剰余金が減少するので，会社の純資産は変化しない。なお，「商法」では平成2年改正前の法定準備金の資本組入に伴う**無償交付**（新株を対価なしでその持株数に応じて交付すること）および配当可能利益の資本組入に伴う無償交付（従来，これを**株式配当**とよんでいた）を株式分割として位置づけ，これを改正前「商法」第293条ノ4の株式分割と統合して広義の**株式分割**（「商法」第218条）としている。これによって資本組入と新株発行とは，区別されることになった。

　株式分割は，新株を無償交付するものであり，会社の純資産を何ら変化させずに発行済株式を細分化して株式数のみを増加させ，これを株主の持株割合に応じて交付するものであるので，会計上の取引の対象にはならず，したがって会計処理は必要でない。

　なお，株式分割には，株価の引下げ効果があるところから，株価の高騰などにより，株式の流通性が低下している場合にその流通を高めるため，通常の新株発行を行いやすくするため，さらには合併の準備のためなどの目的で行われることが多い。

4·2　有償増資

4·2·1　通常の新株発行による有償増資

　株主割当による新株発行とは，全株主に対してその持株数に応じて優先的に**新株引受権**（「商法」第280条ノ4第1項）を割り当てる新株の発行方法であり，株

「商法」第218条

① 会社ハ取締役会ノ決議ニ依リ株式ノ分割ヲ為スコトヲ得
② 前項ノ場合ニ於テハ第342条ノ規定ニ拘ラズ取締役会ノ決議ヲ以テ定款ヲ変更シテ会社ガ発行スル株式ノ総数ヲ株式ノ分割ノ割合ニ応ジテ増加スルコトヲ得但シ現ニ2以上ノ種類ノ株式ヲ発行シタル会社ニ付テハ此ノ限ニ在ラズ

主割当増資ともいう。この方法の場合，株主は一般に時価よりも低い価額で新株を引き受け，これを時価で売却できるので**キャピタル・ゲイン**を得られるというメリットがある。

第三者割当による新株発行とは，会社役員，従業員，取引先など株主以外の第三者に対して新株引受権を割り当てる新株の発行方法である。この方法は，会社の再建，安定株主工作，取引先との関係強化，乗っ取り防衛などのために用いられることが多い。

公募による新株発行とは，広く不特定多数の者から株主を募集して新株を発行する方法である。この方法は，多額の資金調達が可能になるというメリットがあり，資本市場における**エクイティ・ファイナンス（新株の発行を伴う資金調達）**の代表である。なお，**公募**の場合には，時価またはその近似価格で新株を発行する時価発行が一般的であるところから，この方法は**時価発行増資**ともいわれている。

通常の新株発行による有償増資の場合にも，募集設立の場合と同様に，新株の発行にさいして，新株の引受人から発行価額と同額の申込証拠金が取扱銀行または信託会社に払い込まれた場合は，会社は**別段預金勘定**に借記するとともに**新株式申込証拠金勘定**に貸記する。株式申込証により払い込まれた証拠金を**新株式申込証拠金**といい，これは払込期日の翌日には資本金勘定に振り替えられる（「商法」第280条ノ9第1項）ので，それまでは一種の預り金的な性格を有し

「商法」第280条ノ9

① 払込又ハ現物出資ノ給付ヲ為シタル新株ノ引受人ハ払込期日ノ翌日ヨリ株主トナル

「企業会計原則」第三，四，（三）

C 新株式払込金又は申込期日経過後における新株式申込証拠金は，資本金の区分の次に特別の区分を設けて表示しなければならない。

「財規」第62条

① 新株式払込金又は申込期日経過後における新株式申込証拠金は，第59条の規定にかかわらず，資本金の次に別に区分を設け，新株式払込金又は新株式申込証拠金の科目をもつて掲記しなければならない。

② 前項の場合には，当該株式の発行数，資本金増加の日及び当該金額のうち資本準備金に繰り入れられることが予定されている金額を注記しなければならない。

ているといえる。ただし，払込期日が決算日以降の場合には，申込証拠金を資本金勘定に振り替えることができないので，これを資本金の次に「新株式申込証拠金」または「新株式払込金」として別に区分を設けて表示しなければならない（「企業会計原則」第三，四，（三），Ｃ，「財規」第62条）。以下，[基本例4]を用いて，通常の新株発行のケースを学習しよう。

▶　**基本例4**　◀

　　大阪商事株式会社は，会社の設立後，取締役会決議をもって，授権株式数2,000株のうち,500株の普通株式を発行価額120,000円で募集したところ，その全部について申込みがあった。また，当社は，株式申込証拠金制度を採用しており，発行価額の全額を申込証拠金としている。なお，当社は，払込金を当座預金とし，発行価額の総額を資本金に組み入れることとした。

申込証拠金払込日には，次の仕訳を行う。

（借）別　段　預　金　60,000,000　（貸）新 株 式 申 込証 　拠 　金　60,000,000

また，**払込期日の翌日**には，次の仕訳で**新株式申込証拠金勘定**から**資本金勘定**へ振り替える。これは，新株引受人が株主になるのは，「商法」上，払込期日の翌日である（「商法」第280条ノ9第1項）ことによる。

（借）新 株 式 申 込証 　拠 　金　60,000,000　（貸）資　　本　　金　60,000,000
（借）当　座　預　金　60,000,000　（貸）別　段　預　金　60,000,000

新株の発行価額については，これも設立の場合と同様に，**払込総額主義**によりその総額を資本金に組み入れるのが原則である（「商法」第284条ノ2第1項）。ただし，「商法」による資本金最低組入額は**発行価額の2分の1**であるために，

２分の１を超えない額を株式払込剰余金とすることができる（「商法」第284条ノ２第２項）。

4・2・2　新株予約権

新株予約権（ワラント）とは，その権利を有する者（これを新株予約権者という）が，これを会社が発行した後，一定期間（行使請求期間）内に一定の価格（行使価格）で新株を引き受け，または自己株式の移転を受ける権利をいい（「商法」280条ノ19第１項），コール・オプション（＜第20章　金融商品の会計と報告＞参照）の一種である。したがって，新株予約権を発行した会社は，これを新株予約権者が行使したさいに，新株を発行するか，または自己株式を移転する義務を負う。

新株予約権は，新株の発行に代えて自己株式を移転することができる点で，従来の新株引受権とは異なるといえる（図表16－7参照）。新株予約権は，単独で

図表16－7　新株予約権の行使

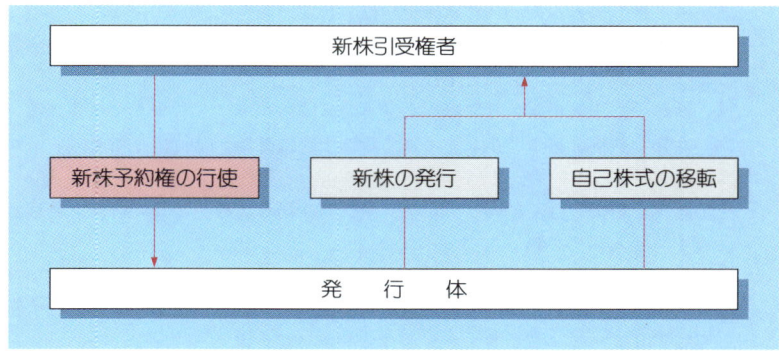

「商法」第280条ノ19

①　新株予約権トハ之ヲ有スル者（以下新株予約権者ト称ス）ガ会社ニ対シ之ヲ行使シタルトキニ会社ガ新株予約権者ニ対シ新株ヲ発行シ又ハ之ニ代ヘテ会社ノ有スル自己ノ株式ヲ移転スル義務ヲ負フモノヲ謂フ
（以下省略）

第284条ノ２

①　会社ノ資本ハ本法ニ別段ノ定アル場合ヲ除クノ外発行済株式ノ発行価額ノ総額トス

②　株式ノ発行価額ノ２分ノ１ヲ超エザル額ハ資本ニ組入レザルコトヲ得

発行されるほか，後述する新株予約権付社債（＜**本章4・2・3　新株予約権付社債**＞
参照）の一部に組み込まれて発行されるケースもある。

　新株予約権は，通常の場合には有償で発行するが，株主総会の特別決議を条
件として，取締役，従業員などに無償で発行することも認められている（「商法」
第280条ノ20第1項，第2項，第280条ノ21第1項）。新株予約権の発行時には，その

「商法」第280条ノ20

① 　会社ハ新株予約権ヲ発行スルコトヲ得

② 　前項ノ場合ニ於テハ左ノ事項ハ取締役会之ヲ決ス但シ定款ヲ以テ株主総会ガ之ヲ
　　決スル旨ヲ定メタルトキハ此ノ限ニ在ラズ

一　其ノ決議ニ基キ発行スル新株予約権ノ目的タル株式ノ種類及数

二　複数ノ新株予約権ニ分割シテ発行スルトキハ発行スル新株予約権ノ総数

三　各新株予約権ノ発行価額及払込期日但シ無償ニテ之ヲ発行スル場合ニ於テハ其
　　ノ旨及之ヲ発行スル日

四　各新株予約権ノ行使ニ際シテ払込ヲ為スベキ額

五　新株予約権ヲ行使スルコトヲ得ベキ期間

六　前2号ニ掲グルモノノ外新株予約権ノ行使ノ条件

七　会社ガ新株予約権ヲ消却スルコトヲ得ベキ事由及消却ニ依リ新株予約権者ノ受
　　クベキ金銭其ノ他ノ消却ノ条件

八　新株予約権ノ譲渡ニ付取締役会ノ承認ヲ要スルモノトスルトキハ其ノ旨

九　新株予約権ノ請求アルトキニ限リ新株予約権証券ヲ発行スベキモノトスルトキ
　　ハ其ノ旨

十　新株予約権ノ行使ニ因リテ新株ヲ発行スル場合ニ於ケル其ノ新株ノ発行価額中
　　資本ニ組入レザル額

十一　前号ノ場合ニ於ケル利益又ハ利息ノ配当ニ付テハ第280条ノ37第1項ノ規定
　　ニ依ル払込ヲ為シタル時ノ属スル営業年度又ハ其ノ前営業年度ノ終ニ於テ新株ノ
　　発行アリタルモノト看做スモノトスルトキハ其ノ旨

十二　会社ニ対シ行使スルコトニ因リ其ノ会社ノ発行スル新株予約権ノ割当ヲ受ケ
　　タルコトトナル権利（以下新株予約権ノ引受権ト称ス）ヲ株主ニ与フルトキハ其ノ
　　旨並ニ新株予約権ノ引受権ノ目的タル新株予約権ノ数及其ノ新株予約権ノ発行ノ
　　条件

十三　株主以外ノ者ニ対シ特ニ有利ナル条件ヲ以テ新株予約権ヲ発行スルトキハ其
　　ノ旨並ニ新株予約権ノ割当ヲ受クル者，之ニ対シ割当ツル新株予約権ノ数及其ノ
　　新株予約権ノ発行ノ条件

十四　第8号ニ掲グル事項ノ定アル場合ニ於テ株主以外ノ者ニ対シ新株予約権ヲ発
　　行スルトキハ新株予約権ノ割当ヲ受クル者及之ニ対シ割当ツル新株予約権ノ数

…（省略）…

対価に**新株予約権，未行使ワラント，ワラント対価**など適当な科目を付して**流動負債**に計上する。新株予約権の対価を流動負債に計上する理由は，新株予約権を発行しただけではそれが行使されるか否かが明らかではなく（すなわち，未行使ワラント状態にある），一種の**預り金**または**仮受金**としての性質を有する仮勘定であるためである。

　新株予約権行使時に**新株を発行するケース**では，現金の払込によって新株が発行されるために会社の総資産および資本金が増加する。すなわち，流動負債に計上していた新株予約権の対価は，新株発行のケースでは，新株予約権の発行価額および行使価格の合計額が新株の発行価額とみなされるために（「商法」第280条ノ20第４項），行使価格とともに資本金に振り替えればよい。ただし，新株の発行価額のうち資本金に組み入れない額（商法第280条ノ20第２項10号）を取締役会（定款で株主総会が決議する旨を定めている場合には，株主総会）決議している場合には，その発行価額を資本金および資本準備金に振り替えればよい。

　これに対して，新株予約権行使時に会社が**自己株式を移転するケース**では，会社の総資産が増加し自己株式が減少するが，新株予約権の発行価額および行使価格の合計額は自己株式の処分対価と考えられるために，その合計額と自己株式の帳簿価額との差額を**自己株式処分差益**（または**自己株式処分差損**）として処理すればよい（**＜本章6　自己株式＞**参照）。

　なお，新株予約権が行使されずに権利行使期限が到来したときには，新株予約権を発行価額で**新株予約権戻入益**などの科目で特別利益に振り替えなければ

---

④　新株予約権ノ行使ニ因リテ新株ヲ発行スル場合ニ於テハ新株予約権ノ発行価額及第２項第４号ニ掲グル額トノ合計額ノ１株当リノ額ヲ其ノ新株１株ノ発行価額ト看做ス

「商法」第280条ノ21

①　株主以外ノ者ニ対シ特ニ有利ナル条件ヲ以テ新株予約権ヲ発行スルニハ定款ニ之ニ関スル定アルトキト雖モ其ノ新株予約権ニ付テノ前条第２項第１号，第２号及第４号乃至第８号ニ掲グル事項並ニ各新株予約権ノ最低発行価額（無償ニテ発行スル場合ニハ其ノ旨）ニ付第343条ニ定ムル決議アルコトヲ要ス此ノ場合ニ於テハ取締役ハ株主総会ニ於テ株主以外ノ者ニ対シ特ニ有利ナル条件ヲ以テ新株予約権ヲ発行スルコトヲ必要トスル理由ヲ開示スルコトヲ要ス

（以下省略）

ならない（「金融商品基準」第六，1，(1)参照）。

　以下，新株予約権の具体的な会計処理を［基本例5］を用いて学習しよう。

▶　　基本例5　　◀

　20X1年4月1日に，大阪商事株式会社が新株予約権を100億円で発行し，払込金額を当座預金に預け入れたとする。行使価格は総額で500億円であり，行使請求期間は20X4年4月1日から20X5年3月31日までである。

　また，20X4年4月1日に新株予約権の80％について権利行使がなされ，残りの20％については権利行使がなされないまま権利行使期限が到来した。なお，新株を発行する場合には，発行価額の全額を資本金に組み入れるものとし，自己株式を移転する場合には，自己株式の帳簿価額を480億円とする。

新株予約権の発行時（20X1年4月1日）　　　　　　　　　　　（単位：億円）

　（借）当 座 預 金　　　100　（貸）新 株 予 約 権　　　100

新株予約権行使時（20X4年4月1日）

　① 新株発行のケース

　（借）当 座 預 金　　　400*1　（貸）資 　 本 　 金　　　480
　　　　新 株 予 約 権　　　80*2

* 1　500億円×80％＝400億円
* 2　100億円×80％＝80億円

　② 自己株式移転のケース

　（借）当 座 預 金　　　400　（貸）自 己 株 式　　　480
　　　　新 株 予 約 権　　　80

権利行使期限到来時（20X5年3月31日）

　（借）新株予約権　　　　20*　（貸）新株予約権戻入益　　　　20

　＊　100億円－80億円＝20億円

4・2・3 新株予約権付社債

　新株予約権付社債（bond with warrants；WB）とは，新株予約権が付された社債（「商法」第341条ノ2第1項）をいい，新株予約権の行使または社債の償還により新株予約権または社債の一方が消滅する場合を除き，新株予約権または社債の一方だけを譲渡できない非分離型の複合金融商品の1つである（「商法」第341条ノ2第4項）。

　新株予約権付社債には，新株予約権行使時に行使価格を現金で払い込む（これを現金払込という）ケースと現金に代えて社債部分（これをEXワラントという）をもって払込に充当する（これを代用払込という）ケースとがある。

　商法上は，新株予約権者に現金払込と代用払込の選択権を与えることが認められている（「商法」第341条ノ3第1項7号）。ただし，新株予約権の権利行使にあたって代用払込の請求があったとみなすこと，すなわち代用払込の強制をすることも認められている（同条同項8号）。代用払込を強制する場合の新株予約権付社債は，新株予約権行使時に社債部分の消滅が強制されるために，従来の転換社債にきわめて近い性格を有しているといえよう。すなわち，新株予約権付社債は，従来の転換社債および新株引受権付社債（ワラント債）の両方を包含するものといってもよい。また，新株予約権の行使時には，新株を発行するケースと自己株式を移転するケースとがあることはすでに述べたとおりである（「商法」第280条ノ9第1項）。

　しかし，現金払込のケースと代用払込のケースでは，経済的機能から見ると相違点が少なくない。具体的にいえば，次のとおりである。

　新株を発行する代用払込のケースでは，新株予約権の行使によって社債が消滅し，その代用払込によって新株が発行されるために，会社の資本金は増加するが負債が減少するので，総資産は変わらない。すなわち，新株予約権付社債

発行時には，社債部分を額面金額で負債に計上し，新株予約権行使時に負債から資本に振り替えることになる。

これに対して，新株を発行する現金払込のケースでは，社債は新株予約権のない普通社債（straight bond；SB）として存続しつつ，現金の払込によって新株が発行されるために，会社の総資産および資本金が増加する。すなわち，新株予約権付社債発行時には，社債部分を額面金額で負債に計上するが，新株予約権行使時に負債から資本に振り替えず，現金を対価とする資本の増加を認識すればよい。

従来より，新株発行を伴う社債については，発行価額を社債部分とワラント部分とに区分し，ワラント部分を独立に認識・測定する会計処理方法（これを区分法という）と発行価額を社債部分とワラント部分とに区分しない会計処理方法（これを一括法という）とがあった。

一括法を採用すれば，(1)ワラント付社債の表面利率はワラント自体に経済的価値があるために普通社債のときのそれよりも著しく低くなり，その部分だけ社債が割引発行になるはずであるが，社債部分についてこの処理が行われないため，ワラント付社債の資金調達コストが普通社債のそれに比較して不均衡になる，(2)ワラント付社債から分離された後の社債の市場価格は，通常，額面金額を下回るので，社債のみを買入消却したときに多額の利益が生じるなどの問題がある。

従来のワラント付社債については，払込資本を増加させる可能性のある部分とそれ以外の部分が同時に存在しうることから，その取引実態を適切に表示するために，区分法による処理が適切であるとしており（「金融商品基準」前文七，1），ワラント付社債に類似する新株予約権付社債も区分法による処理が適切であると思われる。

しかし，「金融商品基準」（第六，一，2）によれば，従来の転換社債の発行者側の会計処理については，株式転換権が行使されると社債は消滅し，社債の償還権と株式転換権がそれぞれ存在しえないなどの理由から，区分法に加えて一括法の適用も認められることになっている（同上）。したがって，代用払込が強制される新株予約権付社債についても，これが転換社債にきわめて近い性格を

有するところから，区分法と一括法の選択適用が認められるものと考えられる。

　以下，［基本例６］を用いて，新株予約権付社債の具体的な会計処理を学習しよう。

▶　**基本例６**　◀

　20X1年４月１日に，石川電気株式会社は，額面金額500億円の新株予約権付社債（新株予約権の権利行使期日：20X4年４月１日から20X7年３月31日，新株予約権付社債の償還期日：20X7年３月31日）を額面額で発行し，払込代金を当座預金へ預け入れた。なお，商法第341条ノ３の規定に基づき，直前の取締役会において，新株予約権付社債100円につき20円を新株予約権の発行価額とし，また新株予約権付社債100円につき80円を新株予約権の行使価格とした。

　その後，20X4年４月１日に，当該新株予約権のすべてについて権利行使がなされ，新株を発行した。なお，新株予約権の行使に伴い，発行価額の全額を資本金に組み入れている。

⑴　区分法による場合

　［基本例６］の区分法による新株予約権付社債の会計処理を述べれば，次のとおりである。

　商法上，新株予約権付社債発行時に，社債部分および新株予約権の発行価額を区別して決定しなければならない（「商法」第341条ノ３第１項１号および２号）。しかし，新株予約権付社債を海外で発行するケースなどのように，社債部分と新株予約権部分の発行価額が必ずしも区分されていないこともあるために，

「商法」第341条ノ３

① 前条第１項ノ場合ニ於テハ左ノ事項ハ取締役会之ヲ決ス但シ定款ヲ以テ株主総会ガ之ヲ決スル旨ヲ定メタルトキハ此ノ限ニ在ラズ

一　社債ノ発行価額

二　各新株予約権ノ発行価額（無償ニテ発行スルトキハ其ノ旨）

（以下省略）

新株予約権付社債の発行価額を社債部分と新株予約権部分とに見積りで区分する必要がある。社債部分および新株予約権の発行価額の具体的な区分方法には，(1)発行価額を普通社債および新株予約権の発行価額またはそれらの合理的な見積額の比率によって，社債部分と新株予約権部分に区分する方法と，(2)その算定が容易である一方の対価を決定し，これを発行総額から控除して他方の対価を決定する方法がある（「金融商品基準注解」注15参照）。

　したがって，社債部分については額面金額をもって，また，未だ行使されていない新株予約権部分については上述した方法で決定された金額をもって貸記するとともに，新株予約権付社債の発行価額として払い込まれた当座預金を借記する。社債部分の発行価額と額面金額との間に差額が生じた場合には，これを社債発行差金として処理する。

新株予約権付社債の発行時（20X1年4月1日）　　　　　　（単位：億円）

（借）	当 座 預 金	400*	（貸）	新株予約権付社債			500
	社 債 発 行 差 金	100					
（借）	当 座 預 金	100	（貸）	新 株 予 約 権			100

＊　500億円×80％＝400億円

　次に，新株予約権が行使された場合には，現金払込のケースでは，単独で発行される新株予約権の権利行使と同様の処理を行えばよい（＜本章4・2・2　新株予約権＞参照）。

　また，代用払込のケースでは，社債部分を額面金額をもって借記し，新株予約権を発行価額をもって借記するとともに，新株予約権付社債の発行価額を資本金（または資本金および資本準備金）として貸記し，社債発行差金がある場合には，その未償却残高を貸記するとともに，すでに償却した金額を社債代用払込益として貸記すればよい。

新株予約権の行使時（20X4年4月1日）

①　現金払込のケース　　　　　　　　　　　　　　　（単位：億円）

（借）	当 座 預 金	400	（貸）	資	本	金	500
	新 株 予 約 権	100					

②　代用払込のケース

（単位：億円）

（借）	新株予約権付社債	500	（貸）	資　本　金	500
	新　株　予　約　権	100		社債発行差金	50*
				社債代用払込益	50

＊　$500億円 \times \dfrac{20}{100} \times \dfrac{3年}{6年} = 50億円$

　なお，新株予約権の行使に伴い，社債部分に係る社債発行差金の既償却部分を社債代用払込益として処理しているが，これは，「商法」において，新株予約権付社債の発行は，潜在的株式の発行としてみなされており，新株予約権の行使に伴い発行される新株の発行価額は，新株予約権部分の発行価額と行使価格の合計額とされているためである（「商法」第280条ノ20第4項）。

　また，現金払込と代用払込の選択を認める場合または代用払込を強制する場合には，行使価格と社債部分の発行価額を同額としなければならない（「商法」第341条ノ3第2項）。したがって，代用払込のケースの新株の発行価額は，新株予約権部分の発行価額および社債部分の発行価額との合計額，すなわち新株予約権付社債の発行価額であるといってよい。新株予約権付社債に対する発行価額をもって計算する場合，新株予約権の権利行使がなされたさいには，社債部分に係る社債発行差金の既償却部分に関しては，現金の払込が行われていないために「商法」上，資本増加を認識してはならない。したがって，社債発行差金のうち，既償却分については当期の利益として振り替えるという処理が行われてきたが，新株の発行によって利益が生じる会計処理は経済法則に反していると考えられるので，資本金に振り替えるのが筋であるといえよう（図表16-8参照）。

　代用払込のケースについては，「金融商品会計に関する実務指針」第187項による処理と，商法第280条ノ20第4項による処理とが考えられるが，上述のよう

「商法」第280条ノ20

…（省略）…

④　新株予約権ノ行使ニ因リテ新株ヲ発行スル場合ニ於テハ新株予約権ノ発行価額及第2項第4号ニ掲グル額トノ合計額ノ1株当リノ額ヲ其ノ新株1株ノ発行価額ト看做ス

図表16‐8　新株予約権の行使

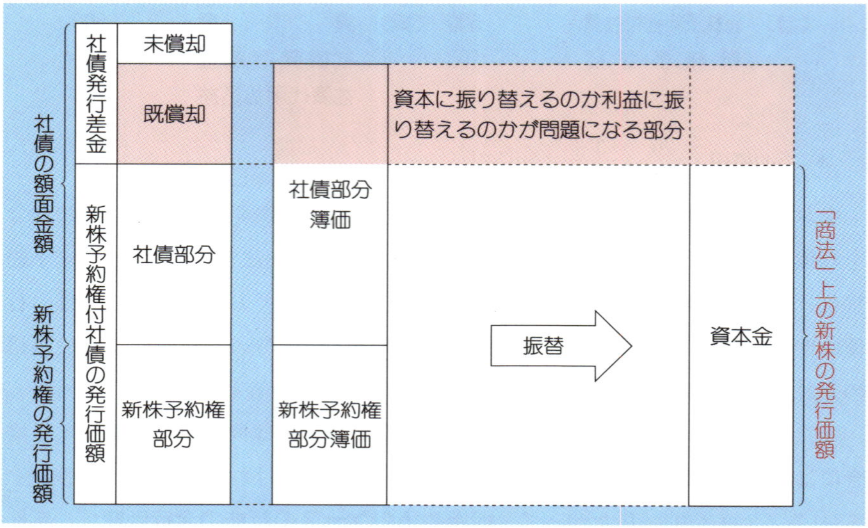

に，後者の会計処理は，本来，資本として処理すべき部分を利益として処理することになるなどの点で問題があるので，前者の会計処理を示すことにする。

（単位：億円）

| （借） | 新株予約権付社債 | 500 | （貸） | 資　本　金 | 550* |
| | 新 株 予 約 権 | 100 | | 社 債 発 行 差 金 | 50 |

＊　新株予約権100億円＋社債額面金額500億円－社債発行差金未償却残高50億円＝550億円

(2)　一括法による場合

　一括法は代用払込が強制される新株予約権付社債のみにしか適用できないが，この場合，発行時は普通社債（<第15章　負債の会計と報告>参照）と同様に，新株予約権付社債を額面金額をもって貸記し，新株予約権付社債の対価として払い込まれた当座預金を発行価額をもって借記し，貸借に差額が生じた場合には，これを社債発行差金として処理する。

新株予約権付社債の発行時（20X1年4月1日）　　　　　　（単位：億円）

（借）当 座 預 金　　500　（貸）新株予約権付社債　　500

　次に，新株予約権が行使された場合には，区分法による代用払込のケースと同様の処理をすればよい。ただし，一括法の場合には，新株予約権部分が区分されていないために，新株予約権部分を資本金に振り替える処理は不要である。

新株予約権の行使時（20X4年4月1日）
　代用払込のケース　　　　　　　　　　　　　　　　（単位：億円）

（借）新株予約権付社債　　500　（貸）資 　本 　金　　500

4・3 無償増資

4・3・1 配当可能利益の資本組入

　会社は配当可能利益の全部または一部を株主総会の利益処分決議によって資本に組み入れることができる（「商法」第293条ノ2）。

　たとえば，利益処分によって配当可能利益2,000,000円を資本に組み入れたとすれば，次のように処理する。

（借）未 処 分 利 益　2,000,000　（貸）資 　本 　金　2,000,000

　この場合，会社は取締役会の決議によって株式を無償交付することもできるが（平成2年改正前「商法」では，これを株式配当とよんでいた），これについてはすでに**＜本章4・1　増資の意義と分類＞**で述べたように，**株式分割**なので，その会計処理は必要ない。

　なお，配当可能利益を資本に組み入れて無償交付した場合には，資本組入と株式分割とに分かれ，「商法」上，株式配当は消滅することになった。しかし，この場合には，税務上の扱いが問題になる。すなわち，新株を無償交付したか

「商法」第293条ノ2
　　会社ハ利益ノ処分ニ関スル株主総会ノ決議ヲ以テ配当ヲ為スコトヲ得ベキ利益ノ全部又ハ一部ヲ資本ニ組入ルルコトヲ得

否かを問わず，**配当可能利益の資本組入**は，**税法上は株式配当**として扱われ，現金配当されたもの（これを**みなし配当**という）として課税される（「法人税法」第24条2項2号，「所得税法」第25条2項2号）。

4·3·2　法定準備金の資本組入

会社は取締役会の決議により，法定準備金の全部または一部を資本に組み入れることができる（「商法」第293条ノ3）。

たとえば，資本準備金50,000,000円を資本に組み入れたとすれば，次のように処理する。

　（借）資 本 準 備 金　50,000,000　（貸）資　　本　　金　50,000,000

この場合，法定資本の増加に伴い，株主に対して新株を無償交付することもできるが，これについては**株式分割**なので，会計処理は必要ない。

「法人税法」第24条

② 法人につき次の各号に掲げる事実が生じたときは，この法律の規定の適用については，当該各号に定める金額のうち当該法人の株主等である内国法人が当該各号に掲げる事実の発生の時において有する株式（第1号の場合にあつては，消却されなかつた株式とする。）に対応する部分の金額は，利益の配当又は剰余金の分配の額とみなし，かつ，その内国法人が当該事実の発生の時において当該金額の交付を受けたものとみなす。

…（省略）…

二　利益積立金額の資本又は出資への組入れ　資本又は出資に組み入れた利益積立金額

「所得税法」第25条

② 法人につき次の各号に掲げる事実が生じたときは，この法律の規定の適用については，当該各号に定める金額のうち当該法人の株主等が当該各号に掲げる事実の発生の時において有する株式（第1号の場合にあつては，消却されなかつた株式とする。）に対応する部分の金額は，利益の配当又は剰余金の分配の額とみなし，かつ，当該事実の発生の時において当該法人からその株主等に対し当該金額の交付がされたものとみなす。

…（省略）…

二　法人税法第2条第18号に規定する利益積立金額の資本又は出資への組入れ　資本又は出資に組み入れた当該利益積立金額

なお，利益準備金を資本に組み入れた場合にも，税法上，みなし配当として課税される。

▶ 5 減資の会計処理

5·1 減資の定義

減資とは，会社の資本金を減少させることをいう。「商法」上の法定資本とは，すでに述べたように，会計上の資本金を意味し，これは債権者を保護するための重要な担保財源である。このために，「商法」では資本不変の原則（「商法」第375条以下）に基づいて，減資を行う場合には株主総会の特別決議（「商法」第375条1項）を要するものとし，さらに減資の厳格な方法・手続（「商法」第376条）を定め，会社がみだりに減資を行うことを禁じている。

減資は，純資産の減少を伴うか否かによって有償減資と無償減資とに大別することができる。

5·2 有償減資と無償減資

有償減資とは，事業規模の縮小，事業の種類別セグメント（＜第22章　企業集団の会計と報告＞参照）の収益の悪化に伴う営業譲渡などの目的で，株式を買い入れて消却したり，資本金の一部を払い戻して資本金を減少させることをいう。これによって，資本金はもとより純資産も減少する。

これに対して，無償減資とは，会社に欠損があるとき，これを塡補するために，資本金の一部を払い戻さずに資本金を減少させることをいう。無償減資を行っても資本金と未処理損失が相殺されるだけであるので，資本金は減少するが純資産は減少しない。わが国では，無償減資が行われることが多い。

5·3 減資差益とその会計処理

旧商法では資本金の減少から生じた減資差益（減少した資本金額が払戻しのために要した金額および欠損塡補に充てた金額を超える場合の当該超過額）は，資本準

備金として積み立てることが義務づけられていた（旧「商法」第288条ノ2第1項4号）が，改正商法ではその規定が削除された。

　資本金および資本準備金の減少については株主総会の特別決議および債権者保護手続（「商法」第289条3項，376条2項3項，380条）がとられているので，減資差益を資本準備金として積み立てても，これを株主に払い戻そうとすると，再び債権者保護手続が必要とされる。

　したがって，すでに述べたように改正商法では減資差益を資本準備金の取崩しによって生じる剰余金と同様に，**その他資本剰余金の内訳項目**とし，配当可能としている（「施行規則」第70条）。

　しかし，かかる処理は，すでに述べたように資本と利益の区別を重視する会計理論からみてきわめて問題である。

設問1

次の取引について仕訳しなさい。

　横浜貿易株式会社の資本金は6,000万円，発行済株式数は1,200株，未処理損失1,500万円である。当社は株主総会の特別決議により，4株を3株に併合する無償減資によって欠損の塡補を行った。

解答

（単位：万円）

　（借）資　本　金　1,500*　（貸）未処理損失　1,500

$$* \quad 60,000,000 - \left(60,000,000 \times \frac{3\,株}{4\,株}\right) = 15,000,000\,円$$

「施行規則」第70条

　資本剰余金の部には，資本準備金及びその他資本剰余金を記載し，又は記録し，その他資本剰余金は，減資差益，自己株式処分差益その他の内容を示す適当な名称を付した科目に細分しなければならない。

▶ 6　自己株式

　会社がすでに発行した自社の株式を取得し，保有している場合，その株式を**自己株式**または**金庫株**という。自己株式の取得は，従来，出資の払戻しとなり資本充実の原則に反する，マネジメントの地位保全に利用されるおそれがある，マネジメントによる相場操縦やインサイダー取引を助長するおそれがあるなどの理由で，株式の消却，合併または他の会社の営業全部を譲り受けるとき，会社の権利を実行するために必要なとき，端株主などからの株式の買取請求のときなど，ごく例外的な場合を除いて禁止されていたので（旧「商法」第210条），この科目が用いられるケースは少なかった。

　しかし，平成6年改正「商法」による**自己株式取得の規制緩和**および平成9年改正「商法」による**ストック・オプション制度の導入**に伴い，自己株式の取得（旧「商法」第212条ノ2）が大幅に緩和されてきた。その後，平成13年改正「商法」によって株価対策等の緊急経済対策の1つとして，自己株式の取得が解禁されることとなった（「商法」第210条）。

　すなわち，自己株式の取得解禁の背景は，第1に，バブル時にエクイティ・ファイナンスの名のもとに発行しすぎた株式を会社が自己株式を取得する方式で市場から吸収し，株価の下支えをしようとすることにあり，第2に，後述する吸収合併，株式交換，会社分割等による企業組織の再編を行う場合には，一般に新株発行を伴うが，これによって生じる株式の希薄化および資本コストの増加を防止するために新株発行の代用株式としての自己株式で対応しようとすることにあるものと思われる。

　自己株式の処理については，理論上，**資本控除説**と**資産説**とがある。資本控除説は会計理論および「連結財務諸表原則」が従来よりとる立場であり，これによれば，会社が自己株式を取得するということは，発行時の資本が事実上，減少することを意味しているので，自己株式の取得は**資本の控除項目**として処理されることになる。しかし，会社は，株式の消却のために自己株式を取得する場合以外の他の場合には，取得した自己株式を処分しなければならなかった

ので（旧「商法」第211条），現実に資本が減少するわけではなかった。このことから，自己株式は，他の会社の株式を所有しているのと同じように，流動資産または固定資産として処理されることになり，商法は，従来，資産説をとってきた。

それが平成13年改正「商法」では，企業会計と同様に，取得した自己株式は取得原価をもって資本の部から控除するとともに，期末に保有する自己株式は，資本の部の末尾に自己株式として一括表示することとなった（「施行規則」第69条4項）。

また，取得した自己株式の会計処理であるが，その処分によって差益（これを自己株式処分差益という）が生じた場合には，その他資本剰余金に計上し，差損（これを自己株式処分差損という）が生じた場合には，その他資本剰余金から減額し，減額しきれない場合には，当期未処分利益を減額（または当期未処理損失を増額）すればよい（「基準」第1号21項ないし22項）。

設問 2

麻布貿易株式会社は，20X1年4月1日に自己株式を1株当たり60千円で2,000株取得し，20X2年3月31日にそのうちの500株を1株当たり80千円で処分した。当社はさらに20X2年12月20日に残りの1,500株を1株当たり40千円で処分した。麻布貿易株式会社の20X1年4月1日，20X2年3月31日および20X2年12月20日の仕訳を示しなさい。なお，20X2年3月31日現在のその他資本剰余金残高はゼロとする。

解 答

20X1年4月1日　　　　　　　　　　　　　　　　　　　　（単位：千円）

（借）自 己 株 式　　120,000　（貸）現　　　　金　　120,000

「施行規則」第69条

…（省略）…

④　自己株式は，第1項の規定にかかわらず，資本の部に別に自己株式の部を設けて，控除する形式で掲載し，又は記録しなければならない。

20X2年3月31日

（借）現　　　　金　40,000*¹　（貸）自　己　株　式　30,000*²
　　　　　　　　　　　　　　　　　その他資本剰余金　10,000

＊1　処分した株式数500株×1株当たり処分額80千円＝40,000千円
＊2　処分した株式数500株×1株当たり取得原価60千円＝30,000千円

20X2年12月20日

（借）現　　　　金　60,000*¹　（貸）自　己　株　式　90,000*²
　　　その他資本剰余金　10,000
　　　未　処　分　利　益　20,000

＊1　処分した株式数1,500株×1株当たり処分額40千円＝60,000千円
＊2　処分した株式数1,500株×1株当たり取得原価60千円＝90,000千円

▶ 7　合併の会計処理

　合併とは，契約に基づいて，複数の会社が1つになることをいう。合併会計のポイントは，合併される資産，負債の金額および科目をどのように決定するのか，対価として交付されるべき株式数をどのように決定するか（合併比率の決定）にある。

7·1　吸収合併と新設合併

　会社の合併の形態には，吸収合併と新設合併がある（図表16-9参照）。吸収合併とは合併当事会社の中の1社（たとえば，A社）が存続して，他の会社（たとえば，B社など）が解散し，存続会社（A社）に吸収され消滅する形態である。
　これに対して，新設合併とは，合併当事会社がすべて（たとえば，A社もB社も）解散し，消滅して，新たに会社（たとえば，C社）を設立する形態である。
　したがって，吸収合併の場合には，A社がB社の株主に対してA社の新株を発行して交付することになるが，新設合併の場合には，C社の新株を発行してA社の株主とB社の株主に交付することになる。ちなみに，わが国の場合，合

図表16-9　吸収合併と新設合併

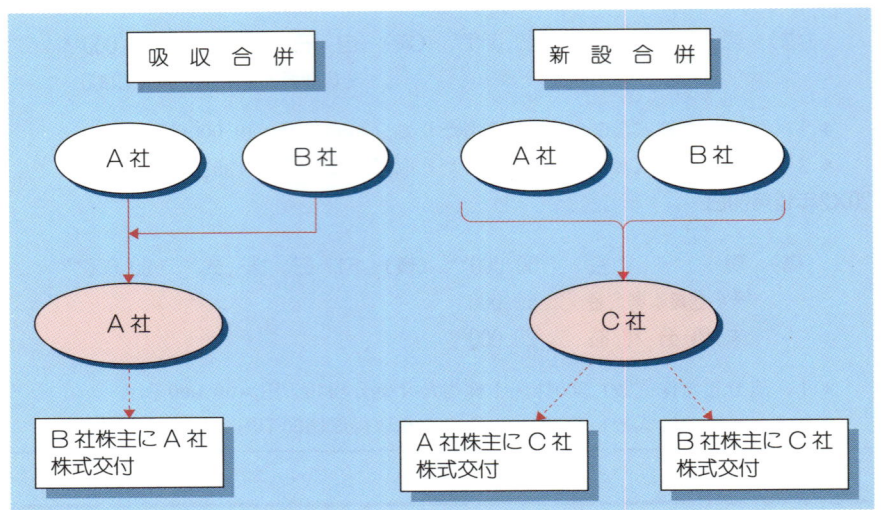

併の形態としては吸収合併がほとんどである。

7・2　合併の会計処理の考え方

　吸収合併の場合でも新設合併の場合でも，合併される資産，負債の金額，科目などを決定しなければならない。これには，2つの考え方がある。

　1つは，合併を一方の会社（合併会社）が他方の会社（被合併会社）をいわば買収するという考え方である。逆にいえば，この方法では，被合併会社の株主が自己の純資産を合併会社に出資（すなわち**現物出資**）することによって合併を行う考え方であるので，わが国では**現物出資説**とよばれることもあり，この方法のもとでは，換金価値のないいわゆる擬制資産である繰延資産，修繕引当金などの債務性のない負債性引当金などを除外して，**受入純資産を公正価値で評価するのが原則**である。しかし，「商法」では，受入純資産の評価についてはなんら規定していないので，実際には公正価値でも簿価でもよい（国家試験などでは，簿価評価するケースがほとんどである）。

　もう1つは合併を合併当事会社間の株主持分が1つに統合するとみる考え方であるので，被合併会社の繰延資産，債務性のない負債性引当金などを含め資

産および負債は簿価のまま引き継がれ，さらに資本構成もそのまま承継される。その意味で，わが国ではこの考え方は人格承継説とよばれることもある。

7·3 合併差益

　合併によって受け入れた純資産が消滅会社の株主に対して交付した株式によって増加する資本金額（増加資本金額）および金銭の額（これを合併交付金という）を超える額を合併差益といい（「商法」第288条ノ2第1項5号），これは資本準備金として処理する。「商法」上，上記の超過額のうち消滅会社の留保利益を除いた額を合併差益とすることもできる（「商法」第288条ノ2第5項）。

　この特則規定の趣旨をめぐっては，「企業会計原則」にも同趣旨の規定がある（「注解」注19(1)）ので，会計学者のなかでも見解が分かれている。たとえば，「商法」の原則規定で算定した合併差益の額は，現物出資説に基づいて算定した合併差益の額に等しいところから，「商法」は原則として現物出資説を採用しており，特則規定で人格承継説を採用している旨の見解である。

　しかし，「商法」の条文上，どこにも現物出資説または人格承継説を採用している旨の明文規定がないばかりではなく，とりわけ特則規定の趣旨についていえば，これは人格承継説を採用しているわけではなく，主として実務上の便宜という理由にほかならないと解される。

「商法」第288条ノ2

　…（省略）…

　五　合併ニ因リ消滅シタル会社ヨリ承継シタル財産ノ価額ガ其ノ会社ヨリ承継シタル債務ノ額，其ノ会社ノ株主ニ支払ヒタル金額及第409条ノ2ノ規定ニ依リ其ノ会社ノ株主ニ移転シタル株式ニ付会計帳簿ニ記載又ハ記録シタル価額ノ合計額並ニ存続スル会社ノ増加シタル資本ノ額又ハ合併ニ因リ設立シタル会社ノ資本ノ額ヲ超ユルトキハ其ノ超過額

　⑤　第1項第5号ノ超過額中合併ニ因リ消滅シタル会社ノ利益準備金其ノ他会社ニ留保シタル利益ノ額ニ相当スル金額ハ之ヲ資本準備金ト為サザルコトヲ得此ノ場合ニ於テハ其ノ利益準備金ノ額ニ相当スル金額ハ之ヲ合併後存続スル会社又ハ合併ニ因リ設立シタル会社ノ利益準備金ト為スコトヲ要ス

設問 3

次の取引について仕訳しなさい。

溜池運輸株式会社は，自社の子会社である飯倉重機株式会社を吸収合併するために新株200株を発行し，1株当たり50,000円を資本金に組み入れた。合併によって引き継いだ飯倉重機株式会社の諸資産および諸負債の帳簿価額は，それぞれ58,000,000円，20,000,000円であった。溜池運輸株式会社は，合併直前に飯倉重機株式会社の発行済株式総数の70％を所有しており，その取得価額は26,600,000円であった。

解 答

（単位：千円）

（借）諸　資　産	58,000	（貸）諸　負　債	20,000
		飯倉重機株式	26,600*1
		資　本　金	10,000*2
		合　併　差　益	1,400*3

＊1　飯倉重機株式の取得価額＝26,600,000円
＊2　1株当たり資本金組入額50,000円×発行株式数200株＝10,000,000円
＊3　貸借差額

7·4　合併比率の決定方法

会社が合併する場合には，消滅会社から受け入れた純資産額の対価として消滅会社の株主に対し存続会社（吸収合併のケース）または新設会社（新設合併のケース）の株式を交付することになる。この場合，対価として交付すべき株式数を決定するための指標が**合併比率**である。

このように，合併比率は，消滅会社の株式1株当たりにつき存続会社または新設会社の株式を何株交付するかを示す指標であるので，合併比率は**1株当たりの企業評価額の比率**で示さなければならない。

企業評価額の算定方法には，(1)**純資産法**，(2)**収益還元価値法**，(3)**純資産法と収益還元価値法との平均法**および(4)**株式市価法**がある。簿記・会計において合併比率は，各企業評価法の1株当たり企業評価額（**図表16-10**参照）によって計

図表16-10　合併比率

$$
\left.
\begin{array}{l}
\text{企業評価額}\\
\text{の算定方法}
\end{array}
\right\}
\left\{
\begin{array}{l}
\text{(1)純 資 産 法} \ -1\text{株当たり純資産}\\
\text{(2)収益還元価値法} \ -1\text{株当たり収益還元価値}\\
\text{(3)(1)と(2)との平均法}-1\text{株当たり平均価値}\\
\text{(4)株 式 市 価 法} \ -1\text{株当たり平均市価}
\end{array}
\right\}
\text{合併比率}
$$

算するが，実務上は必ずしも上記の会計的指標だけによって決められるのではなく，製品，販売能力，資金力などの定量的・定性的要素も加味して決定される。

7・4・1　純資産法

これは，純資産額で両者（合併会社および被合併会社）の企業評価額を求めるものであり，両者の純資産額を発行済株式総数で除して1株当たり純資産額をもって合併比率とする方法である。

(1)　企業評価額＝純資産額

(2)　合併比率＝$\dfrac{\text{消滅会社の1株当たり純資産}}{\text{存続会社の1株当たり純資産}}$

1株当たり純資産＝$\dfrac{\text{企業評価額}}{\text{発行済株式総数}}$

(3)　交付株式数＝消滅会社の発行済株式総数×合併比率

7・4・2　収益還元価値法

これは収益還元価値，すなわち将来のネット・キャッシュ・インフローの割引現在価値（収益力を資本還元率で除したもの）で両者の企業評価額を求めるものであり，1株当たり収益還元価値をもって合併比率とする方法である。

(1) 企業評価額＝収益力（純資産×平均利益率）÷資本還元率

(2) 合併比率＝$\dfrac{消滅会社 1 株当たり収益還元価値}{存続会社 1 株当たり収益還元価値}$

1 株当たり収益還元価値＝$\dfrac{企業評価額}{発行済株式総数}$

(3) 交付株式数→純資産法の求め方と同じ

7・4・3 純資産法と収益還元価値法との平均法

これは，純資産額と収益還元価値の単純平均値を両者の企業評価額とするものであり，1 株当たり平均価値をもって合併比率とする方法である。

(1) 企業評価額＝純資産と収益還元価値の単純平均値

(2) 合併比率＝$\dfrac{消滅会社 1 株当たり平均価値}{存続会社 1 株当たり平均価値}$

1 株当たり平均価値＝$\dfrac{企業評価額}{発行済株式総数}$

(3) 交付株式数→純資産法の求め方と同じ

7・4・4 株式市価法

これは，両者の過去数年間の 1 株当たりの市価，具体的には株価でもって両者の企業評価額とし，これを合併比率とする方法である。

(1) 企業評価額＝過去数年間の 1 株当たり平均市価×発行済株式総数

(2) 合併比率＝$\dfrac{消滅会社の 1 株当たり平均市価}{存続会社の 1 株当たり平均市価}$

(3) 交付株式数→純資産法の求め方と同じ

設問 4

根室水産株式会社は別府観光株式会社を吸収合併し，別府観光株式会社株式 6 株に対して，根室水産株式会社株式 5 株を交付した。なお，別府観光株式会社の合併直前

の貸借対照表は，次のとおりであり，第三者によるその資産の公正な評価額は29,400千円であった。なお，別府観光株式会社の発行済株式数は12,000株であり，この合併にあたっても根室水産株式会社は交付株式1株当たり500円を資本金に組み入れていた。

別府観光株式会社貸借対照表

(単位：千円)

諸　資　産	28,000	諸　負　債	20,000
		資　本　金	6,000
		資本準備金	200
		利益準備金	800
		任意積立金	600
		未処分利益	400
	28,000		28,000

　(1)現物出資説，(2)人格承継説および(3)商法の特則規定（被合併会社の利益準備金はそのまま引き継ぎ，その他の留保利益は別途積立金として引き継ぐものとする。なお，受入純資産の評価は公正な評価額による）でそれぞれ仕訳しなさい。

解　答

(1)　現物出資説 (単位：千円)

（借）諸　資　産　　29,400　（貸）諸　負　債　　20,000
　　　　　　　　　　　　　　　　　資　本　金　　5,000*1
　　　　　　　　　　　　　　　　　合　併　差　益　4,400*2

＊1　$12,000 \times \dfrac{5\,\text{株}}{6\,\text{株}} \times 0.5 = 5,000$

＊2　$9,400 \ (=29,400-20,000) - 5,000 = 4,400$

(2)　人格承継説 (単位：千円)

（借）諸　資　産　　28,000　（貸）諸　負　債　　20,000
　　　　　　　　　　　　　　　　　資　本　金　　5,000
　　　　　　　　　　　　　　　　　資　本　準　備　金　200
　　　　　　　　　　　　　　　　　利　益　準　備　金　800
　　　　　　　　　　　　　　　　　任　意　積　立　金　600
　　　　　　　　　　　　　　　　　未　処　分　利　益　400
　　　　　　　　　　　　　　　　　合　併　差　益　1,000*

   ＊ $6,000-5,000＝1,000$

本設問では，受入純資産を簿価としているので，資産評価の問題は生じない。

(3) 商法の特則規定   （単位：千円）

（借）諸 資 産	29,400	（貸）諸 負 債	20,000
		資 本 金	5,000
		利 益 準 備 金	800
		別 途 積 立 金	1,000＊1
		合 併 差 益	2,600＊2

＊1 利益準備金以外の留保利益はこれを別途積立金として引き継ぐ。

＊2 合併差益の内訳は，別府観光株式会社の資本準備金200千円，評価差額1,400
   千円，資本金のうち根室水産株式会社の資本金とならなかった1,000千円との合
   計額。

▶ 8　株式交換と株式移転の会計処理

8・1　株式交換制度と株式移転制度の意義

 事業支配力が過度に集中することになるケースを除き，商法上の親会社である持株会社を設立したり，会社が持株会社になることが解禁された（「独占禁止法」第9条）。これに伴い，持株会社の設立はもとより，既存の株式会社を完全子会社（発行済株式の100％を所有されている会社をいい，逆に所有している会社を完全親会社という）化する手続が必要との認識から，いいかえれば企業組織の再編などを円滑に行い，日本企業の競争力強化のための法整備の一環として株式交換制度および株式移転制度が導入された。

 株式交換は，一方の既存の会社の株主が有する株式の全部が他方の会社に移転して他方の会社が完全親会社となる行為である（「商法」第352条）ので，取得もしくは買収または既存の子会社の完全子会社化等に利用できる。

 株式移転は，完全子会社となる既存の会社の株主が有する株式がすべて新設

される完全親会社となる会社に移転し，完全親会社が発行する株式を完全子会社の株主に割り当てることによって完全親子会社関係を創設する行為である（「商法」第364条）ので，持株会社の設立等に利用できる。

図表16‑11　株式交換および株式移転方式を利用した持株会社の創設

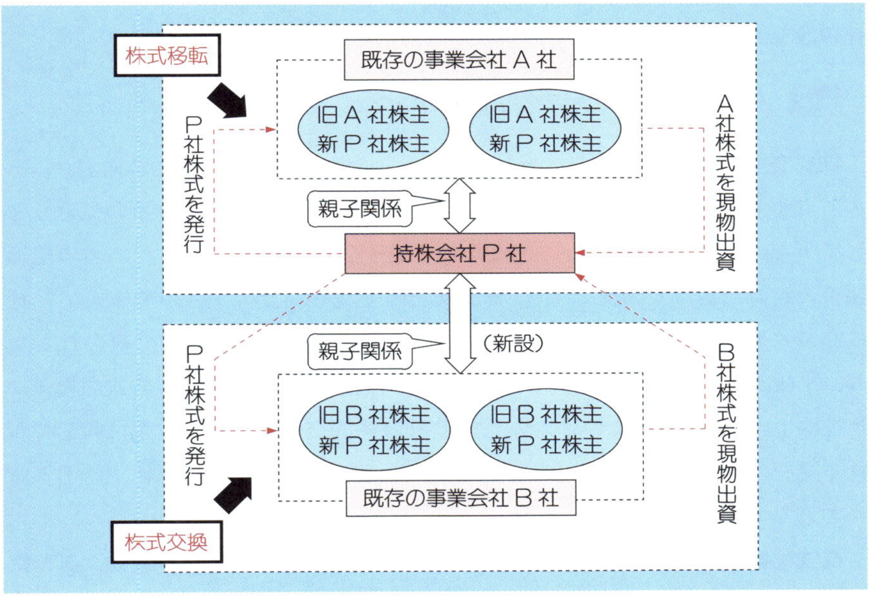

「商法」第352条

① 会社ハ其ノ一方ガ他方ノ発行済株式ノ総数ヲ有スル会社（以下之ヲ完全親会社ト，他方ヲ完全子会社ト称ス）トナル為株式交換ヲ為スコトヲ得

（以下省略）

第364条

① 会社ハ完全親会社ヲ設立スル為株式移転ヲ為スコトヲ得

② 株式移転ニ因リテ完全子会社トナル会社ノ株主ノ有スル其ノ会社ノ株式ハ株式移転ニ因リテ設立スル完全親会社ニ移転シ，其ノ完全子会社トナル会社ノ株主ハ其ノ完全親会社ガ株式移転ニ際シテ発行スル株式ノ割当ヲ受クルコトニ因リ其ノ完全親会社ノ株主トナル

（以下省略）

　このように，株式交換も株式移転も，完全子会社となる既存の会社の株主にとっては自らが保有している株式と完全親会社となる会社の株式を交換して完全親会社の株主になる点で異なるところはないが，**株式交換の場合**には，**既存会社が完全親会社**になるのに対して，**株式移転の場合**には，**新設会社が完全親会社**になる点で異なっている。すなわち，株式移転は，株式交換に加えて，会社の設立も同時に行う行為であるといってよい（**図表16－11**参照）。

8・2 株式交換制度と株式移転制度のしくみ

　株式交換制度とは，上述のように，たとえば既存の子会社Ｓ社の株主が，その所有する株式を商法上の親会社である持株会社Ｐ社に移転し，その見返りとしてＰ社の株式を受け取ることによって親子会社関係を創設するための組織法上の行為に基づく制度である。株式交換制度のもとではＳ社の全株式がＰ社に移転される（「商法」第352条１項）ことから，Ｐ社はＳ社の完全親会社となり，Ｓ社はＰ社の完全子会社となり，株式交換前のＳ社株主は，株式交換後にＰ社株主となる。株式交換にさいしてＰ社は株式交換前のＳ社株主に対して新株を発行するのが原則であるが，新株発行に代えて所有する自己株式を引き渡すこともできる（「商法」第356条）。

　株式移転制度とは，上述のように，たとえばある既存の会社Ｓ社が，新たに持株会社Ｐ社を設立したり，既存の他の２社以上の会社が新たに設立される持株会社Ｐ社の傘下に入る場合に，Ｓ社株主がその所有する株式をＰ社に移転し，その見返りとしてＰ社株式を受け取ることによって親子会社関係を創設するための組織法上の行為に基づく制度である。株式移転によってＰ社は他の会社の完全親会社となり，株式移転前の他の会社の株主は，株式移転後にＰ社株主となる。

8・3 株式交換の会計処理方法と株式交換差益

　株式交換の会計処理のポイントは，株式交換によって**取得する子会社株式の評価**と株式交換によって**増加する資本額の決定**にある。取得する子会社株式については，現物出資であるところから，取得日現在の原価（公正価値）を付せば

よい。

　商法上は，子会社の純資産額が親会社の増加する資本額になるものとされている（「商法」第288条ノ2第1項2号，第357条）ところから，子会社株式の金額も子会社の純資産額と同額ということになる。商法上，子会社の純資産額が簿価なのか時価なのかについては明らかではないが，簿価とする場合には，子会社株式の評価が実態と乖離するおそれがある。

　株式交換によって取得した子会社株式の金額が，資本金に組み入れた額および代用交付した自己株式（新株の発行に代えて自己株式を発行する場合の当該自己株式）の金額を超える場合には，当該金額を**株式交換差益**として処理する。株式交換差益は**資本準備金**として積み立てなければならない（「商法」288条ノ2第1項2号）。

　なお，株式交換は，企業結合会計**＜第22章　企業集団の会計と報告＞**の一環として扱われるのが一般的である。詳しい会計処理等については**＜第22章　1・4　企業結合会計と株式交換＞**で説明する。

設問5

　次の取引について仕訳しなさい。

　帯広工業株式会社は，旭川工業株式会社を株式交換によって完全子会社とした。この株式交換にあたって，帯広工業株式会社は新株200株を発行し，発行価額のうち1株当たり2万円を資本金に組み入れた。株式交換日現在における旭川工業株式会社の諸資産は1,500万円，諸負債は700万円であった。

「商法」第288条ノ2

① 左ニ掲グル金額ハ之ヲ資本準備金トシテ積立ツルコトヲ要ス

　…（省略）…

二　株式交換ヲ為シタル場合ニ於テ第357条ニ規定スル資本増加ノ限度額ガ完全親会社ノ増加シタル資本ノ額ヲ超ユルトキハ其ノ超過額

（以下省略）

解　答

（単位：万円）

（借）　旭川工業株式　　　800*¹　（貸）　資　本　金　　　400*²

　　　　　　　　　　　　　　　　　　　　株式交換差益　　　400*³

* 1　旭川工業株式会社の純資産（諸資産15,000,000－諸負債7,000,000）＝
　　　8,000,000円
* 2　1株当たりの資本金組入額20,000円×株式発行数200株＝4,000,000円
* 3　貸借差額

8·4　株式移転の会計処理方法と株式移転差益

　株式移転の会計処理は，新設された完全親会社である持株会社において行われる。株式移転の会計処理も子会社株式を取得すると同時に，資本額を増加させるという点で株式交換の会計処理と異なるところはない。株式移転によって増加する資本額のうち資本金に組み入れられなかった部分は**株式移転差益**として処理し，**資本準備金**として積み立てなければならない（「商法」第288条ノ2第1項3号）。

　もとより，株式移転は完全親会社の設立と同時に行われるものであるから，P社が新株発行に代えて自己株式を引き渡すことはありえない。

設問6

　釧路自動車販売株式会社は，釧路自動車製造株式会社とともに株式移転方式によって持株会社釧路自動車ホールディングスを設立した。この株式移転にあたって，釧路自動車ホールディングスは，合計200株の新株を発行し，発行価格のうち1株当たり2

「商法」第288条ノ2

① 　左ニ掲グル金額ハ之ヲ資本準備金トシテ積立ツルコトヲ要ス
　…（省略）…
　三　株式移転ヲ為シタル場合ニ於テ第367条ニ規定スル資本ノ限度額ガ設立シタル完全親会社ノ資本ノ額ヲ超ユルトキハ其ノ超過額
　（以下省略）

万円を資本金に組み入れた。株式移転日現在における釧路自動車販売株式会社の諸資産および諸負債は，それぞれ4,000,000円および1,000,000円であり，釧路自動車製造株式会社の諸資産および諸負債は，それぞれ5,000,000円および3,000,000円であった。

釧路自動車ホールディングスが行う仕訳を示しなさい。

解　答

（単位：万円）

（借）	釧路自動車販売株式	300*1	（貸）	資　本　金	400*3
	釧路自動車製造株式	200*2		株式移転差益	100*4

＊1　釧路自動車販売株式会社の純資産（諸資産4,000,000円－諸負債1,000,000円）＝3,000,000円

＊2　釧路自動車製造株式会社の純資産（諸資産5,000,000円－諸負債3,000,000円）＝2,000,000円

＊3　1株当たりの資本金組入額20,000円×発行株式数200株＝4,000,000円

＊4　貸借差額

▶ 9　会社分割の会計処理

9·1　会社分割制度の意義

　会社分割制度は，すでに述べた株式交換・株式移転制度と同様に，競争力強化のための企業組織の再編などを円滑に行うための法整備の一環をなすものである。

　会社分割とは，ある会社（分割会社）の営業の全部または一部を，新設会社に移転させる（これを新設分割という（「商法」第373条以下））か，既存の他の会社に移転させる（これを吸収分割という（「商法」第374条ノ16以下））行為をいう。

　新設分割は，複数の事業の種類別セグメントを有する会社がセグメント別の会社を新設することによって経営の効率化を図るために，また吸収分割は持株会社の傘下にある複数の事業を営む子会社を事業の種類別子会社に整理・統合

することによって，組織再編成を図るために，それぞれ行われるといってよい。

　いずれにせよ，新設会社または既存会社である承継会社からみれば，会社分割により他の会社の営業の全部または一部が移転され，その見返りとして分割会社に株式が交付されることになる。新設分割には，分割会社が単独で新設会社を設立する単独新設分割および複数の会社が新設会社を共同で設立する共同新設分割がある。

　会社分割は，営業の一部または全部を譲渡するまたは譲り受ける行為であるという意味では，その会計処理は後述する企業結合会計と同じであるといえる。

　しかし，会社分割のなかにはすでに述べた単独新設分割および企業集団内での分割があるが，これらは会社分割前と支配が継続しているという意味で，経済的実態が変わらないので，企業結合会計には該当しない。したがって，ここではこれら企業結合会計に該当しない会社分割の会計処理を学習し，一般には吸収分割および共同新設分割は企業結合に該当するので，＜第22章　1・5　企業結合会計と会社分割の会計＞で学習することにする。

9・2　企業結合に該当しない会社分割の会計処理

　会社分割の処理方法には，売買処理法と簿価引継法の2つがある。売買処理法とは，分割会社から承継会社に移転する諸資産および諸負債を会社分割日現在の原価（公正価値）で売買されたものとみなして処理する方法である。したがって，分割会社は，分割により分割会社またはその株主に交付された株式およびその他の資産の公正な評価額の合計額を移転価格とし，当該価額と分割により移転する営業を構成する資産および負債の簿価との差額を営業移転損益として特別損益の部に計上する（JICPA「会計制度委員会報告」第7号，43項）。

　これに対して，簿価引継法とは移転する諸資産および諸負債を分割会社における簿価で処理する方法であるので，分割により営業移転損益が計上されることはない。

　企業結合に該当しない会社分割は，分割会社と承継会社との間で売買取引が行われたわけではない（すなわち，会社分割の前後で支配が継続している）ので，簿価引継法によって処理すればよい。

図表16‒12　会社分割

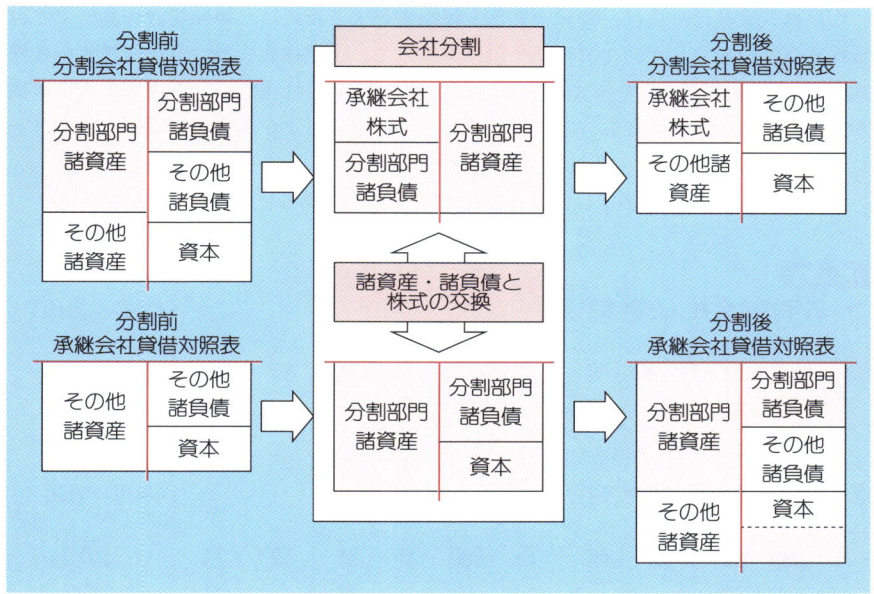

　会社分割の会計処理は，合併とは異なり分割会社が消滅することなく存続するので，分割会社サイドと承継会社サイドの両方で行われる。**分割会社サイド**では，承継会社から交付される株式の取得の処理と承継会社に移転する諸資産および諸負債の引渡しの処理が行われる。他方，**承継会社サイド**では，分割会社からの諸資産および諸負債の受入れの処理と分割会社に対する新株発行の処理が行われる。

　分割会社における取得株式の評価額，承継会社における諸資産および諸負債の受入額および承継会社における増加する資本額は，いずれも分割会社における諸資産および諸負債の簿価の金額である。なお，承継会社において増加する資本額のうち，資本金に組み入れられなかった部分は**会社分割差益**として処理し，資本準備金として積み立てなければならない（「商法」第288条ノ2第1項3ノ2号ないし3ノ3号）。

設問 7

広尾株式会社は，自社を持株会社へと組織変更するために，単独新設分割により白金株式会社を設立した。この会社分割にあたって，広尾株式会社は，白金株式会社株式200株を取得した。白金株式会社は，発行価格のうち1株当たり2万円を資本金に組み入れた。会社分割時における広尾株式会社の諸資産および諸負債の簿価は，それぞれ9,000,000円および4,000,000円であった。

(1)広尾株式会社および(2)白金株式会社が行う仕訳を示しなさい。

解 答

(1) 広尾株式会社（分割会社）　　　　　　　　　　　　　　　　　　　（単位：万円）

（借）白 金 株 式	500*	（貸）諸 資 産	900
諸 負 債	400		

　*　広尾株式会社の純資産額（簿価）＝5,000,000円

(2) 白金株式会社（承継会社）　　　　　　　　　　　　　　　　　　　（単位：万円）

（借）諸 資 産	900	（貸）諸 負 債	400
		資 本 金	400*1
		会 社 分 割 差 益	100*2

　*1　1株当たりの資本金組入額20,000円×発行株式数200株＝4,000,000円
　*2　貸借差額

「商法」第288条ノ2

① 左ニ掲グル金額ハ之ヲ資本準備金トシテ積立ツルコトヲ要ス

…（省略）…

三ノ二　新設分割ヲ為シタル場合ニ於テ第374条ノ5ニ規定スル資本ノ限度額ガ分割ニ因リテ設立シタル会社ノ資本ノ額ヲ超ユルトキハ其ノ超過額

三ノ三　吸収分割ヲ為シタル場合ニ於テ第374条ノ21ニ規定スル資本増加ノ限度額ガ分割ニ因リテ営業ヲ承継シタル会社ノ増加シタル資本ノ額ヲ超ユルトキハ其ノ超過額

（以下省略）

▶10　受贈資本と評価替資本の会計処理

10·1　受贈資本

10·1·1　受贈資本の意義

すでに＜本章2·1　株式会社の資本概念＞において述べたように，**受贈資本**とは，国・地方公共団体からの補助金の交付，受益者負担，債務の免除などから生じた資本の増加分をいい，これには国庫補助金，工事負担金，債務免除益などがある。

国庫補助金とは，国・地方公共団体から交付された補助金をいい，そのなかでも固定資産の建設のために交付された補助金を**建設助成金**という。また，**工事負担金**とは，電気事業，ガス事業，鉄道事業または軌道事業などを営む公益事業がその事業を営むために必要な設備を新規に建設するために要する工事費の全部または一部をその受益者または利用者から金銭，資材などで受け入れた場合の当該受入額をいう。さらに，**債務免除益**とは，公益性の高い企業に資本の欠損が生じている場合に，当該企業を存続させるために債権者が債権放棄した額をいう。

10·1·2　受贈資本の本質

受贈資本については，これを**「資本（または資本剰余金）」**とみるか，それとも**「利益（または利益剰余金）」**とみるかについて，「企業会計原則」と「商法」および「法人税法」とにおいて，その見解を異にするケースの１つであり，かつきわめて重要な問題である。

「企業会計原則」は，原則として，受贈資本を「資本」とみなす立場をとっている。このことは，たとえば，1954年に制定された「注解」注６において，資本的支出に充てられた国庫補助金（建設助成金），工事負担金，債務免除益などが資本剰余金として例示列挙され，また現行の「注解（最終改正1982年）」注19においても資本剰余金として「合併差益等」が例示列挙されているが，その「等」

のなかに国庫補助金などが含まれていると解されることからみても明らかである。

　これに対して，「商法」および「法人税法」では，伝統的に受贈資本を「利益」とみる立場をとっている。これは，企業観として，「商法」は**資本主理論**（proprietorship theory）の立場に立ち，また「法人税法」は会社を自然人である株主の集りとみる**法人擬制説**の立場に立ち，株主からの払込資本のみを「資本」とみなし，これ以外の原因による純資産の増加分はすべて「利益」とみなしているためであるといえよう。さらに，受贈資本を「利益」とみる立場は，「商法」第290条1項による配当可能利益の計算規定および会社の解散時における**残余財産**（法人が解散，合併などによりその事業を停止する時点で債権・債務を清算した後に残る財産）の分配をめぐる処理からも理解できるところである。まず，第1の点について「商法」は原則として純資産額から資本金，法定準備金などを控除した金額をもって配当できる（＜本章11・5　利益の配当と配当可能利益限度額＞参照）としており，この控除される項目について，明確な規定を設けている（平成14年改正「商法」第290条1項）。したがって，この控除される項目に，受贈資本が含まれないことは明らかである。第2の残余財産の分配について，その時点において現在株主を除き他の利害関係者が存在しないところから，「商法」では，これが資本の払戻しなのかそれとも利益の配当なのかについては何ら規定していない。しかし，「法人税法」では，残余財産のうち，資本に相当する金額を超える部分については利益の配当とみなして課税（**みなし配当**）される（「所得税法」第25条，「法人税法」第24条）。したがって，この限りにおいて受贈資本は利益の配当として扱われることになる。

　それでは，受贈資本の本質は「資本」と「利益」のいずれなのであろうか。

平成14年改正「商法」第290条

① 利益ノ配当ハ貸借対照表上ノ純資産額ヨリ左ノ金額ヲ控除シタル額ヲ限度トシテ之ヲ為スコトヲ得

一　資本ノ額

二　資本準備金及利益準備金ノ合計額

三　其ノ決算期ニ積立ツルコトヲ要スル利益準備金ノ額

四　其ノ他法務省令ニ定ムル額

この点に関してはいろいろな議論があるが，上述した制度を前提にするかぎり，「利益」説のほうが有力であると思われる。

したがって，**「企業会計原則」**では，受贈資本の本質を**「資本」とみなしている**とはいえ，平成14年改正前**「商法」**および**「法人税法」**では**「利益」とみなし，その調整**の観点から，国庫補助金などは，損益計算書の特別利益として計上し，未処分利益計算に含め，株主総会においてこれを利益留保として積み立てる旨の承認を得た後に，貸借対照表の資本の部の「その他の剰余金」として，たとえば建設助成金，工事負担金などその内容を示す科目をもって表示することとしていた（「注解」注2(2)，改正前「財規」第65条，第65条ノ2）。

さらに企業会計原則では「注解」注24において**圧縮記帳**を採用し，「利益」説にたつ「商法」および「法人税法」との調整をはかろうとしている。

10·1·3　圧縮記帳

受贈その他無償で取得した資産の取得原価は，すでに**＜第5章　財務会計の基礎理論＞**で詳述したように，**ゼロ**とする考え方と**公正な評価額**とする考え方がある。

「企業会計原則」によれば，国庫補助金，工事負担金などで取得した資産については公正な評価額をもって取得原価とする（「企業会計原則」第三，五，F）こととしているものの，当該補助金などに相当する金額をその取得原価から控除することができる（「注解」注24）として，圧縮記帳を認めている。

圧縮記帳とは，国庫補助金などの交付を受けて資産を取得した場合に，当該資産の取得原価から当該補助金に相当する金額を控除（圧縮）した額をもって当該資産の貸借対照表価額とする方法である。

この方法によれば，国庫補助金などの額を**交付時**に臨時利益とみなして損益計算書の**特別利益**に計上するとともに，**圧縮額を特別損失**として計上するために，国庫補助金額は相殺されることになる。

▶ 基本例7 ◀

国庫補助金50万円と自己資金150万円をもって200万円の機械（耐用年数5年，残存価額ゼロ，定額法償却）を購入したとする。

［基本例7］に基づき，**圧縮記帳を行う場合**と**圧縮記帳を行わない場合**を比較する形式で，仕訳を示せば，次のとおりである。

（単位：万円）

	圧縮記帳を行う場合	圧縮記帳を行わない場合
(1)国庫補助金の交付時	（現金）50 　　（国庫補助金）50 　　ー特別利益ー 　　益金	（現金）50 　　（国庫補助金）50 　　ー特別利益ー 　　益金
(2)機械の購入時	（機械）200 　　（現金）200	（機械）200 　　（現金）200
(3)圧縮記帳時	（機械圧縮損）50 　ー特別損失ー 　損金 　　（機械）50	
(4)決算時	（減価償却費）30 　　（減価償却累計額）30	（減価償却費）40 　　（減価償却累計額）40

［基本例7］のように，国庫補助金などをもって償却資産を取得した場合に，圧縮記帳を行うと圧縮額だけ当該資産の簿価が過小に表示されることになる。そのために，減価償却費が圧縮後の価額をベースに算定され，圧縮記帳を行わない場合に比べて減価償却費が過小に計上されることになるとともに当該過小減価償却費分だけ償却期間中の利益が過大に計上されることになる。実質的には，当該補助金が利益に振り替えられ，これを税制面からみると当該資産の耐用年数にわたり**なし崩し的に課税**されることになる。したがって，圧縮記帳は当該補助金交付時の一時課税を避け，**課税の繰延べ**をはかることができるとい

う点にその**効果**がある。

　このように，圧縮記帳は国庫補助金などの受贈資本を「益金」（または利益）とみる「法人税法」が当該補助金などの交付時の事業年度に一時課税を行うことは，当該補助金などに対する課税額だけ特定資産を取得するための資金不足をきたすところから，採用している会計処理方法である（「法人税法」第42条，第45条など）が，企業会計においても法人税等関係法令との調整その他会計政策の見地から採用されていると解される。

　しかし，圧縮記帳を採用すれば，たとえば NTT などが年間約1,000億円の工事負担金を受け取ってもその実態がクローズされ，資産の取得原価が明らかにならないなどの問題があるところから，「企業会計原則」は次のいずれかの方法によって，貸借対照表上，表示するものとしている（「注解」注24）。

⑴　取得原価から国庫補助金等に相当する金額を控除する形式で記載する
　　方法
⑵　取得原価から国庫補助金等に相当する金額を控除した残額のみを記載
　　し，当該国庫補助金等の金額を注記する方法

10・2　評価替資本

10・2・1　評価替資本の意義

　評価替資本とは，著しい貨幣価値の変動または資産の時価評価に伴う評価益をいい，保険差益，その他有価証券評価差額金，土地の再評価差額金などが，これに該当する。

　なお，＜第22章　企業集団の会計と報告＞で述べるように連結財務諸表を作成するさいの資本連結手続を行う場合には，子会社の資産および負債を取得日現在の原価すなわち時価で評価するので，評価差額が生じることになるが，これは親会社の投資勘定と相殺されるか，または少数株主持分に吸収されるので，ここでいう評価替資本には該当しない。

10·2·2 保険差益の本質

保険差益とは，保険に付されていた固定資産が滅失，損壊し，その受取保険金が被害直前の簿価を超える場合の当該差額をいう。保険差益は資産に簿価ではなく，再調達原価で保険契約を締結する（これを**価額協定保険**という）ことから生じるものである。

保険差益についても，受贈資本と同様に，これを「資本」（または資本剰余金）とみる見解と「利益」（または利益剰余金）とみる見解とに分かれている。

評価替資本についても，**「企業会計原則」**は，受贈資本と同様に，原則として**「資本」**説をとっている。すなわち，1954年「企業会計原則」においてはその「注解」注6において「貨幣価値の変動に基づき生じた保険差益」は資本剰余金とみなしており，この立場は現行の「注解」注19に受け継がれていると解される。その理由は，保険差益が「元の固定資産の再建設のために再投資されるかぎり，単に損失を補充したにとどまり，何人も利得するものではない。」（「税法と企業会計原則との調整に関する意見書」第二，八）点に求められている。

これに対して，**「法人税法」**では，「保険差益は究極において株主に帰属すべき利得であるから当然課税所得である」（「税法と企業会計原則との調整に関する意見書」第二，八）との立場から**「利益」**説をとっている。しかし，保険差益を益金算入すると同時に租税政策上，一時課税を避けるために，圧縮記帳を認めている（「法人税法」第47条1項）。結局，評価替資本についても，受贈資本で述べた同じ理由から，「利益」説の方が有力であると思われる。

設問 8

次の取引を仕訳せよ。
(1) 和歌山倉庫株式会社は，火災で取得原価300万円（減価償却累計額80万円）の建物を焼失した。
(2) 保険会社から，上記火災に対して450万円支払われ，これを当座預金とした。
(3) 保険金のうち400万円で建物を新築し，小切手を振り出して支払った。
(4) 法人税法に基づいて，保険差益相当額だけ圧縮記帳を行う。

解　答

(1)

（借）減価償却累計額　800,000　（貸）建　物　3,000,000
　　　未　決　算　2,200,000

(2)

（借）当　座　預　金　4,500,000　（貸）未　決　算　2,200,000
　　　　　　　　　　　　　　　　　保　険　差　益　2,300,000

(3)

（借）建　物　4,000,000　（貸）当　座　預　金　4,000,000

(4)

（借）建 物 圧 縮 損　2,300,000　（貸）建　物　2,300,000

▶11　利益処分と損失処理

11・1　利益処分

　決算日から3カ月以内に開催される定時株主総会の決議によって，当期未処分利益は株主への配当金，役員への賞与などの形で社外に流出され，残りが利益準備金，任意積立金などの形で社内に留保される。これを利益処分といい，図表16-13は利益処分計算書と貸借対照表および損益計算書の関係を示したものである（単位：百万円）。

　利益処分にあたっては，取締役会において「利益ノ処分又ハ損失ノ処理ニ関スル議案」（これを利益処分案という）を承認（「商法」第281条1項4号）し，かつ定時株主総会に提出し，その内容を報告し，承認を受けなければならない（「商法」第283条1項）。

図表16-13　利　益　処　分

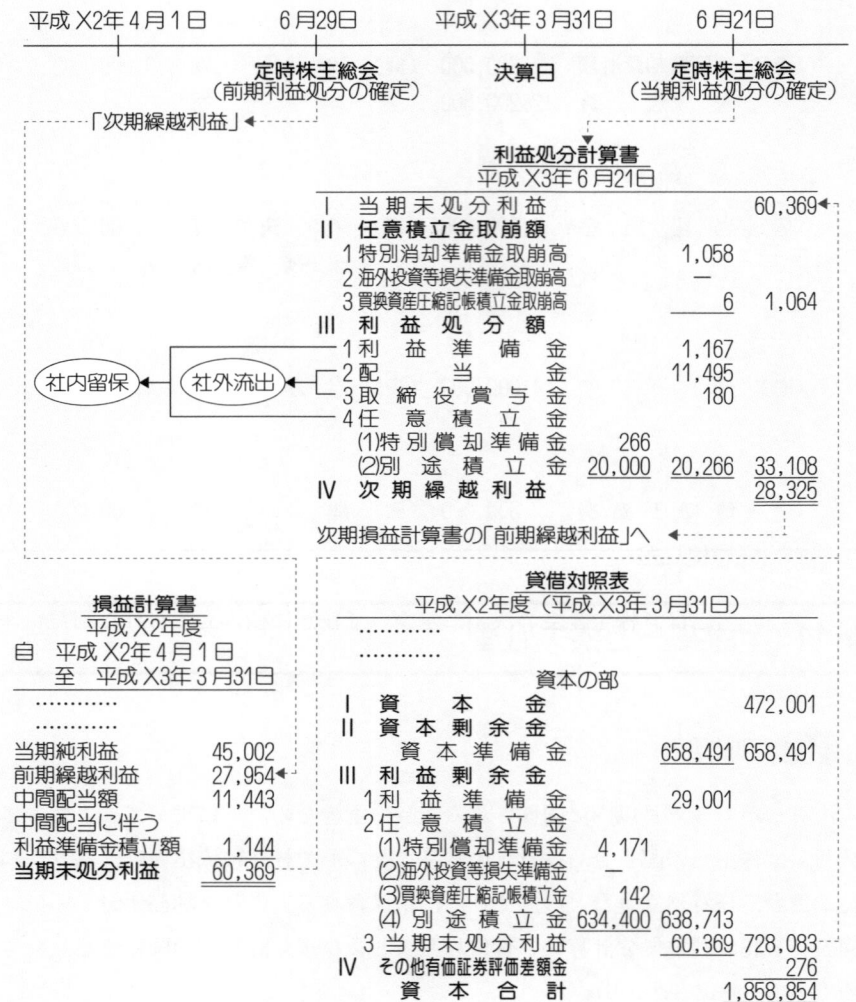

株主総会において，この利益処分案が承認され，利益の処分が決定されると利益処分計算書（損失が生じた場合には，損失処理計算書）が作成されることになる。そのためには，処分額を未処分利益勘定に借記するとともに，未払配当金勘定，未払役員賞与勘定，利益準備金勘定および別途積立金などの各種任意積

立金勘定に貸記しなければならない。なお，未処分利益が処分されても残額が
ある場合には，これを**繰越利益勘定**に貸記し，**次期繰越利益として次期に繰り
越す方法**と**未処分利益勘定のまま次期に繰り越す方法**とがある。

11·2　利益準備金の積立て

　利益準備金は，「商法」の規定により毎決算期に金銭による利益配当など利益
として支出する金額の10分の１以上の利益の積立てが義務づけられている利益
留保額である（「商法」第288条）。また，　事業年度が１年の会社がその期央に中
間配当を行った場合には，その配当額の10分の１を利益準備金として積み立て
なければならない（「商法」第288条）。なお，この利益準備金とすでに述べた資
本準備金を，**法定準備金**という。ただし，商法上，利益準備金の積立限度額が
設けられており，法定準備金が資本の４分の１に達すれば積み立てる必要はな
い（「商法」第288条）。

11·3　任意積立金

　任意積立金とは，株主総会の決議に基づいて任意に積み立てられた利益留保
額をいう（「財規ガイドライン」65 - 2 参照）。これには建物，設備などの新築に備
えて留保した**新築積立金**，事業の拡張に備えて留保した**事業拡張積立金**，社債

「商法」第281条
① 取締役ハ毎決算期ニ左ニ掲グルモノ及其ノ附属明細書ヲ作リ取締役会ノ承認ヲ受
　クルコトヲ要ス
　…（省略）…
　四　利益ノ処分又ハ損失ノ処理ニ関スル議案
第283条
① 取締役ハ第281条第１項各号ニ掲グルモノヲ定時総会ニ提出シテ同項第３号ニ掲
　グルモノニ在リテハ其ノ内容ヲ報告シ，同項第１号，第２号及第４号ニ掲グルモノニ
　在リテハ其ノ承認ヲ求ムルコトヲ要ス
第288条
　会社ハ資本準備金ノ額ト併セテ其ノ資本ノ４分ノ１ニ達スル迄ハ毎決算期ニ利益ノ
　処分トシテ支出スル金額ノ10分ノ１以上ヲ，第293条ノ５第１項ノ金銭ノ分配ヲ為ス毎
　ニ其ノ分配額ノ10分ノ１ヲ利益準備金トシテ積立ツルコトヲ要ス

の償還に備えて留保した**減債積立金**，中間配当に備えて留保した**中間配当積立金**，毎期の配当金を安定させるために留保した**配当平均積立金**，不測の損失に備えて留保した**災害損失積立金**，使途を特定しないで留保した**別途積立金**などがある。

また，**＜第15章　負債の会計と報告＞**で述べた**プログラム準備金**（「租税特別措置法」第57条），**特別償却準備金**（「租税特別措置法」第52条の3），など「租税特別措置法」上の準備金で「注解」注18の引当金に該当しないと認められるものも，任意積立金として利益留保される。

設問9

長野出版株式会社は，20X1年9月26日の定時株主総会において，当期未処分利益1,960,000円を次のとおり処分することが承認された。

利益準備金：商法で認められる最低額　　株主配当金：1,000,000円
役員賞与金：200,000円　　　　　　　　別途積立金：　500,000円

なお，20X1年6月30日（決算日）現在の資本金，資本準備金および利益準備金の勘定残高は，それぞれ50,000,000円，5,000,000円，3,500,000円であった。また，次期繰越利益は未処分利益勘定で繰り越す方法によっている。

解答

株主総会承認時（20X1年9月26日）

（借）未処分利益	1,820,000	（貸）利益準備金	120,000
		未払配当金	1,000,000
		未払役員賞与金	200,000
		別途積立金	500,000

「商法」で認められる最低額を利益準備金として計上するということは，毎決算期に金銭による利益配当など利益の処分として支出する金額（本設問の場合には，株主配当金と役員賞与金の合計額）の10分の1以上を資本準備金の額とあわせて資本金の4分の1に達するまで積み立てるという意味である。

本設問の場合，利益準備金は資本金（50,000,000円）の4分の1である12,500,000円まで積み立てなければならないが，この会社の資本準備金および利益準備金の残高

は8,500,000円であり利益準備金をまだ4,000,000円積み立てなければならない。一方，利益の処分として支出する金額の10分の1の120,000円以上を積み立てなければならない。したがって，「商法」上，利益準備金の要積立額は120,000円ということになる。

　なお，未処分利益が処分されても，本設問のように残額がある場合には，これを繰越利益勘定に貸記し，次期繰越利益として次期に繰り越す方法と未処分利益勘定のまま次期に繰り越す方法（本設問）とがあり，前者の方法による仕訳を示せば，次のとおりである。

（借）　未　処　分　利　益	1,960,000	（貸）　利　益　準　備　金	120,000
		未　払　配　当　金	1,000,000
		未払役員賞与金	200,000
		別　途　積　立　金	500,000
		繰　越　利　益	140,000

11・4　損失処理と欠損塡補

　決算の結果，当期純損失が生じたときには，その額を損益勘定から**未処理損失勘定**（または未処分利益勘定）の借方に振り替える。未処理損失は，未処分利益と同様に，株主総会の決議によってその処理が決定される。通常，その処理は，次のように行われる。

(1)　前期繰越利益があるときには，これで塡補<ruby>塡<rt>てん</rt></ruby><ruby>補<rt>ぽ</rt></ruby>する。

(2)　前期繰越利益でも塡補しきれない場合には，別途積立金などの任意積立金を取り崩して損失額を塡補する。

(3)　任意積立金でも塡補しきれない場合には，「商法」上，これを**資本の欠損**（すなわち，純資産から評価差額金を控除した額が資本金と法定準備金との合計額よりも少ない場合のこと）といい，その額を**繰越損失勘定**の借方に振り替え，次期以降の利益で塡補する。

(4)　しかし，次期以降にも塡補できる見込みがない場合には，資本準備金と利益準備金の合計額から資本金の4分の1を控除した額を限度として，資本準備金または利益準備金を取り崩して塡補する（「商法」第289条2項）。ただし，法定準備金を取り崩して資本の欠損に充てるには株主総会の承認が

必要である（「商法」第281条第 1 項 4 号，第283条 1 項）。

設問10

松本地所株式会社は，20X1年 6 月27日の定時株主総会にて，未処理損失280,000円を別途積立金200,000円を取り崩して塡補し，残額は次期に繰り越すことに決定した。

この取引について仕訳しなさい。なお，「繰越損失」勘定を必ず用いること。

解　答

株主総会承認時（20X1年 6 月27日）

（借）別 途 積 立 金　　200,000　（貸）未 処 理 損 失　　280,000
　　　繰 越 損 失　　　80,000

　決算の結果，純損失が生じる場合には，これを損益勘定から未処理損失勘定に振り替える。その処理は株主総会の決議において決定されるが，通常，任意積立金（本設問では別途積立金）を取り崩して塡補する。未処理損失勘定は資本とは逆に借方残高なので，塡補したときに貸記すればよい。繰越損失勘定は，塡補できなかった

「商法」第283条
① 取締役ハ第281条第 1 項各号ニ掲グルモノヲ定時総会ニ提出シテ同項第 3 号ニ掲グルモノニ在リテハ其ノ内容ヲ報告シ，同項第 1 号，第 2 号及第 4 号ニ掲グルモノニ在リテハ其ノ承認ヲ求ムルコトヲ要ス

平成14年改正「商法」第289条
① 資本準備金又ハ利益準備金ハ資本ノ欠損ノ塡補ニ充ツル場合ヲ除クノ外之ヲ使用スルコトヲ得ズ但シ第293条ノ 3 ニ規定スル場合ハ此ノ限ニ在ラズ
② 会社ハ前項ノ規定ニ拘ラズ株主総会ノ決議ヲ以テ資本準備金及利益準備金ノ合計額ヨリ其ノ資本ノ 4 分ノ 1 ニ相当スル額ヲ控除シタル額ヲ限度トシテ資本準備金又ハ利益準備金ノ減少ヲ為スコトヲ得此ノ場合ニ於テハ其ノ決議ニ於テ減少スベキ資本準備金又ハ利益準備金ノ額及左ノ各号ニ掲グル場合ニ於ケル其ノ各号ニ定ムル金額ニ付決議ヲ為スコトヲ要ス
　一 株主ニ払戻ヲ為ス場合　払戻ニ要スベキ金額
　二 資本ノ欠損ノ塡補ニ充ツル場合　塡補ニ充ツルベキ金額
③ 前項ノ場合ニ於テハ同項各号ニ定ムル金額ノ合計額ハ減少スベキ資本準備金及利益準備金ノ合計額ヲ超ユルコトヲ得ズ
④ 第375条第 2 項第 3 項，第376条及第380条ノ規定ハ前項ノ場合ニ之ヲ準用ス

未処理損失を次期に繰り越すために設けられる勘定で，未処理損失勘定と同様に資本のマイナス勘定である。

なお，本設問の場合には繰越損失勘定を用いているが，次のように繰越損失勘定を設けない処理方法（繰越損失額を未処理損失勘定の借方差額として示す方法）もある。

（借）別途積立金　200,000（貸）未処理損失　200,000

未処理損失			
損　益	280,000	次期繰越	280,000
前期繰越	280,000	別途積立金	200,000

11・5　利益の配当と配当可能利益限度額

上述のように，利益の配当は，定時株主総会において利益処分案が承認されてはじめて具体的な金額が決定される。これは，通常金銭で行われる。

諸外国と異なり，わが国企業は，特有の株式相互持合いなどにより，毎期の

1株当たりの配当金を一定にする安定配当主義が慣行になっている。このために，株主サイドは**インカム・ゲイン**（配当金）よりも**キャピタル・ゲイン**（有価証券売却益）を得ることを目的として投資をし，配当可能利益にはあまり関心をよせてこなかったのが実情である。

もっとも，最近では日本経済が低成長期に入り，金融機関などの機関投資者の業績悪化などを背景に株式持合いを続けることが困難になり，「1割配当（年5円）が合格点」とされてきた日本企業の配当政策に多様化のきざしもみられる。たとえば，安定配当を基本とし，業績と配当性向を勘案する旨の配当政策の変更を打ち出し，株式持合いの解消に向けるとともに，欧米なみに利益の株主還元を目指している会社も少なくない。このことは，配当は株価形成の重要な一要因であり，また**1株当たり配当金**は，アナリストなどによる直接的な企業評価につながるだけではなく，投資意思決定情報としても必要不可欠であることの裏付けであるともいえる。時価発行増資が定着していることを考えると，利益に関係なく額面ベースで配当を行う考え方は意味を失っており，利益ベースの配当政策をとるべきであるといえよう。

そうはいっても，会社がみだりに純資産を配当して社外流出すると債権者の担保財源を欠き，債権者の利益を著しく損なうことにもなりかねない。このために（すなわち，債権者保護の見地から），「商法」は次のような**配当可能利益限度額**を定めている（平成14年改正「商法」第290条）。

なお，便宜上，配当可能利益限度額を X，法定準備金の既積立合計額を LR，当期に積み立てなければならない利益準備金額を $\dfrac{X}{10}$，開業費および開発費の合計を DA，純資産を NA，資本金の額を C と略称する。

平成14年改正「商法」第290条

① 利益ノ配当ハ貸借対照表上ノ純資産額ヨリ左ノ金額ヲ控除シタル額ヲ限度トシテ之ヲ為スコトヲ得

一　資本ノ額

二　資本準備金及利益準備金ノ合計額

三　其ノ決算期ニ積立ツルコトヲ要スル利益準備金ノ額

四　其ノ他法務省令ニ定ムル額

（以下省略）

(1)　$LR+\dfrac{X}{10} \geqq DA$ または $DA=0$ のケース（本条第１項）

$$X=NA-C-\left(LR+\dfrac{X}{10}\right)$$

$$X+\dfrac{X}{10}=NA-C-LR$$

$$X=\dfrac{10}{11}(NA-C-LR)$$

(2)　$LR+\dfrac{X}{10}<DA$ のケース（本条第１項第４号）

$$X=NA-C-LR-\dfrac{X}{10}-\left\{DA-\left(LR+\dfrac{X}{10}\right)\right\}$$

$$=NA-C-LR-\dfrac{X}{10}-DA+LR+\dfrac{X}{10}$$

$$=NA-C-DA$$

　上記(2)のケースで，配当規制上，純資産額から一定の繰延資産の超過額を控除しなければないものとしている趣旨は，もっぱら「商法」の**債権者保護思想**に基づくものである。すでに＜第14章　繰延資産の会計と報告＞で述べたように，繰延資産は企業会計上その資産性が認められるものではあるが，換金性がないために担保財源とはなりえない擬制資産である。「商法」は昭和37年の改正で「企業会計原則」を拠りどころに取得原価主義会計をとり入れ，また昭和49年の改正で誘導法の導入を明定し，繰延資産の許容範囲の拡大を行ったが，もともと繰延資産は実体価値のある財産の充実を要請する資本充実（または維持）の原則と著しく矛盾するものである。

　繰延資産のなかでもとりわけ，その金額が過大に計上されがちな**開業費**（「商法」第286条ノ２）**および開発費**（「商法」第286条ノ３）については，これらが既積立法定準備金合計額および当期要積立利益準備金積立額を超過する場合には，その**超過額を純資産額から控除**することによって利益配当を制限して資本充実をはかり，もって債権者を保護しようとしているといえる。

(1)のケース

$$X = \frac{10}{11} (NA - C - LR)$$

(2)のケース

$$X = NA - C - DA$$

　また，**市場価格のある金銭債権および有価証券への時価評価の導入**（「商法」第285条ノ4第3項，第285条ノ5第2項および第285条ノ6第2項）に伴い，市場価格のある金銭債権および有価証券を時価評価し，その**時価総額が取得価額総額を超過**した場合には，それによって増加した純資産額（具体的には評価益から第23章で述べる繰延税金負債を控除した額であり，以下，**評価益**という）も純資産額から控除しなければならない。

　したがって，市場価格のある金銭債権および有価証券を時価評価した場合の配当可能利益限度額は，次のように計算する。なお，便宜上，評価益を AS と略称する。

(1)のケース

$$X = \frac{10}{11} (NA - AS - C - LR)$$

(2)のケース

$$X = NA - AS - C - DA$$

　以上述べたことをまとめると，**図表16-14**のとおりである。

図表16‐14　配当可能利益限度額

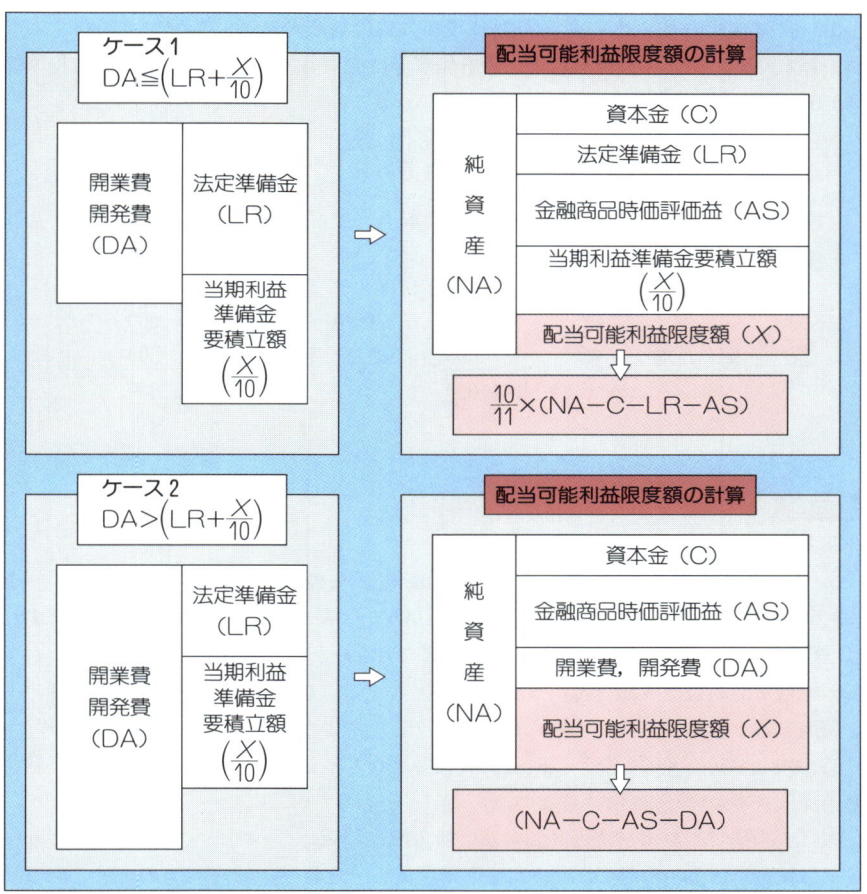

設問11

　山口書籍株式会社の20X1年 3 月31日現在の貸借対照表に基づき配当可能利益限度額を算定せよ。なお，貸借対照表上の有価証券は売買目的有価証券であり，取得原価は3,000千円であったとする。

貸 借 対 照 表
20X1年 3 月31日　　　　　（単位：千円）

現	金	1,200	買 掛 金		4,500
有 価 証 券		3,700	資 本 金		100,000
商	品	5,800	利 益 準 備 金		18,000
建	物	128,300	任 意 積 立 金		14,000
開 業 費		22,000	未 処 分 利 益		24,500
		161,000			161,000

解　答

　33,800千円

　まず，純資産から資本金および法定準備金を控除して「商法」上の剰余金（38,500＝[161,000－4,500]－100,000－18,000）を求める。すべてを配当するとすれば，配当額の1/10は利益準備金としなければならない（$X+\dfrac{1}{10}X=38,500$）。したがって，配当可能利益限度額（X）は35,000千円となる。なお，利益準備金が資本金の$\dfrac{1}{4}$を超過するケースもある。この点をチェックしてみよう。

　25,000（＝$100,000\times\dfrac{1}{4}$）－18,000＝7,000となり，7,000＞3,500であるので，利益準備金は資本金の$\dfrac{1}{4}$には達しない。

　次に，繰延資産および時価評価差額に係る配当制限についてチェックしてみよう。法定準備金（18,000千円）および利益準備金積立予定額（3,500千円）の合計と配当制限の対象となる繰延資産（22,000千円）を比較すると，$LR+\dfrac{X}{10}<DA$ のケースに該当する。したがって，配当可能利益限度額は $X=NA-AS-C-DA$ となる。

　（161,000－4,500）－100,000－700－22,000＝33,800

11·6 　中間配当と中間配当可能利益限度額

　営業年度を 1 年とする会社は（**1 年決算会社**）は，定款で定めれば 1 営業年度につき 1 回に限り営業年度中の一定の日（これを**中間配当基準日**といい，通常は期

央）を定め，その日における株主に対して取締役会の決議により金銭の分配（これを**中間配当**という）を行うことができる（「商法」第293条ノ5第1項）。

　中間配当は利益配当ではないが，利益配当と同様に，次のような**中間配当可能利益限度額**が定められている（「商法」第293条ノ5第3項）。なお，**＜本章11・5利益の配当と配当可能利益限度額＞**で用いた略称に加えて，前期の利益処分額のうち配当金および役員賞与の合計額を LR と略称する。ただし，ここでは LR を前期末の貸借対照表上の法定準備金に利益処分に伴う利益準備金積立額を加えた額とする。

「商法」第293条ノ5

① 　営業年度ヲ1年トスル会社ハ定款ヲ以テ1営業年度ニ付1回ニ限リ営業年度中ノ一定ノ日ヲ定メ其ノ日ニ於ケル株主ニ対シ取締役会ノ決議ニ依リ金銭ノ分配ヲ為スコトヲ得ル旨ヲ定ムルコトヲ得

… （省略） …

③ 　第1項ノ金銭ノ分配ハ最終ノ貸借対照表上ノ純資産額ヨリ左ノ金額ヲ控除シタル額ヲ限度トシテ之ヲ為スコトヲ得

　一　最終ノ決算期ニ於ケル資本及準備金ノ合計額

　二　最終ノ決算期ニ関スル定時総会ニ於テ積立テタル利益準備金及金銭ノ分配ノ時ニ積立ツルコトヲ要スル利益準備金ノ合計額

　三　最終ノ決算期ニ於テ第286条ノ2及第286条ノ3ノ規定ニ依リ貸借対照表ノ資産ノ部ニ計上シタル金額ノ合計額ガ前2号ノ準備金ノ合計額ヲ超ユルトキハソノ超過額

　四　削除

　五　最終ノ決算期ニ於テ資産ニ付時価ヲ付スルモノトシタル場合（第285条ノ2第1項但書及第2項（此等ノ規定ヲ第285条ノ5第2項及第285条ノ6第2項ニ於テ準用スル場合ヲ含ム）ノ場合ヲ除ク）ニ於ケル其ノ付シタル時価ノ総額ガ其ノ取得価額ヲ超ユルトキハ時価ヲ付シタルコトニ因リ増加シタル最終ノ貸借対照表上ノ純資産額

　六　最終ノ決算期ニ関スル定時総会ニ於テ利益ヨリ配当シ若ハ支払フモノト定メ又ハ資本ニ組入レタル額及第210条第1項ノ決議ニ依リ定メタル株式ノ取得価額ノ総額ノ合計額

(1) $LR+\dfrac{X}{10}\geqq DA$ または $DA=0$ のケース

$$X=NA-C-LR-ES-\dfrac{X}{10}$$
$$=\dfrac{10}{11}(NA-C-LR-ES)$$

(2) $LR+\dfrac{X}{10}<DA$ のケース

$$X=NA-C-LR-ES-\dfrac{X}{10}-\left\{DA-\left(LR+\dfrac{X}{10}\right)\right\}$$
$$=NA-C-ES-DA$$

また，**金銭債権および有価証券を時価評価した場合**の中間配当可能利益限度額は，次のように計算する。

金銭債権および有価証券を時価評価した場合
(1)のケース
$$X=\dfrac{10}{11}(NA-AS-C-LR-ES)$$
(2)のケース
$$X=NA-AS-C-ES-DA$$

設問12

［設問11］の山口書籍株式会社は，20X1年6月27日の株主総会において以下のような利益処分が決定されたとしよう。

利益準備金：商法規定の最低限度額

配当金　　　　：10,000千円　　役員賞与金：　　5,000千円

中間配当積立金：5,000千円

20X1年度の中間配当可能限度額を算定しなさい。

【解答】

18,800千円

$LR+\dfrac{X}{10}<DA$ のケースに該当するため，中間配当可能限度額は $X=NA-AS-C-ES-DA$ で求められる。

$$(161,000-4,500)-700-100,000-(10,000+5,000)-22,000=18,800$$

◀ Key Words ▶

圧縮記帳

　国庫補助金等の交付を受けて資産を取得した場合に，当該資産の取得原価から当該補助金等に相当する金額を控除した額をもって当該資産の貸借対照表価額とする方法

一括法

　発行価額を社債部分とワラント部分とに区分しない会計処理方法

営業移転損益

　分割により分割会社またはその株主に交付された株式およびその他の資産の公正な評価額の合計額と分割により移転する営業を構成する資産および負債の簿価との差額

エクイティ・ファイナンス

　新株の発行を伴う資金調達

EX（エクス）ワラント

　ワラント債の社債部分

会社分割

　会社の営業の全部または一部を新設会社または承継会社に移転させる行為

会社分割差益

　承継会社において増加する資本額のうち，資本金に組み入れられなかった部分

合併差益

　合併によって受け入れた純資産が消滅会社の株主に対して交付した株式によって増加する資本金額および金銭の額を超える額

合併比率

　消滅会社から受け入れた純資産額の対価として，消滅会社の株主に対して交付すべき存続会社または新設会社の株式数を決定するための指標

稼得資本

　企業活動を行った結果，稼得した資本の増加分

株式移転

　完全子会社となる会社の株主が有する株式がすべて新設される完全親会社となる会社に移転し，完全親会社が発行する株式を完全子会社の株主に割り当て

ることによって完全親子会社関係を創設する行為

株式移転差益

株式移転によって増加する資本額のうち資本金に組み入れられなかった部分

株式交換

一方の株主が有する株式の全部が他方の会社に移転して他方の会社が完全親会社となる行為

株式交換差益

株式交換によって取得した子会社株式の金額が，資本金に組み入れた額および代用交付した自己株式の金額を超える場合の当該超過額

株式分割

会社の純資産を何ら変化させずに発行済株式を細分化して株式数のみを増加させ，これを株主の持分割合に応じて交付する行為

株主割当による新株発行

全株主に対してその持株数に応じて優先的に新株予約権を割り当てる新株の発行方法，株主割当増資ともいう

完全親会社

既存の会社の発行済株式の100％を所有している会社

完全子会社

発行済株式の100％を所有されている会社

吸収分割

ある会社の営業の全部または一部を既存の他の会社に移転させる行為

区分法

新株発行を伴う社債について，発行価額を社債部分とワラント部分とに区分し，ワラント部分を独立に認識・測定する会計処理方法

減資

会社の資本金を減少させること

減資差益

減資により減少する資本金額が株式消却または払戻しのために要した金額および欠損塡補に充てた金額を超える場合の当該超過額

工事負担金

電気事業，ガス事業，鉄道事業または軌道事業などを営む公益事業がその事業を営むために必要な設備を新規に建設するために要する工事費の全部または一部をその受益者または利用者から金銭，資材などで受け入れた場合の当該受入額

公募による新株発行

　　広く不特定多数の者から株主を募集して新株を発行する方法

国庫補助金

　　国・地方公共団体から交付された補助金

債務免除益

　　公共性の高い企業に資本の欠損が生じている場合に，当該企業を存続させる
ために債権者が債権放棄した額

自己株式（または金庫株）

　　会社がすでに発行した自社の株式を取得し，保有している場合の当該株式

自己株式処分差益

　　自己株式の処分額と自己株式の取得原価との正の差額

自己株式処分差損

　　自己株式の処分額と自己株式の取得原価との負の差額

資本

　　企業の総資産額のうち株主に帰属する部分をいい，自己資本または出資者持
分ともいう

資本会計

　　株主から調達した資金の増減に関する経済活動および経済事象を測定し，報
告するための会計

資本充実の原則

　　資本は計算上の数値であるが，会社の存続中は資本額に相当する会社の財産
を実質的に保持しなければならないとする考え方であり，資本維持の原則とも
いう

資本準備金

　　会社の利益以外のものを財源として積立てが義務づけられる準備金であり，
これには株式払込剰余金，株式交換差益，株式移転差益，会社分割差益および
合併差益がある。

資本の欠損

　　純資産額が資本金と法定準備金との合計額よりも少ない場合のこと

資本不変の原則

　　会社は一度確定した資本の額を資本減少手続を経ることなく自由に減少して
はならないとする考え方

授権資本

　　会社が発行する株式の総数のこと

授権資本制度

　　会社の設立後，未発行株式については取締役会の決議によって随時発行する
ことができる制度

受贈資本

　　国・地方公共団体からの補助金の交付，受益者負担，債務の免除などから生
じた資本の増加分

償還株式

　　あらかじめ償還または消却が予定されている株式

新株予約権（ワラント）

　　新株予約権を有する者（これを新株予約権者という）が，これを会社が発行
した後，一定期間（行使請求期間）内に一定の価格（行使価格）で新株を引き
受け，または自己株式の移転を受ける権利であり，コール・オプションの一種

新株予約権付社債

　　新株予約権が付された社債をいい，新株予約権の行使または社債の償還によ
り新株予約権または社債の一方が消滅する場合を除き，新株予約権または社債
の一方だけを譲渡できない非分離型の複合金融商品の１つ

新設分割

　　ある会社の営業の全部または一部を新設会社に移転させる行為

数種の株式

　　株主のニーズに応じて発行することが認められている権利内容を異にする株
式

増資

　　会社の設立後，授権資本の範囲内で取締役会の決議により資本金を増加させ
ること

その他資本剰余金

　　資本準備金および法律で定める準備金で資本準備金に準ずるもの以外の資本
剰余金

第三者割当による新株発行

　　会社役員，従業員，取引先など株主以外の第三者に対して新株引受権を割り
当てる新株の発行方法

代用自己株式

　　吸収合併，株式交換および吸収分割を行う場合に，合併会社，完全親会社ま
たは承継会社が，新株の発行に代えて自己株式を交付する場合の当該自己株式

単元株制度

　会社が定款によって一定数の株式を１単元の株式と定め，１単元の株式について１個の議決権を認め，１単元未満の株主には議決権を認めない制度

任意積立金

　株主総会の決議によって積み立てた利益留保額

売買処理法

　分割会社から承継会社に移転する諸資産および諸負債を会社分割日現在の原価（公正価値）で売買されたものとみなして処理する方法

パーチェス法

　一方の会社が他方の会社をいわば買収するという考え方

払込資本

　株主による株式会社への出資額または払込額

払込総額主義

　資本金は，原則として発行済株式の発行価額の総額であるとする考え方

評価替資本

　著しい貨幣価値の変動または資産の時価評価に伴う評価益

複合金融商品

　複数の金融商品が法令または１つの契約によって組み合わされて一体となったものであり，新株予約権，新株予約権付社債，スワップションなどがこれに該当する

簿価引継法

　移転する諸資産および諸負債を分割会社における簿価で処理する方法

保険差益

　保険に付されていた固定資産が滅失，損壊し，その受取保険金が被害直前の簿価を超える場合の，当該差額

無償減資

　会社に欠損があるとき，これを塡補するために，資本金の一部を払戻さずに，資本金を減少すること

無償交付

　新株を対価なしでその持株数に応じて交付すること

無償増資

　配当可能利益または法定準備金の資本組入を原資とする増資形態

持分プーリング法

　合併を合併当事会社間の株主持分が１つに統合するとみる考え方

有償減資

事業規模の縮小，事業の種類別セグメントの収益の悪化に伴う営業譲渡などの目的で，株式を買い入れて消却したり，資本金の一部を払い戻して資本金を減少すること

有償増資

会社が新株を発行し，その株式引受人に引受対価として，金銭その他現物財産を出資させる増資形態

利益準備金

「商法」の規定により資本準備金の額とあわせて資本の４分の１に達するまで積み立てられる法定準備金

第17章　経営成績の計算と損益計算書

本章の学習ポイント

1. フロー情報としての損益計算書とは何か。また，その構成要素は何か
2. 費用収益対応の原則の本質は何か
3. 期間損益計算とは，どのような意味をもっているのか
4. 損益計算書はどのように区分され，またその区分にはどのような項目が記載されるのか

▶ 1　フロー情報としての損益計算書

　すでに＜第7章　財務状況の計算と貸借対照表＞で述べたように，発行体と情報利用者のコミュニケーションを円滑にするためのメッセージである財務諸表のうち，一事業年度のフロー情報である経営成績（operating result）を示すのが損益計算書である。

　損益計算書は，原則として，資産を運用した結果もたらされる純資産の増加分である収益，純資産の減少分である費用およびこれらのフロー差額である損益を表示するものである。結局，損益計算書は貸借対照表で示される純資産の増減原因を示すものであり，その意味で損益会計は資産会計と表裏一体の関係にあるといってよい。

　損益計算書を通じて得られる外部財務情報のうち純利益（net income）は，しばしばボトム・ライン（bottom line）ともよばれ，会計期間の経営成績を

端的に示すものなので，各種意思決定の基礎とされる。たとえば，経営者は企業活動の結果を評価するために，また投資者，アナリストなど外部の情報利用者は将来の株価の見通し，次期の業績予測，製品価格，料金決定の適正性などを判断するために，ボトム・ラインを用いている。

▶ 2　損益計算書の構成要素と内容

　損益計算書の構成要素の主なものは，収益および費用である。したがって，損益計算書において明らかにされる企業の経営成績を正確に把握するためには，何が収益であり，何が費用であるのかを決定することが重要である。

　収益の主なものとしては，一般に，売上（主として一般の商品売買業のケース），受取手数料（宅配便など主としてサービス業のケース），受取利息（主として金融業のケース）などがあげられる。

　これらの収益に共通している特徴は，財貨の販売または生産，サービスの提供など企業の主たる営業活動その他の活動による純資産の増加分であるという点にある。もっとも，増資によっても純資産が増加するが，増資は払込資本を増加させる資本取引なので，収益ではない。したがって，収益とは増資その他の資本取引以外の企業の主たる営業活動その他の活動の結果もたらされる純資産の増加分であると定義できる。

　これに対して，費用の主なものとしては，一般に，売上原価，給料，支払保険料，支払手数料，減価償却費，支払利息などがあげられる。

　これらの費用に共通している特徴は，いずれもこれらが原因になって純資産が減少するという点にある。減資によっても純資産が減少するが，減資は払込資本を減少させる資本取引なので，費用ではない。したがって，費用とは減資その他の資本取引以外の企業の主たる営業活動その他の活動の結果もたらされる純資産の減少分であると定義できる。

▶ 3　費用収益対応の原則

3・1　費用収益対応の原則の意義

　現行企業会計においては，**収益**とは営業活動によって生み出された**成果**であり，**費用**とは収益を生み出すための**努力**であり，したがって**利益**とは努力と成果との**差額**であると考えられている（「企業会計原則」第二，一）。

　このように，成果（収益）と努力（費用）が**対応関係**または**因果関係**にあるという前提で損益計算を行うべしとする考え方を**費用収益対応の原則**（principles of matching cost with revenue）もしくは**対応原則**または**対応概念**（matching concepts）という。

3・2　個別的対応と期間的対応

　費用と収益の対応の形態または方法には，一般に，個別的対応と期間的対応があるといわれている。**個別的対応**とは，ある特定の商品および製品を売却することによって得られた実現収益（たとえば，売上高）とその商品および製品の原価（たとえば，売上原価）とのように，当該商品および製品を媒介として収益と費用とを関連づける考え方であり，**プロダクト的対応**ともよばれている。

　これに対して，**期間的対応**とは一事業年度を基準にしてその期間に実現した収益とその期間に発生した費用とを関連づける考え方であり，**ピリオド的対応**ともよばれている。

3・3　費用収益対応の原則の本質

　以上のように，費用収益対応の原則は期間損益計算を行うための基本的前提

「企業会計原則」第二
　一　損益計算書は，企業の経営成績を明らかにするため，一会計期間に属するすべての収益とこれに対応するすべての費用とを記載して経常利益を表示し，これに特別損益に属する項目を加減して当期純利益を表示しなければならない。

であるが，費用と収益が**努力**と**成果の関係**または**対応関係**にあるという場合には，費用と収益が質的にも数量的にも対応している必要がある。

　質的な対応とはある特定の収益を生み出すためにはある特定の費用をついやすことが必要不可欠であることを意味している。これに対して，**数量的な対応**は収益と費用との間に数学でいう数量的な相関関係があることを意味している。しかし，現実には売上高と売上原価，売上高と減価償却費などの販売費および一般管理費との関係をみてみればわかるように，収益と費用との間には質的な対応も数量的な対応も存在していないといわざるをえない。

　また，**対応**という場合，(1)**収益をまず決定して，それとの関係で費用を決定する方法**と，(2)**費用をまず決定して，それとの関係で収益を決定する方法**とが考えられるが，いずれの方法においても収益または費用の一方は対応関係とは無関係に**別の基準**によって決定されているのが現状である。現行企業会計では，収益については**実現主義**で計上するのが原則とされている（「企業会計原則」第二，三，B）ので，多くの場合，当期に実現した収益に対して**原価配分の原則**によって配分された当期の費用などの発生費用（売上原価，販売費および一般管理費，営業外費用，特別損失）を対応させる(1)の方法がとられている（<第5章　**財務会計の基礎理論**>図表 5 - 1 参照）といえる。したがって，**"principles of matching cost with revenue"** は「費用収益対応の原則」とわが国では訳されているが，収益に原価を対応させるのが原義であるので，**「収益原価対応の原則」** とよぶほうが対応原則の趣旨を的確に表しているともいえよう。

　それでは，**費用収益対応の原則**は質的な対応も数量的な対応もしていないのに，なぜ現行企業会計における期間損益計算の基本的な思考とされているのであろうか。それは，単体ベースが前提ではあるが**現行企業会計の主目的**が，名目投下貨幣資本を回収した後の剰余である**処分可能利益の算定**にあるために，当期の実現収益から一会計期間に発生した費用を回収することの論拠を期間的

「企業会計原則」第二，三

　B　売上高は，実現主義の原則に従い，商品等の販売又は役務の給付によつて実現したものに限る。ただし，長期の未完成請負工事等については，合理的に収益を見積もり，これを当期の損益計算に計上することができる。

対応を中心とする費用収益対応の原則に求めていることにすぎないためである
と解される。「企業会計原則」第二，一，Cにおいて「費用及び収益は，その発
生源泉に従って明瞭に分類し，各収益項目とそれに関連する費用項目とを損益
計算書に対応表示しなければならない。」と述べられているのは，費用収益対
応の原則がまさしく名目投下貨幣資本回収のための論拠となっていることの証
左であるといってよい。

▶ 4　期間損益計算の本質

　上述のように，期間損益計算とよばれるものの本質は，対応原則とは無関係
に，別の基準によって期間に帰属された収益と費用をあたかも対応しているか
のように，損益計算書上対照させて表示し，名目投下資本を回収した後の利益
を計算することにあるといえる。

　このために，損益計算書においては，図表17－1にみるように営業損益計算，
経常損益計算および純損益計算に区分され（「企業会計原則」第二，二），営業損
益計算の区分は当該企業の営業活動（本業）から生じる損益を記載して営業利
益を計算し（「企業会計原則」第二，二，A），経常損益計算の区分は営業損益計

「企業会計原則」第二
　二　損益計算書には，営業損益計算，経常損益計算及び純損益計算の区分を設けなけ
　　ればならない。
　　A　営業損益計算の区分は，当該企業の営業活動から生ずる費用及び収益を記載し
　　　て，営業利益を計算する。
　　　　2つ以上の営業を目的とする企業にあつては，その費用及び収益を主要な営業
　　　別に区分して記載する。
　　B　経常損益計算の区分は，営業損益計算の結果を受けて，利息及び割引料，有価
　　　証券売却損益その他営業活動以外の原因から生ずる損益であつて特別損益に属し
　　　ないものを記載し，経常利益を計算する。
　　C　純損益計算の区分は，経常損益計算の結果を受けて，前期損益修正額，固定資
　　　産売却損益等の特別損益を記載し，当期純利益を計算する。
　　D　純損益計算の結果を受けて，前期繰越利益等を記載し，当期未処分利益を計算
　　　する。

算の結果を受けて，営業活動以外の原因から生ずる損益であって特別損益に属しないものを記載して**経常利益**を計算し（「企業会計原則」第二，二，B），さらに純損益計算の区分は経常損益計算の結果を受けて特別損益を記載して**当期純利益**を計算し（「企業会計原則」第二，二，C），最後に純損益計算の結果を受けて前期繰越利益を記載し，ボトム・ラインである**当期未処分利益**を計算する（「企業会計原則」第二，二，D）メカニズムがとられている。

図表17‐1　損 益 計 算 書

営業損益計算	1　　売　上　高	×××
	2 (一)売上原価	×××
	売上総利益	×××
	3 (一)販売費・一般管理費	×××
	営業利益	×××
経常損益計算	4 (＋)営業外収益	×××
	5 (一)営業外費用	×××
	経常利益	×××
純 損 益 計 算	6 (＋)特別利益	×××
	7 (一)特別損失	×××
	当期純利益	×××
	8　　前期繰越利益	×××
	当期未処分利益	×××

▶ 5　損益の分類

5・1　営業損益計算

　営業損益計算は，一会計期間に属する売上高と売上原価とを記載して**売上総利益**を計算し，これから販売費および一般管理費を控除して，**営業利益**を表示する（「企業会計原則」第二，三）。

　営業損益計算は，企業のどのような営業活動から利益が生じたかを示すことを目的としているので，当該企業が商品等の販売と用役の提供とを主たる営業

とする場合には，商品などの売上高と用役による営業収益とは，これを区別して記載する（「企業会計原則」第二，三，A）。売上高は，原則として**実現主義**に基づいて計上し（「企業会計原則」第二，三，B），売上原価は，棚卸資産原価のうち販売によって払い出された部分であるので，次式のように，**商業の場合**には，期首商品棚卸高に当期商品仕入高を加え，これから期末商品棚卸高を控除する形式で算定・表示し，**製造業の場合**には，期首製品棚卸高に当期製品製造原価を加え，これから期末製品棚卸高を控除する形式で算定・表示する（「企業会計原則」第二，三，C）。

（期首商品［製品］棚卸高［前期繰越高］＋当期商品仕入高

　　　［当期製品製造原価］）－期末商品（製品）棚卸高（次期繰越高）

　　　＝売上原価

「企業会計原則」第二

三　営業損益計算は，一会計期間に属する売上高と売上原価とを記載して売上総利益を計算し，これから販売費及び一般管理費を控除して，営業利益を表示する。

A　企業が商品等の販売と役務の給付とをともに主たる営業とする場合には，商品等の売上高と役務による営業収益とは，これを区別して記載する。

B　売上高は，実現主義の原則に従い，商品等の販売又は役務の給付によつて実現したものに限る。ただし，長期の未完成請負工事等については，合理的に収益を見積もり，これを当期の損益計算に計上することができる。

C　売上原価は，売上高に対応する商品等の仕入原価又は製造原価であつて，商業の場合には，期首商品たな卸高に当期商品仕入高を加え，これから期末商品たな卸高を控除する形式で表示し，製造工業の場合には，期首製品たな卸高に当期製品製造原価を加え，これから期末製品たな卸高を控除する形式で表示する。

D　売上総利益は，売上高から売上原価を控除して表示する。

　　役務の給付を営業とする場合には，営業収益から役務の費用を控除して総利益を表示する。

…〔省略〕…

F　営業利益は，売上総利益から販売費及び一般管理費を控除して表示する。販売費及び一般管理費は，適当な科目に分類して営業損益計算の区分に記載し，これを売上原価及び期末たな卸高に算入してはならない。ただし，長期の請負工事については，販売費及び一般管理費を適当な比率で請負工事に配分し，売上原価及び期末たな卸高に算入することができる。

　営業利益は，売上総利益から販売費および一般管理費を控除して計算する。販売費および一般管理費とは，会社の販売および一般管理業務に関して発生した費用をいい，たとえば，販売手数料，荷造費，運搬費，広告宣伝費，見本費，保管費，納入試験費，販売および一般管理業務に従事する役員・従業員の給料，賃金，手当，賞与，福利厚生費ならびに販売および一般管理部門関係の交際費，旅費，交通費，通信費，光熱費および消耗品費，租税公課，減価償却費，修繕費，保険料および不動産賃借料などをいう（「財規ガイドライン」84）。

5・2　経常損益計算

　経常損益計算は，営業利益に，毎期，経常的に発生する当該企業の主たる営業取引活動以外（営業外活動）から生じる営業外収益と営業外費用を加減して経常利益を表示する（「企業会計原則」第二，四および五）。営業外活動を簡単にいえば，財務活動である。また，企業の日常すなわち，経常の活動は本業である営業活動と財務活動を中心に展開されているので，これらの活動の結果を表すという意味で経常利益という用語が用いられる。

　営業外収益とは，受取利息および割引料，有価証券利息，受取配当金，仕入割引その他の金融上の収益，有価証券売却益，投資不動産賃貸料などをいう。ただし，特別利益に記載することが適当であると認められるものは，ここから除かれる（「財規ガイドライン」90）。

　これに対して，営業外費用とは，支払利息および割引料，社債利息，社債発行差金償却，売上割引その他の金融上の費用，社債発行費償却，創立費償却，

「企業会計原則」第二
四　営業外損益は，受取利息及び割引料，有価証券売却益等の営業外収益と支払利息及び割引料，有価証券売却損，有価証券評価損等の営業外費用とに区分して表示する。
五　経常利益は，営業利益に営業外収益を加え，これから営業外費用を控除して表示する。
「施行規則」第76条
　損益計算書には，経常損益の部及び特別損益の部を設け，経常損益の部は，営業損益の部及び営業外損益の部に区分しなければならない。

開業費償却，有価証券売却損，有価証券評価損，原材料評価損などをいう。ただし，特別損失に記載することが適当であると認められるものなどはここから除かれる（「財規ガイドライン」93）。

　なお，**「施行規則」**では，損益計算書に**経常損益の部**と**特別損益の部**を設け，前者は営業損益の部と営業外損益の部に区分しなければならないが（「施行規則」第76条），ここにいう営業損益の部は「企業会計原則」の営業損益計算に，また**営業外損益の部は経常損益計算に相当**する（**図表17－2**参照）。

5・3　純損益計算

　純損益計算は，経常利益に**特別利益**と**特別損失**を加減して**税引前当期純利益**を表示し（「企業会計原則」第二，六および七），これから当期の負担に属する法

「企業会計原則」第二

六　特別損益は，前期損益修正益，固定資産売却益等の特別利益と前期損益修正損，固定資産売却損，災害による損失等の特別損失とに区分して表示する。

七　税引前当期純利益は，経常利益に特別利益を加え，これから特別損失を控除して表示する。

八　当期純利益は，税引前当期純利益から当期の負担に属する法人税額，住民税額等を控除して表示する。

九　当期未処分利益は，当期純利益に前期繰越利益，一定の目的のために設定した積立金のその目的に従つた取崩額，中間配当額，中間配当に伴う利益準備金の積立額等を加減して表示する。

「注解」注12

特別損益に属する項目としては，次のようなものがある。

(1)　臨時損益

　　イ　固定資産売却損益

　　ロ　転売以外の目的で取得した有価証券の売却損益

　　ハ　災害による損失

(2)　前期損益修正

　　イ　過年度における引当金の過不足修正額

　　ロ　過年度における減価償却の過不足修正額

　　ハ　過年度におけるたな卸資産評価の訂正額

　　ニ　過年度償却済債権の取立額

　なお，特別損益に属する項目であつても，金額の僅少なもの又は毎期経常的に発生するものは，経常損益計算に含めることができる。

図表17-2 「企業会計原則」と「施行規則」の表示の区分

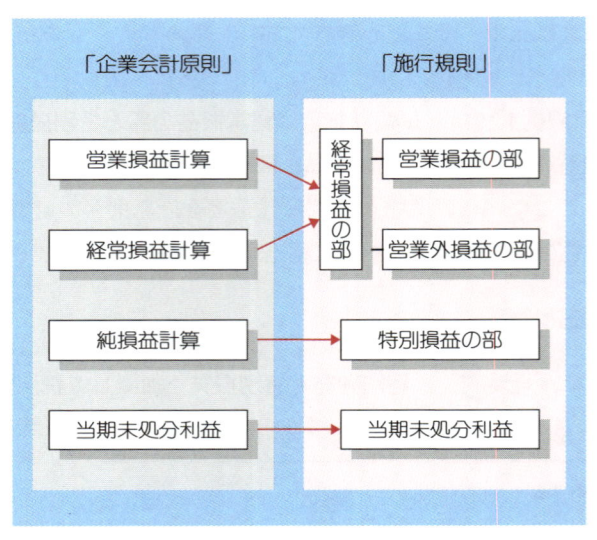

人税等（法人税と住民税を合算したもの）を控除して**当期純利益**を表示し（「企業会計原則」第二，八），さらに前期繰越利益，一定の目的のために設定した積立金のその目的に従った取崩額，中間配当額，中間配当に伴う利益準備金の積立額等を加減して**当期未処分利益**を表示する（「企業会計原則」第二，九）。

　特別損益に「特別」という形容詞が付されるのは，経常損益の「経常」という形容詞と対比させるためであり，企業活動上，まれにしか生じないという意味である。このような**特別損益**は，**臨時損益**と**前期損益修正**とに大別される。

　前者には，固定資産売却損益，転売以外の目的で取得した有価証券の売却損益，災害損失などが，後者には過年度における引当金の過不足修正額，過年度における減価償却の過不足修正額（すなわち，耐用年数または減価償却方法の変更等に伴い計上された減価償却費のうち前期までの減価償却累計額の修正と認められる額），過年度における棚卸資産評価の訂正額，過年度償却債権取立額などが，それぞれ該当する（「注解」注12）。ただし，特別損益に属する項目であっても，重要性の乏しいものまたは毎期経常的に発生するものは経常損益計算に含める。

　なお，「企業会計原則」の純損益計算は「施行規則」にいう特別損益の部（「施行規則」第81条，第82条）に該当し，また税引前当期純利益および当期純利益は税引前当期利益および当期利益に該当する。

　なお，「企業会計原則」と「施行規則」の主な表示区分を対比したのが，図表17-2であり，また「財規」様式第3号による損益計算書のフォームを示したのが，図表17-3である。

「施行規則」第81条

　特別損益の部には，前期損益修正損益，固定資産売却損益その他の異常な利益又は損失についてその内容を示す適当な名称を付した科目を設けて記載しなければならない。

第82条

① 　第80条の経常利益又は経常損失の額に，前条の利益の合計額と損失の合計額を加減した額は，税引前当期利益又は税引前当期損失として記載しなければならない。

② 　税引前当期利益又は税引前当期損失に加減すべき次の各号の額は，その内容を示す適当な名称を付して前項の税引前当期利益又は税引前当期損失の次に記載しなければならない。

　一　法人税その他の税の額

　二　法人税等調整額

③ 　税引前当期利益又は税引前当期損失の額に，前項各号の額を加減した額は，当期利益又は当期損失として記載しなければならない。

図表17－3　「財規」様式第3号による損益計算書

損　益　計　算　書
自　平成×年×月×日　至　平成×年×月×日

Ⅰ	売上高		×××
Ⅱ	売上原価		
	1　商品(又は製品)期首たな卸高	×××	
	2　当期商品仕入高(又は当期製品製造原価)	×××	
	合　　　　計	×××	
	3　商品(又は製品)期末たな卸高	×××	×××
	売上総利益(又は売上総損失)		×××
Ⅲ	販売費及び一般管理費		
	………………	×××	
	………………	×××	
	………………	×××	×××
	営業利益(又は営業損失)		×××
Ⅳ	営業外収益		
	受取利息及び割引料	×××	
	有価証券利息	×××	
	受取配当金	×××	
	仕入割引	×××	
	投資不動産賃貸料	×××	
	………………	×××	
	………………	×××	×××
Ⅴ	営業外費用		
	支払利息及び割引料	×××	
	社債利息	×××	
	社債発行差金償却	×××	
	社債発行費償却	×××	
	売上割引	×××	
	………………	×××	
	………………	×××	×××
	経常利益(又は経常損失)		×××
Ⅵ	特別利益		
	前期損益修正益	×××	
	固定資産売却益	×××	
	………………	×××	
	………………	×××	×××
Ⅶ	特別損失		
	前期損益修正損	×××	
	固定資産売却損	×××	
	災害による損失	×××	
	………………	×××	
	………………	×××	×××
	税引前当期純利益(又は税引前当期純損失)		×××
	法人税，住民税及び事業税	×××	
	法人税等調整額	×××	×××
	当期純利益(又は当期純損失)		×××
	前期繰越利益(又は前期繰越損失)		×××
	中間配当積立金取崩額		×××
	中間配当額		×××
	中間配当に伴う利益準備金積立額		×××
	当期未処分利益(又は当期未処理損失)		×××

◀ Key Words ▶

営業損益

　企業の主たる営業活動（本業）から生じた損益

期間的対応（ピリオド的対応）

　一事業年度を基準にしてその期間に実現した収益とその期間に発生した費用
とを関連づける考え方

経常損益

　企業の日常活動である営業活動および財務活動から生じた損益

個別的対応（プロダクト的対応）

　ある特定の商品および製品を売却することによって得られた実現収益とその
商品および製品の原価とのように，当該商品および製品を媒介として収益と費
用とを関連づける考え方

収益

　増資その他の資本取引以外の企業の主たる営業活動その他の活動の結果もた
らされる純資産の増加分

特別損益

　企業活動上，まれにしか生じない臨時損益および前期損益修正

費用

　減資その他の資本取引以外の企業の主たる営業活動その他の活動の結果もた
らされる純資産の減少分

第18章　損益の会計と報告

本章の学習ポイント

1. 収益は製造，販売，代金回収のいずれのプロセスで稼得されるのか
2. 実現主義のポイントは何か
3. 伝統的な実現の要件とは何か
4. 実現主義の適用形態とその収益計上基準
5. 現金主義の適用形態とその収益計上基準
6. 実現主義が収益の計上基準の原則とされているにもかかわらず，なぜ発生主義による収益の計上基準が認められるのか。また，それはどのような場合か
7. 費用の計上基準とは何か
8. 損益の見越し・繰延べとは何か

▶ 1　収益の意義とその計上基準

　企業の主たる営業取引過程は，一般に，原材料を購入し，これを加工して製品を作り，その製品を販売してその代金を回収する一連のプロセスである。収益とは，すでに＜第17章　経営成績の計算と損益計算書＞で述べたように，増資その他の資本取引以外の企業の主たる営業活動その他の活動の結果もたらされる純資産の増加分である。

　しかし，収益は，製品の引渡しなどの販売プロセスで一挙に稼得されるわけ

でもなく，ましてや製品の販売代金の回収プロセスや製品の製造プロセスで稼得されるわけでもない。収益は製品の製造プロセス，販売プロセスおよび代金の回収プロセスという一連の営業取引過程において徐々に稼得されるといってよい。

企業会計では適正な期間損益計算を行うために，収益を会計帳簿に認識・測定（これを計上という）し，正しく期間帰属させることがきわめて重要である。収益の期間帰属を決定するための考え方を収益の計上基準といい，これは図表18−1にみるように，一般には，収益が製造プロセスで稼得されるとみなす発生主義，販売プロセスで稼得されるとみなす実現主義および代金回収プロセスで稼得されるとみなす現金主義に分けられる。

図表18−1　収益の稼得プロセスと収益の計上基準

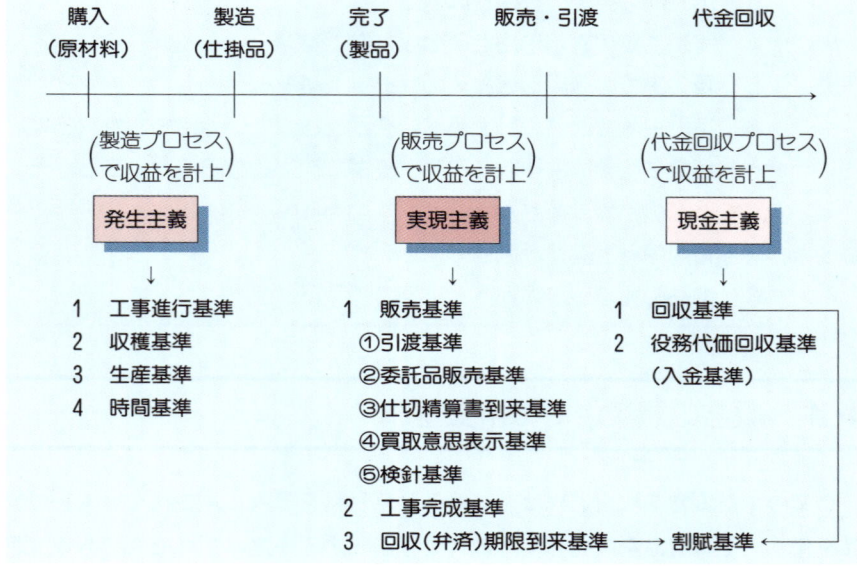

「企業会計原則」第二，三

B　売上高は，実現主義の原則に従い，商品等の販売又は役務の給付によつて実現したものに限る。ただし，長期の未完成請負工事等については，合理的に収益を見積もり，これを当期の損益計算に計上することができる。

　現行の企業会計では，**実現主義が収益の計上基準の原則**とされ（「企業会計原則」第二，三，B），具体的には製品の引渡時点で収益を計上する**引渡基準**が用いられる。

▶ 2　収益の計上基準としての実現主義

2・1　実現主義の本質

　実現主義とは，財貨または用役を第三者に販売または引渡し，その対価として貨幣性資産を取得したことをもって収益の計上を行う考え方である。実現主義は**販売基準**または**引渡基準**ともよばれることからみて，実現主義のポイントは，一般には，販売または引渡しの行為または時点にあると思われがちである。しかし，**実現主義のポイント**は販売または引渡しの行為または時点にあるのではなく，**対価として受け入れる資産の種類にこそある**と考えられる。この点は，現行企業会計で実現主義が収益の計上基準として原則とされる理由はもとより，実現主義の本質を明らかにするうえでもきわめて重要である。

　この点を明らかにするために，現行企業会計をはじめとする取得原価主義会計を擁護する論者が提唱する伝統的な実現概念についての代表的な 2 つの見解をみてみることにしよう。

　まず，**ペイトンとリトルトンの「会社会計基準序説」**（1940年）では，次のように述べられている。

　　「収益は，生産物が現金または他の有効な資産に転換されることによって実現する。……通説によれば，収益は現金の受入れもしくは売上債権または他の新しい流動資産によって裏付けられたときに実現する」

　次に，アメリカ会計学会（**AAA**）の**1941年会計原則**では，次のように述べられている。

　　「収益は，広義において生産プロセスの進行に伴い発生するといえようが，一般に，収益は財貨および用役の顧客に対する引渡しおよびこれと同時に起こる現金または現金同等物の獲得によって裏付けられた場合にのみ勘定に認

識することができる」

そこで，上記の伝統的実現概念における実現の要件を一応まとめてみれば，

(1)　当該企業と外部の第三者との間に市場取引（交換取引）が存在していること（市場取引の存在）

(2)　財貨または用役が外部の第三者に引渡し済みであるかまたは提供済みであること（給付の提供）

(3)　その対価として現金もしくは現金請求権（現金同等物）または流動資産が取得されていること（対価の流動性）

であるといえよう。

　したがって，収益は上記の要件を満足したときに，実現収益として勘定または財務諸表で認識される（逆にいえば，上記の要件を満たさないかぎり未実現であるので，勘定または財務諸表で認識されない）ことになる。

　しかし，上記の実現の要件をもっとつめて考えてみると，(3)の対価として受け入れる資産の種類，いいかえれば借方項目の性格こそを問題にしなければならない。なぜならば，等しく伝統的実現概念とはいえ，交換の対価として受け入れる資産を貨幣性資産である現金または現金請求権（もしくは現金同等物）に限定するか，流動資産にまで拡張するかによって，実現の意味も著しく異なってくると考えられるからである。

　交換の対価として受け入れる資産を流動資産にまで拡張することには疑問をいだかざるをえない。たとえば，A企業がX商品をB企業に売却して，その対価としてB企業が所有するY商品，売買目的有価証券などの流動資産を受け入れた場合を考えてみよう。この場合，A企業は売却したX商品と同一の価値を持つ流動資産と単に等価交換したのにすぎないのではないかという疑問が生じる。すでに，＜第8章　資産の意義と評価＞で述べたように，売却取引とは受入資産が貨幣性資産である取引である。そうである以上，A企業の取引は売却取引ではないことになる（これは購入取引である）。したがって，この場合，現金または現金請求権を取得するためには，当該流動資産を第三者に対して売却す

るという手続を再び踏まなければならないことになる。たしかに，A企業は当該流動資産を第三者に売却した時点でその収益を実現したことになるが，いうまでもなく，これは当初のX商品の売却に基づくものでないことは明らかである。

　かくして，伝統的実現概念においては，いみじくも**ギルマン**が，「ある企業がある資産を他の資産と交換する場合，その対価として受け入れる新資産が正常な営業過程においてその後の売却取引を必要とすることなく，現金に転換される現金請求権でない限り，収益は実現したことにはならない」と指摘しているように，交換の対価として受け入れる資産は貨幣性資産である現金または現金請求権であるように思われる。

　実現をこのように厳密に解すれば，伝統的実現概念は，前述した(3)の実現の要件をその対価として貨幣性資産が取得されていること（**対価の確実性**）と修正する必要があるといえよう。

　したがって，**実現主義のポイント**は販売または引渡しの行為または時点にあるのではなく，その**対価として受け入れる資産の種類が貨幣性資産**である点にこそあるといえる。

　それでは，なぜこのような実現概念が採用されてきたのであろうか。それは，実現は「商法」上の配当可能利益および「法人税法」上の課税可能所得から成る**処分可能利益計算のための与件**であるという思考を前提にして展開されてきたからであるといえよう。なぜならば，対価として資金的裏付けのある受け入れ資産の性格を重視するということは，処分可能利益計算のための与件である**収益の確実性**を重視していることに他ならないからである。

　この点は，処分可能利益の算定を目的とするわが国の現行企業会計において，実現主義が原則とされながらも，発生主義による収益の計上のなかでも，工事進行基準などのように**実現が保証**されているものが制度上認められ，逆にいえば土地などの資産の保有から生じる価値増加（評価益），自然増加などは，それが資金的裏付けを欠き，処分可能利益を構成しないために，収益の実現とはみなされていないことからみても明らかである。

2·2 実現主義の適用形態とその収益計上基準

かくして，現行企業会計では実現主義による収益の計上が原則とされ，**一般販売**はもとより，次のようないわゆる**特殊販売**にも実現主義が適用される。

2·2·1 委託販売

委託販売とは，たとえば地元の業者がふぐなどを遠隔地の卸売業者に積送し，これを販売してもらう形態にみるように，商品の販売を委託者の損益負担において，受託者に委託する販売方法であり，委託した商品を**委託品**または**積送品**という。

委託品の所有権は，それが受託者によって売却されるまで移転しないので，(1)委託品を受託者に送ったときは，売上に計上しないで，単にその委託品を手許の商品と区別するためだけの仕訳を行い（すなわち，当該委託品の原価を仕入勘定へ貸記すると同時に，積送品勘定に借記する），(2)委託品が受託者によって売却されてはじめて売上収益として計上する。

▶　**基本例 1**　◀

　20X1年 8 月10日，輪島物産株式会社（決算日 3 月31日）は黒部流通株式会社へ委託販売のために商品400,000円（400個，原価@1,000円）を積送し，発送費7,500円は現金で支払ったとする。

積送時（20X1年 8 月10日）

（借）積　送　品　407,500　（貸）仕　　　　入　400,000
　　　　　　　　　　　　　　　　　現　　　　金　　7,500

［**基本例 1**］のような場合，商品を委託するために要した発送費等の**積送諸掛**には原価性があるので，積送品の**原価に算入**するのが一般的であるが，次のように積送諸掛勘定として販売費に計上してもよい。

積送時（20X1年8月10日）

| （借）積　送　品 | 400,000 | （貸）仕　　　入 | 400,000 |
| （借）積 送 諸 掛 | 7,500 | （貸）現　　　金 | 7,500 |

　委託販売の場合には，実務上，まれに，商品の売手（この場合には委託者）が当該商品代金を早期に回収する目的で，積送直後，当該商品を担保として（船荷証券，貨物引換証などの貨物代表証券と引換えに）為替手形を取り組み，これを銀行で割り引くことがある。このように商品（貨物代表証券）が手形代金の担保に供されている為替手形（自己指図為替手形）を荷付為替手形，**荷為替手形**または単に**荷為替**という。

▶　**基本例 2**　◀

　20X1年8月15日，[基本例 1] の輪島物産株式会社は，積送品に対して320,000円の荷為替を取り組み，割引料1,600円を差し引いた残額を当座預金とした。

荷為替取組時（20X1年8月15日）

| （借）当 座 預 金 | 318,400 | （貸）前　受　金 | 320,000 |
| 　　　手 形 売 却 損 | 1,600 | | |

「注解」注 6

　委託販売，試用販売，予約販売，割賦販売等特殊な販売契約による売上収益の実現の基準は，次によるものとする。

(1)　委託販売

　委託販売については，受託者が委託品を販売した日をもつて売上収益の実現の日とする。従つて，決算手続中に仕切精算書（売上計算書）が到達すること等により決算日までに販売された事実が明らかとなつたものについては，これを当期の売上収益に計上しなければならない。ただし，仕切精算書が販売のつど送付されている場合には，当該仕切精算書が到達した日をもつて売上収益の実現の日とみなすことができる。

上記の［基本例2］の場合，輪島物産株式会社は委託品自体がまだ販売されていない（すなわち，当該積送品に係わる収益はいまだ未実現）ので，借方の当座預金は受託者である黒部流通株式会社からの販売代金の前受けとみなし，負債として処理している。

以上のように，**委託販売の売上収益**については，受託者が委託品を販売した日をもって計上する（これを**委託品販売基準**という）のが原則である。しかし，**仕切精算書**（売上計算書ともいう）が委託品の販売のつど送付される場合には，実際に委託品が販売された日ではなく，当該仕切精算書が委託者に到着した日をもって売上収益実現の日とみなすことができる（これを**仕切精算書到来基準**という）（「注解」注6(1)）。

▶ **基本例3** ◀

20X1年9月15日，［基本例2］の輪島物産株式会社は，黒部流通株式会社から，次の仕切精算書を受け取った。

	仕 切 精 算 書	20X1年9月13日
輪島物産株式会社殿		
		黒部流通 株式会社
（売上高）　400個　@ 1,200円		480,000円
（諸　掛）引　取　費	2,500円	
倉　敷　料	1,000円	
販売手数料	18,000円	
雑　　　費	500円	22,000円
貴店手取金		458,000円
（差　引）荷為替代金		320,000円
貴店純手取高		138,000円

この場合の輪島物産株式会社の仕訳と，決算時の処理には，次のような方法がある。

（第1法）（分記法・純額主義）

仕切精算書到着時（20X1年9月15日）

（借）	前　受　金	320,000	（貸）	積　送　品	407,500
	売　掛　金	138,000		積送品販売益	50,500

決算時（20X2年3月31日）

（借）	積送品販売益	50,500	（貸）	損　　益	50,500

　この仕訳（純額主義）では，委託販売のために要した費用（引取費など）が記帳されていないことになるので，委託販売の規模が大きい場合には，次のような仕訳（総額主義による）が必要である。

仕切精算書到着時（20X1年9月15日）

（借）	前　受　金	320,000	（貸）	積　送　品	407,500
	売　掛　金	138,000		積送品販売益	72,500
	引　取　費	2,500			
	倉　敷　費	1,000			
	販売手数料	18,000			
	雑　　費	500			

決算時（20X2年3月31日）

（借）	積送品販売益	72,500	（貸）	損　　益	72,500
（借）	損　　益	22,000	（貸）	引　取　費	2,500
				倉　敷　費	1,000
				販売手数料	18,000
				雑　　費	500

　なお，この総額主義の考え方は，次の第2法と第3法の場合にもあてはまる。

（第2法）（総記法・純額主義）

仕切精算書到着時（20X1年9月15日）

（借）前 受 金	320,000	（貸）積 送 品	458,000
売 掛 金	138,000		

決算時（20X2年 3 月31日）

（借）積 送 品	50,500	（貸）積送品販売益	50,500

（借）積送品販売益	50,500	（貸）損 益	50,500

　上記の第 1 法は，委託品の販売のつど，その売上原価を調べてこれを売上高と対比し，もって積送品販売益を計上する方法であるから，委託品の販売成績を逐次把握できる長所がある反面，販売のつど売上原価を調べなければならないという煩雑さがある。したがって，委託販売の取引回数や取引先が多い場合には，第 2 法（総記法）の方が便利である（ただし，この方法では，決算時に積送品販売益を算出するために，いまだ売却されていない積送品の原価を調べる必要がある）。

　しかし，この方法では，委託品の積送と販売が「積送品」という混合勘定で処理される欠点をもっているので，次の第 3 法（三分法）の方が合理的である。

（第 3 法）（三分法・純額主義）

仕切精算書到着時（20X1年 9 月15日）

（借）前 受 金	320,000	（貸）積 送 品 売 上	458,000
売 掛 金	138,000		

決算時（20X2年 3 月31日）

（借）積送品売上原価	407,500	（貸）積 送 品	407,500

（借）損 益	407,500	（貸）積送品売上原価	407,500
（借）積 送 品 売 上	458,000	（貸）損 益	458,000

　なお，委託販売を受託者側からみたものを受託販売という。これは委託者からの商品の販売委託を受け，委託者の損益負担で，受託者が商品（受託品という）を販売する方法である。

　したがって，受託者は受託品を受け取っても，単にこれを預かっただけであり，その所有権を取得したわけではない（受託品の販売による手数料を受け取るだけである）ので，受託品についての仕訳は不要である。しかし，受託者には受託品が販売されるまで，**善良な管理者としての注意義務**があると考えられるので，受託者は備忘的に**受託販売勘定**を設けて，受託品の管理を行う必要がある。すなわち，まず，受託者は，受託品の引取りにあたって支払った引取費用，受託品に対する荷為替代金の支払額，受託商品の販売のための諸掛などは委託者に対する立替え分であるから，これを記録するために受託販売勘定へ借記する。次に，受託者は，受託品の販売代金を受け取っても，これは委託者に対する一時的な預り金であるから，受託販売勘定へ貸記し，また，委託者に請求すべき販売手数料もこの勘定に借記する。

　前掲の［基本例１］ないし［基本例３］に基づいて，受託者側の仕訳を示せば，次のとおりである。

20X1年8月15日　黒部流通株式会社は，荷為替手形を引き受け商品を引き取った。なお，引取費2,500円は小切手を振り出して支払った。

（借）受 託 販 売　322,500　（貸）支 払 手 形　320,000
　　　　　　　　　　　　　　　　　　当 座 預 金　　2,500

20X1年8月30日　黒部流通株式会社は，受託品にかかる倉敷料1,000円，雑費500円を現金で支払った。

（借）受 託 販 売　　1,500　（貸）現　　　　金　　1,500

20X1年9月7日　黒部流通株式会社は，受託品を480,000円で直江津商事株式会社へ掛売りした。

（借）売 　掛　 金　480,000　（貸）受 託 販 売　480,000

20X1年9月13日　黒部流通株式会社は，前記仕切精算書を輪島物産株式会社へ郵送した。

（借）受 託 販 売　18,000　（貸）受 取 手 数 料　18,000

2·2·2 割賦販売

割賦(かっぷ)販売とは，丸井などのクレジット販売でよく知られているように，あらかじめ商品を引き渡しておき，その販売代金を一定期間にわたって分割回収する販売方法である。

通常の販売方法と同様に，この販売方法をとる場合にも，売手は商品の引渡しと同時に代金の請求権を取得するので，**販売基準**（**引渡基準**ともいう）を適用し，商品の引渡日をもって売上収益の実現の日とするのが原則である。

2·2·3 予約販売

これは，定期刊行物としての雑誌の販売などに典型的にみられるように，顧客から予約金（たとえば1年分の購読料）を受け取って，将来，商品（たとえば月刊雑誌）の引渡しを約束する販売方法である。

この予約販売では，受け取った予約金はその受領時に予約販売前受金（負債）に計上し，決算日までに商品の引渡しが完了した分だけを当期の売上に計上する**引渡基準**が適用される（「注解」注6(3)）。

設問1

次の取引を仕訳しなさい

(1) 上越出版株式会社は，百科事典（全10巻）の予約代金800,000円を現金で受け取った。

(2) 同社は，百科事典第1巻を予約金納入者に発送した。

「注解」注6

(2) 試用販売

試用販売については，得意先が買取りの意思を表示することによつて売上が実現するのであるから，それまでは，当期の売上高に計上してはならない。

(3) 予約販売

予約販売については，予約金受取額のうち，決算日までに商品の引渡し又は役務の給付が完了した分だけを当期の売上高に計上し，残額は貸借対照表の負債の部に記載して次期以後に繰延べなければならない。

解　答

(1)

（借）現　　　　　金　　800,000　（貸）予約販売前受金　　800,000

(2)

（借）予約販売前受金　　80,000*（貸）売　　　　　上　　80,000

　　*　800,000÷10＝80,000

2·2·4　試用販売

　試用販売とは，たとえば英会話テープ，ミュージックCD全集などの商品を顧客に発送し，先方にそれを試用してもらったうえで，買取りの諾否を決めてもらう販売方法である。この試用販売についてはその収益を単純に発送基準（**出荷基準**）で計上することは認められず，先方からの買取りの意思表示（もっとも，買取りの意思表示といっても，実際には期日までに返品しないかぎり，買取りの意思があるとみなされるケースが多い）を待たなければならない（これを**買取意思表示基準**という）（「注解」注6(2)）。したがって，試用販売の場合，商品の発送時点の会計処理方法としては，次のような方法がある。

（第1法）　試用販売商品を手許商品と区別するために，原価で仕入勘定から
　　　　　　試用品勘定へ振り替える方法

（第2法）　試用販売仮売掛金と試用仮売上勘定の対照勘定を用いる方法

設問2

　福井家具株式会社の次の取引を第1法と第2法とで仕訳しなさい。
(1)　試用販売のために，商品30個（原価@10,000円，売価@12,000円）を試送した。
(2)　試用販売先より，上記商品のうち16個を買い取る旨の通知を受けた。
(3)　決算整理仕訳を行った。

[解 答]

（第1法）

(1)

（借）試　用　品　　300,000　（貸）仕　　　　　入　　300,000

(2)

（借）売　　掛　　金　　192,000　（貸）売　　　　　上　　192,000

(3)

（借）仕　　　　　入　　160,000　（貸）試　用　品　　160,000

（第2法）

(1)

（借）試 用 販 売※ 仮 売 掛 金　　360,000　（貸）試 用 仮 売 上　　360,000

※　あまり耳なれない勘定科目であるとの批判もあるものとは思われるが，もともと備忘的に対照勘定処理をしておくための仮勘定なので，貸方の試用仮売上に対応させる意味で用いている。424頁の割賦仮売掛金も同様の趣旨である。

(2)

（借）売　　掛　　金　　192,000　（貸）売　　　　　上　　192,000
（借）試 用 仮 売 上　　192,000　（貸）試 用 販 売 仮 売 掛 金　　192,000

(3)

（借）繰　越　商　品　　140,000　（貸）仕　　　　　入　　140,000

2・2・5　電気・ガス事業等

　電気・ガス事業などの役務(えきむ)提供においては，使用量を検針によって確認できるので，それを確認した日の属する事業年度に収益を計上する。これを，**検針**

基準という。

2·2·6　長期請負工事

長期請負工事とは，造船業，建設業にみられるように生産に着手してから，その完成までに相当の長期間を要し，あらかじめ工事の請負価額が取り決められている工事である。この場合，実現主義に基づき工事が完成し，その物件の引渡しが完了するまで工事収益を計上しない**工事完成基準**と後述する発生主義に基づき工事の進行度合に応じて工事収益を計上する**工事進行基準**の選択適用が認められている（「注解」注7）。

工事完成基準によれば，工事の完成年度に一時に多額の損益が計上されるので，期間損益計算の見地からみると不合理であるといわれている。長期請負工事が1件の場合には，このような指摘は妥当であるが，現実には数十件または数百件の長期請負工事を行っているので損益が平準化される。このために，わが国の実務では一定規模の長期大型工事を除き，長期請負工事については工事完成基準を採用する企業が圧倒的に多い。

▶　**基本例 4**　◀

　三重建設株式会社（会計期間は1年，決算日は3月31日）は，請負工事契約について，工事完成基準を適用していたとする。

(1)　請負工事金額は25,000万円で，工事は20X1年4月11日に着工し，20X3年11月11日に完成。

「注解」注7

　長期の請負工事に関する収益の計上については，工事進行基準又は工事完成基準のいずれかを選択適用することができる。

(1)　工事進行基準

　決算期末に工事進行程度を見積り，適正な工事収益率によつて工事収益の一部を当期の損益計算に計上する。

(2)　工事完成基準

　工事が完成し，その引渡しが完了した日に工事収益を計上する。

> (2)　工事原価の実際発生額は，20X1年度が9,000万円，20X2年度が
> 8,000万円，20X3年度が3,000万円である。

　請負工事契約について，**工事完成基準**を適用する場合，工事完成時まで収益は計上しないので，工事完成時までに到来する決算期末には仕訳の必要はない。

　なお，**建設業会計**においては，次の特殊な勘定科目が用いられる。（**図表18-2**参照）

図表18-2　勘定科目対照表

通常の製造業	建　設　業
売　　　　　上	完 成 工 事 高
売　上　原　価	完 成 工 事 原 価
売　　掛　　金	完成工事未収入金
仕　　掛　　品	未成工事支出金
買　　掛　　金	工 事 未 払 金
前　　受　　金	未成工事受入金

20X2年3月31日　　仕訳なし
20X3年3月31日　　仕訳なし
20X4年3月31日

（単位：万円）

（借）完 成 工 事
　　　未 収 入 金　　25,000　（貸）完 成 工 事 高　　25,000

（借）完成工事原価　　20,000*　（貸）未成工事支出金　　20,000

＊　9,000＋8,000＋3,000＝20,000

▶ 3　収益の計上基準としての現金主義

3·1　現金主義の本質

　現金主義とは，現金の収入という事実に基づいて収益の計上を行う考え方である。現金主義は現金収入という客観的な事実によって収益の計上を行うので，計算に恣意性が介入することもなく確実であり，また未実現利益が計上される余地がないところから，損益計算の客観性，確実性，検証可能性などの点ではすぐれている。

　しかし，現金主義のもとでは，現金の収入時点と収益の発生時点が必ずしも一致しないために，たとえば，前期の売上代金を当期に受け取った場合には，当期の売上として計上されるというように，収益の期間帰属の点で合理性を欠く欠陥がある。したがって，現金主義は取引規模の大きい企業などに適用できないなどの限界があるために，現行企業会計上，現金主義が適用できるケースは，次の販売形態などに限られている。

3·2　現金主義の適用形態とその収益計上基準

3·2·1　割賦販売

　すでに述べたように，割賦販売は，通常の販売方法と同様に，売手は商品の引渡しと同時に代金の請求権を取得するので，販売基準（引渡基準ともいう）を適用し，商品の引渡日をもって売上収益の実現の日とするのが原則である。

　しかし，この割賦販売には，商品の引渡しを行ってから，(1)その代金の全額回収まで長い期間を要すること，(2)通常の商品の販売と同様に，割賦販売商品の所有権は，代金が完済されるまでは売手側に留保されること，(3)割賦代金の回収の危険性が高く，アフター・コスト（集金，サービス費など）がかなりかかることなどの問題がある。したがって，収益の計上を慎重に行うために，販売基準に代えて，割賦代金のうち回収した金額だけを売上収益として計上するか，または割賦契約による割賦入金日が到来すると，実際に入金がなくてもその期

限が到来した割賦金を実現収益として売上に計上することもできる（「注解」注6(4)）。前者を**回収基準**，後者を**回収**（または**弁済**）**期限到来基準**（**履行日基準**ともいう）といい，両基準を総称して**割賦基準**ともいうが，割賦代金の回収が滞りなく行われれば，両基準は事実上異なるところはない。

　しかし，近年の割賦販売には割賦販売業者と顧客との間に信販会社が入っており，割賦代金の回収が保証されているのが普通なので，実際には販売基準で割賦収益を計上しても何ら問題がないといえる。

▶ 基本例5 ◀

　滋賀工業株式会社の次の取引につき，販売基準，回収基準および回収期限到来基準をそれぞれ用いた場合の会計処理を示しなさい。

　20X1年10月1日　　原価150,000円の商品を，毎月末10回払いの約束で180,000円で販売した。

　20X1年10月31日　　入金契約日であるが，先方から11月5日に支払う旨の連絡があり，これを了承した。

　20X1年11月5日　　第1回目の割賦金18,000円を現金で受け取った。

　20X1年11月30日　　第2回目の割賦金18,000円を現金で受け取った。

　20X1年12月31日　　本日，決算日。なお，第3回目の割賦金18,000円を現金で受け取った。

「注解」注6

(4)　割賦販売

　　割賦販売については，商品等を引渡した日をもつて売上収益の実現の日とする。

　　しかし，割賦販売は通常の販売と異なり，その代金回収の期間が長期にわたり，かつ，分割払であることから代金回収上の危険率が高いので，貸倒引当金及び代金回収費，アフター・サービス費等の引当金の計上について特別の配慮を要するが，その算定に当つては，不確実性と煩雑さとを伴う場合が多い。従つて，収益の認識を慎重に行うため，販売基準に代えて，割賦金の回収期限の到来の日又は入金の日をもつて売上収益実現の日とすることも認められる。

(1)　販売基準による仕訳

20X1年10月1日

（借）売　掛　金　180,000　（貸）売　　　上　180,000

通常の掛売と同様の仕訳でよいが，割賦販売による売上高が一般売上高の総額の20％を超える場合には，当該名称を付した科目をもって損益計算書に記載する必要がある（「財規」第73条）ので，この場合には，次のように，仕訳をする必要がある。

（借）割 賦 売 掛 金　180,000　（貸）割 賦 売 上　180,000

20X1年10月31日　仕訳なし
20X1年11月5日

（借）現　　　金　18,000　（貸）売　掛　金　18,000

20X1年11月30日

（借）現　　　金　18,000　（貸）売　掛　金　18,000

20X1年12月31日

（借）現　　　金　18,000　（貸）売　掛　金　18,000

(2)　回収基準による仕訳

回収基準による処理の場合，割賦販売の事実を表すために**対照勘定**を設けておき，割賦代金の入金のつど，その入金額を「売上」に計上する方法**（第1法）**と割賦販売高を引渡時に全額「売上」に計上し，期末に**未実現利益分**（つまり，未回収代金に対する利益）を当期の損益計算から**控除する方法（第2法）**の2つがある。

「財規」第73条
　割賦販売による売上高が売上高の総額の100分の20をこえる場合には，当該名称を付した科目をもつて別に掲記しなければならない。

（第1法）

20X1年10月1日

　　（借）　割 賦 仮 売 掛 金　　180,000　（貸）　割 賦 仮 売 上　　180,000

20X1年10月31日　　仕訳なし

20X1年11月5日

　　（借）　現　　　　　金　　　18,000　（貸）　割 賦 売 上　　　18,000
　　（借）　割 賦 仮 売 上　　　18,000　（貸）　割 賦 仮 売 掛 金　　18,000

20X1年11月30日

　　（借）　現　　　　　金　　　18,000　（貸）　割 賦 売 上　　　18,000
　　（借）　割 賦 仮 売 上　　　18,000　（貸）　割 賦 仮 売 掛 金　　18,000

20X1年12月31日

　　（借）　現　　　　　金　　　18,000　（貸）　割 賦 売 上　　　18,000
　　（借）　割 賦 仮 売 上　　　18,000　（貸）　割 賦 仮 売 掛 金　　18,000

　第1法は，割賦代金の回収ごとに当該回収額のみを売上に計上する，いわゆる「分割計上」の考え方に基づく処理方法である。なお，しばしば，ここで用いている「割賦仮売掛金」の代わりに，「割賦未収金」という勘定科目を用いるテキストがあるが，次の理由から不適当であると思われる。第1に，10月1日の貸方が割賦仮売上であるにもかかわらず，借方だけが割賦未収金という金銭債権が計上されること，第2に，分割計上という趣旨（つまり販売時は仮売上）であるにもかかわらず，販売時に全額貨幣性資産（実現収益）である金銭債権が計上されること，第3に，未収金勘定は営業取引以外から生じる金銭債権すなわち商品以外の物品の売買または役務の提供を処理する勘定であり，それが割賦とはいえ商品販売を処理するために用いられることは不合理であると思われることなどの理由である。また，「割賦売掛金」という勘定科目を用いることも，上記，第1および第2の理由から不適当であると思われる。

　第1法では，割賦商品の代金回収ごとに売上計上しているが，これに対応す

る売上原価は計上されていない。したがって，次の仕訳を行って，通常の商品売買と同様に，**期末時に回収分**（分割売上済みの商品分）に**対応する売上原価を計上**する。

20X1年12月31日

（借）繰 越 商 品　　105,000*（貸）仕　　　　　　入　　105,000

　　＊　$(180,000-18,000×3)×\dfrac{150,000}{180,000}$（原価率）$=105,000$

（第2法）

20X1年10月1日

（借）割 賦 売 掛 金　　180,000　（貸）割 賦 売 上　　180,000

20X1年10月31日　　仕訳なし

20X1年11月5日

（借）現　　　　　金　　18,000　（貸）割 賦 売 掛 金　　18,000

20X1年11月30日

（借）現　　　　　金　　18,000　（貸）割 賦 売 掛 金　　18,000

20X1年12月31日

（借）現　　　　　金　　18,000　（貸）割 賦 売 掛 金　　18,000

（借）割 賦 未 実 現
利 益 控 除　　21,000*（貸）繰 延 割 賦
未 実 現 利 益　　21,000

　　＊　$(180,000-18,000×3)×\dfrac{(180,000-150,000)}{180,000}=21,000$

　この第2法は，当期決算時において，割賦販売による利益として計上できる分は10月から12月までの毎月末に受け取った金額，つまり54,000円に相当する割賦利益分であるから，残り7回分の未回収割賦売掛金126,000円に相当する分は，未実現利益として控除しなければならないという考え方によるものである。

$$割賦売上総利益\cdots\cdots 180,000円-150,000円=30,000円$$

$$入　金　額\cdots\cdots 18,000円\times 3ヵ月=54,000円$$

$$未　回　収　額\cdots\cdots 180,000円-54,000円=126,000円$$

$$割賦未実現利益控除\cdots\cdots 126,000円\times\frac{30,000円}{180,000円}=21,000円$$

なお，次期には，この未実現分がすべて実現したものとして反対仕訳を行い，期末に改めて未実現利益を控除するか，または次期において実現した分だけ反対仕訳を行う。

しかし，この第2法は，20X1年10月1日の販売時の仕訳で実現主義（割賦売掛金という資金的裏付けのある利益が計上されている）で処理されているにもかかわらず，決算時に未実現利益を控除する仕訳（いわば，**期中実現主義・期末現金主義**に基づく仕訳）が行われ，論理的首尾一貫性を欠き，したがって，会計理論上はきわめて不適当な処理方法であると思われる。

(3)　回収期限到来基準による仕訳

回収期限到来基準にも回収基準と同様に第1法と第2法があるが，上述のように第2法は会計理論上，問題があるので，第1法のみを示す。

20X1年10月1日

（借）　割賦仮売掛金　　180,000　（貸）　割賦仮売上　　180,000

20X1年10月31日

（借）　割賦売掛金　　18,000　（貸）　割賦売上　　18,000
（借）　割賦仮売上　　18,000　（貸）　割賦仮売掛金　　18,000

20X1年11月5日

（借）　現　　金　　18,000　（貸）　割賦売掛金　　18,000

20X1年11月30日

| （借）現　　　金 | 18,000 | （貸）割　賦　売　上 | 18,000 |
| （借）割 賦 仮 売 上 | 18,000 | （貸）割 賦 仮 売 掛 金 | 18,000 |

20X1年12月31日

（借）現　　　金	18,000	（貸）割　賦　売　上	18,000
（借）割 賦 仮 売 上	18,000	（貸）割 賦 仮 売 掛 金	18,000
（借）繰 越 商 品	105,000	（貸）仕　　　入	105,000

　以上述べた割賦販売を処理するための方法のうち販売基準および回収基準による第2法に基づいて，損益計算書と貸借対照表を作成すれば，それぞれ次のとおりである。

販売基準

損益計算書		
割賦売上高		180,000
割賦売上原価		
当期商品仕入高	150,000	
期末商品棚卸高	0	150,000
割賦売上総利益		30,000

貸借対照表	
（資産の部）	
売掛金	126,000

（回収基準－第2法）

損益計算書		
割賦売上高		180,000
割賦売上原価		
当期商品仕入高	150,000	
期末商品棚卸高	0	150,000
割賦未実現利益控除		21,000
割賦売上総利益		9,000

貸借対照表A		
（資産の部）		
売掛金	126,000	
繰 延 割 賦		
未実現利益	21,000	105,000

貸借対照表B	
（資産の部）	
売掛金	126,000
（負債の部）	
繰 延 割 賦	
未実現利益	21,000

　ところで，以上の処理法は，その販売額に含まれている利息分を分離しない方法であるが，割賦販売は，本来その代金を長期にわたって分割回収するという性格をもっているため，その期間に見合う金利を販売価格の中に含めているのが普通である。

　したがって，この利息分を抜き出して仕訳する方法がとられることもある。この利息分の計算法には均分法，利回法などがあるが，回収期間が著しく長期にわたり，しかも割賦売上高がかなり多額な場合以外は，計算の簡便性からみて均分法を採用するほうが実務的である。上述の回収基準に基づく第1法をとった場合の利息区分法（均分法による）の会計処理を示すと，次のとおりである。ただし，［基本例5］において，現金正価を160,000円とする。

20X1年10月1日

（借）割 賦 仮 売 掛 金　　180,000　（貸）割 賦 仮 売 上　　180,000

20X1年11月5日

（借）現　　　　　金　　18,000　（貸）割 賦 売 上　　16,000
　　　　　　　　　　　　　　　　　　　　受 取 利 息　　 2,000*
（借）割 賦 仮 売 上　　18,000　（貸）割 賦 仮 売 掛 金　　18,000

　　＊　割賦販売価格180,000−現金正価160,000＝20,000

　　　　$20,000 \times \dfrac{1}{10} = 2,000$円（割賦入金額のうち利息分）

20X1年11月30日

（借）現　　　　　金　　18,000　（貸）割 賦 売 上　　16,000
　　　　　　　　　　　　　　　　　　　　受 取 利 息　　 2,000
（借）割 賦 仮 売 上　　18,000　（貸）割 賦 仮 売 掛 金　　18,000

20X1年12月31日

（借）現　　　　　金　　18,000　（貸）割 賦 売 上　　16,000
　　　　　　　　　　　　　　　　　　　　受 取 利 息　　 2,000
（借）割 賦 仮 売 上　　18,000　（貸）割 賦 仮 売 掛 金　　18,000

　なお，決算時の期末棚卸高の算定は，第1法と同じであるので，ここでは省略する。

　次に，割賦で販売した後に，相手方の支払不能などのために契約が解除される場合がある。このような場合には，たとえ未回収の割賦売掛金が貸倒れになっても商品は返却されることになるので，未回収代金の全額が損失となるわけではなく，返却時の商品評価額と回収不能額との差額が損失として計上される。そこで，この場合の処理を前述の第1法と第2法について示すと，[基本例6]のとおりである。

▶ 基本例6 ◀

　[基本例5]において，滋賀工業株式会社は，第6回目の割賦金を回収した後に，未回収額72,000円が取立不能となったので，20X2年4月3日に商品を取り戻した。この取戻し商品の評価額（中古品としての転売価額）は32,000円であったとする。

（第1法）

取戻し時（20X2年4月3日）

（借）	割 賦 仮 売 上	72,000	（貸）	割 賦 仮 売 掛 金	72,000
（借）	仕 入 (または取 戻 し 商 品)	32,000	（貸）	繰 越 商 品	60,000
	取戻し商品損失	28,000			

決算時（20X2年12月31日）

（借）	仕　　　　入	45,000	（貸）	繰 越 商 品	45,000

　第1法によれば，前期以前に割賦販売を行った商品を取り戻した場合であっても，また当期に割賦販売を行った商品を取り戻した場合であっても，その会計処理は同一である。なぜならば，第1法による方法は割賦販売商品の代金未

回収分がもともと売上高として計上されていないので，割賦販売の時期が当期であるか前期であるかは問題にならないからである。

（第2法）

取戻し時（20X2年4月3日）

（借）	仕 入（ または取 戻 し 商 品 ）	32,000	（貸）	割 賦 売 掛 金	72,000
	取戻し商品損失	40,000			
（借）	繰 延 割 賦未 実 現 利 益	12,000	（貸）	取戻し商品損失	12,000

決算時（20X2年12月31日）

| （借） | 繰 延 割 賦未 実 現 利 益 | 9,000* | （貸） | 割 賦 未 実 現利 益 戻 入 | 9,000 |

$$* \quad 18,000 \times 3 \times \frac{30,000}{180,000} = 9,000円$$

上記の仕訳は，割賦販売の取戻しによって，いまだ支払われていない割賦金（割賦売掛金の残高72,000円）を減少させ，同時に前期末に未実現利益として繰り延べた21,000円のうち12,000円はけっして実現利益となることがないので，割賦売掛金残高に対応させて控除したものである。また，取戻し商品は，売上原価を構成するので，仕入勘定に振り替える。

3·2·2 自由業およびサービス業

会計士，弁護士，医師などの自由業を営む者および宅配便などの**サービス業者**の場合には，サービスを提供し，その内容が決まってはじめてその報酬が決定されることが多い。しかも，商・製品などの財を販売する場合には，その代価が支払われないときにはその財の返還請求を行うなどの債権保全処置がとられるが，上記のサービス業の場合には債権を保全するための手段をもたないことが多い。

このような業種にあっては，収益の計上を慎重に行うためにサービス提供の対価として現金の入金をもって収益を計上する。これを一般に**入金基準**または

役務代価回収基準という。

▶ 4　収益の計上基準としての発生主義

4・1　発生主義の本質

　発生主義とは，収益は生産プロセスにおいて徐々に稼得されるので，発生に応じて収益を計上する考え方である。発生主義は収益を発生した期間に帰属させることができるので，期間損益計算の見地からすれば実現主義および現金主義よりも合理的であるといえる。

　しかし，収益の計上基準として発生主義を適用すると，主観的な見積りによる未実現の利益が計上されるために処分可能利益の算定を目的とする現行企業会計には不適合であるという問題がある。

　それにもかかわらず，長期請負工事を行っている建設業などに発生主義による収益の計上が認められているのは，なぜであろうか。それは長期請負価額によってその収益額が確定しているなど実現が保証されていることに求められる。すなわち，発生主義に基づく収益の計上とはいえ，実現が保証されている収益はその計上時点が実現主義とは異なるものの，実現主義に基づく収益の質（対価として受け入れる資産が資金的裏付けがある）と実質的に同一であるといえる。

　したがって，現行企業会計では土地などの価値増加は実現が保証されていないために，その評価益を収益として計上できないが，次の販売形態は契約などによって実現が保証されているために発生主義に基づいて収益を計上することができる。

4・2　発生主義の適用形態とその収益計上基準

4・2・1　長期請負工事

　すでに述べたように，長期請負工事の工事収益については工事完成基準と工事進行基準の選択適用ができる。

　工事進行基準とは，決算期末に工事進行程度を見積り，適正な工事収益率（こ

432

れを進捗率ともいう）によって工事収益の一部を当期の損益計算に計上する考え方である。

　工事進行基準は期間損益計算の見地からは合理的であり，請負価額によってその収益額（**工事収益額**）が先方との契約によって確定している，すなわち，**実現が保証**されているので，現行企業会計で収益の計上基準として認められている。

▶　基本例 7　◀

　　三重建設株式会社が，請負工事契約について，工事完成基準を適用していた［基本例 4］の条件を変更して，工事進行基準を適用していたとする。なお，20X1年度と20X2年度の各決算日の翌日から完成までに要する工事原価の見積額は，20X1年度末において15,000万円，20X2年度末において3,000万円である。

　請負工事契約について，**工事進行基準**を適用する場合，工事原価の実際発生額を（工事原価の実際発生額＋次期以降の工事原価の見積額）で除した数値に請負工事金額を乗じた金額を**完成工事高**として貸記するとともに，**完成工事未収入金**として借記する。また，工事原価の実際発生額を**完成工事原価**として借記する。

20X2年 3 月31日　　　　　　　　　　　　　　　　　　　　（単位：万円）

|（借）| 完成工事未収入金 | 9,375* |（貸）| 完成工事高 | 9,375 |
|（借）| 完成工事原価 | 9,000 |（貸）| 未成工事支出金 | 9,000 |

　*　　9,000÷(9,000＋15,000)＝0.375
　　　25,000×0.375＝9,375

20X3年3月31日

| （借） | 完　成　工　事
未　収　入　金 | 11,875* | （貸） | 完　成　工　事　高 | 11,875 |
| （借） | 完　成　工　事　原　価 | 8,000 | （貸） | 未成工事支出金 | 8,000 |

*　$(9,000+8,000)÷(9,000+8,000+3,000)=0.85$
　　$25,000×0.85-9,375=11,875$

20X4年3月31日

| （借） | 完　成　工　事
未　収　入　金 | 3,750* | （貸） | 完　成　工　事　高 | 3,750 |
| （借） | 完　成　工　事　原　価 | 3,000 | （貸） | 未成工事支出金 | 3,000 |

*　$25,000-(9,375+11,875)=3,750$

4・2・2　農　業

米，麦などの農作物については，生産者米価，生産者麦価など政府の買入価格が決定している（実現が保証されている）ので，JA などに出荷しなくても米・麦を収穫した段階で収益を計上する考え方である収穫基準が認められる。

4・2・3　採掘産業

金・銀，石油・ガスなどの採掘を行っている産業においては，これらの生産物の多くは固定的な販売価格をもち，かつきわめて市場性があるので，販売を待たないでその生産・採掘段階で見積売価からアフターコストを排除した価額で収益を計上する生産基準が認められる。

しかし，原価計算を行っていない個人企業または個人ならまだしも，このような基準に基づいて収益を認識している会社が実際にあるのかどうかはきわめて疑問である。たとえば，三菱金属株式会社および住友金属鉱山株式会社の場合には，金・銀等を採掘しているが，原価計算を行い，当該製品を商社等経由で売却した時点で収益を認識する販売基準を採用しているという。

かりに生産基準を適用しているようなケースがあるとした場合，金・銀等の

採掘時に，

（借）金 ・ 銀 等　　×××　（貸）金・銀等採掘益　　×××
（正味実現可能価額）

と仕訳されるが，金・銀等は今日の信用経済下において，採掘段階でそのまま支払手段になるとは考えにくいばかりでなく，その後も相場の変動を受けるために，実現が保証されているとは思われない。ただし，先物契約によって販売価額が保証されているかまたは販売ができないというリスクが存在しない場合には，金・銀等の採掘益は実現が保証されているとみなしてさしつかえないと思われる。

4·2·4　不動産賃貸業など

　不動産賃貸業，消費者金融業など時の経過に伴い収益の発生が確実に予想される業種の場合には，時の経過に応じて収益を計上する時間基準が認められる。この場合，一定の契約によってその期間と収益額が確定しているので実現が保証されているとみなされる。

　以上のように，上記の業種はいずれも販売以前の生産段階で対価としての貨幣性資産の受領が確定しているという点で共通しており，したがって手続的には実現主義と異なっているものの，実質的には「実現」が保証されているとみることができる（図表18-3参照）ので，処分可能利益の算定を目的とする現行企業会計において発生主義による収益の計上が認められているといえる。

図表18-3　発生主義による収益計上の要件

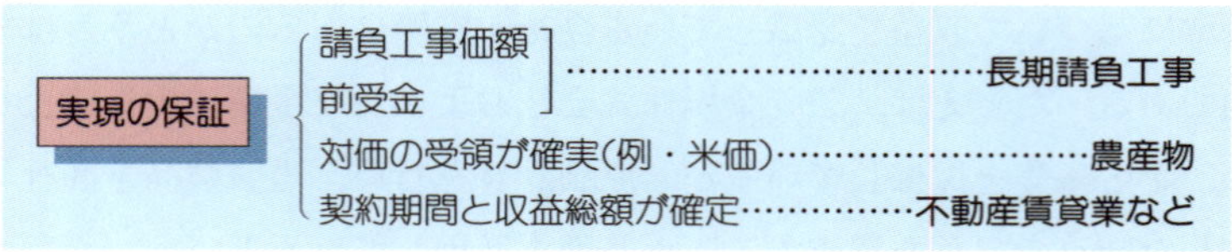

実現の保証	請負工事価額	………………………… 長期請負工事
	前受金	
	対価の受領が確実（例・米価）………………… 農産物
	契約期間と収益総額が確定…………不動産賃貸業など

▶ 5　内部利益の控除

　会社は本店，支店，事業部などを設けたり，分社化をはかり事業展開を行うことが少なくない。このような同一企業内で独立した会計単位間で取引を行っても，外部の第三者と取引を行ったわけではないので，しばしば内部仕入，内部売上などとよばれる。

　たとえば，本店が支店に対して商品を送付するときに，原価に一定割合の利益を加算した価額で送ることがある。この場合には，本店では「支店へ売上」勘定，支店では「本店から仕入」勘定を用いて処理するが，この商品が期末まで支店において売れ残っているとすれば，支店の期末商品棚卸高は，利益を加算した分だけ過大に計上されることになる。このような利益は企業全体からみれば，未実現利益である。このように，企業内部で付加した未実現利益を内部利益といい，本支店財務諸表およびこれを結合した公表財務諸表の作成にあたっては，控除しなければならない。

　内部利益を控除する手続は，次のとおりである（「注解」注11）。

(1)　売上高から支店売上などの内部売上高を控除し，仕入高（売上原価）から本店仕入などの内部仕入高を控除する。

(2)　内部利益の金額を計算し，支店の期末商品棚卸高から控除するとともに，売上総利益・当期純利益からも控除する。なお，期首の商品棚卸高に内部利益が含まれている場合には，同じようにしてこれを控除する。

　内部利益は，次の式で計算すればよい。なお利益加算率とは，原価に加えた

「注解」注11

　内部利益とは，原則として，本店，支店，事業部等の企業内部における独立した会計単位相互間の内部取引から生ずる未実現の利益をいう。従つて，会計単位内部における原材料，半製品等の振替から生ずる振替損益は内部利益ではない。

　内部利益の除去は，本支店等の合併損益計算書において売上高から内部売上高を控除し，仕入高（又は売上原価）から内部仕入高（又は内部売上原価）を控除するとともに，期末たな卸高から内部利益の額を控除する方法による。これらの控除に際しては，合理的な見積概算額によることも差支えない。

利益の割合をいう。

内部利益＝内部利益を含む期末棚卸商品棚卸高（未達商品を含む）×利益加算率／（１＋利益加算率）

　ちなみに，上記の式を変形すれば，内部利益を除去した期末商品の原価を求める次式になる。

内部利益を除去した期末商品の原価＝内部利益を含む期末商品棚卸高（未達商品を含む）÷（１＋利益加算率）

設問3

　浜松製紙株式会社では，本店から支店に送る商品にはすべて原価の10％の利益を加えており，期末の記録および未達事項が，次のとおりであったとし，内部利益および本支店合併の期末商品棚卸高を求めなさい。

(1)　本店の期末商品棚卸高　　　　　　　　　　　　　　　　　　　　　1,100,000円
(2)　支店の期末商品棚卸高　　　　　　　　　　　　　　　　　　　　　　400,000円
(3)　支店の期末商品棚卸高のうち本店からの仕入分（未達考慮前）　　　　220,000円
(4)　本店から支店に送った商品198,000円は未達である。

解　答

　まず，内部利益は，次のように計算する。

$$(220,000円＋198,000円)×\frac{0.1}{1＋0.1}＝38,000円$$

　内部利益を含んだ本支店合併の期末商品棚卸高は，次のように計算する。

　　　本店の期末商品棚卸高＋支店の期末商品棚卸高＋未達商品

　　　1,100,000円＋400,000円＋198,000円＝1,698,000円

　この金額から，先に求めた内部利益を控除すれば，期末商品棚卸高が求められる。

　　　1,698,000円－38,000円＝1,660,000円

▶ 6　費用の意義とその計上基準

　費用とは，すでに述べたように，減資その他の資本取引以外の企業の主たる営業活動その他の活動の結果もたらされる純資産の減少分である。

　費用は，その発生の特質に着目すれば，給料，光熱費，支払利息などのように当期の現金支出額をもって当期に計上される費用または評価性引当金および負債性引当金の繰入額のように将来の支出見積額をもって当期に計上される費用と，棚卸資産についての売上原価，有形固定資産についての減価償却費，繰延資産の償却費などのように，非貨幣性資産に原価配分の原則を適用した結果，当期に計上される費用とに大別できる。

　適正な期間損益計算を行うために，収益と同様に，費用についてもこれを会計帳簿に計上し，正しく期間帰属させることが重要である。費用の期間帰属を決定するための考え方を費用の計上基準といい，これには現金主義と発生主義とがある。

6·1　費用の計上基準としての現金主義

　現金主義とは，現金の支出という事実に基づいて費用の計上を行う考え方である。現金主義は現金支出という客観的な事実によって費用の計上を行うので，計算に恣意性が介入することもないところから，損益計算の客観性，確実性および検証可能性の点で優れている。

　しかし，収益の計上基準としての現金主義と同様に，費用の計上基準としての現金主義も，たとえば前期に仕入れて販売した商品の代金を当期に受け取った場合には，売上原価は前期に計上されるが売上高は当期に計上され損益の期間帰属の点で合理性を欠くなどの問題に加えて，減価償却費の計上，引当金の設定，および費用の見越し・繰延べを行いえないなど期間損益上の問題がある。

　したがって，現金主義は現金取引のみで信用取引が行われず，また固定資産がほとんど存在しない企業にしか適用できないなどの限界があるために，現行企業会計上，現金主義が適用できるケースは，給料，運送費など支出時に全額

費用計上される項目に限られている。

6・2 費用の計上基準としての発生主義

発生主義とは，現金支出が行われたか否かを問わず，費用の発生事実をもってその計上を行う考え方である。発生主義が適用される項目は，現金主義によって計上される費用項目に加えて，負債性引当金および評価性引当金の繰入額の計上ならびに原価配分の原則の適用によって生じる費用項目がある。

原価配分の原則の適用によって生じる費用項目にも，その基準として何を用いるかによって，

(1) 棚卸資産原価の配分のように，費消量を基準とする方法
(2) 有形固定資産原価および無形固定資産原価の配分のように，期間または利用高のいずれかを基準とする方法
(3) 繰延資産原価の配分および繰延費用（前払費用）のように，時間の経過を基準とする方法

の3つに分けることができる。

このように発生主義は，それが発生した期間に正しく帰属させることができるという期間損益計算上の合理性をもっているために，現行企業会計においては費用の計上基準の原則とされている。

▶ 7　損益の見越しと繰延べ

一定の契約にしたがって，用役の提供を受ける場合，または用役の提供を行

「企業会計原則」第二，一

A　すべての費用及び収益は，その支出及び収入に基づいて計上し，その発生した期間に正しく割当てられるように処理しなければならない。ただし，未実現収益は，原則として，当期の損益計算に計上してはならない。

前払費用及び前受収益は，これを当期の損益計算から除去し，未払費用及び未収収益は，当期の損益計算に計上しなければならない。

う場合，当期に負担すべき費用であっても期末までに支払われていないことも
あれば，当期に稼得した収益であっても期末までに受け取っていないこともあ
る。当期の損益に属するものであっても現金収支を伴わなかったために未計上
である場合（未収収益・未払費用）には，これを見越計上し，また当期の現金収
支のうちに次期以降分が含まれている場合（前払費用・前受収益）には，これを
繰延計上しなければならない（「企業会計原則」第二，一，A，「注解」注5）。

「注解」注5

（1）　前払費用

　前払費用は，一定の契約に従い，継続して役務の提供を受ける場合，いまだ提供さ
れていない役務に対し支払われた対価をいう。従つて，このような役務に対する対価
は，時間の経過とともに次期以降の費用となるものであるから，これを当期の損益計
算から除去するとともに貸借対照表の資産の部に計上しなければならない。また，前
払費用は，かかる役務提供契約以外の契約等による前払金とは区別しなければならな
い。

（2）　前受収益

　前受収益は，一定の契約に従い，継続して役務の提供を行う場合，いまだ提供して
いない役務に対し支払を受けた対価をいう。従つて，このような役務に対する対価
は，時間の経過とともに次期以降の収益となるものであるから，これを当期の損益計
算から除去するとともに貸借対照表の負債の部に計上しなければならない。また，前
受収益は，かかる役務提供契約以外の契約等による前受金とは区別しなければならな
い。

（3）　未払費用

　未払費用は，一定の契約に従い，継続して役務の提供を受ける場合，すでに提供さ
れた役務に対していまだその対価の支払が終らないものをいう。従つて，このような
役務に対する対価は，時間の経過に伴いすでに当期の費用として発生しているもので
あるから，これを当期の損益計算に計上するとともに貸借対照表の負債の部に計上し
なければならない。また，未払費用は，かかる役務提供契約以外の契約等による未払
金とは区別しなければならない。

（4）　未収収益

　未収収益は，一定の契約に従い，継続して役務の提供を行う場合，すでに提供した役
務に対していまだその対価の支払を受けていないものをいう。従つて，このような役
務に対する対価は時間の経過に伴いすでに当期の収益として発生しているものである
から，これを当期の損益計算に計上するとともに貸借対照表の資産の部に計上しなけ
ればならない。また，未収収益は，かかる役務提供契約以外の契約等による未収金と
は区別しなければならない。

損益の見越しとは，当期の費用・収益でありながら未だ現金の受け払いがないものについて，決算時に損益の追加計上を行い，未払分を未払費用とし，また未収分を未収収益として計上することをいう。また，損益の繰延べとは，すでに受払いの済んでいる費用・収益のうちに次期の分が含まれている場合，その次期の分を当期の損益から除外して次期へ繰り越すとともに，前払費用または前受収益として計上することをいう。このように，見越・繰延項目を経過勘定 項目という。

見越しと繰延べは，(1)当期に帰属する損益を損益計算書に正しく計上することだけではなく，(2)期末現在における費用の未払高・前払高と収益の未収高・前受高を明らかにし，これらの資産・負債項目を期末の貸借対照表に計上することを目的としている。

ちなみに，決算時には，次のように仕訳する。

(1) 前払費用（資産）

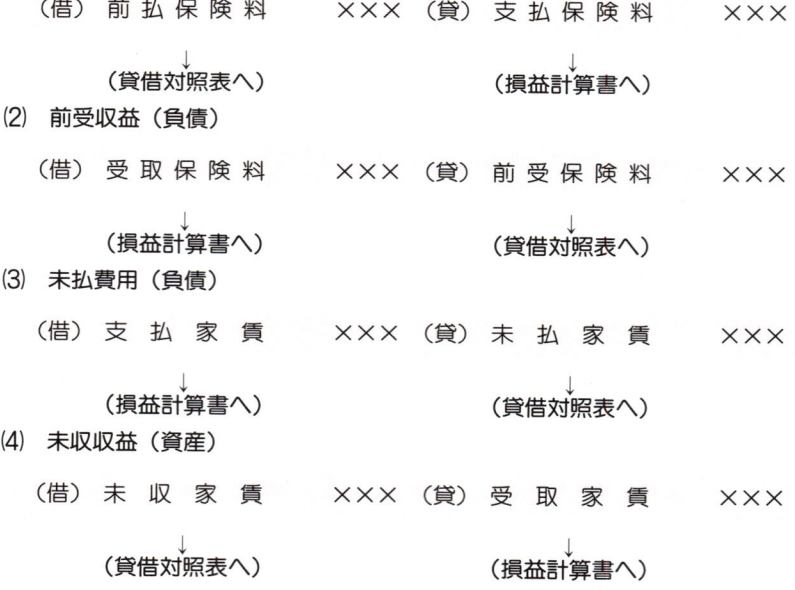

(借) 前 払 保 険 料　　×××　(貸) 支 払 保 険 料　　×××

（貸借対照表へ）　　　　　　　　（損益計算書へ）

(2) 前受収益（負債）

(借) 受 取 保 険 料　　×××　(貸) 前 受 保 険 料　　×××

（損益計算書へ）　　　　　　　　（貸借対照表へ）

(3) 未払費用（負債）

(借) 支 払 家 賃　　×××　(貸) 未 払 家 賃　　×××

（損益計算書へ）　　　　　　　　（貸借対照表へ）

(4) 未収収益（資産）

(借) 未 収 家 賃　　×××　(貸) 受 取 家 賃　　×××

（貸借対照表へ）　　　　　　　　（損益計算書へ）

図表18−4　損益の見越しと繰延べ

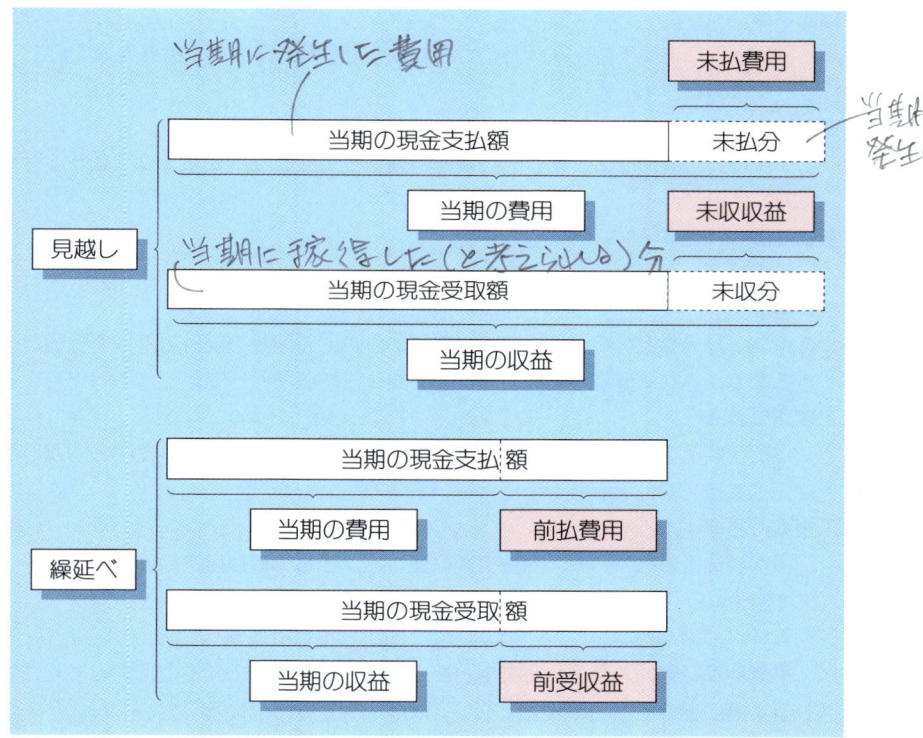

◀ Key Words ▶

委託販売

　商品の販売を委託者の損益負担において，受託者に委託する販売方法

委託品販売基準

　委託販売の売上収益について，受託者が委託品を販売した日をもって計上する考え方

役務代価回収基準（入金基準）

　自由業やサービス業において，収益の計上を慎重に行うためにサービス提供の対価として現金の入金をもって収益を計上する考え方

回収期限到来基準（履行日基準）

　割賦販売において，割賦代金のうち割賦契約による割賦入金日が到来した金

額だけを売上収益として計上する考え方

回収基準

割賦販売において，割賦代金のうち回収した金額だけを売上収益として計上する考え方

買取意思表示基準

試用販売の収益について，先方からの買取りの意思表示をもって計上する考え方

割賦基準

回収基準と回収期限到来基準の総称

検針基準

電気・ガスなどの役務提供において用いられ，使用量を検針によって確認できるので，それを確認した日の属する事業年度の収益として計上する考え方

工事完成基準

長期請負工事について，実現主義に基づき，工事が完成しその物件の引渡しが完了するまで工事収益を計上しない考え方

工事進行基準

長期請負工事について，発生主義に基づき，工事の進行度合に応じて工事収益を計上する考え方

時間基準

不動産賃貸業，消費者金融業など時の経過に伴い収益の発生が確実に予想される業種において，時の経過に応じて収益を計上する考え方

仕切精算書到来基準

委託販売の売上収益について，実際に委託品が販売された日ではなく，当該仕切精算書が委託者に到着した日をもって計上する考え方

実現主義

財貨または用役を第三者に販売または引渡し，その対価として貨幣性資産を取得したことをもって収益の計上を行う考え方

収益の計上基準

収益の期間帰属を決定するための考え方

収穫基準

米，麦などの農作物については，生産者米価，生産者麦価など政府の買入価格が決定しているので，JA などに出荷しなくても米・麦を収穫した段階で収益を計上する考え方

受託販売

　　委託者からの商品の販売委託を受け，委託者の損益負担で，受託者が商品を販売する方法

試用販売

　　顧客に商・製品を試用してもらったうえで，買取りの諾否を決めてもらう販売方法

生産基準

　　金・銀，石油・ガスなどの採掘を行っている産業においては，これらの生産物の多くは固定的な販売価格をもちかつきわめて市場性があるので，販売をまたないでその生産・採掘段階で見積売価からアフターコストを排除した価額で収益を計上する考え方

損益の繰延べ

　　すでに受払いのすんでいる費用・収益のうちに次期の分が含まれている場合，その次期の分を当期の損益から除外して次期へ繰り越すとともに，前払費用または前受収益として計上すること

損益の見越し

　　当期の費用・収益でありながら未だ現金の受払いがないものについて，決算時に損益の追加計上を行い，未払分を未払費用とし，また未収分を未収収益として計上すること

内部利益

　　企業内部で付加した未実現利益

荷為替

　　委託販売において，商品（貨物代表証券）が手形代金の担保に供されている為替手形

予約販売

　　顧客から予約金などを受け取って，将来，商品の引渡しを約束する販売方法

第19章　リース取引の会計と報告

１．リース取引とは何か

２．ファイナンス・リース取引の要件とは何か

３．ファイナンス・リース取引を資産・負債計上する場合には，どのように処理するのか

４．ファイナンス・リース取引を資産・負債計上しない場合には，いかなる情報を注記しなければならないか

５．オペレーティング・リース取引の意味とその処理はどのようなものか

▶ 1　リース取引の意義

　ある友人は，いつも新しい車に乗っている。２年もするとまた新しい車に乗っている。ある時，その友人になぜそんなに次々と新車を買い換えられるのかと聞いてみたところ，カー・リースであるという。リースは事業会社のみならず，個人にまで浸透してきている。このように，リース取引は，新しい設備調達方法としてわが国に導入されて以来，リース物件に係る事務管理上の簡便性その他経済的利点を背景に，その契約額が著しく増加してきている。

　リース取引とは，特定の物件（これをリース物件という）の所有者たる貸手（レッサーともいう）が当該物件の借手（レッシーともいう）に対し，合意された期間（これをリース期間という）にわたり，これを使用収益する権利を与え，借手は，合

意された使用料（これを**リース料**という）を貸手に支払う取引をいう（「リース取引に係る会計基準」（以下，「リース会計基準」という）一）。すなわち，リース取引の仕組みについて簡単にいえば，**図表19-1**にみるように，貸手はメーカーからリース物件を調達し，リース期間の開始日にリース物件を借手に引き渡し，借手はリース期間にわたりリース物件を使用しリース契約上定められた日（1カ月ごと，3カ月ごと，半年ごとなど）にリース料を支払う取引であるといえる。「リース会計基準」における定義を前提にするかぎり，リース取引は広く解釈されており，リース料はもとより，レンタル料，賃借料なども含むものといえる。

図表19-1　リース取引の仕組み

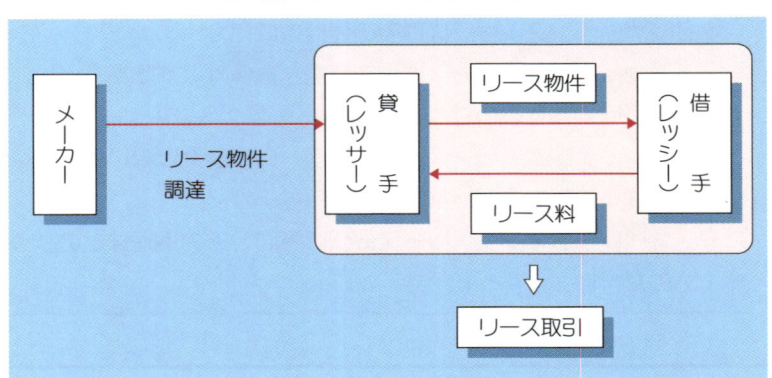

▶ 2　リース取引の分類

リース取引は，一般に，ファイナンス・リース取引とオペレーティング・リース取引とに分けられる。

ファイナンス・リース取引とは，リース契約に基づくリース期間の中途にお

「リース会計基準」一

　リース取引とは，特定の物件の所有者たる貸手（レッサー）が，当該物件の借手（レッシー）に対し，合意された期間（以下「リース期間」という。）にわたりこれを使用収益する権利を与え，借手は，合意された使用料（以下「リース料」という。）を貸手に支払う取引をいう。

いて当該契約を解除することができないリース取引またはこれに準ずるリース取引で，借手が当該契約に基づき使用する物件からもたらされる経済的利益を実質的に享受することができ，かつ，当該リース物件の使用に伴って生じるコストを実質的に負担することとなるリース取引をいう（「リース会計基準」二，1）。これに対して，**オペレーティング・リース取引**とは，ファイナンス・リース取引以外のリース取引をいう（「リース会計基準」二，2）。

　ファイナンス・リース取引については，詳しい説明が必要と思われる箇所がいくつかあるので，「リース取引に係る会計基準注解」（以下，「リース注解」という）および1994年1月18日に日本公認会計士協会から公表された「リース取引の会計処理及び開示に関する実務指針」（以下，「リース実務指針」という）を用いて説明することにしよう。

(1)　「リース契約に基づくリース期間の中途において当該契約を解除することができないリース取引に準ずるリース取引」とは，法的形式上は解約可

「リース会計基準」二，1

　ファイナンス・リース取引とは，リース契約に基づくリース期間の中途において当該契約を解除することができないリース取引又はこれに準ずるリース取引で，借手が，当該契約に基づき使用する物件（以下「リース物件」という。）からもたらされる経済的利益を実質的に享受することができ，かつ，当該リース物件の使用に伴って生じるコストを実質的に負担することとなるリース取引をいう。

二，2

　オペレーティング・リース取引とは，ファイナンス・リース取引以外のリース取引をいう。

「リース注解」注1

　リース契約に基づくリース期間の中途において当該契約を解除することができないリース取引に準ずるリース取引とは，法的形式上は解約可能であるとしても，解約に際し相当の違約金を支払わなければならない等の理由から事実上解約不能と認められるリース取引をいう。

　「当該契約に基づき使用する物件（以下「リース物件」という。）からもたらされる経済的利益を実質的に享受する」とは，当該リース物件を自己所有するとするならば得られると期待されるほとんどすべての経済的利益を享受することをいう。

　「当該リース物件の使用に伴って生じるコストを実質的に負担する」とは，当該リース物件の取得価額相当額，維持管理等の費用，陳腐化によるリスク等のほとんどすべてのコストを負担することをいう。

能であるとしても，解約にさいし相当の違約金（これを**規定損害金**<ruby>き ていそんがいきん</ruby>という）を支払わねばならないなどの理由から事実上解約不能と認められるリース取引である（「リース注解」注1）。リース契約上の条件により，このような取引に該当するものの例としては，解約時に，未経過のリース期間に係るリース料のおおむね全額を規定損害金として支払うこととされている取引（「リース実務指針」二，1，(1)，①）などがある。

(2) 「契約に基づき使用する物件からもたらされる経済的利益を実質的に享受する」とは，当該リース物件を自己所有するとするならば得られると期待されるほとんどすべての経済的利益を享受することをいい（「リース注解」注1），また，「リース物件の使用に伴って生じるコストを実質的に負担する」とは，当該リース物件の取得価額相当額，維持管理などの費用，陳腐化によるリスクなどのほとんどすべてのコストを負担することをいう（「リース注解」注1）。

「リース実務指針」によれば，上記(1)を**ノン・キャンセラブル（解約不能）**，(2)を**フル・ペイアウト**としており，したがって，**ファイナンス・リース取引とは，ノン・キャンセラブルおよびフル・ペイアウトを要件とするリース取引**であるといえる。

もっとも，「リース会計基準」では，なにがノン・キャンセラブルであり，またなにがフル・ペイアウトなのかについての具体的指針が示されていない。しかし，FASB基準（SFAS13）またはIFRS17では，次の条件を掲げていることもあり，主として国際的調和化の観点から「リース実務指針」もおおむねSFAS13またはIFRS17に準拠している（図表19-2参照）。

(1) リース契約のなかに，リース資産の法的所有権がリース期間終了時に借手側に移転する条項があること（**所有権移転基準**）

(2) リース契約のなかに，割安購入選択権が借手側に与えられていること（**割安購入選択権基準**）

(3) リース期間がリース資産の見積経済的耐用年数の75％（IFRS17では「大部分」）以上を占めていること（**耐用年数基準**）

(4)　借手側より支払われる**最低リース料**（支払リース料総額からリース取引
　　付随費用に相当する額を控除した後の額）のリース期間開始時における割

「リース実務指針」二，2

(2)　リース物件の所有権が借手に移転すると認められるもの以外のリース取引

　　リース物件の所有権が借手に移転すると認められるもの以外のリース取引がファ
イナンス・リース取引に該当するかどうかは，基本的にその経済的実態に基づいて
判断すべきものであるが，次の①又は②の基準のいずれかに該当する場合には，
ファイナンス・リース取引と判定するものとする。

　①　解約不能のリース期間中のリース料総額の現在価値が，当該リース物件を借
　　手が現金で購入するものと仮定した場合の合理的見積金額（以下「見積現金購
　　入価額」という。）のおおむね90パーセント以上であること

　②　解約不能のリース期間が，当該リース物件の経済的耐用年数のおおむね75
　　パーセント以上であること（ただし，リース物件の特性，経済的耐用年数の長
　　さ，リース物件の中古市場の存在等を勘案すると，上記①の判定結果が90パー
　　セントを大きく下回ることが明らかな場合を除く。）

　　　上記①の基準の適用に当たっては，借手が再リースを行う意思が明らかな場
　　合を除き，再リースに係るリース期間（以下「再リース期間」という。）又は
　　リース料は解約不能のリース期間又はリース料総額に含めないものとする。上
　　記①の基準を適用する場合のリース料総額の現在価値は推定額であるが，当該
　　現在価値がリース物件の見積現金購入価額のおおむね90パーセント以上の場合
　　は，借手は当該リース物件の取得価額相当額，維持管理等の費用等のほとんど
　　すべてのコストを負担することになり，したがって，ほとんどすべての経済的
　　利益を享受するものと推定できるので，当該リース取引はファイナンス・リー
　　ス取引と判定するものとする。

　　　上記②の基準の適用に当たっては，借手が再リースを行う意思が明らかな場
　　合を除き，再リース期間は解約不能のリース期間に含めないものとし，また，
　　リース物件の経済的耐用年数は，物理的使用可能期間ではなく経済的使用可能
　　予測期間に見合った年数によるものとする。上記②の基準に該当するリース取
　　引は，通常，借手がリース物件からもたらされるほとんどすべての経済的利益
　　を享受することができ，したがって，ほとんどすべてのコストを負担するもの
　　と推定できるので，当該リース取引はファイナンス・リース取引と判定するも
　　のとする。

　　　ただし，例外的に，リース物件の内容により，リース期間が経済的耐用年数
　　のおおむね75パーセント以上であっても，借手がリース物件に係るほとんどす
　　べてのコストを負担しない場合もあるため，リース物件の特性，経済的耐用年
　　数の長さ，リース物件の中古市場の存在等により，それが明らかな場合には上
　　記①の基準のみにより判定を行うものとする。

引現在価値が，リース資産の公正価額のうちの90％（IFRS17では「相当の額」）以上であること（現在価値基準）

図表19 - 2　リース取引の分類

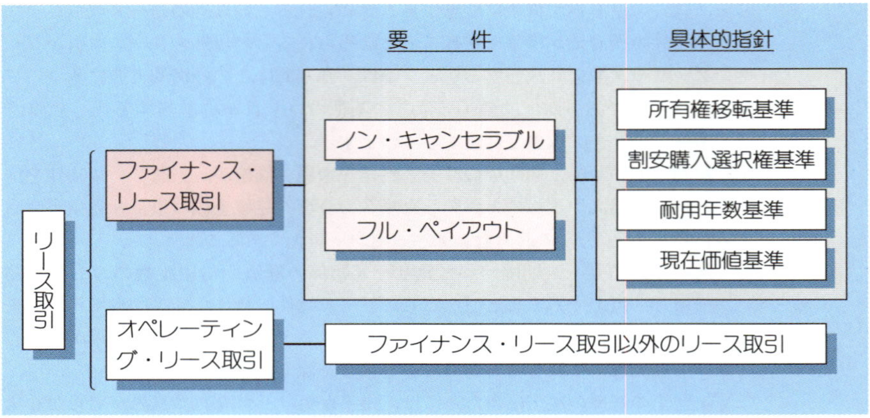

しかし，これらの条件に問題がないわけではない。たとえば，上述した(3)のFASB基準の75％基準および90％基準にしても，それは政策的に決定せざるをえず，理論的根拠を見いだしがたいという問題があるばかりではなく，FASB基準のように，会計基準に具体的指針を盛り込めば会計基準自体が硬直するおそれもある。また，かりに，(3)について75％基準を設定したとしても，借手側は74％以下でリース契約を結び，結果的にファイナンス・リースとしないことも可能であるので，基準の形骸化をもたらしかねないという問題もある。アメリカでは，すでに，この基準の形骸化が生じており，ファイナンス・リース取引のオフ・バランス化という奇妙な現象が見られるという。

第19章

▶ 3　ファイナンス・リース取引の会計処理

3・1　借手側の会計処理

3・1・1　原則的な処理方法

ファイナンス・リース取引については，原則として**通常の売買取引に係る方法に準じて会計処理を行う**（「リース会計基準」三，1，(1)）。

上述のように，ファイナンス・リース取引は，ノン・キャンセラブルおよびフル・ペイアウトを要件とするリース取引である。これら2つの要件を満たした場合，借手は実質的にリース物件を購入した場合と同様の経済的利益を享受することができる。したがって，ファイナンス・リース取引は，法的には賃貸借取引であるとしても経済的には固定資産の長期分割売買取引と同様と考えられるので，取引の法的形式よりも経済的実質を優先させる**実質優先主義**に基づいて割賦購入と同様の会計処理を行う（**＜第18章　損益の会計と報告＞**参照）。

ファイナンス・リース取引について，通常の売買取引に係る方法に準じて会計処理を行う場合，リース契約時の借手の会計処理としては，リース物件の使用収益によって経済的利益を享受する権利を得るので，これを資産に計上するとともに，リース期間中，リース料を支払わなければならない義務を負っているので，これを負債に計上すればよい。この場合，当該取引に係る**リース物件の取得価額の算定方法**については，リース取引開始時に合意された**リース料総**

「リース会計基準」三，1
(1)　ファイナンス・リース取引については，原則として通常の売買取引に係る方法に準じて会計処理を行う。
「リース注解」注2
　ファイナンス・リース取引について，通常の売買取引に係る方法に準じて会計処理を行う場合，当該取引に係るリース物件の取得価額の算定方法については，リース取引開始時に合意されたリース料総額からこれに含まれている利息相当額の合理的な見積額を控除する方法とこれを控除しない方法とがあるが，原則として前者の方法によるものとする。

額からこれに含まれている利息相当額の合理的な見積額を控除する方法とこれを控除しない方法とがあるが，原則として前者の方法によらなければならない（「リース注解」注2）。

▶　基本例1　◀

　　徳島物産株式会社は，リース期間2年，年間リース料12,100円の条件で豊橋リース株式会社と機械のファイナンス・リース契約を結んだとする。ただし，このリース物件の現金購入価額は21,000円，借手の追加借入利子率は10％であり，減価償却は定額法（残存価額ゼロ，耐用年数2年）で行う。

　まず，借手側（徳島物産株式会社）の会計処理を考えるために，［基本例1］の条件を図解すれば，次のとおりである。

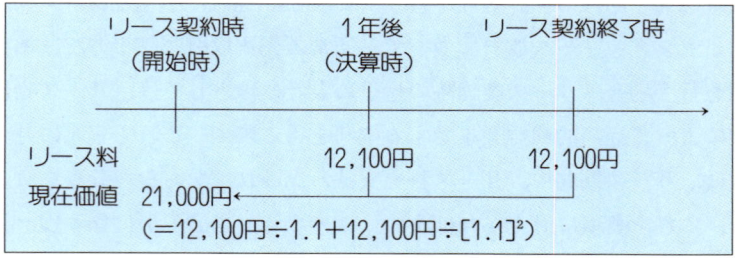

（リース開始時）

　まず，リース物件の購入取引と等しい処理を行えばよい。リース開始時にリース物件のリース料の現在価値を取得原価として資産に計上し，それに見合う未経過リース期間に対応するリース債務を負債に計上する。

　　（借）リ ー ス 資 産　　21,000　（貸）リ ー ス 債 務　　21,000

（決算時［1年後］）

　リース資産は通常の購入などによる固定資産と同様に償却しなければならな

い。定額法を適用しているので，次の仕訳をすればよい。

　　（借）減 価 償 却 費　　10,500*　（貸）減価償却累計額　　10,500

　＊　$21,000 \div 2 = 10,500$

　また，リース債務について利息が生じるので，リース債務の期首残高に利子率を乗じて支払利息を計算する。また，支払リース料のうち支払利息以外の部分は，リース債務の返済分として処理する。

　　（借）リ ー ス 債 務　　10,000　（貸）現　　　　　　金　　12,100
　　　　　支 払 利 息　　　2,100*

　＊　$21,000 \times 10\% = 2,100$

3·1·2　許容される処理方法

　「リース会計基準」によれば，ファイナンス・リース取引については，上述のように，原則として，通常の売買取引に係る方法に準じて会計処理を行うこととされている。しかし，このうち，リース契約上の諸条件に照らして，リース物件の所有権が借手側に移転すると認められるもの以外のファイナンス・リース取引（所有権移転外ファイナンス・リース）については，通常の賃貸借取引に係る方法に準じて会計処理を行うこともできるとし，**オン・バランスとオフ・バランス**の両処理方法の**選択適用**を認めている（「リース会計基準」三，1，(1)，(2)）。ただし，後者を選択した場合には，前者を選択した場合と同等の以下の情報を**財務諸表に注記**しなければならない（「財規」第8条の6第1項）。なお，以下に述べる(1)の①ないし④ならびに(2)の①および②は，いわゆる留意事項であるといってよい。

(1)　リース物件の取得価額相当額，減価償却累計額相当額および期末残高相当額

　①　リース物件の取得価額相当額は，リース取引開始時に合意されたリース料総額から，これに含まれている利息相当額の合理的な見積額を控除した額に基づいて算定する。

② リース物件の減価償却累計額相当額は，通常の減価償却の方法に準じて算定する。

③ リース物件の期末残高相当額は，当該リース物件の取得価額相当額から減価償却累計額相当額を控除することによって算定する。

④ リース物件の取得価額相当額，減価償却累計額相当額および期末残高相当額は，リース物件の種類別に記載する。リース物件の種類は，貸借対照表記載の固定資産の科目に準じて分類する。

(2) 未経過リース料期末残高相当額

① 未経過リース料期末残高相当額は，期末現在における未経過リース料（貸借対照表日後のリース期間に係るリース料をいう。以下同じ）から，これに含まれている利息相当額の合理的な見積額を控除することによって算定する。

② 未経過リース料期末残高相当額は，貸借対照表日後1年以内のリース期間に係るリース料の額と1年を超えるリース期間に係るリース料の額とに分けて記載する。

(3) 当期の支払リース料，減価償却費相当額および支払利息相当額

(4) 減価償却費相当額および利息相当額の算定方法

ただし，上記(1)ないし(4)の事項の開示にあたっては，「リース期間が1年未満のリース取引及び企業の事業内容に照らして重要性の乏しいリース取引でリース契約1件当たりの金額が少額なリース取引については，注記を省略することができる」（「リース注解」注3）とされている。また，上記(2)の未経過リース料期末残高については，未経過リース料に含まれている利息相当額を控除するい

「リース注解」注3

リース期間が1年未満のリース取引及び企業の事業内容に照らして重要性の乏しいリース取引でリース契約1件当たりの金額が少額なリース取引については，注記を省略することができる。

わゆる利息分離方式を採用することを原則としているものの，これについても重要性が乏しい場合には，利息を控除しないいわゆる利息非分離方式によることができる（「リース注解」注4）とされている。

　ちなみに，利息分離方式によって借手側の有価証券報告書における注記の開示例（個別財務諸表ベース）を示せば，図表19‐3のとおりである。なお，開示に

図表19‐3　ファイナンス・リース取引に係る借手側の注記

1．リース物件の取得価額相当額，減価償却累計額相当額および期末残高相当額			
	取得原価相当額	減価償却累計額相当額	期末残高相当額
機械及び装置	×××百万円	×××百万円	×××百万円
工具，器具及び備品	×××百万円	×××百万円	×××百万円
その他	×××百万円	×××百万円	×××百万円
合計	×××百万円	×××百万円	×××百万円

2．未経過リース料期末残高相当額

　　　　　1年内　　×××百万円
　　　　　1年超　　×××百万円
　　　　　合計　　×××百万円

　　（注）　上記金額は，支払利息相当額を控除したものである。
　　　　　なお，支払利子込み法により算定した金額は，次のとおり
　　　　　である。
　　　　　1年内　　×××百万円
　　　　　1年超　　×××百万円
　　　　　合計　　×××百万円

3．当期の支払リース料，減価償却費相当額及び支払利息相当額
　(1)　支払リース料　　　　××百万円
　(2)　減価償却費相当額　　××百万円
　(3)　支払利息相当額　　　××百万円

4．減価償却費相当額及び利息相当額の算定方法
　リース期間を耐用年数とし，残存価額を零とする定額法によっている。

5．利息相当額の算定法
　リース料総額とリース物件の取得原価相当額との差額を利息相当額とし，各期
への配分方法については，利息法によっている。

図表19-4　連結財務諸表における注記事項等

注　記　事　項	
１．所有権移転外ファイナンス・リース取引 〔借手側〕 　(1)・リース物件の取得価額相当額 　　　・減価償却累計額相当額 　　　・期末残高相当額 　(2)・未経過リース料期末残高相当額 　(3)・当連結会計年度に係る支払リース料 　　　・減価償却費相当額 　　　・支払利息相当額 　(4)・減価償却費相当額の算定方法 　　　・利息相当額の算定方法	
〔貸手側〕 　(1)・リース物件の取得価額 　　　・減価償却累計額 　　　・期末残高 　(2)・未経過リース料期末残高相当額 　(3)・当連結会計年度に係る受取リース料 　(4)・利息相当額の算定方法	
２．オペレーティング・リース取引 （リース期間の中途においてリース契約を解除することができるものを除く） 〔借手側〕 　　・未経過リース料	
〔貸手側〕 　　・未経過リース料	

「リース注解」注４

　　未経過リース料の期末残高（通常の売買取引に係る方法に準じて会計処理されている部分を除く。）が当該期末残高及び有形固定資産の期末残高の合計額に占める割合に重要性が乏しい場合には，リース物件の取得価額相当額及び未経過リース料期末残高相当額の算定に当たり，リース取引開始時に合意されたリース料総額及び期末現在における未経過リース料から，これらに含まれている利息相当額の合理的な見積額を控除しない方法によることができる。

あたっては，上述した留意事項に従わなければならないことはいうまでもない。

　連結財務諸表に係るリース取引の注記については，1996年4月1日以後最初に開始する連結会計年度から段階的に実施されており（「連結財規（平成6年3月1日大蔵省令第9号）附則第4項，第5項），連結財務諸表における注記事項を示すと**図表19-4**のとおりである。

　なお，リース物件の借手である場合には，当該会社の事業内容に照らして重要性の乏しいリース取引で，リース契約1件当たりの金額が300万円以下のものおよびリース期間が1年未満のリース取引については，注記を要しないこととされている（「連結財規」第15条の3，「財規」第8条の6第6項および「財規ガイドライン」8の6-6）。

3·2　貸手側の会計処理

3·2·1　原則的な処理方法

　ファイナンス・リース取引については，原則として通常の売買取引に係る方法に準じて会計処理を行う（「リース会計基準」三，2，(1)）。

　ファイナンス・リース取引について，貸手側で売買処理をする場合，**第1法**（リース物件の売上高と売上原価とに区分して処理する方法）と**第2法**（リース物件の売買益等として処理する方法）がある（「リース実務指針」四，1，(2)）。**［基本例1］**を用いて貸手側（豊橋リース株式会社）の会計処理を示せば，次のとおりである。なお，**［基本例1］**の条件に加えて貸手のリース物件の購入価額が21,000円であったとしよう。

＜第1法＞

（リース開始時）

　リース物件の購入取引の仕訳をする。

　　　（借）リ ー ス 債 権　　　21,000　（貸）買　　掛　　金　　　21,000

　貸手の計算利子率は，次のように算定する。

$$21,000 = \frac{12,100}{x} + \frac{12,100}{x^2} \qquad \therefore x = 1.1$$

上記の計算により，貸手の計算利子率は10%である。

（決算時［1年後］）

受取リース料をリース物件の売上高として処理し，当該金額からこれに対応する売買益相当額（利息相当額）を差し引いた額（元本回収額）をリース物件の売上原価として処理する。

（借）現　　　　　金	12,100	（貸）リ ー ス 物 件 売 　 上 　 高	12,100

（借）リ ー ス 物 件 売 上 原 価	10,000*	（貸）リ ー ス 債 権	10,000

＊　$12,100 - 21,000 \times 10\% = 10,000$

＜第2法＞

（リース開始時）

リース物件の購入取引の仕訳をする。

（借）リ ー ス 債 権	21,000	（貸）買　　掛　　金	21,000

（決算時［1年後］）

受取リース料を売買益相当額（利息相当額）部分とリース債権の元本回収部分とに区分計算し，前者をリース物件の売買益等として処理し，後者をリース債権の元本回収額として処理する。

（借）現　　　　　金	12,100	（貸）リ ー ス 債 権	10,000
		リ ー ス 物 件 売 　 買 　 益	2,100

3・2・2　許容される処理方法

ファイナンス・リース取引のうち，リース契約上の諸条件に照らしてリース物件の所有権が借手に移転すると認められるもの以外の取引については，通常

の賃貸借取引に係る方法に準じて会計処理を行うことができる（「リース会計基準」三，2，(2)）。ただし，この場合には，借手側と同様に，リース物件の取得価額，減価償却累計額および期末残高などを財務諸表に注記しなければならない（「リース会計基準」三，2，(2)参照）。

▶ 4　オペレーティング・リース取引の会計処理

4·1　借手側の会計処理

オペレーティング・リースの要件は，ファイナンス・リースの要件とは逆に，**キャンセラブル**または**ノン・フルペイアウト**であるといってもよい。

オペレーティング・リース取引については，**通常の賃貸借取引に係る方法**に準じて会計処理を行わなければならない（「リース会計基準」四，1）ので，リース料は製造原価，営業費などとして計上することになる。ただし，リース期間の中途において当該契約を解除することができるオペレーティング・リース取引を除き，次に掲げる事項を**財務諸表に注記**しなければならない（「リース会計基準」四，1，「財規」第8条の6第5項）。

「リース会計基準」三，2
(1)　ファイナンス・リース取引については，原則として通常の売買取引に係る方法に準じて会計処理を行う。

四，1
　オペレーティング・リース取引については，通常の賃貸借取引に係る方法に準じて会計処理を行い，かつ，リース期間の中途において当該契約を解除することができるオペレーティング・リース取引を除き，次に掲げる事項を財務諸表に注記する。
　①　貸借対照表日後1年以内のリース期間に係る未経過リース料
　②　貸借対照表日後1年を超えるリース期間に係る未経過リース料

四，2
　オペレーティング・リース取引については，通常の賃貸借取引に係る方法に準じて会計処理を行い，かつ，リース期間の中途において当該契約を解除することができるオペレーティング・リース取引を除き，次に掲げる事項を財務諸表に注記する。
　①　貸借対照表日後1年以内のリース期間に係る未経過リース料
　②　貸借対照表日後1年を超えるリース期間に係る未経過リース料

(1) 貸借対照表日後1年以内のリース期間に係る未経過リース料

(2) 貸借対照表日後1年を超えるリース期間に係る未経過リース料

4・2 貸手側の会計処理

貸手側の**オペレーティング・リース取引**については，借手側と同様に**通常の賃貸借取引に係る方法**に準じて会計処理を行わなければならない（「リース会計基準」四，2）ので，リース料は売上高，営業外収益などとして計上することになる。ただし，リース期間の中途において当該契約を解除することができるオペレーティング・リース取引を除き，次に掲げる事項を**財務諸表に注記**しなければならない（「リース会計基準」四，2）。

(1) 貸借対照表日後1年以内のリース期間に係る未経過リース料

(2) 貸借対照表日後1年を超えるリース期間に係る未経過リース料

◀ Key Words ▶

オペレーティング・リース取引

ファイナンス・リース取引以外のリース取引

ノン・キャンセラブル（解約不能）

法的形式上は解約可能であるとしても，解約にさいし相当の違約金を支払わねばならないなどの理由から事実上解約不能と認められること

ファイナンス・リース取引

リース契約に基づくリース期間の中途において当該契約を解除することができないリース取引またはこれに準ずるリース取引で，借手が当該契約に基づき使用する物件からもたらされる経済的利益を実質的に享受することができ，かつ，当該リース物件の使用に伴って生じるコストを実質的に負担することとなるリース取引

フル・ペイアウト

当該リース物件を自己所有するとするならば得られると期待されるほとんど

すべての経済的利益を享受し，当該リース物件の取得価額相当額，維持管理などの費用，陳腐化によるリスクなどのほとんどすべてのコストを負担とすること

未経過リース料

貸借対照表日後のリース期間に係るリース料

リース取引

特定の物件の所有者たる貸手が当該物件の借手に対し，合意された期間に渡り，これを使用収益する権利を与え，借手は，合意された使用料を貸手に支払う取引

第20章　金融商品の会計と報告

本章の学習ポイント

1．金融商品およびデリバティブとは何か
2．金融資産および金融負債はいつ認識するのか
3．ネッティングとは何か
4．金融資産および金融負債はどのような場合に，その認識を中止するのか
5．財務構成要素アプローチとは何か。リスク・経済価値アプローチとはどこが違うのか
6．金融資産および金融負債の評価の考え方
7．ヘッジ会計とは何か
8．繰延ヘッジと時価ヘッジとは何か。また，繰延ヘッジの会計処理はどのようにするのか

▶ 1　金融商品とデリバティブ

　金融商品（financial instrument）とかデリバティブとか，これらの言葉は聞くだけで，何やら難しそうである。しかし，すでに学んだ現金預金，金銭債権債務（売掛金，受取手形，買掛金，支払手形など），有価証券なども伝統的な金融商品である。

　金融商品のなかで目新しいのは，デリバティブである。デリバティブとは，この金融商品から派生した新しい商品（derivative financial instrument）であり，

1980年代よりアメリカで急速に発達をとげ，今やノーベル経済学賞学者を生み出した**金融工学**（financial engineering）の手法を用いて開発された新しい商品である。

　一般に，**デリバティブ取引**とは**先物**，**先渡**，**スワップ**，**オプション取引**などをいうが，その特徴は，通常の商品などの原資産取引とは異なり，現物を伴わず，かかる**原資産から派生した権利と義務に伴う損益が計上される**点にある。この点に取っ付きにくさと難しさがある。

　それではなぜデリバティブ取引をはじめとする金融商品が急速に拡大し，また注目されるようになってきたのであろうか。その理由として，次の点をあげることができる。

(1)　金融の自由化の進展，外為取引・資本取引に係る規制の緩和・撤廃などによる金利，為替および金融商品の価格変動に伴うマーケット・リスクに対するヘッジ・ニーズが高まってきたこと。

(2)　事業法人等のリスク・ヘッジ・ニーズに対応して，顧客のリスクを引き受け，これを適切に管理する業務等のトレーディング業務を行う金融機関が現われてきたこと。

(3)　コンピュータの発達，金融工学理論の発展などにより金融機関の商品供給力が強化されたこと。

(4)　デリバティブ取引には，レバレッジ効果があるために，現物取引に比べて低コストでリスク・ヘッジができること。

(5)　デリバティブ取引は現物取引に比べて，クレジット（信用）リスクなどの**エクスポージャー**（防御されずにリスクにさらされている状態）が小さいこと。

　以上からも明らかなように，デリバティブ取引は，もともとリスクをヘッジするための手段として発展してきたといえる。

　したがって，デリバティブ取引を有効に活用するためには，リスク管理を適切かつ十分に行う必要がある。

　一般に，デリバティブ取引には，**マーケット・リスク**その他のリスクを伴うが，これらのリスクを適切に評価し管理するためには時価ベースによるリスク

管理が不可欠であるといえる。

　そうであるならば，デリバティブ取引をめぐる諸問題はもともと財務会計上の問題ではなく，リスク管理，財務管理上の問題であるとも考えられる。また，デリバティブ取引は取引当事者間のリスク移転またはリスク・シェアリングにすぎないと解すれば，全体としてゼロサム・ゲームにすぎないともいえる。

　しかし，内外の企業のデリバティブ取引による巨額の損失事件などが契機になって，デリバティブ取引に係る会計基準の設定が要請されるようになってきた。

　わが国でも，1999年1月に大蔵省・企業会計審議会から「金融商品に係る会計基準」（以下，「金融商品基準」という）が公表され，これにより時価評価が導入され，**日本の企業会計のレボリューション**の引き金になったといえる。

▶ 2　金融商品の範囲

　金融商品とは，一方の企業に金融資産を他方の企業に金融負債または持分金融商品（資産から負債を控除した残余財産に対する持分を証する契約）を同時に生じさせるすべての契約をいうが，もう少し具体的にいえば，金融資産，金融負債およびデリバティブ取引に係る契約ならびに複数の金融資産または金融負債が組み合されている複合金融商品を総称するものである。

　この場合，**金融資産**とは，現金預金，受取手形，売掛金および貸付金等の金銭債権，株式その他の出資証券および公社債等の有価証券ならびに**デリバティブ取引**などにより生じる正味の債権等をいい，また**金融負債**とは，支払手形，買掛金，借入金および社債等の金銭債務ならびにデリバティブ取引により生じる正味の債務等をいう（「金融商品基準」第一，一参照）。

　なお，現物商品（コモディティ）に係るデリバティブ取引のうち，通常，**差金決済**（債権と債務の差額で決済すること）によって取引されるものから生じる正味の債権または債務は，金融商品ではないが，性質がデリバティブ取引と同様と考えられるので，「金融商品基準」に従って処理するものとされている（「金融商

品に係る会計基準注解」（以下，「金融商品注解」という）注1）。

　かくして，「金融商品基準」では，貸借対照表項目のうち，棚卸資産，有形固定資産，無形固定資産，引当金および資本を除くほとんどの項目が，金融商品の範囲に包摂されているといってよい。

▶ 3　金融資産および金融負債の認識と消滅

3・1　金融資産および金融負債の認識

　認識とは，一般に，「ある項目を資産，負債，収益，費用またはこれらに類するものとして，企業の財務諸表に正式に記録するか記載するプロセスである。認識は，ある項目を文字と数値の両者を用いて表現し，かつ，その項目の数値が財務諸表の合計数値の一部に含められることをいう」（広瀬義州訳「営利企業の財務諸表における認識と測定」（平松・広瀬訳「FASB財務会計の諸概念（増補版）」2002年，中央経済社，212頁）。要するに，認識とは，オン・バランスするという意味であるといってよい。

　「金融商品基準」によれば，金融資産または金融負債の発生は，当該金融資産の契約上の権利（以下，「債権」と互換的に用いる）または当該金融負債の契約上の義務（以下，「債務」と互換的に用いる）を生じさせる契約を締結したときに認識するのが原則である（第二，一）。したがって，有価証券については原則として契約の締結時（約定時）に発生を認識し，デリバティブ取引については，契約上の決済時ではなく契約の締結時にその発生を認識しなければならない（これを約定基準という）。これに対して，商品等の売買または役務の提供の対価に係

「金融商品注解」注1

　　金融資産及び金融負債の範囲には，複数種類の金融資産又は金融負債が組み合わされている複合金融商品も含まれる。

　　また，現物商品（コモディティ）に係るデリバティブ取引のうち，通常差金決済により取引されるものから生じる正味の債権又は債務についても，本基準に従って処理する。

る金銭債権債務は，商品等の受渡しまたは役務提供の完了時にその発生を認識するのが一般的である（「金融商品注解」注3）。

　しかし，オプション取引などを除き，デリバティブ取引は通常の商品などの原資産取引とは異なり，債権または債務のいずれか一方が先に履行されることはない。たとえば，デリバティブ取引の1つであるドル買い円売りの為替予約取引（通貨先渡取引）も，企業はドルを受け取る債権を獲得すると同時に円を支払わなければならない債務を負う。すなわち，**デリバティブ取引**においては，債権の発生・消滅と債務の発生・消滅とが同時であるところから，**債権と債務を一体のものとみなす**ことができる。また，差金決済されることが多いデリバティブ取引をグロスで認識すれば債権額または債務額がいたずらに膨大になるおそれがあり，投資者等の意思決定をミス・リードさせかねない。

　以上の理由から，**デリバティブ取引に係る債権または債務**は**ネッティング**した純額でもって貸借対照表価額とされる。したがって，デリバティブ取引の場合には，契約の締結に伴い契約当事者になった時点では，債権の公正価値と債務の公正価値が等価であり（これを債権または債務のポジションは**スクエア**であるという），ネットの価値はゼロとなるので，金融資産または金融負債が計上されることはない（すなわち，表現としては必ずしも適切ではないが，**金融資産または金融負債はゼロで認識**することになる）。しかし，当該契約の締結時以降から，デリバティブ取引の原資産の公正価値の変動リスクやクレジット・リスクの変動などによって，スクエアであったポジションが**利得のポジション**（gain position）または**損失のポジション**（loss position）へと変化するので，これを**資産**または**負債**として**認識**しなければならない。

「金融商品基準」第二，一
　　金融資産の契約上の権利又は金融負債の契約上の義務を生じさせる契約を締結したときは，原則として，当該金融資産又は金融負債の発生を認識しなければならない。
「金融商品注解」注3
　　商品等の売買又は役務の提供の対価に係る金銭債権債務は，原則として，当該商品等の受渡し又は役務提供の完了によりその発生を認識する。

設問 1

千葉電気産業株式会社の20X2年12月3日の金融商品に係る次の取引について，仕訳をしなさい。

(1) 横須賀書店株式会社の株式を1株当たり500千円で24株を現金で購入したが，同時にこの横須賀書店株式会社株について，1ヵ月後に1株当たり520千円で20株を売却できるオプション契約を品川商事株式会社と締結し，オプション料として10千円を現金で支払った。

(2) 川崎製紙株式会社の社債（額面総額3,000千円）を2,850千円で購入し，代金は現金で支払ったが，同時にこの川崎製紙株式会社社債（額面総額3,000千円）について，1年後に2,900千円で売却する先渡契約を新橋物産株式会社と締結した。

解 答

(1)   （単位：千円）

（借）	有 価 証 券	12,000	（貸）	現　　　金	12,000
（借）	オプション・プレミアム（買建オプション契約）	10	（貸）	現　　　金	10

(2)

（借）	有 価 証 券	2,850	（貸）	現　　　金	2,850

（先渡契約については仕訳なし）

3·2 金融資産および金融負債の認識の中止

(1)売掛金，買掛金の決済など金融資産の契約上の権利を行使した場合，(2)オプション行使の失効など権利を喪失した場合，または(3)権利に対する支配が他に移転した場合には，当該**金融資産の消滅を認識**しなければならない。これを**認識の中止**（derecognition）といい，要するに当該金融商品を貸借対照表から除き，オフ・バランスにするという意味である。

金融資産をオフ・バランスにする場合の判断にあたって難しいのは，上記(3)の**支配の移転**であるが，その考え方には，**リスク・経済価値アプローチ**と財務

第20章

構成要素アプローチとがある。

　この点を貸付金を用いて説明することにしよう。貸付金は元金と利息の回収という経済価値（将来のキャッシュ・フロー）と貸付金を回収するためのコスト，貸倒れリスクその他のリスクが一体となっているという意味で金融資産とされている。リスク・経済価値アプローチは貸付金の経済価値とリスクを一体のものとみなし，それらのほとんどすべてが他に移転した場合にのみ当該貸付金をオフ・バランスにするとする考え方である。これに対して，財務構成要素アプローチとは，貸付金を構成する経済価値，貸倒リスクなどをそれぞれ分割して取引できる財務構成要素とみなし，かかる構成要素に対する支配が他に移転した場合に，その移転した構成要素だけをオフ・バランスとし，移転されず留保される構成要素をオン・バランスとする考え方である（図表20‐1参照）。

　債権の流動化，証券化のスキームが進むと，金融商品は財務構成要素に分割されて取引される傾向が強まってくることから，「金融商品基準」では，FASB基準（SFAS125）および国際財務報告基準（IFRS39）と同様に，財務構成要素ア

図表20‐1　リスク・経済価値アプローチと財務構成要素アプローチ

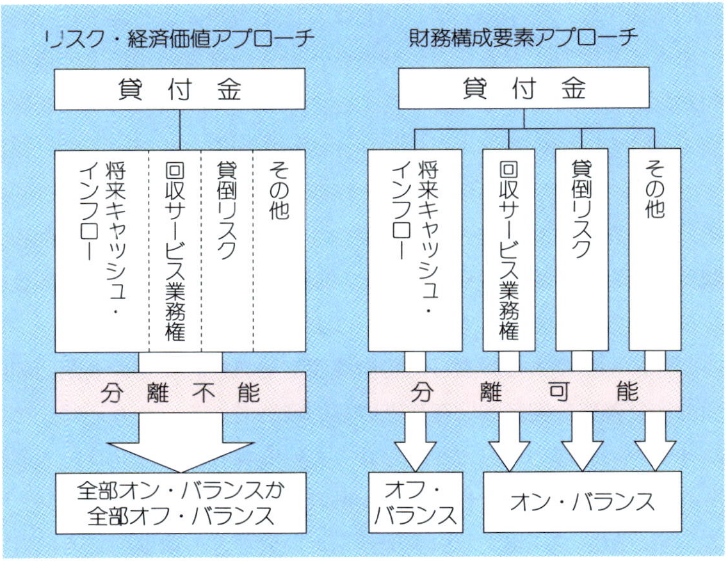

プローチによることとしたうえで，金融資産の契約上の権利に対する支配が他に移転するのは，次の3要件がすべて充たされた場合としている（「金融商品基準」前文III，二，2，(2)および第二，二，1）。

　第1の要件は，譲渡された金融資産に対する譲受人の契約上の権利が譲渡人およびその債権者から法的に保全されていることである。これは，譲渡人に倒産等の事態が生じても譲渡人やその債権者等が譲渡された金融資産に対して請求権等のいかなる権利も存在しないことなど，**譲渡された金融資産が譲渡人の倒産等のリスクから確実に分離されていること**を意味する。したがって，担保付ローンを一定の価格で買い戻す条件で当該担保付ローンの譲渡を行ったケースなどのように，譲渡人が実質的に譲渡を行わなかったことになるような買戻権（買戻しオプション）がある場合や譲渡人が倒産したときには譲渡が無効になると推定される場合は，当該金融資産の支配が移転しているとは認められない。なお，譲渡された金融資産が譲渡人およびその債権者の請求権の対象となる状態にあるかどうかは，法的観点から判断されることになる。

　第2の要件は，**譲受人が譲渡された金融資産の契約上の権利を直接または間接に通常の方法で享受できること**である。これは，譲受人が譲渡された金融資産を実質的に利用し，元本の返済，利息または配当等により投下した資金等のほとんどすべてを回収できるなど，譲渡された金融資産の契約上の権利を直接または間接に通常の方法で享受できることをもって，譲渡人の譲渡資産への支配が譲受人に移転しているとみなすという意味である。したがって，譲渡制限があっても支配の移転は認められるが，譲渡制限または実質的な譲渡制限となる買戻条件の存在により，譲受人が譲渡された金融資産の契約上の権利を直接または間接に通常の方法で享受することが制限される場合には，当該金融資産の支配が移転しているとは認められないことになる。

　第3の要件は，**譲渡人が譲渡した金融資産を当該金融資産の満期日前に買い戻す権利および義務を実質的に有していないこと**である。たとえば，譲渡人が一方的にリコース義務（買戻し義務）を負っている場合には，リコース義務だけがオン・バランスとなり，それ以外の金融資産の財務構成要素がオフ・バランスとなる。したがって，現先取引，債券レポ取引などの取引のように買い戻す

ことにより当該取引を完結することがあらかじめ合意されている取引については，その約定が売買契約であっても支配が移転しているとは認められないので，売買取引ではなく金融取引として処理することが必要である。

▶　　基本例１　　◀

　神戸商事株式会社は，簿価1,000千円の貸付金（元本1,000千円，利率10%，返済期限９年）を保有していたが，元本のうち10分の９とこの元本に係る利息８％の受益権を現金960千円で横浜物産株式会社に売却した。この売却に係る契約については，次のとおりである。

(1)　神戸商事株式会社は，貸付金の回収サービス業務を引き続き行い，その手数料として売却された元本900千円に係る利息の残り２％を受け取る権利を有する。

(2)　神戸商事株式会社は，売却した貸付金かまたはこれに類似する貸付金を横浜物産株式会社から買い戻すオプション（買戻しオプション）を有していない。

(3)　神戸商事株式会社は，当該貸付金が債務不履行に陥った場合のリコース義務（買戻し義務）を負う。

　なお，売却日における貸付金の各構成要素の時価は，売却された受益権960千円，リコース義務57千円，貸付金回収サービス権42千円および売却されない受益権105千円であったとする。

　財務構成要素アプローチのもとでは，金融資産を各財務構成要素に分解して，それぞれについて譲渡人から譲受人に支配が移転したか否かを検討すればよい。**［基本例１］**において，神戸商事株式会社が売却した貸付金を買い戻す権利（これを**買戻しオプション**といい，コール・オプションの一種である。**コール・オプション**とは，一定期間にあらかじめ決められた価格で特定の商品を購入する権利をいう。なお，オプションの買い手は**プレミアム**とよばれるオプション料を支払わなければならない)を有していないばかりではなく，貸付金が債務不履行に陥らないかぎり

これを買い戻す義務を実質的に負っていないので、この貸付金から生じる将来のキャッシュ・フローの一部に対する支配は移転しているとみることができる。したがって、この取引は金融取引ではなく売却取引であるので、神戸商事株式会社は、貸付金の一部の消滅を認識しなければならない。

　金融資産または金融負債の消滅を認識した場合には、それらの簿価とその対価としての受払い額との差額を当期の損益として処理する（「金融商品基準」第二、二、3）。また、財務構成要素アプローチによって金融資産または金融負債の一部の消滅を認識するさいには、当該金融資産または金融負債全体の時価に対する消滅部分の時価と残存部分の時価の比率により、当該金融資産または金融負債の帳簿価額を消滅部分と残存部分とに按分しなければならない（同上）。すなわち、金融資産の一部を売却した場合には、売却分と未売却分のそれぞれの時価をベースに当該金融商品の簿価を按分して、認識の消滅を処理すればよい。

　また、金融資産または金融負債の消滅に伴って新たに発生した金融資産または金融負債は、時価により計上しなければならない（同上）。たとえば、［基本例1］において、貸付金の簿価1,000千円のうち消滅を認識しなければならない部分および新たに発生した貸付金回収サービス業務権の金額の計算は、次のように行う。

　まず、消滅部分（売却された元本に係る受益権）と残存部分（貸付金回収サービス業務権および売却されない元本に係る受益権）の時価を計算する。神戸商事株式会社は、消滅部分を譲渡する対価として、現金960千円を獲得し、リコース義務57千円を負うことになったので、この消滅部分の時価（正味譲渡対価）は、903（＝960−57）千円である。残存部分の時価は、貸付金回収サービス業務権42千円および売却されない元本に係る受益権105千円である。

　次に、上記の計算結果に基づいて、簿価1,000千円を次のように時価全体に対する比率によって消滅部分と残存部分とに按分すればよい。

（単位：千円）

	時価	時価全体に対する比率	簿価配分額
売却された受益権	903	86%	860
貸付金回収サービス業務権	42	4%	40
売却されない受益権	105	10%	100
合計	1,050	100%	1,000

　以上に基づいて貸付金の売却に係る仕訳を示せば，次のとおりである。

消滅部分に係る仕訳　　　　　　　　　　　　　　　　　　（単位：千円）

（借）現　　　　　金　　960　（貸）貸　　付　　金　　860
　　　　　　　　　　　　　　　　　　リコース義務　　　57
　　　　　　　　　　　　　　　　　　貸付金売却益　　　43

残存部分に係る仕訳

（借）貸付金回収
　　　サービス業務権　　40　（貸）貸　　付　　金　　40

　貸付金の残高100千円は，売却されない受益権を示す。

　次に，**金融負債の消滅の要件**についていえば，当該金融負債の契約上の義務を履行したとき，契約上の義務が消滅したとき，または契約上の第一次債務者の地位から免責されたときに金融負債の消滅を認識するとされている（「金融商品基準」第二，二，2）が，この要件は，債権者との法的関係に変化がみられないかぎり，金融負債の消滅を認めない従来の基準と基本的に異なるところがないといってよい。

▶ 4　金融資産および金融負債の評価

4・1　金融資産および金融負債の評価の考え方

　すでに＜第11章　有価証券の会計と報告＞で述べたように，「金融商品基準」

によれば，**金融資産**については，一般に，市場が存在することなどによって客観的な価額として時価を把握できるとともに，当該価額により換算・決済等を行うことが可能であるところから，**時価で評価するのが原則**であるとされる。

金融資産に時価評価を導入した背景として，「金融商品基準」では，概ね，次の点をあげている（前文III，三）。

(1) 金融資産の多様化，価格変動リスクの増大，取引の国際化などに伴い，投資者が投資判断を行うためには，金融資産の時価評価を導入して企業の財務活動の実態を適切に財務諸表に反映させ，的確な財務情報を提供することが必要であること

(2) 金融資産に係る取引の実態を反映させる会計処理は，企業の側においても，取引内容の十分な把握とリスク管理の徹底および財務活動の成果の的確な把握のために必要であること

(3) デリバティブ取引等の金融取引の国際的レベルでの活性化を促すためにも，金融商品に係るわが国の会計基準の国際的調和化が重要な課題となっていること

かくして，客観的な時価の測定可能性が認められないものおよび企業の保有目的等に鑑み実質的に価格変動リスクを認める必要のないものを除き，時価による自由な換金・決済等が可能な金融資産については，投資情報としても，企業の財務認識としても，さらに国際的調和化の観点からしても，これを時価評価し適切に財務諸表に反映することが必要であるとされる。

一方，**金融負債**は，借入金のように一般的には市場性が乏しいか，社債のように市場性があっても，自己の発行した社債を時価により自由に清算するには

「金融商品基準」第三，四

　デリバティブ取引より生じる正味の債権及び債務は，時価をもって貸借対照表価額とし，評価差額は，原則として，当期の損益として処理する。

第三，五

　支払手形，買掛金，借入金その他の債務は，債務額をもって貸借対照表価額とする。

　社債は，社債金額をもって貸借対照表価額とする。社債を社債金額よりも低い価額又は高い価額で発行した場合には，当該差額に相当する金額を資産又は負債として計上し，償還期に至るまで毎期一定の方法で償却しなければならない。

事業遂行上等の制約があると考えられるところから，デリバティブ取引により生じる正味の債務を除き，時価評価せずに当該債務額をもって貸借対照表価額とすることが適当であるとされる（「金融商品基準」第三，四および五）。

4・2　金融資産および金融負債の貸借対照表価額

金融資産および金融負債の貸借対照表価額については，すでに＜第10章　金銭債権の会計と報告＞，＜第11章　有価証券の会計と報告＞，＜第15章　負債の会計と報告＞などの該当する箇所で述べたので，ここでは，図表20 - 2 に示すように，その要点だけにとどめる。

図表20 - 2　金融資産および金融負債の評価方法と評価差額の処理

金融資産の分類		貸借対照表価額	評価差額	連結財務諸表
債　権		原価評価*1		同左
有価証券	売買目的有価証券	時価評価	損益計算書に計上	同左
	満期保有債券	原価評価*2		同左
	子会社株式	原価評価		連結の際，実質価値を反映
	関連会社株式	原価評価		持分法により純資産の増減として反映
	その他有価証券	時価評価	原則として資本直入	同左
	市場価格のない有価証券	原価評価*3		同左
運用目的の特定金銭信託等		時価評価	損益計算書に計上	同左
デリバティブ取引		時価評価	損益計算書に計上	同左
金銭債務（社債以外）		債務額		同左
社　債		社債金額*4		同左

＊1　取得価額から貸倒引当金を控除した金額。償却原価法の適用あり。
＊2　償却原価法の適用あり。
＊3　社債その他の債券：債権の規定を準用。
　　　社債その他の債券以外の有価証券：取得原価。
＊4　社債発行差金を計上して償却。

設問 2

設問 1 の千葉電気産業株式会社が保有する川崎製紙株式会社社債および先渡契約について，決算日（20X3年3月31日）の会計処理を示しなさい。なお，川崎製紙株式会社社債および先渡契約の決算日現在における時価は，それぞれ2,700千円，2,800千円であったとする。

解 答

売買目的有価証券およびデリバティブ取引の評価損益は，それぞれ有価証券評価損益，当該デリバティブ評価損益として損益計算書に計上する。

（借）有価証券評価損	150	（貸）有価証券	150

（借）先渡契約	200	（貸）先渡評価益	200

なお，この川崎製紙株式会社社債との先渡契約は，後述のヘッジの関係にある（前者がヘッジ対象，後者がヘッジ手段）。しかし，双方ともに時価評価されるために，これらの金融商品から生じる損益にミス・マッチが生じることはないので，ヘッジ会計は適用されない。

▶ 5 ヘッジ会計

5・1 ヘッジ会計の意義

企業は，金利リスク，為替リスク，価格リスクなどのリスクに対する**エクスポージャー**から生じる不利な結果を防御するために，**ヘッジ**を行う。ヘッジを行う企業のインセンティブとしてはいろいろ考えられるが，1 つの取引に係るリスクを防御するヘッジ取引によって，企業はその取引に係るリスク水準以上に全体リスクを増加させることなく，もっと多くの取引を行うことができることにあるといわれている（白鳥庄之助他訳「ヘッジ会計」中央経済社，1994年，7頁参照）。

ヘッジ取引とは，(1)ヘッジ対象の資産または負債に係る相場変動を相殺する

か，(2)ヘッジ対象の資産または負債に係るキャッシュ・フローを固定してその変動を回避することにより，ヘッジ対象である資産または負債の価格変動，金利変動，為替変動等の相場変動などによる損失の可能性を減殺することを目的として，デリバティブ取引をヘッジ手段として用いる取引をいう（「金融商品基準」前文III，六参照）。

　この場合，一般に**ヘッジ対象**とは，相場変動等による損失の可能性がある資産または負債で，(1)その資産もしくは負債に係る相場変動等が評価に反映されていないもの，(2)相場変動等が評価に反映されているが評価差額が損益として処理されないもの，または(3)その資産もしくは負債に係るキャッシュ・フローが固定されその変動が回避されるものをいい，ヘッジ対象には予定取引も含まれる（「金融商品基準」第五，二参照）。

　また，**ヘッジ手段**とは，指定されたデリバティブ等であり，その公正価値またはキャッシュ・フローがヘッジ対象の公正価値またはキャッシュ・フローの変動とは反対の方向に動くと予想されるものをいう。ヘッジ手段であるデリバティブ取引については，原則として時価評価され，相場変動等による損益が認識されるが，ヘッジ対象の資産が原価で評価され，相場変動等が損益に反映されない場合には，**ヘッジ要素間の損益にミス・マッチ**が生じることになり，ヘッジ対象の相場変動等による損失の可能性がヘッジ手段によってカバーされているという経済的実態が反映されないことになるので，ヘッジ会計が必要である。

　ヘッジ会計とは，ヘッジ取引のうち一定の要件を充たすものについて，ヘッジ対象に係る損益とヘッジ手段に係る損益を同一の会計期間に認識し，ヘッジの効果を会計に反映させるための特殊な会計処理である（「金融商品基準」第五，一）。

5・2　ヘッジ会計の要件

　デリバティブは投機目的で用いられることもあるので，無条件にヘッジ会計を適用することはできない。「金融商品基準」によれば，ヘッジ取引にヘッジ会計が適用されるのは，「先物・オプション取引等意見書」のいわゆる事前テストと事後テストに該当する次の(1)および(2)の要件がすべて充たされた場合である

とされている（第五，三）。

(1) ヘッジ取引時の要件（事前テスト）

ヘッジ取引が企業のリスク管理方針に従ったものであることが，取引時に，次のいずれかによって客観的に認められること。

① 当該取引が企業のリスク管理方針に従ったものであることが，文書により確認できること

② 企業のリスク管理方針に関して明確な内部規定および内部統制組織が存在し，当該取引がこれに従って処理されることが期待されること

(2) ヘッジ取引時以降の要件（事後テスト）

ヘッジ取引時以降において，ヘッジ対象とヘッジ手段の損益が高い程度で相殺される状態またはヘッジ対象のキャッシュ・フローが固定されその変動が回避される状態が引き続き認められることによって，ヘッジ手段の効果が定期的に確認されていること。

この場合，「高い程度」とはヘッジが完全（100％）でないときのヘッジ対象の損益とヘッジ手段の損益との差額が僅少であることをいうと思われるが，「金融商品会計に関する実務指針」によれば，両者の比率がおおむね80％から125％の範囲にあれば，ヘッジ対象とヘッジ手段との間に高い相関関係があり，ヘッジは有効であるとされる（第156項参照）。

5・3 ヘッジ会計の方法

5・3・1 繰延ヘッジと時価ヘッジ

ヘッジ会計の方法には，大別して繰延ヘッジと時価ヘッジとがある。繰延ヘッジとは，時価評価されているヘッジ手段に係る損益（評価損益）を，ヘッジ対象の処分，決済などによってその損益が確定する時まで資産または負債として繰り延べる方法である。これに対して，時価ヘッジとは，処分，決済などが行われるまで損益が確定しないヘッジ対象である資産または負債を時価評価し，その評価損益をヘッジ手段に係る損益が認識される会計期間に繰り上げて認識する方法である。要するに，ヘッジ手段の評価損益を繰り延べるのが繰延ヘッジであり，ヘッジ対象の評価損益を繰り上げるのが時価ヘッジであるといえる。

したがって，繰延ヘッジは，ヘッジ手段がヘッジ対象の付属（accessary）とみなされているのに対して，時価ヘッジはヘッジ対象がヘッジ手段の付属とみなされているといえよう。

「金融商品基準」では，ヘッジ会計として繰延ヘッジを原則とし，時価ヘッジを許容している（第五，四，1）が，時価ヘッジは予定取引に対するヘッジ会計には適用できない。すなわち，予定取引とは，「未履行の確定契約に係る取引および契約は成立していないが，取引予定時期，取引予定物件，取引予定量，取引予定価格等の主要な取引条件が合理的に予測可能であり，かつそれが実行される可能性がきわめて高い取引」（「金融商品注解」注12）をいうが，ヘッジ対象である予定取引は財務諸表上で認識されていないので，時価評価することもできなく，予定取引に対するヘッジ会計処理としては，繰延ヘッジしか適用できない。そうしてみると，時価ヘッジの適用対象はかなり限定され，せいぜいその他有価証券しか考えられない。しかし，その他有価証券は時価評価されるものの，その損益に市場における短期的な価格変動を反映させることは必ずしも求められていないために，評価差額は資本直入され，リスクにさらされることが少ないので，これにヘッジ会計を適用すること自体がヘッジの趣旨に適合しないと考えられる。

▶　基本例2　◀

　北海道農産は，20X2年3月1日現在，小豆（棚卸資産）の在庫2,400千円（30トン，1トン当たり80千円）を保有している。北海道農産は，この小豆を5月に出荷する予定であるが，小豆の価格が下落傾向に

「金融商品基準」第五，四，1

　ヘッジ会計は，原則として，時価評価されているヘッジ手段に係る損益又は評価差額を，ヘッジ対象に係る損益が認識されるまで資産又は負債として繰り延べる方法による。

　ただし，ヘッジ対象である資産又は負債に係る相場変動等を損益に反映させることにより，その損益とヘッジ手段に係る損益とを同一の会計期間に認識することもできる。

あるので，3月1日に6月限月の小豆の先物を1トン当たり130千円で30トン売却した。

　20X2年5月15日，北海道農産は上記の小豆30トンを3,300千円で掛売りすると同時に，先物を1トン当たり112千円で買い戻した。

　なお，3月1日時点で北海道農産が予定していた小豆に係る取引は，ヘッジ対象としての予定取引であるための要件を満たしており，また小豆の現物および6月限月の先物の価格（1トン当たり）は，次のように変動したものとする（単位：千円）。

	3月1日	3月31日（決算日）	5月15日
現物	120	115	110
先物	130	122	112

（通常，先物取引を行う場合には，先物取引差入証拠金等が必要となるが，仕訳で示すと複雑になるばかりではなく，本設例はヘッジ会計を説明することを目的としているので，これを考慮外としている。）

　すでに述べたように，先物取引などのデリバティブ取引は約定基準により認識するので，[基本例2]の場合も，20X2年3月1日から認識しなければならない。ただし，3月1日においては先物に係る債権債務がスクエアであるので，実際に仕訳が行われるのは決算日である3月31日からである。北海道農産は次の仕訳により，先物取引を時価評価しなければならない（単位：千円）。

20X2年3月31日

　　（借）　先物取引差金　　　　240　（貸）　先物評価益　　　240*

　　＊　（130－122）×30＝240

　小豆（棚卸資産）に関する予定取引と先物取引はヘッジ関係にあるが，上記の仕訳を行った場合，ヘッジ手段である先物取引については損益が計上されるのに対して，ヘッジ対象である小豆（棚卸資産）に関する予定取引については損益が計上されない（ミス・マッチが生じる）ので，ヘッジ会計を適用しなければ

ならない。

　ヘッジ会計の原則的な処理である**繰延ヘッジ**で会計処理を行えば，次のとおりである。

20X2年 3 月31日

　　（借）先 物 評 価 益　　　　　240　（貸）繰 延 先 物 利 益　　　　　240

　繰延ヘッジにおいては，上記のように，先物取引の時価評価により生じた先物利益を現物取引が行われるまで繰り延べることにより，損益の対応をはかればよい。小豆の販売と小豆の販売に係るヘッジをより直接的に結びつけるためには，繰延先物利益は営業外収益ではなく，売上の一部として計上しなければならないといえよう。したがって，現物取引を行ったさいには，次の仕訳を行う。

20X2年 5 月15日

　　（借）先 物 取 引 差 金　　　300　（貸）先 物 評 価 益　　　300*1
　　（借）先 物 評 価 益　　　　300　（貸）繰 延 先 物 利 益　　　300

　　（借）売　　掛　　金　　3,300　（貸）売　　　　　上　　3,840
　　　　　繰 延 先 物 利 益　　540*2
　　（借）現　　　　　金　　　540　（貸）先 物 取 引 差 金　　　540

　　＊ 1　（122－112）×30＝300
　　＊ 2　240＋300＝540

　なお，すでに述べたように，以上のような予定取引に関するヘッジについては，ヘッジ対象である小豆の売上債権が期末時点で計上されていないために，時価ヘッジを適用することができない。

　ちなみに，**グロス・ベースで仕訳**をすれば，次のとおりである。

20X2年 3 月 1 日

　　（借）先 物 取 引　　　3,900　（貸）先 物 取 引 義 務　　　3,900

20X2年3月31日

（借）	先物取引義務	240	（貸）	先物評価益	240
（借）	先物評価益	240	（貸）	繰延先物利益	240

20X2年5月15日

（借）	先物取引義務	300	（貸）	先物評価益	300
（借）	先物評価益	300	（貸）	繰延先物利益	300

（借）	売掛金	3,300	（貸）	売上	3,840
	繰延先物利益	540			
（借）	先物取引義務	3,360	（貸）	先物取引	3,900
	現金	540			

5・3・2　金利スワップに係る特例処理

▶ **基本例3** ◀

　東京製菓株式会社は，20X2年4月1日に，神奈川物産株式会社から元本10,000千円を6％の固定利息（利息の支払日は毎年3月31日である）で3年間借り入れたが，同時に固定利息を変動利息に変換するために，大阪商事株式会社と金利スワップ契約（想定元本10,000千円，3年，固定利息6％，変動利息は下記の1年物固定利息と同額）を締結した。

	1年物固定利息
20X2年4月1日	4％
20X3年4月1日	7％
20X4年4月1日	5％

　たとえば固定利付債務の支払利息を変動利息に，または変動利付債務の支払
利息を固定利息に実質的に変換するなど金利スワップを利用したヘッジ取引に
は，原価評価されている資産または負債に係る金利の受払条件を変換すること
を目的として利用されているものがある。このようなヘッジ会計の要件を充た
している取引については，原則として，金利スワップを時価評価し，その評価
差額を貸借対照表に計上する処理を行った後にヘッジ会計を適用する。

　しかし，［基本例3］のように，金利スワップの想定元本，利息の受払条件(利
率，利息の受払日など) および契約期間が金利変換の対象となる資産または負債
とほぼ同一である場合には，金利スワップを時価評価せず，両者を一体として，
実質的に変換された条件による債権または債務とみなし，金利スワップに係る
金銭の受払いの純額等を当該資産または負債に係る利息に加減して処理するこ
とも認められている (「金融商品基準」前文Ⅲ，六，4，(3)，「金融商品注解」(注)14
参照)。その仕訳は，次のとおりである (単位：千円)。

20X3年3月31日

| （借）支　払　利　息 | 600 | （貸）現　　　　　金 | 600 |
| （借）現　　　　　金 | 200 | （貸）支　払　利　息 | 200 |

20X4年3月31日

| （借）支　払　利　息 | 600 | （貸）現　　　　　金 | 600 |
| （借）支　払　利　息 | 100 | （貸）現　　　　　金 | 100 |

20X5年3月31日

| （借）支　払　利　息 | 600 | （貸）現　　　　　金 | 600 |
| （借）現　　　　　金 | 100 | （貸）支　払　利　息 | 100 |

5·3·3　ヘッジ会計の終了等とその会計処理

　「金融商品基準」によれば，すでに［基本例2］で学んだように，ヘッジ会計
はヘッジ対象が消滅した時点で終了し，繰り延べられているヘッジ手段に係る

損益または評価差額をヘッジ対象の損益と同一の期間の損益（当期の損益）として処理し，またヘッジ対象である予定取引が行われないことが明らかになったときにおいても同様に処理することとされる（第五，四，3参照）。

これに対して，ヘッジ会計の要件が充たされなくなったときには，ヘッジ会計の要件が充たされていた間のヘッジ手段に係る損益または評価差額はヘッジ対象に係る損益が認識されるまで引き続き資産または負債として繰延処理する（第五，四，2）。ただし，繰り延べられたヘッジ手段に係る損益または評価差額に関し，見合いのヘッジ対象に係る含み益の減少によりヘッジ会計の終了時点で重要な損失が生じるおそれがあるときは，当該損失部分を見積り，当期の損益として処理する（同上）。

なお，ヘッジ会計の要件が充たされなくなったとき以後のヘッジ手段に係る損益または評価差額を繰り延べることはできないこととなる。

◀ Key Words ▶

繰延ヘッジ
　　時価評価されているヘッジ手段に係る損益を，ヘッジ対象の処分，決済などによってその損益が確定する時まで資産または負債として繰り延べる方法

コール・オプション
　　一定期間にあらかじめ決められた価格で特定の商品を購入する権利

金融資産
　　現金預金，受取手形，売掛金および貸付金等の金銭債権，株式その他の出資証券および公社債等の有価証券ならびに先物取引，先渡取引，オプション取引，スワップ取引およびこれらに類似する取引により生じる正味の債権等

金融商品
　　一方の企業に金融資産を，他方の企業に金融負債または持分金融商品を同時に生じさせるすべての契約

金融負債
　　支払手形，買掛金，借入金および社債等の金融債務ならびにデリバティブ取引により生じる正味の債務等

財務構成要素アプローチ

　金融商品を構成する経済価値，貸倒リスクなどをそれぞれ分割して取引でき
る財務構成要素とみなし，かかる構成要素に対する支配が他に移転した場合に，
その移転した構成要素だけをオフ・バランスとし，移転されず留保される構成
要素をオン・バランスとしておくという認識の中止に関する考え方

時価ヘッジ

　処分，決済などが行われるまで損益が確定しないヘッジ対象である資産また
は負債を時価評価し，その評価損益をヘッジ手段に係る損益が認識される会計
期間に繰り上げて認識する方法

認識の中止

　ある貸借対照表項目を貸借対照表から除外すること（オフ・バランスにする
こと）

ヘッジ

　金利リスク，為替リスク，価格変動リスクなどのリスクに対するエクスポー
ジャーから生じる不利な結果を回避すること

ヘッジ会計

　ヘッジ取引のうち一定の要件を充たすものについて，ヘッジ対象に係る損益
とヘッジ手段に係る損益を同一の会計期間に認識し，ヘッジの効果を会計に反
映させるための特殊な会計処理

ヘッジ手段

　ヘッジ対象に係るリスクをヘッジするために締結されたものであると指定さ
れたデリバティブ取引であり，その公正価値またはキャッシュ・フローが，ヘッ
ジ対象の公正価値またはキャッシュ・フローの変動とは反対の方向に動くと予
想されるもの

ヘッジ対象

　一般に相場変動等による損失の可能性がある資産または負債で，その資産も
しくは負債に係る相場変動等が評価に反映されていないもの，相場変動等が評
価に反映されているが評価差額が損益として処理されないものまたはその資産
もしくは負債に係るキャッシュ・フローが固定されその変動が回避されるもの
をいい，これには予定取引も含まれる

ヘッジ取引

　ヘッジ対象の資産または負債に係る相場変動を相殺するか，ヘッジ対象の資
産または負債に係るキャッシュ・フローを固定してその変動を回避することに
より，ヘッジ対象である資産または負債の価格変動，金利変動，為替変動等の

相場変動などによる損失の可能性を減殺することを目的として，デリバティブ取引をヘッジ手段として用いる取引

約定基準

有価証券については原則として締結時に発生を認識し，デリバティブ取引については，契約上の決済時ではなく契約の締結時にその発生を認識しなければならないとする認識基準

リスク・経済価値アプローチ

金融商品を構成する経済価値とリスクを一体のものとみなし，それらのほとんどすべてが他に移転した場合にのみ当該金融商品をオフ・バランスにするという認識の中止に関する考え方

予定取引

未履行の確定契約に係る取引および契約は成立していないが，取引予定時期，取引予定物件，取引予定量，取引予定価格等の主要な取引条件が合理的に予測可能であり，かつそれが実行される可能性がきわめて高い取引

第21章　外貨換算の会計と報告

本章の学習ポイント

1. 換算と測定はどこが異なるのか
2. なぜ外貨換算会計が必要なのか
3. 換算レート法には，どのような種類があるのか
4. 外貨建取引はどのように会計処理するのか
5. 一取引基準と二取引基準とは何か
6. 為替予約とは何か。また，時価換算，振当処理および繰延ヘッジ会計とは何か
7. 在外支店の財務諸表項目の換算基準の特徴は何か
8. 在外子会社等の財務諸表項目の換算基準の特徴は何か
9. 為替換算調整勘定の会計学的性格

▶ 1　外貨換算会計の意義

1・1　換算の意味

　ゴルフをはじめたときに，最初にとまどうのはヤード（YD）表示である。われわれ日本人は子供の頃からメートル（m）表示になれているために，ティグランドに立ったときに545YDと表示されていると，これは何メートルほどの長さなのかと考えてしまう。すなわち無意識のうちにヤードをメートルに表示し直そうとしている。

図表21‐1　換　算

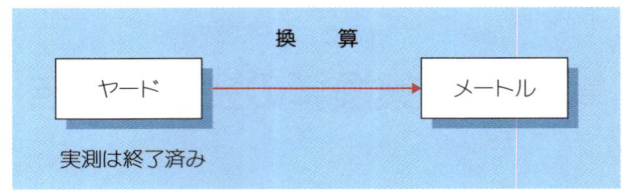

本章で学ぶ外貨換算会計の場合の換算もヤード表示をメートル表示に，ポンド表示をキログラム表示に直すのと同様に，ある通貨を別の通貨に表示し直すことである。

　ヤードをメートルに換算するうえで重要なのは，ヤードで実測された数値に0.9144を掛けることであって，メートルで実測し直すことではない点にある。実測することを会計では測定という。いいかえれば，換算とは，すでに外貨で測定済みの数値を自国通貨または報告通貨に尺度変更または翻訳するだけであって測定数値を変更するものではない。その意味で，換算と測定とは異なるといってよい。

　ヤード表示からメートル表示へのように，換算レートが常に一定である物量計算の換算の場合には，換算は機械的であり何ら問題は生じない。したがって，１ドルが360円の換算レートであった固定相場制の時代には，換算も機械的に行えばよく，会計上の問題もさほど生じなかった。

　しかし，今日のような変動相場制のもとでは，時々刻々換算レートが変動するために，外貨建取引，外貨建財務諸表項目などをどの時点の換算レートを用いて換算すべきかが重要な問題となる。なぜならば，レートの選択適用いかんによって資産，負債などの円貨額が異なり，その結果，換算差額が生じ，ここに評価の問題も入るからである。したがって，換算という場合には，連結財務諸表を作成するための在外子会社等の外貨表示財務諸表の換算と外貨建取引等の評価の２つの意味がある。このように，翻訳の意味の換算と評価の意味の換算に係る会計処理と報告を対象とする会計領域を外貨換算会計という。

1・2 外貨換算会計の重要性

1980年代前半まで，日本企業の対外戦略または**グローバル化戦略**といえば，輸出と同義語であり，海外市場はメイド・イン・ジャパンの商品を売るためのマーケットであり，この時代まで国際企業とは輸出企業の代名詞であったといわれている（日本経済新聞社編「現代企業入門」383頁）。

それが，1985年9月ニューヨークで行われた**プラザ合意**（先進五カ国蔵相・中央銀行総裁会議）で始まった国際通貨調整をきっかけに，日本企業は円高不況にみまわれ，これを打開するために従来の輸出主導型のグローバル化戦略をドラスティックにシフトさせた。

たとえば，ソニー，松下電産，日立製作所などのメーカーは，マレーシア，シンガポール，フィリピンなどの東南アジアをはじめ，中国，アメリカ，イギリス，オーストラリアなどに進出し，子会社が現地で法人格を取得し，製品の生産，販売拠点としてのみならず，資金調達，従業員の雇用などの全般にわたり，あたかも親会社から独立した事業単位であるかのような経営であるいわゆる**独立事業体型経営**を展開するようになってきた。このように，企業集団に占める在外子会社などの比重が高まってきた。しかも，在外子会社などの営業・資金調達などの事業活動は現地通貨によって行われ，その財務諸表も現地通貨で作成されている。いいかえれば，在外子会社などは，日本に親会社があるからといってその事業活動を円で営む必然性はなくなってきたといえる。

グローバル化された企業手段の財政状態および経営成績を適切に把握するための手段としては，**＜第22章　企業集団の会計と報告＞**で述べる**連結財務諸表**がある。連結財務諸表を作成するためには，在外子会社などの**現地通貨建財務諸表**を親会社の報告通貨である**円に換算**しなければならない。わが国の企業会計の報告通貨は円であり，現地通貨による財務諸表を単純合算することはできないので，これを円に翻訳して連結財務諸表を作成しなければならない。

このように，わが国企業集団のグローバル化，それに伴う外貨建取引などを理解するためには，外貨換算会計についての理解が必要不可欠である。

1·3 換算レート法とその種類

外貨換算にあたり，いかなる**為替相場**（為替レートともいう）を選択し適用すべきかについては，一般に，**流動・非流動法**（current-noncurrent method），**貨幣・非貨幣法**（monetary-nonmonetary method），**テンポラル法**（temporal method），**決算日レート法**（closing rate method）などの方法がある。

1·3·1 流動・非流動法

これは外貨表示の項目を流動項目と非流動項目とに分類し，**流動項目**については決算時の為替相場（closing rate；CR）で換算し，**非流動項目**については取得時または発生時の為替相場（historical rate；HR）で換算する方法である。

この方法は，企業の弁済能力および換金能力を判断するための基準をなぜ換算に用いるのかなど，その意義がよくわからないことに加えて，前払費用と長期前払費用のように，会計理論上，同一の性質をもっているものであっても，前者には CR が，後者には HR が適用されるので整合性を欠いたり，また棚卸資産は外貨による取得原価で測定されているにもかかわらず CR が適用されるために換算の趣旨と矛盾する（外貨による元の測定数値の属性を変更することになる）などの問題点がある。

1·3·2 貨幣・非貨幣法

これは外貨表示の項目のうち，**貨幣項目**については CR を，**非貨幣項目**については HR を適用する方法である。

この方法は，為替変動の影響を受ける貨幣項目とひとたび HR によって円貨額に換算されると，その後には換算の項目が生じない非貨幣項目とに分ける考え方である。この方法は，現行財務会計上の資産および負債の計上基準と原則として一致しているという特徴があるため，流動・非流動法よりも理論的である。すなわち，外貨による貨幣性資産・負債については，CR が適用されるためにそれぞれ決算時の円による回収可能額および弁済額が示されることになり，また外貨による非貨幣性資産については，HR が適用されるために取得時の円

による支払対価が示されることになり，現行の資産および負債の計上基準と整合性を有している。反面，この方法には決算日に決済を行わない外貨建金銭債権債務について決算日現在の回収可能額，弁済額を表示することの意義などについて疑問が残るといえる。

1・3・3 テンポラル法

　この方法は，すでに外貨で測定ずみの数値の属性を重視する考え方であり，測定属性が現地通貨による**原価**である**項目**については **HR** で，また測定属性が現地通貨による**時価**または**公正価値**である**項目**については **CR** で換算する方法であるので，翻訳の意味での換算の趣旨に最も適合しているという特徴がある。

　テンポラル法は，為替変動の影響を受けるか否かによって換算レートを異にするという意味で貨幣・非貨幣法と基本的に異なるところはないが，外貨による時価が付されている非貨幣項目が CR で換算される点が貨幣・非貨幣法と異なる点である。

1・3・4 決算日レート法

　これは，在外支店の本店勘定，在外子会社の資本勘定を除くすべての**財務諸表項目**を **CR** で換算する方法である。この方法は簡便である反面，棚卸資産など取得原価で測定されている項目にも CR を適用するなどの外貨で測定ずみの数値の属性に必ずしもこだわらない方法なので，翻訳の意味での換算の趣旨に反するなどの問題点がある。

設問1

　(1)流動・非流動法，(2)貨幣・非貨幣法，(3)テンポラル法または(4)決算日レート法を採用している場合，外貨建てで測定されている次の項目はそれぞれ HR, CR のいずれの為替相場を用いて換算されるのか。
　①現金（外貨）　②売掛金（１年以内に回収予定）
　③短期保有目的の有価証券（原価評価されている）

④手許商品（低価法により時価が付されている）
⑤建物　⑥長期貸付金

解　答

以下の表に示したとおりである。

	(1)	(2)	(3)	(4)
①	CR	CR	CR	CR
②	CR	CR	CR	CR
③	CR	HR	HR	CR
④	CR	HR	CR	CR
⑤	HR	HR	HR	CR
⑥	HR	CR	CR	CR

▶ 2　外貨建取引の換算

2·1　外貨建取引の意義

外貨建取引とは，売買価額その他取引価額がドル，マルクなどの外貨で表示されている取引をいうが，「外貨建取引等会計処理基準注解」（以下，「**外貨注解**」という）注1では，外貨建取引の範囲について，次のように具体的に例示している。

(1)　取引価額が外貨で表示されている物品の売買または役務の授受

(2)　決済金額が外貨で表示されている資金の借入れまたは貸付け

(3)　券面額が外貨で表示されている社債の発行

(4)　外貨による前渡金，仮払金の支払いまたは前受金，仮受金の受入れ

(5)　決済金額が外貨で表示されているデリバティブ取引等

また，上記の取引例に加えて，国内の製造業者などが商社等を通じて輸出入

取引を行う場合であっても，当該輸出入取引によって商社等に生ずる為替差損益を製造業者などが負担するなどのため実質的に取引価額が外貨で表示されている取引と同等とみなされる取引も，外貨建取引に該当する。

2·2　取引発生時の会計処理

　左記(1)ないし(5)のような外貨建取引は，原則として，当該**取引の発生時の為替相場（HR）**による**円換算額**をもって記録する（「外貨建取引等会計処理基準」（以下，「外貨基準」という）一，1，(1)）。

▶　基本例 1　◀

　東京商事株式会社（決算日 3 月31日，以下，同じ）は，アメリカの企業からの製品輸入を主要業務としている会社である。
　20X1年 2 月 1 日に，製品 1 万ドルを掛で購入し，この時の為替相場は 1 ドル＝120円であった。

　上記の20X1年 2 月 1 日における製品輸入取引については，取引発生時に次のように仕訳する。

取引発生時（20X1年 2 月 1 日）（SR $ ＝ ¥120）　　　　　　　　　（単位：円）

　（借）仕　　　　入　1,200,000　（貸）買　掛　金　1,200,000

　一口に **HR** といっても，これにはいろいろなものがある。たとえば，(1)取引が発生した日における**直物為替相場**（spot exchange rate；**SR**，これはその時点での本邦通貨と外国通貨との交換レートである）はもとより，(2)取引の行われた月

「外貨基準」一，1，(1)
　外貨建取引は，原則として，当該取引発生時の為替相場による円換算額をもって記録する。ただし，外貨建取引に係る外貨建金銭債権債務と為替予約等との関係が「金融商品に係る会計基準の設定に関する意見書」（以下「金融商品に係る会計基準」という。）における「ヘッジ会計の要件」を充たしている場合には，当該外貨建取引についてヘッジ会計を適用することができる。

494

または週の前月または前週の直物為替相場の平均値など合理的な基礎に基づいて算定された**期中平均為替相場**（average rate；**AR**）などである。しかし，(2)については，たとえば，取引の行われた日もしくは週の前月もしくは前週の末日または当月もしくは当週の初日の直物為替相場のように，取引が発生した日の直近の一定の日における直物為替相場でもよい（「外貨注解」注2）。いずれの為替相場を選択するかは，経営者の判断に委ねられているといってよい。

2・3　決算時の会計処理

外貨，外貨建金銭債権債務，外貨建有価証券および外貨建デリバティブ取引等の金融商品については，決算時に，原則として，それぞれ次の処理を行うが，これをまとめたものが**図表21-2**である。

図表21-2　外貨建取引の決算時の原則的処理

財 務 諸 表 項 目		換算レート	換 算 差 額
1．外貨		CR	為替差損益
2．外貨建金銭債権債務*		CR	為替差損益
3．外貨建有価証券	①満期保有目的債券	CR	有価証券利息および為替差損益
	②売却目的有価証券	CR	有価証券運用損益
	③その他有価証券	CR	為替差損益（取得価額に係る為替差額分）または有価証券評価損もしくは有価証券評価差額（資本直入）
	④子会社株式，関連会社株式	HR	―
4．デリバティブ取引		CR	当該デリバティブ損益

*　外貨建自社発行社債のうち転換請求期間満了前の転換社債はHRで換算

2・3・1　外　貨

外貨については，**CR**による円換算額を付す（「外貨基準」一，2，(1)，①）。

この場合のCRは，決算日の直物為替相場のほか，決算日の前後一定期間の直物為替相場に基づいて算出された平均為替相場などである（「外貨注解」注8）。

2·3·2 **外貨建金銭債権債務**

　外貨建金銭債権債務とは，契約上の債権額または債務額が外貨で表示されている金銭債権債務をいう（「外貨注解」注4）が，これらについては，すべて CR で換算する（「外貨基準」一，2，(1)，②）。このように，短期であると長期であるとを問わず，**外貨建金銭債権債務をすべて CR で換算**するのは，外貨額で時価の変動リスクを負わず，したがって時価評価の対象とならないものであっても，円貨額では為替相場の変動リスクを負っていることを重視したからにほかならない。

▶　　基本例2　　◀

　　[基本例1]の東京株式会社は，20X1年4月30日に買掛金の決済を行った。決算日（20X1年3月31日）の直物為替相場は1ドル＝122円であり，決済日（20X1年4月30日）の直物為替相場は1ドル＝124円であった。

　上記の製品輸入取引については，すでに述べたとおりである。決算時には，買掛金を CR で換算するので，次のように仕訳する。

決算時（20X1年3月31日）（SR$＝¥122）　　　　　　　　（単位：円）

　（借）為　替　差　損　　　20,000　（貸）買　　掛　　金　　　20,000

　　＊　（¥122－¥120）×＄10,000＝20,000

また，決済時には次のように仕訳する。

「外貨基準」一，2，(1)，②
　　外貨建金銭債権債務については，決算時の為替相場による円換算額を付する。ただし，外貨建自社発行社債のうち転換請求期間満了前の転換社債（転換請求の可能性がないと認められるものを除く。）については，発行時の為替相場による円換算額を付する。
「外貨注解」注4
　　外貨建金銭債権債務とは，契約上の債権額又は債務額が外国通貨で表示されている金銭債権債務をいう。

決済時（20X1年4月30日）（SR$＝¥124）

（借）買　掛　金	1,220,000	（貸）現　　　金	1,240,000
為　替　差　損	20,000		

　ただし，外貨建自社発行社債のうち**転換請求期間満了前の転換社債**（転換請求の可能性がないと認められるものを除く）については，株式への転換時に損益が生じないようにさせるために，発行時の為替相場（**HR**）による円換算額を付す（「外貨基準」一，2，(1)，②）。

　また，**＜本章2・4　為替予約の会計処理＞**で後述するように，外貨建金銭債権債務と為替予約等との関係が「金融商品基準」における「ヘッジ会計の要件」を充たしている場合には，当該外貨建金銭債務等についてヘッジ会計を適用することができる（「外貨基準」一，2，(1)）。

2・3・3　外貨建有価証券

　外貨建の保有社債，保有株式などの**外貨建有価証券**の決算時の換算は，次のように行う（「外貨基準」一，2，(1)，③）。

　①　満期保有目的の外貨建債券については，実質的に金銭債権であることからCRによる円換算額を付する。

　②　売買目的有価証券およびその他有価証券については，外貨による時価をCRにより円換算した額を付す。

　③　子会社株式および関連会社株式については，HRによる換算額を付する。

　④　外貨建有価証券について時価の著しい下落または実質価額の著しい低下により評価額の引下げが求められる場合には，当該外貨建有価証券の時価または実質価額は，外貨による時価または実質価額をCRにより円換算し

「外貨基準」一，2，(1)

　外国通貨，外貨建金銭債権債務，外貨建有価証券及び外貨建デリバティブ取引等の金融商品については，決算時において，原則として，次の処理を行う。ただし，外貨建金銭債権債務と為替予約等との関係が金融商品に係る会計基準における「ヘッジ会計の要件」を充たしている場合には，当該外貨建金銭債権債務等についてヘッジ会計を適用することができる。

た額による。

②の売買目的有価証券およびその他有価証券に属する外貨建有価証券に関する換算は，その円貨額による時価評価額を求めるプロセスとしての換算であることから，その換算差額は「金融商品基準」の評価差額の処理による（「外貨基準」一，2，(2)）。すなわち**売買目的有価証券**に係るものは当期の損益（**有価証券運用損益**）として処理し，**その他有価証券**に係るものは当期の損益（**有価証券評価損**）として処理するかまたは税効果会計を適用したうえで**資本の部**に計上する（<第11章　有価証券の会計と報告　4・2　時価評価する有価証券の会計処理>参照）。ただし，その他有価証券に属する債券に係る評価差額を資本の部に計上する場合であっても取得価額に係る為替差額は為替差損益に計上することができる（「外貨注解」注10）。

①の満期保有目的の債券については，外貨ベースでの償却額を期中平均相場で換算した金額を当期の**有価証券利息**として計上して簿価に加算（または減算）し，加算（または減算）後の簿価とCR換算額との差額を当期の**為替差損益**として計上する（[**基本例3**]を参照）。

④の外貨建有価証券の換算差額は，当期の損益（**有価証券評価損**）として処理する。

なお，満期償還外貨を円転せずに固定資産等に再投資する目的で保有している場合には，その換算差額を繰り延べて再投資する資産の取得価額の調整に充てることができる（「外貨基準」前文二，1，(2)）。

「外貨基準」一，2，(2)

　決算時における換算によって生じた換算差額は，原則として，当期の為替差損益として処理する。ただし，有価証券の時価の著しい下落又は実質価額の著しい低下により，決算時の為替相場による換算を行ったことによって生じた換算差額は，当期の有価証券の評価損として処理する。また，金融商品に係る会計基準による時価評価に係る評価差額に含まれる換算差額については，原則として，当該評価差額に関する処理方法に従うものとする。

「外貨注解」注10

　その他有価証券に属する債券については，外国通貨による時価を決算時の為替相場で換算した金額のうち，外国通貨による時価の変動に係る換算差額を評価差額とし，それ以外の換算差額については為替差損益として処理することができる。

▶ 基本例3 ◀

[基本例1]の東京商事株式会社は，20X1年4月1日に額面1,000ドル，期間3年の外貨建社債を，970ドルで100口購入した。この外貨建社債は満期まで保有することとする。なお，取得価額と債券金額との差額3,000ドルは，金利の調整額の性格を有するものと認められ，毎期末1,000ドルずつ償却することとする。また，為替相場の変動および各期間の期中平均相場（カッコ内）は，次のとおりであったとする。

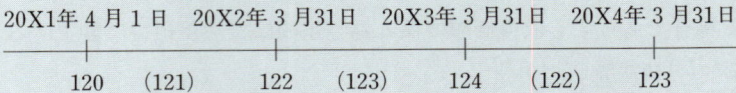

20X1年4月1日　20X2年3月31日　20X3年3月31日　20X4年3月31日

120　（121）　122　（123）　124　（122）　123

[基本例3]の外貨建社債は，満期保有目的の債券であり，債券金額よりも低い価額で取得したケースであり，取得価額と債券金額との差額の性格が金利の調整と認められるので，外貨ベースでの**償却原価法**を適用する。

まず，20X1年4月1日における当該外貨建社債の購入取引は，次のように処理される。

購入時（20X1年4月1日）（SR $ ＝￥120）　　　　　　　　　　（単位：円）

（借）投資有価証券 11,640,000*　（貸）現金預金 11,640,000

＊　$970×100口×￥120＝11,640,000

決算日には，当該外貨建社債の券面額と取得価額の差額3,000ドル（（1,000ドル－970ドル）×100）のうち，本年度分の**償却額**（1,000ドル）**を期中平均相場で円換算**し（「外貨注解」注9），これを取得価額に加算する。また，当該外貨建社債をCRで換算し，償却額加算後の金額との差額を為替差損益として計上する（図

「外貨注解」注9

外貨建金銭債権債務及び外貨建債券について償却原価法を適用する場合における償却額は，外国通貨による償却額を期中平均相場により円換算した額による。

図表21‐3　満期保有目的の債券の換算

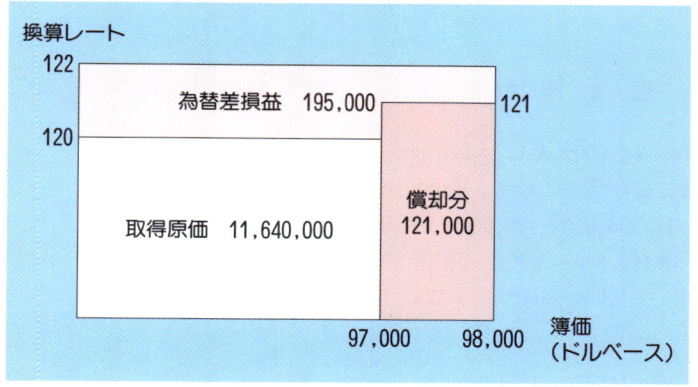

表21‐3 参照）。

決算時（20X2年 3 月31日）（SR $ ＝¥122）

（借）投 資 有 価 証 券　121,000*¹　（貸）有 価 証 券 利 息　121,000

（借）投 資 有 価 証 券　195,000*²　（貸）為 替 差 益　195,000

＊ 1　$ 1,000×¥121＝121,000

＊ 2　$ 98,000×¥122－（¥11,640,000＋¥121,000）＝195,000

決算時（20X3年 3 月31日）（SR $ ＝¥124）

（借）投 資 有 価 証 券　123,000*¹　（貸）有 価 証 券 利 息　123,000

（借）投 資 有 価 証 券　197,000*²　（貸）為 替 差 益　197,000

＊ 1　$ 1,000×¥123＝123,000

＊ 2　前年度末における貸借対照表価額

11,640,000＋121,000＋195,000＝11,956,000

$ 99,000×¥124－（¥11,956,000＋¥123,000）＝197,000

償還時（20X4年 3 月31日）（SR $ ＝¥123）

（借）投 資 有 価 証 券　122,000*¹　（貸）有 価 証 券 利 息　122,000

（借）為 替 差 損　98,000*² （貸）投資有価証券　98,000

（借）現 金 預 金12,300,000*³ （貸）投資有価証券　12,300,000

＊1　＄1,000×￥122＝122,000
＊2　前年度末における貸借対照表価額
　　11,956,000＋123,000＋197,000＝12,276,000
　　　＄100,000×￥123−（￥12,276,000＋￥122,000）＝△98,000
＊3　＄1,000×100口×￥123＝12,300,000

2・3・4　デリバティブ取引等

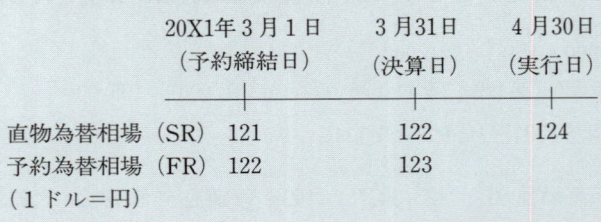

▶　基本例4　◀

　［基本例1］の東京商事株式会社は，20X1年3月1日に20X1年4月30日を実行日とするドル買い為替予約を1ドル＝122円で締結した。なお，為替相場の変動は，次のとおりであったとする

	20X1年3月1日（予約締結日）	3月31日（決算日）	4月30日（実行日）
直物為替相場（SR）	121	122	124
予約為替相場（FR）（1ドル＝円）	122	123	

　デリバティブ取引による正味の債権および債務をはじめ外貨，外貨建金銭債権債務および外貨建有価証券以外の**外貨建ての金融商品**については，その時価を求めるにあたっては，有価証券の時価評価と同様，**外貨による時価をCRにより円換算**する（「外貨基準」一，2，(1)，④）。

「外貨基準」一，2，(1)，④
　デリバティブ取引等①から③に掲げるもの以外の外貨建ての金融商品の時価評価においては，外国通貨による時価を決算時の為替相場により円換算するものとする。

「金融商品基準」によれば，金融資産または金融負債は，契約を締結したとき
に発生を認識するのが原則である（第二，一）。たとえば，デリバティブ取引の
1つである為替予約取引であれば，為替予約締結日に，実行日に受けとる権利
を表す**ドル為替予約未収金**と実行日に為替ブローカーなどの外国為替公認銀行
に支払わなければならない義務を表す**円貨為替予約未払金**をそれぞれ資産およ
び負債として総額で認識することもできる。

　為替予約締結時（20X1年3月1日）(FR $ ＝ ¥122；SR $ ＝ ¥121)（単位：円）

（借）	ドル為替予約未収金	1,220,000	（貸）	円貨為替予約未払金	1,220,000

　しかし，**＜第20章　金融商品の会計と報告＞**で述べたように，デリバティブ取
引に係る債権および債務は**ネッティング**（純額）で計上することとされている
（「金融商品基準」第三，四）。したがって，為替予約取引についても**契約締結時**に
はドル為替予約未収金の将来キャッシュ・フローの現在価値と円貨為替予約未
払金の将来キャッシュ・フローの現在価値とが相殺され，**正味の債権または債
務のポジションはスクエア**となるので，資産または負債が計上されることはな
い。

　為替予約締結時（20X1年3月1日）(FR $ ＝ ¥122；SR $ ＝ ¥121)

仕訳なし

　しかし，為替予約締結時にスクエアであったポジションは，その後の為替相
場の変動によって**利得のポジション**または**損失のポジション**へと変化するので，
これを**資産または負債として認識**しなければならない。利得のポジションにあ
る為替予約未収金が資産として認識される理由は，かかるデリバティブが決済
されることによって現金その他のキャッシュ・インフローをもたらすことに求
められ，とりもなおさず将来の経済的便益に対する権利であることにほかなら
ないからである。また，損失のポジションにある為替予約未払金が負債として
認識される理由は，かかるデリバティブが決済されることによって現金その他
のキャッシュ・アウトフローを生じさせることに求められ，とりもなおさず将

502

来の経済的便益の犠牲を伴う義務であることにほかならないからである。

決算時（20X1年3月31日）（FR＄＝¥123；SR＄＝¥122）

（借）ドル為替予約　　　10,000　（貸）為　替　差　益　　　10,000
　　　未　収　金

実行時（20X1年4月30日）（＄＝¥124）

（借）ドル為替予約　　　10,000　（貸）為　替　差　益　　　10,000
　　　未　収　金

（借）現金（1万ドル）1,240,000　（貸）現　金　預　金　1,220,000
　　　　　　　　　　　　　　　　　　　ドル為替予約　　　20,000
　　　　　　　　　　　　　　　　　　　未　収　金

　ちなみに，［基本例4］をグロス・ベースで仕訳をすれば，次のとおりである。

為替予約締結時（20X1年3月1日）（FR＄＝¥122；SR＄＝¥121）

（借）ドル為替予約　1,220,000　（貸）円貨為替予約　1,220,000
　　　未　収　金　　　　　　　　　　　未　払　金

決算時（20X1年3月31日）（FR＄＝¥123；SR＄＝¥122）

（借）ドル為替予約　　　10,000　（貸）為　替　差　益　　　10,000
　　　未　収　金

実行時（20X1年4月30日）（＄＝¥124）

（借）ドル為替予約　　　10,000　（貸）為　替　差　益　　　10,000
　　　未　収　金

（借）円貨為替予約　1,220,000　（貸）現　　　金　1,220,000
　　　未　払　金

（借）　現金（1万ドル）　1,240,000　（貸）　ドル為替予約　1,240,000
　　　　　　　　　　　　　　　　　　　　　　　未　　収　　金

2·3·5　一取引基準と二取引基準

　外貨建取引の換算処理は，輸入，輸出などの**外貨建取引**とその代金の円決済に係る**決済取引**とを 1 つの取引とみなして会計処理するか，それとも別々の取引とみなして会計処理するかによって，**図表21 - 4** にみるように，**一取引基準**と**二取引基準**とに分けることができる。

図表21 - 4　一取引基準と二取引基準

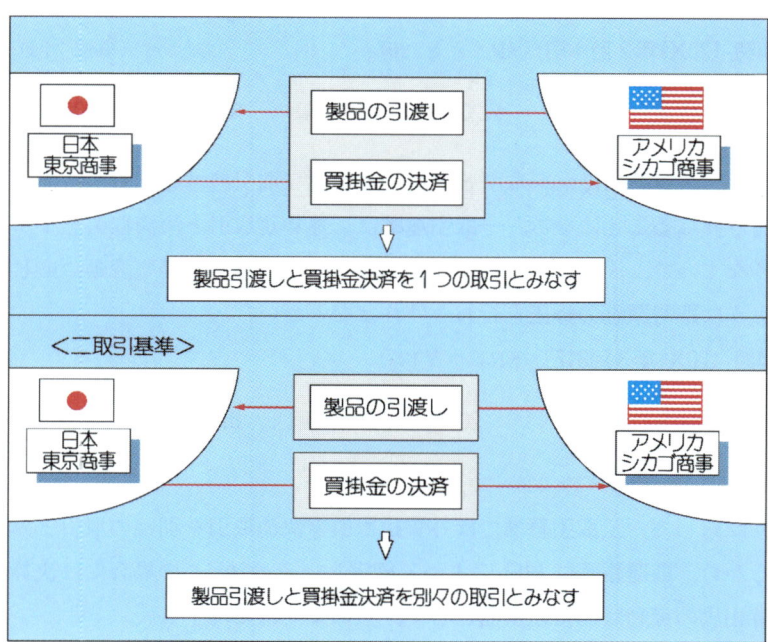

▶ **基本例5** ◀

[基本例1]の東京商事株式会社は，20X1年2月1日にアメリカの企業から製品1万ドルを掛で購入した。買掛金は決算日（20X1年3月31日）では未決済であり，20X1年4月30日に買掛金の決済を行った。なお，当該製品を，20X1年度中に国内の得意先に対して1,500,000円で売却した。決算日の直物為替相場は1ドル＝122円であり，決済日の直物為替相場は1ドル＝124円であった。

　まず，このような**外貨建取引時**には，一取引基準であると二取引基準であるとを問わず，その取引は **HR** で仕訳する。

取引時（20X1年2月1日）(SR $＝¥120)　　　　　　　　　　　　　（単位：円）

　　（借）仕　　　　　入　1,200,000　（貸）買　掛　金　1,200,000

　しかし，**決算時**には，一取引基準をとるか，二取引基準をとるかによって**会計処理が異なる**ことになる。**一取引基準**は，外貨建取引と決済取引を1つの取引とみなすので，決済が行われていない決算時には為替相場の変動に応じて，次のように**取得原価の修正**を行わなければならない。

決算時（20X1年3月31日）(SR $＝¥122)

　　（借）仕　　　　　入　　　20,000*　（貸）買　掛　金　　　20,000

　　*　$(122-120) \times 10,000 = 20,000$

　これに対して，**二取引基準**では外貨建取引と決済取引を別々の取引とみなすところから，**取得原価は HR によって確定**し，その後（この場合には決算時）の為替相場の変動は**為替差損益**として，次のように処理する。

決算時（20X1年3月31日）(SR $＝¥122)

　　（借）為　替　差　損　　　20,000　（貸）買　掛　金　　　20,000

　さらに，**決済時**には，**一取引基準**は決算時と同様に，為替相場の変動に応じ

て，次のように取得原価の修正を行う。

　決済時（20X1年4月30日）（SR＄＝¥124）

　　（借）買　　掛　　金　1,220,000　（貸）現　金　預　金　1,240,000
　　　　　仕　　　　　入　　　20,000

　これに対して，**二取引基準**では，決算時から決済時までの為替相場の変動は，次のように**為替差損益**として処理する。

　決済時（20X1年4月30日）（SR＄＝¥124）

　　（借）買　　掛　　金　1,220,000　（貸）現　金　預　金　1,240,000
　　　　　為　替　差　損　　　20,000

　損益計算を行ってみると，一取引基準の売上原価は1,240,000円，二取引基準の売上原価は1,200,000円であり，それぞれの売上総利益は260,000円，300,000円であるが，二取引基準の場合には300,000円の売上総利益から20,000円の換算差損と20,000円の決済差損という営業外費用が控除されるので，損益計算書の表示上に差異はあるものの，**通算したボトム・ライン・ベース**でみれば，**一取引基準**であると**二取引基準**であると**全く同一数値**になる。したがって，両者の違いは通算利益としての260,000円をどの時点で計上するかという期間帰属（タイミング）にあるといってよい。

　それでは，一取引基準と二取引基準のいずれがすぐれているのであろうか。資産の取得価額は支払対価主義によって決定されるとする考え方からすれば，輸入品であろうとも決済日に実際に支払った価額をもって取得価額とする一取引基準のほうが理論的であるといえる。これに対して，「企業会計原則」第二，二のように，損益計算書を区分表示し，本業である営業損益計算と財務活動の結果を示す経常損益計算などを区分する考え方からすれば，二取引基準のほうが合理的であるといえる。

　しかし，今日の企業活動は営業活動と財務活動を中心に展開されており（このために経常活動とよばれている），これらの活動を区別する意味も徐々にうすれてきていることなどから考えると，積極的に二取引基準を支持する根拠もないよ

うに思われるが，一取引基準の場合には代金決済まで取得原価が確定しないという実務上の大きな問題がある。

このような実務上の問題を考慮して，**「外貨基準」**では**二取引基準**を採用したうえで，決算時における換算によって生じた**換算損益**および決済に伴って生じた**決済損益**をあわせて**為替差損益**として処理する（「外貨基準」一，2，(2)および一，3）。

設問2

浦安製菓株式会社の当期（20X1年4月1日から20X2年3月31日まで）における商品売買取引の状況は，以下のとおりである。

期首商品棚卸高；300,000円（輸入品は含まれていない）

当期商品仕入高；① 国産品 1,000,000円 ② 輸入品 10,000ドル

（20X1年12月1日に，掛で仕入れ，これにより生じた買掛金［決済日；20X2年1月31日］は予定どおり決済された）

売上高；国産品のすべてと輸入品の3分の2を3,000,000円で売り上げた。

以上に基づき，(1)一取引基準または(2)二取引基準を採用している場合の当社の売上総利益をそれぞれ求めなさい。なお，輸入品の仕入時の直物為替相場は1ドル＝126円，決済日および決算日の直物為替相場は1ドル＝123円である。

解 答

それぞれの場合の売上原価は以下のとおりである。

(1) 300,000＋1,000,000＋1,230,000－410,000＝2,120,000円
   $10,000×¥123÷3＝410,000

(2) 300,000＋1,000,000＋1,260,000－420,000＝2,140,000円
   $10,000×¥126÷3＝420,000

したがって，売上総利益はそれぞれ(1)880,000円，(2)860,000円となる。なお，(2)の場合は為替差益が30,000円計上される。(1)880,000円と(2)860,000円＋30,000円との差額である10,000円は，通算利益の期間帰属の相違から生じている。当該期末商

「外貨基準」一，3

外貨建金銭債権債務の決済（外国通貨の円転換を含む。）に伴って生じた損益は，原則として，当期の為替差損益として処理する。

品を販売すれば，通算のボトム・ライン・ベースでは相違が生じない。

2·4 　為替予約の会計処理

2·4·1 　取引発生時の為替予約

すでに述べたように，外貨建取引は HR による円換算額をもって記録するのが原則である。しかし，外貨建取引においては，外貨建ての債権または債務を取得してからそのキャッシュ・フローを回収または弁済するまでに為替相場の変動がある。かかる為替相場の変動によって生じる不利なリスク（これは**為替リスク**という）を**ヘッジ**する（回避する）ための**手段**として，企業はしばしば為替予約を用いることが少なくない。

為替予約とは，企業が外国為替公認銀行との間で，将来に外貨と円とを交換するときに適用される為替相場を，現時点であらかじめ予約（これを**約定**という）しておくことをいう。為替予約の方法には外貨建取引ごとに個々の為替予約を付す個別予約と外貨建取引の決済約定の状況に応じ，週または月などの一定期間ごとの決済見込額の全部または一部について包括的に予約を付す包括予約とがある。個別予約であると包括予約であるとを問わず，為替予約等を付しておけば，将来，実際の**直物為替相場**がどのように変動しても，あらかじめ契約しておいた**予約為替相場**で取引の決済ができる。すなわち，外貨建取引に係る外貨建金銭債権債務に**為替予約**を付しておけば，**決済時におけるキャッシュ・フロー円貨額を確定**でき，**為替リスクをヘッジ**できることになる。その意味で，為替予約は為替リスク管理を行うためのきわめて有効なヘッジ手段といえよう。ただし，為替予約等の会計処理にあたっては，個別予約であると包括予約であるとを区別する必要はない。

なお，「外貨基準」によれば，為替予約等の「等」には，通貨先物，通貨スワップおよび通貨オプションが含まれる（「外貨注解」注5）ので，これらは為替予約と同様の会計処理が行われることになる。

「外貨注解」注5
　　為替予約等には，通貨先物，通貨スワップ及び通貨オプションが含まれる。

▶ **基本例 6** ◀

　［基本例１］の東京商事株式会社は，20X1年２月１日にアメリカの企業から製品１万ドルを掛で購入し，同日にこの買掛金の決済日（20X1年４月30日）を実行日とするドル買い為替予約を１ドル＝121円で締結した。なお，為替相場の変動は，次のとおりであったとする。

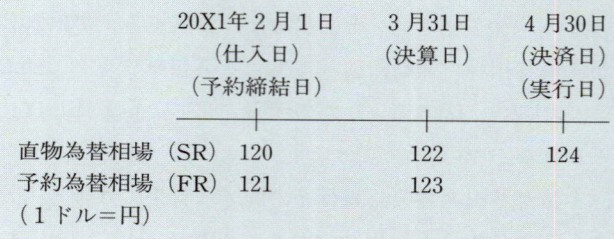

	20X1年２月１日 （仕入日） （予約締結日）	３月31日 （決算日）	４月30日 （決済日） （実行日）
直物為替相場（SR）	120	122	124
予約為替相場（FR）	121	123	

（１ドル＝円）

　すでに述べたように，「外貨基準」によれば，原則として外貨建取引に係る外貨建金銭債権債務は決算時にCRで換算され，デリバティブ取引である為替予約等は決算時のFRで換算される（＜本章２・３　決算時の会計処理＞参照）。したがって，［基本例６］のようにヘッジ対象である外貨建金銭債権債務にCRが，ヘッジ手段である為替予約等にFRが適用される場合には，ヘッジ要素間の損益にミス・マッチが生じることがないので，ヘッジ会計を適用する必要はない。すなわち，物品売買取引と為替予約取引とをあくまで別の取引と考えて，外貨建金銭債権債務をCRで，また為替予約等を決算時のFRで換算するいわゆる**時価換算による独立処理**（以下，「時価換算」という）を行えばよい。

　取引発生時（20X1年２月１日）（FR＄＝¥121；SR＄＝¥120）　　（単位：円）

　（借）仕　　　　　入　1,200,000　（貸）買　　掛　　金　1,200,000

　決算時（20X1年３月31日）（FR＄＝¥123；SR＄＝¥122）

　（借）為　替　差　損　　20,000*1　（貸）買　　掛　　金　　20,000

（借）ドル為替予約　20,000　（貸）為替差益　20,000*²
　　　未　収　金

決済時・実行時（20X1年 4 月30日）（$ ＝ ￥124）

（借）ドル為替予約　10,000　（貸）為替差益　10,000*³
　　　未　収　金

（借）現金（1 万ドル）1,240,000　（貸）現　　　　　金　1,210,000
　　　　　　　　　　　　　　　　　　　ドル為替予約　　　30,000
　　　　　　　　　　　　　　　　　　　未　収　金

（借）為　替　差　損　20,000*⁴　（貸）買　掛　金　20,000

（借）買　掛　金　1,240,000　（貸）現金（1 万ドル）1,240,000

＊ 1　（￥122－￥120）×＄10,000＝20,000
＊ 2　（￥123－￥121）×＄10,000＝20,000
＊ 3　（￥124－￥123）×＄10,000＝10,000
＊ 4　（￥124－￥122）×＄10,000＝20,000

　ちなみに，［基本例 6 ］をグロス・ベースで仕訳をすれば，次のとおりである。

取引発生時（20X1年 2 月 1 日）（FR＄＝￥121；SR＄＝￥120）

（借）仕　　　入　1,200,000　（貸）買　掛　金　1,200,000

（借）ドル為替予約　1,210,000　（貸）円貨為替予約　1,210,000
　　　未　収　金　　　　　　　　　　未　払　金

決算時（20X1年 3 月31日）（FR＄＝￥123；SR＄＝￥122）

（借）為　替　差　損　20,000　（貸）買　掛　金　20,000

（借）	ドル為替予約 未 収 金	20,000	（貸）	為 替 差 益	20,000

決済時・実行時（20X1年4月30日）（$ ＝ ¥124）

（借）	ドル為替予約 未 収 金	10,000	（貸）	為 替 差 益	10,000

（借）	円貨為替予約 未 払 金	1,210,000	（貸）	現 金	1,210,000

（借）	現金（1万ドル）	1,240,000	（貸）	ドル為替予約 未 収 金	1,240,000

（借）	為 替 差 損	20,000	（貸）	買 掛 金	20,000

（借）	買 掛 金	1,240,000	（貸）	現金（1万ドル）	1,240,000

　次に，裁定目的および投機目的以外の為替予約等，すなわち「ヘッジ会計の要件」を充たす為替予約等によって，円貨でのキャッシュ・フローが固定されている外貨建取引については，当分の間，振当処理（当該為替予約等が物品の売買または役務の授受に係る外貨建金銭債権債務に対して，取引発生時以前に締結されたものである場合を除く）も認められている（「外貨注解」注6および注7）。

> **「外貨注解」注6**
>
> 　ヘッジ会計を適用する場合には，金融商品に係る会計基準における「ヘッジ会計の方法」によるほか，当分の間，為替予約等により確定する決済時における円貨額により外貨建取引及び金銭債権債務等を換算し直物為替相場との差額を期間配分する方法（以下「振当処理」という。）によることができる。
>
> **注7**
>
> 　外貨建金銭債権債務等に係る為替予約等の振当処理（当該為替予約等が物品の売買又は役務の授受に係る外貨建金銭債権債務に対して，取引発生時以前に締結されたものである場合を除く。）においては，当該金銭債権債務等の取得時又は発生時の為替相場（決算時の為替相場を付した場合には当該決算時の為替相場）による円換算額と為替

　振当処理とは，キャッシュ・フロー・ヘッジと共通する考え方に基づき為替予約等による円貨額により金銭債権債務を換算し，直物為替相場による円換算額との差額（これを**為替予約差額**または**スプレッド**という）を期間配分する方法（「外貨基準」前文，二，２参照）をいう。

　ただし，［基本例６］のように取引と為替予約締結が同時に行われており，かつ決済日までの期間が短期である金銭債権債務の予約については，予約為替相場と取引発生時の直物為替相場との差額（後述する直先差額）に重要性が乏しいと考えられるので，実務上，直物為替相場による円換算額との差額は認識しなくてもよい。

　すなわち，［基本例６］のように**取引発生時**に１ドル＝121円で**為替予約**を付したとすれば，かりに決済時の直物為替相場が１ドル＝110円になろうと１ドル＝130円になろうと，買掛金の決済時の弁済額は確定することになるので，取引発生時に製品を**予約為替相場**で1,210,000円（＝１万ドル×121円）の掛仕入を行った仕訳をすればよい。

　取引発生時（20X1年３月１日）(FR＄＝￥121)

　（借）仕　　　　　　入　1,210,000　（貸）買　掛　金　1,210,000

　決算時（20X1年３月31日）(FR＄＝￥123 ; SR＄＝￥122)

　　　　　　　　　　　　　仕訳なし

　決済時・実行時（20X1年４月30日）(＄＝￥124)

　（借）買　掛　金　1,210,000　（貸）現　　　　金　1,210,000

　予約等による円貨額との差額のうち，予約等の締結時までに生じている為替相場の変動による額は予約日の属する期の損益として処理し，残額は予約日の属する期から決済日の属する期までの期間にわたって合理的な方法により配分し，各期の損益として処理する。ただし，当該残額について重要性が乏しい場合には，当該残額を予約日の属する期の損益として処理することができる。

　取得時又は発生時の為替相場による円換算額と為替予約等による円貨額との差額のうち次期以降に配分される額は，貸借対照表上，資産の部又は負債の部に記載する。

　しかし，後述する取引発生後の為替予約はもとより，決済日までの期間が長期にわたる金銭債権債務の場合には，上記の為替予約差額を期間配分する。

　以上のように，取引発生時に為替予約を付して振当処理を行えば，その後にたとえどのように為替相場が変動しようとも外貨建金銭債権債務等の仕入時に決済時における円貨でのキャッシュ・フローも確定する（これを事実上の円建取引という）ことになり，外貨建金銭債権債務（［基本例6］の場合には，外貨建金銭債務）に伴う為替リスクがヘッジされることになる。したがって，**振当処理**は，従来の実務慣行を踏襲したものであり，またヘッジ手段をヘッジ対象の付属（accessary）とみているという意味で，**繰延ヘッジ会計の延長線上**にあるといってよい。

2・4・2　取引発生後の為替予約

　外貨建取引に為替予約を付した場合でも，円建取引とみなしえないケースもある。たとえば［基本例7］のように，**取引発生後に為替予約を付す外貨建取引のケース**である。

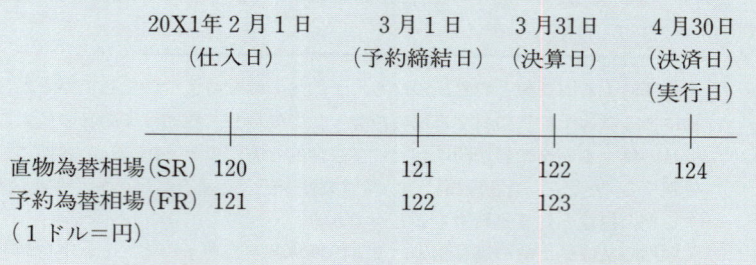

　▶　**基本例7**　◀

　［基本例1］の東京商事株式会社は，20X1年2月1日にアメリカの企業から製品1万ドルを掛で購入し，その後，3月1日にこの買掛金の決済日（20X1年4月30日）を実行日とするドル買い為替予約を1ドル＝122円で締結した。なお，為替相場の変動は，次のとおりであったとする。

	20X1年2月1日 （仕入日）	3月1日 （予約締結日）	3月31日 （決算日）	4月30日 （決済日） （実行日）
直物為替相場（SR）	120	121	122	124
予約為替相場（FR）	121	122	123	

（1ドル＝円）

　取引発生後に為替予約を締結する場合であっても，原則は時価換算であるので，その仕訳を示せば，次のとおりである。

取引発生時（20X1年2月1日）(SR＄＝¥120)　　　　　　　　　　　　（単位：円）

　（借）仕　　　　　入　1,200,000　（貸）買　　掛　　金　1,200,000

為替予約締結時（20X1年3月1日）(FR＄＝¥122；SR＄＝¥121)

仕訳なし

決算時（20X1年3月31日）(FR＄＝¥123；SR＄＝¥122)

　（借）為　替　差　損　20,000*1　（貸）買　　掛　　金　20,000

　（借）ド ル 為 替 予 約　10,000　（貸）為　替　差　益　10,000*2
　　　　未　　収　　金

決済時・実行時（20X1年4月30日）（＄＝¥124）

　（借）ド ル 為 替 予 約　10,000　（貸）為　替　差　益　10,000*3
　　　　未　　収　　金

　（借）現金（1万ドル）　1,240,000　（貸）現　金　預　金　1,220,000
　　　　　　　　　　　　　　　　　　　　　ド ル 為 替 予 約　20,000
　　　　　　　　　　　　　　　　　　　　　未　　収　　金

　（借）為　替　差　損　20,000*4　（貸）買　　掛　　金　20,000
　　　　買　　掛　　金　1,240,000　　　　現金（1万ドル）　1,240,000

　　＊1　（¥122－¥120）×＄10,000＝20,000
　　＊2　（¥123－¥122）×＄10,000＝10,000
　　＊3　（¥124－¥123）×＄10,000＝10,000
　　＊4　（¥124－¥122）×＄10,000＝20,000

すでに述べたように，取引発生後に為替予約を付す外貨建取引についても，

振当処理が認められている（「外貨注解」注6および注7）。

　たとえば，[基本例7]の場合には，取引発生時の直物為替相場（1ドル＝120円）と予約為替相場（1ドル＝122円）との差から為替予約差額20,000円（＝1万ドル×[122円－120円]）が生じる。この**為替予約差額**は，取引発生時から予約時までに生じている為替相場の変動による額（通常，取引発生時の直物為替相場による円貨額と予約時の直物為替相場による円貨額との差額であり，これを**直直差額**という）と**直先差額**（**直先スプレッド**ともいい，予約時の直物為替相場による円貨額と予約為替相場による円貨額との差額である）からなる。なお，直先スプレッドがプラスのポジションであれば**プレミアム**，またマイナスのポジションであれば**ディスカウント**の状態にあるという。

　直直差額は，直物為替相場の変動，すなわち**取引時**と**予約時**の円貨と外貨との**交換レートの差額**を意味するので予約日の属する期の**為替差損益**として処理し，**直先差額**は予約日の属する期から決済日の属する期までの期間にわたって合理的な方法により配分し，各期の損益として処理する（「外貨注解」注7）。しかし，直先差額は**円貨と外貨との金利差**から生じるものであるので，**利息の調整項目**として処理するのが理論的である。

　たとえば，前掲[基本例7]を用いて，この点を図解（**図表21‐5**）し，その

図表21‐5　為替予約差額

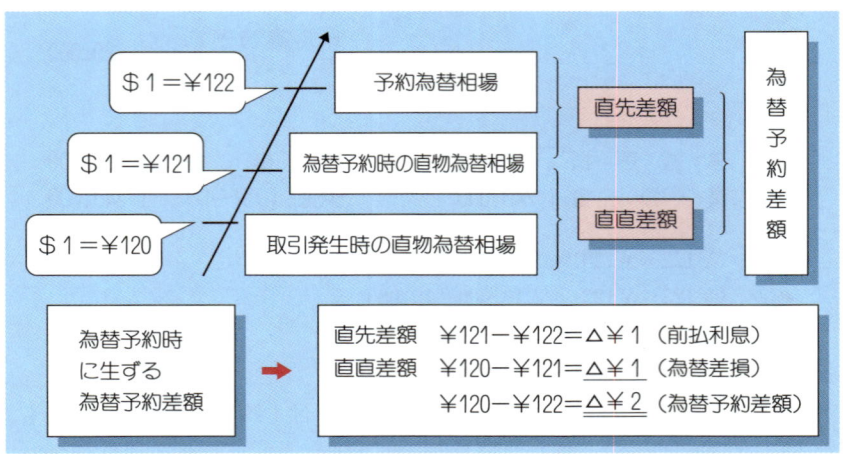

仕訳を示せば，次のとおりである。

　　取引発生時（20X1年 2 月 1 日）(SR $ ＝¥120)　　　　　　　　　　　（単位：円）

　　　（借）仕　　　　　　入　1,200,000　（貸）買　　掛　　金　1,200,000

　　為替予約締結時（20X1年 3 月 1 日）(FR $ ＝¥122)

　　　（借）為　替　差　損　10,000*¹　（貸）買　　掛　　金　　20,000
　　　　　　前　払　利　息　10,000*²

　　決算時（20X1年 3 月31日）(FR $ ＝¥123)

　　　（借）為　替　差　損　　5,000　（貸）前　払　利　息　　5,000*³

　　決済時・実行時（20X1年 4 月30日）($ ＝¥124)

　　　（借）買　　掛　　金　1,220,000　（貸）現　金　預　金　1,220,000

　　　（借）為　替　差　損　　5,000　（貸）前　払　利　息　　5,000*⁴

　　＊ 1 　（¥121－¥120）× $ 10,000＝10,000
　　＊ 2 　（¥122－¥121）× $ 10,000＝10,000
　　＊ 3 　10,000× 1 / 2 ＝5,000
　　＊ 4 　10,000× 1 / 2 ＝5,000

2・4・3 　予定取引の為替予約

　これまで述べてきた為替予約は，取引数量，取引価格，取引日時などが契約によって確定しており，かつ違約の場合には法的なペナルティが課せられる確定契約であり，履行ずみの外貨建取引に対するものであった。しかし，為替予約が**予定取引**に付されることがある。このような**ヘッジ対象のポジションが成立していない**予定取引に対するヘッジを**予定ヘッジ**というが，予定ヘッジが適格であるためには実質的に確定契約とみなされる外貨建取引に対するヘッジであることが前提であるといえよう。

「外貨基準」では，かかる「予定取引をヘッジ対象としている場合には，為替予約等の評価差額は貸借対照表に計上して繰り延べることとなる」（「外貨基準」前文，二，2）と述べているので，予定取引には**繰延ヘッジ会計**が適用される。

▶　**基本例8**　◀

　［基本例1］の東京商事株式会社は，20X1年2月1日に，アメリカの企業から1単位100ドルの製品を6カ月後に100単位購入する約定を結び，それと同時にドルの支払いに備えて8月31日を実行日とする為替予約を1ドル＝125円で締結した。東京商事株式会社は，同契約に基づいて8月1日に製品100単位を掛購入し，8月31日に決済したとする。なお，為替相場の変動は，次のとおりであったとしよう。

	2月1日 （予約締結日）	3月31日 （決算日）	8月1日 （仕入日）	8月31日 （決済日） （実行日）
直物為替相場（SR）	120	122	128	130
予約為替相場（FR） （1ドル＝円）	125	127	129	

　もとより，購入計画をたてたり，商品売買契約を締結しただけでは，会計上の取引にはならない。したがって，3月31日の決算日においても，ヘッジ対象である商品売買契約については何ら会計処理は行われない。しかし，ヘッジ手段である為替予約については契約締結日である2月1日から認識され，決算日の3月31日にはFRで換算するので，次の仕訳を行う。

決算時（20X1年3月31日）（FR $ ＝ ¥127）　　　　　　　　（単位：円）

　（借）　ドル為替予約
　　　　未　収　金　　20,000　（貸）　繰延為替差益　　20,000*

　　*　（127－125）×10,000＝20,000

　［基本例8］の場合には，取引発生以前である2月1日に為替予約等が付され

ていることにより，商品売買契約に係る円貨でのキャッシュ・フローが確定することになるので，事実上の円建取引であるとみることができ，予定取引に伴う**為替リスクがヘッジされている**。

　しかし，予定取引の場合には，取引発生時以降に為替予約が締結される場合とは異なり，ヘッジ対象のポジションが成立していない（ヘッジ対象である商品売買契約が財務諸表に認識されない）ために，時価換算を行うとヘッジ手段である為替予約等にのみ為替差損益が計上され，ヘッジ対象である商品売買契約との間に損益のミス・マッチが生じるので，**繰延ヘッジ会計**を適用することになる。

　すでに，述べたように，繰延ヘッジ会計においては，ヘッジ対象に係る損益が確定するまで損益を繰り延べなければならない。[基本例8]の場合には，ヘッジ対象である予定取引の損益が確定するのは，商品売買契約によって取得された棚卸資産が売却されたときである。

　取引発生時（20X1年8月1日）（FR＄＝¥129；SR＄＝¥128）

	（借）	ドル為替予約 未　収　金	20,000	（貸）	繰延為替差益	20,000*
	（借）	仕　　　　　入	1,280,000	（貸）	買掛金（ドル）	1,280,000

　＊　（¥129－¥127）×10,000＝20,000

　8月1日の時点までに発生した繰延為替差益40,000円（通算）は，仕入れた棚卸資産が売却される時点まで（すなわち，取得原価1,280,000円が費用化されるまで）繰り延べられなければならない。商品の取得と商品の取得に係るヘッジをより直接的に結びつけるためには，繰延為替差益は営業外収益としてではなくて，売上原価の一部として計上しなければならないと解されるからである。

　また，8月1日以後には，為替予約および買掛金ともに時価換算されるので，繰延ヘッジ会計を適用する必要はない。すなわち，8月1日以後に生じた買掛金および為替予約に係る為替差損益は，買掛金および為替予約の決済時に次の仕訳を行うことにより対応させられる。

　決済時・実行時（20X1年8月31日）（＄＝¥130）

（借）	ドル為替予約 未 収 金	10,000	（貸）	為 替 差 益	10,000*¹
（借）	現 金 （ドル）	1,300,000	（貸）	ドル為替予約 未 収 金	50,000
				現 金 （円）	1,250,000
（借）	為 替 差 損	20,000*²	（貸）	買 掛 金	20,000
（借）	買 掛 金	1,300,000	（貸）	現 金 （ドル）	1,300,000

* 1　（¥130－¥129）×10,000＝10,000
* 2　（¥130－¥128）×10,000＝20,000

なお，かりに20X2年3月31日に上記の棚卸資産が2,000,000円で売却された場合には，次の仕訳が行われ，繰延為替差益が売上原価に算入される。

棚卸資産の売却時（20X2年3月31日）

（借）	売 掛 金	2,000,000	（貸）	売 上	2,000,000
（借）	売 上 原 価	1,280,000	（貸）	仕 入	1,280,000
（借）	繰 延 為 替 差 益	40,000	（貸）	売 上 原 価	40,000

ちなみに，「金融商品会計に関する実務指針」では，繰延為替差損益は予定取引が実行されたときに原価算入するとされている。その仕訳は次のとおりである。

取引発生時（20X1年8月1日）（FR＄＝¥128）

（借）	ドル為替予約 未 収 金	20,000	（貸）	繰 延 為 替 差 益	20,000
（借）	仕 入	1,240,000	（貸）	買 掛 金	1,280,000
	繰 延 為 替 差 益	40,000			

決済時・実行時（20X1年8月31日）（＄＝¥130）

（借）	ドル為替予約 未 収 金	10,000	（貸）	為 替 差 益	10,000
（借）	現 金 （ドル）	1,300,000	（貸）	ドル為替予約 未 収 金	50,000
				現 金 （円）	1,250,000
（借）	為 替 差 損	20,000	（貸）	買 掛 金	20,000
（借）	買 掛 金	1,300,000	（貸）	現 金 （ドル）	1,300,000

2·4·4 資金取引の為替予約

▶　　**基本例 9**　　◀

> ［基本例１］の東京商事株式会社は，20X1年２月１日にアメリカの
> Ａ銀行から１万ドル，Ｂ銀行から１万ドルの短期インパクトローン
> を借り入れた（直後に円転）。
>
> 　Ａ銀行からの借入れに対しては，借入れと同時に借入金の決済日
> （20X1年４月30日）を実行日とするドル買い為替予約を１ドル＝121
> 円で締結し，Ｂ銀行からの借入れに対しては，20X1年３月１日にお
> いて借入金の決済日（20X1年４月30日）を実行日とするドル買い為
> 替予約を１ドル＝122円で締結した。
>
> | | 20X1年２月１日 | ３月１日 | ３月31日 | ４月30日 |
> |---|---|---|---|---|
> | 直物為替相場（SR） | 120 | 121 | 122 | 124 |
> | 予約為替相場（FR） | 121 | 122 | 123 | |
> | （１ドル＝円） | | | | |

　［基本例９］は，為替予約が外貨建物品売買取引または外貨建役務授受取引に
係るケースではなく，**資金取引に係るケース**をとりあげたものである。さらに，
Ａ銀行からの借入れについては，取引発生時に為替予約を，Ｂ銀行の短期イン
パクト・ローンについては，取引発生後に為替予約を付したケースである。

　［基本例９］の処理にも時価換算と振当処理がある。時価換算については，**＜本
章2·4·1＞**の説明と同じなので，仕訳だけを示すことにする。

Ａ銀行分─時価換算

取引発生時・為替予約締結時（20X1年２月１日）（SR＄＝￥120）（単位：円）

（借）現　　　　　金　1,200,000　（貸）借　　入　　金　1,200,000

決算時（20X1年３月31日）（FR＄＝￥123；SR＄＝￥122）

（借）ドル為替予約
　　　未　収　金　20,000　（貸）為　替　差　益　20,000

（借）為 替 差 損　20,000　（貸）借　入　金　20,000

決済時・実行時（20X1年4月30日）（$＝¥124）

（借）ドル為替予約
未 収 金　10,000　（貸）為 替 差 益　10,000

（借）現金（1万ドル）　1,240,000　（貸）現　金　1,210,000
ドル為替予約
未 収 金　30,000

（借）為 替 差 損　20,000　（貸）借　入　金　20,000

（借）借　入　金　1,240,000　（貸）現金（1万ドル）　1,240,000

Ｂ銀行分—時価換算
取引発生時（20X1年2月1日）（SR＄＝¥120）

（借）現　金　1,200,000　（貸）借　入　金　1,200,000

為替予約締結時（20X1年3月1日）（FR＄＝¥122；SR＄＝¥121）

仕訳なし

決算時（20X1年3月31日）（FR＄＝¥123；SR＄＝¥122）

（借）ドル為替予約
未 収 金　10,000　（貸）為 替 差 益　10,000

（借）為 替 差 損　20,000　（貸）借　入　金　20,000

決済時・実行時（20X1年4月30日）（$＝¥124）

（借）ドル為替予約
未 収 金　10,000　（貸）為 替 差 益　10,000

（借）現金（1万ドル）　1,240,000　（貸）現　　　　金　1,220,000
　　　　　　　　　　　　　　　　　　　　　ドル為替予約
　　　　　　　　　　　　　　　　　　　　　未　収　金　　　20,000

（借）為　替　差　損　　　20,000　（貸）借　入　金　　20,000

（借）借　入　金　1,240,000　（貸）現金（1万ドル）　1,240,000

　次に，振当処理について説明しよう。まずA銀行からの借入れについては，借入日に円転された現金が東京商事株式会社に入る一方で，借入金の弁済額は為替予約により確定している。そのキャッシュ・インフローと弁済額であるキャッシュ・アウトフローとの差額は，利息に相当する為替予約差額分として，次の仕訳を行う。

A銀行分—振当処理

取引発生時・為替予約締結時（20X1年2月1日）（FR $\$$ ＝ ¥121；SR $\$$ ＝ ¥120）

（借）現　　　　金　1,200,000　（貸）借　入　金　1,210,000
　　　前　払　利　息　　10,000

　製品の売買取引において取引発生時に為替予約を付した［基本例7］の場合と［基本例9］とを比較してみると，前者は，事実上，円建取引として処理するのに対して，後者は取引発生時点において現金（直後に円転）の交換が行われるため，その円転額と予約為替相場による円貨額との差額処理が問題となる点に相違がある。

決算時（20X1年3月31日）（FR $\$$ ＝ ¥123；SR $\$$ ＝ ¥122）

（借）為　替　差　損　　6,667*　（貸）前　払　利　息　　6,667

　＊　10,000×（2ヵ月／3ヵ月）＝6,667

決済時・実行時（20X1年4月30日）（$\$$ ＝ ¥124）

（借）為　替　差　損　　3,333　（貸）前　払　利　息　　3,333

（借）借　入　金　1,210,000　（貸）現　　　　金　1,210,000

　一方，B銀行からの借入れについては，借入当日には東京商事株式会社に入った現金（直後に円転）を基礎とした処理を行い，為替予約の締結時点に直直差額と直先差額の仕訳を，次のように行えばよい。

B銀行分—振当処理

取引発生時（20X1年 2 月 1 日）（SR $ = ¥120）

（借）現　　　　金　1,200,000　（貸）借　入　金　1,200,000

為替予約締結時（20X1年 3 月 1 日）（FR $ = ¥122；SR $ = ¥121）

（借）為　替　差　損　　10,000　（貸）借　入　金　　20,000
　　　前　払　利　息　　10,000

決算時（20X1年 3 月31日）（FR $ = ¥123；SR $ = ¥122）

（借）為　替　差　損　　5,000*　（貸）前　払　利　息　　5,000

　　＊　10,000×（ 1 ヵ月／ 2 ヵ月）=5,000

決済時・実行時（20X1年 4 月30日）（$ = ¥124）

（借）為　替　差　損　　5,000　（貸）前　払　利　息　　5,000

（借）借　入　金　1,220,000　（貸）現　　　　金　1,220,000

設問 3

　虎ノ門商事株式会社は，20X5年 1 月 1 日にアメリカの企業に商品1,000ドルを掛で売り上げ（決済日 6 月30日）， 2 月 1 日に 6 月30日を実行日とするドル売り為替予約を 1 ドル=119円で締結した。為替予約について，(1)時価換算による会計処理を行った場合，(2)振当処理による会計処理を行った場合の虎ノ門商事株式会社の20X4年度決算（20X5年 3 月31日）の税引前当期純利益の金額の差額を求めなさい。なお，為替相場の変動は，次のとおりであったとする。

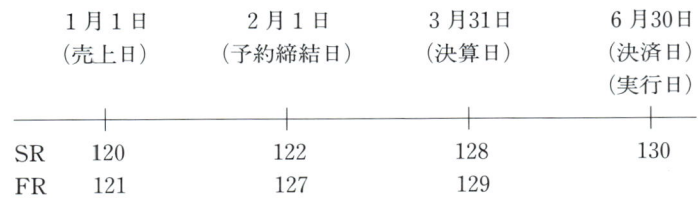

解答

(1)　時価換算の場合

20X4年度

　　外貨建売掛金に係る為替差益：$(128-120)\times\$1,000=8,000$

　　為替予約に係る為替差損：$(129-127)\times\$1,000=2,000$

　　20X4年度の為替差益：$8,000-2,000=6,000$

20X5年度

　　外貨建売掛金に係る為替差益：$(130-128)\times\$1,000=2,000$

　　為替予約に係る為替差損：$(130-129)\times\$1,000=1,000$

　　20X5年度の為替差益：$2,000-1,000=1,000$

(2)　振当処理の場合

20X4年度

　　直直差額：$(122-120)\times\$1,000=2,000$

　　直先差額：$(127-122)\times\$1,000=5,000$

　直先差額のうち

　　20X4年度に配分される金額：$5,000\div5カ月\times2カ月=2,000$

　　20X4年度の為替差益：$2,000+2,000=4,000$

20X5年度

　直先差額のうち

　　20X5年度に配分される金額：$5,000\div5カ月\times3カ月=3,000$

　　20X5年度の為替差益：$3,000$

　したがって，20X4年度の税引前当期純利益の金額は(1)の場合のほうが大きく，その差額は$2,000(6,000-4,000)$円である。なお，逆に20X5年度の税引前当期純利益の金額は(2)の場合のほうが大きく，その差額は$2,000(3,000-1,000)$円であり，通算の為替差損益には相違が生じない。

▶ 3 在外支店の財務諸表項目の換算

　外国にある支店（**在外支店**）の外貨で表示されている財務諸表項目の換算は，**図表21-6**にまとめたとおりであるが，その特徴を端的にいえば，在外支店の行った取引は国内の本店が行ったとみなして円換算する考え方であるいわゆる**本国主義**を原則としている。ただし，外貨で表示されている在外支店の財務諸表に基づき**本支店合併財務諸表**を作成する場合には，在外支店の財務諸表について，次のような特例を含めた方法によることができる（「外貨基準」二）。

図表21-6　在外支店の財務諸表項目の換算基準

財 務 諸 表 項 目	換 算 基 準	
	原　則	特　例
１．通貨および金銭債権債務	本店と同じ	本店と同じ
２．有価証券		
３．非貨幣性項目	テンポラル法	CR
４．収益および費用	計上時の為替相場またはAR	計上時の為替相場，ARまたはCR

3・1　収益および費用の換算の特例

　収益および費用（収益性負債の収益化額および費用性資産の費用化額を除く）の換算については，AR（当該収益および費用が帰属する月または半期等を算定期間とする平均相場でもよい）によることができる。

3・2　外貨表示財務諸表項目の換算の特例

　在外支店の外貨で表示された財務諸表項目の換算にあたり，非貨幣性項目の額に重要性がない場合には，すべての貸借対照表項目（支店における本店勘定等を除く）についてCRによる円換算額を付する方法を適用することができ

る。この場合において，損益項目についても CR によることを防げない。

3・3　換算差額の処理

　本店と異なる方法により換算することによって生じた換算差額は，**当期の為替差損益**として処理する。

▶ 4　在外子会社等の財務諸表項目の換算

　連結財務諸表の作成または**持分法の適用**（これらについては＜第22章　企業集団の会計と報告＞を参照）にあたり，外国にある子会社または関連会社（以下，**在外子会社等**という）の外貨で表示されている財務諸表項目の換算については，**基本的に決算日レート（CR）法**が採用されている。その要点を述べれば，次のとおりである。子会社の資産および負債項目については CR で換算し，株式取得時の資本項目については親会社による株式取得時の為替相場（HR）で，株式取得後に生じた資本項目については当該項目の発生時の為替相場（HR）で換算し，そこに生じる貸借差額を**為替換算調整勘定**（translation adjustment；**TA**）として貸借対照表の資本の部に表示する（「外貨基準」三）。

　また，損益項目の円換算については，AR によることを原則としつつ，CR によることも決められている（同）。ただし，親会社との取引による収益および費

「外貨基準」三

　　連結財務諸表の作成又は持分法の適用にあたり，外国にある子会社又は関連会社の外国通貨で表示されている財務諸表項目の換算は，次の方法による。

　1　資産及び負債

　　　資産及び負債については，決算時の為替相場による円換算額を付する。

　2　資本

　　　親会社による株式の取得時における資本に属する項目については，株式取得時の為替相場による円換算額を付する。

　　　親会社による株式の取得後に生じた資本に属する項目については，当該項目の発生時の為替相場による円換算額を付する。

用の換算は，親会社が換算に用いる為替相場によって行い，この場合に生じる差額は当期の為替差損益として処理する。

決算日レート法が採用されている理由としては，第1に在外子会社等の独立事業体としての性格が強くなり，現地通貨による測定値そのものを重視する傾向が強まったこと，第2にテンポラル法による財務諸表項目の換算が実務的に著しく困難になっていることなどがあげられる。

この背景を若干詳しく述べれば，次のとおりである（外貨建取引等会計処理基準委員会「外貨会計基準をめぐる論点」1994年6月，81-88頁参照）。すでに＜本章1・2　外貨換算会計の重要性＞で述べたように，ここ十数年，わが国企業とりわけメーカー等にあっては従来の輸出主導型から在外子会社等による現地生産，販売体制への著しいシフトがみられ，これに伴い在外子会社等の多くは現地で法人格を取得し，資金調達，従業員の雇用，生産，販売等の全般にわたり，親会社の基本的な経営方針には従うものの，親会社から独立して自己完結型の独立事業体化し，その事業活動は通常，現地通貨によって営まれている。その場合，在外子会社等の経営成績および財政状態を適正に表示しうるのは，現地通貨による財務諸表である。したがって，連結財務諸表を作成するために親会社の報告通貨に換算する場合にも，できるだけ現地通貨財務諸表の項目相互間の関係を損なわないように，かつ実勢為替相場を適正に反映して換算することが独立事業体としての子会社等にとって不可欠である。

しかし，かつての修正テンポラル法では，営業損益および経常損益段階における換算パラドックス（換算後の損益が在外子会社等の現地通貨建財務諸表上の損

3　収益及び費用

　　収益及び費用については，原則として期中平均相場による円換算額を付する。ただし，決算時の為替相場による円換算額を付することを妨げない。なお，親会社との取引による収益及び費用の換算については，親会社が換算に用いる為替相場による。この場合に生じる差額は当期の為替差損益として処理する。

4　換算差額の処理

　　換算によって生じた換算差額については，為替換算調整勘定として貸借対照表の資本の部に記載する。

益と赤字黒字逆転するケース）に典型的にみられたように，たとえば収益項目が CR で換算されるのに対して，費用項目は CR と乖離した為替相場で換算され，この間にミス・マッチが生じるために，換算によって元の現地通貨建ての財務諸表項目相互間の関係が歪められるなどの問題点が指摘されていた。さらに，企業集団に占める在外子会社等の割合の増大などを考慮すれば，このようなミス・マッチを生む修正テンポラル法では在外子会社等の財政状態および経営成績を連結財務諸表に適正に反映できないばかりではなく，膨大な有形固定資産および棚卸資産を有する在外子会社等にとってその受払記録を整え，これに基づいて換算を行うことも事実上不可能であるという問題もあった。

　かくして，「外貨基準」では**在外子会社等の財務諸表項目の換算**にあたり，原則として，**図表21 - 7**にまとめたように，**決算日レート法**が採用されている。なお，在外子会社等の財務諸表項目の換算のアウトラインを示したのが，**図表21 - 8**である。

図表21 - 7　在外子会社等の財務諸表項目の換算基準

財 務 諸 表 項 目		換 算 基 準
1．資産および負債		CR
2．資本	①親会社による株式取得時における項目	HR（株式取得時の為替相場）
	②親会社による株式取得後における項目	HR
3．収益および費用	①親会社との取引	親会社と同じ
	②親会社との取引以外	AR または CR

　また，**図表21 - 9**にみるように，**為替換算調整勘定**は，子会社の資産および負債を CR で換算して生じる差額（純資産額）と自己資本（純資産額）を HR で換算した額との差額であるが，これについては 2 つの処理方法がある。

　資本の部に計上する方法（**資本説**）と資産の部または負債の部に計上する方法（**資産・負債調整項目説**）である。それぞれの論拠を端的に述べれば，次のとおりである。

図表21－8　在外子会社等の財務諸表項目の換算のアウトライン

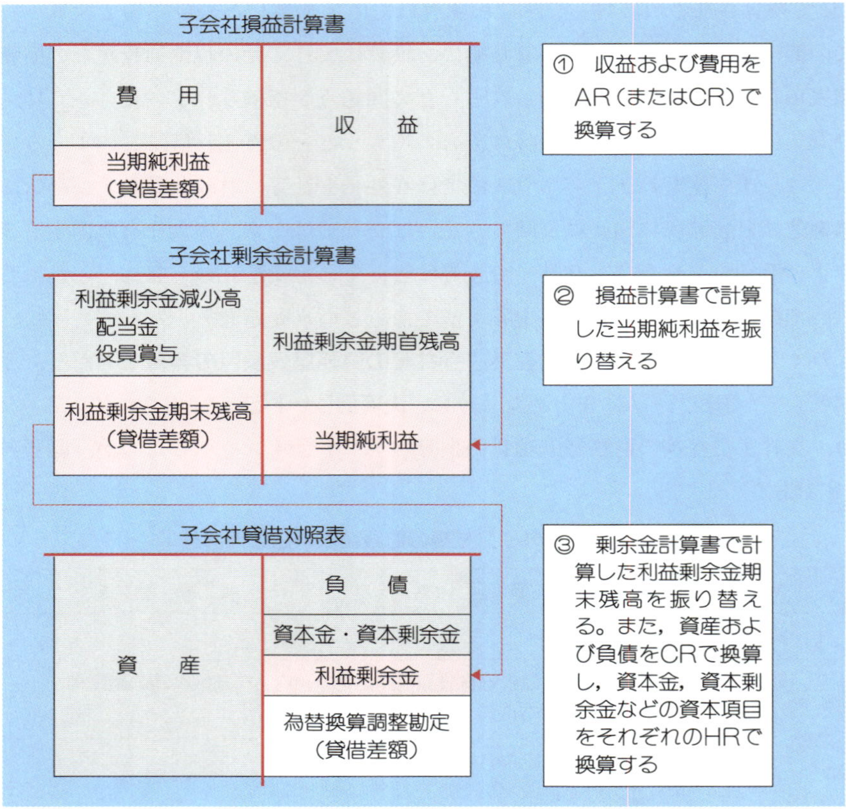

子会社損益計算書
費　用
当期純利益
（貸借差額）
収　益
① 収益および費用をAR（またはCR）で換算する
子会社剰余金計算書
利益剰余金減少高
配当金
役員賞与
利益剰余金期末残高
（貸借差額）
利益剰余金期首残高
当期純利益
② 損益計算書で計算した当期純利益を振り替える
子会社貸借対照表
資　産
負　債
資本金・資本剰余金
利益剰余金
為替換算調整勘定
（貸借差額）
③ 剰余金計算書で計算した利益剰余金期末残高を振り替える。また，資産および負債をCRで換算し，資本金，資本剰余金などの資本項目をそれぞれのHRで換算する

図表21－9　為替換算調整勘定（TA）

外貨建在外子会社
貸借対照表
資産
$100
負債
$50
資本
$50
換算
$100
円建在外子会社
貸借対照表
資産10,000
$100×100(CR)
負債5,000
$50×100(CR)
資本4,500
$50×90(HR)
TA
500
$50
$50
100(CR)
90(HR)
10(CR−HR)

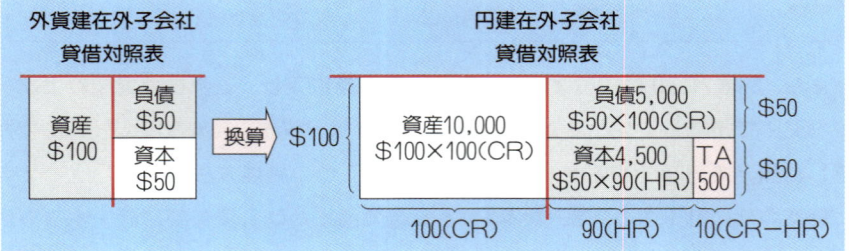

1．資本説

在外子会社等の財務諸表項目の換算は，現地通貨財務諸表を親会社の連結財務諸表作成の通貨単位（本国通貨）に合わせるための単なる翻訳にすぎない。そうであるならば，換算前の外貨表示財務諸表（現地通貨財務諸表）における資産および負債の構成比率等の財務成績および相互関係を保持したまま換算を行い，これを連結財務諸表に反映させるのが筋である。したがって，換算プロセスから生じた為替換算調整勘定は，資産または負債とするのではなく，自己資本の独立項目とするべきである。

2．資産・負債調整項目説

為替換算調整勘定は，子会社等の財務諸表の換算プロセスのみから生じるものであり，現地通貨で認識された子会社等の資本の増減を意味するものではないので，これを換算後の親会社の連結財務諸表の資本に含めるのは妥当ではない。

「外貨基準」では，「金融商品基準」においてその他有価証券に係る評価差額を損益計算書を経由しないいわゆる資本直入方式が導入され，従来の制度上の基本的考え方が一部変更されたこともあり，為替換算調整勘定についても連結損益計算書を経由せずに連結貸借対照表の資本の部に直接計上することが可能であるなどの理由から，FASB基準（SFAS52，ただしSFAS130では包括利益計算書を経由してその他の包括利益として計上されるが，趣旨は資本説と同じ），国際財務報告基準（IFRS21）およびイギリス基準（SSAP20）と同様に，資本の部に計上することとしている（「外貨基準」三，4）。

設問4

P社は，20X2年3月31日に在外S社の発行済み株式の60％を420千ドルで取得し，S社の支配を獲得した。［資料］に基づいて，20X2年度（決算日20X3年3月31日）のP社の連結貸借対照表および連結損益計算書を作成しなさい。
［資料］
1．20X1年度（決算日20X2年3月31日）のS社個別貸借対照表は，次のとおりである。

S社貸借対照表

（単位：千ドル）

諸 資 産	1,000	諸 負 債	500
土 地	100	資 本 金	500
		利益剰余金	100
	1,100		1,100

2．20X1年度末（20X2年3月31日）におけるS社所有の土地の時価は200千ドルであり，その他のS社諸資産および諸負債には重要な時価評価差額は生じていない。なお，全面時価評価法を採用している。

3．20X2年度（決算日20X3年3月31日）のP社およびS社の個別貸借対照表および個別損益計算書は，それぞれ次のとおりである。

P社貸借対照表

（単位：千円）

S社株式	42,000	諸 負 債	100,000
諸 資 産	258,000	資 本 金	150,000
		利益剰余金	50,000
	300,000		300,000

P社損益計算書

（単位：千円）

売上原価	700,000	売 上 高	1,000,000
販売費等	280,000		
当期純利益	20,000		
	1,000,000		1,000,000

S社貸借対照表

（単位：千ドル）

諸 資 産	1,200	諸 負 債	600
土 地	100	資 本 金	500
		利益剰余金	200
	1,300		1,300

S社損益計算書

（単位：千ドル）

売上原価	2,500	売 上 高	3,000
販売費等	400		
当期純利益	100		
	3,000		3,000

4．S社は，20X2年度中に，20X1年度末に所有していた土地についての取引を行っていない。また，P社およびS社は，20X2年度中に配当を行わなかった。

5．税効果は考慮外とする。

6．20X1年度末の為替相場は1ドル＝100円，20X2年度末の為替相場は1ドル＝120円，20X2年度の期中平均相場は1ドル＝110円であった。

解答

1．S社財務諸表の換算および為替換算調整勘定の計算

科　　　　目	適用レート	換算後価額
（貸借対照表）		
諸資産	120	144,000
土地	120	12,000
諸負債	120	72,000
資本金	100	50,000
利益剰余金（留保分）	100	10,000
利益剰余金（当期純利益）		11,000*1
為替換算調整勘定		13,000*2
（損益計算書）		
売上高	110	330,000
売上原価	110	275,000
販売費等	110	44,000
当期純利益		11,000*2

＊1　損益計算書より。　　＊2　差額計算。

2．P社およびS社の財務諸表の合算

連結貸借対照表

（単位：千円）

S社株式	42,000	諸負債	172,000
諸資産	402,000	資本金	200,000
土地	12,000	利益剰余金	71,000
		為替換算調整勘定	13,000
	456,000		456,000

連結損益計算書

（単位：千円）

売上原価	975,000	売上高	1,330,000
販売費等	324,000		
当期純利益	31,000		
	1,330,000		1,330,000

3．連結消去仕訳

開始仕訳（ドルベース：カッコ内は換算レート）

（借）土　　　　地　100（CR）（貸）利益剰余金　100（HR）

|（借）|資　本　金|500（HR）|（貸）|Ｓ　社　株　式|420（HR）|
| |利益剰余金|200（HR）| |少数株主持分|280（HR）|

開始仕訳（円ベース）　　　　　　　　　　　　　　　　　　　（単位：千円）

|（借）|土　　　地|12,000|（貸）|利益剰余金|10,000|
| | | | |為替換算調整勘定|2,000*|

|（借）|資　本　金|50,000|（貸）|Ｓ　社　株　式|42,000|
| |利益剰余金|20,000| |少数株主持分|28,000|

　　＊　$100 \times 120 - 100 \times 100 = 2,000$

　なお，この為替換算調整勘定2,000千円は，土地をCR換算したのに対して連結剰余金をHR換算したことにより生じたものであるから，他の為替換算調整勘定と会計学的性格は同じであると解される。

子会社の当期純利益および為替換算調整勘定増加額の少数株主への配分

|（借）|少数株主利益|4,400|（貸）|少数株主持分|4,400*1|
|（借）|為替換算調整勘定|6,000|（貸）|少数株主持分|6,000*2|

　　＊1　子会社当期純利益11,000×40％＝4,400
　　＊2　為替換算調整勘定増加額（13,000＋2,000）×40％＝6,000

4．連結貸借対照表および連結損益計算書

連結貸借対照表　　　　　　　　　　　**連結損益計算書**
（単位：千円）　　　　　　　　　　　　　　（単位：千円）

諸 資 産	402,000	諸 負 債	172,000	売上原価	975,000	売 上 高	1,330,000
土　　地	24,000	少数株主持分	42,800	販売費等	324,000		
		資 本 金	150,000	少数株主利益	4,400		
		利益剰余金	52,200	当期純利益	26,600		
		為替換算調整勘定	9,000		1,330,000		1,330,000
	426,000		426,000				

◀ Key Words ▶

一取引基準

　　外貨建取引と決済取引を一つの取引とみなす考え方

外貨建金銭債権債務

　　契約上の債権額または債務額が外貨で表示されている金銭債権債務

外貨建取引

　　売買価額その他取引価額がドル，マルクなどの外貨で表示されている取引

買建て通貨オプション

　　オプション料を支払うか，または仮払いを約束して，将来，ある通貨をある
　為替相場で購入または売却する権利

貨幣・非貨幣法

　　外貨表示の項目のうち，貨幣項目については CR を，非貨幣項目については
　HR を適用する方法

為替予約

　　企業が外国為替公認銀行との間で，将来に外貨と円とを交換するときに適用
　される為替相場を，現時点であらかじめ予約しておくこと

為替予約差額

　　直物為替相場による円換算額と予約為替相場による円換算額との差額をいい，
　スプレッドともいう

換算

　　ある通貨を別の通貨に表示し直すこと

換算パラドックス

　　換算後の損益が在外子会社等の現地通貨建財務諸表上の損益と赤字黒字逆転
　するケース

決算日レート法

　　在外支店の本店勘定，在外子会社の資本勘定を除く財務諸表項目を CR で換
　算する方法

個別予約

　　個々の外貨建取引ごとに個々の為替予約を付す方法

在外子会社等

　　外国にある子会社または関連会社

時価換算

　　物品売買取引と為替予約取引とをあくまで別の取引と考えて，ヘッジ対象で

ある外貨建金銭債権債務を CR で，またヘッジ手段である為替予約等を決算時の FR で換算する処理方法

直先差額

予約時の直物為替相場による円換算額と予約為替相場による円換算額との差額

直直差額

取引発生時の直物為替相場による円換算額と予約時の直物為替相場による円換算額との差額

直物為替相場

その時点での本邦通貨と外国通貨との交換レート

通貨オプション

ある通貨の一定数量をあらかじめ定められた為替相場（または行使価格）で将来の一定期日または一定期間内に購入（コール・オプションの場合）または売却（プット・オプションの場合）する権利

通貨スワップ

ドルと円のように異なる通貨を金利ごとに交換すること

テンポラル法

測定属性が現地通貨による原価である項目については HR で，また測定属性が現地通貨による時価また公正価値である項目については CR で換算する方法

二取引基準

外貨建取引と決済取引を別々の取引とみなす考え方

振当処理

為替予約等により確定する決済時における円貨額により外貨建取引および金銭債権債務を換算し，直物為替相場との差額を期間配分する方法

期中平均為替相場

取引の行われた月または週の前月または前週の直物為替相場の平均値など合理的な基礎に基づいて算定された為替相場

包括予約

外貨建取引の決済約定の状況に応じ，週または月などの一定期間ごとの決済見込額の全部または一部について包括的に予約を付す方法

本国主義

在外支店の行った取引は国内の本店が行ったとみなして円換算する考え方

予定ヘッジ

　　ヘッジ対象のポジションが成立していない予定取引に対するヘッジ

流動・非流動法

　　外貨表示の項目を流動項目と非流動項目とに分類し，流動項目については CR で換算し，非流動項目については HR で換算する方法

第22章　企業集団の会計と報告

本章の学習ポイント

1. どのような取引が企業結合会計の対象となるのか。また，その会計処理はどうするのか
2. 企業結合会計において合併会計はどのように会計処理するのか
3. 企業結合会計において株式交換はどのように会計処理するのか
4. 企業結合会計において会社分割はどのように会計処理するのか
5. 企業結合会計と連結会計とは，どのような関係にあるのか
6. 連結財務諸表を作成する意義は何か
7. 連結財務諸表と個別財務諸表とは，どのような関係にあるのか
8. 連結財務諸表とセグメント情報とは，どのような関係にあるのか
9. どのような考え方に基づいて連結の範囲を決定するのか
10. 連結財務諸表を作成するためのポイントは何か
11. 資本連結手続とは何か。また，そのポイントは何か
12. 連結貸借対照表はどのようにして作成するのか
13. 連結調整勘定の会計学的性格
14. 少数株主持分の会計学的性格
15. 子会社の資産および負債はどのような方法で時価評価するのか
16. 連結損益計算書はどのようにして作成するのか
17. 連結剰余金計算書はどのようにして作成するのか
18. 支配獲得後の資本連結手続とは何か
19. 連結財務諸表と持分法とはどこが異なるのか

20．持分法適用後の資本連結手続とは何か
21．株式交換および株式移転のケースにおける資本連結手続とは何か
22．企業集団の会社分割はどのように会計処理するのか
23．連結財務諸表にはどのような機能があるのか
24．セグメント情報の意義は何か
25．連結キャッシュ・フロー計算書はどのようにして作成するのか
26．中間連結財務諸表の意義は何か

▶ 1　企業集団と企業結合会計

　ソニーグループ，日立グループなど××グループという名称を聞いたことがあるであろう。いうまでもなく，ソニー，日立などは法人の名称であり，グループとは日本語で集団の意味である。しかし，この場合の集団とは，単なる集まりではなく，主として資金，人事などの経済的な関係からみると同一とみなされる法人格を異にする企業の集まりであるので，しばしば企業集団または連結集団と総称される。

　＜第1章　財務会計の意義＞でも述べたように，わが国の企業または企業集団は，いわゆるカンパニー・キャピタリズムの名のもとに終身雇用制，年功序列型賃金体系，企業別組合，株式持合い，系列（ケイレツ）などいわゆる日本的経営を推進し，戦後経済を支えてきた。しかし，近年，わが国の企業集団は円高，経済のボーダレス化などの荒波に直面し，その生き残りをかけて成長性，収益性およびリスクの程度を異にする戦略的経営を積極的に推進している。たとえば，子会社などを通じての経済活動を拡大したり，本来の活動とは異なる活動を営む企業を合併・買収などのM&Aをくり返してコングロマリット化したり，また関連事業に進出して多角化・分社化を行ったり，さらには生産・販売拠点を海外にシフトしてグローバル化を図るなどの戦略である。

　このような戦略を推進している企業集団の実態を的確に把握するための企業

会計上の手段としては，連結財務諸表がある。連結財務諸表の作成を中心とする企業集団の会計は，FASB基準（SFAS）やIASB基準（IFRS）のもとでは，企業結合会計の一環として行われており，わが国でもその導入が検討されている。すなわち，これらの会計基準のもとでは，後述する連結財務諸表作成の中心である資本連結手続，のれん（連結調整勘定）の処理，すでに＜第16章 資本の会計と報告＞で述べた合併の会計，株式交換の会計および会社分割の会計など企業集団にかかわる会計が企業結合会計のもとに包摂されている。したがって，連結財務諸表の作成方法はもとより，企業集団の会計について理解するためには，企業結合会計についての理解が必要不可欠である。

　本章では，まず連結財務諸表の作成の前提となる企業結合会計の基本的な考え方，合併，株式交換・株式移転および会社分割の会計について学習し，次いで連結財務諸表の作成方法について学習することにする。

1·1 企業結合会計の意義

　企業結合とは，ある企業が1つもしくは2つ以上の他の企業を合併もしくは営業の譲受けをするか，またはある企業が他の企業の純資産および営業に対する支配を獲得することによって，個々の企業を単一の経済的実体に結合することである。この場合の支配とは，ある企業の活動から便益を得るために，その企業の財務方針および営業方針を左右する権限をいうが，多くの場合には，一方の結合前企業が他方の結合前企業の意思決定機関を支配したことをもって前者が後者を支配したとみなしている。したがって，ここでいう支配の考え方は，＜本章4·2　子会社の範囲＞で説明する支配力基準の考え方と同じである。

　上述した定義から明らかなように，企業結合会計とは，ある会社の株式を取得することによってその会社を子会社化する子会社取得はもとより，合併および営業の譲受け（以下，合併等という）を包摂する概念である。

　しかし，企業結合会計は，子会社取得，合併等のすべてをその対象としているわけではなく，企業集団の外部の企業が連結会社に取得されたり，企業集団の外部の企業が連結会社に合併される場合のみが企業結合に該当する。いいかえれば，企業集団内の企業間の取得または買収や子会社合併は企業結合に該当

しない。

　もう少し具体的に説明すると，合併は，通常，一方の企業の資産と負債が他方の企業に移転され，前者の企業が解散する合併（いわゆる**吸収合併**），または両方の企業の資産と負債が新しい企業に移転され，元の企業が両方とも解散する合併（いわゆる**新設合併**）のいずれかである。しかし，親会社が子会社を合併したり，子会社合併などのケースのように企業集団内における再構築または再編成を目的として行われる合併は，すでに共通の支配下にある企業集団内の企業間の取引であるので，企業結合会計の対象ではない。これらの企業はすでに結合しているのであって，合併時点で結合したわけではないからである。逆に，企業集団外部の他の企業が新たに１つの企業集団に所属することになる合併は企業結合会計の対象である。

　以上述べた点を**図表22‐1**を用いて敷衍すると，次のとおりである。企業集団Ｘのなかで子会社Ａと子会社Ｂが合併したり，親会社と子会社Ａ，子会社Ｂまたは子会社Ｃが合併したり，また子会社Ｂが子会社Ｃを買収しても企業結合にはならない。これらはすでに結合済みであって，合併時点や買収時点で結合したわけではないからである。したがって，企業集団外のＤ社が親会社，Ａ

図表22‐1　企業集団と企業結合会計の対象

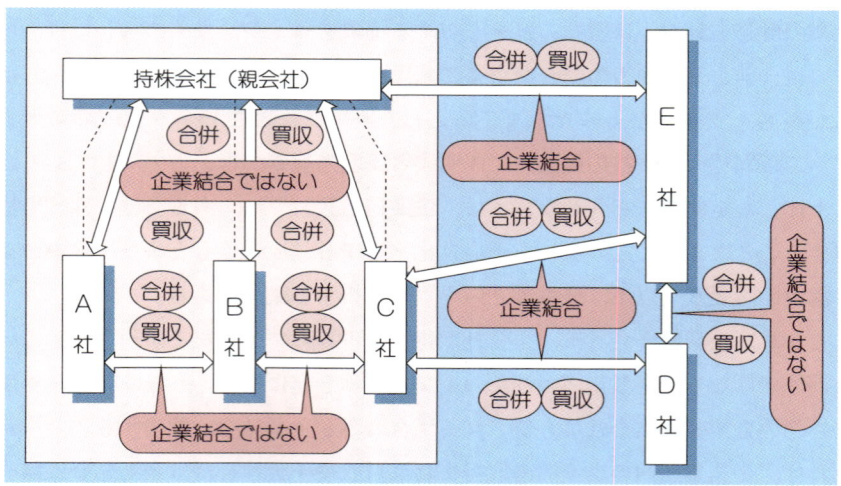

社，B社，C社のいずれかに買収されたり，また企業集団外のE社が親会社，A社，B社，C社のいずれかと合併した場合のみが，企業集団Xからみた企業結合である。さらに，企業集団外のD社とE社が買収または合併の関係にあっても，企業集団Xからみた企業結合には該当しない。ちなみに，**M&A**は，かかる企業結合と，企業結合には該当しない企業集団外の合併・買収を合わせた広い意味で用いられているといえよう。

1・2　企業結合の分類と会計処理

　一般に，企業結合の会計処理にはパーチェス法と持分プーリング法とがあり，IFRS22「企業結合」によれば買収とみなされる企業結合にはパーチェス法が，持分の統合とみなされる企業結合には持分プーリング法が適用される。

　パーチェス法は，個々の資産を取得するケースと同様に，投資額または支払った対価（これを支払対価という）で取得した純資産を評価し，取得した純資産の公正価値（取得日現在の原価）よりも投資額または支払対価のほうが大きい場合には，その超過分を**のれん**（逆の場合には，負ののれん）として処理する方法である。

　これに対して，**持分プーリング法**は，別々の企業が従来と同様に存続しているかのように結合後企業を会計処理し，結合前企業の純資産は，それぞれの企業における簿価で引き継ぎ，支払対価と増加資本額との差額は，株主持分の修正として処理する方法であり，のれんが認識されることはない。

　しかし，最近，持分プーリング法が廃止される傾向にあり，事実，アメリカではFASB基準141「企業結合」に基づき2001年から持分プーリング法が廃止され**パーチェス法への一本化**が図られ，IASB基準（IFRS）も追随するものと思われる。したがって，以下，企業結合会計はパーチェス法のみで説明する。

1・3　企業結合会計と合併会計

　すでに述べたように，合併のうち企業結合に該当するものは，子会社取得と同様に会計処理される。この場合，合併にさいして発行する新株の公正価値を取得のための支払対価とみなし，その支払対価の金額で受入純資産である被合

併会社（取得される会社）の資産および負債を評価する。**投資額または支払対価と受入純資産との差額**は**のれん**または負ののれんとして処理する。

以下，［基本例１］を用いて具体的に説明することにしよう。

▶　　**基本例１**　　◀

　　P社は，期末に新株2,000株（１株当たりの時価（公正価値）は80千円であった）を発行してS社を合併した。P社は，１株当たり25千円を資本金に組み入れるものとする。期末時点におけるS社の貸借対照表は，次のとおりであった（単位：千円）。

S社貸借対照表（簿価）		
諸資産 160,000	諸負債	50,000
	資本金	50,000
	利益剰余金	60,000
160,000		160,000

S社貸借対照表（時価（公正価値））		
諸資産 180,000	諸負債	50,000
	資本金	50,000
	利益剰余金	80,000
180,000		180,000

（単位：千円）

（借）諸　資　産	180,000	（貸）諸　　負　　債	50,000
の　れ　ん	30,000*1	資　　本　　金	50,000*2
		合　併　差　益	110,000*3

- ＊１　（発行済株式2,000株×１株当たり公正価値80千円）－受入純資産（180,000千円－50,000千円）＝30,000千円
- ＊２　発行株式数2,000株×１株当たり資本金組入額25千円＝50,000千円
- ＊３　（発行株式数2,000株×１株当たり公正価値80千円）－資本金組入額50,000千円＝110,000千円

　合併にさいして発行する株式2,000株にその公正価値80千円を乗じた160,000千円が買収のための支払対価である。パーチェス法では，通常の資産を購入するケースと同様に，支払対価の金額で受入純資産を評価する。したがって，ここでは支払対価である160,000千円でS社の純資産，すなわち諸資産180,000千

円－諸負債50,000千円＝130,000千円を購入した処理がされるので，のれん30,000千円が生じる。なお，受入純資産の取得日現在における原価は，その公正価値である。

1・4　企業結合会計と株式交換の会計

＜第16章　資本の会計と報告＞で説明した株式交換は，企業結合会計の一環として処理される。

まず，株式交換は，完全親会社の立場からみれば子会社株式の取得を現金などの資産を対価とする取引ではなく，新株の発行を対価とする取引である。逆に，完全子会社の株主の立場からみれば，所有する子会社の株式を現物出資し，その見返りに完全親会社の新株の交付を受ける取引であるといえる。この点を通常の子会社株式の取得の仕訳と比較して示すと，次のとおりである。

通常の子会社株式の取得

（借）子 会 社 株 式　×××　（貸）現　　　金　×××

株式交換による子会社株式の取得

（借）子 会 社 株 式　×××　（貸）資　　　本　×××

上記の２つの仕訳から明らかなように，通常の子会社株式の取得の仕訳と株式交換による子会社株式の取得の仕訳とでは，貸方が現金であるか資本であるかという点で異なっている。

株式交換の会計処理のポイントは，株式交換によって取得する子会社株式の評価と，株式交換によって増加する資本額の決定にある。

以下，［基本例２］を用いて株式交換の会計処理について説明することにしよう。

▶ 基本例 2 ◀

　P 社は，期末に S 社の発行済株式総数の100％を株式交換方式によって取得し，S 社を子会社とした。この株式交換にあたって，P 社は，S 社に対して，新株2,000株を発行した。P 社は，発行価格のうち 1 株当たり25千円を資本金に組み入れるものとする。期末時点における P 社株式の時価（公正価値）は110千円であった。期末時点における S 社の貸借対照表は，次のとおりであった（単位：千円）。

S 社貸借対照表（簿価）

諸資産	160,000	諸負債	50,000
		資本金	50,000
		利益剰余金	60,000
	160,000		160,000

S 社貸借対照表（時価（公正価値））

諸資産	180,000	諸負債	50,000
		資本金	50,000
		利益剰余金	80,000
	180,000		180,000

　[基本例 2]の株式交換の場合，P 社が S 社の株式を購入したものとみなして会計処理を行えばよく，P 社が発行する新株の時価（公正価値）が支払対価である。この支払対価がそのまま増加する資本額になり，同時に S 社株式の取得原価となる。

（単位：千円）

　（借）S 社 株 式　220,000[*1]　（貸）資 本 金　50,000[*2]
　　　　　　　　　　　　　　　　　　　　株式交換差益　170,000[*3]

＊ 1　P 社株式2,000株× 1 株当たり時価（公正価値）110千円＝220,000千円
＊ 2　 1 株当たりの資本金組入額25千円×発行株式数2,000株＝50,000千円
＊ 3　（発行新株 1 株当たり時価（公正価値）110千円×発行株式数2,000株）−資本金組入額50,000千円＝170,000千円

1・5　企業結合会計と会社分割の会計

　会社分割の会計は，企業結合会計とは逆に，分割する事象を扱う会計である。しかし，会社分割は，会計処理上，承継会社が分割会社に対して新株の交付を

行い，その見返りとして分割会社から営業の全部または一部を取得する取引で
あるとみなされているために，基本的な考え方には企業結合会計の考え方と共
通する部分が少なくない。

すでに＜第16章　資本の会計と報告＞で述べたように，会社分割の会計処理
方法には，売買処理法と簿価引継法とがある。このうち売買処理法は，企業結
合に該当する会社分割に適用される方法である。これは，会社分割を分割会社
と承継会社との間の売買取引とみなす処理方法であるところから，企業結合会
計におけるパーチェス法の考え方と基本的に同じであるといってよい。これに
対して，簿価引継法は，企業結合に該当しない会社分割に適用される方法であ
る。これは，会社分割を独立した当事者間における取引であるとはみなさず，
同一の企業集団内または単一の企業内部における単なる純資産の移転を処理す
る方法であるところから＜第16章　6・3　合併差益＞で説明した子会社合併の
会計処理方法に類似する方法であるといってよい。

企業結合に該当する会社分割に売買処理法が適用される理由は，会社分割前
に分割会社と承継会社との間に支配関係が存在しないために，分割の取引が，
企業集団内の企業間における単なる組織変更ではなく，独立した当事者間の売
買とみなされるためである。

ここでは，[基本例 3]を用いて，売買処理法による会計処理を説明する。な
お，企業集団の会社分割については，後述する。

▶　基本例 3　◀

　　A社は，自社のB事業部門を分割し，既存のB社に対してB事業
部門を移転してB社株式を割り当てられたが，B社に対する支配は
獲得していないものとする。この会社分割にあたって，B社は，A社
に対して新株2,000株を発行し，発行価格のうち 1 株当たり25千円を
資本金に組み入れるものとする。分割合意直前日におけるB社株式
の 1 株当たりの時価（公正価値）は65千円であり，また会社分割日現
在におけるA社のB事業部門の貸借対照表（単位：千円）は，次の
とおりであった。

A社貸借対照表（簿価） －B事業部門－		A社貸借対照表（時価（公正価値）） －B事業部門－	
諸資産 160,000	諸負債 50,000 資本金 50,000 利益剰余金60,000	諸資産 180,000	諸負債 50,000 資本金 50,000 利益剰余金80,000
160,000	160,000	180,000	180,000

［基本例3］の場合，分割会社であるA社の会計処理と承継会社であるB社の会計処理を考えなくてはならない。

まず，A社は，B事業部門の諸資産と諸負債をそれぞれ簿価でB社に移転する処理を行うと同時に，B社株式をその公正価値で受け入れる仕訳を行う。そのさいに生じる差額については，営業移転利益（または営業移転損失）勘定で処理する。

A社の会計処理　　　　　　　　　　　　　　　　　　　　　　（単位：千円）

（借）　B　社　株　式　130,000*1　（貸）　諸　　資　　産　160,000
　　　　諸　　負　　債　　50,000　　　　　営業移転利益　　20,000*2

　＊1　B社株式2,000株×1株当たり時価（公正価値）65千円＝130,000千円
　＊2　貸借差額

一方，B社は，A社の諸資産および諸負債をその公正価値で受け入れ，同時に新株発行にかかる処理を行う。新株発行によって増加する資本額は，企業結合会計のパーチェス法と同様に，発行する新株の公正価値によって決定する。これは発行する新株を支払対価として，A社の純資産を購入したとみなす処理である。

B社の会計処理　　　　　　　　　　　　　　　　　　　　　　（単位：千円）

（借）　諸　　資　　産　180,000　（貸）　諸　　負　　債　　50,000
　　　　　　　　　　　　　　　　　　　　資　　本　　金　　50,000*1
　　　　　　　　　　　　　　　　　　　　会社分割差益　　80,000*2

＊1　　1株当たり資本金組入額25千円×発行株式数2,000株＝50,000千円

＊2　　Ｂ社株式2,000株×1株当たり時価（公正価値）65千円−資本金組入額
　　　　50,000千円＝80,000千円

▶ 2　　連結財務諸表の意義

　連結財務諸表は**連結貸借対照表**，**連結損益計算書**，**連結剰余金計算書**および
連結キャッシュ・フロー計算書から構成され，これは企業集団を構成する個々
の会社の財務諸表を結合して，法的実体別の**個別財務諸表**（これを**単体**ともいう）
だけでは表わしえない企業集団としての財政状態，経営成績などの事業業績を
示すものである。

　わが国の企業会計制度においては，連結財務諸表は，当初，有価証券報告書
の添付書類として，その後提出期限の特例（事業年度終了後4カ月間）廃止とと
もに有価証券報告書の本体に組み入れられていたものの，個別財務諸表との関
係でみれば，連結財務諸表は個別財務諸表の副次的な情報として位置づけられ
ていた。いいかえれば，個別財務諸表と連結財務諸表はいわば主従の関係にあっ
たといえる。この点は，財務諸表といえば連結財務諸表を指し，これを主たる
財務諸表とし，また決算といえば**連結決算**を指す英米などとは著しく異なると
ころであった。

　しかし，わが国でも主として会計基準の国際的調和化の視点から，**「証取法」**
上は，この主従関係を逆転して，英米と同様に位置づけられ，**連結財務諸表は
ドラスティックに変革**された。さらに，**「商法」**上も大会社については平成14
年改正「商法」によって個別財務諸表に加えて連結財務諸表の作成が義務づけ
られることとなり，その意味でわが国の企業会計は連結中心の会計になったと
いえよう（**図表22 - 2**参照）。

　いずれを主と位置づけようと，また従と位置づけようと，連結財務諸表に
よって示される業績は，成長性・収益性およびリスクを異にする個々の会社の
業績を結合した結果であることに変わりない。したがって，企業集団の業績を
的確に評価するためには，連結財務諸表に加えて**個別財務諸表**および連結情報

図表22 - 2　企業会計法と連結決算

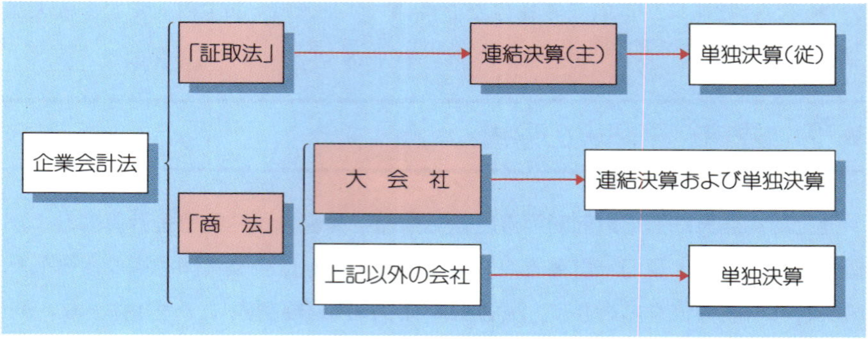

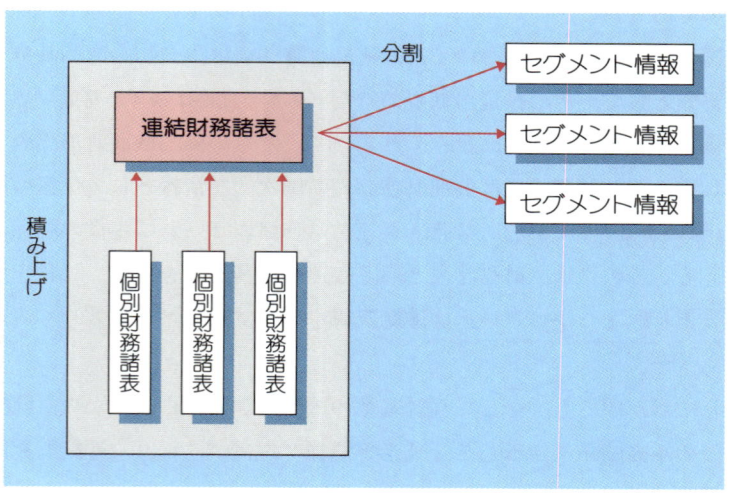

図表22 - 3　セグメント情報と個別財務諸表

を分割した**セグメント情報**も必要不可欠である。

　その意味で，**連結情報と個別情報は相互補完的な関係**にあり，また**連結情報とセグメント情報は表裏一体の関係**にあるといってよい（**図表22 - 3**参照）。

▶ 3　連結財務諸表作成の一般原則

　連結財務諸表を作成する場合には，「連結財務諸表原則」（以下，「連結原則」と

いう）および「連結財務諸表原則注解」（以下，「連結注解」という）に準拠しなければならないが，これは個別財務諸表を作成するさいに準拠しなければならない「企業会計原則」および「企業会計原則注解」に相当するものである。「連結原則」では，次の4つの一般原則が定められている。

(1) 真実性の原則

「連結原則」第二
一　連結財務諸表は，企業集団の財政状態及び経営成績に関して真実な報告を提供するものでなければならない。

(2) 基準性の原則

「連結原則」第二
二　連結財務諸表は，企業集団に属する親会社及び子会社が一般に公正妥当と認められる企業会計の基準に準拠して作成した個別財務諸表を基礎として作成しなければならない。

(3) 明瞭性の原則

「連結原則」第二
三　連結財務諸表は，企業集団の状況に関する判断を誤らせないよう，利害関係者に対し必要な財務情報を明瞭に表示するものでなければならない。

(4) 継続性の原則

「連結原則」第二
四　連結財務諸表作成のために採用した基準及び手続は，毎期継続して適用し，みだりにこれを変更してはならない。

これらのうち，真実性の原則，明瞭性の原則および継続性の原則は，「企業会計原則」の一般原則と基本的に同一趣旨である（＜第6章　会計基準と企業会計原則＞参照）ので，説明を割愛するが，真実性の原則と明瞭性の原則については重要性の原則が適用される（「連結注解」1）。

　基準性の原則とは，連結財務諸表作成のためのいわばフレームワークを示すものであり，本来，(1)連結財務諸表は個別財務諸表を基準にして（基準性）作成し，(2)このための個別財務諸表は一般に公正妥当と認められる企業会計の基準，具体的には企業会計原則に準拠して（準拠性）作成しなければならないとする考え方である。しかし，最近，この原則はゆるやかに解釈されるようになってきた。すなわち，連結財務諸表を個別財務諸表の積み上げによって作成するとはいえ，この原則は，連結財務諸表に個別財務諸表と全く同一の会計処理を行わなければならないほどリジッドな制約をしているのではなく，いいかえれば，子会社の個別財務諸表は連結財務諸表を作成するための資料であるとの考え方から，連結財務諸表の会計処理は，個別財務諸表とある程度相違していても，その許容が認められると広く解釈されるようになってきている。

▶ 4　連結財務諸表作成の一般基準

4・1　連結範囲の決定基準

　連結財務諸表は，資金，人事などの面で支配従属関係にある2つ以上の会社（パートナーシップなど会社に準ずる被支配事業体を含む。以下，同じ）から成る企業集団を単一の組織体とみなして，親会社が当該企業集団の財政状態および経営成績を総合的に報告するために作成するものである（「連結原則」第一）。

　連結財務諸表を作成するためには，その対象とする企業集団の範囲を決定する必要がある。その基準としては，持株基準と支配力基準とがある。持株基準とは，会社の議決権の所有割合（これを持株比率という）という法形式を重視す

「連結注解」1

　　連結財務諸表を作成するに当たっては，企業集団の財政状態及び経営成績に関する利害関係者の判断を誤らせない限り，連結の範囲の決定，持分法の適用範囲の決定，子会社の決算日が連結決算日と異なる場合の仮決算の手続，連結のための個別財務諸表の修正，子会社の資産及び負債の評価，連結調整勘定の処理，未実現損益の消去，連結財務諸表の表示等に関して重要性の原則が適用される。

る考え方である。これに対して，支配力基準とは持株基準のように議決権のある株式の過半数を所有していなくても，資金提供，役員派遣，取引関係などによって他の会社を**実質的に支配している**すなわち**他の会社の意思決定機関を支配**している場合にも，当該会社を連結の対象とする考え方である。

　持株基準も支配力基準の1つではある。しかし，形式的には持株比率が過半数に達していなくても，事実上は会社を支配しているケースも少なくない。そのような被支配会社を連結の範囲から除外することは，企業集団に関する会計情報の有用性を損ないかねない。かくして，「連結原則」では，形式基準にこだわらず支配力基準が導入されている。

4・2　子会社の範囲

　支配力基準といっても，持株比率以外に事実上の支配関係の有無を判断する具体的な基準を設定することは困難な点も少なくない。「連結原則」では，子会社の範囲について，次のような基準を設定している（「連結原則」第三，一，2，「連結注解」3，4，5）。

(1)　他の会社の議決権の過半数を実質的に所有している場合には，他の会社の意思決定機関を支配してないことが明らかに示されない限り，当該他の会社は子会社に該当する。

(2)　他の会社に対する議決権の所有割合が50％以下であっても，高い比率の議決権を有しており，たとえば，次のケースのように当該他の会社の意思決定機関を支配している一定の事実が認められる場合には，当該他の会社は子会社に該当する。

① 議決権を行使しない株主が存在することにより，株主総会において議決権の過半数を継続的に占めることができると認められる場合

② 役員，関連会社などの協力的な株主の存在により，株主総会において議決権の過半数を継続的に占めることができると認められる場合

③ 役員もしくは従業員である者またはこれらであった者が，取締役会の構成員の過半数を継続して占めている場合

④　重要な財務および営業の方針決定を支配する契約などが存在する場合

　したがって，**支配力基準**のもとでは，**親会社**とは他の会社を支配している会社をいい，**子会社**とは当該他の会社をいう（「連結原則」第三，一，2）と定義され，親会社および連結される子会社をあわせて**連結会社**という。この場合の子会社の範囲について注意しなければならないのは，親会社および子会社または子会社が他の会社を実質的に支配している場合における当該他の会社（いわゆる**孫会社**）も，子会社とみなされることである（「連結原則」第三，一，3）（**図表22－4** 参照）。

図表22－4　連　結　会　社

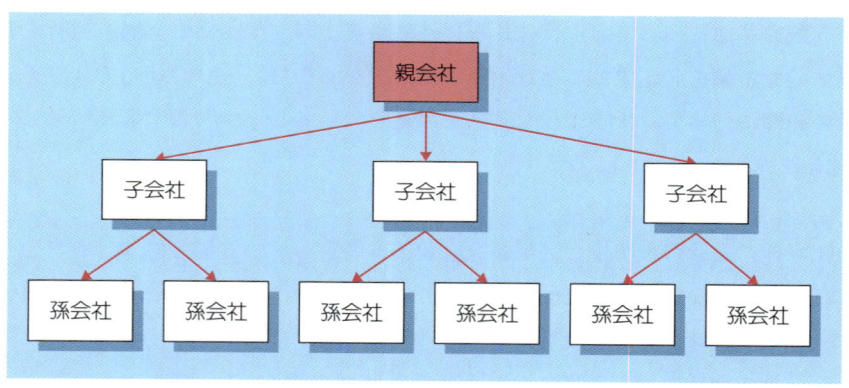

　このように，支配力基準のもとでは，持株比率が50％未満であっても，上記のケースに該当すれば当該他の会社は子会社とされる。この点についてさらに具体的な指針が，「連結財務諸表制度における子会社及び関連会社の範囲の見直しに係る具体的な取扱い（監査委員会報告第60号）」（以下，「連結取扱」という）およびこれを反映した「財規」に示されている。「連結取扱」および「財規」では，持株比率が40％以上，50％以下であり，かつ，次のいずれかの要件を満足すれば，子会社に該当するとしている（「連結取扱」2，二，「財規」第8条4項2号）。

(1)　自己と緊密な者および同意している者と合算すると持株比率が50%を超えること

(2)　自己の役員・使用人である者（これらであった者も含む）が取締役会の50%を超えること

(3)　フランチャイズ契約など重要な財務，営業，事業方針を支配する契約が存在すること

(4)　資金調達額の50%超を融資していること

(5)　その他，他の会社の意思決定機関を支配していることが推測される事実が存在すること

　問題は，上記「連結取扱」および「財規」の条件にある。これを解釈すれば，かつで結ばれた前半部分は持株基準による規定であり，後半部分は支配力基準であり，持株基準をクリアーしないかぎり，支配力基準を適用できない規定になっており，その限りにおいてこの規定はIASB基準（IFRS）および諸外国の基準とは異なり，持株基準そのものであるともいえる。いいかえれば，従来のように意図的に40%を割るように子会社株式の一部売却を行うことによって連結はずしを行うことは概念的には可能であるともいえるが，果たしてそうであろうか。

　そこで上記の要件について，連結実務においてしばしば問題になる「緊密な者」および「同意している者」の範囲と議決権の所有割合の算定の視点から考えてみよう。これらの解釈いかんによっては40%未満でも連結子会社になるからである。

　まず，「緊密な者」とは出資，人事，資金，技術，取引等の関係からみて自己の意思と同一の内容の議決権を行使すると認められる者をいい，「同意している者」とは自己の意思と同一の内容の議決権を行使することに同意している者であるので（「財規」8条4項2号イ参照），自己の議決権が例えば30%であっても「緊密な者」および「同意している者」の議決権と合計すれば議決権の過半数となる場合は，自己の保有する議決権が40%未満であっても，相手の会社は連結子

会社となる。また，議決権（持株比率）の算定にあたっては，発行済株式総数から端株，「商法」第241条３項による25％以上の相互持合い株式などを控除しなければならない（連結取扱２，(1)）ので，やはり40％未満でも連結子会社になるケースは少なくない。

かくして，「連結取扱」および「財規」は事実上**支配力基準を採用**しているといってよい。

なお，子会社であっても，その資産，売上高などを考慮して，連結の範囲から除いても企業集団の財政状態および経営成績に関する合理的な判断を妨げない程度に重要性の乏しい子会社はもとより，次に該当するものは**連結の範囲から除外**することができる（「連結原則」第三，一，４，「連結注解」６）。

(1)　支配が一時的であると認められる会社
(2)　上記(1)以外の会社であって，連結することにより利害関係者の判断を著しく誤らせるおそれのある会社

また，更生会社，整理会社，破産会社などであって，かつ有効な支配従属関係が存在せず組織の一体性を欠くと認められる会社は，財産の処分権などが管財人などに委ねられ，親会社の支配外であるところから子会社には該当しない（「連結注解」３）。

4・3 関連会社の範囲

従来の連結実務によれば，財務および営業の方針決定に対して重要な影響を与えることができると認められる場合であっても，議決権の所有割合が20％未満であるときは，関連会社に該当せず，後述する**持分法**の対象外となっていた。

このために，「連結原則」では，IASB基準（IFRS）や諸外国の基準を参考に

「商法」第241条
③　会社，親会社及子会社又ハ子会社ガ他ノ株式会社ノ総株主ノ議決権ノ４分ノ１ヲ超ユル議決権又ハ他ノ有限会社ノ総社員ノ議決権ノ４分ノ１ヲ超ユル議決権ヲ有スル場合ニ於テハ其ノ株式会社又ハ有限会社ハ其ノ有スル会社又ハ親会社ノ株式ニ付テハ議決権ヲ有セズ

して，いわゆる**影響力基準**を導入し，**関連会社**とは，親会社および子会社が，出資，人事，資金，技術，取引等の関係を通じて，子会社以外の他の会社の財務および営業の方針決定に対して重要な影響を与えることができる場合における当該他の会社をいうと定義され，次の場合には，子会社以外の他の会社の財務および営業の方針決定に重要な影響を与えることができないことが明らかに示されないかぎり，当該他の会社は関連会社に該当するとされている（「連結原則」第四，八，2，「連結注解」20）。

(1)　子会社以外の他の会社の議決権の100分の20以上を実質的に所有している場合（当該議決権の100分の20以上の所有が一時的であると認められる場合を除く）

(2)　他の会社に対する議決権の所有割合が100分の20未満であっても，一定の議決権を有しており，かつ当該他の会社の財務および営業の方針決定に対して，たとえば他の会社の財務および営業の方針決定に重要な影響を与える契約が存在する場合など一定の事実が認められる場合

影響力基準についても，支配力基準と同様に，「連結取扱」および「財規」に具体的な指針が示されている。すなわち，子会社以外の他の会社等の議決権の15％以上，20％以下を自己の計算において所有している場合であって，かつ，次のいずれかの要件に該当する場合には関連会社に該当するとしている（「連結取扱」第二，2，(2)，「財規」第8条6項2号）。

(1)　自己の役員・使用人である者（これらであった者も含む）が代表取締役，取締役等に就いていること

(2)　重要な融資を行っていること

(3)　重要な技術を提供していること

(4)　重要な営業上・事業上の取引があること

(5)　その他，重要な影響を与える事実があること

しかし，ここでも，持株比率が15％以上という持株基準をクリアーしない限

556

図表22－5　子会社および関連会社の判定基準

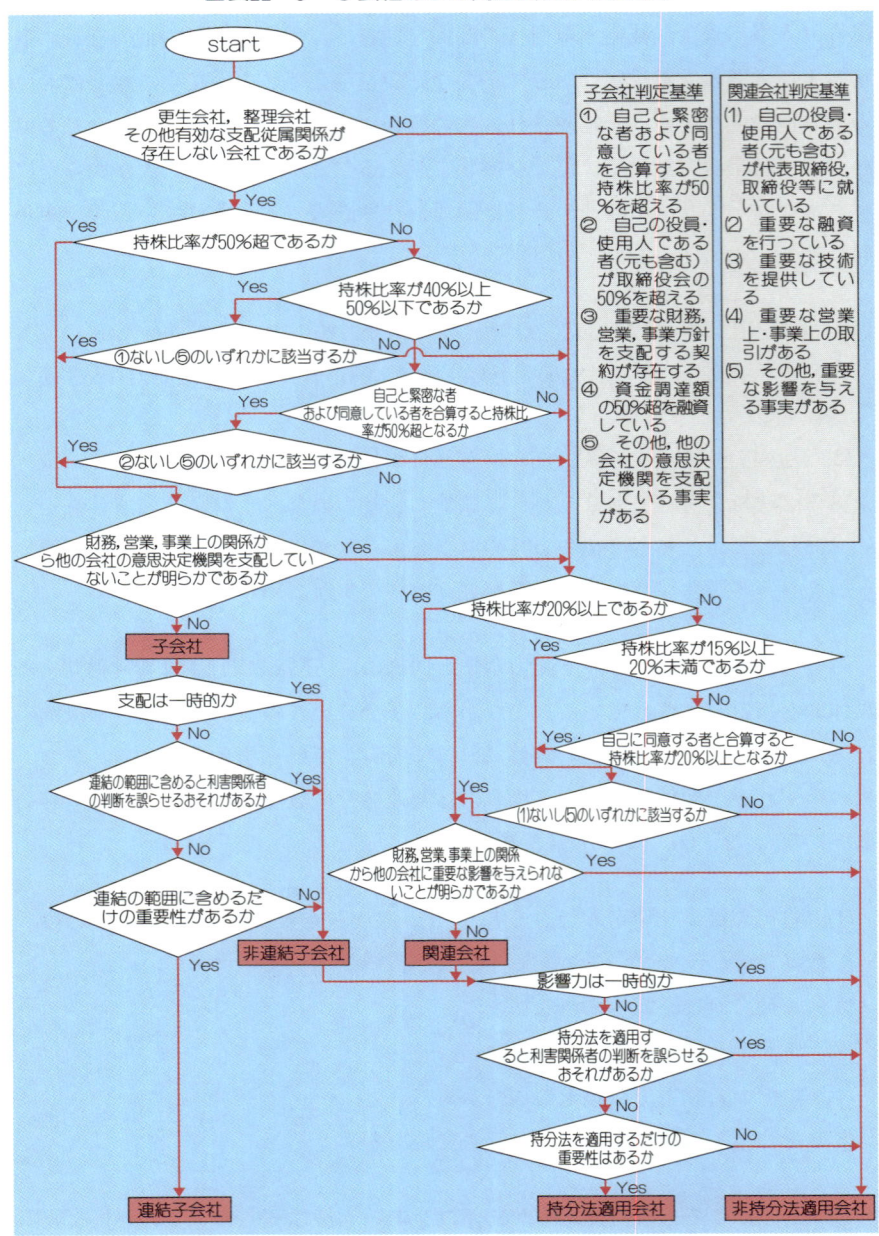

り，影響力基準が適用されない規定になっているというわかりにくさの問題点があるといえるが，支配力基準と同様の手当て（「連結取扱」二，2，(3)）によって，実務上は15％未満でも関連会社に該当するケースがあるといえ，したがって影響力基準を採用しているといえよう。

なお，更生会社，整理会社，破産会社などであって，かつ当該他の会社の財務および営業の方針決定に対して重要な影響を与えることができないと認められる会社は，関連会社に該当しないものとされる（「連結注解」19）。

以上述べた支配力基準および影響力基準についてまとめたものが，**図表22-5**である。

4・4　連結決算日

連結財務諸表は**企業集団**を単一の組織体とみなして，親会社が当該企業集団の財政状態および経営成績を統合的に報告するために作成されているので，親会社と子会社の決算日が同一日であることが望ましい。

しかし，親会社の決算日（これを**連結決算日**という）がたとえば3月末日であるにもかかわらず，子会社の決算日が前年の12月末日であるケースのように，実際には企業集団内の決算日が連結決算日と必ずしも一致しているとはかぎらない。

このような場合には，(1)決算日の差異が3カ月を超えない場合には，親会社はそのまま子会社の正規の決算に基づいて連結決算を行うことができるが，(2)決算日の差異が3カ月を超える場合には，子会社は連結決算日に正規の決算に準ずる合理的な手続によって決算を行わなければならない（「連結原則」第三，二，「連結注解」注7）。

上記(1)の場合は，いわゆる**3カ月ルール**とよばれている方法であるが，会計期間にズレが生じているため，連結会社間の取引，債権・債務などが一致しないので，そのうちの重要なものについて必要な整理を行ったうえで連結をしなければならない。

また，(2)の場合，子会社が連結決算日に**連結仮決算**を行う方法であるが，子会社自らの正規の決算に加えて，連結のための仮決算も行わなければならない

という事務作業量の点からみるとあまり実務的であるとは思えない。したがって，子会社の決算日はできるだけ連結決算日に統一しなければならないといえる。

4・5 連結会社の会計処理の原則および手続

減価償却の方法，棚卸資産の原価配分の方法など GAAP に選択の余地があったり，また子会社の業種，所在国などによって，子会社が採用する会計処理の原則および手続が親会社と異なっていることが少なくない。

連結財務諸表の有用性を高めるためには，連結会社が採用する会計処理の原則および手続が同一であることが望ましい。しかし，現実には子会社の税務上の問題などで，連結会社の会計処理の原則および手続は統一されていないことのほうが多い。従来，わが国の実務上では，統一されずそのまま連結されてきたのが実情であった。

しかし，同一の環境のもとで，同一の性質の取引などについて連結会社間で異なる会計処理が行われているときには，その個別財務諸表をベースにした連結財務諸表が企業集団の財政状態，経営成績などの適切な表示を損うことになることは否めない。このような考え方から，「連結原則」では，たとえば，棚卸資産の原価配分方法である先入先出法，平均法など経営成績等の表示に重要な影響がないと考えられるものを除き，同一の環境のもとで行われた同一の性質の取引などについては，原則として，連結会社間の会計処理の統一を求めている（「連結原則」第三，三）。

この場合，子会社の会計処理を親会社の会計処理に合わせるケースはもとより，親会社の会計処理を子会社の会計処理に合わせるケースも考えられるが，より合理的な会計処理の原則および手続を選択すべきであることはいうまでもない。

▶ 5　連結財務諸表作成の基礎

5·1　連結財務諸表作成の考え方

　連結財務諸表を作成するためには，**企業集団**または**連結財務諸表の本質**をどのようにみるか（これを**連結基礎概念**といい，古くは**連結主体論**とよばれていた）によって作成される連結財務諸表も著しく異なる。これには，大別して**親会社概念**（parent company concept）と**経済的単一体概念**（economic unit concept, これを**エンティティ概念**ともいう）とがある。

　まず，**親会社概念**についていえば，これはアメリカの連結実務のなかで形成されてきた考え方であり，企業集団の持分比率を重視し，企業集団は最大持分を有している親会社のものであるとする考え方である。したがって，利害関係者は親会社の株主のみであり，連結財務諸表も親会社の株主のために作成されるとみなされるため，**連結財務諸表は親会社の個別財務諸表の延長線上にある**とする考え方である。

　これに対して，**経済的単一体概念**とは，ムーニッツ教授がその著書 *The Entity Theory of Consolidated Statements*（AAA, 1944）（白鳥庄之助訳「ムーニッツ連結財務諸表論」同文舘，1964年）で初めて提唱した考え方であるが，これ**は企業集団に参加するすべての会社を１つのエコノミック・ユニット**，すなわちエンティティとみなす考え方である。したがって，利害関係者には親会社株主のみならず，少数株主も含まれると考えられ，その意味で，連結財務諸表はまさしくグループ・アカウンツ（group accounts）であり，企業集団の財務諸表そのものであるとする考え方である。

　いずれの考え方においても，企業集団全体の資産および負債と収益および費用を連結財務諸表に表示する点では変わりない。しかし，**連結の範囲，少数株主持分，連結調整勘定**（すなわち，連結のれん），さらには株式の追加取得，一部売却などの**支配獲得後の持分変動**をはじめとする資本の処理，連結会社間取引と**未実現利益の消去**などの処理については，いずれの考え方をとるかによって

違いが生じてくる。とりわけ著しい相違が生じるのは，資本連結手続である。

　まず，連結の範囲（＜本章4・1　連結範囲の決定基準＞参照）についていえば，親会社概念をとれば，持分比率を重視するので，持株基準という論理になる。これに対して，経済的単一体概念をとれば，持分比率よりも，経済的な支配の事実を重視するので，支配力基準という論理になる。

　次に，資本連結手続（＜本章6・2　資本連結手続＞参照）の資本の部分については，親会社概念に基づけば，親会社の持分だけが資本と考えられるのに対し，経済的単一体概念に基づけば，親会社持分はもとより，少数株主持分をも含むすべての持分が資本であると考えられることになる。少数株主持分についても，親会社概念に基づけば，少数株主は親会社に対してエクイティまたは持分を何らもっているわけではないので，資本ではなく，したがって負債であるとの考え方になる。結局，この考え方に基づけば，連結貸借対照表の資本の部は親会社の持分のみが表示され，少数株主持分は負債の部で表示されることになる。

　これは，従来の連結原則がとっていた考え方である。しかし，少数株主持分は親会社の株主からみれば，第三者持分ではあるが，少数株主に対して現金その他の資産をもって弁済すべき債務でもないところから，負債でもないとする考え方もできる。したがって，少数株主持分は資本でも，負債でもない連結財務諸表固有の項目であるとの立場から，負債の部と資本の部の中間に独立の一区分として表示する論理が出てくることになる。

　これに対して，経済的単一体概念の立場から，少数株主持分をみると，上述のように，エコノミック・ユニットとしては親会社持分と同様の性質をもっているところから，資本と考えられることになる。したがって，連結財務諸表は親会社はもとより企業集団全体の連結財務諸表と位置づけられるところから，資本の部には企業集団を構成するすべての会社の株主持分が反映されることになる。しかし，経済的単一体である以上，少数株主持分と親会社持分とを区別する意味がないので，連結持分というべきとの考え方もできると思われる。

　次いで，子会社の資産，負債の評価方法（＜本章6・3　子会社の資産および負債の時価評価＞参照）についても，親会社概念をとれば，子会社の資産および負債のうち親会社の持分に相当する部分だけを，株式の取得日ごとにその時の時価

で評価する部分時価評価法になるであろうし，経済的単一体概念をとれば，少数株主持分に相当する部分を含めて子会社の資産および負債のすべてを支配獲得日の時価で評価する全面時価評価法になるといえる。また，連結調整勘定の計上範囲についても，親会社概念に立てば，買入れのれん的な考え方をとるので，子会社に対する投資と，子会社の純資産のうちの親会社持分との差額が連結調整勘定になり，経済的単一体概念に立てば，全部のれん的な考え方をとるので，親会社持分のみならず，少数株主持分にものれんがあるとみなされ，したがって，子会社に対する投資と子会社の純資産の公正価値との差額が連結調整勘定とみなされるといえる。

　さらに，連結会社間取引（＜本章7・6　連結会社相互間の内部取引の相殺消去＞参照）については，親会社概念に基づけば，基本的に外部取引であるとみなされるのに対して，経済的単一体概念に基づけば，内部振替取引またはグループ間の取引とみなされ，この点が大きな違いである。このことは，ダウンストリームとアップストリーム（＜本章7・7　未実現損益の消去＞参照）を考えると，親会社概念に基づけば，ダウンストリームであろうとアップストリームであろうと，いわゆる親会社持分相当額消去方式という論理になり，経済的単一体概念に基づけば，ダウンストリームの場合には少数株主は存在せず，売買損益は親会社に計上されるので，未実現損益を全額消去して，その全額を親会社が負担する全額消去・親会社負担方式になる。また，経済的単一体概念のもとでのアップストリームの場合には，外部者との取引は存在しないと仮定しているので，未実現損益は全額消去されるわけであるが，消去額は子会社に対する持分比率に応じて親会社と少数株主が負担する全額消去・持分比率負担方式という論理になるといえよう。

　さらに，支配獲得後の持分の変動（＜本章9　支配獲得後における資本連結手続＞参照）についても，親会社概念をとれば，株式の一部売却の場合には，親会社と外部の第三者との取引とみなすので，売買損益を計上することになり，また，子会社株式の追加取得の場合には，資本連結時と同じ処理になるといえる。

　これに対して，経済的単一体概念をとると，少数株主持分も資本の一部であるので，株式の一部売却であろうと，追加取得であろうと，資本取引というこ

とになり，少数株主と親会社の取引は資本の内部の動きなので，損益計算書には出てこないという論理になる。

日本の場合には，これまで個別財務諸表が主であったために，「連結原則」でも親会社の個別財務諸表を重視する親会社概念のほうが，日本企業の経営感覚にマッチしているという理由から，従来どおり，親会社概念が採用されているといえよう。

ただし，「連結原則」では連結の範囲，子会社の資産，負債の評価法，とりわけ全面時価評価法，連結会社間取引などについては，必ずしも親会社概念に基づいているわけではない。この点は従来の「連結原則」でも同じであり，FASB基準，IASB基準（IFRS）でも同じである。したがって，「連結原則」は連結基礎概念または連結主体論と一致している方が調和がとれて，見た目にも美しいかもしれないが，現行実務は必ずしも理論のみから導き出されているわけではない。要するに，制度というのは無菌状態の会計理論と同じではなく，制度として動く理論こそが会計理論であるといえよう。

`5・2` 連結財務諸表作成のプロセス

連結財務諸表作成手続のポイントを端的にいえば，親会社の個別財務諸表と子会社の個別財務諸表を単純に合算することにあるといってよい。もちろん，親会社の個別財務諸表と子会社の個別財務諸表を単純に合算しただけでは，連結財務諸表を作成できないし，また企業集団の財政状態および経営成績を適切に把握できるとはいえない。ここで重要なことは，企業集団の観点からみた修正仕訳（これを連結消去仕訳という）を行わなければならなく，この連結消去仕訳が連結精算表上で行われるという点である。すなわち，連結財務諸表は，個別財務諸表のように会計帳簿から誘導して作成するのではなく，連結精算表を用いて，いいかえれば帳簿記録に基づかないいわば簿外の手続として作成するところに大きな特徴がある。このために，たとえば，後述する連結財務諸表に固有の開始仕訳は，連結消去仕訳が簿外の手続であることから行わなければならない仕訳であり，また連結調整仕訳は，子会社の資産および負債の時価評価が連結精算表で行われるためにしなければならない仕訳である。

　もちろん，この説明で連結財務諸表の作成手続がすべて理解できるわけではない。ここでは，連結財務諸表は個別財務諸表を単純に合算し，それに連結消去仕訳を簿外で（連結精算表上で）行うことによって作成されるというおおまかな作成プロセスを理解することが大切である。

　以上のプロセスによって，連結財務諸表はほぼ作成できることになるが，いくつかの数値は連結財務諸表により算定する必要がある。その典型が，**利益剰余金**である。すなわち，連結損益計算書で当期純利益を算定し，その金額を連結剰余金計算書に移記し，また連結貸借対照表の利益剰余金を連結剰余金計算書の利益剰余金期末残高に移記することによって連結剰余金計算書の利益剰余金の部が完成することになる。

　以上述べてきた連結財務諸表作成の基本プロセスを示したのが，**図表22−6**である。

5・3　連結財務諸表作成手続

　いよいよ，「連結原則」に基づいて，以下で連結財務諸表の作成を学ぶことにしよう。**連結財務諸表作成手続**は複雑なので，本書で扱う内容を時系列で示すことにする。本書では［基本例4］からスタートし，これに期中取引を追加して［基本例17］で連結財務諸表の作成ができるように工夫をしている。学習している途中で，どこを学んでいるのかがわからなくなったら，もう一度この図表22−7および図表22−8に戻ってほしい。

▶ 6　連結貸借対照表の作成基準

6・1　連結貸借対照表作成の基礎

　連結財務諸表は，親会社が子会社を実質的に支配することになった時（これを**支配獲得時**という）から作成する。支配獲得時に最初に作成される連結財務表は，**連結貸借対照表**である。

　連結貸借対照表は連結決算日現在における企業集団の財政状態を示す財務表

564

図表22-6　連結財務諸表作成の基本プロセス

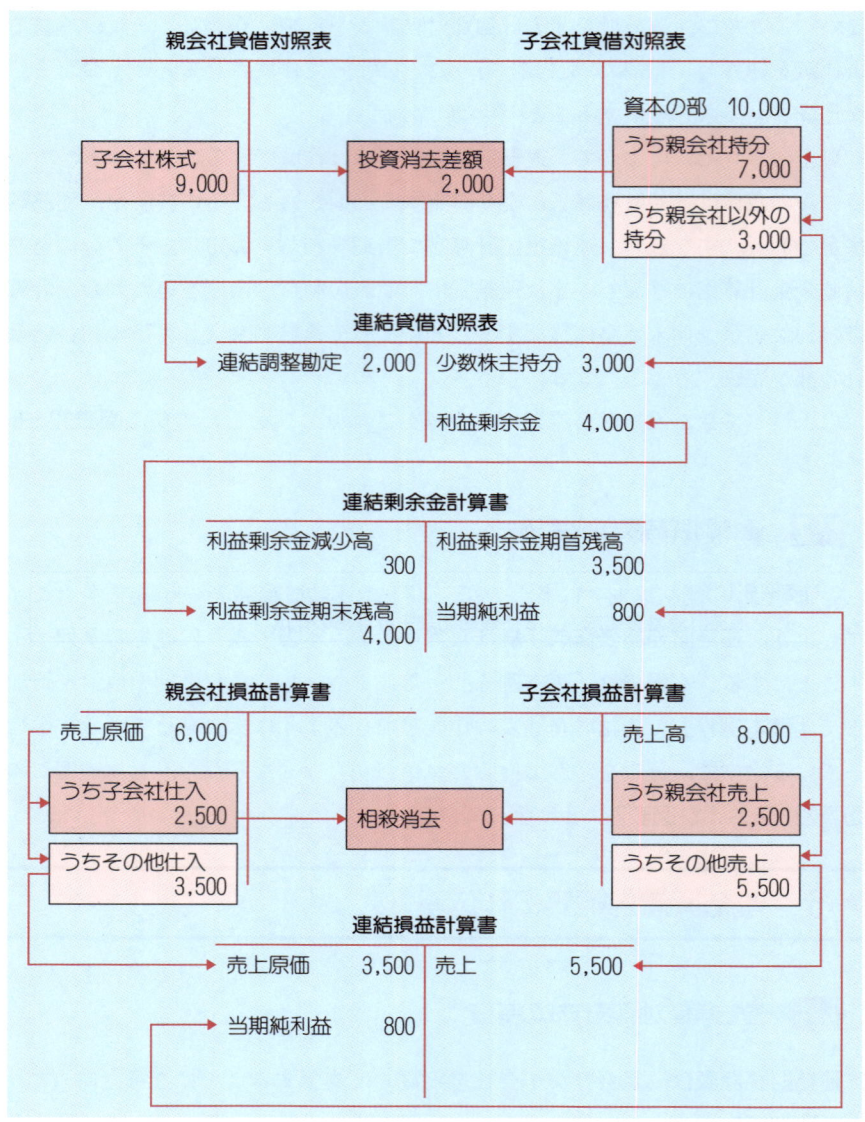

図表22-7　連結財務諸表作成手続

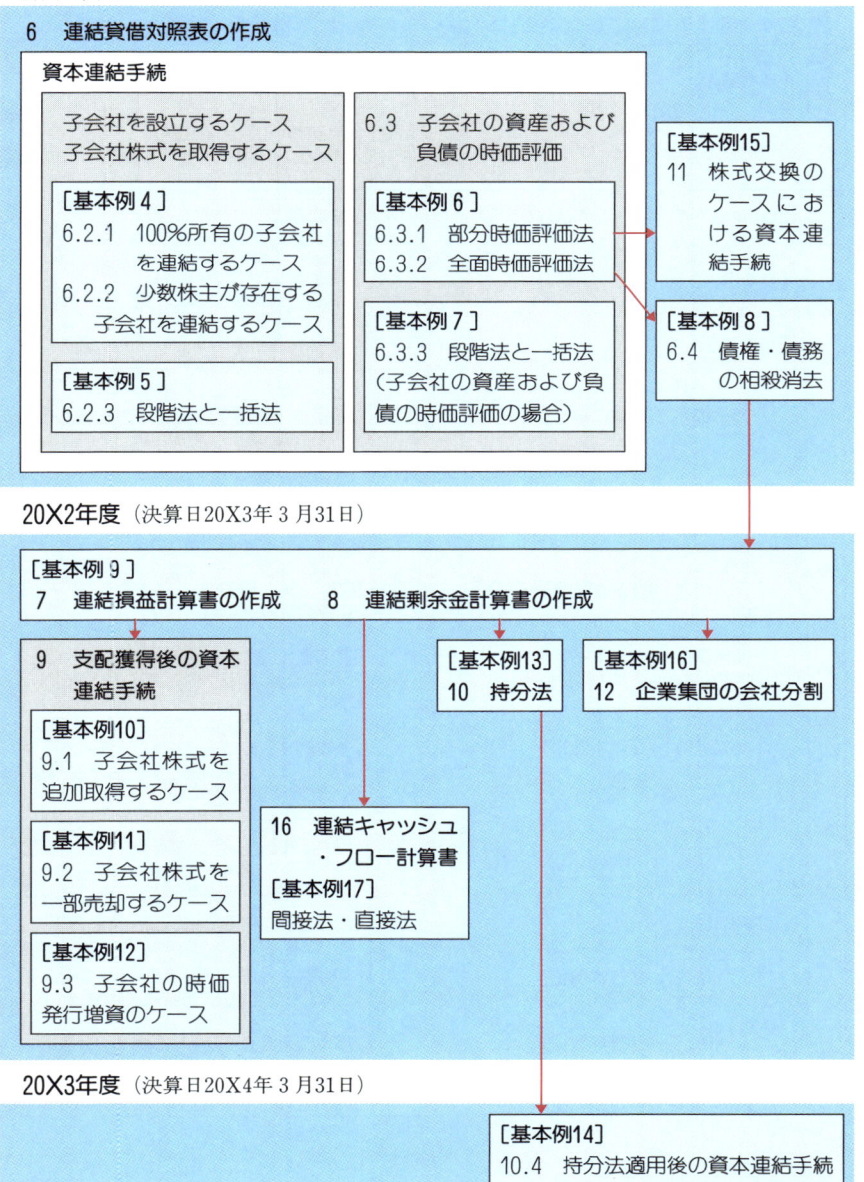

20X1年度（決算日20X2年3月31日）

6　連結貸借対照表の作成

資本連結手続

子会社を設立するケース
子会社株式を取得するケース

［基本例4］
6.2.1　100%所有の子会社
　　　を連結するケース
6.2.2　少数株主が存在する
　　　子会社を連結するケース

［基本例5］
6.2.3　段階法と一括法

6.3　子会社の資産および負債の時価評価

［基本例6］
6.3.1　部分時価評価法
6.3.2　全面時価評価法

［基本例7］
6.3.3　段階法と一括法
（子会社の資産および負債の時価評価の場合）

［基本例15］
11　株式交換のケースにおける資本連結手続

［基本例8］
6.4　債権・債務の相殺消去

20X2年度（決算日20X3年3月31日）

［基本例9］
7　連結損益計算書の作成　　8　連結剰余金計算書の作成

9　支配獲得後の資本連結手続

［基本例10］
9.1　子会社株式を追加取得するケース

［基本例11］
9.2　子会社株式を一部売却するケース

［基本例12］
9.3　子会社の時価発行増資のケース

16　連結キャッシュ・フロー計算書
［基本例17］
間接法・直接法

［基本例13］
10　持分法

［基本例16］
12　企業集団の会社分割

20X3年度（決算日20X4年3月31日）

［基本例14］
10.4　持分法適用後の資本連結手続

図表22 - 8 ［基本例］に基づく連結財務諸表作成手続

	20X2年 3 月31日	20X3年 3 月31日	20X4年 3 月31日	

評価差額なし

［基本例 4 ］ ········· 70％取得/連結貸借対照表の作成

20％取得

［基本例 5 ］ ········· 70％取得（50％追加取得）
連結貸借対照表の作成（段階法と一括法）

［基本例 6 ］ ········· 70％取得
連結貸借対照表の作成（段階法と一括法）

20％取得

［基本例 7 ］ ········· 70％取得（50％追加取得）
連結貸借対照表の作成（段階法と一括法）

［基本例 8 ］ ········· 70％取得/［基本例 6 ］に債権・債務の相殺消去を追加/連結貸借対照表の作成

評価差額あり

70％取得 ［基本例 9 ］ ········· 70％/［基本例 8 ］に連結損益計算書および剰余金計算書を追加/連結貸借対照表の作成/連結損益計算書の作成/連結剰余金計算書の作成

70％取得 ［基本例10］········· 90％（20％追加取得）/［基本例 9 ］に追加取得を追加/連結消去仕訳

70％取得 ［基本例11］········· 56％（14％一部売却）/［基本例 9 ］に一部売却を追加/連結消去仕訳

70％取得 ［基本例12］········· 56％（親会社持分14％減少）/［基本例 9 ］に子会社時価発行増資を追加/連結消去仕訳

30％取得 ［基本例13］········· ［基本例 9 ］に持分法を追加/連結貸借対照表の作成/連結損益計算書の作成/連結剰余金計算書の作成

30％取得 ［基本例14］········· 70％（40％追加取得）/［基本例13］に追加取得を追加/連結消去仕訳

［基本例15］········· 100％/［基本例 6 ］に株式交換を追加

70％取得 ［基本例16］········· 42％（親会社持分28％減少）/［基本例 9 ］に会社分割を追加/連結消去仕訳

［基本例17］········· ［基本例 8 ］および［基本例 9 ］の連結財務諸表より連結キャッシュ・フロー計算書（間接法・直接法）の作成

であり，(1)親会社と子会社の個別貸借対照表における資産，負債および資本の金額を基礎にして，(2)子会社の資産および負債を評価し，親会社の投資と子会社の資本を相殺 消 去し，(3)連結会社相互間の貸付分である債権と借入分である債務の相殺消去などの処理を行って作成する（「連結原則」第四，一）。

　したがって，連結貸借対照表の作成のポイントは，(1)基準性の原則，(2)資本連結および(3)債権・債務の相殺消去である。

6・2　資本連結手続

　資本連結手続とは，親会社の子会社に対する投資とこれに対応する子会社の資本とを相殺消去し，消去差額が生じた場合には，これを連結調整勘定に計上するとともに子会社の資本のうち親会社に帰属しない部分を少数株主持分として処理する一連の会計手続をいう。これには，支配獲得時の資本連結手続と支配獲得後の資本連結手続とがあるが，ここではまず前者から学ぶことにしよう。

　たとえば，20X1年 3 月31日に，親会社（P社）が10,000千円を出資して子会社（S社）を設立し，子会社はそのうちの6,000千円を資本金に組み入れた場合の，P社およびS社の仕訳は，次のとおりである。

P社個別上の仕訳　　　　　　　　　　　　　　　　　　　（単位：千円）

（借）S 社 株 式	10,000	（貸）現 金 預 金	10,000

S社個別上の仕訳

（借）現 金 預 金	10,000	（貸）資　　本　　金	6,000
		資 本 準 備 金	4,000

　上記の仕訳は，P社がS社に10,000千円投資し，これをS社からみればP社から10,000千円出資された取引であることを示している。しかし，この取引は企業集団の観点からみれば内部取引であるので，連結貸借対照表の作成にあたっては，両社の個別貸借対照表を合算した後に，次の仕訳でP社の投資とS社の資本金および資本準備金（資本剰余金）を消去しなければならない。

連結消去仕訳

（借）	資　本　金	6,000	（貸）	S　社　株　式	10,000
	資　本　剰　余　金	4,000			

　子会社の支配を獲得するケースには，上述のように親会社が**子会社を設立するケース**のほかにも，すでに設立されている**子会社の株式を取得するケース**がある。次に，〔基本例4〕を用いてこのケースの会計処理を考えてみよう。

▶　**基本例4**　◀

　　親会社（P社）が子会社（S社）の発行済株式の70％を9,000千円で一括取得するとし，支配獲得日（20X1年度末（20X2年3月31日））の両社の貸借対照表が，次のとおりであったとする（単位：千円）。なお，重要な評価差額は発生していないものとする。

P社貸借対照表			
諸資産	200,000	諸負債	100,000
		資本金	60,000
		利益剰余金	40,000
	200,000		200,000

S社貸借対照表			
諸資産	20,000	諸負債	10,000
		資本金	6,000
		利益剰余金	4,000
	20,000		20,000

6・2・1　100％所有の子会社を連結するケース

　かりに，前掲の〔基本例4〕において親会社（P社）が子会社（S社）の発行済株式の100％を，S社の純資産額（簿価）に等しい10,000千円で一括取得したとしよう（ここでは，連結貸借対照表を作成するためのアウトラインを学ぶことを目的としているので，「連結原則」で義務づけられている支配獲得日における子会社の資産および負債の**時価評価を考慮外**としている）。

　このとき，両社の個別貸借対照表を単純合算した後に行われる**連結消去仕訳**および**連結精算表**を示せば，次のとおりである。

連結消去仕訳　　　　　　　　　　　　　　　　　　　　　　（単位：千円）

（借）資　本　金　　6,000　（貸）Ｓ社株式　　10,000
　　　利益剰余金　　4,000

連　結　精　算　表

（単位：千円）

勘　定　科　目	Ｐ社	Ｓ社	消　去		連結貸借対照表
Ｓ　社　株　式	10,000			10,000	
その他の諸資産	190,000	20,000	相殺消去		210,000
合　　　計	200,000	20,000			210,000
諸　　負　　債	100,000	10,000			110,000
資　　本　　金	60,000	6,000	6,000		60,000
利　益　剰　余　金	40,000	4,000	4,000		40,000
合　　　計	200,000	20,000			210,000
			10,000	10,000	

　　次に，［基本例４］において，Ｐ社がＳ社の発行済株式の100％を12,000千円で獲得したケースを考えてみよう（資産および負債の時価評価は考慮外とする）。このケースの連結消去仕訳および連結精算表を示せば，次のとおりである。

連結消去仕訳

（借）資　本　金　　6,000　（貸）Ｓ社株式　　12,000
　　　利益剰余金　　4,000
　　　連結調整勘定　2,000

　　このケースのように，投資と資本の消去差額を連結調整勘定という。後述するように，「連結原則」では，連結調整勘定を連結のれんとして性格づけ（ただし，連結調整勘定の金額に重要性が乏しい場合には，当該勘定が生じた期の損益として処理してもよい），これを，原則として，その計上後20年以内に定額法その他の

合理的な方法により償却する(「連結原則」第四,三,2)(**＜本章6・3　子会社の資産および負債の時価評価＞**および**＜本章7・4　連結調整勘定の償却＞**参照)。

連 結 精 算 表

(単位：千円)

勘　定　科　目	P社	S社	消　去		連結貸借対照表
S　社　株　式	12,000			12,000	
その他の諸資産	188,000	20,000			208,000
連結調整勘定			2,000		2,000
合　　　　計	200,000	20,000			210,000
諸　　負　　債	100,000	10,000			110,000
資　　本　　金	60,000	6,000	6,000		60,000
利　益　剰　余　金	40,000	4,000	4,000		40,000
合　　　　計	200,000	20,000			210,000
			12,000	12,000	

6・2・2　少数株主が存在する子会社を連結するケース

さらに,上述のようにP社がS社の発行済株式の100％ではなく,[基本例4]のように**その株式の70％を9,000千円で一括して獲得したケースの連結消去仕訳**および**連結精算表**を示せば,次のとおりである(資産および負債の時価評価は考慮外とする)。

連結消去仕訳　　　　　　　　　　　　　　　　　　　(単位：千円)

(借) 資　　本　　金　　6,000　　(貸) S　社　株　式　　9,000
　　　 利　益　剰　余　金　　4,000　　　　　 少数株主持分　　3,000*2
　　　 連結調整勘定　　2,000*1

* 1　9,000－([6,000＋4,000]×70％)＝2,000
* 2　(6,000＋4,000)×30％＝3,000

このケースのように,**親会社による子会社株式の所有比率が100％に達していないときには,子会社には親会社以外の株主**(これを**少数株主**という)**も存在す**

連　結　精　算　表

（単位：千円）

勘 定 科 目	P社	S社	消 去		連結貸借対照表
S 社 株 式	9,000			9,000	
その他の諸資産	191,000	20,000			211,000
連 結 調 整 勘 定			2,000		2,000
合　　　計	200,000	20,000			213,000
諸　負　債	100,000	10,000			110,000
少数株主持分				3,000	3,000
資　本　金	60,000	6,000	6,000		60,000
利 益 剰 余 金	40,000	4,000	4,000		40,000
合　　　計	200,000	20,000			213,000
			12,000	12,000	

ることになる。**少数株主が存在する場合**には，子会社の資本を株式の持分比率に基づいて親会社に帰属する持分（これを**親会社持分**といい，子会社の資本×親会社の所有比率で求める。このケースの場合には，10,000千円×70%）と**少数株主に帰属する持分**（これは**子会社の資本×少数株主の所有比率**で求める。このケースの場合には，10,000千円×30%）とに分割し，前者は親会社の**投資と相殺消去**し，後者は**少数株主持分**として処理する。

6・2・3　段階法と一括法

　親会社による子会社株式の取得は，支配獲得時まで2回以上に及ぶことも少なくない。このような場合の資本連結手続には，投資と資本の相殺消去を段階的に行う方法（これを**段階法**という）と，この方法の**簡便法**として，支配獲得時点において一括して株式を取得したとみなし，一括して相殺消去を行う方法（これを**一括法**という）とがある。後述するように，「連結原則」では，子会社の支配獲得日にその資産・負債について時価評価することを義務づけているが，いずれの時価評価の方法をとるのかによって，段階法と一括法の位置づけが異

なる（詳しくは，＜本章6・3・3　段階法と一括法（子会社の資産および負債の時価評価を行う場合）＞参照）。

　しかし，説明をいたずらに複雑にしないために，ここではさしあたり時価評価を行わない［基本例4］の条件を変更した［基本例5］を用いて，段階法と一括法との基本的な考え方の違いを学ぶことにしよう。

▶　**基本例5**　◀

　20X2年3月31日にS社の発行済株式総数の70％を一括して9,000千円で取得していた［基本例4］の条件を変更して，ここでは，次のように段階的に取得していたとする（単位：千円）。

			取得時のS社の資本勘定	
取　得　日	取得割合	取得価額	資本金	利益剰余金
20X0年3月31日	20%	1,600	6,000	2,000
20X2年3月31日	50%	7,400	6,000	4,000
合　　　　計	70%	9,000		

⑴　段 階 法

　段階法による投資と資本の相殺消去の仕訳を示すと，まず，第1回目（20X0年3月31日）の取得について，20X2年3月31日の決算で行われる仕訳を示せば，次のとおりである。

（単位：千円）

（借）資　　本　　金	6,000	（貸）S　社　株　式	1,600
利 益 剰 余 金	2,000	少 数 株 主 持 分	6,400*

＊　（資本金6,000＋利益剰余金2,000）×少数株主持分比率80％＝6,400

　次に，第2回目の取得の前までの子会社の利益剰余金の増加分2,000千円のうち，**少数株主に帰属する利益剰余金増加分**を**少数株主持分に振り替える**仕訳を行う。

（借）利 益 剰 余 金　　1,600*　（貸）少 数 株 主 持 分　　1,600

* 利益剰余金の増加分2,000千円のうち，P社の持分400（＝2,000×20％）千円が
利益剰余金として計上されるが，これは親会社に帰属する利益剰余金なので，相
殺消去の対象にはならない。

さらに，第2回目の取得（20X2年3月31日）について，20X2年3月31日の決算
で行われる仕訳を示せば，次のとおりである。

（借）少 数 株 主 持 分　　5,000*1　（貸）S 　社 　株 　式　　7,400
　　　連 結 調 整 勘 定　　2,400*2

上記の仕訳を説明すると，次のとおりである。**少数株主持分**は，20X0年3月
31日の80％から親会社の追加取得（50％）によって30％に減少したので，その減
少分を5,000*1（＝第2回目の取得直前の少数株主持分 $[6,400+1,600] \times \dfrac{5}{8}$）千円
と計算する。これを7,400千円で取得したので，その差額2,400*2（＝7,400－
5,000）千円が**連結調整勘定**となる。

以上が段階法による仕訳であるが，通常，これらを次のようにまとめて行え
ばよい。

連結消去仕訳

（借）資 　本 　金　　6,000　（貸）S 　社 　株 　式　　9,000
　　　利 益 剰 余 金　　3,600　　　　少 数 株 主 持 分　　3,000
　　　連 結 調 整 勘 定　　2,400

上記のように計算してもよいが，次のように計算することもできる。

　利益剰余金：4,000－2,000×20％＝3,600

　少数株主持分：（6,000＋4,000）×30％＝3,000

なお，連結精算表を示せば，次のとおりである。

連 結 精 算 表

（単位：千円）

勘 定 科 目	P社	S社	消 去		連結貸借対照表
S 社 株 式	9,000			9,000	
その他の諸資産	191,000	20,000			211,000
連 結 調 整 勘 定			2,400		2,400
合　　　　計	200,000	20,000			213,400
諸　　負　　債	100,000	10,000			110,000
少 数 株 主 持 分				3,000	3,000
資　　本　　金	60,000	6,000	6,000		60,000
利 益 剰 余 金	40,000	4,000	3,600		40,400
合　　　　計	200,000	20,000			213,400
			12,000	12,000	

⑵　一 括 法

　一括法は，支配獲得時にすべての子会社株式を一括して取得したとみなす方法であるので，実際に一括して取得した［基本例４］と同じ処理を行えばよい。

　段階法と一括法とを比較すると，連結調整勘定の金額と利益剰余金の金額が異なる。これは，一括法の場合には，支配獲得前の子会社の増加利益剰余金のうち親会社持分に相当する額400千円（＝［4,000−2,000］×20％）が利益剰余金とみなされず，投資と支配獲得時の資本の差額が連結調整勘定として計上されるためである。

　さて，ここまでの説明は，連結財務諸表のなかの連結貸借対照表作成のアウトラインを理解するために，子会社の資産および負債の評価は簿価を前提にしていた。「連結原則」では，企業結合の会計処理方法であるパーチェス法（個々の資産を取得するケースと同様に，支払対価で取得した純資産を評価し，取得した純資産の公正価値よりも支払対価（取得日現在の原価）のほうが大きい場合には，その超過額をのれん（逆の場合には，負ののれん）として処理する方法）と同様に，次のような資本連結手続がとられている。

6·3　子会社の資産および負債の時価評価

　すでに学んだように，支配獲得時においては，親会社は株式の取得を通じて結果的に子会社の資産および負債を取得することになる。「連結原則」では，取得したこれらの資産および負債の評価は，重要性が乏しい場合（この場合には，子会社の個別貸借対照表上の簿価によって評価する）を除き，子会社の個別財務諸表における簿価を離れて，公正な評価額または時価（以下，時価と総称する）によって評価する考え方をとっている（「連結原則」第四，二，「連結注解」1）。

　この場合の時価による評価方法には，2つの方法がある（「連結原則」第四，二，(1)，(2)）。1つは，子会社の資産および負債のうち親会社の持分に相当する部分のみについては，時価により評価し，少数株主持分に相当する部分については，子会社の個別貸借対照表上の金額により評価する方法（これを部分時価評価法という）である。もう1つは，親会社持分であると少数株主持分であるとを問わず，子会社の資産および負債のすべてを支配獲得日の時価により評価する方法（これを全面時価評価法という）である。したがって，両者の違いを端的にいえば，子会社の資産および負債の評価の時点と範囲にあるといってよい。

　これまでにも，投資消去差額の原因分析（たとえば，土地および投資有価証券の含み損益など）を通じて，結果的には部分時価評価法と同様の会計処理が行われてきたといえるが，「連結原則」では国際的な動向をも考慮して部分時価評価法と全面時価評価法の選択適用を認めている。

　以下，2つの時価評価の方法を説明するが，上述のように，親会社による子会社株式の取得が，支配獲得時まで2回以上に及ぶ場合の資本連結手続には段階法と一括法とがあるが，これらと子会社の資産・負債の時価評価とを同時に説明しようとすると，いたずらに煩雑になる。したがって，ここでは，子会社株式を一括して取得した例である［基本例6］をベースに子会社の資産・負債の時価評価について説明し，子会社株式を段階的に取得した場合の子会社の資産・負債の時価評価については，＜本章6·3·3　段階法と一括法（子会社の資産および負債の時価評価を行う場合）＞で説明することにしよう。

基本例6

親会社（P社）が子会社（S社）の発行済株式の70%を，9,000千円で一括取得した［基本例4］に，下記の条件を追加することにする。便宜上，支配獲得日（20X1年度末［20X2年3月31日］）の両社の貸借対照表も示せば，次のとおりである（単位：千円）。

P社貸借対照表				S社貸借対照表			
諸資産	200,000	諸負債	100,000	諸資産	20,000	諸負債	10,000
		資本金	60,000			資本金	6,000
		利益剰余金	40,000			利益剰余金	4,000
	200,000		200,000		20,000		20,000

支配獲得日にS社の諸資産および諸負債を時価評価したところ，それぞれの時価評価総額は23,000千円および12,000千円であった。

以下，［基本例6］を用いて，部分時価評価法（図表22-9）と全面時価評価法（図表22-10）とで連結精算表の作成プロセスと処理を学ぶことにしよう。

6·3·1 部分時価評価法

すでに述べたように，この方法は，株式の取得に応じて子会社の資産および負債のうち親会社持分に相当する部分（［基本例6］のケースでは70%）のみを時価評価し，少数株主持分に相当する部分についてはS社の原価ベースの個別貸借対照表上の金額である3,000千円（すなわち，［資本金6,000＋利益剰余金4,000］×30%）で評価する方法である。

連結消去仕訳　　　　　　　　　　　　　　　　　　　（単位：千円）

（借）諸 資 産　2,100*1　（貸）諸 負 債　1,400*2
　　　　　　　　　　　　　　　　利 益 剰 余 金　700

図表22－9　［基本例6］に基づく部分時価評価法

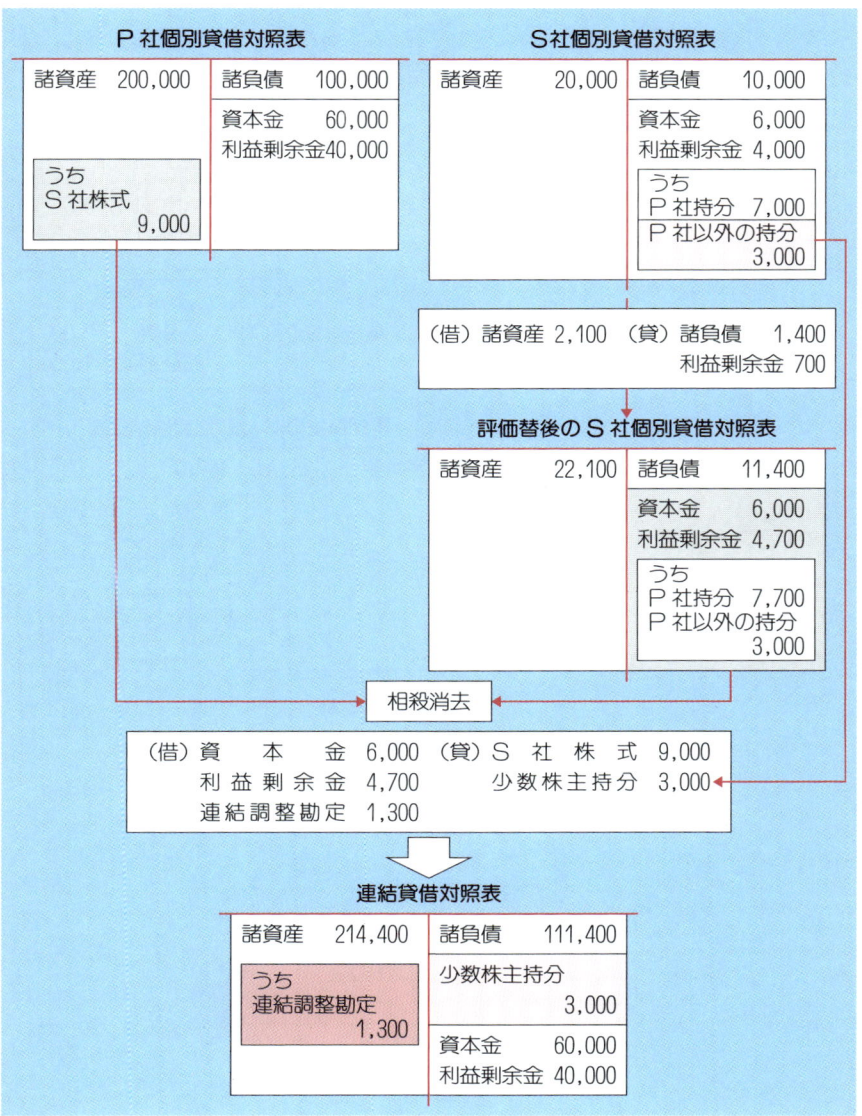

図表22‐10 ［基本例 6 ］に基づく全面時価評価法

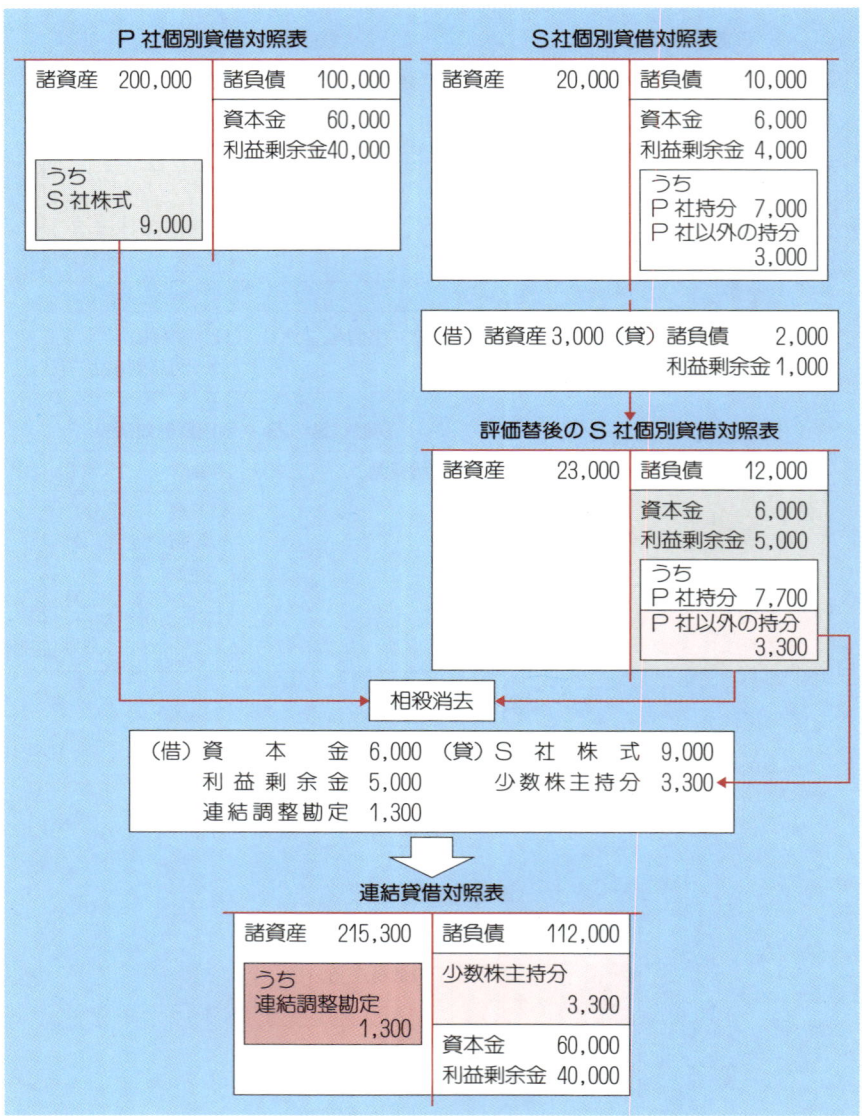

＊1　資産評価替え分3,000×70％＝2,100

＊2　負債評価替え分2,000×70％＝1,400

（借）資　本　金	6,000	（貸）Ｓ　社　株　式	9,000
利　益　剰　余　金	4,700＊1	少　数　株　主　持　分	3,000＊3
連　結　調　整　勘　定	1,300＊2		

＊1　4,000（利益剰余金）＋700（評価差額）＝4,700

＊2　9,000－（[6,000＋4,000]×70％＋700）＝1,300

＊3　（6,000＋4,000）×30％＝3,000

　上記の仕訳はすべて連結精算表上で行うが，その基本的な考え方を説明すれば，次のとおりである。

　Ｓ社を時価評価した結果，**評価差額**1,000（＝[23,000－20,000]－[12,000－10,000]）千円が生じるが，**部分時価評価法**なので，評価差額のうち親会社持分に相当する額は700（＝1,000×70％）千円である。この評価差額700千円は，会計理論上，利益剰余金の一種である**評価替剰余金**の性格をもっているといえる。「連結財規」では，**資本の部**は，**資本金**，**資本剰余金**および**利益剰余金**に分類される（第42条）ので，この評価差額も利益剰余金に含められる。しかし，利益剰

「連結財規」第42条

① 資本は，資本金，資本剰余金及び利益剰余金に分類し，それぞれ，資本金，資本剰余金及び利益剰余金の科目をもつて掲記しなければならない。

② 財務諸表等規則第62条第1項，第63条第2項及び第65条第2項の規定は，新株式払込金，申込期日経過後における新株式申込証拠金及び法律で定める準備金で資本準備金又は利益準備金に準ずるものについて準用する。

③ 土地再評価法第7条第2項に規定する再評価差額金は，第1項の規定にかかわらず，利益剰余金の次に別に区分を設け，土地再評価差額金の科目をもつて掲記しなければならない。

④ 資本の部に計上されるその他有価証券の評価差額は，第1項の規定にかかわらず，利益剰余金の次に別に区分を設け，その他有価証券評価差額金の科目をもつて掲記しなければならない。

⑤ 外国にある子会社又は関連会社の資産及び負債の換算に用いる為替相場と資本の換算に用いる為替相場とが異なることによつて生じる為替差額は，第1項の規定にかかわらず，利益剰余金の次に別に区分を設け，為替換算調整勘定の科目をもつて掲記しなければならない。

余金といっても，子会社の資本に含められるべき金額ではあるので，これを含めた資本と投資との相殺消去を行い，その結果生じる消去差額は**連結調整勘定**1,300千円として計上されることになる。したがって，評価差額に相当する利益剰余金は連結貸借対照表上すべて消去されることになる。

連結精算表（部分時価評価法）

（単位：千円）

勘　定　科　目	P社	S社	消　去		連結貸借対照表
S　社　株　式	9,000			9,000	
その他の諸資産	191,000	20,000	2,100		213,100
連　結　調　整　勘　定			1,300		1,300
合　　　計	200,000	20,000			214,400
諸　　負　　債	100,000	10,000		1,400	111,400
少　数　株　主　持　分				3,000	3,000
資　　本　　金	60,000	6,000	6,000		60,000
利　益　剰　余　金	40,000	4,000	4,700	700	40,000
合　　　計	200,000	20,000			214,400
			14,100	14,100	

6·3·2　全面時価評価法

この方法は，少数株主持分に相当する部分を含めて子会社の資産および負債の**すべて**を支配獲得日の**時価**で評価する方法なので，S社の諸資産および諸負債のすべてを時価評価する。

連結消去仕訳　　　　　　　　　　　　　　　　　（単位：千円）

（借）諸　資　産　3,000　（貸）諸　負　債　2,000
　　　　　　　　　　　　　　　利　益　剰　余　金　1,000

（借）	資　本　金	6,000	（貸）	Ｓ　社　株　式	9,000		
	利　益　剰　余　金	5,000		少　数　株　主　持　分	3,300*2		
	連　結　調　整　勘　定	1,300*1					

＊1　9,000－（[6,000＋5,000]×70%）＝1,300

＊2　（6,000＋5,000）×30%＝3,300

全面時価評価法の場合にも，基本的な考え方は部分時価評価法と同じである
といってよい。部分時価評価法に比べて少数株主持分が300千円だけ増加する
が，これは時価評価の結果生じた評価差額すなわち利益剰余金1,000（＝
3,000－2,000）千円のうちの少数株主に帰属する部分である。すなわち，利益剰
余金はＳ社株式と相殺される700千円（いいかえれば，旧「連結原則」上，連結調
整勘定として処理されていた部分）と少数株主持分300千円とに振り分けられる
ことになり，連結貸借対照表上では評価替剰余金に相当する利益剰余金はすべ
て消去されることになる。

そこで，連結精算表を作成すれば，次のとおりである。

連結精算表（全面時価評価法）

（単位：千円）

勘　定　科　目	Ｐ社	Ｓ社	消　去		連結貸借対照表
Ｓ　社　株　式	9,000			9,000	
その他の諸資産	191,000	20,000	3,000		214,000
連　結　調　整　勘　定			1,300		1,300
合　　　　計	200,000	20,000			215,300
諸　　負　　債	100,000	10,000		2,000	112,000
少　数　株　主　持　分				3,300	3,300
資　　本　　金	60,000	6,000	6,000		60,000
利　益　剰　余　金	40,000	4,000	5,000	1,000	40,000
合　　　　計	200,000	20,000			215,300
			15,300	15,300	

図表22-11　評価差額の分析（全面時価評価法）

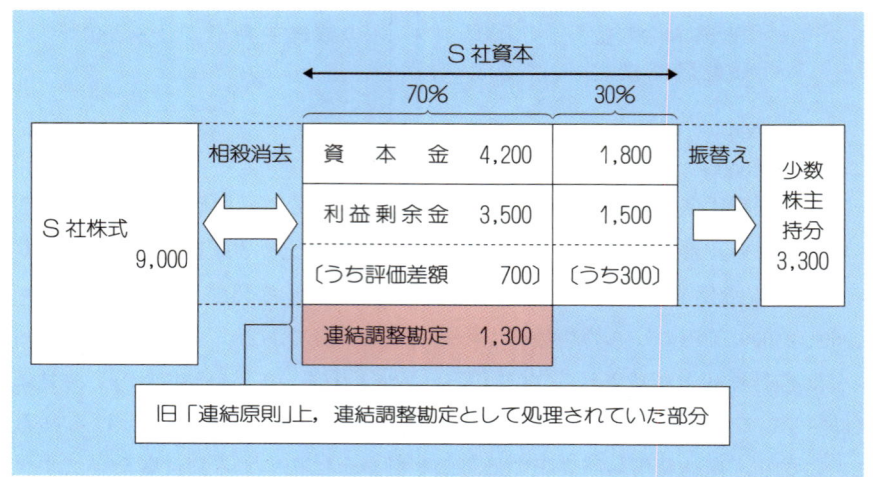

　「連結原則」では，子会社の資産および負債を時価評価した後に，投資と資本の相殺消去を行うこととしており，その結果生じた消去差額である連結調整勘定は，事実上，連結のれんの性格を有している。この連結のれんは受入純資産を超過する対価をもって当該企業を取得したさい，すなわち企業結合にあたりパーチェス法を採用したさいに生じる差額と同一の会計学的性格（その性格は，ブランドなどの超過収益力から成っている）を有している。

　「連結原則」が部分時価評価法および全面時価評価法の選択適用に踏みきった目的は，従来の原価主義ベースの連結調整勘定（［基本例４］では2,000千円）には含み損益などの評価差額が混入していたところから，子会社の資産および負債を時価で評価替えをすることにより，連結調整勘定は評価差額のうち親会社持分相当額700千円を除いた1,300千円で計上させ，これを連結のれんと位置づける点にあるものと思われる（図表22-11参照）。ただし，［基本例６］でみたように全面時価評価法のケースには少数株主持分が3,000千円から3,300千円に増加するが，この300千円はすでに述べたように，その本質は評価替剰余金であり，これは利益剰余金を構成するものである。それにもかかわらず，「連結原則」では300千円を含めた少数株主持分3,300千円を負債でもない資本でもない第三

の独立した一区分に表示することにしているが，この点を会計理論上どのように説明すればよいのかという問題は残るといえよう。

設問1

　以下の資料に基づいて，部分時価評価法と全面時価評価法により，P社とS社の連結精算表を作成しなさい。

(1)　P社は期末にS社の発行済株式の80％を14,000千円で一括取得した。

(2)　P社がS社の発行済株式を取得した期の両社の貸借対照表は，以下のとおりである（単位：千円）。

<table>
<tr><th colspan="4">P社貸借対照表</th><th colspan="4">S社貸借対照表</th></tr>
<tr><td>S社株式</td><td>14,000</td><td>諸負債</td><td>80,000</td><td>諸資産</td><td>40,000</td><td>諸負債</td><td>25,000</td></tr>
<tr><td>その他の
諸 資 産</td><td>136,000</td><td>資本金</td><td>50,000</td><td></td><td></td><td>資本金</td><td>10,000</td></tr>
<tr><td></td><td></td><td>利益剰余金</td><td>20,000</td><td></td><td></td><td>利益剰余金</td><td>5,000</td></tr>
<tr><td></td><td>150,000</td><td></td><td>150,000</td><td></td><td>40,000</td><td></td><td>40,000</td></tr>
</table>

　なお，株式取得時のS社の諸資産の時価は42,000千円であり，諸負債については重要な評価差額は発生していないものとする。

解　答

（部分時価評価法）　　　　　　　　　　　　　　　　　　　（単位：千円）

（借）諸　　資　　産　　1,600　　（貸）利 益 剰 余 金　　1,600

（借）資　　本　　金　　10,000　　（貸）S　社　株　式　　14,000
　　　利 益 剰 余 金　　6,600*1　　　　　少数株主持分　　3,000*2
　　　連 結 調 整 勘 定　　400*3

＊1　5,000＋1,600＝6,600
＊2　(10,000＋5,000)×20％＝3,000
＊3　14,000−([10,000＋5,000]×80％＋1,600)＝400

連結精算表（部分時価評価法）

（単位：千円）

勘 定 科 目	P社	S社	消 去		連結貸借対照表
S 社 株 式	14,000			14,000	
その他の諸資産	136,000	40,000	1,600		177,600
連 結 調 整 勘 定			400		400
合 計	150,000	40,000			178,000
諸 負 債	80,000	25,000			105,000
少 数 株 主 持 分				3,000	3,000
資 本 金	50,000	10,000	10,000		50,000
利 益 剰 余 金	20,000	5,000	6,600	1,600	20,000
合 計	150,000	40,000			178,000
			18,600	18,600	

（全面時価評価法）

（単位：千円）

（借） 諸　資　産　　2,000　　（貸） 利 益 剰 余 金　　2,000

（借） 資　本　金　　10,000　　（貸） S 社 株 式　　14,000
　　　 利 益 剰 余 金　　7,000[*1]　　　　少 数 株 主 持 分　　3,400[*2]
　　　 連 結 調 整 勘 定　　400[*3]

＊1　5,000＋2,000＝7,000
＊2　（10,000＋5,000＋2,000）×20％＝3,400
＊3　14,000－（10,000＋5,000＋2,000）×80％＝400

連結精算表（全面時価評価法）

（単位：千円）

勘定科目	P社	S社	消去		連結貸借対照表
S 社 株 式	14,000			14,000	
その他の諸資産	136,000	40,000	2,000		178,000
連結調整勘定			400		400
合　　計	150,000	40,000			178,400
諸　負　債	80,000	25,000			105,000
少数株主持分				3,400	3,400
資　本　金	50,000	10,000	10,000		50,000
利 益 剰 余 金	20,000	5,000	7,000	2,000	20,000
合　　計	150,000	40,000			178,400
			19,400	19,400	

6·3·3　段階法と一括法（子会社の資産および負債の時価評価を行う場合）

　すでに述べたように，資本連結手続には，段階法と一括法とがある。部分時価評価法については，子会社株式を株式取得時点ごとに段階的に時価評価を行い，投資と資本の相殺消去を段階的に行う方法（これを段階法という）が原則である。しかし，段階法は相殺消去計算が複雑で，実務上，きわめて煩雑であるので，連結計算の結果が著しく相違しないならば，この方法の簡便法として，支配獲得時点において一括して株式を取得したとみなして時価評価（支配獲得日の時価を基準）を行い，一括して相殺消去を行う方法（これを一括法という）も認められている（「連結注解」8）。もとより，全面時価評価法については，支配獲得日の時価ですべての持分を評価する方法なので，当然，支配獲得日に一括して相殺消去する一括法しか認められていない。以上述べた点を図解すれば，図表22－12のとおりである。

　なお，部分時価評価法において段階法を用いる場合には，子会社株式の取得時ごとに，子会社の資産および負債の時価が算定されていることが前提である。

図22‐12　時価評価の方法と相殺消去の方法

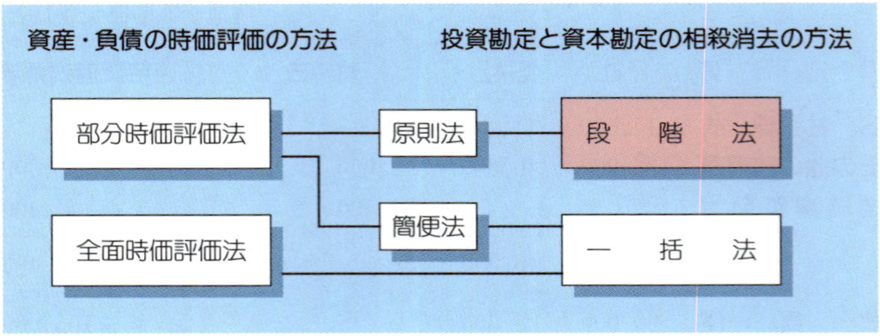

資産・負債の時価評価の方法		投資勘定と資本勘定の相殺消去の方法
部分時価評価法	原則法	段　階　法
全面時価評価法	簡便法	一　括　法

　しかし，株式の取得は必ずしもその会社を子会社にすることを目的として行っているわけではないので，株式の取得時ごとに子会社の資産および負債についての時価評価を行っていることはまれであるといってよい。また，ある会社が子会社になると決まった時点で，過去の各株式取得時点にさかのぼって当該子会社の資産および負債の時価を算定しようとしても不可能である。したがって，ある子会社株式について段階法を適用する場合には，その株式について後述する持分法が適用されていなければならない。持分法が適用される関連会社の資産および負債については，子会社と同様に時価評価が行われるからである。

　したがって，部分時価評価法における段階法について理解するためには，持分法についての理解が前提となる。しかし，ここでは，ある会社が子会社になる以前には，当該子会社株式に持分法が適用されておらず（すなわち，原価評価のまま），かつ，その会社が子会社になると決まった時点で，過去の各株式取得時点にさかのぼって当該子会社の資産および負債の時価を算定できた前提の［基本例７］を用いて，説明することにしよう（持分法が適用されている場合の資本連結手続については，＜本章10・4　持分法適用後の資本連結手続＞参照）。

▶　　基本例７　　◀

　20X2年３月31日にＳ社の発行済株式総数の70％を9,000千円で一括取得していた［基本例６］の条件を変更して，ここでは，次のよ

うに段階的に取得していたものとする。ただし，支配獲得以前には，
Ｐ社はＳ社に持分法を適用していなかった（すなわちＳ社株式を原
価評価していた）ものとする。

	取得日	取得割合	取得価額	取得時のＳ社の 資本勘定	
				資本金	利益剰余金
	20X0年 3 月31日	20%	1,800	6,000	2,000
	20X2年 3 月31日	50%	7,200	6,000	4,000
合　計		70%	9,000		

　なお，20X0年 3 月31日および20X2年 3 月31日におけるＳ社の貸
借対照表は以下のとおりであり（単位：千円），前者の資産および負
債の時価は，それぞれ18,000千円，9,000千円であり，後者のそれ
はそれぞれ23,000千円，12,000千円であったとする。

Ｓ社貸借対照表				**Ｓ社貸借対照表**			
20X0年 3 月31日				20X2年 3 月31日			
諸資産	16,000	諸負債	8,000	諸資産	20,000	諸負債	10,000
		資本金	6,000			資本金	6,000
		利益剰余金	2,000			利益剰余金	4,000
	16,000		16,000		20,000		20,000

(1)　部分時価評価法の原則法（段階法）

　以下，段階法による投資と資本の相殺消去の処理を学ぶことにしよう。まず，
第 1 回目（20X0年 3 月31日）の取得について，20X2年 3 月31日の決算で行われ
る仕訳を示せば，次のとおりである。

（単位：千円）

（借）諸　　資　　産　　400*1　（貸）諸　　負　　債　　200*2

利　益　剰　余　金　　200

* 1 資産評価替え分2,000×20％＝400
* 2 負債評価替え分1,000×20％＝200

（借）資　本　金　　6,000　（貸）Ｓ 社 株 式　　1,800
　　　利 益 剰 余 金　2,200*¹　　　　　少数株主持分　6,400*²

* 1 2,000＋200＝2,200
* 2 （6,000＋2,000）×80％＝6,400

次に，第２回目の取得の前までの子会社の利益剰余金の増加分2,000千円のう
ち，少数株主に帰属する分を少数株主持分に振り替える仕訳を行う。

（借）利 益 剰 余 金　1,600*　（貸）少数株主持分　　1,600

* （20X2年３月31日の利益剰余金4,000千円
　　　　　　－20X0年３月31日の利益剰余金2,000千円）×80％＝1,600

さらに，第２回目の取得（20X2年３月31日）について，20X2年３月31日の決算
で行われる仕訳を示せば，次のとおりである。

（借）諸　資　産　　1,500*¹　（貸）諸　負　債　　1,000*²
　　　　　　　　　　　　　　　　　　利 益 剰 余 金　　500

* 1 資産評価替え分　3,000（＝23,000－20,000）×50％＝1,500
* 2 負債評価替え分　2,000（＝12,000－10,000）×50％＝1,000

（借）少数株主持分　5,000　（貸）Ｓ 社 株 式　　7,200
　　　利 益 剰 余 金　　500
　　　連 結 調 整 勘 定　1,700

上記の仕訳を説明すると，次のとおりである。少数株主持分は，20X0年３月
31日の80％から親会社の追加取得（50％）によって30％に減少したので，その
減少分は5,000（＝第２回目の取得直前の少数株主持分；[6,400＋1,600]×$\frac{5}{8}$）千円
である。この少数株主持分の減少分を時価評価した評価差額が，先の仕訳の利
益剰余金500千円である。これらをあわせて7,200千円取得したので，その差額
1,700（＝7,200－5,500）千円が連結調整勘定となる。

以上が段階法による仕訳であるが，通常，これらを次のようにまとめて行えばよい。

連結消去仕訳

（借）諸　　資　　産　　1,900*¹　（貸）諸　　負　　債　　1,200*²
　　　　　　　　　　　　　　　　　　　　利　益　剰　余　金　　　700

（借）資　　本　　金　　6,000　（貸）S　社　株　式　　9,000
　　　利　益　剰　余　金　　4,300*³　　　少数株主持分　　3,000*⁴
　　　連結調整勘定　　1,700

* 1　2,000×20％＋3,000×50％＝1,900
* 2　1,000×20％＋2,000×50％＝1,200
* 3　4,000＋700－（4,000－2,000）×20％＝4,300
　　　　　　　または，2,200＋1,600＋500＝4,300
* 4　（6,000＋4,000）×30％＝3,000または，6,400＋1,600－5,000＝3,000

また，連結精算表を作成すれば，次のとおりである。

連結精算表（部分時価評価法・段階法）

（単位：千円）

勘 定 科 目	P社	S社	消　　去		連結貸借対照表
S 社 株 式	9,000			9,000	
その他の諸資産	191,000	20,000	1,900		212,900
連結調整勘定			1,700		1,700
合　　　計	200,000	20,000			214,600
諸　負　債	100,000	10,000		1,200	111,200
少数株主持分				3,000	3,000
資　本　金	60,000	6,000	6,000		60,000
利 益 剰 余 金	40,000	4,000	4,300	700	40,400
合　　　計	200,000	20,000			214,600
			13,900	13,900	

(2) 部分時価評価法の簡便法（一括法）

部分時価評価法の簡便法としての一括法は，支配獲得時にすべての子会社株式を一括して取得したとみなして子会社の資産・負債の時価評価および投資と資本の相殺消去を行う方法であるので，実際に一括して取得した［基本例6］の部分時価評価法の場合と同じ処理を行えばよい。

時価評価を行わない場合と同様に，部分時価評価法の場合も，段階法と一括法とを比較すると，**連結調整勘定の金額と利益剰余金の金額が異なる**が，その理由も時価評価を行わない場合と同じである。

(3) 全面時価評価法（一括法）

全面時価評価法の場合には，一括法のみしか適用できない。一括法は，支配獲得時にすべての子会社株式を一括して取得したとみなして子会社の資産・負債の時価評価および投資と資本の相殺消去を行う方法であるので，実際に一括して取得した［基本例6］の全面時価評価法の場合と同じ処理を行えばよい。

6・4 債権・債務の相殺消去

▶ 基本例8 ◀

20X2年3月31日にS社の発行済株式の70%を9,000千円で一括取得した［基本例6］に条件を追加して，P社はS社に対して1,000千円の貸付を行っていたとする。便宜上，すべての条件を示せば，次のとおりである（単位：千円）。

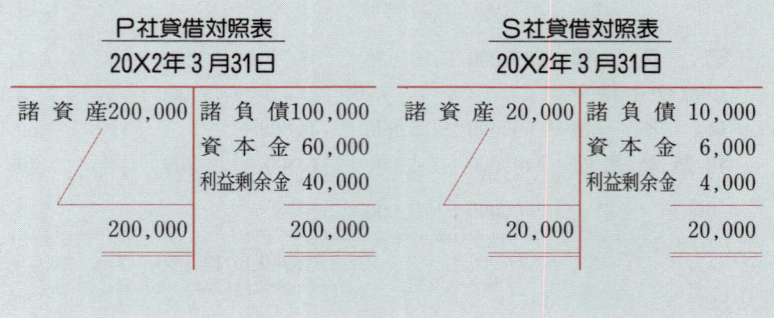

P社貸借対照表
20X2年3月31日

諸 資 産	200,000	諸 負 債	100,000
		資 本 金	60,000
		利益剰余金	40,000
	200,000		200,000

S社貸借対照表
20X2年3月31日

諸 資 産	20,000	諸 負 債	10,000
		資 本 金	6,000
		利益剰余金	4,000
	20,000		20,000

> 1．P社の諸資産のなかにはS社に対する貸付金1,000千円が含まれている。なお，P社はこれにつき貸倒引当金の設定を行っていない。
> 2．支配獲得日にS社の諸資産および諸負債を時価評価したところ，それぞれの時価評価総額は23,000千円および12,000千円であった。

　連結会社相互間に債権と債務が存在する場合，これらは，企業集団内における単なる移動にすぎなく，内部取引であるので，相殺消去しなければならない（「連結原則」第四，六，「連結注解」14）。［基本例8］では，P社のその他の諸資産のなかにはS社に対する貸付金1,000千円が含まれているので，これらを相殺消去しなければならない。その仕訳を示せば，次のとおりである。

連結消去仕訳　　　　　　　　　　　　　　　　　　　　　（単位：千円）

（借）借　　入　　金　　　1,000　（貸）貸　　付　　金　　　1,000

　上記の債権・債務の相殺消去を追加して，［基本例8］に基づく20X1年度の連結精算表を作成すれば，以下のようになる。

「連結原則」第四，六
　連結会社相互間の債権と債務とは，相殺消去しなければならない。
「連結注解」14
1　相殺消去の対象となる債権又は債務には，前払費用，未収収益，前受収益及び未払費用で連結会社相互間の取引に関するものを含むものとする。
2　連結会社が振出した手形を他の連結会社が銀行割引した場合には，連結貸借対照表上これを借入金に振替えるものとする。
3　引当金のうち，連結会社を対象として引当てられたことが明らかなものは，これを調整する。
4　連結会社が発行した社債で一時所有のものは，相殺消去の対象としないことができる。

連結精算表（部分時価評価法）

（単位：千円）

勘 定 科 目	P社	S社	消 去		連結貸借対照表
S 社 株 式	9,000			9,000	
その他の諸資産	191,000	20,000	2,100	1,000	212,100
連 結 調 整 勘 定			1,300		1,300
合　　計	200,000	20,000			213,400
諸　負　債	100,000	10,000	1,000	1,400	110,400
少数株主持分				3,000	3,000
資　本　金	60,000	6,000	6,000		60,000
利 益 剰 余 金	40,000	4,000	4,700	700	40,000
合　　計	200,000	20,000			213,400
			15,100	15,100	

連結精算表（全面時価評価法）

（単位：千円）

勘 定 科 目	P社	S社	消 去		連結貸借対照表
S 社 株 式	9,000			9,000	
その他の諸資産	191,000	20,000	3,000	1,000	213,000
連 結 調 整 勘 定			1,300		1,300
合　　計	200,000	20,000			214,300
諸　負　債	100,000	10,000	1,000	2,000	111,000
少数株主持分				3,300	3,300
資　本　金	60,000	6,000	6,000		60,000
利 益 剰 余 金	40,000	4,000	5,000	1,000	40,000
合　　計	200,000	20,000			214,300
			16,300	16,300	

▶ 7　連結損益計算書の作成基準

7·1　連結損益計算書作成の基礎

　連結損益計算書は，一連結会計年度に係る企業集団の経営成績を示す財務表であり，(1)親会社および子会社の個別損益計算書における収益，費用などの金額を基礎とし，(2)連結会社相互間の取引高の相殺消去および(3)未実現損益の消去などの処理をして作成する（「連結原則」第五，一）。

　したがって，連結損益計算書の作成のポイントは，(1)**基準性の原則**，(2)**連結会社相互間の内部取引の相殺消去**および(3)**未実現損益の消去**である。

▶　基本例 9　◀

　[基本例 8]においては，20X1年度末（20X2年 3 月31日）に親会社（P 社）が子会社（S 社）の発行済株式の70％を9,000千円で一括取得した前提であった。[基本例 9]では，P 社も S 社もそれぞれ 1 年間（20X2年度；20X2年 4 月 1 日から20X3年 3 月31日まで）事業活動を行った結果，両社の個別財務諸表（単位：千円）および P 社と S 社の期中取引は，次のとおりであったとする。なお，販売費等には一般管理費も含まれる。

P 社貸借対照表 20X3年 3 月31日		S 社貸借対照表 20X3年 3 月31日	
諸 資 産 220,000	諸 負 債 110,000 資 本 金 60,000 利益剰余金 50,000	諸 資 産 22,000	諸 負 債 11,000 資 本 金 6,000 利益剰余金 5,000
220,000	220,000	22,000	22,000

P社損益計算書		S社損益計算書	
自20X2年4月1日至20X3年3月31日		自20X2年4月1日至20X3年3月31日	
売上原価 150,000	売　上　高 200,000	売上原価 15,000	売　上　高 20,000
販売費等 35,000	受取利息 4,000	販売費等 3,500	土地売却益 500
支払利息 5,000	受取配当金 1,000	支払利息 500	
当期純利益 15,000		当期純利益 1,500	
205,000	205,000	20,500	20,500

1．P社の売上高200,000千円の中には，S社に対する一般商品の売上高3,500千円と機械製品の売上高400千円が含まれている。

2．S社の期末棚卸資産のうち，P社から仕入れて期末現在でまだ外部へ売却されていないもの（機械を除く）が600千円ある。P社の利益率は25％である。

3．P社はS社に対して期首に製造原価300千円の機械を400千円で売り上げ，S社はそれを固定資産として使用し，耐用年数5年，定額法で償却（残存価額ゼロ）している。

4．P社の貸付金にはS社に対する貸付金1,000千円が含まれており，P社はS社から貸付金の利息を100千円受け取っている。

5．S社は，簿価1,000千円，前期末（20X2年3月31日）における時価1,200千円の土地を企業集団外部に1,500千円で売却する取引を行っている。なお，連結上前期末に評価替えされたS社の資産・負債についての取引は，この取引のみであった。

6．P社およびS社は，当期中に行われた利益処分において，それぞれ4,000千円，400千円を配当金として，1,000千円，100千円を役員賞与として支払っている。

　資本連結以外の連結手続のうち，連結損益計算書を作成するための**基本的手続**（連結会社間の内部取引の相殺消去および未実現利益の消去）は**決算手続**でもある。これらも連結精算表において行い，その最初の処理が開始仕訳である。

7・2　開始仕訳

　開始仕訳とは，連結第2年度以降の連結決算の開始時において行われる仕訳という意味であり，過年度の連結決算において行われた仕訳（連結精算表の消去欄の仕訳）のうち，**当期の利益剰余金期首残高に影響を及ぼす仕訳を復元した仕訳**である。

　すでに述べたように，連結財務諸表は，個別財務諸表のように会計帳簿から誘導して作成されるのではなく，連結精算表において作成される。このために，連結第2年度以降は，当該会計期間の個別財務諸表を合算し，これに関する修正を行うだけでは，過年度の連結決算において行われた修正が当該会計期間の連結財務諸表に反映されない。

　たとえば，［基本例9］の20X2年度の連結決算は，20X3年3月31日現在のP社およびS社の個別財務諸表の合算からスタートするが，この合算した数値には，20X1年度の連結決算（［基本例8］）の仕訳が，何ら反映されていない。なぜならば，P社およびS社の個別財務諸表は，それぞれの会計帳簿に基づいて作成されているが，連結精算表で行われた20X1年度の連結決算の仕訳は，いずれの会計帳簿にも記録されていないからである。

　したがって，連結第2年度以降には，過年度の連結決算において行われた修正を，当期の連結財務諸表にも反映させるために，開始仕訳を行わなければならない。たとえば，［基本例9］の20X2年度の連結決算では，**資産および負債の評価替仕訳**および投資と資本の**相殺消去仕訳**が開始仕訳となる。また，一般的には，資産および負債の評価替仕訳，投資と資本の相殺消去仕訳，連結調整勘定の償却仕訳，取得後増加利益剰余金の少数株主持分への振替仕訳，評価替えした資産・負債の取引についての調整仕訳などが開始仕訳となる。ただし，開始仕訳上，連結損益計算書項目および連結剰余金計算書項目は利益剰余金期首残高とする。それは，20X1年度の利益剰余金の期末残高が，20X2年度においては期首残高として繰り越されるからである。

　20X3年3月31日に行う部分時価評価法と全面時価評価法の開始仕訳（20X2年度の利益剰余金期首残高に影響を及ぼすものの復元仕訳）を示すと，それぞれ次の

とおりである。

部分時価評価法 (単位：千円)

（借）	諸　資　産	2,100	（貸）	諸　負　債		1,400	
				利益剰余金期首残高		700	
（借）	資　本　金	6,000	（貸）	Ｓ　社　株　式		9,000	
	利益剰余金期首残高	4,700		少数株主持分		3,000	
	連結調整勘定	1,300					

全面時価評価法 (単位：千円)

（借）	諸　資　産	3,000	（貸）	諸　負　債		2,000	
				利益剰余金期首残高		1,000	
（借）	資　本　金	6,000	（貸）	Ｓ　社　株　式		9,000	
	利益剰余金期首残高	5,000		少数株主持分		3,300	
	連結調整勘定	1,300					

　なお，部分時価評価法にせよ，全面時価評価法にせよ，開始仕訳で連結調整勘定を償却していないのは，［基本例８］では支配獲得時が前期末であるからにほかならない（＜本章7・4　連結調整勘定の償却＞参照）。

7・3　子会社の当期純利益の配分

　子会社が稼得した純利益は，持分比率によって親会社に帰属する分と少数株主に帰属する分とに配分しなければならない。［基本例９］では，子会社の当期純利益1,500千円は，少数株主の持分比率（30％）に対応する額だけ，連結精算表上，次の仕訳で少数株主持分を増加しなければならない。

連結消去仕訳 (単位：千円)

（借）	少数株主損益	450*	（貸）	少数株主持分	450

＊　Ｓ社の当期純利益1,500×30％＝450

　上記の仕訳の**少数株主損益**とは，親会社が子会社株式を100％所有していない場合に，子会社が稼得した利益のうち少数株主に帰属する利益である。したがって，少数株主損益は**利益剰余金**を減少させるものであるので，連結損益計算書においては**費用**として処理される。

　なお，子会社が**純損失**を計上した場合にも，持分比率によって親会社に帰属する分と少数株主に帰属する分とに配分しなければならない。すなわち，子会社の純損失のうち，少数株主の持分比率に対応する額だけ**少数株主持分を減少**させる仕訳を行う。この場合には，**少数株主損益は収益**として処理される。

　ただし，**子会社に欠損が生じている場合**には，少数株主持分が借方残高になる可能性があるが，「連結原則」ではこれを避け，子会社の欠損のうち少数株主に負担させるのは**少数株主持分がゼロになるまで**であるとしている（「連結原則」第四，四，2）。

7・4　連結調整勘定の償却

　連結調整勘定は，原則としてその**計上後20年以内**に，定額法その他合理的な方法により**償却**しなければならないが，その金額に重要性が乏しい場合には，当該勘定の生じた期の損益として処理することができる（「連結原則」第四，三，2）。

　表示についていえば，資産の部に計上された連結調整勘定の当期償却額は**販売費および一般管理費**の区分に表示し，負債の部に計上された連結調整勘定の当期償却額は**営業外収益**の区分に表示する（「連結注解」23，3）。

　なお，連結調整勘定の償却については，従来，日本公認会計士協会・監査委員会報告第29号によって5年間の均等償却が実務で定着していたが，「連結原則」では，国際財務報告基準（IFRS）の影響を受けて20年を上限と定められた。

　［基本例9］では，支配獲得が前期末であったので，発生年度の翌期から最長年限の20年で償却することとし，以下の仕訳を行う。

連結消去仕訳 (単位：千円)

| （借） | 連結調整勘定償却 | 65* | （貸） | 連結調整勘定 | 65 |

* 1,300÷20年＝65

7・5 連結調整仕訳

支配獲得日に，連結財務諸表作成のための評価替えを行った子会社の資産・負債については，個別財務諸表上は原価評価のままであるので，個別上の簿価と連結上の簿価とが一致していない。たとえば，［基本例9］でS社が企業集団外部に売却した土地について考えてみると，その簿価は，個別上は1,000千円であるのに対して，連結上は支配獲得時の評価替えにより1,200千円（全面時価評価法のケース。全面時価評価法のケースの方が理解しやすいので，以下この方法から説明する）である。その理由は，すでに述べたように支配獲得時の時価評価の仕訳は連結精算表上でだけ行われており，子会社の個別ベース（原価ベース）の帳簿上で行われていないためである。

したがって，支配獲得時以降に子会社が上記のような資産・負債に関する取引を行った場合には，子会社の個別財務諸表はあくまでも個別上の簿価をベースに行われた仕訳に基づいて作成される。たとえば，［基本例9］では，上記の土地の売却に関して，S社は，次の仕訳を行い，これに基づいて個別財務諸表を作成している。

S社の個別上の仕訳 (単位：千円)

| （借） | 現金預金 | 1,500 | （貸） | 土地 | 1,000 |
| | | | | 土地売却益 | 500 |

しかし，これを連結ベースでみてみれば，売却した土地の簿価は1,200千円であり，土地売却益は300（＝1,500−1,200）千円であるので，単純に子会社の個別財務諸表を合算しても連結財務諸表を作成することはできない。

したがって，連結財務諸表を作成するためには，連結精算表上，個別財務諸

表を単純合算した後に，上述した**不一致額を調整**するための連結固有の仕訳（これを便宜上，**連結調整仕訳**という）行う必要がある。すなわち，［基本例9］においては，次の仕訳で土地を200（＝1,200−1,000）千円減少させ，同時に土地売却益を200（＝500−300）千円減少させなければならない。

（借）土 地 売 却 益　　　200　（貸）土　　　　地　　　200

　また，すでに**＜本章7・3　子会社の当期純利益の配分＞**で述べた当期純利益の少数株主への配分を行うさいに，そのベースとなる子会社の当期純利益の額は，土地売却益についての連結調整仕訳を行う前の金額であるので，土地売却益の減少分を次の仕訳で**少数株主にも負担**させる必要がある。

（借）少 数 株 主 持 分　　　60*　（貸）少 数 株 主 損 益　　　60

＊　当期純利益の減少200×30％＝60

　次に，**部分時価評価法**のケースにおいても，たとえば［基本例9］では上述の土地の簿価が個別上は1,000千円であり，連結上は1,140千円であるので，子会社がこの土地に関して取引を行った場合には，全面時価評価法と同様に連結調整仕訳を行わなければならない。ただし，全面時価評価法と異なるのは，部分時価評価法の場合，支配獲得時に，親会社に帰属する部分のみを時価評価しているために，ここで減少させるべき土地売却益は140千円となる点である。したがって，連結精算表上，次の仕訳を行う。

（借）土 地 売 却 益　　　140　（貸）土　　　　地　　　140

　このような**連結調整仕訳**は，ここで述べた評価替えした**資産の売却取引**のほかにも，支配獲得時に**償却性資産の評価替えが行われている場合の減価償却費**および**当該償却性資産の簿価の調整**，棚卸資産の評価替えが行われている場合の**売上原価**および**当該棚卸資産の簿価の調整**，有価証券の評価替えが行われている場合の**有価証券評価損益**および**当該有価証券の簿価の調整**などがある。

設問 2

　福岡商事株式会社は，前期末に博多商事株式会社の発行済株式の80％を取得し，支配を獲得した。そのさい，博多商事が保有する下記の資産について時価評価を行って連結財務諸表を作成した（単位：千円）。

　これらにつき，全面時価評価法による当期の連結調整仕訳を行いなさい。

	建物	車両	有価証券A	有価証券B
取得原価	1,500,000	800,000	300,000	220,000
前期末の貸借対照表価額	1,000,000	600,000	320,000	230,000
前期末の時価	1,200,000	750,000	320,000	230,000
当期末の時価			305,000	190,000

　なお，建物については定額法（残存価額ゼロ，耐用年数30年），車両については生産高比例法（残存価額ゼロ，総走行可能距離5万km，当期走行距離1万km）で減価償却を行っている。また，有価証券は，AおよびBともにその他有価証券に分類され，評価益は資本の部に計上し，評価損は当期の損失として計上する方法（第2法）によって会計処理されている。

解答

　本設問では，支配獲得時が前期末となっている。したがって，前期末の時価と貸借対照表価額が一致していない場合には，前期末の時価をもって連結上の取得原価とし，その取得原価に基づいて，当期の連結上の減価償却費およびその他有価証券の時価評価による評価損または評価益（評価差額）を計算して，それらの金額が個別上の金額と異なっている場合には連結調整仕訳を行わなければならない。また，同時に少数株主持分の調整も行わなければならない。

建物に係る連結調整仕訳　　　　　　　　　　　　　　　　　　　　（単位：千円）

　（借）　減 価 償 却 費　　10,000*1　（貸）　減価償却累計額　　10,000

　（借）　少 数 株 主 持 分　　 2,000*2　（貸）　少 数 株 主 損 益　　 2,000

＊1　当期の個別上の減価償却費が50,000（＝1,500,000÷30）千円であるのに対して，当期の連結上の減価償却費は前期末の時価1,200,000千円を当期首における残存耐用年数20（＝30−(1,500,000−1,000,000)÷50,000）年で除した60,000

千円であるので，調整しなければならない額は10,000（＝60,000－50,000）千円となる（減価償却費の増加）。

* 2　10,000（子会社利益の減少額）×20％＝2,000

車両に係る連結調整仕訳

（借）　減 価 償 却 費　　40,000*¹　（貸）　減価償却累計額　　40,000

（借）　少 数 株 主 持 分　　8,000*²　（貸）　少 数 株 主 損 益　　8,000

* 1　個別上の1km当たりの減価償却費は，16（＝80,000÷50,000）千円であるので，当期の個別上の減価償却費は160,000（＝16×10,000）千円である。これに対して，当期の連結上の減価償却費は，当期首における残存走行可能距離が37,500（＝50,000－[800,000－600,000]÷16）kmであるので，200,000（＝750,000÷37,500×10,000）千円である。したがって，調整しなければならない額は40,000（＝200,000－160,000）千円となる（減価償却費の増加）。

* 2　40,000（子会社利益の減少額）×20％＝8,000

有価証券Aに係る連結調整仕訳

（借）　有価証券評価損　　15,000*¹　（貸）　その他有価証券評 価 差 額 金　　15,000

（借）　少 数 株 主 持 分　　3,000*²　（貸）　少 数 株 主 損 益　　3,000

* 1　その他有価証券は洗い替え法により会計処理されるので，個別上は前期末に計上された有価証券評価益（評価差額）20,000千円が当期首に戻し入れられ，当期末に有価証券評価益（評価差額）5,000（＝305,000－300,000）千円が計上されるのに対して，連結上は前期末の時価320,000千円が取得原価であり，当期末に有価証券評価損15,000（＝320,000－305,000）千円を計上しなければならない。したがって，当期首の有価証券評価差額金20,000千円を戻し入れるとともに当期末の有価証券評価差額金5,000千円の計上を取り消し，有価証券評価損15,000千円を計上する。

* 2　15,000（子会社利益の減少額）×20％＝3,000

有価証券Bに係る連結調整仕訳

（借）　有価証券評価損　　　10,000*¹　（貸）　その他有価証券評価差額金　　　10,000

（借）　少数株主持分　　　　2,000*²　（貸）　少数株主損益　　　2,000

* 1　その他有価証券は洗い替え法により会計処理されるので，個別上は前期末に計上された有価証券評価益（評価差額）10,000千円が当期首に戻し入れられ，当期末に有価証券評価損30,000（＝220,000－190,000）千円が計上されるのに対して，連結上は前期末の時価230,000千円が取得原価であり，当期末に有価証券評価損40,000（＝230,000－190,000）千円を計上しなければならない。したがって，当期首の有価証券評価差額金10,000千円の戻し入れを取り消し，有価証券評価損10,000（＝40,000－30,000）千円を追加計上する。

* 2　10,000（子会社利益の減少額）×20％＝2,000

7·6　連結会社相互間の内部取引の相殺消去

　親会社と子会社の間および子会社相互間における商品・製品の売買，地代・家賃の授受，利息・手数料の授受，配当金の授受その他の取引に係る項目は，連結会社相互間の内部取引なので，これらの項目を相殺消去しなければならない（「連結原則」第五，二）。なお，会社相互間取引が連結会社以外の会社を通じて行われている場合であっても，その取引が実質的に連結会社相互間の直接取引であることが明確であるときには，この取引を連結会社間の取引とみなして処理する（「連結注解」22）。

7·6·1　商品・製品等の売買取引

　[基本例9]では，P社の売上高200,000千円のなかには，S社に対する売上高3,500千円（一般商品のみ；機械については＜本章7·7　未実現利益の消去＞で述べる）が含まれている。この場合のように，P社からS社に売却する取引をダウンストリームといい，逆にS社からP社に売却する取引をアップストリーム

という（**図表22 - 13**参照）。

　いうまでもなく，［**基本例 9**］の取引（ダウンストリーム）は，P 社にとっては売上であるが，S 社にとっては仕入である。この取引は企業集団からみると単に商品の保管場所を P 社から S 社への移動すなわち連結会社相互間の内部取引にすぎない。したがって，この取引は内部売上と内部仕入なので，相殺消去しなければならない。しかし，連結精算表では**売上原価だけで処理**する（連結精算表では売上原価の内訳計算を行わない）ので，**内部売上高**は，次のように**売上原価**と**相殺消去**するのが一般的である。

P 社の個別上の仕訳 （単位：千円）

（借）現 金 預 金	3,500	（貸）売　　　　　上	3,500

S 社の個別上の仕訳

（借）売 上 原 価	3,500	（貸）現 金 預 金	3,500

連結消去仕訳

（借）売　　　　上	3,500	（貸）売 上 原 価	3,500

図表22 - 13　ダウンストリームとアップストリーム

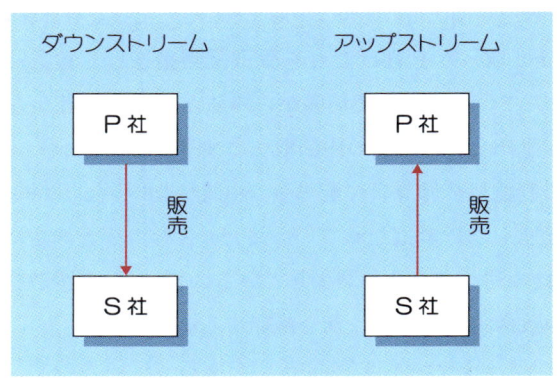

7·6·2 利息・賃貸料・手数料等の損益取引

　P社とS社すなわち連結会社相互間で**受取利息**と**支払利息**，**賃貸料**と**賃借料**，**受取手数料**と**支払手数料**などの損益取引がある場合にも，これらの取引も内部取引であるので，相殺消去しなければならない。［基本例9］では，P社はS社から貸付金の利息を100千円受け取っているので，次のように**連結消去仕訳**を行う。

P社の個別上の仕訳　　　　　　　　　　　　　　　　　　　（単位：千円）

（借）現　金　預　金	100	（貸）受　取　利　息	100

S社の個別上の仕訳

（借）支　払　利　息	100	（貸）現　金　預　金	100

連結消去仕訳

（借）受　取　利　息	100	（貸）支　払　利　息	100

7·6·3 利益配当に関する損益取引

　連結会社相互間で配当が行われた場合，配当したS社の**配当金**はS社の利益処分項目とされ（中間配当の場合は中間配当額として損益計算書の末尾に計上される），配当を受け取ったP社はこれを**受取配当金**として営業外収益で処理している。しかし，この取引を企業集団からみると，単にP社からS社への現金の移動すなわち連結会社相互間の内部取引にすぎない。したがって，P社の受取配当金とS社の利益処分計算書の配当金（中間配当の場合には損益計算書の中間配当額）を相殺消去しなければならない。また，S社の少数株主に対しても配当が支払われ，S社の利益剰余金が減少しているので，これを少数株主持分に負担させるために少数株主持分からこれを減額する必要がある。

　［基本例9］では，S社が配当金400千円を支払っているので，次のように**連結消去仕訳**を行う。

P 社の個別上の仕訳

（単位：千円）

| （借） | 現 | 金 | 預 | 金 | 280* | （貸） | 受 | 取 | 配 | 当 | 金 | 280 |

*　400×70%（親会社の持分比率）＝280

S 社の個別上の仕訳

| （借） | 配 | | 当 | | 金 | 400 | （貸） | 現 | 金 | 預 | 金 | 400 |

連結消去仕訳

| （借） | 受 | 取 | 配 | 当 | 金 | 280 | （貸） | 配 | | 当 | | 金 | 400 |
| | 少 | 数 | 株 | 主 | 持 分 | 120* | | | | | | | |

*　400×30%＝120

7·7　未実現損益の消去

すでに学んできたように，現行企業会計において収益は外部の第三者に財貨または用役を販売し，対価として貨幣性資産を取得することをもって計上する実現主義が原則である（＜第5章　財務会計の基礎理論＞および＜第18章　損益の会計と報告＞参照）。

この点は，連結会計においても基本的に同じである。すなわち，連結会社以外の外部の第三者に売却されるまで，販売したサイドはその収益を計上してはならない。その資産を外部の第三者に売却するまでは単なる資産の振替えであり，連結会社相互間の内部取引にすぎないからである。

個別財務諸表における収益の計上と異なるのは，未実現損益は原材料・商品などの棚卸資産だけでなく，有形固定資産などの資産にも生じる点である。連結会社間では，棚卸資産のみならず，その他の資産の売買取引を行っているからである。

したがって，「連結原則」でも，連結会社相互間の取引によって取得した棚卸資産，固定資産その他の資産に含まれる未実現損益は，それが僅少な場合を除き，その全額を消去しなければならないが，ただし，未実現損失について販

売サイドの簿価のうち回収不能と認められる部分は、消去しない（「連結原則」第五、三、1、2）。

7·7·1 棚卸資産に含まれている未実現損益の消去

［基本例9］では、P社からS社への**ダウンストリーム**の取引が行われており、S社の期末棚卸資産のうち、P社から仕入れて期末現在でまだ外部へ売却されていないものが600千円ある。P社の利益率は25％であるので、次の仕訳で未実現利益150千円を消去しなければならない。

連結消去仕訳　　　　　　　　　　　　　　　　　　　　（単位：千円）

（借）売　上　原　価　　　150* （貸）棚　卸　資　産　　　150

＊　600×25％＝150

商品・製品など大量の棚卸資産について個別に**未実現利益**を計算するのは、実務上不可能に近い。一般に、未実現利益の金額は、通常、購入サイド（この場合にはS社）の期末棚卸資産額に、**販売サイド**（この場合にはP社）**の利益率**すなわち一般には**売上総利益率**（＝売上総利益÷売上高）を乗じて計算する。売上総利益率を用いるのは、自社製造の資産の取得原価には、実務上、販売費・一般管理費、営業外費用などが算入されないためである。かりに、これらを算入した営業利益率等を用いて未実現利益を消去すると連結貸借対照表の資産の取得原価に販売サイドの販売費・一般管理費などが算入されることになる。なお、旧「連結原則」にはこの点が明示されていた（旧「連結注解」15、1）が、「連結原則」では明示されていないのは、すでにこの点は連結実務として定着しているとの理由にほかならない。

未実現損益の消去方法については、現行実務では、**図表22-14**にみるように(1)**全額消去・親会社負担方式（A法）**、(2)**全額消去・持分比率負担方式（B法）**および(3)**親会社持分相当額消去方式（C法）**とがある。

ダウンストリームの場合には、親会社には少数株主が存在しないので、上記**A法**を適用する。また、**アップストリーム**の場合および子会社相互間の販売取引の場合で、**少数株主が存在する場合**には、考え方としては上記B法またはC

図表22 - 14　未実現損益の消去方法

全額消去・ 親会社負担方式 （A法）	全額消去・ 持分比率負担方式 （B法）	親会社持分 相当額消去方式 （C法）
未実現損益を全額消去し，そのすべてを親会社に負担させる方法	未実現利益を全額消去し，親会社と少数株主に各持分比率に応じて負担させる方法	少数株主持分に相当するものは実現しているとみなし，親会社の持分比率に相当する未実現損益のみを消去しこれを親会社に負担させる方法
ダウンストリームの場合に適用	アップストリームおよび子会社相互間の販売取引の場合に適用	アップストリームおよび子会社相互間の販売取引の場合に適用
未実現利益の消去仕訳 (借)**売上原価**　×× 　　(貸)**棚卸資産**　××	未実現利益の消去仕訳 (借)**売上原価**　×× 　　(貸)**棚卸資産**　×× (借)**少数株主持分**×× 　　(貸)**少数株主損益**××	未実現利益の消去仕訳 (借)**売上原価**　×× 　　(貸)**棚卸資産**　××

法が適用可能である。しかし，「連結原則」では，上記**B法**すなわち**全額消去・持分比率負担方式のみに統一**されている（「連結原則」第五，三，3）。

　かりに，[基本例9]において商品の販売が逆にS社（P社の株式持分比率70%）からP社に対して行われる**アップストリーム**であり，その商品600千円が外部の第三者に売却されていないとすると，次のように連結消去仕訳を行う。なお，前期末における棚卸資産の時価は，取得原価と一致していた（棚卸資産は評価替えしなかった）ものとする。

連結消去仕訳　　　　　　　　　　　　　　　　　　　　（単位：千円）

　（借）売　上　原　価　　　　150　（貸）棚　卸　資　産　　　　150

　（借）少　数　株　主　持　分　　　45　（貸）少　数　株　主　損　益　　　45

なお，連結会社相互間において棚卸資産をその原価よりも下落している時価で売買することによって生じた内部損失については，消去しないことができる（旧「連結注解」15，4）連結実務が定着している。

設問3

麻布物産株式会社（以下，A社という）は，広尾商事株式会社（以下，H社という）の株式の80％を所有している。H社はA社に対して原価の1割増で商品を販売しており，A社の期首棚卸資産にはH社から仕入れた商品が550千円含まれており，期末棚卸資産にはH社から仕入れた商品は含まれていない。

A社の棚卸資産に含まれる未実現利益を消去するための連結消去仕訳を示しなさい。なお，支配獲得時に，棚卸資産の重要な評価差額は生じていないものとする。

解 答

（単位：千円）

（借）	利益剰余金期首残高	40*1	（貸）	棚　卸　資　産	50*3
	少数株主持分	10*2			

* 1　550÷1.1×0.1×80％＝40
* 2　550÷1.1×0.1×20％＝10
* 3　550÷1.1×0.1＝50

（借）	棚　卸　資　産	50	（貸）	売　上　原　価	50

（借）	少数株主損益	10	（貸）	少数株主持分	10

上記の仕訳を説明すれば，次のとおりである。まず，前期の連結精算表において，前期の期末棚卸資産に含まれる未実現利益を消去するために，下記の仕訳が行われている。

前期の連結消去仕訳

（借）	売　上　原　価	50	（貸）	棚　卸　資　産	50

（借）少数株主持分　　　10　（貸）少数株主損益　　　10

　これを当期の開始仕訳として行わなければならない。なお，売上原価と少数株主損益は利益剰余金期首残高として仕訳を行う。

　また，個別上，A 社の当期の期首棚卸資産は当期の売上原価に振り替えられているので，開始仕訳で減額された棚卸資産50千円を振り戻すとともに，当期の売上原価を50千円減額しなければならない。さらに，当期の売上原価の減額に伴い，そのうち少数株主に帰属する部分を少数株主損益に振り替えなければならない。

7·7·2　固定資産に含まれている未実現損益の消去

　連結会社相互間の取引には固定資産の売買はもとより，販売サイドの会社が売上に計上しても購入サイドの会社が固定資産に計上する場合もある。連結会計実務上，これらの固定資産に含まれる未実現利益も消去しなければならない。

　また，償却資産を連結会社相互間で売買した場合の未実現損益の消去は，これに関する減価償却費の修正をも行わなければならない。すなわち，連結会社相互間の売買価額によって計算した当該固定資産の減価償却費のうち，消去した未実現損益に係る分を控除した額をもって連結決算上の減価償却費とする。従来，実務上は，減価償却の修正計算は煩雑であるので，毎期この修正計算を行わないで，当該固定資産が除却されたとき，または連結会社以外の会社に売却されたときに，消去した未実現損益が実現したものとして取り扱われていたが，「連結原則」では，毎期修正する方法に統一することとしている（前文，第二部，二，6，(1)，②）。

　［基本例9］では，P 社は S 社に対して期首に製造原価300千円の機械を400千円で売り上げ，S 社はそれを固定資産として使用し，耐用年数5年，定額法で償却（残存価額ゼロ）しているので，次のように連結消去仕訳を行う。

　連結消去仕訳　　　　　　　　　　　　　　　　　　　（単位：千円）

（借）売　　　　　上　　400　（貸）機　　　　械　　　100
　　　　　　　　　　　　　　　　売　上　原　価　　　300

|（借）|減価償却累計額|20*|（貸）|減 価 償 却 費|20|

* これは，未実現利益を含まない減価償却費60（＝$300 \times \frac{1 年}{5 年}$）千円とS社が計上した減価償却費80（＝$400 \times \frac{1 年}{5 年}$）千円との差額だけ減価償却費を減額するための仕訳である。

ここで，［基本例9］に基づき，**20X2年度の連結精算表**を作成してみよう。ただし，P社・S社間の債権債務の相殺の仕訳は，20X1年度末と同様に行う必要がある。

連結消去仕訳 （単位：千円）

|（借）|借 入 金|1,000|（貸）|貸 付 金|1,000|

これまで，20X2年度の連結精算表作成のために必要な仕訳を述べてきたが，復習の意味で，まず，すべての仕訳を列挙し，次にこれを用いて連結精算表を作成することにする。

(1) 部分時価評価法の場合

開始仕訳 （単位：千円）

（借）	諸 資 産	2,100	（貸）	諸 負 債	1,400
				利 益 剰 余 金 期 首 残 高	700
（借）	資 本 金	6,000	（貸）	S 社 株 式	9,000
	利 益 剰 余 金 期 首 残 高	4,700		少 数 株 主 持 分	3,000
	連 結 調 整 勘 定	1,300			

子会社の当期純利益の配分（精算表上，①）

|（借）|少 数 株 主 損 益|450|（貸）|少 数 株 主 持 分|450|

連結調整勘定の償却（精算表上，②）

|（借）|連 結 調 整 勘 定 償 却|65|（貸）|連 結 調 整 勘 定|65|

連結調整仕訳（精算表上，③）

　（借）　土地売却益　　140　（貸）　土　　　　　地　　　140

連結消去仕訳（上から順に，精算表上，④ないし⑨）

（借）　売　　　　　　上	3,500	（貸）　売　上　原　価	3,500
（借）　受　取　利　息	100	（貸）　支　払　利　息	100
（借）　受　取　配　当　金	280	（貸）　配　　当　　金	400
少数株主持分	120		
（借）　売　上　原　価	150	（貸）　棚　卸　資　産	150
（借）　売　　　　　　上	400	（貸）　機　　　　　械	100
		売　上　原　価	300
（借）　減価償却累計額	20	（貸）　減　価　償　却　費	20
（借）　借　　入　　金	1,000	（貸）　貸　　付　　金	1,000

連結精算表（部分時価評価法）

（単位：千円）

勘　定　科　目	P社	S社	消　　去		連結財務諸表
（貸借対照表）					
S　社　株　式	9,000			9,000	
その他の諸資産	250,000	25,000	2,100	1,390	275,710
（うち棚卸資産）				⑦（150）	
（うち機械）				⑧（100）	
（うち土地）				③（140）	
減価償却累計額	△39,000	△3,000	⑨　　20		△41,980
連　結　調　整　勘　定			1,300	②　　65	1,235
合　　　計	220,000	22,000			234,965
諸　　負　　債	110,000	11,000	1,000	1,400	121,400
少　数　株　主　持　分			⑥　120	3,000	3,330
			①　450		
資　　本　　金	60,000	6,000	6,000		60,000
利　益　剰　余　金	50,000	5,000			50,235[*1]
合　　　計	220,000	22,000			234,965

（損益計算書）

科目			修正・消去（借方）	修正・消去（貸方）	連結
売　上　高	200,000	20,000	④3,500 ⑧400		216,100
受　取　利　息	4,000		⑤100		3,900
受　取　配　当　金	1,000		⑥280		720
土　地　売　却　益		500	③140		360
合　　計	205,000	20,500			221,080
売　上　原　価	150,000	15,000	⑦150	④3,500 ⑧300	161,350
販　売　費　等	35,000	3,500	65	⑨20	38,545
（うち連結調整勘定償却）			②(65)		(65)
支　払　利　息	5,000	500		⑤100	5,400
少　数　株　主　損　益			①450		450
当　期　純　利　益	15,000	1,500			15,335*²
合　　計	205,000	20,500			221,080
利益剰余金期首残高	40,000	4,000	4,700	700	40,000
配　当　金	4,000	400		⑥400	4,000

＊1　連結貸借対照表の貸借差額　　＊2　連結損益計算書の貸借差額

(2) 全面時価評価法の場合

開始仕訳　　　　　　　　　　　　　　　　　　　　　　（単位：千円）

（借）諸　資　産	3,000	（貸）諸　負　債	2,000
		利益剰余金期首残高	1,000
（借）資　本　金	6,000	（貸）S　社　株　式	9,000
利益剰余金期首残高	5,000	少数株主持分	3,300
連結調整勘定	1,300		

子会社の当期純利益の配分（精算表上，①）

| （借） | 少数株主損益 | 450 | （貸） | 少数株主持分 | 450 |

連結調整勘定の償却（精算表上，②）

| （借） | 連結調整勘定償却 | 65 | （貸） | 連結調整勘定 | 65 |

連結調整仕訳（上から順に，精算表上，③および④）

| （借） | 土地売却益 | 200 | （貸） | 土　地 | 200 |
| （借） | 少数株主持分 | 60 | （貸） | 少数株主損益 | 60 |

連結消去仕訳（上から順に，精算表上，⑤ないし⑩）

（借）	売　上	3,500	（貸）	売上原価	3,500
（借）	受取利息	100	（貸）	支払利息	100
（借）	受取配当金	280	（貸）	配当金	400
	少数株主持分	120			
（借）	売上原価	150	（貸）	棚卸資産	150
（借）	売　上	400	（貸）	機　械	100
				売上原価	300
（借）	減価償却累計額	20	（貸）	減価償却費	20
（借）	借入金	1,000	（貸）	貸付金	1,000

連結精算表（全面時価評価法）

（単位：千円）

勘 定 科 目	P社	S社	消　　去		連結財務諸表
（貸借対照表）					
S 社 株 式	9,000			9,000	
その他の諸資産	250,000	25,000	3,000	1,450	276,550
（うち棚卸資産）				⑧(150)	
（うち機械）				⑨(100)	
（うち土地）				③(200)	

減価償却累計額	△39,000	△3,000	⑩ 20		△41,980
連 結 調 整 勘 定			1,300	② 65	1,235
合　計	220,000	22,000			235,805
諸　　負　　債	110,000	11,000	1,000	2,000	122,000
少 数 株 主 持 分			④ 60	3,300	3,570
			⑦ 120	① 450	
資　　本　　金	60,000	6,000	6,000		60,000
利 益 剰 余 金	50,000	5,000			50,235*1
合　計	220,000	22,000			235,805
(損益計算書)					
売　　上　　高	200,000	20,000	⑤3,500		216,100
			⑨ 400		
受　取　利　息	4,000		⑥ 100		3,900
受　取　配　当　金	1,000		⑦ 280		720
土　地　売　却　益		500	③ 200		300
合　計	205,000	20,500			221,020
売　上　原　価	150,000	15,000	⑧ 150	⑤3,500	161,350
				⑨ 300	
販　売　費　等	35,000	3,500	65	⑩ 20	38,545
（うち連結調整			② (65)		(65)
勘定償却）					
支　払　利　息	5,000	500		⑥ 100	5,400
少 数 株 主 損 益			① 450	④ 60	390
当　期　純　利　益	15,000	1,500			15,335*2
合　計	205,000	20,500			221,020
利益剰余金期首残高	40,000	4,000	5,000	1,000	40,000
配　　当　　金	4,000	400		⑦ 400	4,000

＊1　連結貸借対照表の貸借差額　　＊2　連結損益計算書の貸借差額

▶ 8　連結剰余金計算書の作成基準

8·1　連結剰余金計算書作成の考え方

　連結剰余金計算書とは，連結貸借対照表における資本剰余金および利益剰余金についてその増減を示すものであり（「連結原則」第六，一，1），その増減は親会社および子会社の損益計算書および利益処分等に係る金額を基礎として，連結会社相互間の配当に係る取引を消去して計算する（「連結財規」第8条）。したがって，連結剰余金計算書の作成にあたっては，配当金，役員賞与など利益処分項目の調整を行うことが必要不可欠である。

　「商法」に基づく個別財務諸表では，利益処分案（または損失処理案）が作成され，また「証取法」における個別財務諸表でも利益処分計算書（または損失処理計算書）が作成されるが，剰余金計算書は作成されない。なお，個別財務諸表における利益剰余金は，処分可能利益を示すものであるのに対して，連結ベースの利益剰余金は処分可能利益を示すものではなく，連結するための固有の処理を行った結果の剰余金を示しているものにすぎない。

　連結ベースの利益剰余金は，親会社の個別貸借対照表の利益剰余金および株式の取得後または支配獲得日後に生じた子会社の利益剰余金（これを取得後剰余金という）のうち親会社に帰属する部分（少数株主に帰属する部分は少数株主持分として処理する）から構成される（「連結注解」11，2）。少数株主持分として処理するものを除く取得後利益剰余金は，子会社の利益剰余金であっても連結財務諸表上は親会社の利益剰余金とその性格が同一であるので，連結剰余金計算書上は利益剰余金として合算すればよい。したがって，取得後利益剰余金の増減が連結損益計算書に記載されない場合には，連結剰余金計算書の利益剰余金の部に記載されることになる。

8·2　子会社の役員賞与の配分

　子会社の利益処分において役員賞与が支払われた場合には，これを少数株主

にもその持分に応じて負担させる必要がある。[基本例9] では，S 社の利益処分において100千円の役員賞与が支払われているので，次の仕訳を行う。

連結消去仕訳　　　　　　　　　　　　　　　　　　（単位：千円）

（借）少数株主持分　　　30　（貸）役　員　賞　与　　　30

以上により，[基本例9] の20X2年度の連結精算表を作成してみよう（部分時価評価法）。しかし，ここでは，連結精算表上，連結剰余金計算書の個別（P 社と S 社）の欄にいかなる数値を記入するかが問題となる。

上述したように，「商法」上の個別財務諸表では利益処分案（または損失処理案）が作成され，また「証取法」における個別財務諸表でも利益処分計算書（または損失処理計算書）が作成される。しかし，連結剰余金計算書の記載対象となる利益剰余金の増減は，この利益処分案または利益処分計算書に記載されているものがすべてではなく，個別財務諸表の損益計算書の末尾に記載されている中間配当額も，利益剰余金の増減である。したがって，連結精算表を作成する場合には，連結剰余金計算書の個別の欄に記入する数値を，利益処分案または利益処分計算書と個別損益計算書から算出しなければならない。利益剰余金の増減は「親会社及び子会社の損益計算書及び利益処分に係る金額を基礎とし」て計算する，という「連結原則」第六，一，2の文言は，まさにこのことを示している。なお，この計算プロセスを示せば，図表22-15のとおりである。

なお，連結剰余金計算書の記載対象となる親会社および子会社の利益処分については，連結会計期間中において確定した利益処分を基礎として連結決算を行ういわゆる確定方式が原則であるが，これに代えて連結会計期間の利益に係る処分を基礎にして連結決算を行ういわゆる繰上方式によることもできる（「連結原則」第六，一，3）。前者は決算日後3カ月以内に開催された株主総会で確定した利益処分をベースにする（[基本例9] では，20X2年6月29日に行われた20X1年度の利益処分を，20X2年度の連結財務諸表の記載対象とする）方法であるのに対し，後者は当期の利益に係る利益処分を次期の連結剰余金計算書ではなく，当期の連結剰余金計算書に含める（20X3年6月に行われると思われる20X2年度の利益処分を，20X2年度の連結財務諸表の記載対象とする）方法である。[基本例9]

図表22‐15　連結剰余金計算書の個別欄の数値の算出プロセス

以下では，P社についての計算プロセスであり，S社についても同様に計算できる。P社の20X2年度中の配当による利益処分4,000千円のうち，2,000千円は中間配当によるものであり，P社の個別財務諸表は（一部）は，以下のとおりであったとする（単位：千円）。なお，資産の部および負債の部は省略。

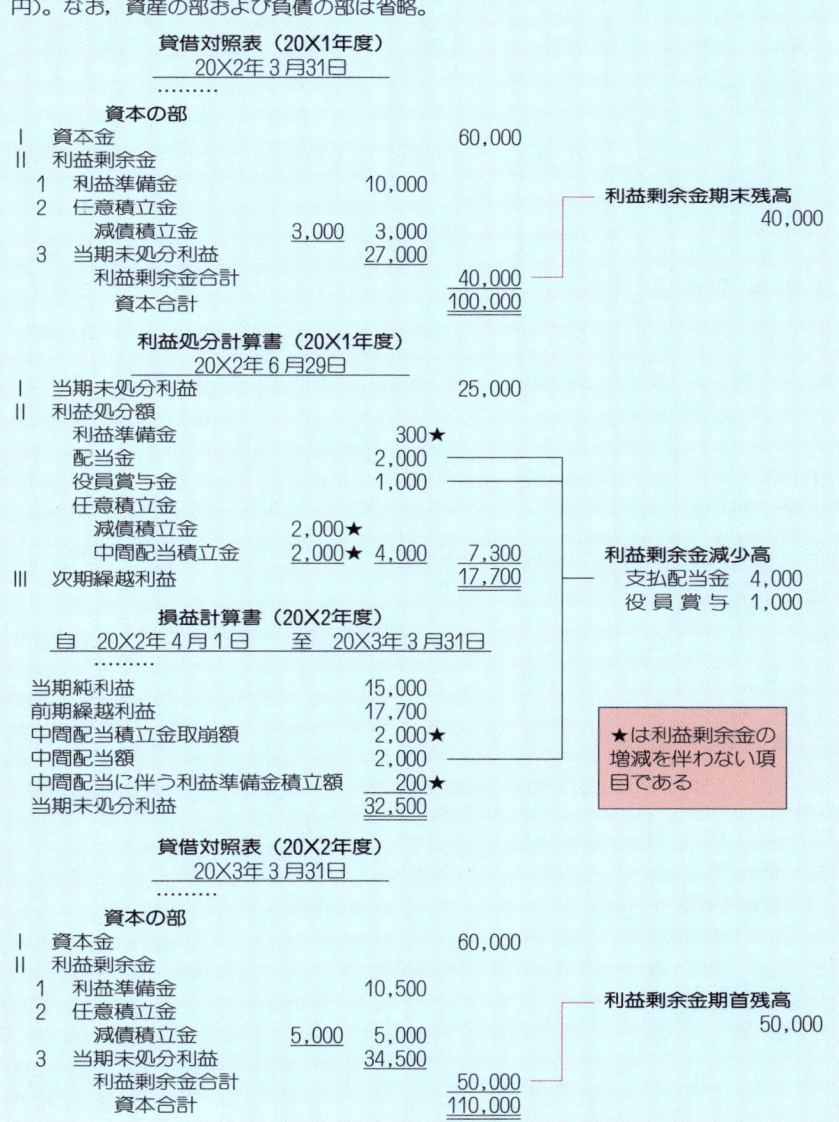

618

は，原則どおり，確定方式に基づいているものとする。

連結精算表（部分時価評価法）

（単位：千円）

勘定科目	P社	S社	消	去	連結財務諸表
（貸借対照表）					
S 社 株 式	9,000			9,000	
その他の諸資産	250,000	25,000	2,100	1,390	275,710
（棚卸資産・固定資産等）					
減価償却累計額	△39,000	△3,000	20		△41,980
連 結 調 整 勘 定			1,300	65	1,235
合　　計	220,000	22,000			234,965
諸　　負　　債	110,000	11,000	1,000	1,400	121,400
少 数 株 主 持 分			120	3,450	3,300
			30		
資　　本　　金	60,000	6,000	6,000		60,000
利 益 剰 余 金	50,000	5,000			50,265
合　　計	220,000	22,000			234,965
（損益計算書）					
売　　上　　高	200,000	20,000	3,900		216,100
受　取　利　息	4,000		100		3,900
受 取 配 当 金	1,000		280		720
土 地 売 却 益		500	140		360
合　　計	205,000	20,500			221,080
売　上　原　価	150,000	15,000	150	3,800	161,350
販　売　費　等	35,000	3,500	65	20	38,545
（うち連結調整勘定償却）			(65)		(65)
支　払　利　息	5,000	500		100	5,400
少 数 株 主 損 益			450		450
当 期 純 利 益	15,000	1,500			15,335
合　　計	205,000	20,500			221,080

（剰余金計算書）

利益剰余金期首残高	40,000	4,000	4,700	700	40,000
当 期 純 利 益	15,000	1,500			15,335*¹
合　　　計	55,000	5,500			55,335
利益剰余金減少高					
配　　当　　金	4,000	400		400	4,000
役　員　賞　与	1,000	100		30	1,070
利益剰余金期末残高	50,000	5,000			50,265*²
合　　　計	55,000	5,500			55,335
			20,355	20,355	

＊1　連結損益計算書から移記する。　　＊2　連結貸借対照表から移記する。

▶ 9　支配獲得後における資本連結手続

　子会社株式を獲得する方法には，すでに述べたように子会社を**設立するケース**のほかすでに設立されている会社の**株式を取得**して支配を獲得するケースがある。後者のケースであっても，100％の株式を取得していない場合には，その後株式を**追加取得**することがある。ここでは，支配獲得後のケースの会計処理について学ぶことにしよう。

　支配獲得後における資本連結手続は，基本的には，**親会社**と**少数株主との持分移動**に係る**処理**からなる。この場合の親会社と少数株主との取引は，経済的単一体概念からすれば，所有主間の資本取引であるが，「連結原則」が採用する親会社概念からすれば，親会社と外部の第三者との取引である（＜本章5・1　連結財務諸表作成の考え方＞参照）。

　支配獲得後の親会社と少数株主との間の持分移動を伴う**典型的な取引**としては，持分そのものを両間で売買する**子会社株式の追加取得**および**一部売却**がある。このほかにも，たとえば**子会社の時価発行増資**（＜第16章　資本の会計と報告＞参照）などにおいて親会社が引き受けなかった場合，または従来の持分比率と異なる比率で親会社が引き受けた場合のように，親会社の持分比率が増資

前と増資後で変化することになり，いいかえれば親会社の払込額と親会社の持分の増減額に差額が生じるケースなどがある。

9·1 子会社株式を追加取得するケース

支配獲得後において**子会社株式を追加取得**する場合には，子会社の資本に対する**親会社の持分は増加**し，**少数株主持分は減少**することになる。

この場合には，追加取得した株式に対応する持分を少数株主持分から減額し，追加取得により増加した親会社の持分（これを**追加取得持分**という）を追加投資額と相殺消去するとともに，追加取得持分と追加投資額との間に生じた差額は，**連結調整勘定**として処理する（「連結原則」第四，五，1）。

部分時価評価法を採用している場合には，支配獲得時における処理と同様に，まず，追加取得日における子会社の資産および負債のうち，追加取得持分に相当する部分を当該取得日の時価により評価して計算し，次に，少数株主持分から追加取得分を減額し，これと先の評価差額を合計した額を子会社株式と相殺して連結調整勘定を計算する。

全面時価評価法を採用している場合には，支配獲得時に子会社の資産および負債のすべてが時価評価されているために，評価差額が計上されることはない。手続的には追加取得持分および減額する少数株主持分は，追加取得日の少数株主持分の額によって計算し（「連結注解」12，2），これと追加取得した子会社株式とを相殺して連結調整勘定を計算することになる。

▶ 基本例10 ◀

　［基本例9］で，20X2年度末（20X3年3月31日）に，P社は新たにS社の発行済株式総数の20%を3,400千円で追加取得したとする。

　なお，この時点でS社の諸資産および諸負債を**時価評価**したところ，それぞれの時価評価総額は25,000千円および13,000千円であった。

以下，［基本例10］を部分時価評価法と全面時価評価法で処理すると，次のとおりである。

9・1・1　部分時価評価法

追加取得分（20％）について資産および負債を時価評価し，取得したS社株式を相殺消去する（図表22‐16参照）。

連結消去仕訳　　　　　　　　　　　　　　　　　　　（単位：千円）

（借）　諸　資　産　　　　600*1　（貸）　諸　負　債　　　　400*2
　　　　　　　　　　　　　　　　　　　　利益剰余金　　　　200

* 1　（25,000－22,000）×20％＝600
* 2　（13,000－11,000）×20％＝400

（借）　少数株主持分　　2,200*　（貸）　S　社　株　式　　3,400
　　　　利益剰余金　　　　200
　　　　連結調整勘定　　1,000

*　（6,000＋5,000）×20％＝2,200

図表22‐16　追加取得に係る資本連結手続（部分時価評価法）

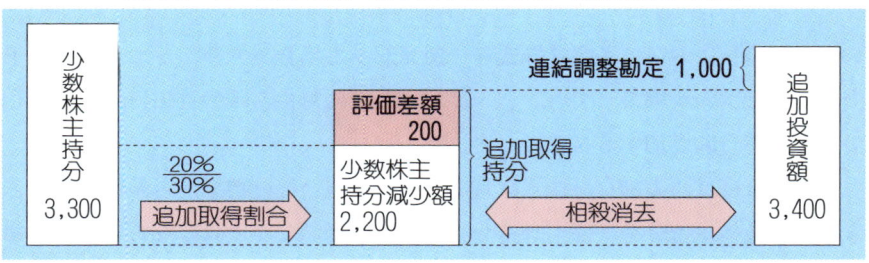

9・1・2　全面時価評価法

まず，追加取得分（20％）を少数株主持分から減額し，これと追加取得したS社株式を相殺消去する（図表22‐17参照）。

連結消去仕訳　　　　　　　　　　　　　　　　　　　　　（単位：千円）

（借）	少数株主持分	2,400*	（貸）	Ｓ　社　株　式	3,400
	連結調整勘定	1,000			

* 　（前期末少数株主持分3,300＋Ｓ社利益剰余金増加額1,000×30％）
　　　×（20％÷30％）＝2,400
　　または　（Ｓ社純資産11,000＋支配獲得時の評価差額1,000）×20％＝2,400

　全面時価評価法では，部分時価評価法とは異なり，支配獲得時である20X1年度末（20X2年3月31日）において，すでにすべての資産および負債について評価替えが行われているため，評価差額（利益剰余金）は計上されない。

図表22-17　追加取得に係る資本連結手続（全面時価評価法）

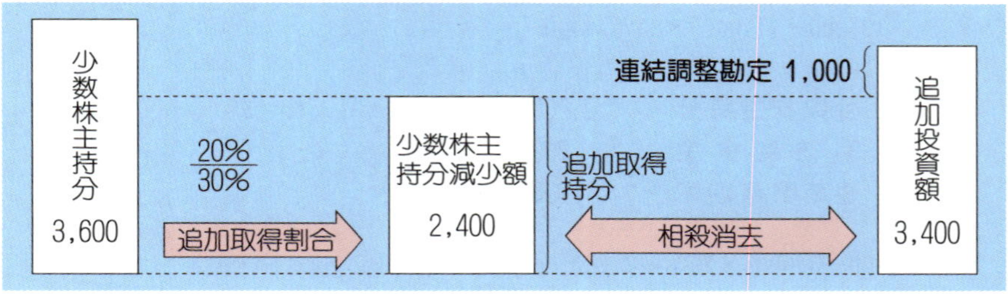

9·2　子会社株式を一部売却するケース

　支配獲得後において**子会社株式を一部売却**する場合であり，かつ親会社と子会社の支配関係が継続しているときは，子会社に対する**親会社の持分は減少**し，**少数株主持分は増加**することになる。

　この場合には，売却した株式に対応する額を親会社の持分から減額するとともに，少数株主持分を一部売却持分相当額だけ増額しなければならない。売却による親会社の持分の減少額（これを**売却持分**という）と親会社の投資の減少額との間に生じた差額（これを**売却差額**という）は，売却持分に係る子会社株式の**売却損益の修正**として処理し，売却持分に対応する連結調整勘定も，同様に処理する（「連結原則」第四，五，2）。

　ただし，**部分時価評価法を採用している場合**には，子会社の個別貸借対照表

上の資本の額に基づいて計算し，売却持分に含まれる評価差額は，それに対応する子会社の資産および負債と相殺し，**全面時価評価法を採用している場合**には，売却持分と同額とする。なお，子会社株式の売却損益の修正として処理する連結調整勘定の償却額は，連結調整勘定の未償却額のうち売却持分に対応する部分として計算する（「連結注解」13，1）。

　なお，子会社株式を段階的に購入した場合には，いずれの持分を売却したのかが問題となるが，通常の有価証券の売買と整合的な会計処理を行うことを考えれば，平均法等を用いるのが妥当であるといえよう。

▶　**基本例11**　◀

　[基本例9]で20X2年度末に，P社は所有しているS社株式の20%（S社発行済株式総数の14%）を1,900千円で売却したとする。

　子会社株式の一部売却については，全面時価評価法のほうがわかりやすいので，この方法から説明することにしよう。

9・2・1　全面時価評価法

連結消去仕訳　　　　　　　　　　　　　　　　　　　　　（単位：千円）

（借）	S　社　株　式	1,800	（貸）	少数株主持分	1,680
	S　社　株　式 売　　却　　益	100		連結調整勘定	247
	S　社　株　式 売　　却　　損	27			

上記の仕訳について説明すれば，以下のとおりである。

　まず，考えなければならないのは，企業集団の観点からみると，S社株式の売却について，どのような仕訳を行わなければならないのかという点である。S社株式の14%相当分，すなわち1,680（＝[20X2年度末のS社の純資産11,000＋支配獲得時の評価差額1,000]×14%)千円だけ少数株主持分を増加させ，これと売却

額1,900千円とを対比させて，連結上の売却損益を計上する。

企業集団の観点からみた仕訳

| （借）現 金 預 金 | 1,900 | （貸）少数株主持分 | 1,680 |
| | | S 社 株 式
売 却 益 | 220 |

　次に，当該 S 社株式を取得したさいに計上した連結調整勘定の未償却残高のうち，売却持分に係る部分（すなわち，1,235×20％＝247）については，これを消去するとともに子会社株式の売却に係る損益として処理しなければならない。

| （借）S 社 株 式
売 却 損 | 247 | （貸）連 結 調 整 勘 定 | 247 |

　以上が企業集団の観点からみた場合の S 社株式の売却に関する仕訳であるが，これらをまとめると，次のとおりである。

| （借）現 金 預 金 | 1,900 | （貸）少数株主持分 | 1,680 |
| S 社 株 式
売 却 損 | 27 | 連 結 調 整 勘 定 | 247 |

　この仕訳について考えてみると，売却持分にあたる少数株主持分1,680千円と連結調整勘定の未償却高のうちの売却持分に係る部分247千円の和である1,927千円と売却額1,900千円との差額27千円が，連結上，売却に係る損益として計上されている。この少数株主持分と連結調整勘定の和が「連結上の簿価」とよばれることがあるのは，このためである（連結上は，「連結上の簿価」1,927千円と売却額1,900千円の差額が S 社株式売却損益となる）。

　以上が，企業集団の観点からみた場合に行わなければならない仕訳である。しかし，個別上は，簿価1,800（＝9,000×20％）千円の S 社株式を1,900千円売却しているので，当然，親会社は次の仕訳を行っている。

P社の個別上の仕訳

| （借）現 金 預 金 | 1,900 | （貸）S 社 株 式 | 1,800 |
| | | S 社 株 式売 却 益 | 100 |

　したがって，子会社株式の一部売却の仕訳としては，これを企業集団の観点からみた仕訳に修正する必要がある。その仕訳が，最初の仕訳である（**図表22 - 18**参照）。

図表22 - 18　一部売却に係る資本連結手続（全面時価評価法）

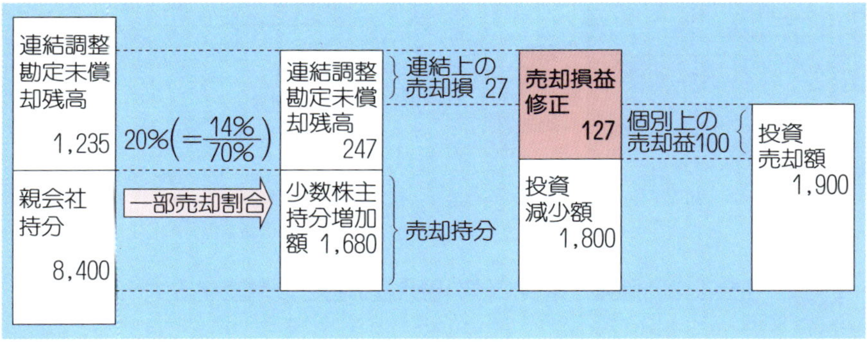

9·2·2　部分時価評価法

連結消去仕訳 　　　　　　　　　　　　　　　　　　　　　　　　　（単位：千円）

（借）S 社 株 式	1,800	（貸）少 数 株 主 持 分	1,680
S 社 株 式売 却 益	100	連 結 調 整 勘 定	247
S 社 株 式売 却 損	27		

　全面時価評価法と同一である上記の仕訳に加えて，売却に対応する少数株主持分部分を**原価評価に戻す**ために，次の仕訳を行う必要がある（**図表22 - 19**参照）。

（借）諸　　負　　債　　　280*1　（貸）諸　　資　　産　　　420*2
　　　少数株主持分　　　140

* 1　2,000×14％＝280
* 2　3,000×14％＝420

図表22‐19　一部売却に係る資本連結手続（部分時価評価法）

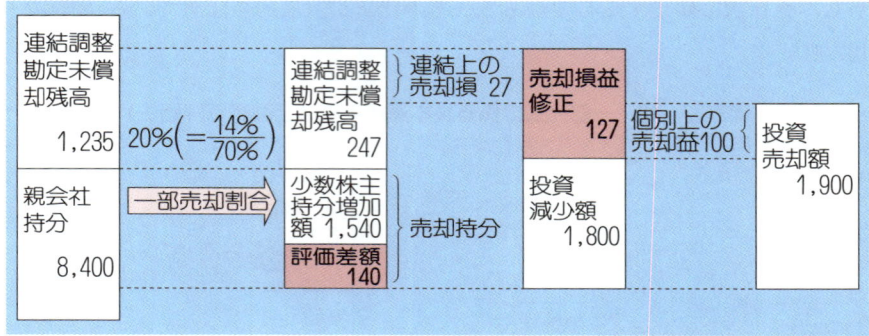

9·3　子会社の時価発行増資に伴い親会社の持分が増減するケース

　子会社の時価発行増資などにおいて，親会社が引き受けなかったり，また親会社の引受割合が従来の持分比率と異なり，かつ，発行価額が従来の1株当たりの純資産額と異なる場合には，親会社の払込額と当該増資などによる親会社の持分の増減額との間に差額が生ずる。この差額は，当該増資などに伴う持分比率の変化によって，親会社の持分の一部が少数株主持分に，または少数株主持分が親会社の持分に振り替わることから生ずるものである（「連結原則」前文，第二部，二，5，(2)，③）。

　「連結原則」では，親会社概念に基づいているところから，連結財務諸表上の払込資本は親会社の株主の払込資本のみであり，子会社の払込資本は連結上の払込資本を構成しないと解釈し，親会社の増減資によらないこのような差額は，利益剰余金として処理することとしている（同上）。

　この場合，当該差額は，損益として処理することを原則とするが，子会社の

時価発行増資などによる持分変動は企業集団の業績と無関係である旨の意見も
あることから，発生の頻度，金額の異常性などからみて利害関係者の判断を著
しく誤らせるおそれがあると認められる場合には，利益剰余金に直接加減する
処理も認められている（「連結原則」第四，五，3）。

▶　基本例12　◀

　[基本例 9]で，20X2年度末（20X3年 3 月31日）に，S 社が発行
価額150千円で30株を時価発行増資したが，P 社はこの増資を引き
受けなかったものとする。なお，この増資以前には，P 社は S 社
株式を84株（70%）保有していたものとする。

S 社は，個別財務諸表上，次のような処理を行っている。

S 社の個別上の仕訳　　　　　　　　　　　　　　　　　　（単位：千円）

（借）現　金　預　金	4,500	（貸）資　　本　　金	4,500

　この増加資本金4,500千円は，連結上は資本金とみなされないため，少数株主
持分に振り替えられる。親会社の引受割合（ 0 %）が従来の持分比率（70%）と
異なり，また，発行価額（150千円）が従来の 1 株当たりの純資産額（100千円）
と異なるために，消去すべき資本金と増加すべき少数株主持分との間に差額が
生じることになる。当該差額は原則として，損益として処理する。

　親会社持分および少数株主持分の変動を示せば，次のとおりである。

（単位：千円）

		増資前	増資後
S 社純資産（簿価）		11,000	15,500
評価差額	全面時価評価法	1,000	1,000
	部分時価評価法	700	560
少数株主株式数		36株	66株
少数株主持分割合		30%	44%
少数株主持分	全面時価評価法	3,600	7,260

部分時価評価法	3,300	6,820
親会社株式数	84株	84株
親会社持分割合	70%	56%
親会社持分	8,400	9,240

　子会社の時価発行増資の連結上の処理についての全面時価評価法および部分時価評価法のそれぞれの仕訳を示せば，次のとおりである。なお，全面時価評価法のほうがわかりやすいので，この方法から示す。

9·3·1　全面時価評価法

連結消去仕訳　　　　　　　　　　　　　　　　　　　　　　　（単位：千円）

（借）資　本　金　　4,500　（貸）少数株主持分　3,660*1
　　　　　　　　　　　　　　　　　連結調整勘定　　247*2
　　　　　　　　　　　　　　　　　時価発行増資に　593
　　　　　　　　　　　　　　　　　伴う持分増加益

＊1　$7,260 - 3,600 = 3,660$
＊2　$(1,300 \times \frac{19}{20}) \times \frac{14\%}{70\%} = 247$

9·3·2　部分時価評価法

連結消去仕訳　　　　　　　　　　　　　　　　　　　　　　　（単位：千円）

（借）資　本　金　　4,500　（貸）少数株主持分　3,660
　　　　　　　　　　　　　　　　　連結調整勘定　　247
　　　　　　　　　　　　　　　　　時価発行増資に　593
　　　　　　　　　　　　　　　　　伴う持分増加益

　部分時価評価法の場合には，全面時価評価法と同一の上記の仕訳に加えて，親会社持分に相当する部分のみを時価で評価する方法であるため，少数株主持分の増加分に相当する時価を原価評価に戻す仕訳を行う必要がある。

| （借） | 諸 | 　負 | 　債 | 280*1 | （貸） | 諸 | 　資 | 　産 | 420*2 |
| | 少 数 株 主 持 分 | | | 140 | | | | | |

* 1　2,000×14％＝280
* 2　3,000×14％＝420

▶10　持分法

10・1　持分法の基本的考え方

　すでに述べたように，**連結財務諸表**は企業集団を構成する個別財務諸表を結合して企業集団の財政状態，経営成績などの事業業績を示すものである。しかし，企業集団のなかには，連結会社との間に何らかの支配関係はあるものの重要性が乏しいなどの理由で連結の対象に含められない子会社（これを**非連結子会社**という）および**関連会社**がある。

　企業集団全体の事業業績を的確に把握するためには，非連結子会社および関連会社の業績も反映した連結財務諸表が必要である。そのための手法が**持分法**（equity method）である（**図表22 - 20**参照）。

図表22 - 20　連結と持分法

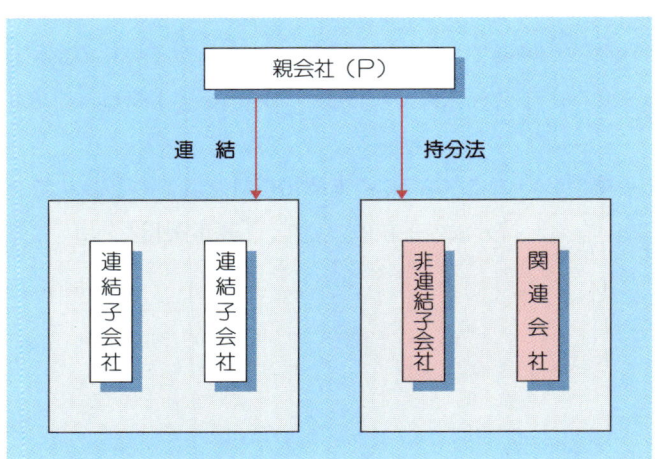

　持分法とは，投資会社が被投資会社（これを**持分法適用会社**という）の純資産および損益のうち投資会社に帰属する部分の変動に応じて，その投資の額を連結決算日ごとに修正する方法をいう（「連結注解」17，1）。**連結が完全連結**（line-by-line consolidation）ともよばれるのに対して，**持分法**は持分法適用会社の純資産，損益などを親会社の**投資勘定**に反映させるところから，**一行連結**（one-line consolidation）ともよばれている。

10・2　持分法の適用会社

　持分法を適用しなければならないのは，原則として**非連結子会社**および**関連会社**に対する**投資**である（「連結原則」第四，八，1）。

　ただし，持分法の適用により，連結財務諸表に重要な影響を与えない場合には，持分法を適用しないことができる（「連結注解」18）。

10・3　持分法の手続

　持分法の適用にさいしては，被投資会社の財務諸表について，資産および負債の評価はもとより，税効果会計の適用（＜**第23章　税効果の会計と報告**＞参照）など，重要性が乏しい場合を除き，原則として**連結子会社**の場合と**同様の処理を行う**ものとされる（「連結注解」17，2）。

　なお，子会社の株式を段階的に取得する場合における部分時価評価法の資本連結手続は段階法が原則であると述べたが，親会社が子会社の支配権を実質的に獲得するまでは，子会社株式の取得後の処理は事実上持分法を適用しなければならない。

　持分法の手続について述べると，＜**本章10・3・1**＞以下のとおりである（「連結注解」17，3）。なお，持分法の手続について，［**基本例13**］を用いて説明することにしよう。

▶　**基本例13**　◀

　[基本例9]において，親会社（P社）は20X1年度末（20X2年3月31日）に，関連会社（A社）の発行済株式の30％を3,000千円で一括取得していたものとする（諸資産のうちの3,000千円がA社投資であったとする）。20X1年度および20X2年度のA社の個別財務諸表は，次のとおりであった（単位：千円）。

<table>
<tr><td colspan="4" align="center">**A社貸借対照表**
20X2年3月31日</td><td colspan="4" align="center">**A社貸借対照表**
20X3年3月31日</td></tr>
<tr><td>諸 資 産</td><td align="right">14,000</td><td>諸 負 債</td><td align="right">6,000</td><td>諸 資 産</td><td align="right">15,000</td><td>諸 負 債</td><td align="right">6,000</td></tr>
<tr><td></td><td></td><td>資 本 金</td><td align="right">6,000</td><td></td><td></td><td>資 本 金</td><td align="right">6,000</td></tr>
<tr><td></td><td></td><td>利益剰余金</td><td align="right">2,000</td><td></td><td></td><td>利益剰余金</td><td align="right">3,000</td></tr>
<tr><td></td><td align="right">14,000</td><td></td><td align="right">14,000</td><td></td><td align="right">15,000</td><td></td><td align="right">15,000</td></tr>
</table>

<table>
<tr><td colspan="4" align="center">**A社損益計算書**
自20X2年4月1日至20X3年3月31日</td></tr>
<tr><td>売 上 原 価</td><td align="right">7,500</td><td>売 上 高</td><td align="right">10,000</td></tr>
<tr><td>販 売 費 等</td><td align="right">1,000</td><td>受 取 利 息</td><td align="right">1,000</td></tr>
<tr><td>支 払 利 息</td><td align="right">1,000</td><td></td><td></td></tr>
<tr><td>当期純利益</td><td align="right">1,500</td><td></td><td></td></tr>
<tr><td></td><td align="right">11,000</td><td></td><td align="right">11,000</td></tr>
</table>

　なお，20X1年度末のA社の諸資産の時価は16,000千円，諸負債の時価は7,000千円であるとする。

　1．販売費等には，一般管理費も含まれている。

　2．A社の売上高10,000千円の中には，P社に対する売上高2,000千円が含まれている。

　3．P社の期末棚卸資産のうち，A社から仕入れて期末現在でまだ外部へ売却されていないものが400千円ある。A社の利益率は25％である。

> 4．A社は，20X2年6月27日に行われた20X1年度の利益処分に
> おいて，500千円を配当金として支払っている。役員賞与はな
> かったものとする。

10・3・1　投資日の処理

　持分法は，投資会社（P社）が被投資会社への投資を原価で記帳する点では通常の原価法と同じである。すなわち，投資日においては，P社の帳簿上で次の仕訳を行うだけである。

　P社の個別上の仕訳　　　　　　　　　　　　　　　　　　　（単位：千円）

（借）A　社　株　式　　3,000　（貸）現　　　　金　　3,000

　しかし，連結を行う場合と同様に，投資会社の投資日における投資とこれに対応する資本との間には，通常，差額（すなわち投資差額）が生じる。この投資差額については，連結子会社の場合と同様の処理を行い，関連会社の資産および負債を時価評価し，その評価差額のうちの親会社持分相当額を加減しなければならないので，投資差額は連結調整勘定と同一の会計学的性格（超過収益力）を有することになる。したがって，この投資差額は20年を上限として定額法その他合理的な方法で償却されることになる。その処理については，次で述べるとおりである。

　もとより，持分法の場合，資産および負債を時価評価しても，連結財務諸表に影響を及ぼすのは評価差額のうちの親会社持分相当額のみであるので，P社が部分時価評価法を採用しているか全面時価評価法を採用しているかは問題とならない。

10・3・2　持分法による投資損益と投資差額の償却の処理

　投資会社は，当該投資の日以降において被投資会社が損益を計上した場合に，その損益のうちの投資会社の持分または負担に見合う額を算定して，当該投資の額を増額または減額し，当該増減額を当期純利益の計算に含める。これによっ

て，A社の利益が連結損益計算書に反映されることになる。

（精算表上，①）　　　　　　　　　　　　　　　　　　　　　　　（単位：千円）

（借）Ａ　社　株　式　　450*　（貸）持分法による
投　資　損　益　　　450

＊　A社当期純利益1,500×30％＝450

また，連結の場合に生じる連結調整勘定に相当する部分である**投資差額**は，持分法では**投資**で処理されるので，その償却の仕訳は，次のように行う。

（精算表上，②）

（借）持分法による
投　資　損　益　　15*　（貸）Ａ　社　株　式　　15

＊　$3,000-(6,000+2,000+[16,000-14,000]-[7,000-6,000])×30\%=300$
$300÷20年=15$

10・3・3　未実現損益の消去

連結会社と持分法適用会社との取引も企業集団の**内部取引**の一種と考えられる。したがって，投資の増減額およびその当期純利益額を認識する場合には，連結会社と持分法適用会社との間の取引による資産に係る**未実現損益**を**消去**するための修正を行う（「連結注解」17，3，(3)）。

（精算表上，③）　　　　　　　　　　　　　　　　　　　　　　　（単位：千円）

（借）持分法による
投　資　損　益　　30*　（貸）Ａ　社　株　式　　30

＊　$400×25\%×30\%=30$

10・3・4　受取配当金の処理

<**本章10・3・2**>で述べたように，被投資会社の損益はすでに持分法による投資損益として計上されている。したがって，投資会社が被投資会社から受け取った配当金を受取配当金として損益処理すれば，損益の二重計上をすることにな

る。被投資会社から配当金を受け取った場合には，次の仕訳で当該配当金に相当する金額を当該投資の貸借対照表計上額から減額する（「連結注解」17，3，(4)）。

（精算表上，④） （単位：千円）

（借）受 取 配 当 金 150* （貸）Ａ 社 株 式 150

＊ 500×30％＝150

もとより，持分法の適用にあたっては，投資会社は，**被投資会社の直近の財務諸表**を使用するが，投資会社と被投資会社の決算期に差異があり，その差異の期間内に重要な取引または事象が発生しているときには，投資会社に帰属する損益に関し誤解を生ずることを避ける意味から，必要な修正または注記を行わなければならない（「連結注解」17，4）。

なお，[基本例9]の20X2年度の**連結精算表（部分時価評価法）**に持分法の仕訳を加えると，次のとおりである。

連結精算表（部分時価評価法）

（単位：千円）

勘 定 科 目	Ｐ社	Ｓ社	消	去	連結財務諸表
（貸借対照表）					
Ｓ 社 株 式	9,000			9,000	
Ａ 社 株 式	3,000		① 450	② 15	3,255
				③ 30	
				④ 150	
そ の 他 の 諸 資 産	247,000	25,000	2,100	1,390	272,710
（棚卸資産・固定資産等）					
減 価 償 却 累 計 額	△39,000	△3,000	20		△41,980
連 結 調 整 勘 定			1,300	65	1,235
合 計	220,000	22,000			235,220
諸 負 債	110,000	11,000	1,000	1,400	121,400
少 数 株 主 持 分			150	3,450	3,300
資 本 金	60,000	6,000	6,000		60,000

利 益 剰 余 金	50,000	5,000			50,520
合　計	220,000	22,000			235,220
（損益計算書）					
売　上　高	200,000	20,000	3,900		216,100
受 取 利 息	4,000		100		3,900
受 取 配 当 金	1,000		280		570
			④　150		
持分法による投資損益			②　15 ③　30	①　450	405
土 地 売 却 益		500	140		360
合　計	205,000	20,500			221,335
売 上 原 価	150,000	15,000	150	3,800	161,350
販 売 費 等	35,000	3,500	65	20	38,545
（うち連結調整勘定償却）			(65)		(65)
支 払 利 息	5,000	500		100	5,400
少 数 株 主 損 益			450		450
当 期 純 利 益	15,000	1,500			15,590
合　計	205,000	20,500			221,335
（剰余金計算書）					
利益剰余金期首残高	40,000	4,000	4,700	700	40,000
当 期 純 利 益	15,000	1,500			15,590
合　計	55,000	5,500			55,590
利益剰余金減少高					
配　当　金	4,000	400		400	4,000
役 員 賞 与	1,000	100		30	1,070
利益剰余金期末残高	50,000	5,000			50,520
合　計	55,000	5,500			55,590
			21,000	21,000	

10·4 持分法適用後の資本連結手続

支配獲得以前の子会社株式が原価評価されていた場合の資本連結手続につい ては<本章6·3·3 段階法と一括法(子会社の資産および負債の時価評価を行う 場合)>で述べたので,ここでは持分法適用会社がその後に追加取得により子会 社となった場合の資本連結手続について,以下の[基本例14]をベースに述べる。

▶ 基本例14 ◀

[基本例13]において,P社は20X4年3月31日(20X3年度末)にA 社の発行済株式総数の40%を5,400千円で追加取得し,その支配を獲 得したものとする(単位:千円)。

A社貸借対照表
20X2年3月31日

諸 資 産	14,000	諸 負 債	6,000
		資 本 金	6,000
		利益剰余金	2,000
	14,000		14,000

A社貸借対照表
20X3年3月31日

諸 資 産	15,000	諸 負 債	6,000
		資 本 金	6,000
		利益剰余金	3,000
	15,000		15,000

A社貸借対照表
20X4年3月31日

諸 資 産	17,500	諸 負 債	7,000
		資 本 金	6,000
		利益剰余金	4,500
	17,500		17,500

なお,20X1年度末のA社の諸資産および諸負債の時価は16,000 千円,7,000千円であり,20X3年度末のそれは20,000千円,9,000千 円である。また,20X3年度末現在,P社期末棚卸資産には,A社か

ら仕入れた棚卸資産は含まれていない。

[基本例13]では，第2回目のA社株式の取得（支配獲得）直前までA社株式に持分法が適用されているので，20X4年3月31日の連結決算にあたり，次の**開始仕訳**および**持分法の仕訳**により，支配獲得時のA社株式の連結上の簿価は720千円増加し，またその分だけ利益剰余金も増加している。

開始仕訳　　　　　　　　　　　　　　　　　　　　　　（単位：千円）

　　（借）Ａ　社　株　式　　　255*　（貸）利 益 剰 余 金
　　　　　　　　　　　　　　　　　　　　　　　期 首 残 高　　　255

＊　A社の前期損益のうちP社帰属分　450
　　前期のA社配当金のうちP社帰属分　150
　　当期首までのA社の増加利益剰余金のうちP社帰属分　450－150＝300
　　投資差額の過年度償却額　15
　　前期末の棚卸資産に含まれる未実現利益　30
　　当期首までのP社持分相当額増加額　300－15－30＝255

当期の持分法の仕訳

　　（借）Ａ　社　株　式　　　450*　（貸）持 分 法 に よ る
　　　　　　　　　　　　　　　　　　　　　　　投 資 損 益　　　450

＊　当期のA社剰余金増加高のうちP社帰属分　450
　　（4,500－3,000）×30％＝450

　　（借）持 分 法 に よ る
　　　　　投 資 損 益　　　15*　（貸）Ａ　社　株　式　　　15

＊　投資差額の当期償却額　15

　　（借）Ａ　社　株　式　　　30*　（貸）持 分 法 に よ る
　　　　　　　　　　　　　　　　　　　　　　　投 資 損 益　　　30

＊　前期のP社期末棚卸資産に含まれる未実現利益30の実現に伴う戻入額

すでに述べたように，段階法は，子会社株式を株式取得時点ごとに段階的に時価評価を行い，投資と資本の相殺消去を段階的に行う方法なので，第1回の

株式取得後の子会社の増加剰余金のうち親会社帰属分を利益剰余金として計上するのに対して，**一括法**は，支配獲得時点において一括して株式を取得したとみなして時価評価を行い，一括して相殺消去を行う方法なので，支配獲得時までの増加利益剰余金は計上されない。

したがって，支配獲得以前の子会社株式に持分法を適用していた**[基本例14]**の場合には，それにより計上されている上記の利益剰余金720千円（子会社の増加利益剰余金のうちの親会社帰属分）の取扱いが，段階法を採用するか一括法を採用するかによって異なる。

(1) 段階法（部分時価評価法の原則法）の場合

株式取得後の子会社の増加利益剰余金のうちの親会社帰属分は，そのまま計上しておいても段階法の考え方と整合するので，P社とA社の個別財務諸表を単純合算し，上記の開始仕訳および当期の持分法の仕訳を行った後に，次の**相殺消去仕訳**を行う（A社株式の簿価は，持分法適用後の金額9,120［＝3,000＋5,400＋720］千円である）。

（単位：千円）

（借）諸 資 産 1,600*1 （貸）諸 負 債 1,100*2
利 益 剰 余 金 500

* 1 $(16,000-14,000)\times30\%+(20,000-17,500)\times40\%=1,600$
* 2 $(7,000-6,000)\times30\%+(9,000-7,000)\times40\%=1,100$

（借）資 本 金 6,000 （貸）A 社 株 式 9,120
利 益 剰 余 金 5,000*1 少 数 株 主 持 分 3,150*3
連 結 調 整 勘 定 1,270*2

* 1 子会社の利益剰余金4,500＋評価差額500＝5,000
　　株式取得後の子会社の利益剰余金の増加のうちの親会社帰属分は，すでに持分法による投資損益として利益剰余金に算入されているので，考慮する必要はない。
* 2 （第1回取得により発生した連結調整勘定300－15×2年）
　　＋（第2回取得により発生した連結調整勘定1,000）＝1,270
* 3 $(6,000+4,500)\times30\%=3,150$

⑵ 一括法(部分時価評価法の簡便法および全面時価評価法)の場合

　株式取得後の子会社の増加利益剰余金のうちの親会社帰属分は，そのまま計上しておくと一括法の考え方と整合しないので，P 社と A 社の個別財務諸表を単純合算し，上記の開始仕訳および当期の持分法の仕訳を行った後に，開始仕訳および持分法の仕訳を消去するための逆仕訳を行い，あらためて20X4年 3 月31日に70%を一括して取得したとみなして投資と資本の相殺消去の仕訳を行えばよい。

(単位：千円)

(借)	利 益 剰 余 金 期 首 残 高	255	(貸)	A 社 株 式	720
	持 分 法 に よ る 投 資 損 益	465			

部分時価評価法の簡便法

(借)	諸 資 産	1,750*¹	(貸)	諸 負 債	1,400*²
				利 益 剰 余 金	350

＊１　資産評価替え分2,500×70%＝1,750
＊２　負債評価替え分2,000×70%＝1,400

(借)	資 本 金	6,000	(貸)	A 社 株 式	8,400
	利 益 剰 余 金	4,850*¹		少数株主持分	3,150*³
	連 結 調 整 勘 定	700*²			

＊１　4,500＋350＝4,850
＊２　8,400－([6,000＋4,500]×70%＋350)＝700
＊３　(6,000＋4,500)×30%＝3,150

全面時価評価法

(借)	諸 資 産	2,500	(貸)	諸 負 債	2,000
				利 益 剰 余 金	500

（借）資　本　金	6,000	（貸）Ａ　社　株　式	8,400
利 益 剰 余 金	5,000	少 数 株 主 持 分	3,300*²
連 結 調 整 勘 定	700*¹		

* 1　$8,400-(6,000+4,500+500)\times70\%=700$
* 2　$(6,000+4,500+500)\times30\%=3,300$

▶11　株式交換のケースにおける資本連結手続

　すでに＜第16章　資本の会計と報告＞および＜本章1・4　企業結合会計と株式交換＞でも説明したように，株式交換のケースでは，親会社は，現金等の代わりに新株の発行を通じて子会社株式を取得する。その場合であっても，投資額である子会社株式と子会社の純資産を相殺消去する点で資本連結手続には何ら違いはない。

▶　基本例15　◀

　Ｐ社がＳ社の発行済株式の70％を9,000千円で一括取得した［基本例6］の条件を変更して，ここではＰ社が株式交換方式によってＳ社株式の100％を取得したものとする。この株式交換にあたって，Ｐ社は，Ｓ社に対して，新株200株を発行し，発行価格のうち1株当たり30千円を資本金に組み入れるものとする。20X1年度末（20X2年3月31日）におけるＰ社株式の1株当たり時価（公正価値）は60千円であった。

　便宜上，20X1年度末（20X2年3月31日）における両社の貸借対照表も示せば，次のとおりである（単位：千円）。

P社貸借対照表			S社貸借対照表	
諸 資 産 200,000	諸 負 債 100,000		諸 資 産 20,000	諸 負 債 10,000
	資 本 金 60,000			資 本 金 6,000
	利益剰余金 40,000			利益剰余金 4,000
200,000	200,000		20,000	20,000

　　20X1年度末（20X2年3月31日）にS社の諸資産および諸負債を時価評価したところ，それぞれの時価評価額は23,000千円および12,000千円であった。

　株式交換による場合の資本連結手続は，S社株式を現金で取得したケースと全く同じである。すなわち，投資額であるS社株式の原価と時価評価した子会社の資本とを相殺消去すればよい。

株式交換時の仕訳　　　　　　　　　　　　　　　　　　　　（単位：千円）

（借） S 社 株 式	12,000[*1]	（貸） 資 　 本 　 金	6,000[*2]
		株式交換差益	6,000[*3]

＊1　P社株式200株×1株当たり時価（公正価値）60千円＝12,000千円

＊2　1株当たりの資本金組入額30千円×発行株式数200株＝6,000千円

＊3　（発行新株1株当たり時価（公正価値）60千円×発行株式数200株）－資本金組入額6,000千円＝6,000千円

資産・負債の評価替え仕訳　　　　　　　　　　　　　　　　（単位：千円）

（借） 諸 　 資 　 産	3,000	（貸） 諸 　 負 　 債	2,000
		利 益 剰 余 金	1,000

投資と資本の相殺消去　　　　　　　　　　　　　　　　　　（単位：千円）

（借） 資 　 本 　 金	6,000	（貸） S 社 株 式	12,000
利 益 剰 余 金	5,000		
連 結 調 整 勘 定	1,000		

　ところで，株式交換による子会社株式の取得は，あくまでも個別上の処理であるために，その仕訳は商法に基づいて行わなくてはならない。すでに**＜第16章　資本の会計と報告＞**で説明したように，商法上，株式交換によって増加する親会社の資本額は，子会社の純資産額である。したがって，パーチェス法を用いて評価した子会社株式の金額が，子会社の純資産額を超過する場合には，商法違反になるという意味で，親会社の会計処理に厳密な意味でのパーチェス法は適用できないといえる。

　それでは，商法に基づく株式交換の処理は，連結ではどう処理すべきなのであろうか。実務上は，個別財務諸表においては商法に基づいて処理を行い，連結精算表上であたかもパーチェス法でS社株式を取得していたかのように修正する方法がとられている（JICPA「会計制度委員会研究報告第6号」第60項）。

　[基本例15]を用いてこの点を説明すれば，次のとおりである。まず，P社の個別財務諸表上，S社株式をS社における純資産額で評価する1本目の仕訳を行い，次いで2本目の仕訳のように連結精算表上でこれをパーチェス法の仕訳に修正すればよい（子会社の純資産額は簿価とする）。

株式交換時のP社の仕訳　　　　　　　　　　　　　　　（単位：千円）

（借）S 社 株 式	10,000*1	（貸）資 本 金	6,000*2
		株式交換差益	4,000*3

* 1　S社の純資産（簿価）（資本金6,000千円＋利益剰余金4,000千円）＝10,000千円
* 2　1株当たりの資本金組入額30千円×発行株式数200株＝6,000千円
* 3　貸借差額

連結精算表上でパーチェス法に修正するための仕訳　　　（単位：千円）

（借）S 社 株 式	2,000*1	（貸）株式交換差益	2,000*2

* 1　パーチェス法による場合のS社株式評価額12,000千円－商法規定によった場合のS社株式評価額10,000千円＝2,000千円
* 2　パーチェス法による場合の株式交換差益6,000千円－商法規定によった場合の株式交換差益4,000千円＝2,000千円

▶12　企業集団の会社分割

　すでに＜第16章　資本の会計と報告＞および＜本章2・5　企業結合会計と会社分割の会計＞で説明したように，会社分割制度は，企業組織や企業集団の再編のために利用される制度である。会社分割制度のもとでは，ある会社が2つの会社に分割したり，ある会社の事業部門を別の会社に移転したりする個別ベースの会社分割のみならず，企業集団のある事業部門を別の企業集団に移転したり，ある企業または企業集団の事業部門を承継したりする企業集団ベースの会社分割も行われる。

　企業集団の会社分割の会計処理のポイントは，分割による親会社と少数株主の間の持分関係の変動に伴う親会社持分および少数株主持分の増減処理を行ったり，連結調整勘定の未償却残高を修正することなどにある。

　これらの点について，以下，［**基本例16**］を用いて説明することにしよう。

▶　　基本例16　◀

　［基本例9］で，20X2年度末（20X3年3月31日）に，企業集団外のX社を分割会社とし，S社を承継会社とする会社分割が行われたものとする。この会社分割にさいして，S社は，新株を80株発行し，1株当たり50千円を資本金に組入れるものとする（1株当たり公正価値は150千円）。また，X社は事業部門のうちY部門をS社に移転したものとする。会社分割日現在のX社のY部門の貸借対照表は，次のとおりであったとする（単位：千円）。

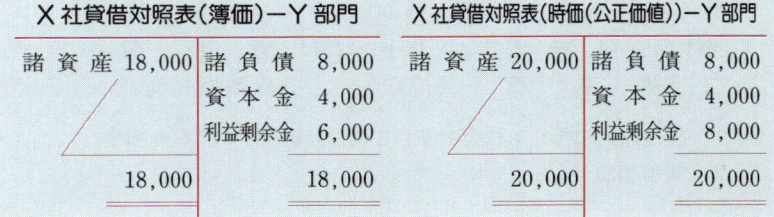

X社貸借対照表（簿価）－Y部門			
諸 資 産	18,000	諸 負 債	8,000
		資 本 金	4,000
		利益剰余金	6,000
	18,000		18,000

X社貸借対照表（時価（公正価値））－Y部門			
諸 資 産	20,000	諸 負 債	8,000
		資 本 金	4,000
		利益剰余金	8,000
	20,000		20,000

なお，便宜上，支配獲得日（20X1年度末）および会社分割日（20X2年度末）のＳ社の貸借対照表もあわせて示せば，次のとおりである（単位：千円）。

Ｓ社貸借対照表（20X1年度末）

諸 資 産	20,000	諸 負 債	10,000
		資 本 金	6,000
		利益剰余金	4,000
	20,000		20,000

Ｓ社貸借対照表（20X2年度末）

諸 資 産	22,000	諸 負 債	11,000
		資 本 金	6,000
		利益剰余金	5,000
	22,000		22,000

支配獲得日におけるＳ社の諸資産の公正価値23,000千円，諸負債の公正価値は12,000千円であり，また，Ｐ社は会社分割後もＳ社に対する支配を継続しているものとする。

まず，この会社分割は，Ｓ社と企業集団外のＸ社との間で行われた取引であるので，企業結合に該当する会社分割である。したがって，個別上，＜本章1・5 企業結合会計と会社分割の会計＞で説明した売買処理法に基づいて処理する。

Ｓ社の個別上の会計処理

（単位：千円）

（借）諸　　資　　産	20,000	（貸）諸　　負　　債	8,000
		資　　本　　金	4,000[*1]
		会 社 分 割 差 益	8,000[*2]

＊1　1株あたり資本金組入額50千円×発行株式数80株＝4,000千円
＊2　Ｓ社株式80株×1株当たり公正価値150千円－資本金組入額4,000千円＝8,000千円

Ｘ社の「個別上の」会計処理

（単位：千円）

（借）Ｓ　社　株　式	12,000[*1]	（貸）諸　　資　　産	18,000
諸　　負　　債	8,000	営 業 移 転 利 益	2,000[*2]

＊1　Ｓ社株式80株×1株当たり公正価値150千円＝12,000千円
＊2　貸借差額

[基本例16]の会社分割では，S社が新株を80株発行しているが，P社はこの新株の引き受けを行っていないので，P社の持分とS社の少数株主持分との間に持分移動が生じる。すなわち，分割前のS社の株主は，親会社と少数株主であったが，分割後にはこの少数株主に新たにX社が加わるので，少数株主持分比率が増加し，同時に親会社持分比率が減少する。かかる持分移動は，S社が，X社から承継したY部門の純資産額に相当する12,000千円だけ増資を行った結果生じたものであるので，連結上の仕訳は，＜本章9・3　子会社の時価発行増資に伴い親会社の持分が増減するケース＞の処理に準じて行えばよい。

この場合，分割によって増加したS社の資本額と，分割によって増加する少数株主持分とを相殺消去するとともに，P社持分割合の減少に伴う連結調整勘定の未償却残高を修正し，なお差額が残る場合にはこれを損益として処理する。

まず，分割前後における親会社持分および少数株主持分の変動を示せば，次のとおりである。

	分割前	分割後
S社純資産（簿価）	11,000	23,000
評価差額（全面時価評価法）	1,000	1,000
（部分時価評価法）	700	420
少数株主株式数	36株	116株
少数株主持分割合	30%	58%
少数株主持分（全面時価評価法）	3,600	13,920
（部分時価評価法）	3,300	13,340
親会社株式数	84株	84株
親会社持分割合	70%	42%
親会社持分	8,400	10,080

まず，全面時価評価法による仕訳を示せば，次のとおりである。

連結消去仕訳（連結精算表上，①）　　　　　　　　　　　　　　（単位：千円）

（借）資　本　金	4,000	（貸）少数株主持分	10,320*1
会社分割差益	8,000	連結調整勘定	494*2
		会社分割に伴う持分増加益	1,186

＊1 分割後の少数株主持分13,920千円－分割前の少数株主持分3,600千円＝10,320千円

＊2 連結調整勘定の未償却残高 $\left(1,300\times\dfrac{19}{20}\right)$ ×親会社持分の減少分 $\dfrac{28\%}{70\%}=494$ 千円

部分時価評価法による場合は，親会社持分に相当する部分のみを時価で評価する方法であるため，全面時価評価法と同一の上記の仕訳に加えて，分割に伴う親会社持分の減少分に相当する時価を原価評価に戻す次の仕訳を行う必要がある。

連結消去仕訳（連結精算表上，②） （単位：千円）

（借）諸　負　債　　　560＊1　（貸）諸　資　産　　　840＊2
　　　少数株主持分　　　280

＊1 支配獲得時の評価差額2,000千円×親会社持分割合の減少分28%
＊2 支配獲得時の評価差額3,000千円×親会社持分割合の減少分28%

なお，［基本例9］の20X2年度の**連結精算表（全面時価評価法**および**部分時価評価法**）に会社分割の仕訳を加えると，次のとおりである。

連結精算表（全面時価評価法）

（単位：千円）

勘 定 科 目	P社	S社	消	去	連結財務諸表
（貸借対照表）					
S 社 株 式	9,000			9,000	
その他の諸資産	250,000	45,000	3,000	1,450	296,550
（棚卸資産・固定資産等）					
減価償却累計額	△39,000	△3,000	20		△41,980
連結調整勘定			1,300	65	741
				① 494	
合　計	220,000	42,000			255,311
諸　負　債	110,000	19,000	1,000	2,000	130,000

少 数 株 主 持 分			120	3,300	13,860
			30	450	
			60	① 10,320	
資　　本　　金	60,000	10,000	6,000		60,000
			① 4,000		
資 本 剰 余 金		8,000	① 8,000		
（会社分割差益）					
利 益 剰 余 金	50,000	5,000			51,451
合　　計	220,000	42,000			255,311
（損益計算書）					
売　　上　　高	200,000	20,000	3,900		216,100
受　取　利　息	4,000		100		3,900
受 取 配 当 金	1,000		280		720
土 地 売 却 益		500	200		300
会社分割に伴う持分				① 1,186	1,186
増加益					
合　　計	205,000	20,500			222,206
売　上　原　価	150,000	15,000	150	3,800	161,350
販　売　費　等	35,000	3,500	65	20	38,545
（うち連結調整			(65)		(65)
勘定償却）					
支　払　利　息	5,000	500		100	5,400
少数株主持分損益			450	60	390
当 期 純 利 益	15,000	1,500			16,521
合　　計	205,000	20,500			222,206
（剰余金計算書）					
利益剰余金期首残高	40,000	4,000	5,000	1,000	40,000
当 期 純 利 益	15,000	1,500			16,521
合　　計	55,000	5,500			56,521
利益剰余金減少高					
配　当　金	4,000	400		400	4,000
役 員 賞 与	1,000	100		30	1,070

利益剰余金期末残高	50,000	5,000				51,451
合　計	55,000	5,500				56,521
			33,675	33,675		

連結精算表（部分時価評価法）

（単位：千円）

勘定科目	Ｐ社	Ｓ社	消　去		連結財務諸表
（貸借対照表）					
Ｓ　社　株　式	9,000			9,000	
その他の諸資産	250,000	45,000	2,100	1,390	294,870
（棚卸資産・				② 840	
固定資産等）					
減価償却累計額	△39,000	△3,000	20		△41,980
連結調整勘定			1,300	65	741
				① 494	
合　計	220,000	42,000			253,631
諸　負　債	110,000	19,000	1,000	1,400	128,840
			② 560		
少数株主持分			120	3,450	13,340
			30	①10,320	
			② 280		
資　本　金	60,000	10,000	6,000		60,000
			① 4,000		
資　本　準　備　金		8,000	① 8,000		
（会社分割差益）					
利　益　剰　余　金	50,000	5,000			51,451
合　計	220,000	42,000			253,631
（損益計算書）					
売　上　高	200,000	20,000	3,900		216,100
受　取　利　息	4,000		100		3,900
受　取　配　当　金	1,000		280		720
土　地　売　却　益		500	140		360

				① 1,186	1,186
会社分割に伴う持分増加益					
合　計	205,000	20,500			222,266
売　上　原　価	150,000	15,000	150	3,800	161,350
販　売　費　等	35,000	3,500	65	20	38,545
（うち連結調整勘定償却）			(65)		(65)
支　払　利　息	5,000	500		100	5,400
少数株主持分損益			450		450
当　期　純　利　益	15,000	1,500			16,521
合　計	205,000	20,500			222,266
（剰余金計算書）					
利益剰余金期首残高	40,000	4,000	4,700	700	40,000
当　期　純　利　益	15,000	1,500			16,521
合　計	55,000	5,500			56,521
利益剰余金減少高					
配　当　金	4,000	400		400	4,000
役　員　賞　与	1,000	100		30	1,070
利益剰余金期末残高	50,000	5,000			51,451
合　計	55,000	5,500			56,521
			33,195	33,195	

▶13　連結財務諸表の機能

　すでに＜第1章　財務会計の意義＞で述べたように，個別財務諸表の機能には利害調整機能と情報提供機能とがある。それでは，連結財務諸表にはどのような機能があるのであろうか。機能を理解することは連結財務諸表の作り方と密接に関係しているので重要である。結論的にいえば，会計帳簿で仕訳などの取引の記録を行わずに連結精算表上で取引記録を整理，修正するばかりではな

く，連結固有の手続を行って作成する連結財務諸表の場合には，利害調整機能を求めること自体にもともと無理な側面があり，情報提供機能重視にならざるをえないといえよう。

この点を利害調整の典型的な手段である配当可能利益と課税可能所得の側面から例証してみよう。

13·1 連結配当制度

まず，連結財務諸表で配当金を計算（これを連結配当という）できるのであれば，単体ベースの配当可能利益の合算と連結ベース（連結利益すなわち利益剰余金）で計算した配当可能利益とが一致するが，実際には差異が生じる。その差異原因は，たとえば，①当期純利益の少数株主持分への配分額，②連結調整勘定の償却分，③評価替に伴う減価償却費調整分，④未実現利益の消去等の連結固有の手続にある。もっとも，このような配当可能利益を単体ベースの積み上げとする考え方に対しては，配当可能利益を連結ベースで計算すればよいとする考え方もないわけではない。

しかし，連結ベースで考える場合には，利益剰余金以外に配当のために取り崩せる源泉（これを配当原資という）をいずれに求めるべきなのかという問題に加えて，このような差異があるにもかかわらず，配当可能利益を連結ベースで計算するのは実態とかい離しているともいえる。たとえば，親会社には利益があるが，企業グループでは連結利益が出ていないので配当しないとか，逆に親会社は利益を計上できないが，企業グループでは連結利益がでているので，親会社の株主に配当するなどの考え方は通用しない。とりわけ，後者のケースについていえば，親会社は子会社の財産について，子会社が利益処分を行わないかぎり（すなわち配当宣言を行わない限り），親会社はその株主に対して配当できない。そうしてみると，配当可能利益計算は，単体ベースで考えるのが筋であるように思われる。

しばしば，アメリカでは連結ベースによる配当が中心になっているといわれている。確かに，カリフォルニア会社法およびペンシルバニア事業会社法においては，連結ベースで配当可能利益限度額が設けられ，また連結ベースで配当

可能利益が計算されている。しかし，両州とも，配当金を支払う主体は法人格ごとであり，実際には子会社株式について単体ベースでも持分法が適用される（APBオピニオン18）ために，原則として連結ベースの利益剰余金と単体ベースの利益剰余金の額が一致し，したがって配当可能利益の計算は，デラウェア州など他の州の会社法と同様に，単体ベースで行われているのと変わりない。もっとも，子会社株式および関係会社株式に単体ベースで持分法を適用するならば，連結利益剰余金と単体の利益剰余金の額が一致するので，配当可能利益計算は連結財務諸表で行いうるともいえる。

　たとえば，図表22‐21にみるように期首にS社の発行済株式総数の60％を取得してS社を子会社にした場合を考えてみよう。P社，S社はともに，期中にグ

図表22‐21　連結配当

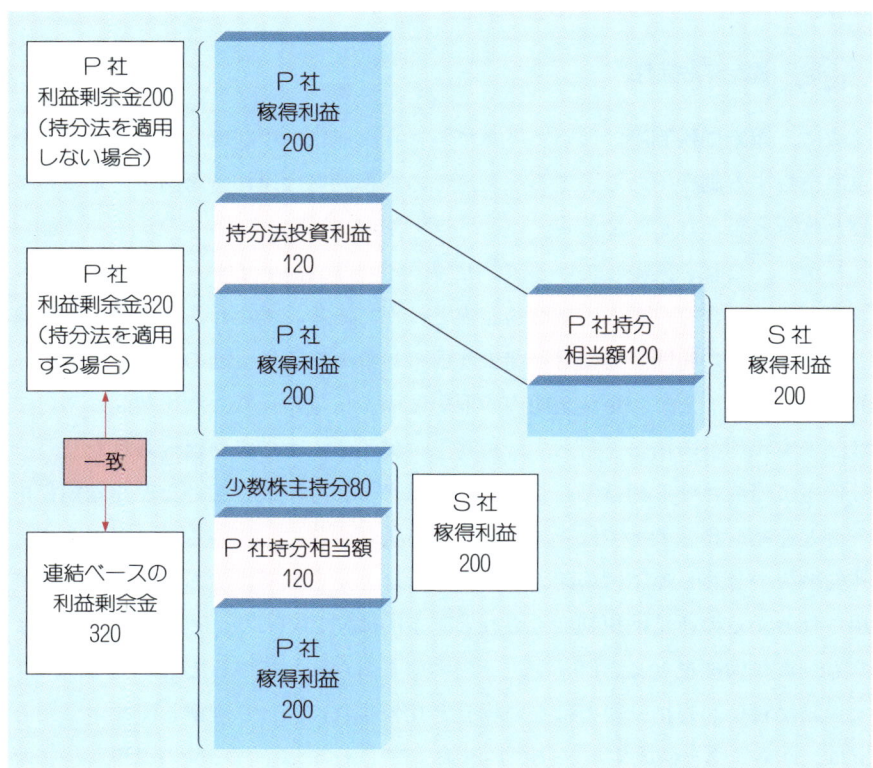

ループ外企業との取引によって200だけ利益剰余金が増加したものとし，P社は単体ベースで，S社株式につき持分法を適用するものとする。

　期末において，P社の単体ベースでの利益剰余金は，持分法の適用により，P社が期中に獲得した利益200に，S社が期中に獲得した利益200のうちのP社持分相当額である持分法投資利益120（＝200×60％）が加算され，合計320となる。

　一方，連結ベースの利益剰余金は，P社の利益剰余金200とS社の利益剰余金200のうちP社持分相当額120（＝200×60％）の合計320となる。

　したがって，単体ベースで持分法を適用するならば，連結ベースの利益剰余金と単体の利益剰余金の額が一致するので，配当可能利益計算は連結財務諸表で行いうるともいえる。しかし，その場合であっても，借方の持分法による投資利益が分配適状にあるかどうかについては検討すべき余地があるように思われる。

13・2　連結納税制度

　次に，連結納税制度について考えてみよう。連結納税制度は，企業集団を単位に納税する制度であるところから，その課税計算は連結財務諸表に基づいて行われると思われがちである。

　しかし，これを実施しているアメリカ，イギリス，ドイツ，フランス，オランダなどの場合をみると連結財務諸表とは別である。すなわち連結納税の対象となる子会社の範囲が連結財務諸表作成の対象となる子会社の範囲とまったく異なることに加えて，企業集団内の取引に係る損益のうち，商・製品については，未実現利益の消去を行わず，税務上，実現するまで繰り延べられたり，少数株主に帰属させる利益割合が企業会計と必ずしも一致しないなど連結納税申告書と連結財務諸表とではその作成手続を著しく異にしていることからみて，連結納税の計算と連結財務諸表の作成とはほとんど無関係である。わが国で適用される予定の連結納税制度もこれと基本的に同じであり，連結納税というよりも企業集団納税とよぶほうが，その実態をあらわしているともいえる。

　連結納税は，連結納税ではない場合と比較すれば，より理解しやすい。たとえば，企業集団を構成するA社，B社およびC社単体それぞれの課税所得また

図表22 - 22　連結納税

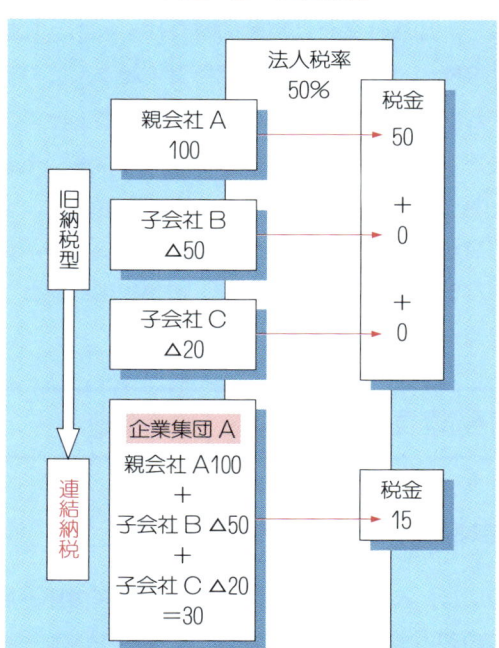

は欠損金（△）が，100，△50および△20だった場合を考えてみる。

　連結納税を行わない場合は，課税所得がある企業にだけ課税されるので，A社は50（＝100×実効税率50％）納税するが，B社およびC社は納税を行わない。

　一方，わが国で適用される所得通算といわれる連結納税を行う場合には，A社，B社およびC社の単体の課税所得または欠損金は合算され，その純額で算定された課税所得に対して実効税率を乗じ，企業集団全体の納税額が決定される。上記の例の企業集団の納税額は15｛（＝100－50－20)×実効税率50％｝となり，A社が企業集団を代表して納税する。

　したがって，以上述べたように連結財務諸表には利害調整機能がなく，情報提供機能のみであると割り切らざるをえない。

　しかし，連結財務諸表は単体の単純合算からスタートして作成するが，すで

に＜第11章　有価証券の会計と報告＞で述べたように，その単体の合計数値に原価と時価が混入し，加法性または理論的整合性を欠き，貸借対照表の空洞化，ひいては情報提供機能のパラドックス現象を引き起こしている。

　このことからすれば，連結財務諸表の情報提供機能も，処分可能利益を中心とする利益情報こそが投資意思決定情報として最も重要であるとする伝統的な機能を拡張して，親会社が企業集団に係るデータを収集し，これをできるだけ多く開示し，投資者が自己責任の原則で意思決定するための情報を提供する機能であると解釈すべきなのかもしれないが，情報提供機能については，投資価値の評価などの視点からもっと吟味する必要がある。

▶14　連結財務諸表の表示

14・1　連結貸借対照表の表示

　連結貸借対照表には，個別財務諸表と異なり，資産の部，負債の部，少数株主持分および資本の部を設けなければならない（「連結原則」第四，九，１）。
　資産の部は，流動資産，固定資産および繰延資産に区分し，さらに固定資産は有形固定資産，無形固定資産および投資その他の資産に区分して記載しなければならない。負債の部は，流動負債および固定負債に区分して記載しなければならない。少数株主持分は，負債の部の次に区分して記載しなければならない。資本の部は，資本金，資本剰余金および利益剰余金に区分して記載しなければならない（「連結財規」第42条）。
　流動資産，有形固定資産，無形固定資産，投資その他の資産，繰延資産，流動負債および固定負債は一定の基準に従い，その性質を示す適当な名称を付した科目に明瞭に分類して記載しなければならない（「連結原則」第四，九，２）。とりわけ，非連結子会社および関連会社に対する投資は，他の項目と区別して記載し，または注記の方法により明瞭に表示しなければならない。また，利益剰余金のうちに，減債積立金など外部者との契約による特定目的のために積み立てられたものがあるときは，その内容および金額を注記しなければならない

（同上）。

科目の分類は，個別財務諸表における科目の分類を基礎としなければならないが，企業集団の財政状態について誤解を生ぜしめない限り，集約して表示することができる。たとえば，商品，製品，原材料などは一括して棚卸資産の科目で表示するなどである（「連結注解」21，1）。

ただし，連結会社が保有する連結財務諸表提出会社の株式（いわゆる自己株式および子会社が所有する親会社の株式）は，資本に対する控除項目として連結貸借対照表の資本の部の末尾に記載しなければならない（「連結財規」第43条）。

なお，連結調整勘定は，無形固定資産または固定負債として表示し，連結調整勘定が借方および貸方の双方に生ずる場合には，これを相殺して記載することができる（「連結注解」21，2）。

ちなみに，「連結財規」様式第4号による連結貸借対照表のフォームを示せば，図表22-23のとおりである。

14・2　連結損益計算書の表示

連結損益計算書は，個別損益計算書と同様に営業損益計算，経常損益計算および純損益計算に区分され，営業損益計算の区分は，当該企業集団の営業活動から生じる損益を記載して営業利益を表示し，経常損益計算の区分は，営業損益計算の結果を受け，営業外収益および営業外費用を計算して経常利益を表示し，純損益計算の区分は，経常損益計算の結果を受け，特別利益および特別損失を記載して税金等調整前当期純利益を表示し，これに法人税額等および少数株主損益を加減してボトム・ラインである当期純利益を表示しなければならない（「連結原則」第五，四，1）。

ただし，営業損益計算において主たる営業として製品または商品の販売と役務の給付とがある場合には，売上高および売上原価を製品等の販売に係るものと役務の給付に係るものとに区分して記載するものとする（「連結注解」23，2）。

また，営業損益計算および経常損益計算の区分の販売費および一般管理費，営業外収益，営業外費用，特別利益および特別損失は，一定の基準に従い，そ

図表22-23 「連結財規」様式第4号による連結貸借対照表

連 結 貸 借 対 照 表

平成×年×月×日

資 産 の 部

I 流動資産
　　現金及び預金　　　　　　　　　　　　　　　　　×××
　　受取手形及び売掛金　　　　　　　　×××
　　　貸倒引当金　　　　　　　　　　　×××　　　×××
　　有価証券　　　　　　　　　　　　　　　　　　　×××
　　たな卸資産　　　　　　　　　　　　　　　　　　×××
　　繰延税金資産　　　　　　　　　　　　　　　　　×××
　　そ の 他　　　　　　　　　　　　　　　　　　×××
　　　　流動資産合計　　　　　　　　　　　　　　　　　　×××
II 固定資産
　1 有形固定資産
　　建物及び構築物　　　　　　　　　　×××
　　　減価償却累計額　　　　　　　　　×××　　　×××
　　機械装置及び運搬具　　　　　　　　×××
　　　減価償却累計額　　　　　　　　　×××　　　×××
　　土　　地　　　　　　　　　　　　　　　　　　　×××
　　建設仮勘定　　　　　　　　　　　　　　　　　　×××
　　そ の 他　　　　　　　　　　　　×××
　　　減価償却累計額　　　　　　　　　×××　　　×××
　　　　有形固定資産合計　　　　　　　　　　　　　×××
　2 無形固定資産
　　営 業 権　　　　　　　　　　　　　　　　　　×××
　　連結調整勘定　　　　　　　　　　　　　　　　　×××
　　そ の 他　　　　　　　　　　　　　　　　　　×××
　　　　無形固定資産合計　　　　　　　　　　　　　×××
　3 投資その他の資産
　　投資有価証券　　　　　　　　　　　　　　　　　×××
　　長期貸付金　　　　　　　　　　　　×××
　　　貸倒引当金　　　　　　　　　　　×××　　　×××
　　繰延税金資産　　　　　　　　　　　　　　　　　×××
　　そ の 他　　　　　　　　　　　　　　　　　　×××
　　　　投資その他の資産合計　　　　　　　　　　　×××
　　　　固定資産合計　　　　　　　　　　　　　　　　　　×××
III 繰延資産
　　創 立 費　　　　　　　　　　　　　　　　　　×××
　　開 業 費　　　　　　　　　　　　　　　　　　×××

新株発行費	×××	
社債発行費	×××	
社債発行差金	×××	
開 発 費	×××	
建設利息	×××	
繰延資産合計		×××
資 産 合 計		×××

負 債 の 部

I　流動負債

支払手形及び買掛金		×××
短期借入金		×××
未払法人税等		×××
繰延税金負債		×××
引 当 金		
製品保証引当金	×××	
賞与引当金	×××	
………………	×××	×××
そ の 他		×××
流動負債合計		×××

II　固定負債

社 債		×××
長期借入金		×××
繰延税金負債		×××
引 当 金		
退職給付引当金	×××	
………………	×××	
連結調整勘定		×××
そ の 他		×××
固定負債合計		×××
負 債 合 計		×××

少 数 株 主 持 分

少数株主持分

資 本 の 部

I　資 本 金		×××
II　資本剰余金		×××
III　利益剰余金		×××
資本合計		×××
負債，少数株主持分及び資本合計		×××

図表22‐24 「連結財規」様式第5号による連結損益計算書

連 結 損 益 計 算 書

自 平成×年×月×日　至 平成×年×月×日

I	売 上 高		×××
II	売上原価		×××
	売上総利益（又は売上総損失）		×××
III	販売費及び一般管理費		
	……………	×××	
	……………	×××	
	……………	×××	×××
	営業利益（又は営業損失）		×××
IV	営業外収益		
	受取利息	×××	
	受取配当金	×××	
	有価証券売却益	×××	
	連結調整勘定償却額	×××	
	持分法による投資利益	×××	
	……………	×××	
	……………	×××	×××
V	営業外費用		
	支払利息	×××	
	有価証券売却損	×××	
	持分法による投資損失	×××	
	……………	×××	
	……………	×××	×××
	経常利益（又は経常損失）		×××
VI	特 別 利 益		
	前期損益修正益	×××	
	固定資産売却益	×××	
	……………	×××	
	……………	×××	×××
VII	特 別 損 失		
	前期損益修正損	×××	
	固定資産売却損	×××	
	災害による損失	×××	
	……………	×××	
	……………	×××	×××
	税金等調整前当期純利益（又は税金等調整前当期純損失）		×××
	法人税，住民税及び事業税	×××	
	法人税等調整額	×××	×××
	少数株主利益（又は少数株主損失）		×××
	当期純利益（又は当期純損失）		×××

の性質を示す適当な名称を付した科目に明瞭に分類して記載しなければならない（「連結原則」第五，四，2）。科目の分類は，個別財務諸表における科目の分類を基礎としなければならないが，企業集団の経営成績について誤解を生ぜしめない限り，集約して表示することができる（「連結注解」23，1）。たとえば，売上原価に関しては，棚卸計算方式によらないで売上原価の科目だけで記載するなどである。

　なお，連結調整勘定の当期償却額は，販売費および一般管理費として表示しなければならず（ただし，貸方に生じた連結調整勘定の当期償却額は，営業外収益として表示），また持分法による投資損益は，営業外収益または営業外費用として一括表示するものとする（「連結注解」23，3）。

　ちなみに，「連結財規」様式第5号による連結損益計算書のフォームを示せば，図表22－24のとおりである。

14・3　連結剰余金計算書の表示

　連結剰余金計算書は，資本剰余金の部および利益剰余金の部に区分して記載する（「連結財規」第71条，第71条の2ないし第71条の4，第72条，第73条，第74条，第75条）。また，連結剰余金計算書は，連結財務諸表提出会社の連結会計年度に対応する期間に係る連結会社の損益計算書に記載された項目，当該連結会計期間において確定した連結会社の利益処分または損失処理の項目等で，連結貸借対照表に記載される資本剰余金および利益剰余金の増加または減少に係るものの金額を基礎として作成し，当該連結剰余金の当該連結会計年度における増加または減少の内容を示さなければならない（「連結財規」第8条）。

　ちなみに，「連結財規」様式第6号による連結剰余金計算書のフォームを示せば，図表22－25のとおりである。

図表22 - 25　「連結財規」様式第6号による連結剰余金計算書

連 結 剰 余 金 計 算 書

自　平成×年×月×日　　至　平成×年×月×日

資本剰余金の部

Ⅰ　資本剰余金期首残高		×××
Ⅱ　資本剰余金増加高		
増資による新株の発行	×××	
自己株式処分差益	×××	
…………	×××	×××
Ⅲ　資本剰余金減少高		
配 当 金	×××	
自己株式消却額	×××	
…………	×××	×××
Ⅳ　資本剰余金期末残高		×××

利益剰余金の部

Ⅰ　利益剰余金期首残高		×××
Ⅱ　利益剰余金増加高		
当期純利益	×××	
…………	×××	×××
Ⅲ　利益剰余金減少高		
配 当 金	×××	
役員賞与	×××	
資 本 金	×××	
自己株式消却額	×××	
…………	×××	×××
Ⅳ　利益剰余金期末残高		×××

▶15　連結財務諸表の注記事項

　連結財務諸表の注記は，＜第24章　財務報告＞で詳述するように，企業集団の経済活動・経済事象を写体である連結財務諸表にマッピングするさいに生じるギャップを埋めることを目的としている補完情報である。具体的には，次の事項を注記しなければならない（「連結原則」第七）。

(1)　連結の範囲等

　　連結の範囲に含められた子会社，非連結子会社ならびに持分法を適用した非連結子会社および関連会社に関する事項その他連結の方針に関する重

要事項およびこれらに重要な変更があったときには，その旨およびその理由

⑵　**決算日の差異**

　子会社の決算日が連結決算日と異なるときは，当該決算日および連結のため当該子会社について特に行った決算手続の概要

⑶　**会計処理の原則および手続等**

①　重要な資産の評価基準および減価償却の方法等ならびにこれらについて変更があったときは，その旨，その理由およびその影響

②　子会社の採用する会計処理の原則および手続で親会社およびその他の子会社との間で特に異なるものがあるときは，その概要

③　子会社の資産および負債の評価方法

⑷　**利益処分**

　連結決算にあたって採用した利益処分の取扱方法

⑸　**その他の重要な事項**

　企業集団の財政状態および経営成績を判断するために重要なその他の事項

上記⑸には，たとえば，連結財務諸表を作成する日までに発生した重要な**後発事象**（連結決算日後に発生した事象［連結決算日と異なる決算日の子会社については，当該子会社の決算日後に発生した事象］で，次期以降の財政状態および経営成績に影響を及ぼすもの）などが該当する（「連結注解」24）。

▶16　セグメント情報

16·1　セグメント情報の意義

　これまで学んできた連結財務諸表は，企業集団を構成する個々の会社の財務諸表を結合して，単体だけでは表しえない企業集団としての財政状態，経営成績などの事業業績を示すものである。すでに述べたように，連結財務諸表によって示される業績は，成長性，収益性およびリスクを異にする個々の会社の

業績を相殺し，結合した結果にすぎない。投資者，債権者などの外部情報利用者は，企業が営む事業活動のうち，いかなる種類のまたはいかなる地域での事業活動の業績が良好であり，また不振であるのかなどの事業の種類別，地域別等に関する財務情報を入手することができない。

したがって，企業集団の業績を的確に把握し，評価するためには，連結財務諸表に加えて，これを分割した**セグメント**（成長性，収益性，リスクの程度などを異にする事業活動について，これを種類別，地域別などに区分した単位）**情報**（segment information）が必要不可欠である。さらに，**持株会社**については，その業績はどうしても傘下の子会社の業績に左右されるばかりではなく，企業集団としての子会社の情報も不透明になるおそれもあり，セグメント情報の充実がますます求められるようになる。その意味で，セグメント情報は連結情報と表裏一体の関係にあるといってよい。

現在，わが国では企業集団の多角化，多国籍化の状況等を明らかにする目的から，事業の種類別セグメント情報，所在地別セグメント情報および海外売上高情報の開示が義務づけられている。

16・2 セグメンテーション

企業を事業の種類，活動地域などの観点からセグメントに区分すること（これを**セグメンテーション**という）が**セグメント会計の出発点**である。セグメンテーションをどのように行うかによって，開示されるセグメントの数，範囲はもとより，セグメント情報の具体的内容ひいてはセグメント会計の有用性までも左右しかねないといえる。ちなみに，「**セグメント情報の開示基準**」によれば，**図表22 - 26**のようにセグメンテーションが行われている。

しかし，現在，わが国をはじめほとんどの国において，セグメンテーションは基本的に**経営者の判断**に委ねられており，セグメンテーションに経営者の恣意性が介入するおそれが多分にあるといえる。たとえば，事業の種類別セグメント情報において，業績不振の事業を業績好調の事業と組み合わせて1つのセグメントとし，業績不振の事業を抱えていることを隠すこともあながち不可能ではない。また，収益性，成長性，リスクの程度が異なる事業であるにもかか

図表22 - 26　セグメンテーション

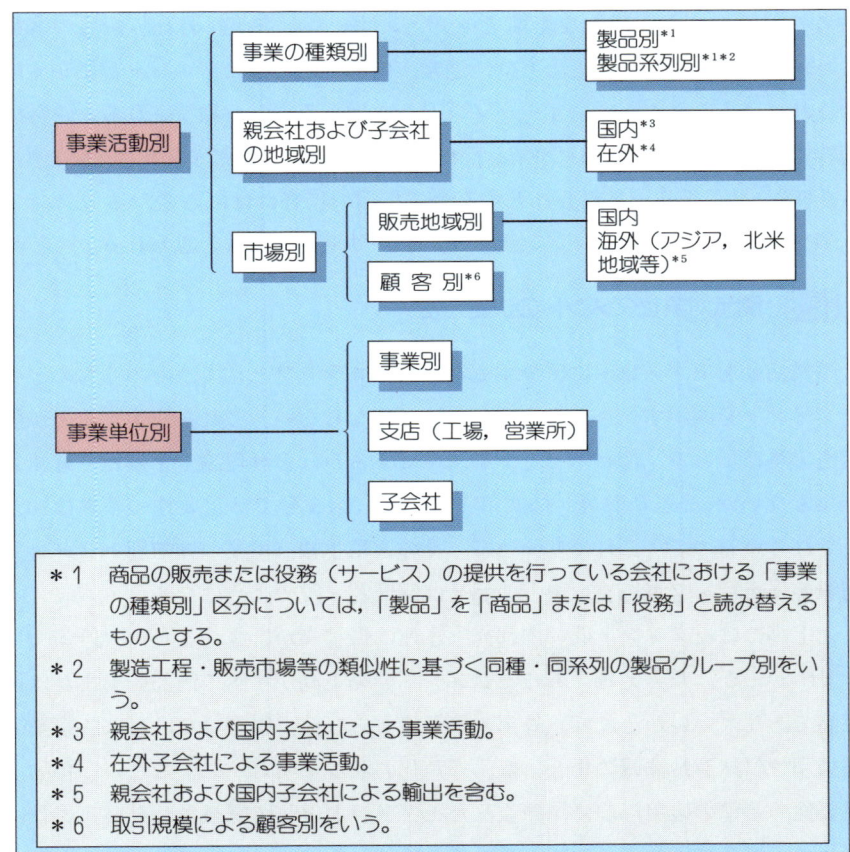

*1　商品の販売または役務（サービス）の提供を行っている会社における「事業の種類別」区分については，「製品」を「商品」または「役務」と読み替えるものとする。

*2　製造工程・販売市場等の類似性に基づく同種・同系列の製品グループ別をいう。

*3　親会社および国内子会社による事業活動。

*4　在外子会社による事業活動。

*5　親会社および国内子会社による輸出を含む。

*6　取引規模による顧客別をいう。

わらず，1つのセグメントとされるおそれもある。

　このようなセグメンテーションの問題点を解決する方策としては，現在，アメリカ，カナダおよびIASBで採用されている**マネジメント・アプローチ**に基づくセグメンテーションを検討するのも1つの方法かもしれない。マネジメント・アプローチとは，経営者が内部報告および事業部，子会社などの **SBU（戦略的事業単位）**の業績評価目的で用いているセグメンテーションをそのまま外部報告に用いる考え方である。このアプローチにも，企業秘密に係る事項がディスクローズされること，SBUの事業内容が各企業集団ごとに異なるため

に比較可能性を欠くなどの問題点が少なくない。しかし，このアプローチは経営者の判断よりも客観的な基準でセグメンテーションが行われ，情報の客観性・信頼性がより高まるとともに，通常，内部管理ではセグメントが細かく区分されていることから，開示セグメント数も増えることが期待される。さらに，純粋持株会社（自らは独自に事業を行わず，株式保有によって子会社を支配することを事業とする会社）を親会社とする企業集団の場合には，このマネジメント・アプローチに基づくセグメンテーションが効果的であると思われる。

16·3　開示対象セグメントの決定方法

　事業活動をセグメントに区分すると，次のステップとして，そのうちのどのセグメントを開示すべきかを決定しなければならない。これを決定するのが重要性の基準である。何パーセントを基準にするかは会計理論上まったく意味も根拠もないが，「連結財規」様式第1号ないし第3号では重要性の基準は10％とされているので，これに基づいて，その適用手続（事業の種類別セグメント情報の場合）をフローチャートで示せば図表22-27のようになる。

　売上高にはセグメント間の内部売上または振替高が含まれる（海外売上高では含まれない）が，たとえば，あるセグメントの売上高がすべて内部売上または振替高であり，いいかえれば，外部の第三者から収益を得ていなければ，事業の種類別セグメント情報の場合には，多角化の状況を明らかにするという目的上，重要性の基準の適用以前に，独立したセグメントとして認識されない。これに対して，所在地別セグメント情報の場合には，上記のケースであっても海外での事業活動の規模，地域性などを明らかにする観点から，開示の対象となる。

　さらに，事業の種類別セグメント情報および所在地別セグメント情報については，開示の対象となったセグメントの売上高の合計が，全セグメントの売上高の合計の50％以下である場合または資産の金額の合計額が全セグメントの資産の金額（各セグメントに配賦されなかった全社資産を除く。以下同じ）の合計額の50％以下である場合には，その理由を明らかにするとともに，重要性がないものとして「その他」に一括されたセグメントのうち主要なセグメントについて，その売上高および全セグメントの売上高に占める当該売上高の割合ならび

図表22 - 27　重要性の基準の適用手続

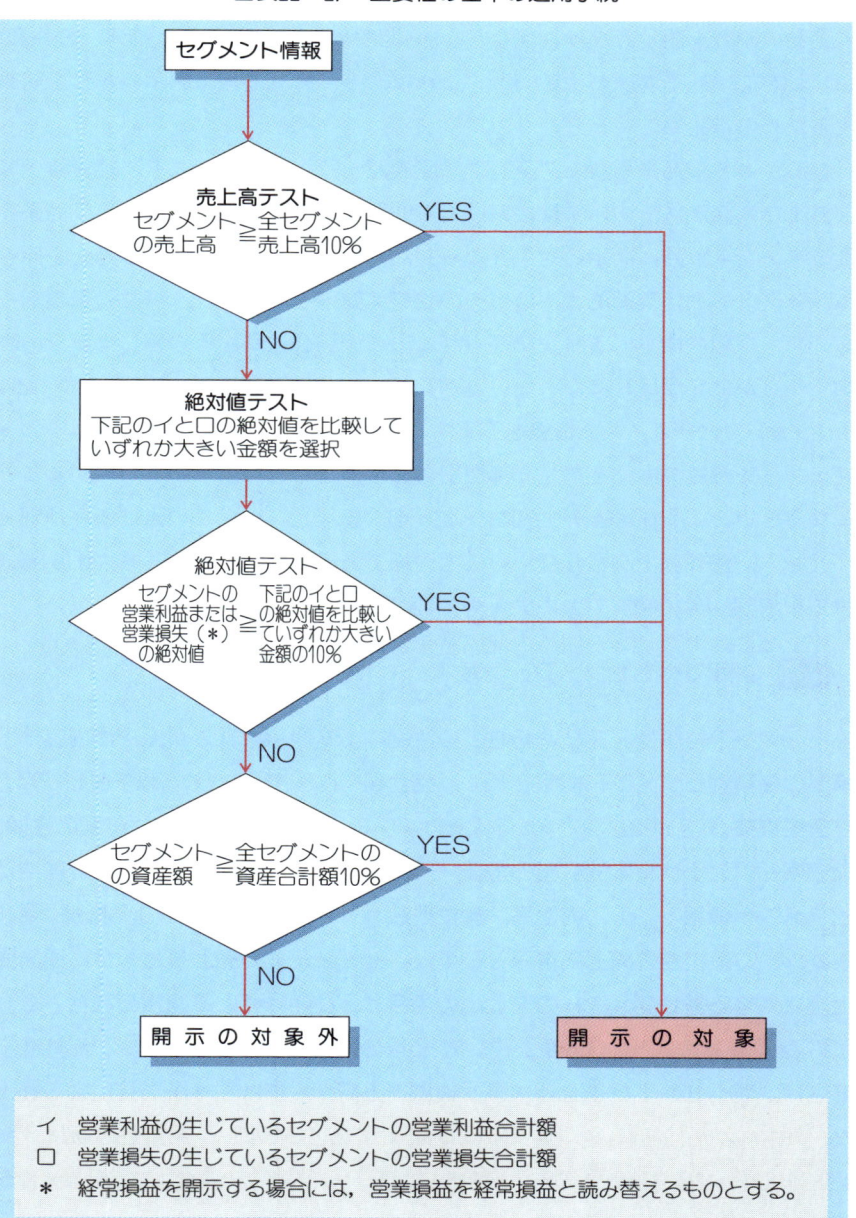

イ　営業利益の生じているセグメントの営業利益合計額
ロ　営業損失の生じているセグメントの営業損失合計額
＊　経常損益を開示する場合には，営業損益を経常損益と読み替えるものとする。

にその資産の金額および全セグメントの資産の金額の合計額に占める当該資産の金額の割合を開示しなければならない（「連結財規」様式第1号（記載上の注意）12および第2号（記載上の注意）10）。これは，セグメント情報開示のがれを防止するための歯止めといえる。

なお，ある製品系列別セグメントが**図表22−27**の売上高テスト，絶対値テストおよび資産テストのいずれにおいても90％超である場合には，当該製品系列別セグメント以外に開示の対象となる製品系列別セグメントがある場合を除き，当該セグメントは**支配的**または**単一のセグメント**とみなされ，事業の種類別セグメント情報の開示の省略が認められる。この場合には，その旨およびその理由を明らかにしなければならないとされているが（「連結財規」様式第1号（記載上の注意）13），セグメント情報を充実するために，将来的には，たとえ単一のセグメントであっても，その主な部門別の売上高などをディスクローズすることになるといえよう（「連結原則」前文，第一部，二，1，(2)）。この点は所在地別セグメント，海外売上高情報についても同様であるといってよい（「連結財規」様式第2号（記載上の注意）11および第3号（記載上の注意）5）。

16·4　開示すべきセグメント情報

セグメント情報は，連結財務諸表の注記により開示されるが，その内容は，**事業の種類別セグメント情報**として，**売上高**（役務収益を含む。以下同じ）および**営業損益**（経常損益に替えることも認められる。以下同じ）ならびに**資産の金額**，**減価償却費**および**資本的支出の金額**（「連結財規」第15条の2第1項），**所在地別セグメント情報**として，**売上高，営業損益**および**資産の金額**（「連結財規」第15条の2第2項），**海外売上高情報**として，各セグメントの**売上高**ならびに**連結売上高に対する各セグメントの売上高の割合**および**海外売上高総額の割合**とされている（「連結財規」第15条の2第3項，「連結財規」様式第3号）。なお，海外売上高とは，親会社および子会社による輸出売上高ならびに在外子会社による売上高（日本への売上高は除く。以下同じ）の合計である（ただし，事業の種類別セグメント情報および所在地別セグメント情報とは異なり，内部売上高および振替高は除かれる（「セグメント会計手法」））。

以上述べてきたことをまとめたのが，図表22‐28である。

図表22‐28　セグメント会計の概要

		事業の種類別	所在地別	海外売上高
セグメンテーション	①区分の程度	①製品系列別（手法）	①国または地域別（連財第15条の2第2項，手法）	①国または地域別（連財第15条の2第3項，手法）
	②区分の決定方法	②経営者の判断（様式1・注1，手法）	②経営者の判断（様式2・注1，手法）	②経営者の判断（様式3・注1，手法）
	③区分の決定において考慮すべき事柄	③製品の種類・性質，製造方法，販売市場等の類似性（様式1・注1，手法）	③国または地域の地理的接近度，経済活動の類似性，事業活動の相互関連性等（様式2・注1，手法）	③国または地域の地理的接近度，経済活動の類似性，事業活動の相互関連性等（様式3・注1，手法）
開示対象セグメントの決定方法（重要性の基準）		①当該セグメントの売上高が全セグメントの売上高の10％以上である場合（売上高には内部売上高または振替高を含む） ②当該セグメントの営業損益の絶対値が，次のイまたは口の絶対値のいずれか大きいほうの10％以上 　イ　営業利益の生じているセグメントの営業利益の合計額 　口　営業損失の生じているセグメントの営業損失の合計額 ③当該セグメントの資	①当該セグメントの売上高が全セグメントの売上高の10％以上である場合（売上高には内部売上高または振替高を含む） ②当該セグメントの資産の金額が全セグメントの資産（全社資産を除く）の合計額の10％以上である場合 　①または②のいずれかに該当するセグメントは開示対象となる（様式2・注8）。なお，外部顧客からの収益が全くないセグメントも開示対象となる（手法）。	当該セグメントの売上高（内部売上高および振替高を除く）が連結売上高の10％以上である場合には開示対象となる（様式3・注3）。

	産の金額が全セグメントの資産（全社資産を除く）の合計額の10%以上である場合 ①ないし③のいずれかに該当するセグメントは開示対象となる（様式１・注10）。ただし，外部顧客からの収益が全くないセグメントは除く（手法）。		
開示情報	①売上高 ②営業損益 ③資産の金額 ④減価償却費 ⑤資本的支出の金額 （連財第15条の２第１項，様式１）	①売上高 ②営業損益 ③資産の金額 （連財第15条の２第２項，様式２）	①売上高（連財第15条の２第３項） ②連結売上高に占める海外売上高の割合（様式３） ③連結売上高に占める海外売上高総額の割合（様式３）

　本図表のみ，以下の略語を用いる。　連財…「連結財務諸表規則」，様式…「連結財務諸表規則様式」，様式・注…「連結財務諸表規則様式（記載上の注意）」，手法…「セグメント情報の開示に関する会計手法」および「解説」

設問4

次の事業の種類別セグメントのうち，開示対象となるセグメントはいずれか。

（単位：千円）

	事業A	事業B	事業C
売 上 高	200（内部売上50）	20	20
営 業 損 益	60	△5	10
資産の金額	450	50	300

解　答

売上高テスト

　　全セグメントの売上高の合計×10％＝(200＋20＋20)×10％＝24

　　　事業A　　200＞24　　　事業B　　20＜24　　　事業C　　20＜24

絶対値テスト

　　｜営業利益の生じているセグメントの営業利益の合計額｜＝60＋10＝70

　　｜営業損失の生じているセグメントの営業損失の合計額｜＝5

　　　事業A　　60＞7　　　事業B　　5＜7　　　事業C　　10＞7

資産テスト

　　全セグメントの資産の金額の合計額×10％＝(450＋50＋300)×10％＝80

　　　事業A　450＞80　　　事業B　　50＜80　　　事業C　300＞80

　以上のように，事業A，事業Cは重要性の基準を満たしており，開示対象となるが，事業Bは，いずれの基準も満たしていないため，開示対象とはならず，「その他」と表示される。

設問5

次の所在地別セグメントのうち，開示対象となるセグメントはいずれか。

(単位：千円)

	日　　本	北　　米	ヨーロッパ	東南アジア
売　上　高	500	100	50	150
内　部売上	100	10	0	150
営　業損益	200	50	20	100
資産の金額	1,800	600	400	300

解　答

売上高テスト

　　全セグメントの売上高の合計×10％＝(500＋100＋50＋150)×10％＝80

　　　北米　100＞80　　ヨーロッパ　50＜80　　東南アジア　150＞80

資産テスト

　　全セグメントの資産の金額の合計額×10％＝(1,800＋600＋400＋300)×10％＝310

　　　北米　600＞310　　ヨーロッパ　400＞310　　東南アジア　300＜310

以上のように，北米は重要性の基準をすべて満たしており，ヨーロッパは売上高基準は満たしていないが資産基準を満たし，東南アジアは資産基準は満たしていないが売上高基準を満たしている。したがって，すべてのセグメントが開示対象となる。

設問6

次の海外売上高セグメントのうち，開示対象となるセグメントはいずれか。

（単位：千円）

		日　　本	北　　米	ヨーロッパ	東南アジア
売　上　高		500	100	50	150
（販売先内訳）	日　　本	300	20（内部売上10）	0	150（内部売上150）
	北　　米	200（内部売上100）	80	0	0
	ヨーロッパ	0	0	50	0
	東南アジア	0	0	0	0

解　答

売上高テスト

連結売上高の合計×10％＝｛（500＋100＋50＋150）－（100＋10＋150）｝×10％＝54

北米　（20－10＋80）＞54　ヨーロッパ　50＜54　東南アジア　（150－150）＜54

以上のように，北米のみが重要性の基準を満たしており，開示対象とされ，ヨーロッパおよび東南アジアは「その他」として一括表示される。

▶17　連結キャッシュ・フロー計算書

17·1　キャッシュ・フロー計算書の意義

わが国の企業会計制度において，財務諸表といえば伝統的に貸借対照表と損益計算書が基本財務諸表であった。したがって，この基本財務諸表さえみれば，その会社の財政状態と経営成績がわかり，その会社の全体像を把握できると思

われていた。本当にそうであろうか。財務諸表上は黒字であるにもかかわらず，倒産する会社がしばしばみうけられるのはなぜであろうか。古から「勘定合って銭足らず」という言葉がある。この言葉は，財務諸表上は黒字であるにもかかわらず，支払うための資金が不足していることを意味している。たとえば，掛けで大量の商品を売却しても，この代金を回収できなければ資金ショートが生じる。貸借対照表と損益計算書からでは，一会計期間のキャッシュ・フローすなわちキャッシュ・インフローまたはキャッシュ・アウトフローも，また企業がどの活動からキャッシュ・フローを獲得し，これをどのような活動に投資したのかなどもわからない。

　このために，英米では，古くから貸借対照表および損益計算書に加えて財政状態変動表，キャッシュ・フロー計算書などが基本財務諸表の1つとされてきた。もっとも，わが国でも有価証券報告書の添付書類（財務諸表外の情報）としてキャッシュ・フロー計算書に類似する資金（現金・預金・市場性のある一時所有の有価証券を含む）の収支状況を示す資金収支表の作成開示が義務づけられていたが，これに代えてキャッシュ・フロー計算書（個別ベースのキャッシュ・フロー計算書，中間連結キャッシュ・フロー計算書および連結キャッシュ・フロー計算書）が財務諸表の1つとして位置づけられ，その作成開示が義務づけられることとなった。

17・2　連結キャッシュ・フロー計算書の目的

　連結キャッシュ・フロー計算書の目的は，一連結会計期間における企業集団のキャッシュ・フローに関する情報すなわち営業活動，投資活動および財務活動によるキャッシュ・インフローおよびキャッシュ・アウトフローに関連する情報を報告することにある。具体的にいえば，キャッシュ・フロー計算書は，企業集団が将来のキャッシュ・インフローを生み出す能力，債務や配当を支払う能力，外部資金調達の必要性，当期純利益と当期現金純増減額との差異原因，期中の投資および財務取引の財政状態への影響に関する情報などを提供することにある。

17·3 連結キャッシュ・フロー計算書の基礎概念

　連結キャッシュ・フロー計算書は，資金概念として現金および現金同等物を採用し，この期中変動を営業活動，投資活動および財務活動に区分し，情報利用者に企業の流動性，支払能力，財務的弾力性などに関する情報を提供するものである。したがって，キャッシュ・フローとは現金および現金同等物の増減をいう。

　次に，流動性とは現金への転換の容易さ（nearness to cash）を，支払能力とは債務の弁済能力を，また財務的弾力性とは財務的悪化，不測の事態に対処できる企業の能力を意味する。

　また，現金とは，手許現金のみならず，普通預金，当座預金，通知預金など銀行その他の金融機関への要求払預金（預金者がいつでも引き出せる預金）をいう。一方，現金同等物とは，一般に，次のような条件を満たす短期的で流動性の高い投資であるといってよい（「連結キャッシュ・フロー基準」第二，一参照）。

---

(1)　容易に換金可能な短期投資

(2)　投資期間が短いため，利率変動による価格変動リスクが僅少である投資

　取得日からたとえば3カ月以内に満期日または償還日が到来する短期的な投資である定期預金，譲渡性預金，コマーシャル・ペーパー，売戻し条件付現先，公社債信託投資が，現金同等物に該当するといえよう（「連結キャッシュ・フロー注解」注2）。

　しかし，上記の条件に該当するすべての投資が現金同等物とみなされるわけではない。たとえば，市場性のある株式は換金が容易であっても，価格変動リスクが僅少とはいえないので，現金同等物とみることはできない。現金同等物に具体的に何を含めるかについては，結局，経営者の判断に委ねざるをえないといえる。

　したがって，親会社の経営者は現金および現金同等物として取り扱う投資の

範囲を確定し，これを開示しなければならない。また，現金の範囲に含めた現金および現金同等物の内容については連結キャッシュ・フロー計算書に注記することとし，資金の範囲を変更した場合には，その旨，その理由および影響額を注記しなければならない（「連結キャッシュ・フロー基準」第四，1，2）。

17・4　キャッシュ・フロー計算書の活動別分類

　連結キャッシュ・フロー計算書では，キャッシュ・フローが投資，財務または営業活動のいずれから生じるかによって，それぞれの活動別のキャッシュ・インフローとキャッシュ・アウトフローとに分類しなければならない。

17・4・1　投資活動によるキャッシュ・フロー

　投資活動によるキャッシュ・フローとは，貸付けおよびその回収，株式・債券の取得および処分，有形固定資産および無形固定資産の取得，処分などから生じるものをいう。

　投資活動によるキャッシュ・インフローの具体例としては，(1)貸付金の回収または売却からの収入，(2)有価証券（現金同等物を除く）および投資有価証券の売却からの収入，(3)有形固定資産および無形固定資産の売却からの収入などであり，また投資活動によるキャッシュ・アウトフローの具体例としては，(1)貸付けによる支出，(2)有価証券（現金同等物を除く）および投資有価証券の取得のための支出，(3)有形固定資産および無形固定資産の取得のための支出などである。ただし，受取利息および受取配当金を投資活動によるキャッシュ・フローに含めることもできる。

17・4・2　財務活動によるキャッシュ・フロー

　財務活動によるキャッシュ・フローとは，株主からの資金調達，株主への配当および投資の返還，借入れとその弁済その他の方法による資金調達とその弁済から生じるものをいう。

　財務活動によるキャッシュ・インフローの具体例としては，(1)株式発行による収入，(2)社債，抵当証券および手形の発行ならびに借入れによる収入などが

あり，また財務活動によるキャッシュ・アウトフローの具体例としては，(1)株主への配当金の支払いおよび投資の返還による支出，(2)社債の償還または借入金の返済による支出，(3)有形固定資産および財貨もしくは用役を生産するために保有または使用される資産の取得に直接的に関連した長期債務の元金返済による支出などである。ただし，支払利息を財務活動によるキャッシュ・フローに含めることもできる。

17・4・3 営業活動によるキャッシュ・フロー

営業活動とは，投資または財務活動として上記に定義されていないすべての取引および事象であるので，営業活動によるキャッシュ・フローとは財貨の生産および提供ならびに用役の提供から生じるものをいう。

営業活動によるキャッシュ・インフローの具体例としては，(1)商品の販売および用役の提供からの収入（売掛金および受取手形の回収または売却からの収入も含む），(2)受取利息，配当金などの貸付金および有価証券の投資収益からの収入，(3)投資または財務活動として定義されていない他の取引および事象から生じた収入などである。

営業活動によるキャッシュ・アウトフローの具体例としては，(1)商品および用役の取得のための支出，(2)従業員または役員に対する報酬，すなわち給料の支払い，(3)政府に対する税金および他の料金の支払い，(4)借入金および他の債権者に対する利息の支払い，(5)投資または財務活動として定義されていない他の取引および事象から生じた支出などである。ただし，すでに述べたように，受取利息，受取配当金および支払利息は，営業活動によるキャッシュ・フローに含めないこともできる。

なお，活動別に分類したキャッシュ・インフローとキャッシュ・アウトフローを図解すれば，図表22－29のとおりである。

17・5 連結キャッシュ・フロー計算書の作成と表示

単体ベースであると連結ベースであるとを問わず，キャッシュ・フロー計算書においては，一会計期間におけるキャッシュ・フローを営業活動によるキャッ

図表22 - 29　キャッシュ・フローの活動別分類

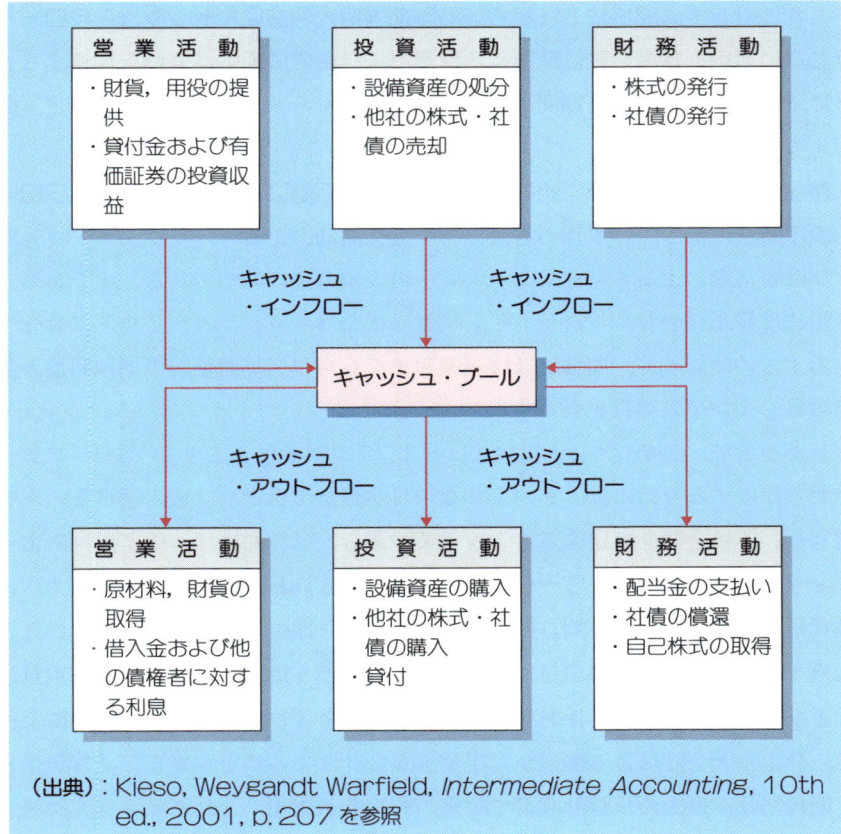

(出典)：Kieso, Weygandt Warfield, *Intermediate Accounting*, 10th ed., 2001, p.207を参照

シュ・フロー，投資活動によるキャッシュ・フローおよび財務活動によるキャッシュ・フローの３つに区分して表示するが（「連結キャッシュ・フロー基準」第二，二，１），そのうち営業活動によるキャッシュ・フローの表示方法には，直接法と間接法がある（同，第三，一）。

　直接法とは，収益額に一定の調整を加えて算定した収入（以下，キャッシュ・インフローという）総額から費用額に一定の調整を加えて算定した支出（以下，キャッシュ・アウトフローという）総額を直接に控除することによって一連結会計期間の営業活動による現金および現金同等物の増減額（以下，キャッシュ・フロー

という）を算定・表示する方法である。

これに対して，**間接法とは税金等調整前当期純利益にキャッシュ・フローを伴わない項目と営業活動に関連する資産および負債の期中増減額を加減**することによって，一連結会計期間の営業活動によるキャッシュ・フローを算定・表示する方法である。

直接法と間接法の違いを端的にいえば，**営業活動によるキャッシュ・フローの表示方法**にあり，いずれの方法にせよ投資活動によるキャッシュ・フローおよび財務活動によるキャッシュ・フローの表示方法は同じである。すなわち，直接法は修正後のキャッシュ・インフローまたはキャッシュ・アウトフローを表示するのに対して，間接法は修正過程すなわち税金等調整前当期純利益と調整項目および戻入項目を表示する。

したがって，直接法にせよ間接法にせよ，営業活動によるキャッシュ・フローを明らかにするためには，どのような項目が調整項目または戻入項目なのかを識別し，その金額を算定することが重要である。具体的には，営業活動によるキャッシュ・フローは，**ワークシート**とよばれるいわゆる**精算表**を用いて，連結貸借対照表の各項目の期首残高と期末残高から期中増減額を計算し，これと関連する連結損益計算書項目に修正を加えるとともに，連結損益計算書項目からキャッシュ・フローを伴わないいわゆる非資金項目を戻し入れることによって，発生主義会計による測定から現金主義会計による測定へ修正して算定する。

間接法は，過去の損益計算書で将来の利益を予測し，これをキャッシュ・フローの予測に転換する考え方であるので，直接法のように過去のキャッシュ・フローから直接に将来のキャッシュ・フローを予測できないなどの問題はあるが，直接法のように勘定科目の期中増減額を詳細に把握する必要がないことから実務上手数がかからないことに加えて，利益の質を評価するのに有用である。「連結キャッシュ・フロー基準」では，直接法と間接法の選択適用が認められているが，実務では間接法が用いられることが多い。

そこで，［基本例17］を用いて，間接法による連結キャッシュ・フロー計算書の作成方法と直接法による連結キャッシュ・フロー計算書の作成方法を学ぶことにしよう。

▶　　基本例17　　◀

　［基本例8］で作成したＰ社の20X1年度の連結貸借対照表ならびに［基本例9］で部分時価評価法によって作成した20X2年度の連結貸借対照表および連結損益計算書（その詳細は，以下に示すとおりである）から，連結キャッシュ・フロー計算書を作成する。

連結貸借対照表　　　　　　（単位：千円）

	20X1年度 借方	20X1年度 貸方	20X2年度 借方	20X2年度 貸方
現金及び現金同等物	30,000		40,000	
売　　掛　　金	41,000		47,000	
貸 倒 引 当 金		1,000		2,000
有 　価 　証 　券	22,100		23,730	
棚 　卸 　資 　産	50,000		48,000	
有 形 固 定 資 産	70,000		77,000	
連 結 調 整 勘 定	1,300		1,235	
買 　　掛 　　金		80,000		75,000
短 期 借 入 金		30,400		46,400
少 数 株 主 持 分		3,000		3,300
資 　　本 　　金		60,000		60,000
利 益 剰 余 金		40,000		50,265
合 　　　計	214,400	214,400	236,965	236,965

連結損益計算書　（単位：千円）

売 　　上 　　高	216,100
売 　上 　原 　価	161,350
減 価 償 却 費	11,980
貸 倒 引 当 金 繰 入	1,000
連 結 調 整 勘 定 償 却	65
そ の 他 の 販 売 費 等	25,500
営 　業 　利 　益	16,205
受取利息及び受取配当金	4,620
支 　払 　利 　息	5,400

経　常　利　益	15,425
土　地　売　却　益	360
税金等調整前当期純利益	15,785
少　数　株　主　利　益	450
当　期　純　利　益	15,335

1．P社はS社株式の70％を保有しており，部分時価評価法を採用している。

2．S社は，簿価1,000千円，前期末における時価1,200千円の土地を企業集団外部に1,500千円で売却した。なお，連結上前期末に評価替えされたS社の資産・負債についての取引は，この取引のみであった。

3．P社およびS社は，当期中に行われた利益処分において，それぞれ4,000千円，400千円を配当金として，1,000千円，100千円を役員賞与として支払った。

4．P社およびS社は，当期中に企業集団外部と次の取引を行った。

(1)　有価証券1,630千円を現金で購入した。

(2)　有形固定資産20,120千円を現金で購入した。

(3)　短期借入金24,000千円を返済し，新たに40,000千円を借り入れた。

5．当期中に貸倒れは生じなかった。

なお，「利息及び配当金の受取額」ならびに「利息の支払額」は，営業活動によるキャッシュ・フローとして表示するものとする。

17・5・1　間接法による連結キャッシュ・フロー計算書の作成と表示

間接法による連結キャッシュ・フロー計算書の作成のポイントは，連結損益計算書項目のうちキャッシュ・フローを伴わない非資金項目を税金等調整前当期純利益に戻し入れたり，また売上債権，仕入債務などの運転資本の増減額を税金等調整前当期純利益に加減したりして営業活動によるキャッシュ・フローを算定・表示することにある。間接法がしばしば戻入法（addback method）と

か調整法とよばれるのは，この特徴を端的にいいあらわしているといえる。

　間接法による連結キャッシュ・フロー計算書の作成は，比較連結貸借対照表における現金および現金同等物を除いた各勘定科目の期中の増減分析からスタートする。その分析に基づいて，連結貸借対照表項目の期中増減がキャッシュ・フローを伴うか否かを把握し，キャッシュ・フローを伴わない（すなわち，損益計算書項目しか伴わない）のであればその項目を把握して税金等調整前当期純利益の戻入項目とし，キャッシュ・フローを伴うのであればその項目を税金等調整前当期純利益の調整項目として処理すればよい。要するに，間接法によるキャッシュ・フロー計算書は発生主義会計による測定を現金主義会計による測定に修正して作成する。

(1)　売掛金の期中増減額の原因分析

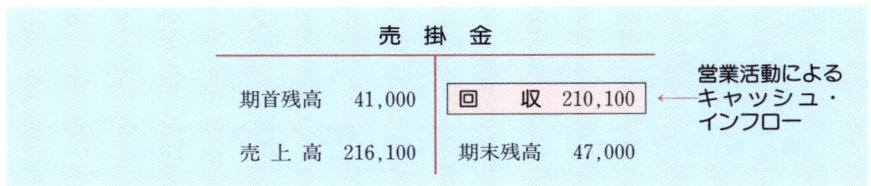

　売掛金を現金で回収していれば，連結キャッシュ・フロー計算書（C/F）上，営業活動によるキャッシュ・フローとして表示される。売掛金の期首と期末の金額が同額であれば，期中の売上高と同額の売掛金が現金で回収されたことになり，売上高＝キャッシュ・インフローとなる。しかし，［基本例17］のように，期末残高が期首残高よりも多い場合には，その超過額は期中の売上高のうち現金で回収されなかった金額を意味する。

　上記の勘定分析からも明らかなように，売掛金の回収によるキャッシュ・インフロー210,100千円は，連結損益計算書に計上されている売上高216,100千円から売掛金期中増加額6,000（＝47,000－41,000）千円を減算すれば求めることができる。

　したがって，この回収によるキャッシュ・インフロー210,100千円を間接法による連結キャッシュ・フロー計算書上の営業活動によるキャッシュ・フローとし

て表示するためには，売上高は当期純利益の構成要素となっているので，当期
純利益から売掛金期中増加額6,000千円を減算すればよい（精算表上，**調整①**）。

　（借）　売掛金の増加額　6,000(C/F)　（貸）　売　　掛　　金　6,000(B/S)

⑵　貸倒引当金の増減額の原因分析

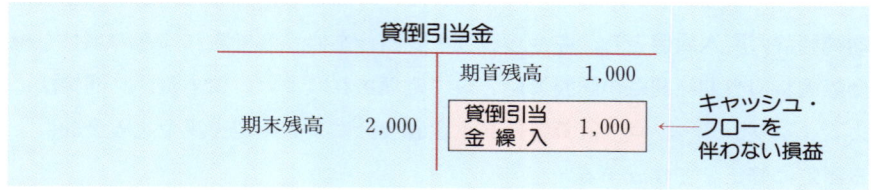

　連結損益計算書の当期純利益の算定にあたり減算項目として処理される貸倒
引当金繰入1,000千円は，キャッシュ・アウトフローを伴わないので，連結キャッ
シュ・フロー計算書上，当期純利益に加算すればよい（精算表上，**調整②**）。

　（借）　貸　倒　引　当　金　1,000(B/S)　（貸）　貸倒引当金の
増　　加　　額　1,000(C/F)

⑶　棚卸資産および買掛金の期中増減額の原因分析

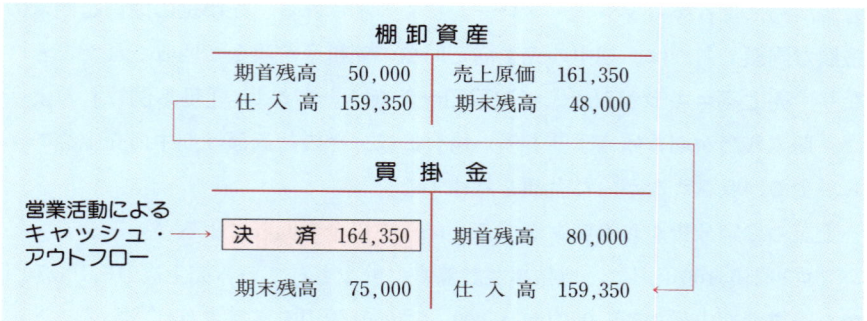

　買掛金を現金で決済していれば，連結キャッシュ・フロー計算書上，営業活
動によるキャッシュ・フローとして表示される。売掛金の場合と同様に，買掛
金の期首と期末の残高が同額であれば，期中の仕入高と同額の買掛金が現金で

決済されたことになり，**仕入高＝キャッシュ・アウトフロー**となるが，［基本例17］のように期末残高が期首残高よりも少ない場合には，その減少額は現金で決済されたキャッシュ・アウトフローをもたらしていることを意味する。

　上記の勘定分析からも明らかなように，買掛金の決済によるキャッシュ・アウトフローは，損益計算書に計上されている売上原価161,350千円から棚卸資産期中減少額2,000千円を減算することによって当期の仕入高159,350千円を求め，次いでこれに買掛金の期中減少額5,000千円を加算すれば求めることができる。

　この買掛金の決済によるキャッシュ・アウトフローを営業活動によるキャッシュ・フローとして表示するためには，売上原価は当期純利益の構成要素となっているので，当期純利益に棚卸資産期中減少額2,000千円を加算し，買掛金期中減少額5,000千円を減算すればよい（精算表上，**調整③および④**）。

　　（借）　棚　卸　資　産　2,000(B/S)　　（貸）　棚卸資産の減少額　2,000(C/F)

　　（借）　買掛金の減少額　5,000(C/F)　　（貸）　買　　掛　　金　5,000(B/S)

⑷　有価証券の期中増減額の原因分析

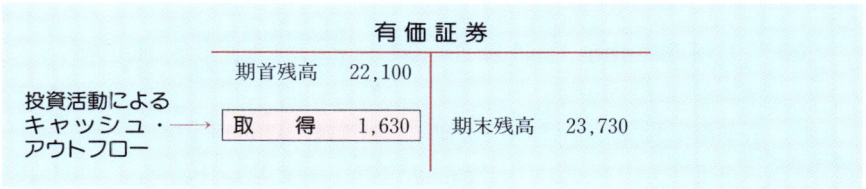

　有価証券の期中増加額1,630千円は，有価証券1,630千円の取得による（条件4 ⑴）キャッシュ・アウトフローであり，連結キャッシュ・フロー計算書上，投資活動によるキャッシュ・フローとして表示する（精算表上，**調整⑤**）。

　　（借）　有価証券の取得による支出　1,630(C/F)　　（貸）　有　価　証　券　1,630(B/S)

⑸　有形固定資産の期中増減額の原因分析

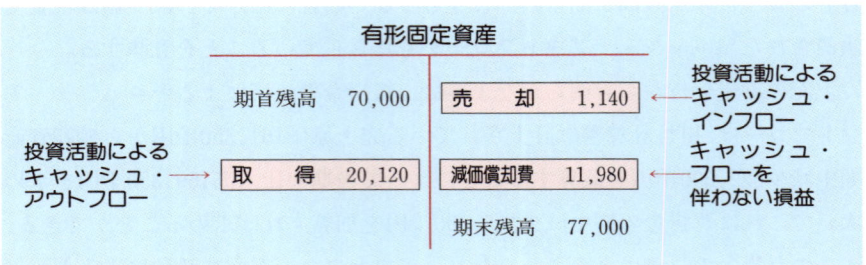

　有形固定資産の期中増加額7,000千円は，キャッシュ・フローを伴う有形固定
資産20,120千円の取得および有形固定資産1,140（＝1,000＋[1,200－1,000]×
70％）千円の売却と，キャッシュ・フローを伴わない減価償却費11,980千円によ
るものである（条件2および条件4⑵）。有形固定資産の取得および売却に伴う
キャッシュ・フローは，連結キャッシュ・フロー計算書上，投資活動によるキャッ
シュ・フローとして表示する（精算表上，**調整⑥および⑦**）。

　　（借）　有形固定資産の取得による支出　20,120(C/F)　（貸）　有形固定資産　20,120(B/S)

　　（借）　有形固定資産　1,140(B/S)　（貸）　有形固定資産の売却による収入　1,140(C/F)

　また，有形固定資産1,140千円の売却については，1,500千円のキャッシュ・
インフローが生じているが，この差額360千円は，連結損益計算書上，有形固定
資産売却益として当期純利益の構成要素となっている。したがって，**有形固定
資産売却益**は，連結キャッシュ・フロー計算書上，当期純利益から減算して営
業活動によるキャッシュ・フローから除外するとともに，**投資活動によるキャッ
シュ・フロー**として表示する（精算表上，**調整⑧**）。

　　（借）　有形固定資産売却益　360(C/F)　（貸）　有形固定資産の売却による収入　360(C/F)

　さらに，連結損益計算書の当期純利益の算定にあたり減算項目として処理さ

れる減価償却費11,980千円は，キャッシュ・アウトフローを伴わないので，連結キャッシュ・フロー計算書上，当期純利益に加算すればよい（精算表上，**調整⑨**）。

（借）有形固定資産 11,980(B/S) （貸）減 価 償 却 費 11,980(C/F)

(6) 連結調整勘定の期中増減額の原因分析

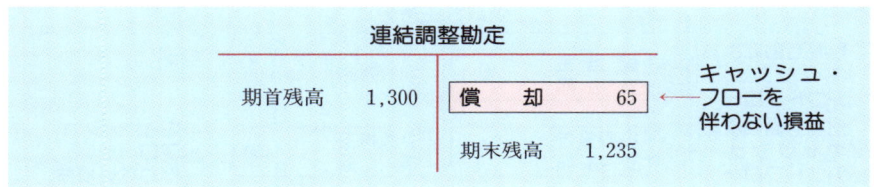

連結損益計算書の当期純利益の算定にあたり減算項目として処理される連結調整勘定償却65千円は，キャッシュ・アウトフローを伴わないので，連結キャッシュ・フロー計算書上，当期純利益に加算すればよい（精算表上，**調整⑩**）。

（借）連 結 調 整 勘 定 65(B/S) （貸）連結調整勘定償却 65(C/F)

(7) 短期借入金の期中増減額の原因分析

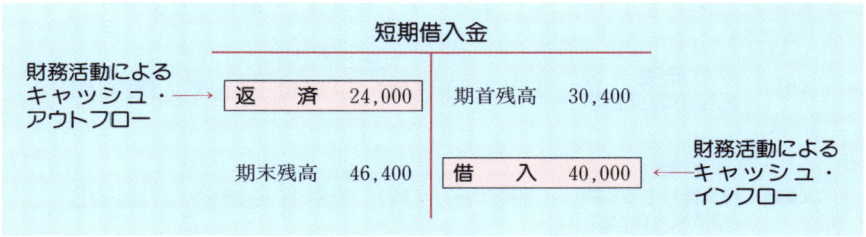

短期借入金の期中増加額16,000千円は，キャッシュ・フローを伴う短期借入金40,000千円の借入れおよび短期借入金24,000千円の返済によるものである（条件4(3)）。短期借入れおよび短期借入金の返済に伴うキャッシュ・フローは，連結キャッシュ・フロー計算書上，財務活動によるキャッシュ・フローとして表示する（精算表上，**調整⑪および⑫**）。

（借） 短期借入金の
返済による支出 24,000(C/F) （貸） 短 期 借 入 金 24,000(B/S)

（借） 短 期 借 入 金 40,000(B/S) （貸） 短期借入による収入 40,000(C/F)

⑻ 少数株主持分の期中増減額の原因分析

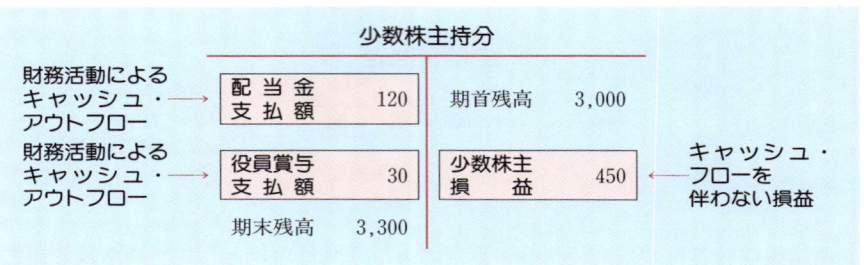

　少数株主持分の期中増加額300千円は，キャッシュ・フローを伴う少数株主への配当金120千円の支払いおよび役員賞与の支払額のうちの少数株主の負担分30千円の支払いと，キャッシュ・フローを伴わない少数株主損益450千円によるものである（条件１および条件２）。まず，配当金の支払いおよび役員賞与の支払いに伴うキャッシュ・フローは，連結キャッシュ・フロー計算書上，財務活動によるキャッシュ・フローとして表示する（精算表上，**調整⑬および⑭**）。

（借） 少数株主への
配当金の支払額 120(C/F) （貸） 少 数 株 主 持 分 120(B/S)

（借） 役員賞与の支払額
（少数株主負担額） 30(C/F) （貸） 少 数 株 主 持 分 30(B/S)

　次に，少数株主損益450千円は，税金等調整前当期純利益に算入されず，かつキャッシュ・フローを伴わないので，利益剰余金の期中増減額と相殺すればよい（精算表上，**調整⑮**）。

（借） 少 数 株 主 持 分 450(B/S) （貸） 利 益 剰 余 金 450(C/F)

(9)　利益剰余金の期中増減額の原因分析

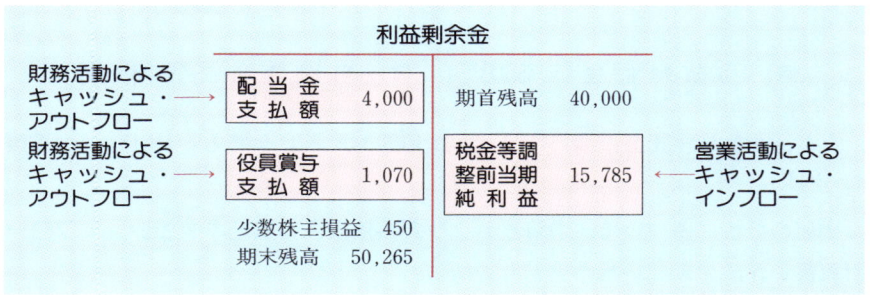

利益剰余金の期中増加額10,265千円は，キャッシュ・フローを伴う配当金4,000千円の支払いおよび役員賞与1,070千円の支払いと，税金等調整前当期純利益15,785千円および少数株主損益450千円によるものである（条件２）。まず，配当金の支払いおよび役員賞与の支払いに伴うキャッシュ・フローは，連結キャッシュ・フロー計算書上，財務活動によるキャッシュ・フローとして表示する（精算表上，調整⑯および⑰）。

（借）　配当金の支払額 4,000(C/F)　（貸）　利　益　剰　余　金 4,000(B/S)

（借）　役員賞与の支払額 1,070(C/F)　（貸）　利　益　剰　余　金 1,070(B/S)

なお，「連結財務諸表におけるキャッシュ・フロー計算書の作成に関する実務指針」のように，役員賞与を給料と同様に報酬の支払いとみなして営業活動によるキャッシュ・フローとして表示することもできる。しかし，本書では，現行企業会計においては，役員賞与は利益処分によって役員（取締役および監査役）に対して支払われる報奨金であるとみなされていることから，配当金と同様に財務活動によるキャッシュ・フローとして表示すべしとの考え方をとっている。また，間接法による連結キャッシュ・フロー計算書において，連結剰余金計算書に計上されている役員賞与を営業活動によるキャッシュ・フローに表示する「実務指針」の処理は，「連結キャッシュ・フロー基準」第三，一，２の規定に抵触すると思われる。

次に、税金等調整前当期純利益は、連結キャッシュ・フロー計算書上、営業活動によるキャッシュ・フローとして表示する（精算表上、**調整⑱**）。

　（借）利 益 剰 余 金 15,785(B/S)　（貸）当 期 純 利 益 15,785(C/F)

なお、少数株主損益については、すでに述べたとおりである（精算表上、**調整⑮**）。

上記の分析に基づいて、**精算表**および**間接法による連結キャッシュ・フロー計算書**を作成すれば、次のとおりである。

比較連結貸借対照表	期中増減額 借方	期中増減額 貸方	修正記入 借方	修正記入 貸方			
現金及び現金同等物	10,000			10,000			
売　掛　金	6,000			6,000①			
貸 倒 引 当 金		1,000	1,000②				
有 価 証 券	1,630			1,630⑤			
棚 卸 資 産		2,000	2,000③				
有 形 固 定 資 産	7,000		1,140⑦ 11,980⑨	20,120⑥			
連 結 調 整 勘 定		65	65⑩				
買　掛　金	5,000			5,000④			
短 期 借 入 金		16,000	40,000⑫	24,000⑪			
少 数 株 主 持 分		300	450⑮	120⑬ 30⑭			
資　本　金							
利 益 剰 余 金		10,265	15,785⑱	450⑮ 4,000⑯ 1,070⑰			
連 結 キ ャ ッ シ ュ・フ ロ ー 計 算 書					支出	収入	区分
税金等調整前当期純利益			15,785⑱			15,785	営業活動
減 価 償 却 費			11,980⑨			11,980	営業活動
連 結 調 整 勘 定 償 却			65⑩			65	営業活動
貸 倒 引 当 金 の 増 加 額			1,000②			1,000	営業活動
受取利息及び受取配当金			4,620*		4,620		営業活動

支　払　利　息				5,400＊		5,400	営
有形固定資産売却益			360⑧		360		業
売上債権の増加額			6,000①		6,000		活
棚卸資産の減少額				2,000③		2,000	動
仕入債務の減少額			5,000④		5,000		
利息及び配当金の受取額				4,620＊		4,620	
利　息　の　支　払　額			5,400＊		5,400		
有価証券取得による支出			1,630⑤		1,630		投
有 形 固 定 資 産 の 取 得 に よ る 支 出			20,120⑥		20,120		資活動
有 形 固 定 資 産 の 売 却 に よ る 収 入				1,140⑦ 360⑧		1,500	
短 期 借 入 金 の 返 済 に よ る 支 出			24,000⑪		24,000		
短期借入れによる収入				40,000⑫		40,000	財
配 当 金 の 支 払 額			4,000⑯		4,000		務
少 数 株 主 へ の 配 当 金 の 支 払 額			120⑬		120		活
役 員 賞 与 支 払 額			30⑭ 1,070⑰		1,100		動
現金及び現金同等物の 増　　　加　　　額			10,000		10,000		
合　　　　　計	29,630	29,630	154,770	154,770	82,350	82,350	

＊「利息及び配当金の受取額」については投資活動によるキャッシュ・フロー，「利息の支払額」については財務活動によるキャッシュ・フローとすることも認められている（「連結キャッシュ・フロー基準」第二，二，３）。したがって，これらの項目は，比較可能性を確保するために，営業活動によるキャッシュ・フローからいったん除外して小計を示し，その後に戻入れを行う必要がある（「連結財規」様式第８号参照）。

連結キャッシュ・フロー計算書（間接法）

自　20X2年4月1日　至　20X3年3月31日

I　営業活動によるキャッシュ・フロー	
税金等調整前当期純利益	15,785
減価償却費	11,980
連結調整勘定償却額	65
貸倒引当金の増加額	1,000
受取利息及び受取配当金	−4,620
支払利息	5,400
有形固定資産売却益	−360
売上債権の増加額	−6,000
たな卸資産の減少額	2,000
仕入債務の減少額	−5,000
小計	20,250
利息及び配当金の受取額	4,620
利息の支払額	−5,400
営業活動によるキャッシュ・フロー	19,470
II　投資活動によるキャッシュ・フロー	
有価証券の取得による支出	−1,630
有形固定資産の取得による支出	−20,120
有形固定資産の売却による収入	1,500
投資活動によるキャッシュ・フロー	−20,250
III　財務活動によるキャッシュ・フロー	
短期借入れによる収入	40,000
短期借入金の返済による支出	−24,000
配当金の支払額	−4,000
少数株主への配当金の支払額	−120
役員賞与の支払額（少数株主負担額）	−1,100（30）
財務活動によるキャッシュ・フロー	10,780
IV　現金及び現金同等物の増加額	10,000
V　現金及び現金同等物の期首残高	30,000
VI　現金及び現金同等物の期末残高	40,000

17·5·2 直接法による連結キャッシュ・フロー計算書の作成と表示

　直接法による連結キャッシュ・フロー計算書の作成のポイントは，キャッシュ・フローを伴う取引（たとえば，掛売上などのように収益であってもキャッシュ・インフローを伴わない項目，減価償却費などのように費用であってもキャッシュ・アウトフローを伴わない項目，また棚卸資産の増加，有形固定資産の購入などのように費用ではないがキャッシュ・アウトフローを伴う項目，さらに借入金のように収益ではないがキャッシュ・インフローを伴う項目）を集計して分類することにあり，間接法と同様に，発生主義会計による測定を現金主義会計による測定に修正することであるといってよい。

　以下，間接法と同様に，精算表を用いて直接法による連結キャッシュ・フロー計算書を作成するための調整項目の振り替えプロセスについて説明するが，勘定分析および精算表上の投資活動によるキャッシュ・フロー欄以降は，間接法の場合の説明と基本的に同じであるので，必要な箇所を除き割愛する。

(1)　売掛金の期中増減額の原因分析

　間接法の場合と同様に，売掛金を現金で回収していれば，連結キャッシュ・フロー計算書上，営業活動によるキャッシュ・フローとして表示される。売掛金の期首残高41,000千円は，前期の売上高のうち回収されなかったものであるが，当期には得意先から回収された金額であり，また売掛金の期末残高47,000千円は，期中の売上高のうち当期には回収されなかった金額である。したがって，次の仕訳で売掛金の期首残高を売上高に加算するとともに期末残高を売上高から減算する必要がある（精算表上，**調整①**）。

　　（借）売　　掛　　金 41,000(B/S)（貸）売　　　上　　　高 41,000(C/F)
　　　　　　　　　　　　　　　　　　　　　　　（営 業 収 入）

　　（借）売　　上　　高 47,000(C/F)（貸）売　　掛　　金 47,000(B/S)
　　　　　（営 業 収 入）

(2)　貸倒引当金の期中増減額の原因分析

　貸倒引当金繰入1,000千円は，キャッシュ・アウトフローを伴わない費用であ

り，連結キャッシュ・フロー計算書に計上されないために，次の仕訳で消去しなければならない（精算表上，**調整②**）。

（借）貸 倒 引 当 金 1,000(B/S)　（貸）貸倒引当金の増 加 額 1,000(C/F)

(3) 棚卸資産および買掛金の期中増減額の原因分析

買掛金も，間接法の場合と同様に，現金で決済していれば，連結キャッシュ・フロー計算書上，営業活動によるキャッシュ・フローとして表示される。

すでに述べたように，買掛金の決済によるキャッシュ・フローは，当期仕入高に仕入債務（買掛金）の増加（減少）額を加算（減算）して求めればよい。もとより，当期仕入高は売上原価に棚卸資産の期末残高を加算し，これに棚卸資産の期首残高を減算して求められる。このプロセスを仕訳で示せば，次のとおりである（精算表上，**調整③**）。

（借）棚卸資産（期首）50,000(B/S)　（貸）売 上 原 価 50,000(C/F)
　　　　　　　　　　　　　　　　　　　　（商品の仕入による支出）

（借）売 上 原 価 48,000(B/S)　（貸）棚卸資産（期末）48,000(C/F)
　　　（商品の仕入による支出）

次に，買掛金の期首残高80,000千円は，当期に仕入先に支払われた金額であり，買掛金の期末残高75,000千円は，当期の仕入高159,350千円のうち期中に支払われなかった金額であるので，次の仕訳で買掛金の期首残高を仕入高（売上原価）に加算するとともに期末残高を売上原価から減算する必要がある（精算表上，**調整④**）。

（借）売 上 原 価 80,000(C/F)　（貸）買 掛 金 80,000(B/S)
　　　（商品の仕入による支出）

（借）買 掛 金 75,000(C/F)　（貸）売 上 原 価 75,000(B/S)
　　　　　　　　　　　　　　　　　　　　（商品の仕入による支出）

(4) 有価証券の期中増減額の原因分析

間接法と同じ（精算表上，**調整⑤**）。

(5) 有形固定資産の期中増減額の原因分析

間接法と同じ（精算表上，**調整⑥ないし⑧**）。

ただし，減価償却費11,980千円は，キャッシュ・アウトフローを伴わない費用であり，連結キャッシュ・フロー計算書に計上されないために，次の仕訳で消去しなければならない（精算表上，**調整⑨**）。

（借）有形固定資産 11,980(B/S)　（貸）減 価 償 却 費 11,980(C/F)

(6) 連結調整勘定の期中増減額の原因分析

連結調整勘定償却65千円は，キャッシュ・アウトフローを伴わない費用であり，連結キャッシュ・フロー計算書に計上されないために，次の仕訳で消去しなければならない（精算表上，**調整⑩**）。

（借）連 結 調 整 勘 定　65(B/S)　（貸）連結調整勘定償却　65(C/F)

(7) 短期借入金の期中増減額の原因分析

間接法と同じ（精算表上，**調整⑪および⑫**）。

(8) 少数株主持分の期中増減額の原因分析

間接法と同じ（精算表上，**調整⑬および⑭**）。

ただし，少数株主損益450千円は，キャッシュ・アウトフローを伴わない費用であり，連結キャッシュ・フロー計算書に計上されないために，次の仕訳で消去しなければならない（精算表上，**調整⑮**）。

（借）少 数 株 主 持 分　450(B/S)　（貸）少 数 株 主 損 益　450(C/F)

(9) 利益剰余金の期中増減額の分析

間接法と同じ（精算表上，**調整⑯および⑰**）。

ただし，当期純利益は，連結キャッシュ・フロー計算書に計上されないために，次の仕訳で消去しなければならない（精算表上，**調整⑱**）。

（借）利 益 剰 余 金 15,335(B/S) （貸）当 期 純 利 益 15,335(C/F)

上記の分析に基づいて，精算表および直接法による連結キャッシュ・フロー計算書を作成すれば，次のとおりである。なお，[基本例17]においては，受取利息，受取配当金，その他の販売費等および支払利息はすべて現金取引であると考えられるので，そのまま連結キャッシュ・フロー計算書の該当する箇所に記載すればよい。

比較連結貸借対照表	期中増減額 借方	期中増減額 貸方	修正記入 借方	修正記入 貸方
現 金 及 び 現 金 同 等 物	10,000			10,000
売 掛 金	6,000		41,000①	47,000①
貸 倒 引 当 金		1,000	1,000②	
有 価 証 券	1,630			1,630⑤
棚 卸 資 産		2,000	50,000③	48,000③
有 形 固 定 資 産	7,000		11,980⑨ 1,140⑦	20,120⑥
連 結 調 整 勘 定		65	65⑩	
買 掛 金	5,000		75,000④	80,000④
短 期 借 入 金		16,000	40,000⑫	24,000⑪
少 数 株 主 持 分		300	450⑮	120⑬ 30⑭
資 本 金				
利 益 剰 余 金		10,265	15,335⑱	4,000⑯ 1,070⑰
計	29,630	29,630		

連結損益計算書 （連結キャッシュ・フロー計算書）			支出	収入	区分
売 上 高 （営 業 収 入）	216,100	47,000①	41,000①	210,100	営業活動
受取利息及び受取配当金		4,620		4,620	営業活動
有形固定資産売却益		360	360⑧		営業活動
売 上 原 価 （商品の仕入による支出）	161,350	48,000③ 80,000④	50,000③ 75,000④	164,350	営業活動

減 価 償 却 費	11,980			11,980⑨			営
貸 倒 引 当 金 繰 入	1,000			1,000②			
連 結 調 整 勘 定 償 却	65			65⑩			業
その他の販売費等 （その他の営業支出）	25,500					25,500	
支 払 利 息	5,400					5,400	活
少 数 株 主 損 益	450			450⑮			
当 期 純 利 益	15,335			15,335⑱			動
計	221,080	221,080					
有 価 証 券 の 取 得 に よ る 支 出			1,630⑤		1,630		投
有形固定資産の取得 に よ る 支 出			20,120⑥		20,120		資 活
有形固定資産の売却 に よ る 収 入				1,140⑦ 360⑧		1,500	動
短 期 借 入 金 の 返 済 に よ る 支 出			24,000⑪		24,000		
短期借入れによる収入				40,000⑫		40,000	財
配 当 金 の 支 払 額			4,000⑯		4,000		務
少数株主への配当金の 支 払 額			120⑬		120		活
役 員 賞 与 の 支 払 額			30⑭ 1,070⑰		1,100		動
現金及び現金同等物の 増 加 額			10,000		10,000		
合 計			472,300	472,300	256,220	256,220	

連結キャッシュ・フロー計算書（直接法）	
自　20X2年4月1日　至　20X3年3月31日	
Ⅰ　営業活動によるキャッシュ・フロー	
営業収入	210,100
商品の仕入れによる支出	−164,350
その他の営業支出	−25,500
小計	20,250(注)
利息及び配当金の受取額	4,620
利息の支払額	−5,400
営業活動によるキャッシュ・フロー	19,470
Ⅱ　投資活動によるキャッシュ・フロー	
有価証券の取得による支出	−1,630
有形固定資産の取得による支出	−20,120
有形固定資産の売却による収入	1,500
投資活動によるキャッシュ・フロー	−20,250
Ⅲ　財務活動によるキャッシュ・フロー	
短期借入れによる収入	40,000
短期借入金の返済による支出	−24,000
配当金の支払額	−4,000
少数株主への配当金の支払額	−120
役員賞与の支払額（少数株主負担額）	−1,100(30)
財務活動によるキャッシュ・フロー	10,780
Ⅳ　現金及び現金同等物の増加額	10,000
Ⅴ　現金及び現金同等物の期首残高	30,000
Ⅵ　現金及び現金同等物の期末残高	40,000

（注）　間接法の場合と同様に，比較可能性を確保するため，「利息及び配当金の受取額」および「利息の支払額」を除いた場合の営業活動によるキャッシュ・フローを示さなければならない（「連結財規」様式第 7 号参照）。

▶18　中間連結財務諸表

18·1　中間連結財務諸表の意義

　証取法ディスクロージャー制度における基本目的である一般投資者保護は，外部財務情報が①完全かつ適時に開示され，②等しく公平に開示されるとともに，③開示情報の信頼性が担保されて，はじめて達成可能になる。このために，事業年度を１年とする証取法適用会社は決算期ごとに有価証券報告書を公表するとともに，半期ごとに半期報告書を公表している。

　半期報告書で開示される連結財務諸表を中間連結財務諸表といい，中間連結貸借対照表，中間連結損益計算書，中間連結剰余金計算書および中間連結キャッシュ・フロー計算書から構成される。中間財務諸表とは，事業年度末日以外の日に終了する期間に係る財務諸表を意味し，広義には四半期報告書も含められる。中間連結財務諸表は，事業年度を１年とする企業集団が，一般投資者を保護するためにタイムリー・ディスクロージャーの観点から作成するものである。

　中間財務諸表を作成するための考え方には大別して，実績主義と予測主義との２つがある。実績主義とは，上半期または１中間会計期間を独立の会計期間とみなし，原則として年度決算において適用される会計処理基準と同様の基準を適用して中間財務諸表を作成すべきであり，中間財務諸表は中間会計期間の実績情報を開示すべきであるとする考え方である。これに対して，予測主義とは，半期または中間会計期間は，それが属する事業年度の構成部分であるとみなし，中間決算にあたっては，会計数値の見積り，営業費用の繰延処理，繰上計上などを行い，中間決算の業績に基づいて当該事業年度の損益予測ができるような中間財務諸表を作成すべきであるとする考え方である。

　わが国の従来の中間財務諸表（個別ベース）およびアメリカの四半期報告書は予測主義に基づいて作成されているのに対し，イギリス，ドイツ，フランスおよび国際財務報告基準（IFRS34）は実績主義に基づいて中間財務諸表が作成されている。

　しかし，予測主義に基づく場合には，たとえば棚卸資産に低価法が適用され評価損が計上される場合に，その評価損の回復の見込みなど当該事業年度末の状況を合理的に見積ることは必ずしも容易ではなく，かりに容易であるとしてもそこに恣意性が介入するおそれがあるなどの問題点がある。さらに，実績主義のほうが計算手続が明確であるなどのメリットがある。

18·2　中間連結財務諸表作成の一般原則

　中間連結財務諸表を作成する場合には，「中間連結財務諸表作成基準」（以下，「中間連結基準」という）に準拠しなければならないが，以下，「中間連結基準」が採用している実績主義に基づいて中間連結財務諸表作成の基本的な考え方について述べる。

(1)　有用性の原則

　中間連結財務諸表は，中間連結会計期間に係る企業集団の財政状態，経営成績およびキャッシュ・フローの状況に関する有用な会計情報を提供するものでなければならない（「中間連結基準」第一，一）。中間連結財務諸表作成の最大のポイントは，有用な会計情報の提供にある。中間連結財務諸表における有用性を確保するためには期央におけるタイムリーな会計情報のディスクロージャー（会計情報の適時性）が必要不可欠な要件であるといえよう。したがって，タイムリーな会計情報を提供するためには，中間財務諸表は決算財務諸表と同様の認識，測定基準が適用されなければならないといえようが，中間決算手続は必ずしも決算財務諸表における決算手続と同様である必要はなく，中間決算に特有の手続をとり簡便であってよいといえよう。

(2)　準拠性の原則

　中間連結財務諸表は，連結会社が一般に公正妥当と認められる企業会計の基準に準拠して作成した中間財務諸表を基礎にして作成するとともに，とくに必要と認められた簡便な会計処理の原則および手続を除き，連結財務諸表の作成にあたって適用される会計処理の原則および手続に準拠して作成されなければならない（同上，第一，二）。

⑶　継続性の原則

　継続性の原則（同上，第一，三）は，「連結原則」の一般原則と基本的に同一趣旨であるので，説明を割愛する。

18・3　中間連結財務諸表の作成基準

⑴　営業収益

　商品，製品などの販売または役務の提供に基づく営業収益は，年度決算と同様の基準に準拠して計上するのが原則である。しかし，ビール業界，電力事業，建設業などにみられるように，事業の性質によっては，上半期と下半期とで，営業収益の季節的変動が著しいことがある。その場合であっても，収益の計上は年度決算と同様に実現主義に基づいて計上することを原則とし，営業収益の季節変動が著しい状況を注記しなければならない（「中間連結基準」第四，４，⑵）。

⑵　営業費用

　予測主義に基づく場合には，修繕費，広告宣伝費など発生費用の効果が事業年度全体に及ぶと考えられる費用項目については，上半期の発生費用の一部を下半期に繰り延べる処理を，減価償却費，退職給付引当金繰入額など事業年度末に発生予定の費用で事業年度全体に負担させるべき費用項目については，下半期の見積発生費用の一部を上半期に繰り上げるなどの処理を行わなければならないが，実績主義の場合には，営業費用についても年度決算と同様の基準に基づいて計上すればよい。ただし，営業費用の季節的変動が著しい場合には，その状況を注記する必要がある（同上）。

⑶　簡便な決算手続

　上述のように，中間連結財務諸表は，タイムリー・ディスクロージャーの観点から要求される財務諸表であるために，中間連結会計期間に係る企業集団の財政状態および経営成績に関する利害関係者の判断を誤らせないかぎり，簡便な決算手続も認められる。簡便な決算手続の例としては，次のようなものがあげられる（「中間連結財務諸表基準注解」注２）。

　①　連結会社相互間の債権の額と債務の額に差異がみられる場合には，合理

的な範囲内で，当該差異の調整を行わないで債権と債務を相殺消去することができる。

② 連結会社相互間の取引によって取得した棚卸資産に含まれる未実現損益の消去にあたっては，中間期末在庫高に占める当該たな卸資産の金額および当該取引に係る損益率を合理的に見積もって計算することができる。

18・4 中間連結財務諸表の表示

中間連結貸借対照表，中間連結損益計算書，中間連結剰余金計算書および中間連結キャッシュ・フロー計算書からなる中間連結財務諸表の表示基準は，その有用性を損なわないかぎり，年度決算に係る連結貸借対照表，連結損益計算書，連結剰余金計算書および連結キャッシュ・フロー計算書に準ずればよい。ただし，資産，負債，資本，収益，費用などは，中間会計期間に係る会計情報の明瞭な表示を損なわない範囲において，集約して記載すればよい。

ちなみに，「中間連結財規」様式第4号による「中間連結貸借対照表」，様式第5号による「中間損益計算書」および様式第6号による「中間連結剰余金計算書」のフォームを示せば，それぞれ図表23-30，図表23-31および図表22-32のとおりである。

図表22-30 「中間連結財規」様式第4号による中間連結貸借対照表

```
        中 間 連 結 貸 借 対 照 表
            平成×年×月×日
              資 産 の 部
Ⅰ 流 動 資 産
    現金及び預金
    受取手形及び売掛金            ×××
    有 価 証 券                ×××
    た な 卸 資 産              ×××
    そ  の  他                ×××
      流 動 資 産 合 計                ×××
Ⅱ 固 定 資 産
    有 形 固 定 資 産            ×××
```

無形固定資産
　　連結調整勘定　　　　　　×××
　　そ　の　他　　　　　　×××　　　×××
　投資その他の資産　　　　　　　　×××
　　固定資産合計　　　　　　　　　　×××
Ⅲ　**繰　延　資　産**　　　　　　　　　×××
　　資　産　合　計　　　　　　　　×××

負　債　の　部

Ⅰ　**流　動　負　債**
　支払手形及び買掛金　　　　×××
　短　期　借　入　金　　　　×××
　引　　当　　金　　　　×××
　そ　の　他　　　　　×××
　　流動負債合計　　　　　　　×××
Ⅱ　**固　定　負　債**
　社　　　　　債　　　　×××
　長　期　借　入　金　　　　×××
　引　　当　　金　　　　×××
　連　結　調　整　勘　定　　　　×××
　そ　の　他　　　　　×××
　　固定負債合計　　　　　　×××
　　負　債　合　計　　　　　　　×××

少数株主持分

少数株主持分　　　　　　　　×××

資　本　の　部

Ⅰ　**資　本　金**　　　　　　　×××
Ⅱ　**資　本　剰　余　金**　　　　　×××
Ⅲ　**利　益　剰　余　金**　　　　　×××
　　資　本　合　計　　　　　　×××
　　負債，少数株主持分及び資本合計　　×××

図表22-31 「中間連結財規」様式第5号による中間連結損益計算書

中 間 連 結 損 益 計 算 書
自 平成×年×月×日　　至 平成×年×月×日

I	売　上　高		×××
II	売　上　原　価		×××
	売 上 総 利 益		×××
	（又 は 売 上 総 損 失）		
III	販売費及び一般管理費		
	………	×××	
	………	×××	
	………	×××	×××
	営　業　利　益		×××
	（又 は 営 業 損 失）		
IV	営 業 外 収 益		
	受　取　利　息	×××	
	受 取 配 当 金	×××	
	有 価 証 券 売 却 益	×××	
	連結調整勘定償却額	×××	
	持分法による投資利益	×××	
	………	×××	
	………	×××	×××
V	営 業 外 費 用		
	支　払　利　息	×××	
	有 価 証 券 売 却 損	×××	
	持分法による投資損失	×××	
	………	×××	
	………	×××	×××
	経　常　利　益		×××
	（又 は 経 常 損 失）		
VI	特　別　利　益		
	前 期 損 益 修 正 益	×××	
	固 定 資 産 売 却 益	×××	
	………	×××	
	………	×××	×××
VII	特　別　損　失		

前 期 損 益 修 正 損	×××	
固 定 資 産 売 却 損	×××	
災 害 に よ る 損 失	×××	
‥‥‥‥‥	×××	×××
税金等調整前中間純利益		×××
（又は税金等調整前中間純損失）		
法人税，住民税及び事業税		×××
法 人 税 等 調 整 額	×××	×××
少 数 株 主 利 益		×××
（又は少数株主損失）		
中 間 純 利 益		×××
（又 は 中 間 純 損 失）		

図表22－32　「中間連結財規」様式第6号による中間連結剰余金計算書

中 間 連 結 剰 余 金 計 算 書

自　平成×年×月×日　　至　平成×年×月×日

資本剰余金の部

Ⅰ	資本剰余金期首残高		×××
Ⅱ	資本剰余金増加高		
	増資による新株の発行	×××	
	自 己 株 式 処 分 差 益	×××	
	‥‥‥‥‥	×××	×××
Ⅲ	資 本 剰 余 金 減 少 高		
	配 当 金	×××	
	自 己 株 式 消 却 額	×××	
	‥‥‥‥‥	×××	×××
Ⅳ	資 本 剰 余 金 期 末 残 高		×××

利益剰余金の部

Ⅰ	利 益 剰 余 金 期 首 残 高		×××
Ⅱ	利 益 剰 余 金 増 加 高		
	中 間 純 利 益	×××	
	‥‥‥‥‥	×××	×××
Ⅲ	利 益 剰 余 金 減 少 高		
	配 当 金	×××	
	役 員 賞 与	×××	

資 本 金	×××	
自 己 株 式 消 却 額	×××	
………	×××	×××
Ⅳ 利益剰余金期末残高		×××

なお，中間連結財務諸表の注記事項としては，次のような事項がある（「中間連結基準」第四参照）。

1 **連結の範囲等**

連結の範囲に含めた子会社，持分法を適用した非連結子会社および関連会社に関する事項その他の連結の方針に関する重要事項およびこれらに重要な変更があったときは，その旨およびその理由

2 **中間決算日の差異**

子会社の中間決算日が中間連結決算日と異なるときは，当該中間決算日および連結のため当該子会社について特に行った中間決算手続の概要

3 **会計処理の原則および手続等**

(1) 重要な資産の評価基準および減価償却の方法ならびにこれらについて変更があったときは，その旨，その理由およびその影響

(2) 前事業年度の連結財務諸表の作成にあたり会計処理の原則および手続について変更が行われており，前事業年度に係る中間財務諸表上の会計処理の原則および手続と当該事業年度に係る中間連結財務諸表上の会計処理の原則および手続との間に相違がみられるときは，その旨および影響額

(3) 子会社の採用する会計処理の原則および手続で親会社およびその他の子会社との間で特に異なるものがあるときは，その概要

(4) 連結にあたっての子会社の資産および負債の評価方法

4 セグメント情報

5 事業の性質上，営業収益または営業費用の季節的変動が著しい場合には，その状況

6 貸倒引当金または減価償却累計額が，資産の控除科目として表示されて

いない場合には，当該引当金等の額

7　保証債務その他の偶発債務

8　中間財務諸表を作成するまでに発生した重要な後発事象

9　企業集団の財政状態および経営成績を判断するために重要なその他の事項

◀ Key Words ▶

アップストリーム
　　商品・製品，固定資産などを子会社および関連会社から親会社に販売する取引

一括法
　　支配獲得時点において一括して株式を取得したとみなして時価評価（支配獲得日の時価を基準に）を行い，一括して投資と資本の相殺消去を行う方法

親会社
　　支配力基準のもとでは，他の会社を実質的に支配している会社

親会社持分相当額消去方式
　　未実現利益の消去方法の1つで，少数株主持分に相当するものは実現しているとみなし，親会社の持分比率に相当する未実現利益のみを消去し，これを親会社に負担させる方法

確定方式
　　連結会計期間中において確定（すなわち株主総会で確定）した利益処分を基礎として連結決算を行う考え方

間接法
　　税金等調整前当期純利益にキャッシュ・フローを伴わない項目および営業活動に関連する資産および負債の期中純増減額を加減して，営業活動によるネット・キャッシュ・フローを算定・表示する方法

関連会社
　　親会社および子会社が，出資，人事，資金，技術，取引等の関係を通じて，子会社以外の他の会社の財務および営業の方針決定に対して重要な影響を与えることができる場合における当該他の会社

基準性の原則

連結財務諸表作成のためのいわばフレームワークを示すものであり，本来，①連結財務諸表は個別財務諸表を基準にして（基準性）作成し，②このための個別財務諸表は一般に公正妥当と認められる企業会計の基準，具体的には「企業会計原則」に準拠して（準拠性）作成しなければならないとする考え方

繰上方式

連結会計期間中の利益に係る処分を基礎にして連結決算を行う考え方

財務的弾力性

財務的悪化，不測の事態に対処できる企業の能力

3カ月ルール

親会社と子会社の決算日の差異が3カ月を超えない場合には，親会社はそのまま子会社の正規の決算に基づいて連結決算を行うことができるとするルール

実績主義

上半期または1中間会計期間を独立の会計期間とみなし，原則として正規の決算において適用される会計処理基準と同等の基準を適用して中間連結財務諸表を作成すべきであり，中間連結財務諸表は中間会計期間の実績情報を開示すべきであるとする考え方

支配獲得時

親会社が子会社を実質的に支配することになった時

支配力基準

連結財務諸表を作成するための企業集団の範囲を決定する基準として，持株基準のように議決権のある株式の過半数を所有していなくても，資金提供，役員派遣，取引関係などによって他の会社を実質的に支配している，すなわち会社の意思決定機関を支配している場合にも，当該会社を連結の対象とする考え方

支払能力

債務の弁済能力

資本連結

親会社の子会社に対する投資とこれに対応する子会社の資本とを相殺消去し，その結果生じた消去差額を連結調整勘定に計上し，親会社の持分に属さない部分を少数株主持分として表示する一連の会計処理

取得後剰余金

株式の取得後または支配獲得日後に生じた子会社の剰余金

純粋持株会社

　　自らは独自に事業を行わず，株式保有によって子会社を支配することを事業とする会社

少数株主持分

　　子会社の資本のうち親会社の持分に属さない部分

少数株主損益

　　親会社が子会社株式を100％所有していない場合に，子会社の損益のうち少数株主に帰属する損益

セグメンテーション

　　企業を事業の種類，活動地域等の観点からセグメントに区分すること

セグメント

　　成長性，収益性，リスクの程度を異にする事業活動について，これを事業の種類別，地域別などに区分された単位

セグメント情報

　　連結財務諸表を事業の種類別，活動地域等の観点から分割した情報

全額消去・親会社負担方式

　　未実現利益の消去方法の１つで，未実現利益を全額消去し，そのすべてを親会社に負担させる方法

全額消去・持分比率負担方式

　　未実現利益の消去方法の１つで，未実現利益を全額消去し，親会社と少数株主に各持分比率に応じて負担させる方法

全面時価評価法

　　少数株主持分に相当する部分を含めて子会社の資産および負債のすべてを支配獲得日の時価により評価する方法

ダウンストリーム

　　商品・製品，固定資産などを親会社から子会社および関連会社に販売する取引

段階法

　　親会社による子会社株式の取得が支配獲得時まで２回以上に及ぶ場合，子会社株式を株式取得時点ごとに段階的に時価評価を行い，投資と資本の相殺消去を段階的に行う方法

直接法

　　収益額に一定の調整を加えて算定したキャッシュ・インフロー総額から費用額に一定の調整を加えて算定したキャッシュ・アウトフロー総額を直接に控除

706

することによって，営業活動によるネット・キャッシュ・フローを算定・表示する方法

非連結子会社

　企業集団のなかで連結会社との間に何らかの支配関係はあるものの重要性が乏しいなどの理由で連結の対象に含められない子会社

部分時価評価法

　子会社の資産および負債のうち親会社の持分に相当する部分については，時価により評価し，少数株主持分に相当する部分については，子会社の個別貸借対照表上の金額により評価する方法

マネジメント・アプローチ

　経営者が内部報告および事業部，子会社などのSBU（戦略的事業単位）の業績評価目的で用いているセグメンテーションをそのまま外部報告に用いる考え方

持株基準

　連結財務諸表を作成するための企業集団の範囲を決定する基準として，会社の議決権の所有割合という法形式を重視する考え方

持分法

　投資会社が被投資会社の純資産および損益のうち投資会社に帰属する部分の変動に応じて，その投資を各期ごとに修正する方法

予測主義

　半期または中間会計期間は，それが属する事業年度の構成部分であるとみなし，中間決算に当たっては，会計数値の見積り，営業費用の繰延処理，繰上計上などを行い，中間決算の業績に基づいて当該事業年度の損益予測ができるような中間連結財務諸表を作成すべきであるとする考え方

流動性

　現金への転換の容易さ

連結会社

　親会社および連結される子会社

連結消去仕訳

　親会社の個別財務諸表と子会社の個別財務諸表を単純合算しただけでは連結財務諸表を作成できないために，企業集団の観点から行われる修正仕訳

連結剰余金計算書

　連結貸借対照表における資本剰余金および利益剰余金についてその増減を示すもの

連結調整勘定

　親会社の投資とこれに対応する子会社の資本とを相殺消去した結果生じた消去差額

第23章　税効果の会計と報告

本章の学習ポイント

会計とは何か，またなぜ必要なのか

ースの税効果会計とは何か

ースの税効果会計とは何か

算一時差異と繰延税金資産の処理

算一時差異と繰延税金負債の処理

定と資本勘定の相殺消去に伴う税効果会計

利益の消去に伴う税効果会計

当金の減額修正に伴う税効果会計

への投資に対する税効果会計

計の意義

　法人税などの税金費用は，企業会計上の利益である税引前当期純利益(法人税等を控除する前の当期純利益) に一定の税率を乗じて計算するものと思ったことはないであろうか。

　しかし，企業会計上の法人税等をよくみてみると，税引前当期純利益とは直接に対応しない金額が計上されており，さほど単純ではないことがわかる。たしかに，法人税等の課税所得（税法に基づいて算定される法人税等が課され（または還付され）るある期の利益）の計算にあたっては，企業会計上の利益（税引前当期純利益)が基礎となる。したがって，両者に差異がないかぎり，法人税等は税

引前当期純利益に一定の法定実効税率を乗じて計算すればよい。

　しかし，現実には企業会計と課税所得計算とは，その目的を異にする（<第1章　財務会計の意義>4，<第4章　財務会計の概念フレームワーク>などを参照）ために，収益または費用（益金または損金）の計上時点，資産または負債の計上額などに差異が生じるのが一般的である。このような差異があるときには，法人税等の額が税引前当期純利益と期間的に対応せず，また将来の法人税等の支払額に対する影響が表示されないことになるので，何らかの調整（税金の期間配分）が必要である。

　税効果会計とは，企業会計上の資産または負債の計上額と課税所得計算上の資産または負債の計上額に差異がある場合に，法人税等（法人税のほか，都道府県民税，市町村民税および利益に関連する金額を課税標準とする事業税を含む）を適切に期間配分し，もって税引前当期純利益と法人税等を合理的に対応させることを目的とする手続である（「税効果会計に係る会計基準」（以下，「税効果基準」という）第一，「税効果会計に係る会計基準注解」（以下，「税効果注解」という）注1参

図表23-1　税効果会計

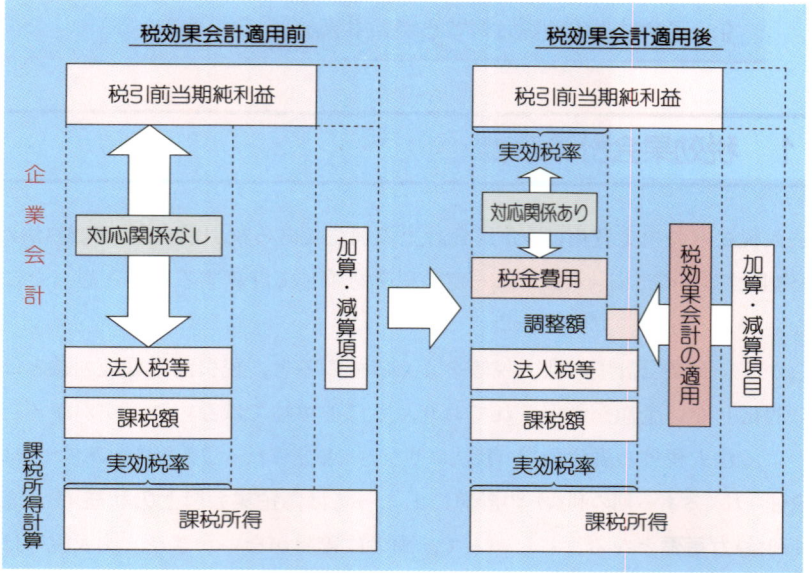

照）。

　税効果会計は，証券取引法はもとより商法においても強制されていることから，連結財務諸表（中間連結財務諸表を含む）および個別財務諸表（中間財務諸表を含む）に適用される。

▶ 2　資産負債法と一時差異

　差異には永久差異（permanent difference）と一時差異（temporary difference）とがあるが，税効果会計の対象となるのは一時差異である。すなわち，税務上の交際費の損金算入限度超過額，受取配当金の益金不算入額などは，企業会計上の税引前当期純利益計算においては，費用または収益として計上されるが，課税所得の計算上は，永久に損金または益金に算入されない永久差異であり，将来，課税所得の計算にあたり加算または減算させる効果をもたないので一時差異に該当せず，税効果会計の対象外である。

　これに対して，一時差異とは，貸借対照表および連結貸借対照表に計上されている資産および負債の金額と課税所得計算上の資産および負債の金額との差額をいい，たとえば次のような場合に生ずる（「税効果基準」第二，一，2参照）。

---

(1)　**財務諸表上の一時差異**
　①　収益または費用の帰属年度が相違する場合
　②　資産の評価替えにより生じた評価差額が資本直入（直接資本の部に計上）され，かつ，課税所得の計算に含まれていない場合
(2)　**連結財務諸表固有の一時差異**

「税効果基準」第一
　税効果会計は，企業会計上の資産又は負債の額と課税所得計算上の資産又は負債の額に相違がある場合において，法人税その他利益に関連する金額を課税標準とする税金（以下「法人税等」という。）の額を適切に期間配分することにより，法人税等を控除する前の当期純利益と法人税等を合理的に対応させることを目的とする手続である。

① 資本連結にさいし，子会社の資産および負債の時価評価により評価
差額が生じた場合
② 連結会社相互間の取引から生ずる未実現損益を消去した場合
③ 連結会社相互間の債権と債務の相殺消去により貸倒引当金を減額修
正した場合

　税効果会計の方法には，いわゆる**収益費用アプローチ**に基づいて，企業会計
上の税引前当期純利益と税務上の課税所得との差異に着目する考え方である**繰
延法**と，いわゆる**資産負債アプローチ**に基づいて，企業会計と税務上の資産お
よび負債の差異に着目する考え方である**資産負債法**とがある。

　また，繰延法とは，一時差異に係る税金を差異が解消する期まで繰り延べる
考え方であり，一時差異が生じた時点に重点がおかれるために，一時差異の生
じた年度の税率で計算する方法である。これに対して，資産負債法とは，一時
差異に係る税金を将来に回収される税金（**繰延税金資産**）または将来に支払わな
ければならない税金（**繰延税金負債**）であるととらえる考え方であり，将来の一
時差異に係る税金が解消する時点に重点がおかれるために，差異が解消される
と予測される年度の税率に基づいて計算する方法である（「税効果基準」第二，
二，2）。しかし，将来の税率を見積ることは不可能であるので，税率の変更の
つど，繰延税金の残高の修正を行わなければならない。税効果会計によって認
識された繰延税金資産については，将来の支払税金を減額する効果があるかど
うか，すなわち将来の回収の見込みについて毎期見直しを行わなければならな
い（「連結注解」16，1，「税効果基準」第二，二，1）。FASB基準，IASB基準（IFRS）
などが資産負債法を採用していることから，「連結原則」でもこの方法が採用さ

「税効果基準」第二，二
1．一時差異等に係る税金の額は，将来の会計期間において回収又は支払が見込まれ
ない税金の額を除き，繰延税金資産又は繰延税金負債として計上しなければならな
い。繰延税金資産については，将来の回収の見込みについて毎期見直しを行わなけれ
ばならない。
2．繰延税金資産又は繰延税金負債の金額は，回収又は支払が行われると見込まれる
期の税率に基づいて計算するものとする。

れている（「連結原則」前文，第二部，4参照）。

　また，資産負債法のもとでの一時差異（以下，単に「一時差異」という）には，当該一時差異が解消するときにその期の課税所得を減額させる効果をもつもの（これを将来減算一時差異という）と，当該一時差異が解消するときにその期の課税所得を増額させる効果をもつもの（これを将来加算一時差異という）とがある（「税効果基準」第二，一，3）。

　将来減算一時差異とは，たとえば，不良債権の有税償却（税務上損金に算入できる限度を超過する額を企業会計で費用計上したり，また税務上容認されていない引当金繰入額および評価損を企業会計で費用計上することを有税という），貸倒引当金，退職給付引当金等の引当金の有税繰入額，減価償却費の有税償却額，棚卸資産等に係る有税の評価損計上額等がある場合のほか，連結会社相互間の取引から生ずる未実現利益を消去した場合に生じ（「税効果注解」注3参照），基本的に当該差異の発生時に企業会計上の資産計上額が税務上の資産計上額を下回っている場合（企業会計上の資産計上額＜税務上の資産計上額）および企業会計上の負債計上額が税務上の負債計上額を上回っている場合（企業会計上の負債計上額＞税務上の負債計上額）に生じる差異である。

　一方，将来加算一時差異とは，たとえば，利益処分により租税特別措置法上の諸準備金等を計上した場合のほか，連結会社相互間の債権と債務の消去に伴う貸倒引当金の減額修正をした場合に生じ（「税効果注解」注4参照），基本的に

「税効果基準」第二，一，3
　一時差異には，当該一時差異が解消するときにその期の課税所得を減額する効果を持つもの（以下「将来減算一時差異」という。）と，当該一時差異が解消するときにその期の課税所得を増額する効果を持つもの（以下「将来加算一時差異」という。）とがある。
「税効果基準注解」注3
　将来加算一時差異は，例えば，利益処分により租税特別措置法上の諸準備金等を計上した場合のほか，連結会社相互間の債権と債務の消去により貸倒引当金を減額した場合に生ずる。
注4
　重要性が乏しい一時差異等については，繰延税金資産及び繰延税金負債を計上しないことができる。

当該差異の発生時に企業会計上の資産計上額が税務上の資産計上額を上回っている場合（**企業会計上の資産計上額＞税務上の資産計上額**）に生じる差異である。

　なお，将来の課税所得と相殺可能な繰越欠損金等については，一時差異と同様に取り扱われ（「連結注解」15，2，「税効果基準」第二，一，4），「等」には将来の税額と相殺される繰延税額控除が考えられる（以下，一時差異および繰越欠損金等を総称して，「一時差異等」という）。

図表23 - 2　将来減算一時差異と将来加算一時差異

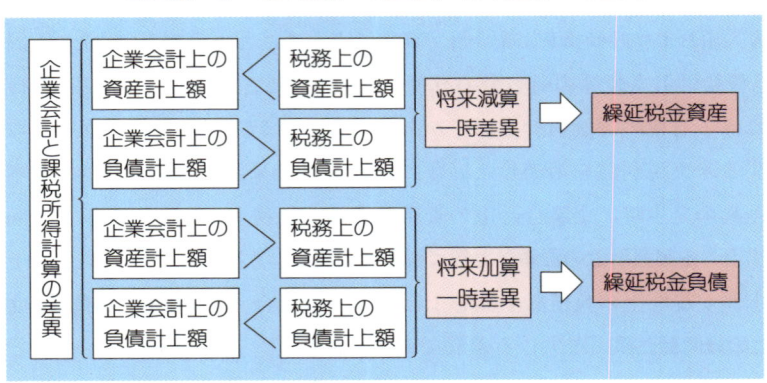

▶ 3　単体ベースの税効果会計

3・1　将来減算一時差異に係る税効果

　上述のように，**将来減算一時差異**とは，差異が生じたときに課税所得の計算上加算され，将来，当該差異が解消するときに課税所得の計算上で減算効果のある一時差異である。

「税効果基準」第二，一，4
　　将来の課税所得と相殺可能な繰越欠損金等については，一時差異と同様に取り扱うものとする（以下一時差異及び繰越欠損金等を総称して「一時差異等」という。）。

　たとえば，税務上では損金として認められない不良債権の償却費を企業会計上で計上した場合，企業会計上の資産計上額は税務上の資産計上額よりも低くなり差額が生じる。これは企業会計上の費用の計上時期と税務上の貸倒確定時期とが異なることから生じるものである。このような場合の償却費計上後の企業会計上の資産計上額と税務上の資産計上額との差額は，将来，税務上で損金算入（課税所得の控除対象）されることによって解消されるので，将来減算一時差異である。

　かかる一時差異発生の期には，実際の法人税等支払額は税引前当期純利益に税率を乗じた額よりも大きくなり，**税金の前払効果**を有するところから，貸借対照表上これを**繰延税金資産**（deferred tax asset）として計上するとともに，損益計算書上，**法人税等調整額**として計上する。この点を［**基本例1**］を用いて説明しよう。

▶　　基本例1　　◀

　20X1年度に，棚卸資産について企業会計上100千円の評価減を行ったが，税務上ではかかる評価損については損金算入が認められなかったので，課税所得の計算上自己否認（当期純利益に加算して課税所得を計算）した。20X2年度には，当該棚卸資産を売却し，20X1年度に計上した企業会計上の評価損が税務上損金算入された。なお，法人税等の計算（法定実効税率46%）および税効果適用前の損益計算書は，次のとおりであったとする（単位：千円）。

法人税等の計算

	20X1年度	20X2年度
税引前当期純利益	2,000	2,000
棚卸資産評価損　損金不算入	100（加算）	損金算入　△100（減算）
課税所得	2,100	1,900
法人税等	966	874

税効果適用前の損益計算書（抜粋）

	20X1年度	20X2年度
⋮	⋮	⋮
棚卸資産評価損	100	0
⋮	⋮	⋮
税引前当期純利益	2,000	2,000
法人税等	966	874
税引後当期純利益	1,034	1,126

［基本例１］のように，税務上で損金算入が認められない棚卸資産の評価損（または評価減）を企業会計上で計上した場合に，**企業会計上の棚卸資産の計上額は税務上の計上額よりも低くなり差額が生じる。**これは企業会計上の評価損の計上時期と税務上の損金算入時期が異なることから生じる**将来減算一時差異**である。すなわち，企業会計上は棚卸資産の評価損100千円を計上した20X1年度に費用処理されるが，税務上は棚卸資産を売却した20X2年度に損金算入される。

税効果会計を適用しないと，税引前当期純利益と法人税等とが対応しないことになる。いいかえれば，税引前当期純利益が20X1年度と20X2年度ともに同じく2,000千円であるのに対して，税引後当期純利益はそれぞれ1,034千円，1,126千円と異なる金額が計上されることになり，法人税等の支払が経営成績に及ぼす影響を適正に表示しないことになる。

したがって，法人税等による経営成績の歪みを是正するためには，将来減算一時差異に係る税効果会計を適用する必要がある。

まず，20X1年度の法人税等は966千円であり，税引前当期純利益に対応する税額920（＝2,000×46％）千円よりも46千円多い。これは企業会計上で計上された棚卸評価損100千円が損金に算入されないこと（損金不算入）に伴う税金の影響額46（＝100×46％）千円によるものであるが，20X2年度には損金算入されるので，20X2年度の税金が減額される効果をもっている。このために，かかる税金減額効果を，20X1年度の損益計算書上，**法人税等調整額**（税金費用の減算項目）として計上し，貸借対照表上，**繰延税金資産**として計上する。

20X1年度　　　　　　　　　　　　　　　　　　　　　　　　（単位：千円）

（借）　繰 延 税 金 資 産　　　　　46　（貸）　法人税等調整額　　　　46

　次に，20X2年度の法人税等は874千円であり，税引前当期純利益に対応する税額920（＝2,000×46％）千円よりも46千円少ない。これは20X1年度に損金不算入とされた棚卸評価損が，当該棚卸資産の売却によって損金算入されたことによる税効果である。このために，20X1年度に計上した繰延税金資産46千円を20X2年度に取り崩し，20X2年度の損益計算書に法人税等調整額（税金費用の加算項目）として計上する。

20X2年度

（借）　法人税等調整額　　　　46　（貸）　繰 延 税 金 資 産　　　　46

　かくして，下記の税効果会計適用後の損益計算書にみるように，20X1年度，20X2年度ともに税効果適用後の法人税等は，税引前当期純利益に対応する金額となり，経営成績が適正に表示されることになる（単位：千円）。

税効果適用後の損益計算書（抜粋）

		20X1年度		20X2年度
⋮		⋮		⋮
税引前当期純利益		2,000		2,000
法人税等	966		874	
法人税等調整額	△ 46	920	46	920
税引後当期純利益		1,080		1,080

税効果適用後の貸借対照表（抜粋）

	20X1年度
（資産の部）	
⋮	⋮
繰延税金資産	46
⋮	⋮

図表23－3　将来減算一時差異と税効果会計の適用

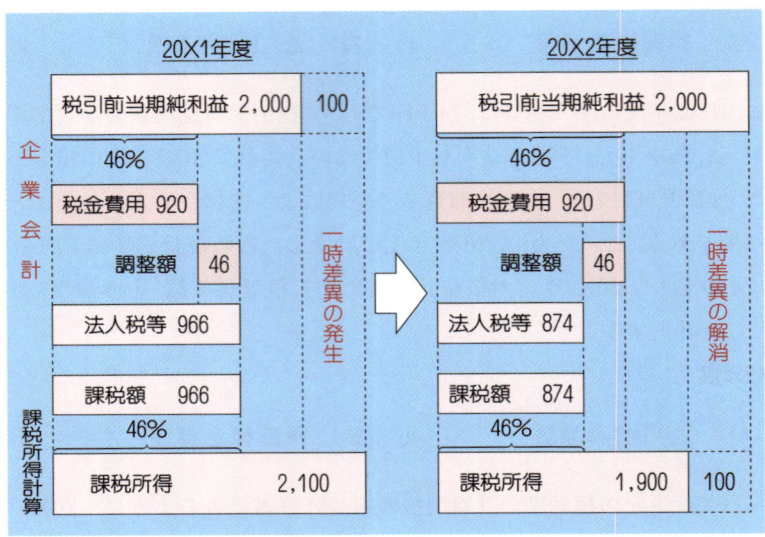

3・2　将来加算一時差異に係る税効果

　将来加算一時差異とは，差異が生じたときに課税所得の計算上減算され，将来，当該差異が解消するときに課税所得の計算上で加算効果のある一時差異である。

　たとえば，すでに＜第16章　資本の会計と報告＞で述べたように，税務上，償却資産の圧縮記帳を利益処分方式で行った場合，企業会計上は償却資産の取得価額で計上され，税務上は償却資産の取得原価から圧縮積立金等（または圧縮記帳額ともいい，これは圧縮積立金と繰延税金負債の合計額を意味する）を控除した額で計上されるので，**当該資産の企業会計上の資産計上額のほうが税務上の資産計上額よりも大きくなり差額が生じる**。これによって企業会計上の減価償却額が税務上の減価償却を超過することになるが，これに対応して，圧縮積立金等繰入額は，次期以降，益金として残存耐用年数にわたり課税所得を増加させるために，**将来加算一時差異**である。

　かかる一時差異発生時の期には，実際の法人税等支払額は税引前当期純利益

に税率を乗じた額よりも小さくなり，税金の繰延べ効果を有するところから，貸借対照表上，これを繰延税金負債（deferred tax liability）として計上するとともに，損益計算書上，法人税等調整額として計上する。この点を[基本例2]を用いて説明しよう。

▶　**基本例2**　◀

　20X1年度末に取得した固定資産（取得価額1,500千円，残存価額ゼロ，耐用年数5年，定額法償却）について税務上1,000千円の圧縮記帳を利益処分方式で行った。1,000千円の圧縮積立金等は，20X2年度より5年間にわたり毎年200千円ずつ取り崩し，当該取崩額を課税所得に加算する。なお，法人税等の計算（法定実効税率は46%）および税効果適用前の損益計算書は，次のとおりであったとする（単位：千円）。

法人税等の計算

		20X1年度		20X2年度
税引前当期純利益		2,000		2,000
固定資産圧縮積立金等繰入額	損金算入	1,000（減算）		―
固定資産圧縮積立金等取崩額		―	益金算入	200（加算）
課税所得		1,000		2,200
法人税等		460		1,012

税効果適用前の損益計算書（抜粋）

	20X1年度	20X2年度
⋮	⋮	⋮
税引前当期純利益	2,000	2,000
法人税等	460	1,012
税引後当期純利益	1,540	988

　20X1年度の法人税等は460千円であり，税引前当期純利益に対応する税額

920（＝2,000×46%）千円よりも460千円少ない。これは税務上20X1年度に圧縮記帳が利益処分方式で行われ，固定資産圧縮積立金等繰入額1,000千円が損金算入されているためである。すなわち，20X1年度において課税所得が企業会計上の利益よりも1,000千円少なくなっている。

しかし，20X2年度以降，課税所得から減額された固定資産圧縮積立金等繰入額1,000千円は減価償却超過額200（企業会計上の減価償却額300（＝1,500×1/5）千円と税務上の減価償却額100（＝500×1/5）千円との差額）千円に対応して，残存耐用年数の5年間にわたり益金として課税所得に加算されるので，20X2年以降の税金が増額される効果をもっている。

すなわち，利益処分方式による圧縮記帳によって課税所得から控除された固定資産圧縮積立金等繰入額1,000千円は，次期以降，耐用年数である5年間にわたって200千円の益金として課税所得を増加させることになるので，将来加算一時差異であるといえる。

かくして，償却資産を購入した20X1年度には，かかる税金増額効果について，次のように仕訳する。なお，利益処分の会計処理は20X2年度からであるが，実務では，確定申告における要納付税額をもって決算期に法人税等を計上する納税額方式を採用しているので，税効果会計は20X1年度から適用される。

20X1年度

（借）　法人税等調整額　　　　460*　（貸）　繰延税金負債　　　　460

　　＊　1,000×46%＝460

また，20X2年度に行われる利益処分において，税効果会計を適用しない場合には，1,000千円の圧縮積立金を繰り入れるが（＜第16章　資本の会計と報告＞参照），税効果会計を適用する場合には，540千円を繰り入れるだけでよい。なぜならば，税効果会計の適用により，460千円については，すでに損金経理が行われているからである。すなわち，税務上，税引前当期純利益から減算される固定資産圧縮積立金等繰入額1,000千円は，繰延税金負債460千円と圧縮積立金540千円からなっている。

（単位：千円）

（借）　未 処 分 利 益　　　　540　（貸）　圧 縮 積 立 金　　　　540

　さらに，20X2年度末においては，税務上，固定資産圧縮積立金等200千円が取り崩されて課税所得に加算され，　20X1年度の税引前当期純利益と課税所得の差額1,000千円のうち200千円が解消されるので，次のように仕訳する。

20X2年度

（借）　繰 延 税 金 負 債　　　92*　（貸）　法人税等調整額　　　　92

＊　　$200 \times 46\% = 92$

税効果適用後の損益計算書（抜粋）

	20X1年度			20X2年度
⋮	⋮			⋮
税引前当期純利益	2,000			2,000
法人税等	460		1,012	
法人税等調整額	460	920	△ 92	920
税引後当期純利益		1,080		1,080

税効果適用後の貸借対照表（抜粋）

	20X1年度	20X2年度
（負債の部）		
⋮	⋮	⋮
繰延税金負債	460	368
⋮	⋮	⋮

図表23-4　将来加算一時差異と税効果会計の適用

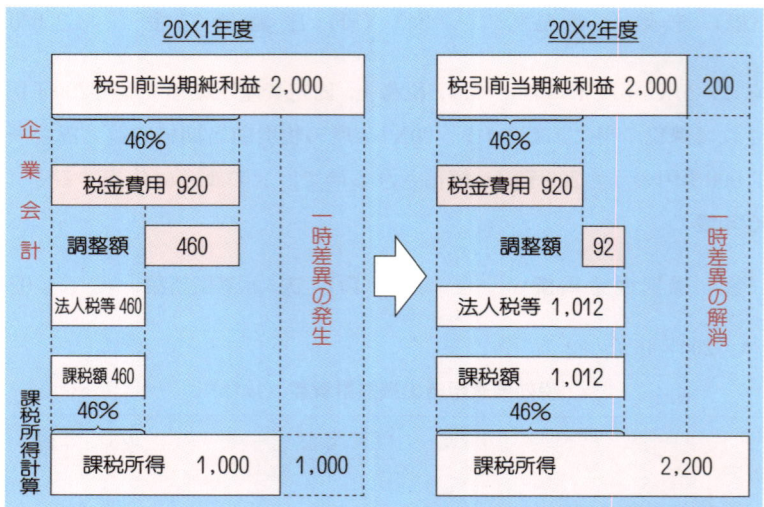

▶ 4　連結ベースの税効果会計

4·1　連結ベースの一時差異

　一時差異には，**財務諸表上の一時差異**とよばれるいわゆる単体ベースの一時差異と課税所得の計算に関係しない**連結財務諸表固有の一時差異**とよばれるいわゆる連結ベースの一時差異とがある（「税効果基準」第二，一，2，(2)）。

　連結ベースの一時差異にも単体ベースの一時差異と同様に，**将来減算一時差異**と**将来加算一時差異**とがある。

　もっとも，連結財務諸表を作成するための第1歩である親会社の個別財務諸表と子会社の個別財務諸表を単純合算する段階では，単体ベースで税効果会計が適用されているので，一時差異は生じない。しかし，連結財務諸表は単体を単純合算した後に，連結に固有の消去仕訳を行わなければ作成できない。このために単体の税引前当期純利益に相当する**税金等調整前当期純利益**と**法人税等**とが適切に対応しなくなり，一時差異が生じる。したがって，連結ベースの一

時差異とは，原則として＜第22章　企業集団の会計と報告＞で学んだ連結消去仕訳に関するものである。

図表23－5　連結消去仕訳

1　親会社の投資勘定と子会社の資本勘定（子会社の資産・負債の時価評価差額を含む）との相殺消去
2　連結会社相互間の未実現利益の消去
3　連結会社相互間の債権・債務の相殺消去

しかし，上記の連結消去仕訳に関するもののほか，たとえば売上高と売上原価，受取利息と支払利息などの相殺消去仕訳があるが，これらは相殺消去しても利益に影響を及ぼすわけではないので税効果会計を適用する必要はない。また，同じ理由で上記3も税効果会計を適用する必要はないが，債権・債務の相殺消去に伴い貸倒引当金を減額修正した場合には，利益に影響を及ぼすので，税効果会計を適用しなければならない。

4・2　投資勘定と資本勘定の相殺消去に伴う税効果会計

資本連結手続において子会社の資産および負債は，支配獲得時の時価によって評価され，評価差額は利益剰余金として処理される。かかる評価差額は，これを含めた投資と資本の相殺消去および少数株主持分への振替によって全額消去される。

しかし，子会社の単体（すなわち税務上）の資産および負債は評価替えをしない簿価のままであるので，連結上の簿価と税務上の簿価とに差異が生じる。この差異は，時価評価された連結貸借対照表上の資産または負債が売却，回収，決済されるときに解消する連結ベースの一時差異である。

たとえば，資本連結にあたり子会社の棚卸資産について時価評価を行った結果，評価減が行われた場合，子会社の単体上の資産については評価替えを行わず簿価のままであるので（連結上の資産計上額＜単体上の資産計上額），将来減算一時差異が生じる。すなわち，この棚卸資産を次期以降に販売したときには，子会社の個別損益計算書における売上原価は連結損益計算書における売上原価よ

りも一時差異相当額だけ多く計上され，したがって子会社の個別損益計算書上
の売却利益が連結損益計算書上の売却利益よりも少なく計上されることになる。
このために，当該棚卸資産を販売した年度には，個別財務諸表上の税金費用が
連結損益計算書上の利益に対応する税金費用よりも少なくなるので，税金の期
間配分をしなければならない。

　したがって，子会社の棚卸資産を時価評価した時点で評価減に対応する税効
果額を繰延税金資産に計上する必要がある。その後に，当該棚卸資産を売却し
た時に，当該繰延税金資産を取り崩し，この取崩額を法人税等調整額として借
方に計上する。

▶ 基本例3 ◀

　親会社は，20X1年度末にS社の発行済株式の70％を10,000千円で
取得し，支配を獲得した。取得時にS社の棚卸資産を時価評価した
ところ，3,000千円の評価減が認められた。なお，これ以外に重要な
評価差額は発生していないものとし，また法定実効税率は46％とす
る。

S社貸借対照表（20X1年度末）（単位：千円）

棚卸資産	10,000	諸負債	10,000
その他の諸資産	10,000	資本金	6,000
		利益剰余金	4,000
	20,000		20,000

　[基本例3]に税効果会計を適用してみよう。子会社の資産および負債を評価
する方法には，親会社の持分だけを時価評価する部分時価評価法と少数株主持
分も含めてすべての持分を時価評価する全面時価評価法とがある。

　部分時価評価法であれ，全面時価評価法であれ，税効果会計の適用プロセス
は基本的に同じである。ここでは，全面時価評価法で説明する。

　まず，次の仕訳で，棚卸資産の評価減を行う。

（単位：千円）

（借）利 益 剰 余 金　3,000　（貸）棚 卸 資 産　3,000
　　　　──評 価 差 額──

　次いで，**評価差額に税効果会計を適用**するが，連結上の資産計上額よりも単体上（税務上）の資産計上額のほうが大きいので，**繰延税金資産**を計上する。繰延税金に評価差額に実効税率を乗じて算定する。

（借）繰 延 税 金 資 産　1,380*　（貸）利 益 剰 余 金　1,380
　　　　　　　　　　　　　　　　　　──評 価 差 額──

　　＊　3,000×46％＝1,380

　ここで，評価替え後の子会社の**資本**と親会社の**投資**との**相殺消去**を行う。しかし，資本連結にあたり，子会社の資産および負債の時価評価によって評価差額がある場合には，当該評価差額に係る時価評価時点の繰延税金資産または繰延税金負債を当該評価差額から控除した額が，親会社の投資額と相殺される子会社の資本である（「税効果基準」第二，二，3）。

　また，全面時価評価法の場合には，**少数株主持分**についても繰延税金資産または繰延税金負債が計上されるので，少数株主持分を増額または減額しなければならない。

「税効果基準」第二，二，3

　繰延税金資産と繰延税金負債の差額を期首と期末で比較した増減額は，当期に納付すべき法人税等の調整額として計上しなければならない。

　ただし，資産の評価替えにより生じた評価差額が直接資本の部に計上される場合には，当該評価差額に係る繰延税金資産又は繰延税金負債を，当該評価差額から控除して計上するものとする。また，資本連結に際し，子会社の資産及び負債の時価評価により生じた評価差額がある場合には，当該評価差額に係る時価評価時点の繰延税金資産又は繰延税金負債を当該評価差額から控除した額をもって，親会社の投資額と相殺の対象となる子会社の資本とするものとする。

（借）	資　本　金	6,000	（貸）	Ｓ　社　株　式	10,000
	利 益 剰 余 金	4,000		少 数 株 主 持 分	2,100*¹
	連 結 調 整 勘 定	4,134		少 数 株 主 持 分	414*²
				利 益 剰 余 金	1,620*³
				——評 価 差 額——	

* 1　$(6,000+4,000)×30\%-(3,000×30\%)=2,100$
* 2　$1,380×30\%=414$（税効果を考慮した少数株主持分）
* 3　$3,000-1,380=1,620$

　[基本例3]の場合には，親会社の投資額10,000千円と相殺される子会社の資本は，資本金6,000千円と，評価差額3,000千円から繰延税金資産1,380千円を控除した1,620千円をさらに利益剰余金4,000千円から控除した2,380千円である。

（借）	資　本　金	6,000	（貸）	Ｓ　社　株　式	10,000
	利 益 剰 余 金	2,380		少 数 株 主 持 分	2,514
	連 結 調 整 勘 定	4,134			

　以上，全面時価評価法による税効果会計を適用した仕訳をまとめて示せば，次のとおりである。

（借）	利 益 剰 余 金	1,620	（貸）	棚 卸 資 産	3,000
	——評 価 差 額——				
	繰 延 税 金 資 産	1,380			

（借）	資　本　金	6,000	（貸）	Ｓ　社　株　式	10,000
	利 益 剰 余 金	2,380		少 数 株 主 持 分	2,514
	連 結 調 整 勘 定	4,134			

　ちなみに，部分時価評価法による税効果会計を適用した連結消去仕訳を示せば，次のとおりである。

（単位：千円）

（借）利 益 剰 余 金　　1,134　　（貸）棚 卸 資 産　　2,100*1
　　　──評 価 差 額──
　　　繰 延 税 金 資 産　　966*2

（借）資　　本　　金　　6,000　　（貸）S 社 株 式　　10,000
　　　利 益 剰 余 金　　2,866*3　　　少 数 株 主 持 分　　3,000*4
　　　連 結 調 整 勘 定　　4,134

＊1　3,000×70％＝2,100
＊2　2,100×46％＝966
＊3　4,000−2,100＋966＝2,866
＊4　（6,000＋4,000）×30％＝3,000

　子会社株式の取得に伴い，**連結調整勘定**が発生するが，その性格は，すでに**＜第22章　企業集団の会計と報告＞**で述べたように「**連結のれん**」である。この連結のれんについては，税務上，資産または負債として計上することも，その償却費の損金算入または益金算入も認められておらず，また子会社における個別貸借対照表上の簿価は存在しないので，一時差異が生じるが，「連結財務諸表における税効果会計に関する実務指針（中間報告）（以下，「連結税効果実務指針」という）」では，**繰延税金資産または繰延税金負債は計上しない**ものとしている。その理由としては，連結調整勘定に対して子会社が税効果を認識すれば連結調整勘定が変動し，それに対してまた税効果を認識するという循環が生じてしまうことがあげられている。

　かりに，S 社が20X2年度にこの棚卸資産を全額販売したとすれば，**将来減算一時差異が解消**するので，次の仕訳を行う。

　まず，20X2年度の連結決算において行われる税効果に係る開始仕訳を示せば，次のとおりである。

（借）利 益 剰 余 金
　　　期 首 残 高　　1,620　　（貸）棚 卸 資 産　　3,000
（借）繰 延 税 金 資 産　　1,380

次いで，一時差異の解消に伴い，20X1年度の連結決算で計上した繰延税金資産を取り崩し，法人税等調整額を計上する。

（借） 法人税等調整額 　　1,380 　（貸） 繰延税金資産 　　　1,380

なお，［基本例 3 ］とは逆に，時価評価後の連結上の資産計上額が単体上の資産計上額を上回っている場合（連結上の資産計上額＞単体上の資産計上額）には，将来加算一時差異が生じる。すなわち，当該資産を将来売却した時の連結上の資産計上額は単体上の資産計上額よりも多く計上され，その結果，連結損益計算書上の売却利益は個別損益計算書上の売却利益よりも少なくなる。したがって，時価評価の時点で繰延税金負債を計上する必要がある。その後，当該資産を売却した時に，当該繰延税金負債を取り崩し，この取崩額を法人税等調整額として貸方に計上する。

設問

親会社は，20X1年度末に S 社の発行済株式の70％を10,000千円で取得し，支配を獲得した。取得時に S 社の土地を時価評価したところ，3,000千円の評価増が認められた。なお，これ以外に重要な評価差額は発生していないものとし，部分時価評価法を適用する。また実効税率は46％とする。

土地の評価替えに係る仕訳および投資と資本の相殺消去に係る仕訳を示しなさい。

S 社貸借対照表（20X1年度末）(単位：千円)

棚卸資産	10,000	諸負債	10,000
その他の諸資産	10,000	資本金	6,000
		利益剰余金	4,000
	20,000		20,000

解　答

土地の評価替に係る仕訳　　　　　　　　　　　　　　　　　（単位：千円）

（借）土　　　　地　　　2,100*¹　（貸）利 益 剰 余 金　　1,134
　　　　　　　　　　　　　　　　　　　　──評 価 差 額──
　　　　　　　　　　　　　　　　　　　繰 延 税 金 負 債　　　966*²

　　＊1　3,000×70％＝2,100
　　＊2　2,100×46％＝966

投資と資本の相殺消去に係る仕訳

（借）資　　本　　金　　6,000　（貸）S　社　株　式　　10,000
　　　利 益 剰 余 金　　5,134*¹　　　少 数 株 主 持 分　　3,000*²
　　　連 結 調 整 勘 定　　1,866

　　＊1　4,000＋1,134＝5,134
　　＊2　（6,000＋4,000）×30％＝3,000

　ちなみに，S社がこの土地を売却したとすれば，将来加算一時差異が解消するので，次の仕訳を行う。

（借）繰 延 税 金 負 債　　966　（貸）法人税等調整額　　　966

4·3　連結会社相互間の未実現利益の消去に伴う税効果会計

　連結財務諸表の作成にあたり，連結会社間の取引で生じた未実現利益は消去しなければならない。しかし，課税面で考えると，資産を売却し利益を計上した販売サイドの連結会社においては，当該利益に対して課税され法人税等が計上されることになる。すなわち，資産売却益は，連結上は消去されているが，販売サイドの連結会社では資産売却益が課税所得に含められ，消去した利益に対して課税されることになったり，逆にこの資産が企業集団外に売却され，当該利益が連結上実現したときに課税されないことになったりして，不合理である。

　かくして，連結財務諸表の作成にあたり，未実現利益の消去を行うと，連結貸借対照表上の資産計上額と販売サイドの個別貸借対照表上の資産計上額とに

将来減算一時差異が生じる（連結上の資産計上額＜単体上の資産計上額）ので，税効果会計を適用しなければならない。

しかし，連結手続上，消去された未実現利益に関する税効果は，未実現利益が発生した販売サイドの連結会社と一時差異の対象となった資産を保有する連結会社とが異なるところから，販売サイドで発生した税金額を繰延税金資産として計上し，当該資産が企業集団の外部に売却され当該未実現利益が実現したときに，将来減算一時差異が解消されるのでかかる繰延税金資産を取り崩せばよい。

▶　　基本例4　　◀

20X1年に，S社は親会社（P社）に仕入原価3,500千円の棚卸資産を5,000千円で販売し，その後P社は20X2年に当該棚卸資産を企業集団の外部へ7,000千円で販売した。なお，S社は発行済株式の70%をP社に所有されており，実効税率は46%とする。

［基本例4］に基づいて，未実現利益の消去に伴う税効果会計の適用手続を示せば，次のとおりである。

まず，次の仕訳で，内部利益を相殺消去するとともに，未実現利益を消去する。

（単位：千円）

（借）売　上　高　　5,000　（貸）売　上　原　価　　5,000

（借）売　上　原　価　　1,500　（貸）棚　卸　資　産　　1,500
　　　少数株主持分　　　450*　　　　少数株主損益　　　　450

　　*　　1,500×30%＝450

次に，未実現利益1,500千円の消去に対応する税効果額を繰り延べる。しかし，当該税効果額690千円には，少数株主に帰属する税効果額207千円が含まれているので，これを繰延税金資産から控除しなければならない。

|（借）|繰 延 税 金 資 産|690*¹|（貸）|法 人 税 等 調 整 額|690|

|（借）|少 数 株 主 損 益|207*²|（貸）|少 数 株 主 持 分|207|

* 1　1,500×46％＝690
* 2　450×46％＝207

　連結決算上は，20X2年度に未実現利益が実現するが，対応する法人税等は単体決算では20X1年度の負担になっているので，20X2年度の単体決算では，その分の法人税等が計上されない。このために，20X1年度に繰り延べた繰延税金資産を取り崩すとともに，法人税等調整額を計上することになる。

　まず，20X1年度の連結仕訳を20X2年度に引き継ぐために，次の開始仕訳を行う。20X1年度の未実現利益の消去とこれに伴う法人税等調整額は，20X1年度の連結剰余金計算書の利益剰余金期末残高に含まれているからである。

開始仕訳　　　　　　　　　　　　　　　　　　　（単位：千円）

|（借）|利 益 剰 余 金 期 首 残 高|1,500|（貸）|棚 卸 資 産|1,500|
||少 数 株 主 持 分|450||利 益 剰 余 金 期 首 残 高|450|

|（借）|繰 延 税 金 資 産|690|（貸）|利 益 剰 余 金 期 首 残 高|690|

|（借）|利 益 剰 余 金 期 首 残 高|207|（貸）|少 数 株 主 持 分|207|

　次いで，未実現利益の実現に伴い，20X1年度の連結決算で繰り延べた繰延税金資産を取り崩し法人税等調整額を計上する。すなわち，この仕訳によって将来減算一時差異が解消する。

将来減算一時差異の解消に伴う仕訳

|（借）|棚 卸 資 産|1,500|（貸）|売 上 原 価|1,500|

732

| （借） | 法人税等調整額 | 690 | （貸） | 繰延税金資産 | 690 |

| （借） | 少数株主持分 | 207 | （貸） | 少数株主損益 | 207 |

なお，［基本例4］がP社からS社への**ダウン・ストリーム**であった場合には次のように仕訳する。

20X1年度

| （借） | 売　上　高 | 5,000 | （貸） | 売　上　原　価 | 5,000 |

| （借） | 売　上　原　価 | 1,500 | （貸） | 棚　卸　資　産 | 1,500 |

| （借） | 繰延税金資産 | 690 | （貸） | 法人税等調整額 | 690 |

20X2年度
開始仕訳

| （借） | 利益剰余金期首残高 | 1,500 | （貸） | 棚　卸　資　産 | 1,500 |

| （借） | 繰延税金資産 | 690 | （貸） | 利益剰余金期首残高 | 690 |

| （借） | 棚　卸　資　産 | 1,500 | （貸） | 売　上　原　価 | 1,500 |

将来減算一時差異の解消に伴う仕訳

| （借） | 法人税等調整額 | 690 | （貸） | 繰延税金資産 | 690 |

4・4　債権債務の相殺消去に伴い減額修正される貸倒引当金に伴う税効果会計

連結財務諸表の作成にあたっては，連結会社相互間の債権債務の相殺消去を

行い，相殺された債権に対応する貸倒引当金を減額修正する必要がある。

　減額修正される貸倒引当金が税務上損金として認められたものである場合には，単体上の資産計上額と税務上の資産計上額との間に差異は生じないが，貸倒引当金の減額修正は連結上だけで行われるので，連結上の資産計上額は貸倒引当金の減額修正分だけ単体上（税務上）の資産計上額より大きくなり（連結上の資産計上額＞単体上（税務上）の資産計上額），将来加算一時差異が生じる。したがって，貸倒引当金の減額修正分に税効果会計を適用して繰延税金負債を計上しなければならない。

　なお，「税効果基準」では資産負債法が採用されているので上記のような説明を行ったが，視点を変えて繰延法の考え方を援用して説明すれば，次のとおりである。連結上，貸倒引当金の減額修正に伴い，貸倒引当金繰入額の消去分だけ，税引前当期純利益が増加することになる。しかし，税務上は当該貸倒引当金繰入額が損金算入されたままであるために課税所得は増額されず，法人税等の金額は税引前当期純利益に対して過少であることになる（税引前当期純利益と法人税等の金額が期間的に対応しない）。したがって，未払分の法人税等を繰延税金負債として計上しなければならないといえる。

▶　基本例 5　◀

　　親会社 P 社の子会社 S 社に対する売掛金は，2,000千円であった。連結財務諸表の作成にあたり債権債務を消去し，これに伴い貸倒引当金を200千円減額修正した。なお，P 社の法定実効税率は46％であり，S 社の法定実効税率は44％とする。

まず，債権債務の相殺消去を行う。

（単位：千円）

　（借）買　　掛　　金　　2,000　（貸）売　　掛　　金　　2,000

上記の連結消去仕訳に伴い，貸倒引当金の減額修正をする。

（借）貸 倒 引 当 金　　　　　200　（貸）貸倒引当金繰入額　　　　　200

　しかし，個別上（税務上）は上記の減額修正が行われないのに対して，連結貸借対照表上は貸倒引当金を消去しており，その減額修正分だけ資産計上額は個別上（税務上）の資産計上額よりも大きくなっているので，この差異について**繰延税金負債**を計上する。

　この繰延税金負債は，減額の対象となった債権を保有する連結会社（**[基本例5]**ではP社）で計上するものであるので，繰延税金負債の計算は当該会社に適用される法定実効税率を用いて行うことになる。

（借）法人税等調整額　　　　92*　（貸）繰延税金負債　　　　　92

　＊　200×46％＝92

　債権債務関係がなくなり，**将来加算一時差異**が解消した場合には，次の仕訳を行う。

開始仕訳

（借）連 結 剰 余 金
期 首 残 高　　　　92　（貸）繰延税金負債　　　　　92

図表23-6　債権債務の相殺消去と一時差異

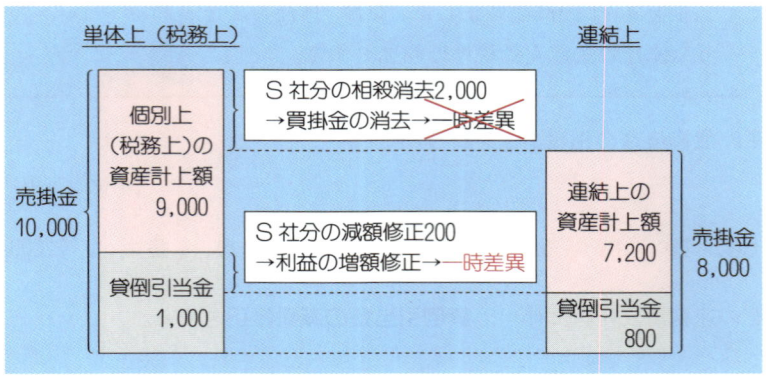

将来加算一時差異の解消に伴う仕訳

（借）繰延税金負債　　　　92　（貸）法人税等調整額　　　　92

　一方，減額修正される貸倒引当金が税務上損金算入されず課税所得に加算されるものである場合には，単体上の資産計上額は税務上の資産計上額よりも小さくなるために，将来減算一時差異が発生し，これに対して繰延税金資産が計上されることになる。しかし，上述のように連結手続上，貸倒引当金の減額修正が行われると，連結上の資産計上額は単体上の資産計上額よりも大きくなるが，結果的には税務上の資産計上額に一致することになり，単体で発生した将来減算一時差異は消滅するために，単体で計上した繰延税金資産は，連結手続上，消去されることになる。

4·5　子会社への投資に対する税効果会計

　子会社株式の取得時（子会社への投資時）には，その投資原価（親会社の単体上（税務上）の簿価）とその対価として受け入れた純資産額の親会社持分および連結調整勘定の合計額（投資の連結上の簿価）とが一致するので，原則として支配獲得時には子会社への投資に係る一時差異は生じない。ただし，段階法により連結を行う場合には，子会社への原初投資時から支配獲得時までに生じる取得後増加（または減少）利益剰余金を支配獲得時に認識するので，支配獲得時に一時差異が生じる。

　しかし，一括法で連結を行う場合であると段階法で連結を行う場合であるとを問わず，支配獲得後に，子会社の損失の計上（子会社の純資産の減少）または資産の部に計上される連結調整勘定の償却により投資の連結上の簿価が減少すると，投資の連結上の簿価は，投資の単体上（税務上）の簿価よりも小さくなるので，将来減算一時差異が生じる。逆に，子会社の利益の計上（子会社の純資産の増加）または負債の部に計上される連結調整勘定の償却により投資の連結上の簿価が増加すると，投資の連結上の簿価は，投資の単体上（税務上）の簿価よりも大きくなるので，将来加算一時差異が生じる。すなわち，投資の連結上の簿価よりも投資の単体上の簿価が上回る場合（投資の連結上の簿価＜投資の単体

上の簿価）には，**将来減算一時差異**が生じ，また逆の場合（**投資の連結上の簿価＞投資の単体上の簿価**）には，**将来加算一時差異**が生じることになる。

　これらの一時差異は，次の場合に解消される。将来減算一時差異は，単体上で強制評価減が行われ，かつ税務上で強制評価減が損金算入される場合または子会社に対する投資を売却する場合に解消される。ただし，強制評価減が行われる場合に解消される将来減算一時差異は，損金算入される強制評価減の金額である。また，将来加算一時差異は，親会社が在外子会社などから配当を受け取り，かつ税務上で受取配当金が益金算入される場合または子会社に対する投資を売却する場合に解消される。ただし，配当を受け取る場合に解消される将来加算一時差異は，益金算入される受取配当金の金額である。

　かかる**一時差異の発生原因および種類**と**その解消事由**について，「連結税効果実務指針」を若干修正して一覧表で示せば，次のとおりである（**図表23－7**参照）。

図表23－7　子会社への投資に係る一時差異と解消事由

一時差異の発生原因	一時差異の種類	一時差異の解消事由
子会社の損失計上	将来減算一時差異	投資評価減の税務上の損金算入または投資の売却
子会社の利益計上	将来加算一時差異	配当受領（追加税金の発生する場合のみ）または投資の売却
資産の部に計上された連結調整勘定の償却	将来減算一時差異	投資評価減の税務上の損金算入または投資の売却
負債の部に計上された連結調整勘定の償却	将来加算一時差異	投資の売却

▶　　基本例6　　◀

　親会社Ｐ社はＳ社の発行済株式の100％を12,000千円で取得した。取得時のＳ社の資本金は6,000千円，利益剰余金は4,000千円であり，資産および負債に評価差額は生じていなかった。その後Ｓ社に

損失が3,000千円生じ，連結調整勘定は100千円償却したものとする。なお，法定実効税率は46％とし，S社の損失の計上に伴い，P社はS社株式の売却を予定しているものとする。

［基本例6］では，連結貸借対照表上の投資の簿価が8,900（＝12,000－3,000－100）千円であるのに対し，親会社の個別貸借対照表上の簿価は12,000千円であるので，この差額3,100千円が連結手続上生じる**将来減算一時差異**である。

(単位：千円)

（借）繰延税金資産　　　　1,426*　（貸）法人税等調整額　　　1,426

＊　3,100×46％＝1,426

その後投資の評価減が親会社の個別財務諸表で認識され損金算入されたり，また投資を売却することによって，**将来減算一時差異が解消**された時には，次の仕訳で繰延税金資産を取り崩す。

開始仕訳　　　　　　　　　　　　　　　　　　　　　(単位：千円)

（借）繰延税金資産　　　　1,426　（貸）利益剰余金期首残高　　　1,426

将来減算一時差異の解消に伴う仕訳

（借）法人税等調整額　　　1,426　（貸）繰延税金資産　　　1,426

◀ Key Words ▶

一時差異

　貸借対照表および連結貸借対照表に計上されている資産および負債の金額と課税所得計算上の資産および負債の金額との差額

永久差異

　企業会計上の税引前当期純利益計算においては，費用または収益として計上されるが，課税所得の計算上は，永久に損金または益金に算入されない差異

課税所得

　税法に基づいて算定される法人税等が課され（または還付され）るある期の利益

繰延法

　いわゆる費用収益アプローチに基づいて，企業会計上の税引前当期純利益と税務上の課税所得との差異に着目する考え方であり，一時差異に係る税金を差異が解消する期まで繰り延べる方法

資産負債法

　いわゆる資産負債アプローチに基づいて，企業会計上と税務上の資産および負債の差異に着目する考え方であり，一時差異に係る税金を将来に回収される税金（繰延税金資産）または将来に支払わなければならない税金（繰延税金負債）であるととらえる方法

将来加算一時差異

　当該一時差異が解消するときにその期の課税所得を増額させる効果を持つものであり，企業会計上の資産計上額が税務上の資産計上額を下回っている場合および企業会計上の負債計上額が税務上の負債計上額を上回っている場合に生じる差異

将来減算一時差異

　当該一時差異が解消するときにその期の課税所得を減額させる効果を持つものであり，企業会計上の資産計上額が税務上の資産計上額を上回っている場合に生じる差異である。

税効果会計

　企業会計上の資産または負債の計上額と課税所得計算上の資産または負債の計上額に差異がある場合に，法人税等を適切に期間配分し，もって税引前当期純利益と法人税等を合理的に対応させることを目的とする手続

納税額方式

　確定申告における要納付税額をもって決算期に法人税等を計上する方法

法人税等

　法人税のほか，都道府県税，市町村民税および利益に関連する金額を課税標準とする事業税

有税

　税務上損金に算入できる限度を超過する額を企業会計で費用計上したり，また税務上容認されていない引当金（繰入額）および評価損を企業会計で費用計上すること

第24章　財務報告

▶ 1　財務報告の意義

　財務報告とは，企業がその経済活動および経済事象を財務諸表その他のメッセージを用いて表現し，これを外部の利害関係者はもとより広く情報利用者に報告する行為である。

　財務報告は財務諸表によって伝達される財務情報の報告に限定されるものではない。もちろん，財務諸表のほうが有用な財務情報を報告できることが多い。しかし，財務諸表以外の財務報告の手段を用いるほうが有用な財務情報を報告できることがあるばかりではなく，財務諸表以外の財務報告の手段を用いなければ有用な財務情報を報告できないこともある。したがって，財務報告は財務諸表のみならず，補足財務諸表その他の財務報告手段によって伝達される財務

情報の報告を含むといってよい。

　財務報告としばしば混同されたり，またあまり厳密な区別がなされないで用いられる用語に，**ディスクロージャー**がある。ディスクロージャーという用語は，人によって対象とする情報の範囲が異なっている。たとえば，(1)財務諸表数値など定量的な会計情報と会計方針など定性的な会計情報から成る企業の財務情報を対象とする広義の会計ディスクロージャーすなわち財務報告の意味で用いる者，(2)定量的な会計情報のみを対象とする狭義の会計ディスクロージャーの意味で用いる者，(3)企業の財務情報のみならずアナリスト・リポートなどのその他の情報まで含めた意味で用いる者，さらには(4)投資意思決定情報はもとより，その他会計とは無関係な情報の単なる公表まで含めた最広義の意味で用いる者など，実にさまざまである。

　しかし，ディスクロージャーとして知られているもののなかで，最も代表的なのは「証取法」ディスクロージャーである。これは**企業内容の開示**ともいわれているように，その情報の範囲は上記(1)の財務情報を対象としている。このように，現行の制度を前提にする情報の範囲の観点からいえば，**ディスクロージャーと財務報告は基本的に同じ**であると考えられるので，ディスクロージャーという場合には，本書もこの上記(1)の意味で用いる。しかし，会計情報であると非会計情報であるとを問わず，情報として処理されるまではいかなるディスクロージャーも行われないので，ディスクロージャーは情報処理が行われていることを前提としている概念であるといってよい。

　これに対して，**財務報告は会計処理プロセスとその報告プロセスとを包摂する総称用語**であるといってよい。したがって，財務報告は財務会計の会計処理面とその報告面の両者を包摂する概念であると考えられ，本書ではこの意味で用いることにする。

▶ 2　財務報告の範囲

　財務報告の目的は，一般に，投資者，債権者その他の情報利用者が**各種の意思決定を行うために有用な情報を提供**することにある。投資意思決定情報の提

供が財務報告の目的の１つであることに疑いはないが，受託責任遂行状況の報告，処分可能利益の算定などもまぎれもなく財務報告の目的である。この点は，新たに設立された会社に出資（投資）を行うケースを考えてみればよい。たとえば，友人などに出資を頼まれた場合に，まっ先にその友人に対して聞くことは，出資の見返りすなわち配当はあるのか，あるとすればどれほどか，また出資の顛末は報告してくれるのかなどであろう。その意味では，財務報告の目的は財務会計および財務諸表の目的と基本的に異なるところはないといってもよい。

しかし，すでに述べたように，情報の範囲という観点からみると，財務報告のほうが財務諸表によって伝達される財務情報よりも広い。図表24‐1は，本章で扱う財務報告の範囲を整理したものである。

図表24‐1 財務報告の範囲

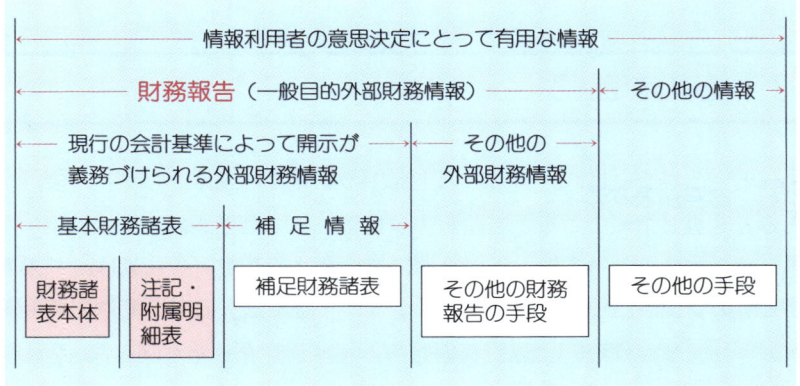

まず，企業の財務報告の範囲を情報の観点からみてみれば，一般目的外部財務情報をGAAPなどの現行の会計基準によって開示が義務づけられる外部財務情報とNews & Informationなどのその他の外部財務情報とに大別できる。

次に，一般目的外部財務情報について，これが財務報告のいずれの手段で開示されるのかという観点からみれば，次のように分類できる。

(1) 連結財務諸表または個別財務諸表（以下，単に「財務諸表」という）の本体

(2) 注記および附属明細表

(3) 補足財務諸表

(4) その他の財務報告の手段

　財務報告を考える場合，外部財務情報のうちいかなる情報が財務諸表，注記および附属明細表，補足財務諸表ならびにその他の財務報告の手段のいずれで開示されるべきかを画定することが大切である。画定すべき理由を端的にいえば，第1に外部財務情報の利用価値には軽重の差があるので，外部財務情報の画定を無視すれば利用者の理解可能性を損ないかねないこと，第2に外部財務情報の作成・伝達をめぐる会計理論および会計基準の設定を考えるうえでも外部財務情報の画定は必要不可欠であること，第3に外部財務情報は監査証拠の点でも大きく異なっているので，外部財務情報の画定は財務諸表監査の面でも必要であることなどである（詳細については別著「会計基準論」［中央経済社刊］，第5章参照）。以下，外部財務情報の画定を前提に財務報告の手段について説明しよう。

▶ 3　基本財務諸表

3・1　財務諸表本体

　現行財務会計においては，毎決算期に作成される基本財務諸表は，＜第4章財務会計のフレームワーク＞で述べたように「証取法」においては財務計算書類とよばれ，また「商法」上は計算書類等とよばれ，それぞれ図表24－2に示した財務表から構成されている。

　基本財務諸表はいうまでもなく財務報告の中心であり，外部の情報利用者に財務情報を伝達するための主たる手段である。

　基本財務諸表はその利用者のニーズ，利用目的，経済環境の変化などによってその内容が異なる性格のものであり，これは財務諸表本体と注記および附属明細表とに区別できる。現行の財務諸表本体で開示されている外部財務情報についていえば，これは指示対象である企業の経済活動および経済事象を主として取得原価という測定属性の見地からマッピング（写像）した情報であり，かつ財務

図表24 - 2　基本財務諸表

| 「商法」上の財務諸表 | | 「証取法」上の財務諸表 |
計算書類等	連結計算書類（大会社のみ）	財務計算書類
1．貸借対照表	1．連結貸借対照表	1．連結貸借対照表
2．損益計算書	2．連結損益計算書	2．連結損益計算書
3．営業報告書		
4．利益処分案又は損失処理案	3．連結剰余金計算書	3．連結剰余金計算書
		4．連結キャッシュ・フロー計算書
5．附属明細書		5．附属明細表

諸表本体そのものの試算表等式を計算構造的に成立させるために不可欠な情報，いいかえれば財務諸表の構成要素に係る基本的な情報であるといってよい。

3・2　注記および附属明細表

　富士山を静岡県サイドから見ると表富士といい，山梨県サイドから見ると裏富士というのと同様に，企業の経済活動および経済事象もいろいろな見地からマッピング（写像）することができる。外部財務情報も，ある1つの見地から企業の経済活動および経済事象をマッピングしたものである。外部財務情報は，取得原価という測定属性の見地から企業の経済活動および経済事象をマッピングすることもできれば，時価という測定属性の見地から企業の経済活動および経済事象をマッピングすることもできる。

　財務諸表本体で開示されている外部財務情報もある1つの見地から企業の経済活動および経済事象をマッピングしたものである。上述のように，現行の財務諸表本体で開示されている外部財務情報は主として名目貨幣単位による取得原価という測定属性の見地から企業の経済活動および経済事象をマッピングしたものである。これに対して，時価という測定属性の見地から企業の経済活動および経済事象をマッピングすることもできる。

　現行の財務諸表本体で開示されている外部財務情報は主として取得原価という測定属性の見地から企業の経済活動および経済事象をマッピングしたものであるといっても，それは指示対象である現実の経済活動および経済事象を原価情報としてマッピングし，その内容を損なわない程度に要約したにすぎないものである。しかも，財務諸表本体にマッピングされる外部財務情報は貨幣額で測定できるものに限定されている。したがって，財務諸表本体だけでは企業の全体像をマッピングすることが困難であり，自ずからそこには限界があるといわざるをえない。ここに何らかの手段でもって財務諸表本体で採用された見地を補完する必要がある。それが注記であり，附属明細表である。

　注記および附属明細表とは，財務諸表本体で採用された見地と同様の見地から，指示対象である経済活動および経済事象を写体である財務諸表にマッピングするさいに生じるギャップを埋めることを目的としている補完情報であり，逆にいえばたとえその情報を欠いたとしても，財務諸表本体の試算表等式の計算構造には何ら影響を及ぼさない情報である。いいかえれば，注記および附属明細表は財務諸表本体で採用された見地を補完し，もって企業の全体像を明らかにすることにその役割があるといえる。

　さらに，今日の実務慣行上，広く開示されている注記事項および附属明細表の内容についてその特徴を調べ，これを帰納的に分類してみると，おおよそ次のようにいえる。

　まず，注記事項については，

(1)　たとえば，貸倒引当金および減価償却累計額の科目別金額のように，財務諸表本体に掲げられている科目および金額の内訳を示すもの

(2)　たとえば，有価証券，棚卸資産等の評価基準または評価方法等に関する会計方針の開示などのように，財務諸表本体に掲げられている科目についての金額の算定根拠を明らかにするもの

(3)　たとえば，抵当，担保，偶発債務および後発事象の開示のように，財務諸表本体に掲げられている科目および金額について，それらを限定するもの

の3つに大別できるといえよう。

第24章

```
━━━━ ソニーの連結財務諸表に対する注記事項 ━━━━
 1  会計処理の原則および手続ならびに連結財務諸表の
    表示方法
 2  営業活動の内容
 3  主要な会計方針の要約
 4  基本的および希薄化後１株当り当期純利益の調整表
 5  無形固定資産
 6  劇場部門ロウズ・シアターの合併にともなう現金収
    入
 7  棚卸資産
 8  関連会社との取引残高および取引高
 9  有価証券および投資有価証券その他
10  短期借入金および長期借入債務
11  保険関連事業
12  金融商品
13  年金および退職金制度
14  法人税等
15  資本勘定
16  研究開発費および広告宣伝費
17  リース資産
18  契約債務および偶発債務
19  セグメント情報
```

　ちなみに，ソニーは，金融庁長官の承認を受け，US-GAAP で連結財務諸表を作成しているが，きわめて詳細な注記事項の開示が行われている。

　次に，附属明細表については，

(1)　たとえば，有形固定資産明細表，引当金明細表，長期借入金明細表などのように，財務諸表本体に掲げられている主な科目について，その金額の当期中の増減を明らかにするもの

(2)　たとえば，有価証券明細表，社債明細表などのように，財務諸表本体に掲げられている主な科目について，その内容および金額を種類別に明らかにするもの

の２つにまとめることができる。

▶ 4　補足財務諸表または補足情報

　補足財務諸表または補足情報（以下，情報の意味で用いる場合には，単に「補足情報」という）とは，現行の会計基準によって開示が義務づけられる外部財務情報のうち，基本財務諸表で開示される外部財務情報を除いたものである。

　わが国の場合には，補足財務諸表制度が確立されていないために必ずしも注記事項と補足情報が画定されているとはいえない。しかし，補足財務情報制度が確立されているアメリカの場合でも，外部財務情報の画定は必ずしも明確ではない。

　たとえば，FASB は，補足情報とは次のような性質をもっている情報であるという（FASB, *Financial Statements and Other Means of Financial Reporting by Business Enterprises*, Nov. 1978, par.54）。すなわち，

(1)　情報の目的適合性および信頼性の程度が実証されていないかまたはその情報の内容または表示についても経験的なデータがえられないまま開示される試験的情報をはじめ，財務諸表および注記とは異なる測定基準を用いる情報（たとえば，カレント・コストもしくは恒常ドル額［constant dollars］で表示される企業の資産，負債，収益および費用等に関する情報）

(2)　企業実体を財務諸表および注記とは異なる見地からみる場合に開示される情報（たとえば，財務諸表および注記で開示されている情報をもっと小さな実体単位に分割して開示するセグメント情報ならびに一企業の財務諸表情報を他企業と連結する場合の連結財務諸表）

(3)　財務諸表を理解するためには必ずしも必要不可欠とはみなされないが，情報利用者に対する役立ちおよび情報を提供する側の企業にとっての費用－効益性（cost-effectiveness）の両者をもつ分析的性格の情報（たとえば，1株当たり利益情報またはインフレが企業に及ぼす影響についての説明）

(4)　将来の予測に関する情報（たとえば，資本支出計画または受注計画に関する情報）

である。

　このように FASB の場合には，補足情報の性格を必ずしも一般化している
とはいえないが，この点の考え方については別著（「会計基準論」[中央経済社
刊]第 5 章参照）で述べたので，これを参照してもらいたい。しかし，補足情報
の本質について，結論的にいえば次のとおりである。**＜本章3・1　財務諸表本
体＞**で述べたように，財務諸表本体で開示される外部財務情報ならびに注記お
よび附属明細表は同一の見地から企業の経済活動および経済事象をマッピング
し，もって企業の全体像を示す情報である。これに対して，補足情報とは，た
とえば，ある種の資産の評価基準に時価を用いた情報や（**測定属性別分類**），ま
た企業を法的実体の見地からみる財務諸表の見地とは異なる経済的実体の見地
からみた情報のように（**エンティティ別分類**），基本財務諸表とはまったく別の
見地から企業の経済活動および経済事象の全部または一部をマッピングする情
報として位置づけることができる。

　しかし，エンティティ別分類によって法的実体に係る情報は基本財務諸表に
おいて，また経済的実体に係る情報は補足財務諸表においてそれぞれ開示され
ると仮定すると，そこには原価情報と時価情報のように測定属性を異にする情
報のみならず，信頼性，有用性などの点で異質の情報が混在したまま開示され
るという問題がある。そうしてみると，補足情報とは測定属性別分類を採用し
たうえで，基本財務諸表で用いられている測定属性とは別の測定属性が用いら
れている情報であると考えるほうが，理論的である。

▶ 5　その他の財務報告の手段

　財務報告のなかには，現行の会計基準によって開示が義務づけられる外部財
務情報のほかにも，たとえば，発行体が自発的に開示する News & Informa-
tion（会社によっては，News Release ともいう），証券取引所の自主規制に基づい
て開示される外部財務情報などがある。

　News & Information はタイムリー・ディスクロージャーの観点から取
締役会の決議終了後ただちに行われる記者会見において公表される単独および
連結決算の概要である。ソニーの場合でいえば，単独および連結決算の概要に

加えて，連結決算については，比較連結損益計算書，比較連結貸借対照表およびセグメント情報が開示され，また，決算事項以外にも取締役，執行役員等を対象としたインセンティブ・プランのための新株予約権付社債などの取締役会決議事項についても公表されている。このように，News & Information は，次に述べる決算短信と同様に決算の概要を把握するための情報としてきわめて重要である。

　証券取引所の自主規制に基づいて開示される外部財務情報は，上場会社が証券取引所の記者クラブで配布する決算短信，中間決算短信，連結決算短信，「上場有価証券の発行者の通告等に関する規則」に基づいて開示される情報などである。

　このうち，決算短信は，証券取引所で定める一定の様式および記載要領に基づいて作成されるものであり，財務報告の手段としては最も早い開示書類であるところから，有価証券報告書を入手するまでは最も重要な情報源である。たとえば，決算日が 3 月 31 日の企業の場合，計算書類が株主に発送されるのは 6 月中旬であり，有価証券報告書は 6 月下旬の株主総会開催日以後，6 月末までに内閣総理大臣に提出され，かつ公衆の縦覧に供される。決算短信が証券取引所の記者クラブに配布されるのは早ければ 4 月中旬，遅くとも，5 月下旬であるので，タイムリー・ディスクロージャーの点からみてきわめて重要である（＜付録Ⅳ＞参照）。

　ちなみに，連結決算短信の内容は，

(1)　経営成績（売上高，営業利益，税引前当期利益，当期純利益，1 株当たり当期純利益，潜在株式調整後 1 株当たり当期純利益，株主資本当期純利益率，総資本税引前利益率，売上高税引前利益率）

(2)　財政状態（総資産，株主資本，株主資本比率，1 株当たり株主資本）

(3)　連結範囲および持分法の適用に関する事項

(4)　会計処理方法等の変更

(5)　次期業績予想（売上高，税引前当期利益，当期利益）

から成っている。また，決算短信には貸借対照表，損益計算書，利益処分案，セグメント売上高明細表なども添付されており，決算の概要を把握するための

情報として，きわめて利用価値が高いといえる。

◀ Key Words ▶

決算短信

　　証券取引所で定める一定の様式および記載要領に基づいて作成されるものであり，財務報告の手段としては最も早い開示書類

財務諸表本体情報

　　指示対象である企業の経済活動および経済事象を主として取得原価という測定属性の見地からマッピング（写像）した情報であり，かつ財務諸表本体そのものの試算表等式を計算構造的に成立させるために不可欠な情報

財務報告

　　企業がその経済活動および経済事象を財務諸表その他のメッセージを用いて表現し，これを外部の利害関係者はもとより広く情報利用者に報告する行為

注記および附属明細表

　　財務諸表本体で採用された見地と同様の見地から，指示対象である経済活動および経済事象を写体である財務諸表にマッピングするさいに生じるギャップを埋めることを目的としている補完情報であり，逆にいえばたとえその情報を欠いたとしても，財務諸表本体の試算表等式の計算構造には何ら影響を及ぼさない情報

補足財務諸表（補足情報）

　　現行の会計基準によって開示が義務づけられる外部財務情報のうち，基本財務諸表で開示される情報を除いたもの

News & Information

　　タイムリー・ディスクロージャーの観点から取締役会の決議終了後ただちに行われる記者会見において公表される連結決算の概要

付 録

〈付録Ⅰ〉連結財務諸表原則・同注解

〈付録Ⅱ〉証券取引法に基づく財務諸表（有価証券報告書）の実例

連結財務諸表

連結貸借対照表

連結損益計算書

連結キャッシュ・フロー表

連結資本変動表

連結財務諸表注記（抄）

監査報告書

〈付録Ⅲ〉1．商法に基づく計算書類（株主総会招集通知添付書類）の実例

貸借対照表

損益計算書

注記

利益処分案

2．決算公告

〈付録Ⅳ〉1．連結決算短信

2．決算短信

連結財務諸表原則

```
昭 和 50 年  6 月 24 日
最終改正平成9年6月6日
企 業 会 計 審 議 会
```

第一　連結財務諸表の目的

目　　的　　　連結財務諸表は，支配従属関係にある二以上の会社（会社に準ず
る被支配事業体を含む。以下同じ。）からなる企業集団を単一の組織
体とみなして，親会社が当該企業集団の財政状態及び経営成績を総
合的に報告するために作成するものである。

第二　一般原則

真実性の原
則

一　連結財務諸表は，企業集団の財政状態及び経営成績に関して真
実な報告を提供するものでなければならない。（注解1）

個別財務諸
表基準性の
原則

二　連結財務諸表は，企業集団に属する親会社及び子会社が一般に
公正妥当と認められる企業会計の基準に準拠して作成した個別財
務諸表を基礎として作成しなければならない。（注解2）

明瞭性の原
則

三　連結財務諸表は，企業集団の状況に関する判断を誤らせないよ
う，利害関係者に対し必要な財務情報を明瞭に表示するものでな
ければならない。（注解1）

継続性の原
則

四　連結財務諸表作成のために採用した基準及び手続は，毎期継続
して適用し，みだりにこれを変更してはならない。

第三 一般基準

一 連結の範囲

原 則
1 親会社は，原則としてすべての子会社を連結の範囲に含めなければならない。

親子会社の定義
2 親会社とは，他の会社を支配している会社をいい，子会社とは，当該他の会社をいう。（注解３）

他の会社を支配しているとは，他の会社の意思決定機関を支配していることをいい，次の場合には，当該意思決定機関を支配していないことが明らかに示されない限り，当該他の会社は子会社に該当するものとする。

(1) 他の会社の議決権の過半数を実質的に所有している場合（注解４）

(2) 他の会社に対する議決権の所有割合が百分の五十以下であっても，高い比率の議決権を有しており，かつ，当該会社の意思決定機関を支配している一定の事実が認められる場合（注解５）

子会社とみなすもの
3 親会社及び子会社又は子会社が，他の会社を支配している場合における当該他の会社も，また，子会社とみなすものとする。

連結からの除外
4 子会社のうち次に該当するものは，連結の範囲に含めないものとする。（注解６）

(1) 支配が一時的であると認められる会社

(2) 前記以外の会社であって，連結することにより利害関係者の判断を著しく誤らせるおそれのある会社

二 連結決算日

原 則
1 連結財務諸表の作成に関する期間は一年とし，親会社の会計期間に基づき，年一回一定の日をもって連結決算日とする。

決算日の差異
2 子会社の決算日が連結決算日と異なる場合には，子会社は，連結決算日に正規の決算に準ずる合理的な手続により決算を行わなければならない。（注解７）

三　親会社及び子会社の会計処理の原則及び手続

会計処理の
原則及び手
続

　　同一環境下で行われた同一の性質の取引等について，親会社及び子会社が採用する会計処理の原則及び手続は，原則として統一しなければならない。

第四　連結貸借対照表の作成基準

一　連結貸借対照表作成の基本原則

基本原則

　　連結貸借対照表は，親会社及び子会社の個別貸借対照表における資産，負債及び資本の金額を基礎とし，子会社の資産及び負債の評価，親会社及び連結される子会社(以下，「連結会社」という。)相互間の投資と資本及び債権と債務の相殺消去等の処理を行って作成する。

二　子会社の資産及び負債の評価

子会社の評
価

1　連結貸借対照表の作成に当たっては，支配獲得日において，子会社の資産及び負債を次のいずれかの方法により評価しなければならない。

  (1)　子会社の資産及び負債のうち，親会社の持分に相当する部分については株式の取得日ごとに当該日における公正な評価額（以下，「時価」という。）により評価し，少数株主持分に相当する部分については子会社の個別貸借対照表上の金額による方法（以下，「部分時価評価法」という。）（注解 8 ）（注解 9 ）

  (2)　子会社の資産及び負債のすべてを，支配獲得日の時価により評価する方法(以下，「全面時価評価法」という。)（注解 9 ）

子会社の評
価差額

2　子会社の資産及び負債の時価による評価額と当該資産及び負債の個別貸借対照表上の金額との差額（以下，「評価差額」という。）は，子会社の資本とする。

重要性の乏
しい評価差
額

3　評価差額に重要性が乏しい子会社の資産及び負債は，個別貸借対照表上の金額によることができる。

三　投資と資本の相殺消去

資本連結

1　親会社の子会社に対する投資とこれに対応する子会社の資本

は，相殺消去しなければならない。（注解10）

連結調整勘定

2　親会社の子会社に対する投資とこれに対応する子会社の資本との相殺消去に当たり，差額が生ずる場合には，当該差額を連結調整勘定とする。

連結調整勘定は，原則としてその計上後二十年以内に，定額法その他合理的な方法により償却しなければならない。ただし，連結調整勘定の金額に重要性が乏しい場合には，当該勘定が生じた期の損益として処理することができる。

子会社相互間の資本連結

3　子会社相互間の投資とこれに対応する資本とは，親会社の子会社に対する投資とこれに対応する子会社の資本との相殺消去に準じて相殺消去しなければならない。

四　少数株主持分

定　義

1　子会社の資本のうち親会社に帰属しない部分は，少数株主持分とする。（注解11）

損失金の少数株主持分への割当

2　子会社の欠損のうち，当該子会社に係る少数株主持分に割当てられる額が当該少数株主の負担すべき額を超える場合には，当該超過額は，親会社の持分に負担させなければならない。この場合において，その後当該子会社に利益が計上されたときは，親会社が負担した欠損が回収されるまで，その利益の金額を親会社の持分に加算するものとする。

五　子会社株式の追加取得及び一部売却等　（注解９）

少数株主持分の減額

1　子会社株式を追加取得した場合には，追加取得した株式に対応する持分を少数株主持分から減額し，追加取得により増加した親会社の持分（以下，「追加取得持分」という。）を追加投資額と相殺消去する。追加取得持分と追加投資額との間に生じた差額は，連結調整勘定として処理する。（注解12）

少数株主持分の増額

2　子会社株式を一部売却した場合（親会社と子会社の支配関係が継続している場合に限る。）には，売却した株式に対応する持分を親会社の持分から減額し，少数株主持分を増額する。売却による親会社の持分の減少額（以下，「売却持分」という。）と投資の減少額との間に生じた差額は，子会社株式の売却損益の修正として処理する。また，売却に伴う連結調整勘定の償却額についても同様に処理する。（注解13）

756

払込額・持分増減額との差額の処理	3 子会社の時価発行増資等に伴い，親会社の払込額と親会社の持分の増減額との間に差額が生じた場合には，当該差額を損益として処理する。ただし，利害関係者の判断を著しく誤らせるおそれがあると認められる場合には，連結剰余金に直接加減することができる。（注解13）

六 債権と債務の相殺消去

<table><tr><td>債権・債務の相殺消去</td><td>連結会社相互間の債権と債務とは，相殺消去しなければならない。（注解14）</td></tr></table>

七 税効果会計

税効果会計	1 連結会社の法人税その他利益に関連する金額を課税標準とする税金については，一時差異に係る税金の額を期間配分しなければならない。
一時差異	2 一時差異とは，連結貸借対照表に計上されている資産及び負債の金額と課税所得の計算の結果算定された資産及び負債の金額との差額をいう。（注解15）
一時差異にかかる税金	3 一時差異に係る税金の額は，将来の連結会計期間において回収又は支払が見込まれない税金の額を除き，繰延税金資産又は繰延税金負債として計上しなければならない。（注解16） 異なる納税主体の繰延税金資産と繰延税金負債は，原則として相殺してはならない。

八 非連結子会社及び関連会社に対する持分法の適用

持分法の適用	1 非連結子会社及び関連会社に対する投資については，原則として持分法を適用しなければならない。（注解17）（注解18）
関連会社の定義	2 関連会社とは，親会社及び子会社が，出資，人事，資金，技術，取引等の関係を通じて，子会社以外の他の会社の財務及び営業の方針決定に対して重要な影響を与えることができる場合における当該他の会社をいう。（注解19） 次の場合には，子会社以外の他の会社の財務及び営業の方針決定に重要な影響を与えることができないことが明らかに示されない限り，当該他の会社は関連会社に該当するものとする。 (1) 子会社以外の他の会社の議決権の百分の二十以上を実質的に所有している場合（当該議決権の百分の二十以上の所有が一時的であると認められる場合を除く。）（注解4）

（2）　他の会社に対する議決権の所有割合が百分の二十未満で　あっても，一定の議決権を有しており，かつ，当該会社の財　務及び営業の方針決定に対して重要な影響を与えることがで　きる一定の事実が認められる場合（注解20）

非関連会社の株式の評価

3　関連会社株式の売却等により当該会社が関連会社に該当しな　くなった場合には，残存する当該会社の株式は，個別貸借対照　表上の帳簿価額をもって評価する。

なお，子会社株式の売却等により当該会社が子会社及び関連　会社に該当しなくなった場合には，上記に準じて処理する。

九　表示方法（注解21）

区　　分

1　連結貸借対照表には，資産の部，負債の部，少数株主持分及　び資本の部を設けなければならない。

資産の部の区分

資産の部は，流動資産，固定資産及び繰延資産に区分し，固　定資産は有形固定資産，無形固定資産及び投資その他の資産に　区分して記載しなければならない。

負債の部の区分

負債の部は，流動負債及び固定負債に区分して記載しなけれ　ばならない。

少数株主持分は，負債の部の次に区分して記載しなければな　らない。

資本の部の区分

資本の部は，資本金，資本準備金及び資本準備金以外の剰余　金（以下，「連結剰余金」という。）に区分して記載しなければ　ならない。

科目の分類基準

2　流動資産，有形固定資産，無形固定資産，投資その他の資産，　繰延資産，流動負債及び固定負債は一定の基準に従い，その性　質を示す適当な名称を付した科目に明瞭に分類して記載しなけ　ればならない。特に，非連結子会社及び関連会社に対する投資　は，他の項目と区別して記載し，又は注記の方法により明瞭に　表示しなければならない。

特定目的積立金の注記

連結剰余金のうちに，減債積立金等外部者との契約による特　定目的のために積立てられたものがあるときは，その内容及び　金額を注記しなければならない。

第五　連結損益計算書の作成基準

一　連結損益計算書作成の基本原則

基本原則

　連結損益計算書は，親会社及び子会社の個別損益計算書における収益，費用等の金額を基礎とし，連結会社相互間の取引高の相殺消去及び未実現損益の消去等の処理を行って作成する。

二　連結会社相互間の取引高の相殺消去

損益項目の相殺消去

　連結会社相互間における商品の売買その他の取引に係る項目は，相殺消去しなければならない。（注解22）

三　未実現損益の消去

未実現損益の消去

1　連結会社相互間の取引によって取得したたな卸資産，固定資産その他の資産に含まれる未実現損益は，その全額を消去しなければならない。ただし，未実現損失については，売手側の帳簿価額のうち回収不能と認められる部分は，消去しないものとする。

重要性の乏しい未実現損益未実現損益の配分

2　未実現損益の金額に重要性が乏しい場合には，これを消去しないことができる。

3　売手側の子会社に少数株主が存在する場合には，未実現損益は，親会社と少数株主の持分比率に応じて，親会社の持分と少数株主持分に配分するものとする。

四　表示方法　（注解23）

区　　分

1　連結損益計算書は，営業損益計算，経常損益計算及び純損益計算に区分しなければならない。

営業損益計算の区分

　営業損益計算の区分は，売上高及び売上原価を記載して売上総利益を表示し，更に販売費及び一般管理費を記載して営業利益を表示しなければならない。

経常損益計算の区分

　経常損益計算の区分は，営業損益計算の結果を受け，営業外収益及び営業外費用を記載して経常利益を表示しなければならない。

純損益計算の区分

　純損益計算の区分は，経常損益計算の結果を受け，特別利益及び特別損失を記載して税金等調整前当期純利益を表示し，こ

れに法人税額等（住民税額及び利益に関連する金額を課税標準
とする事業税額を含む。）及び少数株主損益を加減して当期純利
益を表示しなければならない。

科目の分類
基準

2　販売費及び一般管理費，営業外収益，営業外費用，特別利益
及び特別損失は，一定の基準に従い，その性質を示す適当な名
称を付した科目に明瞭に分類して記載しなければならない。

第六　連結剰余金計算書の作成基準

一　連結剰余金計算書作成の基本原則

意　　義
1　連結貸借対照表に示される連結剰余金については，その増減
を示す連結剰余金計算書を作成する。

作成の方法
2　連結剰余金の増減は，親会社及び子会社の損益計算書及び利
益処分に係る金額を基礎とし，連結会社相互間の配当に係る取
引を消去して計算する。

利益処分
3　親会社及び子会社の利益処分については，連結会計期間にお
いて確定した利益処分を基礎として連結決算を行う方法による。
ただし，この方法に代えて連結会計期間の利益に係る処分を基
礎として連結決算を行う方法によることができる。

二　表示方法

表示の基本
原則
1　連結剰余金計算書は，連結剰余金期首残高，連結剰余金増加
高，連結剰余金減少高及び当期純利益を示して，連結剰余金期
末残高を表示しなければならない。

連結剰余金減少高は，配当（中間配当を含む。），役員賞与及
び資本金組入額に区分して記載するものとする。

連結損益剰
余金
2　連結剰余金計算書は，連結損益計算書に接続して記載するこ
とができる。この場合における当該計算書の表題は，連結損益
及び剰余金結合計算書とするものとする。（注解23）

第七　連結財務諸表の注記事項

連結財務諸表には，次の事項を注記しなければならない。

連結方針

1　連結の範囲等

　連結の範囲に含めた子会社，非連結子会社並びに持分法を適用した非連結子会社及び関連会社に関する事項その他連結の方針に関する重要事項及びこれらに重要な変更があったときは，その旨及びその理由

決算日の差異

2　決算日の差異

　子会社の決算日が連結決算日と異なるときは，当該決算日及び連結のため当該子会社について特に行った決算手続の概要

会計処理の原則・手続

3　会計処理の原則及び手続等

(1)　重要な資産の評価基準及び減価償却の方法等並びにこれらについて変更があったときは，その旨，その理由及びその影響

(2)　子会社の採用する会計処理の原則及び手続で親会社及びその他の子会社との間で特に異なるものがあるときは，その概要

(3)　子会社の資産及び負債の評価方法

利益処分の方法

4　利益処分

　連結決算に当たって採用した利益処分の取扱方法

その他の重要事項

5　その他の重要な事項

　企業集団の財政状態及び経営成績を判断するために重要なその他の事項（注解24）

連結財務諸表原則注解

［昭 和 50 年 6 月 24 日］
最終改正平成 9 年 6 月 6 日
企 業 会 計 審 議 会

〔注解１〕 **重要性の原則の適用について**（第二の一及び三）

重要性の原則

連結財務諸表を作成するに当たっては，企業集団の財政状態及び経営成績に関する利害関係者の判断を誤らせない限り，連結の範囲の決定，持分法の適用範囲の決定，子会社の決算日が連結決算日と異なる場合の仮決算の手続，連結のための個別財務諸表の修正，子会社の資産及び負債の評価，連結調整勘定の処理，未実現損益の消去，連結財務諸表の表示等に関して重要性の原則が適用される。

〔注解２〕 **連結のための個別財務諸表の修正について**（第二の二）

個別財務諸表の修正

親会社及び子会社の財務諸表が，減価償却の過不足，資産又は負債の過大又は過少計上等により当該会社の財政状態及び経営成績を適正に示していない場合には，連結財務諸表の作成上これを適正に修正して連結決算を行わなければならない。ただし，連結財務諸表に重要な影響を与えないと認められる場合には，修正しないことができる。

〔注解３〕 **子会社に該当しない会社について**（第三の一の２）

子会社に該当しない会社

更生会社，整理会社，破産会社等であって，かつ，有効な支配従属関係が存在せず組織の一体性を欠くと認められる会社は，子会社に該当しないものとする。

〔注解４〕 **議決権のある株式又は出資の実質的所有について**（第三の一の２の(1)，第四の八の２の(1)）

株式又は出資の実質的所有

議決権のある株式又は出資の所有の名義が役員等会社以外の者となっていても，会社が自己の計算で所有している場合には，当該会社が実質的に所有しているものとする。

支配している一定の事実	〔注解5〕 支配している一定の事実について（第三の一の2の(2)） 　他の会社の意思決定機関を支配している一定の事実が認められる場合とは，例えば，次の場合をいう。 　(1) 議決権を行使しない株主が存在することにより，株主総会において議決権の過半数を継続的に占めることができると認められる場合 　(2) 役員，関連会社等の協力的な株主の存在により，株主総会において議決権の過半数を継続的に占めることができると認められる場合 　(3) 役員若しくは従業員である者又はこれらであった者が，取締役会の構成員の過半数を継続して占めている場合 　(4) 重要な財務及び営業の方針決定を支配する契約等が存在する場合
小規模子会社の除外	〔注解6〕 小規模子会社の連結の範囲からの除外について（第三の一の4） 　子会社であって，その資産，売上高等を考慮して，連結の範囲から除いても企業集団の財政状態及び経営成績に関する合理的な判断を妨げない程度に重要性の乏しいものは，連結の範囲に含めないことができる。
決算日の差異が三か月を超えない場合	〔注解7〕 決算日に差異がある場合の取扱いについて（第三の二の2） 　決算日の差異が三か月を超えない場合には，子会社の正規の決算を基礎として連結決算を行うことができる。ただし，この場合には，決算日が異なることから生ずる連結会社間の取引に係る会計記録の重要な不一致について，必要な整理を行うものとする。
子会社の資産・負債の評価	〔注解8〕 子会社の資産及び負債の評価について（第四の二の1） 　部分時価評価法を採用している場合であっても，連結計算の結果が著しく相違しない場合には，支配獲得日における時価を基準として，子会社の資産及び負債のうち親会社の持分に相当する部分を一括して評価することができる。 〔注解9〕 支配獲得日，株式の取得日又は売却日等が子会社の決算日以外の日である場合の取扱いについて（第四の二の1及び2，第四の五）

決算日が異なる場合の処理	支配獲得日，株式の取得日又は売却日等が子会社の決算日以外の日である場合には，当該日の前後いずれか近い決算日に支配獲得，株式の取得又は売却等が行われたものとみなして処理することができる。

〔注解10〕 投資と資本の相殺消去について（第四の三の１）

段階法の適用	1 部分時価評価法によっている場合には，株式の取得日ごとに算定した子会社の資本のうち取得した株式に対応する部分を投資と相殺消去し，株式の取得日後に生じた子会社の剰余金のうち取得した株式に対応する部分は，連結剰余金として処理するものとする。
	2 全面時価評価法によっている場合には，支配獲得日において算定した子会社の資本のうち親会社に帰属する部分を投資と相殺消去し，支配獲得日後に生じた子会社の剰余金のうち親会社に帰属する部分は，連結剰余金として処理するものとする。

〔注解11〕 少数株主持分について（第四の四の１）

少数株主持分の設定	1 株式の取得日又は支配獲得日の当該子会社の資本は，当該取得日又は支配獲得日において，親会社に帰属する部分と少数株主に帰属する部分とに分け，前者は親会社の投資と相殺消去し，後者は少数株主持分として処理するものとする。
連結剰余金・少数株主帰属剰余金	2 株式の取得日後又は支配獲得日後に生じた子会社の剰余金のうち少数株主に帰属する部分は，少数株主持分として処理するものとする。

〔注解12〕 子会社株式の追加取得について（第四の五の１）

追加取得した子会社株式の処理	1 部分時価評価法によっている場合には，追加取得持分については，追加取得日における子会社の資産及び負債のうち，追加取得持分に相当する部分を当該日の時価により評価して計算し，減額する少数株主持分については，子会社の個別貸借対照表上の資本の額に基づき計算するものとする。ただし，評価差額に重要性が乏しい場合には，追加取得持分についても，個別貸借対照表上の資本の額に基づき計算することができる。
	2 全面時価評価法によっている場合には，追加取得持分及び減額する少数株主持分は，追加取得日における少数株主持分の額により計算するものとする。

〔注解13〕 子会社株式の一部売却等について（第四の五の2及び3）

子会社株式の一部売却

1 売却持分については，親会社の持分のうち売却した株式に対応する部分として計算するものとする。

増額する少数株主持分については，部分時価評価法によっている場合には，子会社の個別貸借対照表上の資本の額に基づき計算し，売却持分に含まれる評価差額は，それに対応する子会社の資産及び負債と相殺する。全面時価評価法によっている場合には，売却持分と同額とする。

なお，子会社株式の売却損益の修正として処理する連結調整勘定の償却額は，連結調整勘定の未償却額のうち売却した株式に対応する部分として計算するものとする。

2 子会社の時価発行増資等に伴い生ずる差額の計算については，上記に準じて処理するものとする。

〔注解14〕 債権と債務の相殺消去について（第四の六）

相殺消去の対象となる債権・債務の範囲

1 相殺消去の対象となる債権又は債務には，前払費用，未収収益，前受収益及び未払費用で連結会社相互間の取引に関するものを含むものとする。

割引手形の取扱い

2 連結会社が振出した手形を他の連結会社が銀行割引した場合には，連結貸借対照表上これを借入金に振替えるものとする。

引当金の調整

3 引当金のうち，連結会社を対象として引当てられたことが明らかなものは，これを調整する。

一時所有の社債

4 連結会社が発行した社債で一時所有のものは，相殺消去の対象としないことができる。

〔注解15〕 一時差異について（第四の七の2）

一時差異

1 一時差異には，例えば，次のものがある。
   (1) 収益又は費用の帰属年度の相違により生ずる各連結会社の課税所得の合計額と連結財務諸表上の税金等調整前当期純利益との差額
   (2) 子会社の資産及び負債の時価評価により生じた評価差額のうち，課税所得の計算に含まれていないもの

相殺可能な繰越欠損金等

2 将来の課税所得と相殺可能な繰越欠損金等については，一時差異と同様に取り扱うものとする。

〔注解16〕 繰延税金について（第四の七の3）

繰延税金
1 繰延税金資産又は繰延税金負債の金額は，回収又は支払が行われると見込まれる期の税率に基づいて計算するものとし，繰延税金資産については，将来の回収の見込みについて毎期見直しを行わなければならない。

重要性の乏しい一時差異
2 重要性が乏しい一時差異については，繰延税金資産又は繰延税金負債を計上しないことができる。

〔注解17〕 持分法について（第四の八の1）

持分法の意義
1 持分法とは，投資会社が被投資会社の純資産及び損益のうち投資会社に帰属する部分の変動に応じて，その投資の額を連結決算日ごとに修正する方法をいう。

2 持分法の適用に際しては，被投資会社の財務諸表について，資産及び負債の評価，税効果会計の適用等，原則として，連結子会社の場合と同様の処理を行うものとする。ただし，重要性が乏しいものについては，これらの処理を行わないことができる。

持分法の適用
3 持分法の適用は，次の手続による。

(1) 投資会社の投資日における投資とこれに対応する被投資会社の資本との間に差額がある場合には，当該差額は投資に含め，連結調整勘定と同様に処理する。

(2) 投資会社は，投資の日以降における被投資会社の利益又は損失のうち投資会社の持分又は負担に見合う額を算定して，投資の額を増額又は減額し，当該増減額を当期純利益の計算に含める。連結調整勘定に相当する部分の償却額は，当該増減額に含める。

(3) 投資の増減額の算定に当たっては，連結会社と持分法適用会社との間の取引に係る未実現損益を消去するための修正を行う。

(4) 被投資会社から配当金を受取った場合には，当該配当金に相当する額を投資の額から減額する。

決算日に差異がある場合の注記
4 持分法の適用に当たっては，投資会社は，被投資会社の直近の財務諸表を使用する。投資会社と被投資会社の決算日に差異があり，その差異の期間内に重要な取引又は事象が発生しているときには，必要な修正又は注記を行うものとする。

766

〔注解18〕　持分法の適用範囲からの除外について（第四の八の１）

持分法適用における重要性の原則

　持分法の適用により，連結財務諸表に重要な影響を与えない場合には，持分法の適用会社としないことができる。

〔注解19〕　関連会社に該当しない会社について（第四の八の２）

更生・整理会社等

　更生会社，整理会社，破産会社等であって，かつ，当該会社の財務及び営業の方針決定に対して重要な影響を与えることができないと認められる会社は，関連会社に該当しないものとする。

〔注解20〕　重要な影響を与えることができる一定の事実について
　　　　　　（第四の八の２の(2)）

重要な影響を与える一定の事実

　他の会社の財務及び営業の方針決定に対して重要な影響を与えることができる一定の事実が認められる場合とは，例えば，他の会社の財務及び営業の方針決定に重要な影響を与える契約が存在する場合等をいう。

〔注解21〕　連結貸借対照表の表示方法について（第四の九）

科目の集約表示

１　連結貸借対照表の科目の分類は，個別財務諸表における科目の分類を基礎としなければならないが，企業集団の財政状態について誤解を生ぜしめない限り，科目を集約して表示することができる。

連結調整勘定

２　連結調整勘定は，無形固定資産又は固定負債の区分に表示するものとする。なお，連結調整勘定が借方及び貸方の双方に生ずる場合には，これを相殺して記載することができる。

自己株式等の表示

３　自己株式及び子会社が所有する親会社の株式は，資本に対する控除項目として資本の部の末尾に表示するものとする。

〔注解22〕　会社相互間取引の相殺消去について（第五の二）

みなし会社相互間取引

　会社相互間取引が連結会社以外の会社を通じて行われている場合であっても，その取引が実質的に連結会社間の取引であることが明確であるときは，この取引を連結会社間の取引とみなして処理するものとする。

〔注解23〕　連結損益計算書及び連結剰余金計算書の表示方法について（第五の四及び第六の二の２）

科目の集約表示

１　連結損益計算書の科目の分類は，個別財務諸表における科目の分類を基礎としなければならないが，企業集団の経営成績について誤解を生ぜしめない限り，科目を集約して表示することができ

る。

2 主たる営業として製品又は商品の販売と役務の給付とがある場
合には，売上高及び売上原価を製品等の販売に係るものと役務の
給付に係るものとに区分して記載するものとする。

3 資産の部に計上された連結調整勘定の当期償却額は，販売費及
び一般管理費の区分に表示し，負債の部に計上された連結調整勘
定の当期償却額は，営業外収益の区分に表示するものとする。

持分法による投資損益は，営業外収益又は営業外費用の区分に
一括して表示するものとする。

4 連結損益及び剰余金結合計算書を作成する場合には，原則とし
て，次の形式で記載するものとする。

当期純利益			×××
連結剰余金期首残高		×××	
連結剰余金増加高			
………………	×××		
………………	×××	×××	
連結剰余金減少高			
配 当 金	×××		
役員賞与金	×××		
資 本 金	×××		
………………	×××	×××	×××
連結剰余金期末残高			×××

〔注解24〕 **重要な後発事象の注記について**（第七の5）

連結財務諸表には，連結財務諸表を作成する日までに発生した重
要な後発事象を注記しなければならない。

後発事象とは，連結決算日後に発生した事象（連結決算日と異な
る決算日の子会社については，当該子会社の決算日後に発生した事
象）で，次期以後の財政状態及び経営成績に影響を及ぼすものをい
う。

付録II 証券取引法に基づく財務諸表
　　　　（有価証券報告書）の実例

有 価 証 券 報 告 書

（平成12年度）　自　平成12年4月1日
　　　　　　　　至　平成13年3月31日

ソ ニ ー 株 式 会 社

第5【経理の状況】

1　連結財務諸表および財務諸表の作成方法について

(1) 当社の連結財務諸表は、「連結財務諸表の用語、様式及び作成方法に関する規則」（昭和51年大蔵省令第28号）附則第2項の規定により、米国預託証券の発行に関して要請されている会計処理の原則および手続ならびに表示方法、すなわち、米国で一般に公正妥当と認められた会計原則にもとづき作成されています。

(2) 当社の連結財務諸表は、各連結会社がその所在する国において一般に公正妥当と認められている企業会計の基準に準拠して作成した個別財務諸表を基礎として、上記(1)の基準に合致するよう必要な修正を加えて作成されています。

(3) 当社の財務諸表は、「財務諸表等の用語、様式及び作成方法に関する規則」（昭和38年大蔵省令第59号。以下「財務諸表等規則」という。）にもとづいて作成しています。
　なお、平成11年度（平成11年4月1日から平成12年3月31日まで）は改正前の財務諸表等規則にもとづき、平成12年度（平成12年4月1日から平成13年3月31日まで）は改正後の財務諸表等規則にもとづいて作成しています。

2　監査証明について

　当社は、証券取引法第193条の2の規定にもとづき、平成11年度（平成11年4月1日から平成12年3月31日まで）および平成12年度（平成12年4月1日から平成13年3月31日まで）の連結財務諸表および財務諸表について、中央青山監査法人の監査を受けています。

　その監査報告書は、連結財務諸表および財務諸表に添付しています。

1 【連結財務諸表等】

(1) 【連結財務諸表】

① 【連結貸借対照表】

区分	注記番号	平成11年度 (平成12年3月31日現在)		平成12年度 (平成13年3月31日現在)	
		金額（百万円）	構成比 (%)	金額（百万円）	構成比 (%)
（資産の部）					
I 流動資産					
1 現金・預金および現金同等物	*13	626,064		607,245	
2 定期預金	*13	6,138		5,909	
3 有価証券	*8	107,499		90,094	
4 受取手形および売掛金	*7	1,156,065		1,404,952	
5 貸倒および返品引当金		△ 100,596		△ 109,648	
6 棚卸資産	*5	746,550		942,876	
7 繰延税金	*20	117,258		141,473	
8 前払費用およびその他の流動資産		363,038		394,573	
流動資産合計		3,022,016	44.4	3,477,474	44.4
II 繰延映画製作費	*6	339,011	5.0	297,617	3.8
III 投資および貸付金					
1 関連会社に対する投資および貸付金	*7	114,670		104,032	
2 投資有価証券その他	*8 *11	960,924		1,284,956	
投資および貸付金合計		1,075,594	15.8	1,388,988	17.8
IV 有形固定資産	*9				
1 土地		185,736		190,394	
2 建物および構築物		774,372		828,554	
3 機械装置およびその他の有形固定資産		1,955,015		2,113,005	
4 建設仮勘定		92,787		165,047	
		3,007,910		3,297,000	
5 減価償却累計額		△ 1,752,340		△ 1,862,701	
有形固定資産合計		1,255,570	18.4	1,434,299	18.3

区分	注記番号	平成11年度 （平成12年3月31日現在） 金額（百万円）	構成比 （%）	平成12年度 （平成13年3月31日現在） 金額（百万円）	構成比 （%）
Ⅴ　その他の資産					
1　無形固定資産	*10	218,496		221,289	
2　営業権	*10	293,777		305,159	
3　繰延保険契約費	*11	239,981		270,022	
4　その他	*20	362,752		433,118	
その他の資産合計		1,115,006	16.4	1,229,588	15.7
資産合計		6,807,197	100.0	7,827,966	100.0
（負債および資本の部）					
Ⅰ　流動負債					
1　短期借入金	*12 *13	56,426		185,535	
2　1年以内に返済期限の到来 　　する長期借入債務	*9 *12 *13	158,509		170,838	
3　支払手形および買掛金	*7	811,031		925,021	
4　未払金・未払費用	*14	681,458		807,532	
5　未払法人税およびその他の 　　未払税金		87,520		133,031	
6　その他	*20	365,398		424,783	
流動負債合計		2,160,342	31.7	2,646,740	33.8
Ⅱ　固定負債					
1　長期借入債務	*9 *12 *13	813,828		843,687	
2　未払退職・年金費用	*14	129,604		220,787	
3　繰延税金	*20	184,020		175,148	
4　保険契約債務その他	*11	1,124,873		1,366,013	
5　その他		177,059		241,101	
固定負債合計		2,429,384	35.7	2,846,736	36.4
Ⅲ　少数株主持分		34,565	0.5	19,037	0.2

区分	注記番号	平成11年度 (平成12年3月31日現在)		平成12年度 (平成13年3月31日現在)	
		金額（百万円）	構成比 （％）	金額（百万円）	構成比 （％）
IV　資本	*4 *15				
1　資本金					
子会社連動株式－額面1株当り50円	*15				
平成12年度末－授権株式数 100,000,000株, 発行済株式数 0株				―	
普通株式－額面1株当り50円					
平成11年度末－授権株式数－1,350,000,000株, 発行済株式数 453,639,163株		451,550	6.6		
平成12年度末－授権株式数－3,500,000,000株, 発行済株式数 919,617,134株				472,002	6.0
2　資本準備金		940,716	13.8	962,401	12.3
3　利益剰余金		1,223,761	18.0	1,217,110	15.6
4　累積その他の包括利益	*15				
(1)未実現有価証券評価益	*8	61,915		44,516	
(2)最小年金債務調整額	*14	△ 3,678		△ 49,812	
(3)外貨換算調整額		△ 483,553		△ 323,271	
累積その他の包括利益合計		△ 425,316	△ 6.2	△ 328,567	△ 4.2
5　自己株式					
平成11年度末－633,139株		△ 7,805	△ 0.1		
平成12年度末－1,221,934株				△ 7,493	△ 0.1
資本合計		2,182,906	32.1	2,315,453	29.6
契約債務および偶発債務	*9 *22				
負債および資本合計		6,807,197	100.0	7,827,966	100.0

②【連結損益計算書】

区分	注記番号	平成11年度 (自 平成11年4月1日 至 平成12年3月31日) 金額（百万円）	平成11年度 百分比 (%)	平成12年度 (自 平成12年4月1日 至 平成13年3月31日) 金額（百万円）	平成12年度 百分比 (%)
Ⅰ 売上高および営業収入					
1 純売上高	*7	6,238,401		6,829,003	
2 保険収入		380,317		426,913	
3 営業収入		67,943		58,908	
		6,686,661	100.0	7,314,824	100.0
Ⅱ 売上原価および販売費・一般管理費					
1 売上原価	*17 *18	4,595,086		5,046,694	
2 販売費および一般管理費	*16 *17 *18	1,508,983		1,634,007	
3 保険費用		359,388		408,777	
		6,463,457	96.7	7,089,478	96.9
Ⅲ 営業利益		223,204	3.3	225,346	3.1
Ⅳ その他の収益					
1 受取利息および受取配当金	*7	17,700		18,541	
2 特許実施許諾料		21,704		29,302	
3 為替差益（純額）		27,466		—	
4 退職給付目的信託への株式拠出益	*8	—		11,120	
5 投資有価証券その他の売却益（純額）	*8	28,099		41,708	
6 持分法適用会社の新株発行にともなう利益	*19	727		18,030	
7 その他		50,603		48,953	
		146,299	2.2	167,654	2.3
Ⅴ その他の費用					
1 支払利息		42,030		43,015	
2 為替差損（純額）		—		15,660	
3 その他		63,163		68,457	
		105,193	1.6	127,132	1.7
Ⅵ 税引前利益		264,310	3.9	265,868	3.6

774

区分	注記番号	平成11年度 （自　平成11年4月1日 至　平成12年3月31日） 金額（百万円）	百分比 （%）	平成12年度 （自　平成12年4月1日 至　平成13年3月31日） 金額（百万円）	百分比 （%）
Ⅶ　法人税等	*20				
1　当年度分		120,803		121,113	
2　繰延税額		△ 26,159		△ 5,579	
		94,644	1.4	115,534	1.6
Ⅷ　少数株主損益、持分法による投資損失および会計原則変更による累積影響額前利益		169,666	2.5	150,334	2.1
Ⅸ　少数株主利益・損失（△）		10,001	0.1	△ 15,348	△ 0.2
Ⅹ　持分法による投資損失（純額）	*7	37,830	0.6	44,455	0.6
Ⅺ　会計原則変更による累積影響額前利益		121,835	1.8	121,227	1.7
Ⅻ　会計原則変更による累積影響額（税金費用491百万円を含む）	*3	－	－	△ 104,473	△ 1.4
ⅩⅢ　当期純利益		121,835	1.8	16,754	0.2

	注記番号				
基本的1株当り金額	*21				
会計原則変更による累積影響額前利益		144.58 円		132.64 円	
会計原則変更による累積影響額		－		△ 114.31 円	
当期純利益		144.58 円		18.33 円	
希薄化後1株当り金額	*21				
会計原則変更による累積影響額前利益		131.70 円		124.36 円	
会計原則変更による累積影響額		－		△ 105.08 円	
当期純利益		131.70 円		19.28 円	
1株当り配当金		25.0 円		25.0 円	

③【連結キャッシュ・フロー計算書】

区分	注記番号	平成11年度 （自　平成11年 4 月 1 日 至　平成12年 3 月31日） 金額（百万円）	平成12年度 （自　平成12年 4 月 1 日 至　平成13年 3 月31日） 金額（百万円）
Ⅰ　営業活動によるキャッシュ・フロー			
1　当期純利益		121,835	16,754
2　営業活動から得た現金・預金（純額）への当期純利益の調整			
(1)　有形固定資産の減価償却費および無形固定資産の償却費（繰延保険契約費の償却を含む）		306,505	348,268
(2)　繰延映画製作費の償却費		376,067	244,649
(3)　退職・年金費用（支払額控除後）		22,860	21,759
(4)　固定資産除売却損（純額）および減損		17,423	24,304
(5)　退職給付目的信託への株式拠出益	*8	－	△ 11,120
(6)　投資有価証券その他の売却益（純額）		△ 28,099	△ 41,708
(7)　持分法適用会社の新株発行にともなう利益	*19	△ 727	△ 18,030
(8)　繰延税額		△ 26,159	△ 5,579
(9)　持分法による投資損失（純額）（受取配当金相殺後）		38,699	47,219
(10)　会計原則変更による累積影響額	*3	－	104,473
(11)　資産および負債の増減			
受取手形および売掛金の増加		△ 132,566	△ 177,484
棚卸資産の増加		△ 34,792	△ 103,085
繰延映画製作費の増加（会計原則変更による累積影響額調整後）		△ 411,103	△ 269,004
支払手形および買掛金の増加		110,207	95,213

区分	注記番号	平成11年度 （自　平成11年4月1日 至　平成12年3月31日） 金額（百万円）	平成12年度 （自　平成12年4月1日 至　平成13年3月31日） 金額（百万円）
未払法人税およびその他の未払税金の増加・減少（△）		△ 15,433	38,749
保険契約債務その他の増加		210,936	241,140
繰延保険契約費の増加		△ 62,821	△ 68,927
その他の流動資産および負債の増減（純額）		87,328	71,193
（12）その他		△ 697	△ 14,017
営業活動から得た現金・預金（純額）		579,463	544,767
Ⅱ　投資活動によるキャッシュ・フロー			
1　固定資産の購入		△ 403,013	△ 468,019
2　固定資産の売却		29,077	26,704
3　保険ビジネスにおける投資および貸付		△ 178,866	△ 319,149
4　投資および貸付（保険ビジネス以外）		△ 105,031	△ 122,563
5　保険ビジネスにおける投資有価証券その他の売却および貸付金の回収		97,200	87,493
6　投資有価証券その他の売却および貸付金の回収（保険ビジネス以外）		86,493	65,098
7　有価証券の購入		△ 70,053	△ 24,425
8　有価証券の売却		78,370	34,899
9　定期預金の減少		15,930	914
投資活動に使用した現金・預金（純額）		△ 449,893	△ 719,048

区分	注記番号	平成11年度 （自　平成11年4月1日 至　平成12年3月31日） 金額（百万円）	平成12年度 （自　平成12年4月1日 至　平成13年3月31日） 金額（百万円）
Ⅲ　財務活動によるキャッシュ・フロー			
1　長期借入		30,783	195,118
2　長期借入金の返済		△ 99,454	△ 143,258
3　短期借入金の増加		19,824	106,245
4　配当金の支払		△ 20,589	△ 22,774
5　その他		1,361	△ 889
財務活動から得た・財務活動に使用した（△）現金・預金（純額）		△ 68,075	134,442
Ⅳ　為替相場変動の現金・預金および現金同等物に対する影響額		△ 27,641	21,020
Ⅴ　現金・預金および現金同等物純増加・減少（△）額		33,854	△ 18,819
Ⅵ　現金・預金および現金同等物期首残高		592,210	626,064
Ⅶ　現金・預金および現金同等物期末残高		626,064	607,245

補足情報			
1年間の現金支払額			
法人税等		132,891	93,629
支払利息		43,668	47,806
現金支出をともなわない投資および財務活動			
株式交換による上場子会社3社の完全子会社化	*4		
資産増加額		282,488	－
上記に対応する繰延税金負債		△ 46,794	－
減少した少数株主持分		112,242	－
純額		347,936	－

778

④【連結資本変動表】

区分	注記番号	資本金（百万円）	資本準備金（百万円）	利益剰余金（百万円）	累積その他の包括利益（百万円）	自己株式（百万円）	合計（百万円）
平成11年3月31日現在残高		416,373	559,236	1,123,591	△269,896	△5,639	1,823,665
1 新株引受権の行使		1,025	1,025				2,050
2 転換社債の株式への転換		32,503	32,494				64,997
3 株式交換による発行	*4	1,649	346,287				347,936
4 新株引受権の発行			686				686
5 包括利益							
(1) 当期純利益				121,835			121,835
(2) その他の包括利益（税効果考慮後）	*15						
未実現有価証券評価益							
当年度発生額					52,819		52,819
控除：当期純利益への組替額					△14,387		△14,387
最小年金債務調整額					5,321		5,321
外貨換算調整額					△199,173		△199,173
包括利益合計							△33,585
6 配当金				△21,665			△21,665
7 自己株式の取得						△8,697	△8,697
8 自己株式の売却			988			6,531	7,519
平成12年3月31日現在残高		451,550	940,716	1,223,761	△425,316	△7,805	2,182,906
1 新株引受権の行使		297	297				594
2 転換社債の株式への転換		20,151	20,143				40,294
3 株式交換による発行		4	1,069				1,073

区分	注記番号	資本金（百万円）	資本準備金（百万円）	利益剰余金（百万円）	累積その他の包括利益（百万円）	自己株式（百万円）	合計（百万円）
4　包括利益							
(1) 当期純利益				16,754			16,754
(2) その他の包括利益（税効果考慮後）	*15						
未実現有価証券評価益							
当年度発生額					△7,490		△7,490
控除：当期純利益への組替額					△9,909		△9,909
最小年金債務調整額					△46,134		△46,134
外貨換算調整額					160,282		160,282
包括利益合計							113,503
5　新株発行費（税効果考慮後）				△466			△466
6　配当金				△22,939			△22,939
7　自己株式の取得						△2,123	△2,123
8　自己株式の売却				176		2,435	2,611
平成13ᗉ3月31日現在残高		472,002	962,401	1,217,110	△328,567	△7,493	2,315,453

780

連結財務諸表注記

1　会計処理の原則および手続ならびに連結財務諸表の表示方法

　　この連結財務諸表は、米国預託証券の発行に関して要請されている会計処理の原則および手続ならびに表示方法、すなわち、会計調査公報、会計原則審議会意見書および財務会計基準書等、米国において一般に公正妥当と認められた会計原則（以下「米国会計原則」）によって作成されています。当社および連結子会社（以下「ソニー」）が採用している会計処理の原則および手続ならびに連結財務諸表の表示方法のうち、わが国における会計処理の原則および手続ならびに表示方法と異なるもので重要性のあるものは以下のとおりです。ほとんどの違いは国内会社の会計処理によるもので、そのうち金額的に重要な修正および組替項目については、米国会計原則による税引前利益に含まれる影響額を括弧内に表示しています。

（1）連結資本変動表

　　連結財務諸表の一部として、資本勘定の期中の動きを表示した連結資本変動表を作成しています。

　　連結資本変動表の中で、包括利益とその内訳を米国財務会計基準書（Statement of Finacial Accounting Standards、以下「基準書」）第130号にもとづき開示しています。当該基準書において、包括利益とは資本取引以外の資本勘定の増減と定義され、当期純利益とその他の包括利益からなっています。その他の包括利益には外貨換算調整額、未実現有価証券評価損益および最小年金債務調整額の増減額が含まれています。

　　なお、わが国における連結剰余金計算書に記載される利益剰余金の年度中の増減は、連結資本変動表に含まれています。

（2）外貨換算

　　基準書第52号にもとづき、海外子会社および関連会社の財務諸表項目ならびに当社および各子会社の外貨建債権・債務の換算を行っています。海外子会社および関連会社の財務諸表項目の換算にあたり、資産および負債は、決算日の為替相場により、収益および費用は、おおむね発生時の為替相場により円貨に換算しています。その結果生じた換算差額は、累積その他の包括利益の一部として資本の部に表示しています。

　　当社および各子会社の外貨建債権・債務は、長期・短期を問わず決算日の為替相場によって換算し、その結果生じた為替差損益は、当期の損益に計上しています。なお、平成12年度は、わが国の外貨建取引等の会計処理基準が改訂されたことにより、この差異はおおむねなくなっています。

（3）リース会計

　　基準書第13号にもとづき、リース取引の契約内容が一定のキャピタル・リースの条件に該当する場合には、最低リース料支払総額の現在価値またはリース資産の公正価額を、有形固定資産およびキャピタル・リース未払金に計上しています。当該資産が償却資産の場合は、リース期間または見積耐用年数にわたり減価償却をしています。また、リース料支払額とキャピタル・リース未払金の取崩額との差額は支払利息に計上しています。

（4）金融商品

　　基準書第52号および第80号にもとづき、確定した約定と認められない関係会社間の外貨建取引約定をヘッジするための契約を含む、予定取引にかかる契約は、価値変動を為替差損益として認識することにより時価評価されています。

　　また、基準書第105号にもとづき、主なオフバランスシート取引の内容、金額、信用リスクおよび会計処理方針等について開示しています。また、基準書第107号および第119号にもとづき、デリバティブ・ファイナンシャル・インスツルメンツ（以下「デリバティブ」）を含むファイナンシャル・インスツルメンツ（以下「金融商品」）に関する保有目的、公正価格、想定元本等の情報を開示しています。なお、平成12年度より、わが国における金融商品にかかる会計基準が適用されたことにより、この差異はおおむねなくなっています。

（5）保険事業の会計

　　基準書第60号にもとづき、新規保険契約の獲得費用のうち、回収できると認められるものは繰り延べ、保険料払込期間にわたって償却しています。なお、わが国においてはこれらの費用は、発生年度の期間費用として処理しています。（平成11年度 30,976百万円の利益、平成12年度 30,040百万円の利益）また米国基準上、保険契約

債務は保険数理上の諸数値にもとづく平準純保険料式により計算していますが、わが国においては行政監督庁の認める方式により算定しています。なお、平成12年度において生命保険子会社は法定帳簿上、標準責任準備金達成のための一括積立を実施しました。（平成11年度 5,506百万円の損失、平成12年度58,793百万円の利益）なお、わが国の保険業法上、一定の創業費および開業費の繰延が認められますが、このような処理は米国基準では認められていません。（平成11年度 2,471百万円の損失、平成12年度 3,090百万円の損失）

(6) 市場性のある負債および持分有価証券

　　基準書第115号にもとづき、公正価額をもって貸借対照表に計上しています。売却可能証券に区分された負債証券および公正価額が容易に確定できる持分証券にかかる取得価額と公正価額との差額（未実現評価損益）は、税効果考慮後の額で累積その他の包括利益の一部として資本の部に表示しています。売買目的証券にかかる未実現評価損益は損益に含めています。なお、平成12年度は、わが国において金融商品にかかる会計基準が適用されたことにより、この差異はおおむねなくなっています。

(7) 営業権の償却

　　当社あるいは子会社が他社を買収した場合、買収価額と買収された会社の純資産価額との差額のうち、特定の資産ならびに負債に配分されなかった金額を営業権として計上し、主に20年もしくは40年で均等償却しています。

(8) 未払退職・年金費用

　　基準書第87号にもとづき、未払退職・年金費用を計上しています。当該基準書では、給付建年金制度について一定の給付算定式にもとづき、将来の昇給等を考慮して算定された将来予測給付額のうち、期末時点までの勤務に対して割り当てられた金額の年金現在価を「退職給付債務」と規定しています。ソニーの連結財務諸表では、退職給付債務が年金資産を超過する額について未認識項目および最小年金債務を考慮した上で、未払退職・年金費用として計上しています。また、退職給付の当期増加額（勤務費用）、利息、年金資産の期待収益および当該基準書適用開始時の差額等の償却額の合計額から従業員負担分を控除した額を純退職・年金費用として計上しています。（平成11年度 11,865百万円の損失）

　　なお、平成12年度は、わが国において退職給付にかかる会計基準が適用されたことにより、以下の項目を除いて退職給付会計における差異はおおむねなくなっています。

① 未払退職・年金費用の計上において、基準書第87号では最小年金債務を考慮する。

② 基準書第87号適用開始時差額は適用開始時における平均残存勤務年数により定額償却していますが、日本国内基準で作成される当社およびほとんどの国内子会社の財務諸表では、わが国の退職給付にかかる会計基準適用にともなう変更時差異は適用初年度に一時償却しています。（平成12年度 254,072百万円の利益）

③ ソニーは平成10年12月、退職給付を目的とした信託に特定の市場性ある株式（子会社・関連会社株式を除く）を拠出しました。この拠出は、基準書第87号にしたがい公正価額による制度資産への拠出として扱われます。その結果、売却可能証券として区分されていたこれらの株式の未実現評価益が実現し、平成10年度の損益計算書上「退職給付目的信託への株式拠出益」に計上されています。一方、わが国において退職給付にかかる会計基準が適用されたことにより、日本基準で作成される当社の平成12年度の損益計算書において上記の信託資産にかかる会計処理が適用されています。（平成12年度 117,334百万円の損失）

(9) 新株引受権

　　米国会計原則審議会意見書第14号にもとづき、分離型新株引受権付社債についてはその発行価額を発行時の公正価額を基礎として新株引受権に対応する額と、社債に対応する額に区分しています。新株引受権に対応する額は、新株引受権の行使の有無にかかわらず、資本準備金として表示しています。

(10) 新株発行費

　　新株発行費は、資本勘定の控除項目として処理することが米国の慣行であることから、これを費用として処理せず、税効果考慮後の額を利益剰余金から直接控除しています。

(11) 利益処分による役員賞与

　　利益処分による役員賞与は、それが帰属する会計年度の販売費および一般管理費として計上しています。

(12) 持分法による投資損益の会計処理区分

米国証券取引委員会の定める規則S-X（Regulation S-X）にもとづき、持分法による投資損益については「少数株主持分損益、持分法による投資損失および会計原則変更による累積影響額前利益」の後に区分して表示しています。（平成11年度 37,830百万円の利益、平成12年度 44,455百万円の利益）

(13) セグメント情報

基準書第131号にもとづき、ビジネスセグメントおよび地域（顧客の所在国）別情報を開示しています。これにはセグメント別の資産、地域別の長期性資産等の開示が含まれています。この情報に加えて、出荷事業所の所在地別の売上高、営業収入および営業利益を証券取引法による開示要求を考慮して開示しています。

2　営業活動の内容

ソニーはさまざまなエレクトロニクス製品・部品を一般消費者および産業向けに開発、設計、製造、販売しているほか、家庭用ゲーム機およびゲームソフトの開発、制作、製造、販売を行っています。ソニーの主要な生産施設は日本、米国、欧州、アジアにあります。エレクトロニクス製品は世界全地域、ゲーム製品は主に日本、米国および欧州において、販売子会社および資本関係のない各地の卸売り業者ならびにインターネットによる直接販売により販売されています。ソニーはあらゆるフォーマット、ジャンルの音楽ソフトを企画、制作、製造、販売しています。また、映画、ビデオソフトおよびテレビ番組を含む映像ソフトの企画、製作、製造、販売、配給、放映を行っています。さらにソニーは、日本の生命保険子会社および損害保険子会社を通じて保険事業に従事しています。以上に加え、ソニーは日本のリースおよびクレジット事業を通じた金融事業、番組制作・供給を含む日本の衛星放送関連事業、日本の広告代理店事業、インターネット関連事業、また日本、米国、ドイツで都市型エンタテインメント事業などに従事しています。

3　主要な会計方針の要約

米国会計原則にしたがった財務諸表の作成は、決算日における資産・負債の報告金額および偶発資産・負債の開示、報告期間における収益・費用の報告金額に影響を与えるような見積・予測を必要とします。結果として、このような見積と実績が異なる場合があります。

(1) 会計原則の変更

映画会計

平成12年6月、米国公認会計士協会の会計基準委員会は意見書（Statement of Position、以下「SOP」）00-2「映画およびテレビ番組の製作者または配給者にかかる会計基準（Accounting by Producers or Distributors of Films）」を公表し、ソニーはこれを早期適用しました。SOP 00-2は収益認識や広告宣伝費、開発費用、間接費の会計処理の変更を含む新しい映画会計基準を規定するものです。特に、SOP 00-2は映画作品およびテレビ番組にかかる広告宣伝費などのすべての配給関連費用を発生時に費用化することを要求しています。従来適用されていた会計基準のもとでは、映画作品およびテレビ番組にかかる広告宣伝費は資産化され、作品ごとの予想総収益に対する各年度の収益割合に応じて償却されていました。さらに、SOP 00-2は、従来適用されていた会計基準のもとでは映画棚卸資産として資産化されていた、中止されたプロジェクトの開発費用や一部の間接費を直接費用化することを要求しています。また、すべての繰延映画製作費は貸借対照表上、長期性資産に計上することを要求しています。収益認識などのSOP 00-2におけるこのほかの規定は、おおむね従来のソニーの会計方針に一致しています。

ソニーはこのSOP 00-2を平成12年4月1日に遡って適用しました。その結果、平成12年度におけるソニーの営業利益、税引前利益および当期純利益はそれぞれ28,547百万円減少しました。これに加え、主に映画棚卸資産を減額する、キャッシュ・フローに影響を与えない過年度の一時的累積影響額101,653百万円（税金費用への影響なし）を計上することにより、平成12年度におけるソニーの当期純利益は同額減少しました。この一時的累積影響額は連結損益計算書上、会計原則変更による累積影響額として計上されています。

なおSOP 00-2は、この新会計基準を過年度に遡って適用したと仮定した場合の影響額の開示は要求していま

せん。

収益認識

　平成12年度において、ソニーは米国証券取引委員会により公表された会計職員公報（Staff Accounting Bulletin、以下「SAB」）第101号「財務諸表における収益の認識（Revenue Recognition in Financial Statements）」を平成12年4月1日に遡って適用しました。この結果、ソニーはエレクトロニクス、ゲーム、音楽の収益認識の方法を変更しています。エレクトロニクス、ゲーム、音楽の収益は、SAB第101号に従い物品の所有権および所有に関わるリスクと便益が実質的に移転したと考えられる時点、すなわち物品が顧客の所在地に引渡された時点で認識されます。従来ソニーは米国財務会計概念書（Statement of Financial Accounting Concept、以下「概念書」）第5号「企業の財務諸表における認識および測定（Recognition and Measurement in Financial Statements of Business Enterprises）」に従い、取引条件にしたがって全ての義務を実質的に完了した時点で収益を認識していました。ソニーは概念書第5号のもとでは取引に関わる全ての義務は物品が出荷された時点で完了すると考え、出荷時点で収益を認識していました。

　SAB第101号の適用にともない、ソニーはキャッシュ・フローに影響を与えない過年度の一時的累積影響額2,821百万円（税金費用491百万円を含む）を計上しました。この一時的累積影響額は、平成11年度においてすでに認識された売上取引にかかる純損益を示しており、その売上取引はSAB第101号の適用にともなって、平成12年度に認識されました。この一時的累積影響額は連結損益計算書上、会計原則変更による累積影響額として計上されています。ソニーがSAB第101号を適用した結果、平成12年度の連結損益計算書に与えた影響は軽微です。なお、SAB第101号を遡及的に適用したと仮定した場合の過年度の財務情報は、その影響が軽微のため開示していません。

(2) 主要な会計方針

① 連結の基本方針ならびに関連会社に対する投資の会計処理

　ソニーの連結財務諸表は、当社および当社が過半数の株式を所有する子会社の勘定を含んでいます。連結会社間の取引ならびに債権債務は、すべて消去しています。重要な影響力を行使しうる、あるいは20%以上50%以下の持分比率を有する会社に対する投資は、持分法を適用しています。持分法適用会社に対する投資は、未分配損益に対するソニーの持分額を取得原価額に加減算した金額を計上しています。連結当期純利益は、これらの会社の当年度の純利益・損失に対するソニーの持分額から未実現内部利益を控除した金額を含んでいます。個別の投資の価値が下落し、その下落が一時的でないと判断される場合には、公正価額まで評価減しています。

　連結子会社あるいは持分法適用会社は、公募あるいは転換社債の転換によりソニーの当該会社に対する1株当りの持分額を超える、あるいは下回る価格で、第三者に対して株式を発行することがあります。このような取引により認識されるソニーの持分の増減額は、その持分の変更があった年度の損益として計上しています。

　連結子会社および持分法適用会社に対する投資原価が当該会社の純資産額のソニーの持分を超える場合、その金額は、取得時点における公正価額にもとづき、認識しうる各資産および負債に配分しています。純資産額のソニーの持分を超える金額のうち、特定の資産および負債に配分されなかった部分は、営業権として計上しています。

② 外貨換算

　海外子会社および関連会社の財務諸表項目の換算において、資産および負債は決算日の為替相場によって円貨に換算し、収益および費用はおおむね取引発生時の為替相場によって円貨に換算しています。その結果生じた換算差額は、累積その他の包括利益の一部として表示しています。

　外貨建金銭債権および債務は決算日の為替相場によって換算し、その結果生じた為替差損益は当年度の損益に計上しています。

③ 収益認識

　SAB第101号の適用により、エレクトロニクス、ゲームおよび音楽分野の売上高は、物品の所有権および所有に関わるリスクと便益が実質的に顧客に移転したと考えられる時点（引渡時点）で計上しています。従来ソニーは、こうした売上高は、取引契約に関わる義務が実質的に完了した時点（出荷時点）で計上していました。なお、契

約上顧客による検収が必要な取引については、検収が完了した時点、または検収猶予期間が終了した時点で売上を計上しています。

映画分野における劇場映画収益は、劇場公開日に計上を開始しています。映画作品およびテレビ番組の放映にかかるライセンス契約による収益は、それらの放映に対する制限がなくなり、放映可能となった時点で計上しています。ホームビデオカセット・ＤＶＤにかかる売上高は、ソニーの顧客である販売業者が販売可能となった時点で計上しています。

保険料収入は保険契約者からの払込の期日が到来した時点で、収益として計上しています。保険金・給付金および保険契約費用は、保険料収入に対応して保険契約の期間にわたり認識しています。保険契約債務の認識および繰延保険契約費の償却により会計上の費用収益の対応が行われています。

④ 現金・預金および現金同等物

現金・預金および現金同等物は、表示された金額で容易に換金され、かつ満期日まで短期間であるために利率の変化による価値変動リスクが僅少なもので、取得日から３ヵ月以内に満期の到来する流動性の高い投資を含んでいます。

⑤ 市場性のある負債および持分有価証券

売却可能証券に区分された、負債証券および公正価額が容易に確定できる持分証券は、その公正価額で計上されており、未実現評価損益（税効果考慮後）は累積その他の包括利益の一部として表示されています。売買目的証券に区分される負債証券および持分証券は公正価額で計上されており、未実現評価損益は損益に含まれています。償還期限まで保有する負債証券は償却原価で計上されています。売却可能証券または償還期限まで保有する個々の証券について、その公正価額の下落が一時的な場合を除き正味実現可能額まで評価減を行い、評価減金額は損益に含まれます。実現した売却損益は平均原価法により計算し損益に反映しています。

⑥ 棚卸資産

エレクトロニクス、ゲームおよび音楽分野における棚卸資産は時価を超えない取得原価で評価しており、先入先出法を適用している一部の子会社の製品を除き、平均法によって計算しています。

⑦ 繰延映画製作費

映画作品およびテレビ番組にかかる繰延映画製作費（直接製作費、間接製作費、取得費用を含む）は、未償却残高あるいは正味実現可能価額のいずれか低い価額により計上しています。繰延映画製作費の償却および見積分配金債務の計上は、作品ごとの予想総収益に対する各年度の収益割合に応じて行われます。これらの見積・予測は定期的に見直されています。また、SOP 00－2適用の結果、繰延映画製作費は長期性資産として表示しています。

⑧ 有形固定資産および減価償却

有形固定資産は取得原価で表示しています。有形固定資産の減価償却費は、当該資産の見積耐用年数（主として建物および構築物については15年から50年、機械装置およびその他の有形固定資産については２年から10年の期間）にもとづき、主として当社および国内子会社においては定率法、海外子会社においては定額法で、それぞれ計算しています。多額の更新および追加投資は、取得原価で資産計上しています。維持費、修繕費および少額の更新、改良に要した支出は発生時の費用として処理しています。

⑨ 無形固定資産および営業権

無形固定資産は、主としてアーティスト・コントラクト、ミュージック・カタログおよび商標権からなり、それぞれ主に16年、21年および20年で均等償却しています。

買取時に計上された営業権は、主に20年もしくは40年で均等償却しています。

無形固定資産および営業権の償却期間については、これら資産の減損の可能性を示す事業環境、事象や状況の変化に照らして継続して評価しています。

⑩ 繰延保険契約費

新規保険契約の獲得に関連し、かつそれに応じて変動する費用のうち、回収できると認められるものについては繰り延べ、主として保険料払込期間にわたって償却しています。償却の計算は、当該保険契約に関する保障債務の認識と共通の計算基礎を用いて行っています。

⑪ 保険契約債務

保険契約債務は、保険数理上の諸数値にもとづいて計算しています。

⑫ 長期性資産の減損に関する会計処理

ソニーが保有し、かつ使用する長期性資産、特定の識別可能な無形固定資産およびこれら資産に関連する営業権については、帳簿価額が回収できなくなる可能性を示す事象や状況の変化が生じた場合には、価値の減損の有無が検討されています。予想キャッシュ・フロー（現在価値への割引をせず、利息費用を考慮しない）の総額がその資産の帳簿価額よりも低い時、公正価額にもとづいて評価損が認識されています。営業権の公正価額は、割引キャッシュ・フロー分析により算定されています。

特定の資産に関連しない営業権については割引キャッシュ・フロー法により評価しています。

⑬ 広告宣伝費

映画作品およびテレビ番組、新規保険契約に関わるものを除いて、広告宣伝費は各媒体において広告宣伝が行われた時点で費用化しています。映画作品およびテレビ番組の広告宣伝費は発生時に費用化しています。新規保険契約の獲得のための広告宣伝費は繰り延べられ、保険契約獲得費用の一部として償却されています。

ソニーは、平成12年度より、SOP 00-2にもとづき、映画作品およびテレビ番組にかかる広告宣伝費を発生時に費用化しています。SOP 00-2の適用以前は、基準書第53号「映画フィルムの製作者および配給者の財務報告（Financial Reporting by Producers and Distributors of Motion Picture Films）」にもとづき、映画作品およびテレビ番組にかかる広告宣伝費は、資産化され便益を受ける各市場の売上高に応じて償却されていました。

⑭ 法人税等

法人税等は、連結損益計算書上の税引前利益にもとづいて計算されています。帳簿価額と税務上の資産・負債との間の一時的差異に対する繰延税効果について、資産・負債法を用いて繰延税金資産・負債を認識しています。

⑮ デリバティブ

デリバティブは先物為替予約、通貨オプション契約、金利スワップ契約および金利通貨スワップ契約を含み、金融資産および負債にかかる為替および金利の変動リスクをヘッジするために利用されています。

先物為替予約

ソニーは、主に連結会社間の取引にかかる外貨建ての売上債権、買入債務および予定された外貨建て取引から発生するキャッシュ・フローに対して、為替相場の変動の影響を軽減するために、先物為替予約を利用しています。保有する資産・負債の為替変動リスクのヘッジとして行われている先物為替予約は時価で評価されており、これら資産・負債にかかる為替差損益と相殺されています。確定した約定と認められない連結会社間の外貨建取引約定をヘッジするための契約を含む、予定された取引にかかる契約は、価値変動を為替差損益として認識することにより時価評価されています。

通貨オプション契約

ソニーは、主に予定された連結会社間の外貨建て取引から発生するキャッシュ・フローに対して、為替相場の変動の影響を軽減するために買建て通貨オプション契約を行っています。ソニーはまた、売建て通貨オプション契約も行っており、その大部分は買建て通貨オプション契約に対するレンジフォワード契約です。ソニーはレンジフォワード契約に加えて、売建て通貨オプション契約を行うことによりヘッジコストを軽減しています。すべての通貨オプション契約は、価値変動を為替差損益として認識することにより時価評価されています。

金利スワップ契約および金利通貨スワップ契約 　　　　　　　　　　　　　　　　　　　　　（中略）

　ソニーは、金利スワップ契約および金利通貨スワップ契約を資金調達費用の引き下げ、資金調達手段の多様化、金利または為替相場の不利な変動によって発生する借入債務にかかるリスクの軽減のために行っています。金利スワップ契約および金利通貨スワップ契約にかかる支払額と受取額の差額は、その契約期間にわたって支払利息に計上されています。外貨建て借入債務の為替変動リスクのヘッジのために用いられている金利通貨スワップ契約の通貨スワップ部分は時価評価され、当該借入債務の為替差損益と相殺されています。

　ヘッジ対象となった取引が決済され、または終了した後は、関連するデリバティブのうち約定が継続しているものの公正価額の変動による損益はすべて為替差損益に計上されています。

⑯　株価連動型報奨制度

　会計原則審議会意見書第25号「従業員に発行した株式の会計処理（Accounting for Stock Issued to Employees）」にしたがい、権利の付与日もしくはその他の測定日における当社の株価が権利行使価格を上回る金額を、株価連動型報奨制度にかかる費用として損益に認識しています。

⑰　1株当り当期純利益

　基本的1株当り当期純利益は各算定期間の普通株式の平均発行済株式数にもとづいて計算されます。希薄化後1株当り当期純利益は、新株発行をもたらす権利の行使や約定の履行あるいは新株への転換によって起こる希薄化の影響を考慮して計算されます。また基本的および希薄化後1株当り当期純利益は、株式分割による無償新株式の発行を考慮し、すべての期間において調整されています。

⑱　新株発行費

　新株発行費は、米国では一般的に資本勘定の控除項目として処理されていますが、日本の商法上、この処理は認められていません。したがって、連結財務諸表上、当該費用は税効果考慮後の額を利益剰余金から直接控除しています。

13　金融商品

　ソニーは通常の事業において、金融資産・負債を含む金融商品およびオフバランスシートとなる金融商品を所有しています。ソニーは一貫したリスク管理方針にしたがい、先物為替予約、通貨オプション契約、金利スワップ契約および金利通貨スワップ契約を含むデリバティブをヘッジとして利用し、金融資産・負債に対する為替および金利変動リスクを管理しています。これらの金融商品は信用の高い金融機関との間で取引されており、ほとんどの外国為替にかかる契約は米ドル、ユーロおよびその他の主要国の通貨で構成されています。ソニーは相手側の契約不履行、金利および為替の変動により損失を被る可能性がありますが、契約先の信用度とソニーのヘッジ管理により重要な損失は見込んでいません。

　金融資産・負債とオフバランスシートの金融商品にかかる概要は次のとおりです。

(1) 現金・預金および現金同等物、定期預金

　通常の事業において、ほとんどの現金・預金および現金同等物、定期預金はきわめて流動性が高く、その帳簿価額はおおむね公正価額となっています。

(2) 短期借入金および長期借入債務

　短期借入金および1年以内の返済分を含む長期借入債務の公正価額は、市場価額または類似した負債をソニーが新たに借入れる場合に適用される利子率を使って、将来の返済額を現在価値に割引いた金額で見積もられています。

(3) デリバティブ

　ソニーが行っている先物為替予約および通貨オプション契約は、主に連結会社間の取引にかかる外貨建て売上債権、買入債務および予定された外貨建て取引から生じるキャッシュ・フローを、ソニーの主要拠点の基軸通貨

（円、米ドル、ユーロ）建てで確定するためのものです。

ソニーは先物為替予約を締結しており、平成12年3月31日および平成13年3月31日現在の契約残高は、それぞれ822,644百万円および1,189,710百万円です。これらの契約の大部分は4ヵ月以内に決済されるものです。これらの契約の公正価額は市場価格にもとづいて見積もられています。

ソニーは買建て通貨オプション契約を行っており、平成12年3月31日および平成13年3月31日現在の想定元本はそれぞれ495,949百万円および479,132百万円です。これらの契約の大部分は貸借対照表日より3ヵ月以内に行使日を迎えるものです。また、ソニーは売建て通貨オプション契約を行っており、平成12年3月31日および平成13年3月31日現在の想定元本はそれぞれ574,656百万円および724,091百万円です。これらの契約の大部分はレンジフォワード契約として行われており、対応する上述の買建て通貨オプション契約と同月内に行使日を迎えるものです。また、ソニーはレンジフォワード契約に加えて売建て通貨オプション契約を行うことによりヘッジコストを軽減しています。これらの通貨オプション契約の公正価額は市場価格にもとづいて見積もられています。

ソニーは、金利または為替相場の不利な変動によって発生する借入債務にかかるリスクを軽減するために、平成13年から平成27年までに満期となる金利スワップ契約および金利通貨スワップ契約を締結しています。平成12年3月31日および平成13年3月31日現在の金利スワップ契約の想定元本の総額はそれぞれ225,801百万円および215,971百万円で、金利通貨スワップ契約についてはそれぞれ362,437百万円および278,573百万円です。これらの契約の公正価額は将来割引キャッシュ・フロー（純額）により見積もられています。

ソニーの生命保険子会社は、保有する債券の運用利回りを確保するため長期国債先物を対象とした売建て債券先物オプション契約を締結することがあります。平成12年3月31日現在の想定元本は102,580百万円であり、平成13年3月31日現在、当該契約残高はありません。これらの取引は米国会計原則のヘッジ会計の条件に合致しません。したがって売建て債券先物オプション契約は時価により評価されています。売建て債券先物オプション契約の公正価額は市場価格にもとづいて見積もられています。平成11年度および平成12年度における売建て債券先物オプション契約の期中平均公正価額および発生した純損益は僅少です。

おおむね公正価額で計上されている現金・預金および現金同等物、定期預金、受取手形および売掛金、短期借入金、支払手形および買掛金、ならびに注記8に記載されている負債証券および持分証券を除いた貸借対照表上およびオフバランスシートの金融商品の見積公正価額は次のとおりです。

借方（貸方）

項目	平成12年3月31日現在		平成13年3月31日現在	
	簿価（百万円）	見積公正価額 （百万円）	簿価（百万円）	見積公正価額 （百万円）
長期借入債務 （1年以内に返済期限の到来 する長期借入債務を含む）	(972,337)	(1,893,521)	(1,014,525)	(1,395,706)
先物為替予約	986	2,479	(7,864)	(17,226)
買建て通貨オプション	7,422	7,422	5,964	5,964
売建て通貨オプション	(2,892)	(2,892)	(6,897)	(6,897)
金利スワップ	(253)	(457)	(2,469)	(3,797)
金利通貨スワップ	—	(32,362)	—	(9,032)
売建て債券先物オプション	(179)	(179)	—	—

14　年金および退職金制度

当社および国内の子会社の従業員は、通常、退職時に以下のような退職一時金または年金の受給資格を有します。通常、自己都合により退職する従業員の退職金最低支給額は、その時点における給与と勤続年数にもとづいて計算されます。定年退職を含む会社都合による退職の場合の最低支給額には、これに加算金が加えられます。また、取締役および監査役の退任に際しては、上記と同様の計算にもとづき退職一時金として、株主総会での承認後支払わ

れます。

　当社および大部分の国内の子会社は、厚生年金保険法にもとづく厚生年金基金制度に加入しています。この厚生年金基金制度は、会社と従業員の拠出からなる国の年金制度の一部を会社が代行するいわゆる基本部分と、適格退職年金制度の給与比例部分を引き継いだ加算部分により構成されます。厚生年金基金制度のもとでは、一般的には現行の退職金規則による退職金の60%がこの制度により充当されます。残りの部分については、会社が支払う退職一時金により充当されます。年金給付は、前述の規則のもとで勤続年数と給与にもとづいて決定され、退職する従業員の選択により一時払いあるいは月払いの年金として支給されます。年金基金へ拠出された資金は、関係法令にしたがい数社の金融機関により運用されています。

　多数の海外の子会社は、ほぼ全従業員を対象とする給付建年金制度あるいは退職一時金制度を有しており、拠出による積立てを行うかあるいは引当金を計上しています。これらの制度にもとづく給付額は、主に退職時の給与と勤続年数によって計算されます。

　平成11年度および平成12年度における純退職・年金費用の内訳は次のとおりです。

純退職・年金費用（△収益）：

項目	国内制度（百万円）		海外制度（百万円）	
	平成11年度	平成12年度	平成11年度	平成12年度
勤務費用	46,306	46,400	17,836	16,841
利息費用	14,898	19,040	6,095	6,805
期待年金資産運用収益	△ 11,236	△ 26,216	△ 4,989	△ 6,492
会計基準変更時差異の償却	△ 375	△ 375	△ 108	△ 36
年金数理純損益の償却	5,733	7,447	△ 46	555
過去勤務債務の償却	1,335	783	△ 142	△ 341
純退職・年金費用	56,661	47,079	18,646	17,332

（中略）

17　事業再編にかかわる費用および資産の減損

　主な事業再編にかかわる費用および資産の減損は以下のとおりです。

　平成11年9月、ソニーは、従来北米にて行っていた携帯電話の設計・販売・マーケティング事業を休止し、次世代携帯電話方式に関する研究および開発に集中しました。これにともない、ソニーは平成11年度にエレクトロニクス分野において9,646百万円の費用を計上しました。この内訳は、施設閉鎖にかかわる費用7,420百万円、機械装置の評価減1,802百万円および人件費関連424百万円です。

　平成12年12月、ソニーは、ＣＤおよび音楽カセットテープを生産していた米国の生産事業所の閉鎖を発表しました。これにともない、ソニーは平成12年度に音楽分野において4,623百万円の費用を計上しました。この内訳は、施設閉鎖にかかわる費用1,001百万円、建物の評価減3,145百万円および人件費関連477百万円です。

（中略）

20　法人税等

税引前利益および法人税等の内訳は次のとおりです。

項目	平成11年度 金額（百万円）	平成12年度 金額（百万円）
税引前利益		
当社および国内子会社	70,892	158,987
海外子会社	193,418	106,881
計	264,310	265,868
法人税等－当年度分		
当社および国内子会社	59,239	89,708
海外子会社	61,564	31,405
計	120,803	121,113
法人税等－繰延税額		
当社および国内子会社	△ 17,977	△ 106
海外子会社	△ 8,182	△ 5,473
計	△ 26,159	△ 5,579

ソニーは、所得に対して種々の税金を課されていますが、国内における法定税率は約42％です。

法定税率と実効税率との差は次のとおり分析されます。

項目	平成11年度	平成12年度
法定税率	42.0％	42.0％
税率増加・減少（△）要因		
税額控除	△ 1.3	△ 1.7
子会社当年度欠損金に 　　対する評価性引当金	2.8	10.5
海外子会社の未分配利益に 　　かかる繰延税金負債の減少	△ 5.6	△ 6.5
その他	△ 2.1	△ 0.8
実効税率	35.8％	43.5％

繰延税金資産・負債の主な内訳は次のとおりです。

借方（貸方）

項目	平成12年3月31日現在 金額（百万円）	平成13年3月31日現在 金額（百万円）
繰延税金資産		
未払退職・年金費用	63,490	97,084
税務上繰越欠損金	63,761	90,014
製品保証引当金および未払費用	61,049	68,619
棚卸資産－連結会社間内部利益および評価減	45,293	39,560
繰延映画製作費	－	38,866
未払賞与	19,912	34,341
保険契約債務	40,774	18,317
その他	95,261	146,105
総繰延税金資産	389,540	532,906
控除：評価性引当金	112,191	198,613
繰延税金資産計	277,349	334,293
繰延税金負債		
繰延保険契約費	(86,873)	(97,345)
海外子会社の未分配利益	(60,518)	(68,941)
株式交換により取得した無形固定資産	(45,872)	(42,385)
未実現有価証券評価益	(35,437)	(30,451)
退職給付目的信託への株式拠出益	(23,097)	(29,967)
その他	(55,778)	(53,428)
総繰延税金負債	(307,575)	(322,517)
純繰延税金資産（負債）	(30,226)	11,776

　評価性引当金は、主として将来実現が見込めない税務上の繰越欠損金を有する連結子会社の繰延税金資産に対するものです。平成11年度における評価性引当金の純減少額は10,465百万円であり、平成12年度における評価性引当金の純増加額は86,422百万円です。平成12年度における繰越欠損金の控除による法人税等の軽減額は約16,000百万円です。

連結貸借対照表の各科目に含まれる繰延税金資産・負債は次のとおりです。

借方（貸方）

項目	平成12年3月31日現在 金額（百万円）	平成13年3月31日現在 金額（百万円）
流動資産－繰延税金	117,258	141,473
その他の資産－その他	42,852	51,914
流動負債－その他	(6,316)	(6,463)
固定負債－繰延税金	(184,020)	(175,148)
純繰延税金資産（負債）	(30,226)	11,776

　平成13年3月31日現在、海外子会社の未分配利益のうち将来配当することを予定していない500,155百万円に対しては税金引当を行っていません。平成3年11月の㈱ソニー・ミュージックエンタテインメントの公募株式発行により計上された子会社株式売却益61,544百万円に対して、租税計画にもとづき所有株式の処分から発生する重大な課税を予想していないため税金引当を行っていません。平成13年3月31日現在、これらの一時的差異にかかる未認識の繰延税金負債は110,387百万円です。

　平成13年3月31日現在の子会社の税務上の繰越欠損金約258,800百万円は、将来それらの子会社の課税所得から控除が可能なものです。これらの繰越欠損金は、繰越可能期間が無期限の約55,300百万円を除いて、最長11年間繰り越すことができます。その控除は、繰越可能期間内においてそれらの子会社で課税所得を計上した場合可能です。評価性引当金控除後の繰延税金資産の実現は確実ではありませんが、実現の可能性が高いと考えられるものを資産として認識しています。繰延税金資産は、その実現の可能性が認められたものであっても、繰越欠損金控除可能期間における課税所得の見積の変動によって増減することがあります。

（中略）

23　セグメント情報
　以下に報告されているオペレーティング・セグメントは、そのセグメントの財務情報が入手可能なもので、その営業損益がマネジメントによって経営資源の配分の決定および業績の評価に通常使用されているものです。
　エレクトロニクス分野は、世界全地域で、映像・音響・情報通信機器および部品の設計、開発、製造および販売を行っています。ゲーム分野は、主に日本、米国および欧州において、プレイステーションのゲーム機および関連するソフトウェアの設計、開発および販売を行っています。また、日本においてゲーム機に使用される半導体製造、および外部のソフト開発会社に対するライセンス供与を行っています。音楽分野は、世界全地域で、あらゆるフォーマットおよびジャンルにおいて音楽ソフトの企画、制作、製造および販売を主に行っています。映画分野は、主に米国において映画、ビデオソフト、テレビ番組を含む映像ソフトの企画、製作、製造を行い、全世界で販売、配給、放映しています。保険分野は、日本市場における個人生命保険、損害保険を主とする保険業務を行っています。その他分野は、リースおよびクレジット事業、ソニーグループ内の部品輸入事業、広告代理店事業、番組制作・供給を含む日本の衛星放送関連事業、日本、米国およびドイツの都市型エンタテインメント事業などの多様な事業活動から構成されています。ソニーの製品およびサービスは、一般的にはそれぞれのオペレーティング・セグメントにおいて固有のものです。
　平成12年度より、従来その他収益および費用に計上されていた固定資産の除売却損益（純額）および減損は、販売費および一般管理費に含まれています。その結果、平成11年度の営業利益（損失）の金額を、平成12年度の表示に合わせてそれぞれ組替え再表示しています。
　さらに、映画分野およびその他分野の平成11年度の売上高および営業収入、営業利益（損失）の金額を、平成12年度のセグメント分類に合わせて組替え再表示しています。

（以下略）

監　査　報　告　書

平成13年6月21日

ソ ニ ー 株 式 会 社

　　　代表取締役　　徳　中　暉　久　殿

中 央 青 山 監 査 法 人

　　　　　　　　代表社員　公認会計士　初　川　浩　司

　　　　　　　　関与社員

　　　　　　　　代表社員　公認会計士　中　村　州　夫

　　　　　　　　関与社員

　　　　　　　　代表社員　公認会計士　木　村　浩　一　郎

　　　　　　　　関与社員

　　当監査法人は、証券取引法第193条の2の規定に基づく監査証明を行うため、「経理の状況」に掲げられているソニー株式会社の平成12年4月1日から平成13年3月31日までの連結会計年度の連結財務諸表、すなわち、連結貸借対照表、連結損益計算書、連結キャッシュ・フロー計算書、連結資本変動表及び連結附属明細表について監査を行った。

　　この監査に当たって、当監査法人は、一般に公正妥当と認められる監査の基準に準拠し、通常実施すべき監査手続を実施した。

　　監査の結果、連結財務諸表について会社の採用する会計処理の原則及び手続は、一般に公正妥当と認められる企業会計の基準（連結財務諸表注記1及び3参照）に準拠し、かつ、前連結会計年度と同一の基準に従って継続して適用されており、また、連結財務諸表の表示方法は、「連結財務諸表の用語、様式及び作成方法に関する規則」（昭和51年大蔵省令第28号）附則第2項の定めるところに準拠しているものと認められた。

　　よって、当監査法人は、上記の連結財務諸表がソニー株式会社及び連結子会社の平成13年3月31日現在の財政状態並びに同日をもって終了する連結会計年度の経営成績及びキャッシュ・フローの状況を適正に表示しているものと認める。

　　会社と当監査法人又は関与社員との間には、公認会計士法の規定により記載すべき利害関係はない。

　　（注）連結財務諸表注記3に記載されているとおり、会社は、当連結会計年度より、米国公認会計士協会会計基準委員会の意見書（Statement of Position）00-2「映画及びテレビ番組の製作又は配給者に係る会計基準」を適用し、この会計基準により連結財務諸表を作成している。

以　　　上

付録Ⅲ・1　商法に基づく計算書類（株主総会招集通知添付書類）の実例
－ソニー株式会社

貸借対照表

科　目	当年度 (平成13年3月31日現在)	前年度(ご参考) (平成12年3月31日現在)	科　目	当年度 (平成13年3月31日現在)	前年度(ご参考) (平成12年3月31日現在)
資 産 の 部	百万円	百万円	**負 債 の 部**	百万円	百万円
流 動 資 産	1,064,755	1,023,409	**流 動 負 債**	1,020,228	969,607
現 金 ・ 預 金	58,925	57,657	支 払 手 形	14,738	22,328
受 取 手 形	4,975	19,043	買 掛 金	355,440	344,617
売 掛 金	474,595	412,793	短 期 借 入 金	164	204
有 価 証 券	30	65,108	1年以内に償還期限の到来する社債	83,500	2,000
製 品 ・ 商 品	55,795	69,093	1年以内に償還期限の到来する転換社債	－	34,167
半製品・仕掛品	20,949	27,352	未 払 金	31,624	24,394
原材料・貯蔵品	51,814	60,988	未 払 費 用	137,937	114,599
未 収 入 金	146,672	188,376	未 払 法 人 税 等	23,144	7,802
短 期 貸 付 金	164,230	66,130	諸 預 り 金	319,644	382,620
繰 延 税 金 資 産	44,998	43,222	製品保証引当金	23,560	28,750
そ の 他	44,178	16,081	そ の 他	30,473	8,123
貸 倒 引 当 金	△ 2,410	△ 2,440	**固 定 負 債**	720,456	641,191
固 定 資 産	2,534,737	2,382,294	社 債	363,425	284,925
（有形固定資産）	(236,293)	(236,541)	転 換 社 債	302,401	302,838
建 物	95,543	105,194	長 期 借 入 金	328	492
構 築 物	5,711	6,242	退職給付引当金	50,029	
機 械 ・ 装 置	48,241	55,579	役員退職慰労引当金	1,979	
航空機・車両・運搬具	1,080	1,536	退 職 給 与 引 当 金		52,803
工具・器具・備品	25,995	26,589	そ の 他	2,292	
土 地	31,531	35,201	預 り 保 証 金		132
建 設 仮 勘 定	28,188	6,197	**負 債 合 計**	1,740,684	1,610,798
（無形固定資産）	(73,680)	(62,753)	**資 本 の 部**		
ソ フ ト ウ ェ ア	46,304	41,451	**資 本 金**	472,001	451,550
そ の 他	27,375	21,302	**法 定 準 備 金**	687,493	664,013
（投 資 等）	(2,224,763)	(2,083,000)	資 本 準 備 金	658,491	637,308
子 会 社 株 式	1,851,029	1,775,496	利 益 準 備 金	29,001	26,705
子 会 社 出 資 金	104,026	102,806	**剰 余 金**	699,082	679,341
投資有価証券・出資金	75,982	30,009	特 別 償 却 準 備 金	4,171	5,085
長 期 貸 付 金	140,442	107,234	海外投資等損失準備金	－	5
長 期 前 払 費 用	4,764	2,435	買換資産圧縮記帳積立金	142	149
長期繰延税金資産	23,330	14,862	別 途 積 立 金	634,400	627,400
退職給付信託資産		25,766	当 期 未 処 分 利 益	60,369	46,700
そ の 他	28,278	26,099	（うち当期利益）	(45,002)	(30,838)
貸 倒 引 当 金	△ 3,090	△ 1,710	**評 価 差 額 金**	276	
繰 延 資 産	45		**資 本 合 計**	1,858,854	1,794,905
社 債 発 行 差 金	45				
資 産 合 計	3,599,538	3,405,704	**負 債・資 本 合 計**	3,599,538	3,405,704

損益計算書

科　　　　　　　目	当年度 (平成12年4月1日から) (平成13年3月31日まで)	前年度(ご参考) (平成11年4月1日から) (平成12年3月31日まで)
経 常 損 益 の 部	百万円	百万円
営 業 損 益 の 部		
売　　　　上　　　　高	3,007,584	2,592,962
売　　上　　原　　価	2,573,010	2,243,534
販売費および一般管理費	384,115	352,183
営　　業　　利　　益	50,458	
営　　業　　損　　失		2,755
営 業 外 損 益 の 部		
営　　業　　外　　収　　益		
受 取 利 息 ・ 配 当 金	14,666	24,616
雑　　　　収　　　　入	101,210	88,461
営　　業　　外　　費　　用		
支　　払　　利　　息	12,789	13,486
雑　　　　支　　　　出	72,042	66,597
経　　常　　利　　益	81,502	30,237
特 別 損 益 の 部		
特　　別　　利　　益		
退 職 給 付 信 託 資 産 拠 出 益	122,889	
退職給付信託有価証券売却益		10,204
退職給付信託資産等評価損戻入益		1,431
特　　別　　損　　失		
退職給付会計基準変更時差異一括償却額	139,117	
厚生年金基金過去勤務費用償却額		5,583
適格退職年金過去勤務費用償却額		2,064
税 引 前 当 期 利 益	65,274	34,225
法 人 税 ・ 住 民 税 ・ 事 業 税	30,719	14,070
法 人 税 等 調 整 額	△ 10,447	△ 10,683
当　　期　　利　　益	45,002	30,838
前 期 繰 越 利 益	27,954	27,218
中 間 配 当 金	11,443	10,324
利 益 準 備 金 積 立 額	1,144	1,032
当 期 未 処 分 利 益	60,369	46,700

（注）〈当年度〉

1．重要な会計方針

(1) 資産の評価基準および評価方法
　　①たな卸資産
　　　　移動平均法による原価法
　　②有価証券
　　　(イ) 子会社株式および関連会社株式
　　　　　移動平均法による原価法
　　　(ロ) その他有価証券
　　　　　時価のあるもの
　　　　　　決算日の市場価格等にもとづく時価法
　　　　　　（評価差額は全部資本直入法により処理し、
　　　　　　　売却原価は移動平均法により算定）
　　　　　時価のないもの
　　　　　　移動平均法による原価法

(2) 固定資産の減価償却の方法
　　①有形固定資産　　　　　　　　　　　　定率法
　　　　平成10年4月1日以降に取得した建物
　　　　（建物附属設備を除く。）　　　　　定額法
　　②無形固定資産　　　　　　　　　　　　定額法

(3) 引当金の計上方法
　　①貸倒引当金
　　　　貸倒懸念債権等の特定債権に対する取立不能見込額と、
　　　一般債権に対する貸倒実績率により算出した金額との
　　　合計額を計上しております。
　　②製品保証引当金
　　　　売上高を基準として過去の経験率にもとづき計上して
　　　おります。
　　③退職給付引当金
　　　　当年度より、退職給付に係る会計基準を適用し、当年
　　　度末における退職給付債務および年金資産の見込額に
　　　もとづき計上しております。
　　　　なお、会計基準変更時差異139,117百万円を一括償却
　　　しております。
　　　　また、退職給与引当金および企業年金制度の過去勤務
　　　債務等に係る未払金は、「退職給付引当金」に含めて
　　　表示し、従来退職給与引当金に含めて表示していた役
　　　員分については、「役員退職慰労引当金」として区分
　　　掲記しております。なお、平成12年3月31日現在の
　　　「役員退職慰労引当金」は1,818百万円であります。
　　④役員退職慰労引当金
　　　　当社内規による必要額を計上しております。
　　　　この引当金は商法第287条/2に規定する引当金にあた
　　　ります。

(4) ヘッジ会計の方法
　　繰延ヘッジ処理によっております。
　　なお、金利通貨スワップについては、特例処理および振
　　当処理によっております。

(5) 消費税および地方消費税の会計処理
　　税抜方式を採用しております。

(6) 預り保証金の表示方法の変更
　　当年度より、「預り保証金」を「その他」に含めて表示
　　することに変更しました。なお、平成13年3月31日現在
　　の「預り保証金」は132百万円であります。

2．貸借対照表関係

(1) 子会社に対する短期金銭債権　　　　　688,789百万円
　　子会社に対する長期金銭債権　　　　　139,397百万円
　　子会社に対する短期金銭債務　　　　　681,399百万円
　　子会社に対する長期金銭債務　　　　　　104百万円

(2) 自己株式
　　有価証券に含まれており、金額は30百万円であります。
(3) 有形固定資産の減価償却累計額　　　　334,033百万円
(4) 有形固定資産の圧縮記帳実施額
　　国庫補助金等　　　　　　　　　　　　　　2百万円
　　　　　　　　　　　　　　　　（累計額　867百万円）
　　保険金等　　　　　　　　　　　　　　　204百万円
　　　　　　　　　　　　　　　　（累計額　246百万円）

(5) 重要な外貨建資産・負債（振当処理によるものを除く。）
　　短期金銭債権　　　　　　　　　　　　245,263百万円
　　　　　　　　　　┌─ 主な外貨　1,621,064千米ドル ─┐
　　投資　　　　　　　　　　　　　　　　1,569,663百万円
　　　　　　　　　　┌─ 主な外貨　11,882,167千米ドル ─┐
　　　　　　　　　　└─　　　　　　1,741,284千オランダ─┘
　　　　　　　　　　　　　　　　　　　　　ギルダー
　　短期金銭債務　　　　　　　　　　　　88,028百万円
　　　　　　　　　　┌─ 主な外貨　570,778千米ドル ─┐

(6) 退職給付引当金と相殺表示している退職給付信託における
　　年金資産額

	年金資産控除前 退職給付引当金	退職給付信託に おける年金資産額
退職一時金制度	68,718百万円	49,418百万円
厚生年金基金制度	121,931百万円	94,106百万円
適格退職年金制度	6,556百万円	3,652百万円

(7) 保証債務等
　　債務保証契約　　　　　　　　　　　　19,908百万円
　　保証予約契約　　　　　　　　　　　　　　36百万円
　　経営指導念書等※　　　　　　　　　　382,023百万円
　　※経営指導念書等は、子会社の信用を補完することを目
　　　的とした子会社との合意書が主なものであります。

(8) 新株引受権付社債の新株引受権の残高、新株引受権の行使
　　により発行する株式の内容、および発行価格
　　（平成13年3月31日現在）

銘柄	新株引受権の残高	発行する株式の内容	発行価格
平成13年満期0.1% 利付第5回無担保 新株引受権付社債	1,712百万円	額面普通株式	5,894円
平成16年満期0.03% 利付第6回無担保 新株引受権付社債	3,588百万円	額面普通株式	6,263円50銭
平成17年満期0.1% 利付第7回無担保 新株引受権付社債	4,000百万円	額面普通株式	7,166円50銭
平成18年満期1.55% 利付第10回無担保 新株引受権付社債	11,490百万円	額面普通株式	12,457円

(9) 商法第290条第1項第6号に規定する純資産額　276百万円
(10) 1株当りの当期利益　　　　　　　　　　49円18銭

3．損益計算書関係

(1) 子会社との取引高
　　売上高　　　　　　　　　　　　　　2,723,164百万円
　　仕入高　　　　　　　　　　　　　　2,548,459百万円
　　営業取引以外の取引高　　　　　　　　65,688百万円

利益処分案

摘　　　　要	金　　　　額
当　期　未　処　分　利　益	60,369,042,043　円
特　別　償　却　準　備　金　戻　入　額	1,058,825,833
買換資産圧縮記帳積立金戻入額	6,839,710
計	61,434,707,586
これを次のとおり処分します。	
利　　益　　準　　備　　金	1,167,516,938
配　　　　当　　　　金	11,495,169,375
［1株につき12.5円］	
取　　締　　役　　賞　　与　　金	180,000,000
特　　別　　償　　却　　準　　備　　金	266,372,381
別　　途　　積　　立　　金	20,000,000,000
次　　期　　繰　　越　　利　　益	28,325,648,892

(注)平成12年12月1日に11,443,951,000円（1株につき12.5円）の中間配当を実施しました。

付録Ⅲ・2 決算公告

━SONY━

平成12年度決算公告

平成13年6月22日

東京都品川区北品川6丁目7番35号

ソニー株式会社

代表取締役 出 井 伸 之

貸借対照表の要旨

（平成13年3月31日現在）

（単位：億円）

科　目	金　額	科　目	金　額
流　動　資　産	10,647	流　動　負　債	10,202
現　金・預　金	589	支払手形・買掛金	3,701
受取手形・売掛金	4,795	そ　の　他	6,500
た　な　卸　資　産	1,285	固　定　負　債	7,204
そ　の　他	4,001	社　　債	3,634
貸　倒　引　当　金	△24	転　換　社　債	3,024
固　定　資　産	25,347	退職給付引当金	500
（有形固定資産）	(2,362)	そ　の　他	46
建　　物	955	負　債　合　計	17,406
機　械・装　置	482	資　本　金	4,720
土　　地	315	法　定　準　備　金	6,874
そ　の　他	609	資　本　準　備　金	6,584
（無形固定資産）	(736)	利　益　準　備　金	290
（投　資　等）	(22,247)	剰　余　金	6,990
子会社株式・出資金	19,550	（うち当期利益）	(450)
そ　の　他	2,727	評　価　差　額　金	2
貸　倒　引　当　金	△30	資　本　合　計	18,588
繰　延　資　産	0		
資　産　合　計	35,995	負債・資本合計	35,995

（注） 1. 有形固定資産から控除した減価償却累計額は3,340億円であります。
　　　 2. 1株当りの当期利益は49円18銭であります。

損益計算書の要旨

（平成12年4月1日から
平成13年3月31日まで）

（単位：億円）

科　目	金　額
売　上　高	30,075
売　上　原　価	25,730
販売費・一般管理費	3,841
営　業　利　益	504
営　業　外　収　益	1,158
営　業　外　費　用	848
経　常　利　益	815
特　別　利　益	1,228
特　別　損　失	1,391
税引前当期利益	652
法人税・住民税・事業税	307
法人税等調整額	△104
当　期　利　益	450
前　期　繰　越　利　益	279
中　間　配　当　金	114
利益準備金積立額	11
当　期　未　処　分　利　益	603

（ご参考）

連結貸借対照表

（平成13年3月31日現在）

（単位：億円）

科　目	金　額	科　目	金　額
流　動　資　産	34,774	流　動　負　債	26,467
現　金・定期預金	6,131	短　期　借　入　債　務	3,563
有　価　証　券	900	支払手形・買掛金	9,250
受取手形・売掛金 （貸倒・返品引当金控除後）	12,953	未払金・未払費用	8,075
		未　払　税　金	1,330
棚　卸　資　産	9,428	そ　の　他	4,247
そ　の　他	5,360	固　定　負　債	28,467
繰延映画製作費	2,976	長　期　借　入　債　務	8,436
投　資・貸付金	13,889	未払退職・年金費用	2,207
有　形　固　定　資　産 （減価償却累計額控除後）	14,342	長　期　繰　延　税　金	1,751
		保険契約債務その他	13,660
その他の資産	12,295	そ　の　他	2,411
無　形　固　定　資　産	2,212	少　数　株　主　持　分	190
営　業　権	3,051	資　　本	23,154
繰延保険契約費	2,700	資　本　金	4,720
そ　の　他	4,331	資　本　準　備　金	9,624
		利　益　剰　余　金	12,171
		累積その他の包括利益	△3,285
		自　己　株　式	△74
資　産　合　計	78,279	負債・資本合計	78,279

（注） 当年度末の連結子会社は1,078社、持分法適用会社は86社であります。

連結損益計算書

（平成12年4月1日から
平成13年3月31日まで）

（単位：億円）

科　目	金　額
売上高および営業収入	73,148
純　売　上　高	68,290
保　険　収　入	4,269
営　業　収　入	589
売上原価・販売費・一般管理費	70,894
売　上　原　価	50,466
販売費・一般管理費	16,340
保　険　費　用	4,087
営　業　利　益	2,253
そ　の　他　の　収　益	1,676
そ　の　他　の　費　用	1,271
税　引　前　利　益	2,658
法　人　税　等	1,155
少数株主損失、持分法による投資損失および会計原則変更による累積影響額前利益	1,503
少　数　株　主　損　失	153
持分法による投資損失（純額）	444
会計原則変更による累積影響額前利益	1,212
会計原則変更による累積影響額 （税金費用4億円を含む）	△1,044
当　期　純　利　益	167

付録IV・1　決算短信（連結）

平成 13年 3月期　　決算短信（連結）[米国会計基準]　　　平成 13年 4月 27日

上 場 会 社 名	ソニー株式会社		上場取引所　東 大 名 福 札

コード番号　　6758　　　　　　　　　　　　　　　　　本社所在都道府県
問合せ先 責任者役職名　　IR部長　　　　　　　　　　東京都
　　　　氏　　　名　　須藤 岳史　　　　　　TEL (03) 5448 - 2180
決算取締役会開催日　平成 13年 4月 27日
米国会計基準採用の有無　　有

1. 13年 3月期の連結業績（平成 12年 4月 1日 ～ 平成 13年 3月 31日）

（金額は百万円未満を四捨五入）

(1)連結経営成績

	売上高および営業収入		営 業 利 益		税 引 前 利 益	
	百万円	%	百万円	%	百万円	%
13年 3月期	7,314,824	9.4	225,346	1.0	265,868	0.6
12年 3月期	6,686,661	△ 1.7	223,204	△ 34.0	264,310	△ 30.0

	当期純利益		1 株 当 た り 当期純利益		潜在株式調整後 1株当たり当期 純利益		株 主 資 本 当期純利益率	総 資 本 税引前利益率	売 上 高 税引前利益率
	百万円	%	円 銭		円 銭		%	%	%
13年 3月期	16,754	△ 86.2	18	33	19	28	0.7	3.6	3.6
12年 3月期	121,835	△ 31.9	144	58	131	70	6.1	4.0	4.0

（注）①持分法投資損益　13年　3月期　△44,455 百万円　12年　3月期　△37,830 百万円
　　　②期中平均株式数（連結）13年　3月期　913,931,879 株　　12年　3月期　842,678,686 株
　　　③会計処理の方法の変更　　有
　　　④売上高および営業収入、営業利益、税引前利益、当期純利益におけるパーセント表示は、対前期増減率を表示しています。
　　　⑤平成12年3月期の営業利益は、平成13年3月期の表示方法に合わせて組替再表示されています。
　　　⑥潜在株式調整後1株当たり当期純利益は、米国財務会計基準書第128号に基づいて算出された結果、希薄化していませんが、
　　　　同基準書に従って開示しています。
　　　⑦当社は平成12年5月19日付けで1株を2株にする株式分割を実施しました。これに伴い、全ての株式数および1株当たり情報は、
　　　　全ての期間においてこの株式分割を反映し、平成12年3月期の数値は修正再表示されています。

(2)連結財政状態

	総 資 産	株 主 資 本	株主資本比率	1株当たり株主資本
	百万円	百万円	%	円 銭
13年 3月期	7,827,966	2,315,453	29.6	2,521 19
12年 3月期	6,807,197	2,182,906	32.1	2,409 36

（注)期末発行済株式数（連結）13年 3月期 918,395,200 株　　12年 3月期 906,012,048 株

(3)連結キャッシュ・フローの状況

	営 業 活 動 に よ る キャッシュ・フロー	投 資 活 動 に よ る キャッシュ・フロー	財 務 活 動 に よ る キャッシュ・フロー	現 金 及 び 現 金 同 等 物 期 末 残 高
	百万円	百万円	百万円	百万円
13年 3月期	544,767	△ 719,048	134,442	607,245
12年 3月期	579,463	△ 449,893	△ 68,075	626,064

(4)連結範囲及び持分法の適用に関する事項

連結子会社数　1,078 社　持分法適用非連結子会社数　0 社　持分法適用関連会社数　86 社

(5)連結範囲及び持分法の適用の異動状況

連結（新規)97 社　（除外)99 社　持分法（新規)21 社　（除外）16 社

2. 14年 3月期の連結業績予想（ 平成 13年 4月 1日 ～ 平成 14年 3月 31日 ）

	売上高および営業収入	税 引 前 利 益	当 期 純 利 益
	百万円	百万円	百万円
中間期			
通　期	8,000,000	280,000	150,000

（参考）1株当たり予想当期純利益（通期）　　円　　銭

付録Ⅳ・2 個別財務諸表の概要

平成 13 年 3 月期 個別財務諸表の概要 平成 13 年 4 月 27 日

上 場 会 社 名 ソニー株式会社	上場取引所 東 大 名 福 札
コード番号 6758	本社所在都道府県
問合せ先 責任者役職名 IR部長	東京都
氏 名 須藤 岳史 TEL (03) 5448 - 2180	
決算取締役会開催日 平成 13 年 4 月 24 日 中間配当制度の有無 有	
定時株主総会開催日 平成 13 年 6 月 21 日	

1. 13年 3月期の業績(平成 12 年 4 月 1 日 ～ 平成 13 年 3 月 31 日)

(金額は百万円未満を切り捨て)

(1)経営成績

	売 上 高		営 業 利 益		経 常 利 益	
	百万円	%	百万円	%	百万円	%
13年 3月期	3,007,584	16.0	50,458	–	81,502	169.5
12年 3月期	2,592,962	6.6	△ 2,755	–	30,237	△ 34.6

	当 期 純 利 益		1 株 当 た り 当期純利益		潜在株式調整後 1 株当たり 当期純利益		株 主 資 本 当期純利益率	総 資 本 経常利益率	売 上 高 経常利益率
	百万円	%	円 銭		円 銭		%	%	%
13年 3月期	45,002	45.9	49	18	47	64	2.5	2.3	2.7
12年 3月期	30,838	△ 18.9	73	09	70	61	1.8	0.9	1.2

(注)①期中平均株式数 13年 3月 915,072,362株 12年 3月 421,954,396 株
　　②当社は平成12年5月19日付けで1株を2株にする株式分割を実施しました。平成13年3月期の期中平均株式数
　　　および1株当たり純利益は、期首に分割が行われたものとして計算しています。
　　③会計処理の方法の変更　　無
　　④売上高、営業利益、経常利益、当期純利益におけるパーセント表示は、対前期増減率を表示しています。

(2)配当状況

	1株当たり年間配当金			配当金総額 (年間)	配当性向	株主資本 配当率
		中間	期末			
	円 銭	円 銭	円 銭	百万円	%	%
13年 3月期	25 00	12 50	12 50	22,939	51.0	1.2
12年 3月期	50 00	25 00	25 00	21,664	70.3	1.2

(注)13年 3月期期末配当金の内訳 記念配当 0円 00銭、特別配当 0円 00銭

(3)財政状態

	総 資 産	株 主 資 本	株主資本比率	1株当たり株主資本
	百万円	百万円	%	円 銭
13年 3月期	3,599,538	1,858,854	51.6	2,021 33
12年 3月期	3,405,704	1,794,905	52.7	3,956 68

(注)期末発行済株式数 13年 3月 919,617,134株 12年 3月 453,639,163株

2. 14年 3月期の業績予想(平成 13 年 4 月 1 日 ～ 平成 14 年 3 月 31 日)

	売上高	経常利益	当期純利益	1株当たり年間配当金		
					中間	期末
	百万円	百万円	百万円	円 銭	円 銭	円 銭
中間期					–	–
通 期				–		

(参考)1株当たり予想当期純利益(通期) 円 銭

当社は平成14年3月期の単独決算業績予想を開示しておりません。

索　引

あ

IASB 基準（IFRS）‥‥‥‥69, 70, 260, 448
　　　　　　　 539, 541, 553, 554, 562

相対方式 ‥‥‥‥‥‥‥‥‥‥‥‥‥208

アキュミュレーション ‥‥‥‥182, 196

預り金 ‥‥‥‥‥‥‥‥‥‥‥‥‥‥283

預り有価証券 ‥‥‥‥‥‥‥‥‥‥203

圧縮記帳 ‥‥‥‥‥‥‥‥‥‥367, 385

圧縮積立金等 ‥‥‥‥‥‥‥‥‥‥720

アップストリーム ‥‥‥561, 602, 606, 703

後入先出法 ‥‥‥‥‥‥‥227, 229, 236

アフターコスト ‥‥‥‥‥‥‥147, 160

アメリカ公認会計士協会 ‥‥‥‥‥104

アモチゼーション ‥‥‥‥‥‥182, 196

洗い替え法 ‥‥‥‥‥‥‥‥‥191, 196

洗い替え方式 ‥‥‥‥154, 155, 160, 212

い

委員会等設置会社 ‥‥‥‥‥‥‥75, 85

委託販売 ‥‥‥‥‥‥‥410, 414, 441

委託品販売基準 ‥‥‥‥‥‥‥412, 441

一行連結 ‥‥‥‥‥‥‥‥‥‥‥630

一時差異 ‥‥‥‥‥‥‥‥‥‥711, 737

一取引基準 ‥‥‥‥‥503, 504, 505, 533

１年基準 ‥‥‥‥139, 140, 160, 278, 279

一括控除方式 ‥‥‥‥‥‥‥‥‥195

一括償還 ‥‥‥‥‥‥‥‥‥‥‥302

一括法（新株予約権）‥‥‥‥338, 343, 385

一括法（連結）‥‥‥571, 574, 585, 638, 703

一般原則 ‥‥‥‥‥‥‥‥‥‥109, 111

一般債権 ‥‥‥‥‥‥‥‥‥‥191, 196

一般投資者保護 ‥‥‥‥‥‥‥‥82, 83

一般に公正妥当と認められる会計
　　処理の基準‥‥‥‥‥‥‥‥‥‥84

一般に公正妥当と認められる企業
　　会計の基準‥‥‥‥‥‥‥‥‥‥80

一般目的外部財務情報 ‥‥‥‥‥‥741

移動平均法 ‥‥‥‥‥‥‥227, 230, 236

違法配当責任‥‥‥‥‥‥‥‥‥‥97

インカム・ゲイン ‥‥‥‥‥‥‥‥378

インサイダー取引 ‥‥‥‥‥‥‥15, 16

う

受取手形 ‥‥‥‥‥‥‥‥167, 184, 196

打歩発行 ‥‥‥‥‥‥‥‥‥‥299, 305

裏書譲渡 ‥‥‥‥‥‥‥‥‥‥‥189

裏書手形 ‥‥‥‥‥‥‥‥‥‥‥189

売上原価‥‥‥‥‥‥‥‥‥51, 235, 397

売上債権 ‥‥‥‥‥‥‥‥179, 183, 196

売上総利益 ‥‥‥‥‥‥‥‥‥‥396

売上総利益率 ‥‥‥‥‥‥‥‥‥606

売上割戻引当金 ‥‥‥‥‥‥‥‥289

売掛金 ‥‥‥‥‥‥‥‥‥‥183, 196

運用形態‥‥‥‥‥‥‥‥‥‥‥‥37

802

え

永久差異 ……………………………711,737
営業移転損益 ……………………362,385
営業移転損失 ……………………………546
営業移転利益 ……………………………546
営業外収益 ………………………………398
営業外損益 ………………………………218
営業外費用 ………………………………398
営業活動によるキャッシュ・フロー
………………………………………674
営業権 ……………………………………253
営業損益 …………………………………403
営業損益計算 ………………………395,396
営業の譲受け ……………………………539
営業利益 ……………………………396,398
影響力基準 ………………………………555
英米式 ……………………………………54
役務代価回収基準（入金基準）…431,441
エクイティ債 ……………………………299
エクイティ・ファイナンス ……331,385
エクスポージャー ………………………476
EX（エクス）ワラント …………337,385
SEC…………………………………………14
FASB 基準（SFAS）………150,151,260,
　　　261,448,450,529,539,541,562
FASB の概念フレームワーク ……28,29
M&A …………………………………538,541
エンティティ概念 ………………………559

お

オフ・バランス …………………113,129
オペレーティング・リース ……………459
オペレーティング・リース取引
………………………………………447,460
親会社 ……………………60,256,552,703
親会社概念 …………………559,560,561,562
親会社持分 …………………………571,576
親会社持分相当額消去方式…………561,
　　　　　　　　　　　　　　606,703

か

買入償還 ……………………………303,305
買入消却 …………………………………303
買入のれん ………………………………561
海外売上高情報 …………………………666
外貨換算会計 ……………………………488
買掛金 ………………………………282,305
外貨建金銭債権 …………………………180
外貨建金銭債権債務 ……………………533
外貨建小切手 ……………………………164
外貨建取引 …………………492,503,504,533
外貨建の当座預金 ………………………166
外貨建有価証券 …………………………496
開業貸借対照表…………………………40
開業費 ………………………………268,274
会計………………………………1,2,3,16
会計監査人 ………………………………7,73
会計監査人の監査………………………75
会計期間の公準…………………………23
会計基準 ……………10,19,103,105,106
会計規範…………………………………10
会計原則 …………………………104,105,106
会計公準…………………………20,27,30
会計情報 …………………………………2
会計政策 …………………………127,129,154

会計責任……………………………95
会計ディスクロージャー……………27
会計方針………………118,124,129
会計方針の開示………………117,119
外国通貨………………………164
開始記入……………………………57
開示主義………………………15,16,82
開始仕訳………562,595,609,637
会社分割………361,362,385,544,644
会社分割差益………………314,363,385
会社分割制度………………361,643
回収……………………………422
回収可能価額……257,258,259,261,262
回収期限到来基準（履行日基準）
　　　………………………426,441
回収基準………………422,423,442
買建通貨オプション………………533
買取意思表示基準…………417,442
概念フレームワーク………19,27,28,30
開発費…………………………271,274
外部監査……………………………6
外部財務情報………………4,741,746
外部の利害関係者……………………4
外部副費………………………223
外部報告会計…………………………4
買戻しオプション……………470,471
画定………………………742,746
確定決算基準………………68,84,85,94
確定債務………………………276,296
確定方式………………………616,703
確認……………………………95,99
家計……………………………3,16
火災未決算勘定………………165

貸倒れ………………………190
貸倒懸念債権………………192,196
貸倒損失………………………190
貸倒引当金………………190,194,287
貸付金………………………190
貸付有価証券………………204
課税所得……………93,709,738
渇水準備金………………298
割賦基準………………422,442
割賦販売………………416,421
合併……………………………540
合併交付金………………351
合併差益………………314,351,385
合併比率………………352,385
稼得資本………………318,319,385
株式移転………356,358,360,385
株式移転差益………………360,386
株式移転制度………………356,358
株式会社…11,12,14,16,69,71,310,319
株式会社会計………………3,16,310
株式交換……356,358,386,543,640,641
株式交換差益………………314,359,386
株式交換制度………………356,358
株式市価法………………354
株式譲渡自由の原則…………12,17,310
株式相互持合い………………377
株式の大きさの規制…………324
株式配当………………330
株式配当金領収証………………163,177
株式払込剰余金………………314,325
株式引受………………321
株式分割………………330,386
株式申込証拠金………………323

株主有限責任の原則 ………12,17,310
株主割当増資 …………………330
株主割当による新株発行 …330,386
過振 ……………………167,177
貨幣価値一定の公準…………23
貨幣性資産 ……24,92,142,143,160
貨幣的測定の公準 …………23,31
貨幣・非貨幣分類 ………………139
貨幣・非貨幣法 ………………490,533
加法性 ……………………134
借入有価証券 …………………204
仮勘定 ……………………165,177
為替換算調整勘定 ……314,525,528,529
為替差損益 ………497,504,505,506,514
為替手形（為手）………184,196,411
為替予約 …………507,511,533
為替予約差額 ………511,514,533
為替予約相場 …………………511
為替リスク ……………………507
関係会社 ………………255,262
関係会社有価証券 ……………255
慣行…………………………10
監査…………………………6,17
監査委員会………………………75
監査意見の表明………………94
監査基準………………………71
監査証拠………………………95
監査証明………………………83
監査責任………………………94
監査法人………………………7
監査役………………………7,73
換算 ……………………488,533
換算差額 ………………………488

換算損益 ………………………506
換算パラドックス ………………526,533
慣習 ……………………………10
慣習規範 ………………………106
慣習法…………………………10
勘定科目 ……………………44,65
科目別控除方式 ………………194
勘定記入の法則…………………46
勘定口座 ……………………45,65
完成工事原価 …………………432
完成工事高 ……………………432
完成工事未収入金 ……………432
間接法 ……………………676,703
完全親会社 ……………356,357,358,386
完全子会社 …………………356,386
カンパニー・キャピタリズム ……11,17
管理会計…………………………4,6,17
関連会社………………………256,555,557,
　　　　　　　　　　629,630,654,703
関連会社株式 ………206,208,475,494

き

期間損益計算 …………………395
期間的対応（ピリオド的対応）…393,403
企業会計…………………………3,17
企業会計基準…………………81
企業会計原則 …71,80,104,106,107,109
企業会計制度 …………………5
企業会計法……………………11
企業結合 ………………………539,541
企業結合会計 ……359,362,539,540,544
企業残高基準法………………175,176

企業残高・銀行残高区分調整法
　　…………………………175, 176
企業実体の公準 ………………21, 31
企業集団の会社分割 ………………643
企業年金 ……………………………290
期限到来基準 ………………………422
期待運用収益 ………………………292
期待キャッシュ・フロー ……30, 31
期中平均為替相場（AR） …494, 524, 534
基準性の原則 …………550, 567, 704
擬制資産 ………………………143, 266
基礎的前提…………………………19
規定損害金 …………………………448
規範 ……………………………………9
基本財務諸表 …………742, 746, 747
期末貸借対照表……………………40
義務 …………………………………276
逆粉飾 ………………………………111
キャッシュ・アウトフロー
　　……………671, 675, 681, 683, 691
キャッシュ・インフロー …671, 675, 679
キャッシュ・フロー
　　………671, 675, 682, 683, 684, 689
キャッシュ・フロー計算書 ………671
キャピタリスト・キャピタリズム……11
キャピタル・ゲイン…………14, 331, 378
吸収合併 ………………349, 352, 540
吸収分割 ……………………361, 386
級数法 ………………………………248
共益権 …………………13, 17, 324
狭義の支払対価 ……………………157
強制規範……………………………10
強制評価減 ………209, 210, 219, 232, 260

競争相手 ………………………………4
共同新設分割 ………………………362
切り放し方式 …………154, 155, 160
銀行勘定調整表 ………………171, 175
銀行残高基準法 ……………………175
金庫株 …………………………347, 387
金銭債権 …………179, 180, 190, 196
金銭債務 ………………………281, 306
緊密な者 ……………………………553
勤務費用 ………………………292, 306
金融資産 ………………465, 474, 484
金融商品 …………150, 463, 465, 484
金融手形 ………………………187, 196
金融負債 ………………465, 474, 484
金利スワップ ………………………483
金利調整差額 ………………………181

く

偶発債務 ………………285, 286, 306
偶発事象 ……………………………285
偶発損失 ………………………285, 306
区分法 ……………338, 339, 343, 386
繰上方式 ………………………616, 704
繰延為替差益 ………………………517
繰延先物利益 ………………………481
繰延資産 ………………265, 266, 274
繰延税金資産……712, 715, 716, 724, 725,
　　　　　　　　727, 730, 731
繰延税金負債 ……712, 719, 727, 728, 733
繰延ヘッジ ……………478, 481, 484
繰延ヘッジ会計 ……………512, 516, 517
繰延法 …………………………712, 738
グローバル化 ………………………538

け

経営成績······················34,40,65,391

経過勘定項目 ·····················440

経済活動 ·······················2

経済事象 ······················2

経済主体······················2,17

経済的実体·····················21

経済的単一体概念 ·········559,560,561

経済的便益 ·····················138

計算書類 ······················2,73,97

計算書類等····················73,85,96,742

計上·························24

経常損益 ·····················403

経常損益計算 ···················395,398

経常利益 ·····················396,398

継続企業の公準··················20,22,31

継続記録法 ····················225,236

継続性の原則 ···················123,549

景品費引当金 ···················289

経理自由の原則 ··················123,129

決済損益 ·····················506

決済取引 ·····················503

決算 ·······················50,65

決算整理仕訳····················55

決算短信 ·····················748,749

決算日 ·······················34

決算日レート法 ··················491,533

決算本手続 ····················50,54

決算予備手続····················50

減価 ·······················243

原価以下主義 ···················153

原価基準 ·····················147,148,160

減額修正される貸倒引当金 ··········733

原価差額 ·····················226,236

原価－実現主義 ·····24,87,90,91,92,99

減価償却 ·····················243,244,262

減価償却の効果 ··················244

減価償却費·····················53

減価償却累計額 ··················262,287

原価性 ·······················225,236

原価配分の原則

　　　·········20,26,31,225,244,394,437

現金 ·······················163,177

現金および現金同等物 ·············675

現金過不足勘定 ··················165

現金主義 ·····················406,421,437

現金生成単位 ···················258,260,262

現金同等物 ····················672

現金払込 ·····················337

現金払込のケース ················340

現在価値 ·····················147,160,261

現在価値基準 ···················147,149,450

減債積立金 ····················374

現在(取替)原価 ··················146

減資·························38,345,386

減資差益 ·····················316,346,386

検証可能性 ····················95,99,113

原初原価 ·····················210

検針基準 ·····················418,442

建設仮勘定 ····················165

建設助成金 ····················365

建設利息 ·····················272,274

減損 ·······················262

減損会計 ·····················257,262

減損処理 ·····················257,260,262

減損損失 ……………………257,261
減損損失の認識 …………………257
減損テスト …………………………257
減損の兆候 …………………257,259,262
現地通貨建財務諸表 ………………489
現物出資説 …………………………350
券面額・債権回収額主義 …………………100
減耗償却 ……………………250,263

こ

公開会社……………………………12
公会計………………………………3,17
広義の支払対価 ……………………157
公告…………………………………76
工事完成基準 ……………419,420,442
工事進行基準 …………419,431,432,442
工事負担金 ……………………319,365,386
工事補償引当金 ……………………289
公衆縦覧制度………………………83
公正価値
　……88,147,150,160,261,350,543,546
公正価値会計 ………………………134
更生債権 ……………………184,255
公正なる会計慣行 …………………71,85
購入取引 ……………………159,161
公認会計士（CPA）…………………7
後発事象 ……………119,120,129,661
公募による新株発行 ……………331,387
コール・オプション ………333,471,484
子会社……………60,256,552,554,555
子会社合併 …………………………540
子会社株式 ………206,208,256,475,494
子会社株式の一部売却 ……………622

子会社株式の追加取得 ………………620
子会社への投資に対する税効果会計
　………………………………735
国際会計基準審議会（IASB）
　…………………………11,28,105
国際財務報告基準（IFRS）………11,105
　　　　　　　　　　150,529,597
小口現金 ……………………………169
個人規範 ……………………………9
コスト………………………………26
コスト・ベネフィット基準 ………26,31
国庫補助金 ………………319,365,387
固定資産 …………………140,239,263
個別財務諸表
　………2,17,22,34,35,54,58,547,562
個別償却 ……………………250,263
個別的対応（プロダクト的対応）
　………………………………393,403
個別法 ……………………226,236
個別予約 ……………………………533
コングロマリット化 ………………538

さ

サービス・ポテンシャルズ …………138
在外子会社等 ………………………533
在外支店 ……………………………524
災害損失積立金 ……………………374
災害損失引当金 ……………………286
債権回収額主義……………………88,180
債権回収可能額 ……………186,191
債権・債務の相殺消去………………590
債権者 ……………………………4
債権者保護手続 ……………………346

808

債権者持分·······························13
財産法 ····························42, 65
最終仕入原価法 ······················232
最終取得原価法 ·····················236
最終製造原価法 ······················232
財政状態 ····················34, 65, 132
再調達原価 ·····················146, 370
最低資本金制度·······················12
最低リース料 ·······················449
債務 ····························276, 306
財務会計 ···················4, 5, 9, 17, 87
財務会計基準審議会（FASB）
　················27, 28, 98, 105, 746
財務会計基準に関するステートメ
　ント　（SFAS）·····················30
財務会計諸概念に関するステート
　メント（SFAC）·····················29
財務活動によるキャッシュ・フロー
　······························673, 685
財務計算書類·····················2, 85, 742
財務構成要素アプローチ ···468, 469, 485
財務情報 ·····························2
財務諸表 ··············2, 4, 33, 50, 391, 739
財務諸表監査·················7, 94, 95, 97
財務諸表上の一時差異 ···········711, 722
財務諸表の構成要素······················35
財務諸表本体····742, 743, 744, 747
財務諸表本体情報 ·····················749
債務超過 ····························219
財務的弾力性 ·····················672, 704
財務報告 ·············739, 740, 742, 749
債務保証 ·······················286, 306
債務保証損失引当金 ············286, 295

債務免除益 ·················319, 365, 387
差額補充法 ·····················191, 196
先入先出法 ·················227, 228, 237
先日付小切手 ·············167, 177, 187
差金決済 ····························465
差入有価証券 ·················203, 205
指図人 ·····························185
雑収入 ·····························165
雑損失 ·····························165
3ヵ月ルール ·················557, 704

し

仕入債務 ·····················183, 282, 306
GAAP（一般に認められた会計原則）
　············28, 104, 112, 124, 127, 558, 741
自益権 ····························13, 17
時価 ··············147, 160, 207, 474, 575
時価換算 ·············508, 513, 519, 533
時価基準 ·················147, 148, 161
直先差額 ·····················514, 534
直直差額 ·····················514, 534
時価主義会計·····················97, 134
時価発行増資 ·················331, 626
時価評価 ····························180
時価ヘッジ ·····················478, 485
時間基準 ·····················434, 442
直物為替相場 ·················493, 507, 534
事業拡張積立金 ······················373
事業の種類別セグメント情報 ···664, 666
仕切精算書到来基準 ············412, 442
資金収支表 ····························671
資金取引の為替予約 ·················519
自己株式 ·············314, 347, 655, 387

自己株式処分差益 ……316,335,348,387
自己株式処分差損 …………335,348,387
自己株式を移転するケース ……335,337
自己資本 …………………………13,35,311
自己責任の原則 …………………………654
資産……………………………35,138,161
資産会計 …………………………137,161
試算表………………………………………65
試算表等式…………………………43,65
資産・負債アプローチ …………138,712
資産負債法 …………………………712,738
市場価格 …………………………………207
市場価格のある金銭債権 ………180,380
市場価格のない株式 …………………210
市場価値 …………………………………261
実現可能……………………………25,100
実現可能概念 …………………………211
実現基準……………………………………24
実現主義…………………88,91,394,397,
　　　　　　　406,407,442,605
実現の要件 ……………………………408
実査…………………………………95,100
実質価額 …………………………210,219
実質優先主義 …………………276,306,451
実績主義 …………………695,696,697,704
質的な対応…………………………………25
質問…………………………………95,100
支配 ………………………………………539
支配獲得後の資本連結手続 ……567,619
支配獲得時 ………………………………704
支配獲得時の資本連結手続 …………567
支配力基準…………………539,550,551,
　　　　　　　552,555,560,704

支払義務 …………………………………276
支払対価 …………………………201,223,542
支払対価－実現主義 …………………100
支払対価主義…………………88,91,100,155,
　　　　　　　156,160,223,240
支払手形 …………………………283,306
支払能力 …………………………672,704
四半期報告書 …………………………695
資本……………………………35,114,310,387
資本会計 …………………………310,387
資本還元価値 …………………………147
資本金 ……………………………………325
資本充実の原則 …320,322,347,379,387
資本準備金 …………………314,315,325,387
資本準備金減少差益 …………………316
資本剰余金 …………………………312,314
資本直入方式 …………………………212,219
資本的支出 …………………………241,263
資本等式………………………………………65
資本と利益区別の原則 …………………114
資本主理論 ……………………………366
資本の欠損 …………………………375,387
資本不変の原則 …………………345,387
資本連結 …………………………………704
資本連結以外の連結手続 ……………594
資本連結手続 …………………60,539,560,
　　　　　　　567,574,640,641
締後入金 …………………………………172
社会会計………………………………………3,18
社会規範 ……………………………………9
社債 …………………………………298,306
社債代用払込益 …………………………340
社債発行差金 …………………271,274,300,340

810

社債発行費 ……………………270,274,301
社債利息 ……………………299,301,306
社団法人 …………………………………12,18
収益 ……………25,38,392,393,403,405
収益還元価値法 ……………………………353
収益的支出 ……………………241,252,263
収益の計上基準 ……………………406,442
収益・費用アプローチ ……………138,712
収穫基準 ……………………………433,442
従業員 ……………………………………………4
修正テンポラル法 …………………………526
修繕引当金 …………………………295,296
重要性 ……………………………………130
重要性の原則 ……113,117,121,223,549
授権資本 ……………………………320,387
授権資本制度 ………………………320,388
受贈資本 ……………………319,365,388
受託責任 ………………………………95,96
受託責任遂行状況の報告………72,85,98
受託販売 ……………………………414,443
出荷基準 ……………………………………417
10桁精算表 …………………………51,65
出資者持分……………………………………13
取得原価 ……………………………………146
取得原価基準……………………………………23
取得原価主義会計 ………88,97,100,133
取得後剰余金 ………………………615,704
主要財務諸表……………………………………34
準拠性の原則 ………………………………696
純資産 ……………………………………35,38
純資産法 ……………………………………353
純資産法と収益還元価値法との平
　　均法 ……………………………………354

純粋持株会社 ………………………664,705
純損益計算 ………………395,399,655
純損失 ……………………………………………56
純利益 ……………………………………38,42,56
小会社 ……………………………………………8,18
使用価値 ……………………257,261,263
償還株式 ……………………………328,388
償却原価法 ……………181,197,208,498
消去差額 ……………………………………567
状況報告 ………………………………72,85
条件付債務 …………………………276,296
証券取引責任準備金 ………………………298
証券取引法 ……………………………………2
少数株主損益 ………597,609,684,705
少数株主持分………………560,561,567,571,
　　572,576,581,615,705,725
使用済核燃料再処理準備金 …………297
使用貸借 ……………………………204,219
証取法会計 ……………………………79,85
証取法監査 ……………………………………7
証取法監査制度……………………………83
証取法ディスクロージャー制度
　　…………………………15,81,85,695
試用販売 ……………………………417,443
消費者 ……………………………………………4
消費貸借 ……………………………204,219
商法 ……………………………………………2
情報 ……………………………………………662
商法会計 ………………………………69,85
商法監査 ……………………………………7
商法上の引当金 ……………………295,307
情報提供機能………11,16,70,215,649

情報提供機能パラドックス現象
　　　　……………………215, 219, 654
商法ディスクロージャー制度………79
正味実現可能価額 ……147, 151, 152, 161
正味売却価格 ………………257, 261, 263
剰余金 ………………………………311
賞与引当金 …………………………289
将来加算一時差異…………713, 714, 718,
　　　　　722, 728, 733, 736, 738
将来減算一時差異…………713, 714, 716,
　　　　　722, 723, 731, 736, 737, 738
除却 …………………………………252
除却損益 ………………………251, 252
所在地別セグメント情報 ………664, 666
処分可能利益…………92, 100, 159, 394
処分可能利益計算 …………………409
処分可能利益算定機能………………94
処分済利益 …………………………319
所有権移転基準 ……………………448
仕訳 …………………………………48, 65
人格承継説 …………………………351
新株発行費 ……………………269, 274
新株引受権 …………………………330
新株予約権 ……335, 337, 340, 341, 343
新株予約権（ワラント）……………333, 388
新株予約権者 ………………………333
新株予約権付社債…………334, 337, 339,
　　　　　340, 342, 388
新株予約権戻入益 …………………335
真実性 ………………………………130
真実性の原則 ………………109, 111, 549
斟酌規定………………………………71
新設合併 ………………349, 352, 540

新設分割 ………………………361, 388
新築積立金 …………………………373
信頼性 ………………………………31

す

随時償還 ……………………………302
数種の株式 ……………………326, 388
数量的な対応…………………………25
スクエア ………………………467, 501
ストック・アプローチ ………………138
ストック・オプション制度 ……219, 347

せ

正規の減価償却 ……………………244
正規の簿記の原則 …………………113
税金の期間配分 ……………………710
税効果会計 ………710, 711, 725, 738
生産基準 ………………………433, 443
生産高比例法 ………………………250
精算表 …………………………50, 65
正常営業循環基準
　　　　……………139, 140, 161, 277, 278
制定法…………………………………10
正当な理由 ………………123, 125, 126
税引前当期純利益 …………………399
製品保証等引当金 …………………289
成文法…………………………………10
税務会計 ………………………84, 86
税務当局 ……………………………4
積送諸掛 ……………………………410
積送品 ………………………………410
セグメンテーション …………662, 705
セグメント ……………………662, 705

セグメント情報 ……………548,705
絶対的記載事項 ………………320
設立手続 ………………………320
全額消去・親会社負担方式…………561,
606,705
全額消去・持分比率負担方式…561,606,
607,705
善管注意義務 …………………72,86
前期損益修正 …………………400
全部のれん ……………………561
全面時価評価法 ………89,561,575,576,
580,581,585,590,595,620,
621,623,645,646,705,724
全面時価評価法による税効果会計 …726

そ

総合意見の表明…………………95
総合償却 ………………………250,263
相殺消去…………………………60,602
増資………………………………38,329,388
相対的記載事項 ………………320
相当の減額 ……………………180
総平均法 ………………………227,230,237
創立費 …………………………268,274
遡求 ……………………………188
遡求権 …………………………188,197
測定………………………………2,18
測定属性 ………………………147,161
租税特別措置法上の準備金 …………297
租税法律主義……………………14,18,93
その他資本剰余金 ……315,316,348
その他の外部財務情報 ………741
その他の資本剰余金 …………346

その他の剰余金 ………………388
その他有価証券…………206,208,211,
219,475,494
その他有価証券時価評価差額金 ……314
その他有価証券評価差額金 ……319,369
損益計算書 ……………34,39,391,395
損益計算書等式…………………38,39,66
損益の繰延べ …………………440,443
損益の見越し …………………440,443
損益法 …………………………42,66
損害補償損失引当金 …………295
損失処理計算書 ………………372
損失のポジション ……………467,501

た

対応関係……………………………25
大会社…………………………………7,18
第三者責任……………………………97
第三者割当による新株発行 ……331,388
貸借対照表………34,36,37,132,133,135
貸借対照表等式 …………………36,66
貸借対照表の空洞化 ……………215
退職一時金 ……………………290
退職給付 ………………………290
退職給付債務 …………290,291,292,307
退職給付引当金……………290,291,293,
294,296,307
退職給付費用 …………………292,307
退職年金 ………………………290
タイムリー・ディスクロージャー
……………………695,697,747
代用自己株式 …………………388
耐用年数基準 …………………448

代用払込 ……………………337,338
代用払込のケース …………340,341
大陸式…………………………54
ダウンストリーム ……561,602,606,705
多角化 …………………………538
蛸配当 …………………………115,130
立会………………………………95,100
立替金 …………………………190,197
棚卸計算法 ……………………225,237
棚卸減耗損 ……………………225,235
棚卸資産 ………………………221,237
棚卸資産低価切下額 …………154
棚卸評価損 ……………232,235,237
他人資本 ………………………13,35
単一性の原則 …………………129
段階法 …571,572,585,586,589,637,705
単元株制度 ……………………324,388
単純合算…………………………60
単独新設分割 …………………362

ち

中会社……………………………7,18
中間キャッシュ・フロー計算書 ……695
中間決算短信 …………………748
中間配当 ………………………383
中間配当可能利益限度額 ……383
中間配当積立金 ………………374
中間連結財務諸表 ………695,696,698
注記 ……………………………742,744
注記および附属明細表 ………749
注記事項 ………………………744
忠実義務 ………………………72,86
抽せん償還 ……………………304,307

長期請負工事 …………………419
長期前払費用 …………………267,274
長期前払保険料 ………………255
調整項目 ………………………679
調整法 …………………………679
調達源泉 ………………………37
直接法 ……………675,676,689,705
直線法 …………………………181
陳腐化損 ………………………234

つ

追加取得 ………………………619,620
追加取得持分 …………………620
追跡可能性……………………95
通貨オプション ………………534
通貨スワップ …………………534
通貨代用証券 …………………163,177
通常の新株発行 ………329,330,331
都度法 …………………………227

て

低価基準 ………………147,151,161
定額資金前渡制度 ……………169,177
定額法 …………………………247
低価主義 ………………151,152,153
低価法 …………………………151,232
定時株主総会 …………74,96,371
定時株主総会招集通知…………74
定時償還 ………………………302
ディスカウント ………………514
ディスクロージャー …………740
定率法 …………………………247
手形貸付金 ……………………187

手形借入金 ……………………283
手形の裏書 ……………189,197
手形の割引 ……………189,197
適時性 …………………119,130
適正意見表明 ……………………9
適法(または不適法)意見表明 …………9
デファクト・スタンダード………69,260
デリバティブ ………89,98,100,151,463
デリバティブ取引 …………464,467,501
転換社債 …………………299,496
転換予約権付株式 ………………328
店頭登録銘柄 ……………208,220
テンポラル法 ……………491,534
顛末報告 …………………72,86

と

同意している者 ………………553
当期純利益 ………………………400
当期未処分利益 …………319,396,400
当座 ………………………………168
当座借越 …………………167,177
当座借越契約 ……………………167
当座預金 ……………166,167,177
投資額 ……………………………542
投資活動によるキャッシュ・フロー
　　　……………………………673
投資差額 …………………………632
投資者 ……………………………4
投資その他の資産 ………………254
投資有価証券 ……………………255
投資有価証券売却益 ……………219
投資有価証券売却損 ……………219
特別修繕引当金 …………………295

特別損益 ……………219,400,403
特別損失 …………………………399
特別法上の準備金 ………………298
特別利益 …………………………399
土地再評価差額金 ………………314
取替原価……………24,146,151,152
取替原価会計 ……………………246
取替原価基準 ……………………148
取替法 ……………………253,263
取引……………………………43
取引価額主義……………………88,100
取引の8要素とその結合関係…………47
トレーディング目的の有価証券 ……207

な

名宛人 ……………………………184
内部監査 …………………………6
内部財務情報 ……………………6
内部取引 …………………567,603,604
内部副費 …………………………223
内部報告会計 ……………………6
内部利益 …………………435,443

に

荷為替 ……………………………443
荷為替手形 ………………………411
二取引基準 ………503,504,505,506,534
入金基準 …………………………430
News & Information ……741,747,749
任意積立金 ………………319,373,389
認識………………………………2,18,466
認識の中止 ………………468,485

ね

ネッティング …………………467, 501
根抵当 …………………………167, 177
年金基金 ……………………………294
年金資産 ………………………290, 291

の

納税額方式 ……………………720, 738
のれん …………………………541, 542
のれん（連結調整勘定）………………539
ノン・キャンセラブル（解約不能）
　……………………………448, 451, 460

は

パーチェス法 …………389, 541, 546, 642
売価還元低価法 ……………………231
売価還元法 …………………………230
売却差額 ……………………………622
売却時価…………………………23, 147
売却時価基準 ………………………148
売却取引 ……………………………161
売却目的有価証券 …………………494
売却持分 ……………………………622
配当可能利益 …………13, 79, 92, 93, 650
配当可能利益の資本組入 ……………330
配当可能利益限度額 …………………378
配当原資 ……………………………650
配当平均積立金 ……………………374
売買還元法 …………………………237
売買処理法 …………362, 389, 545, 644
売買目的有価証券………201, 206, 211,
　　　　　　　　　　220, 475, 497

端株 …………………………………554
端株制度会社 ………………………324
破産更生債権 ………………………197
破産更生債権等 ……………………192
破産債権 ………………………183, 255
端数利息 ………………………202, 220
8桁精算表 ………………………50, 53
バック・ログ償却 ……………………246
発行済株式 …………………………320
発行体 ……………………………3, 131
発生主義…………………88, 406, 431, 437
払込資本 ………………………311, 389
払込総額主義………………88, 325, 389
半期報告書 …………………………695
販売基準 …………407, 416, 421, 423
販売費および一般管理費 ……………398

ひ

比較…………………………………95, 101
非貨幣性資産 …………………142, 161
引当金 …………………284, 285, 307
引受済資本金 ………………………321
引受け呈示 …………………………185
引渡基準 ………………………407, 416
非資金項目 …………………………678
ビジネスの言語…………2, 19, 33, 67, 131
1株当たり配当金 ……………………378
費用 …………25, 38, 392, 393, 403, 437
評価 …………………………………146
評価差額 ……………………………579
評価性引当金 …………………287, 307
評価替資本 ………………319, 369, 389
評価の意味の換算 …………………488

816

費用収益対応の原則（対応原則）……25,
31, 223, 244, 393, 394
ピリオド的対応 ……………………393
非連結子会社 …………629, 630, 654, 706
品質低下損 …………………………234

ふ

ファイナンス・リース ……………448
ファイナンス・リース取引……446, 451,
457, 460
ファイナンス・リース取引のオフ・
バランス化 ………………………450
風説の流布 …………………………15, 18
複合金融商品 ………………………337, 389
複式簿記…………………………………34
含み資産 ……………………………133, 135
負債 ……………………………35, 276, 307
負債会計 ……………………………275, 307
負債性引当金 ………………………287
附属明細表 …………742, 744, 745, 747
普通株 ………………………………327
物的会社…………………………………12
不定額資金前渡制度 ………………169, 177
負ののれん …………………………542
部分時価評価法 ………89, 561, 575, 576,
579, 585, 595, 599, 620,
621, 622, 646, 706
部分時価評価法による税効果会計
…………………………………726
部分時価評価法の簡便法 …………590
部分時価評価法の段階法 …………586
振当処理 …………511, 512, 514, 522, 534
振替仕訳…………………………52, 55, 66

振出人 ………………………………184, 185
フル・ペイアウト …………448, 451, 460
フレッシュ・スタート法 …………150
プレミアム …………………………471, 514
フロー・アプローチ ………………138
プロダクト的対応 …………………393
不渡手形 ……………………………188, 197
分割償還 ……………………………302
分社化 ………………………………538
粉飾 …………………………111, 124, 130
分析的手続…………………………………95, 101

へ

平価発行 ……………………………299, 307
平均原価法 …………………………201
ヘッジ ………………………476, 485, 507
ヘッジ会計 …………………477, 483, 485
ヘッジ会計の要件 …………………477
ヘッジ手段 …………………………477, 485
ヘッジ対象 …………477, 479, 483, 485
ヘッジ取引 …………………………476, 485
ヘッジ取引時以降の要件 …………478
ヘッジ取引時の要件 ………………478
別段預金 ……………………………322
別途積立金 …………………………374
ベネフィット ………………………26, 27
弁済額主義…………………………………88, 101
変動相場制 …………………………488
返品調整引当金 ……………………289

ほ

包括予約 ……………………………534
包括利益計算書 ……………………216

法規範……………………………10
　報告……………………………2, 18
法人擬制説……………………366
法人税等…………………710, 738
法人税等調整額…………715, 716, 719,
　　　　　　　　　724, 728, 731
法定資本…………………311, 325
法定準備金……………………373
法定準備金の資本組入………330
法的確信………………10, 18, 106
法的債務…………276, 295, 308
法的実体…………………………21
法令・定款違反責任……………97
簿価……………………………257
簿価引継法………362, 389, 545
補完情報………………………744
保管有価証券……203, 204, 205
保険差益…………319, 370, 389
募集設立…………………320, 322
保守主義の原則………………127
補足財務諸表（補足情報）…739, 746, 749
補足情報…………………746, 747
発起設立………………………320
発起人…………………………319
ボトム・ライン………………391
保有損失………………………153
本国主義…………………524, 534
翻訳の意味の換算……………488

ま

前受金…………………………283
前受収益…………………439, 440
前払金…………………190, 197

前払費用…………………439, 440
前渡金……………………190, 197
マクロ会計………………………3, 18
孫会社…………………………552
マッピング……………………743
マネジメント・アプローチ……663, 706
満期償還…………………303, 308
満期保有目的の債券……206, 208, 494
満期保有債券…………………475

み

未預入小切手…………………172
ミクロ会計………………………3, 18
未経過リース料………………461
未行使ワラント………………335
未実現損益………605, 609, 633
未実現利益………………423, 607
未実現利益の消去に伴う税効果会
　計……………………729, 730
未収金…………………………183
未収収益…………………439, 440
未処分利益………………………56
未処理損失………………56, 375
見積残存価額……………244, 263
未取立小切手…………………172
未取付小切手…………………172
みなし解散………………………12
みなし計算書類…………………2
みなし配当……………………366
未認識過去勤務費用………291, 292
未認識数理計算上の差異………291, 292
未払金……………………282, 308
未払費用…………………439, 440

未渡小切手 ……………………167,172,178

む

無形固定資産 ……………………253,263
無償減資 ……………………………345,389
無償交付 ……………………………330,389
無償増資 ……………………………330,389

め

名目資本維持……………………………23
明瞭性の原則 ……………………116,549

も

網羅性 …………………………………130
目的適合性………………………………31
持株会社 ……………………356,357,662
持株基準 …………550,553,555,560,706
持株比率 ……………………………552
持分プーリング法 ………………389,541
持分法……………………554,586,630,632,
　　　　　　　　　633,651,652,706
持分法適用会社 …………………630,633
持分法適用後の資本連結手続 ………636
持分法による投資損益 …………632,659
戻入項目 ……………………………679
戻入法 ………………………………678
元帳 ……………………………………45,66

や

約定基準 ……………………………466,486
約束手形（約手）……………184,185,197

ゆ

有価証券 ………………………………199
有価証券運用損益 ……………………497
有価証券届出書 ………………………82,86
有価証券売却益 ………………………218
有価証券売却損 ………………………218
有価証券報告書 ……………82,86,695
有価証券利息 ………………………202,497
有形固定資産 ………………………240,263
有償減資 ……………………………345,389
有償増資 …………………329,330,331,390
有税 ……………………………………713,738
優先株 ………………………………327
郵便為替証書 ………………………163,178
郵便振替支払通知書 …………………163
有用性の原則 …………………………696
有用な情報 …………………………130

よ

予測主義 …………………………695,696,706
予定取引 …………………………479,486,515
予定ヘッジ ………………………515,535
予約為替相場 ………………………507
予約販売 …………………………416,443

ら

り

リース取引 ………………………445,461
リース料 ……………………………446
利益……………………………………25,114
利益加算率 …………………………435

利益準備金 ……………………319, 373, 390

利益剰余金…………………312, 314, 563,
　　　　　　　　　579, 581, 626, 652

利益処分 ……………………………371

利益処分案 …………………………371

利益処分計算書 ……………………372

利害 …………………………………5

利害関係者 ……………………4, 131

利害調整 ………………………11, 92

利害調整機能 …………11, 70, 216, 649

リコース義務 …………………470, 472

リスク・経済価値アプローチ
　　　　　　………………468, 469, 486

利息非分離方式 ……………………455

利息費用 ………………………292, 308

利息分離方式 ………………………455

利息法 ………………………………181

利得のポジション ……………467, 501

流動・固定分類 ……………………139

流動資産 ……………………………140

流動性 …………………………672, 706

流動・非流動法 ………………490, 535

臨時巨額の損失 ……………………273

臨時償却 ………………………260, 263

臨時損益 ……………………………400

臨時損失 ………………………260, 264

れ

劣後株 ………………………………327

レッサー ……………………………445

レッシー ……………………………445

連結会社 ………………………552, 558, 706

連結会社相互間の内部取引 …………602

連結基礎概念 ………………………559

連結キャッシュ・フロー計算書……678,
　　　　　　　　　　　　686, 689

連結キャッシュ・フロー計算書
　（間接法）………………………688

連結キャッシュ・フロー計算書
　（直接法）………………………694

連結計算書類 …………………74, 86

連結決算 ……………………………547

連結決算短信 ………………………748

連結決算日 …………………………557

連結財務諸表…………2, 3, 18, 22, 34, 35,
　　　59, 60, 69, 88, 131, 539, 547, 550,
　　　557, 562, 563, 629, 651, 652, 661

連結財務諸表固有の一時差異 …711, 722

連結財務諸表の機能 ………………649

連結財務諸表の注記 ………………660

連結主体論 …………………………559

連結消去仕訳 …………………562, 706, 723

連結剰余金計算書…………………615, 616,
　　　　　　　　　659, 660, 706

連結精算表…………………………63

連結損益計算書 ……………………593, 660

連結貸借対照表 …………60, 63, 563, 654

連結調整勘定……559, 561, 567, 569, 573,
　　　580, 582, 588, 597, 620, 655, 707, 727

連結調整勘定の償却 ………………597

連結調整仕訳 ………………562, 598, 599

連結納税制度 ………………………652

連結のれん ……………………582, 582

連結配当 ……………………………650

連結配当制度 ………………………650

連結ベースの一時差異 …………722, 723

連結ベースの利益剰余金 ……………615

連結持分 …………………………560

わ

ワラント対価 ……………………335

割引現在価値 ……………………147

割引手形 …………………………189

割引発行 …………………………299, 308

割安購入選択権基準 ………………448

（付記：色文字の用語については，Key Words で収録している。）

〈著者紹介〉

広瀬　義州（ひろせ　よしくに）

早稲田大学教授・商学博士（早稲田大学）
大蔵省企業会計審議会幹事・臨時委員，国際会計研究学会理事などを
歴任し，現在経済産業省企業法制研究会（ブランド価値評価研究会）
委員長，日本会計研究学会評議員など
〔主要著書等〕
『FASB財務会計の諸概念（増補版）』（中央経済社・2002年・共訳）
『会計基準論』（中央経済社・1995年，平成7年度日本会計研究学会・
太田賞受賞）
『ブラッシュアップ財務会計（第3版）』（中央経済社・2002年）
『連結会計入門（第2版）』（中央経済社・2000年・編著）
『誰にでもすぐわかる連結財務諸表』（税務経理協会・1998年・編著）
『コンメンタール国際会計基準Ⅰ－Ⅴ』（税務経理協会・1999—2000年・
共編）
『国際財務報告の新動向』（商事法務研究会・1999年・共編著）
「会計情報の拡大と変化」（『会計』1989年7月号，平成2年度日本会計
研究学会・学会賞受賞）他共著・分担執筆・論文等多数。

財 務 会 計（第3版）

平成10年 3 月15日　初　版　発　行
平成11年 9 月30日　第 24 刷　発　行
平成12年 2 月20日　第 2 版　発　行
平成13年11月10日　第 2 版29刷発行
平成14年 6 月20日　第 3 版　発　行

6/20/02

著　者　　広　瀬　義　州
発行者　　山　本　時　男
発行所　　㈱中央経済社

〒101-0051　東京都千代田区神田神保町1-31-2
電　話　03（3293）3371（編集部）
　　　　03（3293）3381（営業部）
http://www.chuokeizai.co.jp/
振替口座　00100-8-8432

© YOSHIKUNI HIROSE, 2002
Printed in Japan

印刷／昭和情報プロセス㈱
製本／誠　製　本　㈱

会計基準論

広瀬 義州［著］

A5・418頁

●本書は，主として規範理論の立場から，わが国における会計基準のあり方を追究することを重要な課題として，会計基準設定のための視点として，処分可能利益の算定，投資意思決定情報の提供，会計政策および国際的調和化をとりあげ，会計基準論を展開している。

　また，このような会計基準論の前提として，会計基準論の史的考察，会計基準形成の端緒としての一般に認められた会計原則（GAAP）論および会計基準設定のための概念フレームワーク論について研究し，最後にわが国における会計基準を設定するためのあるべき視点論を展開し，今後のわが国会計基準のあり方について提言を試みている。

（「序」より）

本書の内容

序　章　会計基準論の研究の意義

第1章　会計基準論の史的考察

第2章　会計基準形成の端緒としての一般に認められた会計原則（GAAP）論

第3章　会計基準設定のための概念フレームワーク論

第4章　測定基準としての会計基準論

第5章　報告基準としての会計基準論

第6章　会計政策としての会計基準論

第7章　国際的調和化の手段としての会計基準論

第8章　総括と展望―会計基準設定のための視点

中央経済社

FASB
財務会計の諸概念 増補版

平松一夫／広瀬 義州［訳］
A5・544頁

●本書は，1988年12月の初版，1990年4月の改訳版に続いて1994年5月に改訳新版が刊行され，幸いにも非常に多くの読者からご好評をいただくとともに，いずれかの雑誌等の論文で毎号のようにきわめて多くの引用がなされている。

　また，訳者がかねてよりその必要性を提唱していた日本版概念フレームワークも，最近では多くの方々からも賛同を得るとともに，その準拠枠として，「財務会計諸概念に関するステートメント」（Statement of Financial Accounting Concepts : SFAC）の重要性がますます高まっている。

　この度，SFAC第7号「会計測定におけるキャッシュ・フロー情報および現在価値の使用（Using Cash Flow Information and Present Value in Accounting Measurements）」が公表されたので，これを翻訳し，またこれを機に旧訳の不備を補い，増補版として刊行することにした。

本書に収録した財務会計諸概念に関するステートメント

第1号	営利企業の財務報告の基本目的	第5号	営利企業の財務諸表における認識と測定
第2号	会計情報の質的特徴	第6号	財務諸表の構成要素
第4号	非営利組織体の財務報告の基本目的	第7号	会計測定におけるキャッシュ・フロー情報および現在価値の使用

中央経済社